Arnulf von Scheliha

Religionspolitik

Arnulf von Scheliha

Religionspolitik

Beiträge zur politischen Ethik und zur politischen
Dimension des religiösen Pluralismus

Mohr Siebeck

ARNULF VON SCHELIHA, geboren 1961; Studium der Ev. Theologie in Kiel, München und Tübingen; 1991 Promotion; 1997 Habilitation; 1998–2003 Professor an der Universität der Bundeswehr Hamburg; 2003–2014 Professor für Systematische Theologie an der Universität Osnabrück; seit 2014 Professor für Theologische Ethik und Direktor des Instituts für Ethik und angrenzende Sozialwissenschaften (IfES) an der WWU Münster.

ISBN 978-3-16-156528-1 / eISBN 978-3-16-156529-8
DOI 10.1628/978-3-16-156529-8

Die Deutsche Nationalbibliothek verzeichnet diese Publikation in der Deutschen Nationalbibliographie; detaillierte bibliographische Daten sind im Internet über *http://dnb.dnb.de* abrufbar.

© 2018 Mohr Siebeck Tübingen. www.mohrsiebeck.com

Das Werk einschließlich aller seiner Teile ist urheberrechtlich geschützt. Jede Verwertung außerhalb der engen Grenzen des Urheberrechtsgesetzes ist ohne Zustimmung des Verlags unzulässig und strafbar. Das gilt insbesondere für die Verbreitung, Vervielfältigung, Übersetzung und die Einspeicherung und Verarbeitung in elektronischen Systemen.

Das Buch wurde von Laupp und Göbel in Gomaringen aus der Bembo gesetzt, auf alterungsbeständiges Werkdruckpapier gedruckt und von der Buchbinderei Nädele in Nehren gebunden.

Printed in Germany.

Inhaltsverzeichnis

Einleitung. Eine Einführung in dieses Buch 1

I. Zu den Grundlagen der protestantischen Ethik des Politischen

„Menschenwürde" – Konkurrent oder Realisator der Christlichen Freiheit? Theologiegeschichtliche Perspektiven 7

Ist Menschenwürde ein theologisch-politischer Grundbegriff? Thesen aus evangelisch-theologischer Perspektive 30

Die „Zwei-Reiche-Lehre" im deutschen Protestantismus des 20. Jahrhunderts. Eine kritische Sichtung 39

Religion und Sachpolitik. Zur gegenwärtigen Bedeutung von Martin Luthers Unterscheidung von geistlichem und weltlichem Regiment Gottes 63

Konfessionalität und Politik 78

Die Rolle der Kirchen im gesellschaftlichen und politischen Diskurs der Gegenwart 99

II. Zu den christentumstheoretischen Grundlagen des religiösen Pluralismus der Gegenwart

Die religiös-kulturelle Prägung westlich demokratischer Verfassungen in ihrer Spannung zur kulturellen Pluralität der europäischen Gesellschaften 121

Toleranz als Botschaft des Christentums? 136

Dynamiken in der europäischen Religionskultur 154

„Nation" und „Menschenwürde". Zum Wandel der legitimatorischen
Bedeutung von Religion für den demokratischen Staat 165

Plurale Religionskultur und Theorie des Christentums 210

III. Zur Religionspolitik der Gegenwart

Religiöse Pluralität an der Universität. Chancen und Probleme
staatlicher Steuerung und fachlicher Selbstbestimmung –
am Beispiel der Etablierung des Faches Islamische Studien/Theologie
an deutschen Universitäten 227

Religionspolitische Konstellationen und wissenschaftsethische
Folgerungen im Zusammenhang mit der Etablierung von Zentren
für Islamische Theologie 240

Religionsfreiheit und staatliche Lenkung. Chancen und Grenzen
gegenwärtiger Religionspolitik in Deutschland 256

Zwischen christlicher Leitkultur und Laizismus. Zur religionspolitischen
Willensbildung der Parteien in Deutschland 268

IV. Zur Bewährung der protestantischen Ethik
in der kirchlichen und politischen Arbeit

Normen und ihre Anwendung im umweltethischen Diskurs.
Am Beispiel der EKD-Denkschrift „Umkehr zum Leben –
Nachhaltige Entwicklung im Zeichen des Klimawandels" 289

Migration in ethisch-religiöser Reflexion. Theologiegeschichtliche
und ethische Erwägungen zu einem aktuellen Thema 303

Ethische Herausforderungen in der gegenwärtigen Flüchtlingskrise ... 323

Europäische Konvergenzen in Sachen Religionsunterricht?
Beobachtungen und ein Vorschlag 334

Rechtspopulismus als Herausforderung für die protestantische Ethik
des Politischen 341

Verzeichnis der Erstveröffentlichungen 365
Bibliographie 369
Namensregister 397

Einleitung. Eine Einführung in dieses Buch

Im Feld der Religionspolitik hat es in den zurückliegenden Jahren zahlreiche wichtige Veränderungen gegeben: Durch Änderungen des Bürgerlichen Gesetzbuches wurde der religiöse Ritus der Beschneidung für jüdische und muslimische Knaben als Ausnahmetatbestand sichergestellt. Zu Fragen religiöser Bekleidung im öffentlichen Raum wurden Grundsatzurteile gefällt und Landesgesetze mit entsprechenden Verwaltungsvorschriften erlassen. Einige Bundesländer haben mit muslimischen Organisationen und Verbänden sogenannte Staatsverträge abgeschlossen, ebenso führen einige Bundesländer islamischen Religionsunterricht an öffentlichen Schulen gemäß Art. 7 Abs. 3 GG als ordentliches Lehrfach ein. Mit Unterstützung des Bundes wurde die Etablierung von akademischen Einrichtungen für Islamische Theologie und Jüdische Theologie an deutschen Universitäten vorangetrieben. Führende Repräsentanten des Staates besuchen muslimische Gemeinden beim Fest des Fastenbrechens. In einigen norddeutschen Bundesländern wird derzeit – gegen den Protest der römisch-katholischen Kirche und der jüdischen Gemeinden – der Reformationstag als neuer staatlicher Feiertag eingeführt.

Mit dem Begriff „Religionspolitik" wird somit – auf der einen Seite – beschrieben, wie das politische System auf den unterschiedlichen Ebenen von Staatlichkeit und bei der Willensbildung im öffentlichen Raum auf das – durchaus nicht einheitliche – politische Wollen und Handeln von religiösen Akteuren reagiert. Mit deren Vervielfältigung verbindet sich also eine politische Gestaltungsaufgabe. Auf der anderen Seite umfasst er die Präsenz religiöser Akteure im politischen Raum, genauer das Verhältnis von Religion und Politik. Wegen der wachsenden Pluralisierung von Religion in den modernen Gesellschaften werden hier nicht nur die protestantischen Akteure und die normativen Grundlagen ihres Wollens und Handelns thematisch, sondern auch diejenigen anderer christlicher oder religiöser Herkunft. Diese Entwicklung und ihre politischen Rückwirkungen sind theologisch zu reflektieren und sozialethisch zu konzeptionalisieren.

Es zeigt sich: Religion ist nicht nur Subjekt von politischem Handeln, sondern auch dessen Objekt. Meinungsverschiedenheiten, konzeptionelle Differenzen und politische Konflikte begleiten beide Seiten von Religionspolitik.

Dieses Buch fokussiert in unterschiedlichen Perspektiven diese beiden Seiten der Religionspolitik. Die hier versammelten zwanzig Beiträge sind im

Umfeld bzw. im Nachgang zu der 2013 publizierten „Protestantischen Ethik des Politischen"[1] an zum Teil entlegenen Orten erschienen und bieten ergänzende bzw. weiterführende Perspektiven auf das dort theologiegeschichtlich und sozialethisch Ausgeführte. Diese Beiträge werden hier unverändert und unter ihrem ursprünglichen Titel abgedruckt. Nur evidente Schreibversehen wurden stillschweigend korrigiert. Drei Aufsätze wurden eigens für diesen Band verfasst.

Die Beiträge unter *I. Zu den Grundlagen der protestantischen Ethik des Politischen* vertiefen in theologiegeschichtlicher (1.) und systematischer Perspektive (2.) das Verständnis der Menschenwürde als eine verfassungsrechtliche, philosophische und religiös-ethische Grundkategorie des Politischen. In ihrer gegenwärtigen Bedeutung fließen unterschiedliche Quellen ideengeschichtlich zusammen. Als Theoriemagnet übernimmt der Begriff gewissermaßen zivilreligiöse Funktion. Die beiden Aufsätze zur reformatorischen Lehre von den zwei Regierweisen Gottes holen in theologiegeschichtlicher (3.) und systematischer Perspektive (4.) diesen klassischen Topos für die politische Ethik der Gegenwart ein. Darauf war in dem Buch von 2013 verzichtet worden. Die Umformung der reformatorischen Theologie unter den Bedingungen neuzeitlichen Denkens tritt dabei deutlich hervor. Die gegenwärtige Bedeutung der Unterscheidung der beiden Regierweisen Gottes wird dadurch sichtbar gemacht, dass sie auf die sozialphilosophische Debatte zur Notwendigkeit der Übersetzung religiöser Semantik in den politischen Raum bezogen wird. Die Langzeitwirkung konfessionell geprägter Denkformationen untersucht der Aufsatz „Konfessionalität und Politik" am Beispiel Friedrich Schleiermachers, Ernst Troeltschs und Paul Tillichs. Mit Blick auf die Gegenwart wird die Prägekraft konfessioneller Denkmuster in das Spannungsfeld zwischen christlicher Ökumene und der wachsenden Bedeutung zivilreligiöser Grundannahmen eingestellt und kritisch diskutiert (5.). Die 2013 weitgehend unberücksichtigt gebliebene Bestimmung der Aufgabe der evangelischen Kirchen im gesellschaftlichen und politischen Diskurs der Gegenwart beschließt diese erste Sektion mit einem bisher unveröffentlichten Aufsatz, in dem zu den konkurrierenden Konzepten der Öffentlichen Theologie und des Öffentlichen Protestantismus Stellung bezogen wird (6.).

Der Beschreibung der gegenwärtigen Lage sind die Beiträge gewidmet, die unter der Überschrift *II. Zu den christentumstheoretischen Grundlagen des religiösen Pluralismus der Gegenwart* versammelt sind. Sie zeigen, dass der säkulare Staat und die plurale Ausdifferenzierung der Religionskultur keine Phänomene sind, die gegen die wirkmächtige Präsenz des reformatorischen Christentums sprechen (1.). Vielmehr kann in theologiegeschichtlicher Perspektive am Beispiel der Toleranzidee, des Nationen- und des Menschenwürdebegriffs

---

[1] ARNULF VON SCHELIHA, Protestantische Ethik des Politischen, Tübingen 2013.

gezeigt werden, dass und wie sich eine theologische „Aneignung des Gegebenen"[2] vollzieht, durch die sich der Protestantismus als religiöser Akteur in der Moderne theologisch reflektiert und immer neu konstituiert (2.). Mit Blick auf die Muslime wird gezeigt, dass diese Lerngeschichte auch in anderen religiösen Traditionen unter freilich anderen Denkvoraussetzungen identifiziert werden kann (3.). Ebenso wie sich der Protestantismus im 19. Jahrhundert den Begriff der Nation angeeignet hat, kann in der Gegenwart eine muslimische Interpretation des Menschenwürde-Begriffs beobachtet werden (4.). In Aufnahme der Theorie des neuzeitlichen Christentums[3] ist daher die plurale Religionskultur der Gegenwart unter Einschluss der Möglichkeit, sich von der Religion loszusagen, als Moment der Geschichte des Christentums zu verstehen (5.).

Die dritte Sektion ist mit *III. Zur Religionspolitik der Gegenwart* überschrieben. Die hier versammelten Aufsätze analysieren einige religionspolitische Umbrüche der letzten zehn Jahre und diskutieren Spannungen, die dabei kenntlich wurden. Sie betreffen mit Blick auf die Theologischen Fakultäten die Spannung von staatlicher Steuerung und fachlicher Selbstbestimmung (1.), die Spannung zwischen der Mitwirkung von religiösen Institutionen bzw. Organisationen und der grundrechtlich garantierten Freiheit von wissenschaftlicher Forschung und Lehre (2.) sowie zwischen der politischen Willensbildung und der korporativen Religionsfreiheit, die gegen staatliche Reglementierung schützt (3.). Alle Spannungen wurden sichtbar bei der Etablierung der Islamischen Theologie an deutschen Universitäten. Sie betreffen aber ganz allgemein die Stellung aller konfessionsgebundenen religionsbezogenen Wissenschaften und erweisen sich daher als religionspolitisch grundlegend. Vor dem Hintergrund der immer wieder erhobenen Forderung nach einer grundlegenden Revision des deutschen Religionsrechtes, das die staatlichen Ebenen und Religionsgemeinschaften auf Kooperation verpflichtet, wird in einem bisher unveröffentlichten Beitrag der Fokus auf die im Einzelnen durchaus unterschiedlich angelegte religionspolitische Willensbildung der im Deutschen Bundestags vertretenen Parteien gelegt (4.), die künftig Motoren einer Weiterentwicklung des deutschen und europäischen Religionsrechtes sein können.

Die Beiträge unter *IV. Zur Bewährung der protestantischen Ethik des Politischen in der kirchlichen und politischen Arbeit* widmen sich angewandten Politikfeldern, nämlich der Klimapolitik (1.), der Migrations- und Flüchtlingspolitik (2. und 3.), der Zukunft des schulischen Religionsunterrichtes (4.) und dem Phäno-

---

[2] Vgl. HANS MICHAEL HEINIG (Hg.), Aneignung des Gegebenen – Entstehung und Wirkung der Demokratie-Denkschrift der EKD, Tübingen 2017.

[3] Vgl. HANS-JOACHIM BIRKNER/DIETRICH RÖSSLER (Hg.), Beiträge zur Theorie des neuzeitlichen Christentums, Berlin 1968 sowie TRUTZ RENDTORFF, Theorie des Christentums. Historisch-theologische Studien zu seiner neuzeitlichen Verfassung, Gütersloh 1972.

men des politischen Rechtspopulismus (5.). Bei theologischer Betrachtung erweist sich dieser nicht so sehr als außengesteuerte Gefahr für Demokratie und Rechtsstaat, sondern auch als Teil der eigenen Geschichte. Insofern müssen bei seiner sozialethischen Beurteilung Eigenanteile identifiziert und demokratietheoretisch sorgfältig zwischen seinen konstruktiven und destruktiven Beiträgen zur politischen Kultur abgewogen werden. Dieser Beitrag wurde neu verfasst. Er erscheint gleichzeitig in einer Veröffentlichung des „Exzellenzcluster Religion und Politik" an der WWU Münster.

In allen Beiträgen wird die bleibende Funktion des im Protestantismus kultivierten christlichen Ethos für die Religionspolitik deutlich. Es zeigt sich auch, dass die öffentliche Bedeutung der evangelischen Kirchen für die Bewährung der protestantischen Ethik im politischen Raum unverzichtbar ist, jedoch darin nicht aufgeht. Protestantismus bedeutet mehr als die Verlautbarungen und Handlungen der (sichtbaren) Kirchen. Er benötigt und anerkennt bei der politischen Bewältigung der gesellschaftlichen Herausforderungen einerseits Strukturen, die Freiheit ermöglichen und sichern, andererseits die protestantischen Persönlichkeiten, die die christliche Verantwortung an den unterschiedlichen Orten der Zivilgesellschaft und den staatlichen Ebenen selbständig wahrnehmen. Ihnen ist dieses Buch gewidmet.

Zu danken habe ich meinen zahlreichen Gesprächspartnern in Wissenschaft und Politik, ohne deren Anregungen der Inhalt dieses Buches nicht hätte reifen können. Meine studentischen Hilfskräfte Niklas Ellerich B.A., Katrin Lohse und Lynn Kristin Schroeter haben sich beim Korrekturlesen, bei der Einrichtung des Textes und beim Herstellen der Register große Verdienste erworben. Dem Verlag Mohr Siebeck danke ich für die stets kompetente und zuverlässige verlegerische Betreuung des Buches. Der Exzellenzcluster „Religion und Politik" an der Westfälischen Wilhelms-Universität Münster hat die Drucklegung durch einen Zuschuss gefördert, wofür ihm Dank gebührt.

Münster, Palmsonntag 2018 Arnulf von Scheliha

I. Zu den Grundlagen der protestantischen Ethik des Politischen

„Menschenwürde" – Konkurrent oder Realisator der Christlichen Freiheit?

Theologiegeschichtliche Perspektiven

Dass der Protestantismus diejenige christliche Konfessionskultur verkörpert, die der Genese, Reflexion und Entfaltung der menschlichen Freiheit in einem umfassenden Sinne verpflichtet ist, gilt spätestens seit den großen geschichtsphilosophischen Entwürfen des Idealismus als ausgemacht.[1] Dabei wird mit gewissem Recht auf Kontinuitäten verwiesen, die bis auf das reformatorische Freiheitsverständnis Martin Luthers (1483–1546) zurückgehen.[2] Freilich verbindet sich mit der Gleichsetzung von Protestantismus und Freiheitskultur auch eine Programmatik, die indirekt auf einen geschichtlich noch unabgegoltenen Anspruch verweist, also eher ein Gelten-Sollen markiert und damit unter der Hand eine Nicht-Selbstverständlichkeit benennt. Denn bei näherem Zusehen zeigt sich, dass Martin Luther mit der *Christlichen Freiheit* nicht auf das moderne, durch Naturrecht und Aufklärung bestimmte Verständnis der Freiheit zielte, sondern eine spezifisch mittelalterliche, mit der Lebenswelt des Klosters verknüpfte religiös-ethische Problematik vor Augen hatte.[3]

Gravierender ist, dass protestantische Theologen lange Zeit große Reserven gegenüber den gesellschaftlichen, verfassungsrechtlichen und ordnungspolitischen Konsequenzen des modernen Freiheitsverständnisses artikuliert haben. Das moderne Freiheitsleben sei mit der Sündhaftigkeit des Menschen unvereinbar, bedeute eine gottlose Selbstermächtigung des Individuums und führe zu einer Aushöhlung der gottgegebenen Schöpfungsordnung. Die hier angedeutete ambivalente Haltung der *Christlichen Freiheit* zur liberalen Frei-

---

[1] Vgl. GÜNTER MECKENSTOCK, Protestantismustheorien im Deutschen Idealismus, in: Das protestantische Prinzip. Historische und systematische Studien zum Protestantismusbegriff, hg. von ARNULF VON SCHELIHA und MARKUS SCHRÖDER, Stuttgart 1998, 39–54. Vgl. JÖRG DIERKEN, Protestantisch-pantheistischer Geist. Individuelles religiöses Selbstbewusstsein als göttliches Freiheitsleben im Diesseits der Welt, A.a.O., 219–248.

[2] Vgl. ULRICH BARTH, Die Geburt religiöser Autonomie. Luthers Ablaßthesen von 1517, in: DERS., Aufgeklärter Protestantismus, Tübingen 2004, 53–95.

[3] Vgl. dazu MARTIN OHST, Reformatorisches Freiheitsverständnis. Mittelalterliche Wurzeln, Hauptinhalte, Probleme, in: JÖRG DIERKEN/ARNULF VON SCHELIHA (Hg.), Freiheit und Menschenwürde, Tübingen 2005, 13–48.

heit lässt sich an der Geschichte der theologischen Deutung des Begriffs der Menschenwürde exemplarisch belegen. Zwar hat Ulrich Barth in seiner großen Studie zu „Herkunft und Bedeutung des Menschenwürdekonzepts"[4] gezeigt, wie sich innerhalb der christlichen Religions- und Ideengeschichte die alttestamentliche Vorstellung von der Gottebenbildlichkeit zum Menschenwürdekonzept entwickelt hat, das in der praktischen Philosophie Kants mit seiner freiheitstheoretischen Fassung und seiner strikt rationalen Begründung diejenige Allgemeinheit erreicht hat, die es ermöglicht, dass es gegenwärtig als Verfassungsgrundnorm fungieren und theologisch re-interpretiert werden kann.[5] Aber Barth räumt zugleich ein, dass es sich hierbei um einen „äußerst schmale[n] Traditionsstrang" handelt, „der an der Gottebenbildlichkeit als unveräußerlicher Wesenseigenschaft des Menschen festhielt und der von da aus zu einer expliziten Theologie der Menschenwürde gelangte."[6] Bis weit in das 20. Jahrhundert hinein stieß die Menschenwürde-Idee auf theologische Ablehnung. Bekannt ist die Invektive von Karl Barth (1886–1968), der schrieb, dass „heillose Verwirrung und Blasphemie" daraus folgen müsse, wenn man „dem menschlichen Ich in seinem Verhältnis zum Du einen nicht weiter abzuleitenden [...] Selbstwert", eine „in sich begründete [...] Heiligkeit, Würde und Herrlichkeit des Menschen an sich"[7] zumesse. Während Karl Barth in der Zuschreibung der Menschenwürde einen gegen *Gottes* Freiheit gerichteten Akt der menschlichen Selbstermächtigung erblickt, bietet sein politischer Antipode Emanuel Hirsch (1888–1972) sozialphilosophische Argumente auf. Für ihn steht der Begriff der Menschenwürde für die liberale Gesellschaftsordnung des Westens, die sich zwar auf das Christentum berufen könne, aber dessen genuine Einsichten veräußerlicht habe.[8] Christliche Freiheit sei religiös-ethische Selbstreflexion, darin läge ihre „Ehre" und sie sei mit gesellschaftlichem Pluralismus nicht zu verwechseln.[9] Diese Beispiele ließen sich vermehren, und vermutlich erst die ‚Erfolgsgeschichte' des Grundgesetzes

---

[4] Vgl. ULRICH BARTH, Herkunft und Bedeutung des Menschenwürdekonzepts. Der Wandel der Gottebenbildlichkeitsvorstellung, in: DERS., Religion in der Moderne, Tübingen 2003, 345–371, 351 f.

[5] Vgl. a. a. O., 359 f.

[6] A. a. O., 352.

[7] KARL BARTH, Die kirchliche Dogmatik I/2, Zürich ⁴1948, 444 f.

[8] Vgl. EMANUEL HIRSCH, Das Wesen des Christentums (1939), neu hg. und eingeleitet von ARNULF VON SCHELIHA, Waltrop 2004, 148–156.

[9] Vgl. zu Hirsch: ARNULF VON SCHELIHA, Die Überlehrmäßigkeit des christlichen Glaubens – Das Wesen des (protestantischen) Christentums nach Emanuel Hirsch, in: Das Christentum der Theologen im 20. Jahrhundert. Vom ‚Wesen des Christentums' zu den ‚Kurzformeln des Glaubens', hg. von MARIANO DELGADO, Stuttgart 2000, 61–73, 66 f. Vgl. auch: HANS BÄNZINGER, Ehre und Würde gestern oder heute. Überlegungen und literarische Belege zu diesen ähnlichen, teilweise unterscheidbaren Wertvorstellungen, in: Zeitschrift für Rechtsphilosophie 1 (2003), 199–209.

konnte eine theologische Annäherung an den Satz von der Menschenwürde herbeiführen, den Günter Dürig als „axiomatische Ewigkeitsentscheidung"[10] bezeichnet hatte. Diese Annäherung wird in der sogenannten Demokratie-Denkschrift der EKD von 1985 sichtbar, in der man die Vorstellung von der menschlichen Gottebenbildlichkeit mit seiner Würde und seiner freiheitlichen Subjekt- und Rechtsqualität korrelierte.[11] Zwischen der kantischen Freiheitsphilosophie und der gegenwärtigen theologischen Konjunktur des Begriffs der Menschenwürde aber klafft eine historische ‚Lücke'. Wohl deshalb knüpfen die Theologen, die sich mit Gegenwartsinteresse dem Thema Menschenwürde widmen, entweder direkt an den systematischen Grundeinsichten der kantischen bzw. idealistischen Philosophie an, um von dort aus die sozialphilosophischen, verfassungsrechtlichen und theologischen Implikationen des Begriffs der Menschenwürde zu entfalten[12], oder sie unterziehen die biblische Tradition einer vom *gegenwärtigen* Verständnis von Menschenwürde geleiteten Neuinterpretation.[13]

Zur Komplizierung des offenkundig gar nicht eindeutigen theologischen Verhältnisses zum Begriff der Menschenwürde trägt bei, dass gegenwärtig in die juristische Interpretation des Begriffs Bewegung gekommen ist. Unstrittig ist der Begriffsinhalt. Die Anthropologie der Verfassung legt „die Vorstellung vom Menschen als einem geistig-sittlichen Wesen zugrunde, das darauf angelegt ist, in Freiheit sich selbst zu bestimmen und sich zu entfalten. Diese Freiheit versteht das Grundgesetz nicht als diejenige eines isolierten und selbstherrlichen, sondern als die eines gemeinschaftsbezogenen und gemeinschaftsgebundenen Individuums."[14] Von besonderer Bedeutung ist, dass die Freiheitsqualität des „geistig-sittlichen Wesens" nicht nur im Sinne einer ‚negativen Freiheit' als Abwehrrecht gegen staatliche Eingriffe zur Geltung gebracht wird, sondern die positive „Selbstbestimmung" und (als deren

---

[10] GÜNTER DÜRIG, Der Grundrechtssatz von der Menschenwürde, in: Archiv für öffentliches Recht 81 (1956), 118–157, 121.

[11] Vgl. Evangelische Kirche und freiheitliche Demokratie. Der Staat des Grundgesetzes als Angebot und Aufgabe (1985), in: Die Denkschriften der Evangelischen Kirche in Deutschland, hg. vom KIRCHENAMT DER EKD, Bd. 2/4: Soziale Ordnung, Wirtschaft, Staat, Gütersloh 1992, 9–54.

[12] Vgl. TRAUGOTT KOCH, Menschenwürde als das Menschenrecht – Zur Grundlegung eines theologischen Begriffs des Rechts, in: Zeitschrift für Evangelische Ethik 35 (1991), 96–112. BARTH, Herkunft und Bedeutung des Menschenwürdekonzepts, 360–371.

[13] Vgl. WOLFGANG HUBER, Gerechtigkeit und Recht. Grundlinien christlicher Rechtsethik, Gütersloh 1996; HARTMUT KRESS, Menschenwürde im modernen Pluralismus, Hannover 1999; WOLFGANG VÖGELE, Menschenwürde zwischen Recht und Theologie. Begründungen von Menschenrechten in der Perspektive öffentlicher Theologie, Gütersloh 2000; EILERT HERMS (Hg.), Menschenbild und Menschenwürde, Gütersloh 2001.

Steigerungsstufe) die „Selbstentfaltung" einschließt, diese also grundrechtlich und gesetzlich auch ermöglicht werden muss. Dazu kommt, dass die grundsätzliche Gemeinschaftsbezogenheit bzw. (schärfer:) Gemeinschaftsgebundenheit des Individuums zugleich die grundrechtliche und gesetzliche Einschränkung der mit der Menschenwürde gegebenen Freiheit mitsetzt, die aber eben nicht „aus beliebigen, sondern nur aus hinreichenden Gründen"[15] erfolgen darf. Im juristischen Diskurs ist aber die rechtsdogmatische Ausstrahlungskraft des Menschenwürde-Artikels in die Diskussion gekommen. So begründet der Satz von der Menschenwürde für Christoph Enders zwar ein unbedingtes „Recht auf Rechte"[16]. Aber er kritisiert die erkennbare Tendenz der Rechtssprechung, dem Einzelnen unter Verweis auf die Menschenwürde zu bescheinigen, dass sein konkreter Freiheitsgebrauch ebendiese verfehle und daher rechtliche Anerkennung nicht verdiene. Hierin sieht er eine „mehr oder weniger latente, stets fragwürdige Ethisierung und Ideologisierung des Rechts"[17]. Im Blick auf den aktuellen gesellschaftspolitischen Diskurs warnt der Verfassungsrechtler Bernhard Schlink davor, die Suche nach differenzierten Lösungen der ethischen Probleme im Bereich der Bio- und Medizinethik durch bloße „Menschenwürderhetorik" zu überspielen. Der normative Charakter der Menschenwürde entbinde nicht von der Aufgabe, darüber zu entscheiden, gemäß welchen Abwägungen, in welcher Abstufung und in welcher Situation der Schutz der Menschenwürde umgesetzt und verwirklicht werden soll. Die „Menschenwürdegewissheit" sei nicht „auf der Abstraktionshöhe zu gewinnen, auf der die Menschenwürde garantiert ist."[18] Als drittes Beispiel sei auf die neueste Auflage des Grundgesetz-Kommentars von Maunz/Dürig verwiesen, in der Matthias Herdegen den absoluten Vorrang des Würdeanspruchs gegenüber den nachfolgenden Grundrechten mit drei Argumenten bestreitet. Zunächst betont er den „Eigenwert der verfassungsrechtlichen Verbürgung von Freiheits- und Gleichheitsrechten"[19]. Er lasse sich – wie in anderen

---

[14] ROBERT ALEXY, Theorie der Grundrechte, Baden-Baden 1985, 323 mit Verweisen auf verschiedene Beschlüsse des Bundesverfassungsgerichtes. Vgl. auch die Definition bei Dürig: „Jeder Mensch ist Mensch kraft seines Geistes, der ihn abhebt von der unpersönlichen Natur und ihn aus eigener Entscheidung dazu befähigt, seiner selbst bewusst zu werden, sich selbst zu bestimmen und sich und die Umwelt zu gestalten" (DÜRIG, Der Grundrechtssatz von der Menschenwürde, 125).

[15] ALEXY, Theorie der Grundrechte, 324.

[16] CHRISTOPH ENDERS, Die Menschenwürde in der Verfassungsordnung. Zur Dogmatik des Art. I GG, Tübingen 1997, 501.

[17] Vgl. CHRISTOPH ENDERS, Freiheit als Prinzip rechtlicher Ordnung – nach dem Grundgesetz und im Verhältnis zwischen den Staaten, in: JÖRG DIERKEN/ARNULF VON SCHELIHA (Hg.), Freiheit und Menschenwürde, Tübingen 2005, 295–320, 310.

[18] BERNHARD SCHLINK, Die überforderte Menschenwürde. Welche Gewissheit kann Artikel 1 des Grundgesetzes geben, in: Der Spiegel Nr. 51 vom 15.12.2003, 50–54, 54.

[19] Vgl. THEODOR MAUNZ/GÜNTER DÜRIG, Grundgesetz. Kommentar, Art. I Abs. 1 (Zweitbearbeitung München 2003), Rn. 19.

Verfassungstexten auch – unabhängig von dem voraus liegenden Menschenwürde-Artikel entfalten. Sodann verweist Herdegen auf die Grundrechtskollisionen, die bekanntlich Anlass und Gegenstand höchstrichterlicher Rechtsprechung seien. Lasse man Menschenwürde und Grundrechte unterschiedslos in eins fließen, würden „naheliegende Kollisionen [...] negiert"[20]. Dies aber käme einer „Flucht [...] aus [...] Antinomien in den juristischen Abstraktionshimmel"[21] gleich. Herdegen folgert daher: „Der absolute Vorrang des Würdeanspruchs gegenüber kollidierenden Grundrechtsbelangen lässt sich [...] nicht [...] durchhalten"[22]. Schließlich verweist Herdegen zurecht darauf, dass „eine ‚Konstruktion' der Grundrechte *allein* von der Menschenwürde her [...] ahistorisch"[23] wäre. Tatsächlich ist der Begriff der Menschenwürde erst nach dem Zweiten Weltkrieg in einer prominenten Weise mit der Menschenrechtsdiskussion verknüpft worden. Verfassungsrang erhielt er erstmals in der Verfassung Irlands im Jahre 1937.

Diese Hinweise sollen genügen um festzustellen, dass die Auslegung der Menschenwürde-Idee im Fluss war und ist, so dass es nicht sinnvoll ist, die grundgesetzliche Menschenwürde-Garantie als vollständige Verwirklichungsgestalt der christlichen Anthropologie anzusehen. Vielmehr dürfte die theologische Interpretation des seinerseits stets neu auszulegenden Begriffs der Menschenwürde eine permanente Aufgabe sein, zu deren reflektierter Abarbeitung die theologiegeschichtliche Aufklärung ebenso gehört wie eine systematisch-theologische Verhältnisbestimmung[24], in der die religiöse Dimension des Begriffs der Menschenwürde zu identifizieren ist.

Die folgenden Ausführungen sind daher zunächst der Frage gewidmet, jene theologiegeschichtliche ‚Lücke' zwischen der praktischen Philosophie Kants einerseits und der gegenwärtigen Revitalisierung der Theologie der Menschenwürde andererseits zu schließen. Es soll erhellt werden, warum die Begriffe der Christlichen Freiheit und der Menschenwürde in der protestantischen Theologie des 19. und 20. Jahrhunderts selbst bei kantianisierenden Theologen als Konkurrenten aufgefasst werden und aus welchen Gründen diese Konkurrenz überwunden werden konnte. Diese theologiegeschichtliche Rückfrage vollzieht sich mit Interesse an einer Vertiefung der einleitend angeführten Gegenwartsfragen. Denn es besteht die Vermutung, dass sich aus den damaligen Diskursen religiöse Merkmale zur Anreicherung desjenigen Begriffs der Christlichen Freiheit ermitteln lassen, der als Leitkategorie des

---

[20] Ebd.
[21] Ebd.
[22] A. a. O., Rn. 20.
[23] A. a. O., Rn. 21.
[24] Vgl. zuletzt EILERT HERMS, Menschenwürde, in: Zeitschrift für evangelisches Kirchenrecht 49 (2004), 121–146.

Protestantismus gilt und der geeignet ist anzuzeigen, wie in dieser Perspektive der notwendige Übergang von Menschenwürdegarantie zu Menschenwürdegewissheit theologisch bestimmt werden kann.

I. Theologiegeschichtliche Betrachtungen zur Rivalität der Begriffe Christliche Freiheit und Menschenwürde

1. „Menschenwürde" in der Weimarer Reichsverfassung

In den begriffsgeschichtlichen Studien zur Menschenwürde[25] wird in der Regel nicht beachtet, dass der Begriff auch in der Weimarer Reichsverfassung von 1919 vorkommt, freilich in charakteristischer Abweichung.[26] Er ist zwar ebenfalls Bestandteil der „Grundrechte und Grundpflichten der Deutschen", hat aber nicht den systematischen Rang, der ihm im Grundgesetz zukommt. Das hängt auch damit zusammen, dass der Grundrechtskatalog von Weimar das Verfassungsrecht gar nicht einleitet, sondern als zweiter Hauptteil am Ende der Verfassung zu stehen kommt, der dafür aber breit, nämlich in fünf Abschnitten („Einzelperson", „Gemeinschaftsleben", „Religion und Religionsgesellschaften", „Bildung und Schule", „Wirtschaftsleben") entfaltet ist.[27] Der Grund dafür ist die Tatsache, dass der erste Verfassungsentwurf von Hugo Preuß (1860–1925) gar keinen Grundrechtskatalog enthielt. Er ist erst im Zuge der Beratungen der Nationalversammlung in den Verfassungstext eingearbeitet worden. Der Begriff der Menschenwürde kommt darin nicht in dem Abschnitt über „Die Einzelperson" zu stehen, sondern erst im 5. Abschnitt, der das „Wirtschaftsleben" regelt. Dort heißt es: „Die Ordnung des Wirtschaftslebens muss den Grundsätzen der Gerechtigkeit mit dem Ziele der Gewährleistung eines menschenwürdigen Daseins für alle entsprechen. In diesen Grenzen ist die wirtschaftliche Freiheit des Einzelnen zu sichern" (Art. 151 Abs. 1). Im Grundrechtskatalog der Weimarer Reichsverfassung begegnet der Begriff also im Zusammenhang der „Grundrechte sozialen Inhalts"[28]. Eine Analyse der Debatten im Verfassungsausschuss der

---

[25] Zur Begriffsgeschichte vgl. VIKTOR PÖSCHL/PANAJOTIS KONDYLIS, Art. Würde, in: Geschichtliche Grundbegriffe. Historisches Lexikon zur politisch-sozialen Sprache in Deutschland, Bd. VII, hg. von O. BRUNNER u. a., Stuttgart 1992, 637–677; CHRISTIAN STARCK, Art. Menschenwürde, in: Staatslexikon Bd. III, Freiburg i. B. [7]1987, Sp. 1118–1121; WOLFGANG SCHILD, Art. Würde, in: Handwörterbuch zur deutschen Rechtsgeschichte, 1. Bd. V, Berlin 1998, Sp. 1539–1545; Vgl. ROLF-PETER HORSTMANN, Art. Menschenwürde, in: Historisches Wörterbuch der Philosophie Bd. V, Darmstadt 1980, Sp. 1123–1127.

[26] Vgl. HAGEN SCHULZE, Weimar. Deutschland 1917–1933, Berlin 1994, 90–95.

[27] Vgl. WILLIBALT APELT, Geschichte der Weimarer Verfassung, München/Berlin 1964, 106–110.

[28] A. a. O., 351.

Nationalversammlung legt rasch den politischen und weltanschaulichen Hintergrund der Menschenwürde-Formulierung und den Kompromisscharakter des Grundrechtskatalogs insgesamt frei. In diesen Kompromiss sind christlich-nationale, liberale und sozialdemokratische Vorstellungen eingegangen[29] und auch in der Formel vom „menschenwürdigen Dasein" ist dieser Kompromiss erkennbar. Vorausgegangen waren hitzige Debatten zwischen den Liberalen und den Vertretern der sozialdemokratischen Parteien. Jene wollten es bei der Formulierung der klassischen Abwehrrechte gegenüber der staatlichen Macht belassen, während das Zentrum und vor allem die Sozialdemokratie auf verfassungsrechtliche und politische Begrenzung, ja auf die Aufhebung der wirtschaftlichen Freiheit zielten. Bei der Suche nach dem Kompromiss wirkten für die Mehrheitssozialisten der Staatsrechtler Hugo Sinzheimer (1875–1945)[30], die Vertreter des Zentrums und der Vorsitzende des Grundrechte-Unterausschusses, der Theologe Friedrich Naumann (1860–1919, DDP), zusammen. Dieser hatte schon frühzeitig, im Zuge der Beratungen des ersten Verfassungsentwurfes, gefordert, dass der in die Verfassung aufzunehmende Grundrechtskatalog den neuen politischen, ökonomischen und sozialen Gegebenheiten angepasst sein müsse. Dabei komme es insbesondere darauf an, das individualistische Staatsrecht zu überwinden und es durch eine bewusste Rezeption des sozialistischen Menschenbildes an die neuen Herausforderungen anzupassen.[31] „Das neue soziale Grundrecht"[32] solle die im 19. Jahrhundert durch die Industrialisierung und den Hochkapitalismus bewirkten sozialen Probleme lösen helfen. In diesem Sinne werden die Verhandlungen im Ausschuss geführt und aus Sinzheimers Begründung der im Ausschuss erstellten Vorlage[33] für das Nationalversammlungsplenum geht hervor, dass die „Gewährleistung eines menschenwürdigen Daseins" insbesondere die „soziale Funktion"[34] der Freiheit im Verfassungsrecht verankern soll.

---

[29] „So ist [...] nach der Weimarer Verfassung für das Vereins- und Versammlungsrecht das Wertsystem des liberalen Individualismus als maßgebend bestimmt; das marxistisch-sozialistische Dogma beherrscht verfassungsgesetzlich weitgehend das Recht der Bodenverteilung und der Bodennutzung sowie der Gemeinwirtschaft; die christlich-nationale Grundanschauung liegt dem Art. 113 über Minderheitenrecht zugrunde" (HANS GERBER, Die weltanschaulichen Grundlagen des Staates, Stuttgart 1930, 19f.).

[30] Dr. Hugo Daniel Sinzheimer (1875–1945) war im Verfassungsausschuss der Deutschen Nationalversammlung wesentlich an der Ausarbeitung der Wirtschaftsverfassung beteiligt.

[31] Vgl. Berichte und Protokolle des Achten Ausschusses über den Entwurf einer Verfassung des Deutschen Reiches, Berlin 1920, 181. Zu Naumanns Wirken im Verfassungsausschuss vgl. DIETER BEESE, Staatsbekenntnis und Volkskatechismus. Friedrich Naumann und die Weimarer Reichsverfassung, in: G. BRAKELMANN/N. FRIEDRICH/T. JÄHNICHEN (Hg.), Auf dem Weg zum Grundgesetz. Beiträge zum Verfassungsverständnis des neuzeitlichen Protestantismus, Münster 1999, 30–45.

[32] Ebd.

[33] Vgl. HEINRICH TRIEPEL, Quellensammlung zum Deutschen Reichsstaatsrecht, Tübingen ⁵1931, 6–44.

[34] Verhandlungen der verfassunggebenden Nationalversammlung Bd. 328, 1748.

Dieser Ansatz wird in drei Richtungen durchgeführt. Unter dem Stichwort „Sicherung und Regulierung der wirtschaftlichen Einzelbetätigung" werden zunächst die Grenzen der Vertragsfreiheit bestimmt, in der Gestaltung des Erbrechtes der grundsätzliche Anteil des Staates am Erbgut sichergestellt und die Möglichkeit zur Verstaatlichung der Produktionsmittel verankert. Sodann wird „die Arbeitskraft als besonderes Rechtsgut ausgesondert"[35] und das Arbeitsrecht als ein reichseinheitliches Rechtsgebiet etabliert. Es umfasst Bestimmungen zum Arbeitsschutz, zur Koalitionsfreiheit, zur Pflicht zur und zum Recht auf Arbeit. Die politisch brisantesten Folgerungen verbinden sich mit der Wirtschaftsverfassung, die ein System von Wirtschafts- und Arbeiterräten vorsieht, die die Produktions- und Arbeiterinteressen miteinander ausgleichen sollen.

Der Begriff der Menschenwürde erhält also erstmals Verfassungsrang im Zusammenhang der Begrenzung der formalen Freiheit an ihren materiellen Voraussetzungen, die für alle Teilnehmer am Wirtschaftsleben gleichermaßen gelten sollen. Er begründet eine soziale Schutzfunktion. Von der der Menschenwürde innewohnenden Freiheit ist hier nicht – oder nur indirekt – die Rede. Die Subjektsqualität wird vor allem über ihre sozialen und ökonomischen Voraussetzungen thematisch. Menschenwürde formuliert ein soziales Abwehrrecht gegen die wirtschaftliche Freiheit des Einzelnen und den Anspruch auf staatliche Fürsorge. Die Formel vom menschenwürdigen Dasein ist – wie Ernst Rudolf Huber (1903–1990) formuliert – die „Generalklausel" für das „Weimarer Sozialstaatsprogramm"[36]. Carl Schmitt (1888–1985) spricht zugespitzt von den „sozialistischen Rechten des einzelnen auf positive Leistungen des Staates"[37] und macht mit seiner Formulierung auf den weltanschaulichen und politischen Hintergrund dieser Bestimmung aufmerksam.

2. Der Begriff der Menschenwürde im sozialen Protestantismus der zwanziger Jahre

Innerhalb der sozialprotestantischen Diskurse der zwanziger Jahre über die Gestaltung der Wirtschaftsordnung ist diese sozialstaatliche Begründungsfunktion des Begriffs der Menschenwürde noch deutlich spürbar. Reichsgerichtspräsident Walter Simons (1861–1937) benutzt in seiner Eröffnungsansprache des evangelisch-sozialen Kongresses von 1926, dessen Präsident er in den zwanziger Jahren war, die Menschenwürdeformel in einer Weise, die seinen Rang als sozialethische Norm ebenso zu erkennen gibt wie die Tatsache, dass in ihm unterschiedliche ideengeschichtliche Traditionsströme zusammenflie-

---

[35] A.a.O., 1749.
[36] Ernst Rudolf Huber, Deutsche Verfassungsgeschichte seit 1789 Bd. VI, Stuttgart 1981, 1030.
[37] Carl Schmitt, Verfassungslehre, Berlin ⁸1993, 169.

ßen: „Wir heißen jede wahrhaft soziale Tätigkeit willkommen, die von dem Standpunkt des Evangeliums aus geht, d. h. von der rückhaltlosen Nächstenliebe und der allgemeinen Menschenwürde, mag sie konfessionell gefärbt sein wie immer sie will, mag sie den Klassenkampf verurteilen oder verlangen"[38]. An dieser Formulierung wird deutlich, dass unter den Begriff der Menschenwürde christliche *und* säkulare Humanitätsideale subsummiert werden können. Der auf Sozialstaatlichkeit abstellende Charakter des Begriffs wird dann insbesondere von den Religiösen Sozialisten stark gemacht. So kleidet Georg Wünsch (1887–1964) seine Kapitalismuskritik in die Frage, „ob der Kapitalismus im Stande ist, die wesensnotwendige Aufgabe der Wirtschaft zu erfüllen, nämlich die nach dem Maßstabe des menschenwürdigen Daseins notwendigen materiellen Bedarfsgüter für alle zu schaffen'"[39]. Die wirtschaftsethische Funktion des Menschenwürdebegriffs hat während der Weimarer Zeit und im Widerstand gegen den Nationalsozialismus bei der Ausarbeitung des Konzepts der Sozialen Marktwirtschaft eine erhebliche Rolle gespielt. In diesem Sinne formuliert in der Zeit nach dem Zweiten Weltkrieg der Berliner Bischof Otto Dibelius (1880–1967) im Blick auf die künftige Wirtschaftsordnung, „dass die Menschenwürde des Arbeiters respektiert wird, weil nach Gottes willen die Arbeit um des Menschen willen da ist und nicht der Mensch um der Arbeit willen."[40] Bei der letzten Formulierung handelt es sich um ein doppeltes indirektes Zitat, dessen Verwendung auf eine ältere Tradition des Gebrauchs des Menschenwürde-Theorems verweist. Dibelius greift das bekannte Jesus-Logion Mk 2,27[41] auf, um ein bekanntes Diktum des Berliner Systematischen Theologen Julius Kaftan (1848–1926) zu variieren, der mit ihm das Verhältnis der christlichen Religion zur Wirtschaftsordnung für den liberalen Protestantismus bestimmt hatte: „die Wirtschaftsordnung ist um des Menschen und nicht der Mensch um der Wirtschaftsordnung willen gemacht".[42]

---

[38] WALTER SIMONS, Eröffnungsansprache des evangelisch-sozialen Kongresses von 1926, in: Die protestantischen Wurzeln der Sozialen Marktwirtschaft. Ein Quellenband, hg. von GÜNTER BRAKELMANN und TRAUGOTT JÄHNICHEN, Gütersloh 1994, 232.
[39] GEORG WÜNSCH, Wirtschaftsethik (1932), in: Die protestantischen Wurzeln der Sozialen Marktwirtschaft. Ein Quellenband, hg. von GÜNTER BRAKELMANN/TRAUGOTT JÄHNICHEN, Gütersloh 1994, 281.
[40] OTTO DIBELIUS, Christentum und Wirtschaftsordnung (1947), in: Die protestantischen Wurzeln der Sozialen Marktwirtschaft. Ein Quellenband, hg. von GÜNTER BRAKELMANN/TRAUGOTT JÄHNICHEN, Gütersloh 1994, 371.
[41] „Der Sabbat ist um des Menschen willen gemacht und nicht der Mensch um des Sabbats willen" (nach der Luther Übersetzung, 2017).
[42] JULIUS KAFTAN, Christentum und Wirtschaftsordnung, in: Bericht über die Verhandlungen des Vierten Evangelisch-sozialen Kongresses, abgehalten am 1. und 2. Juni, Berlin 1893, 12–34, 33.

3. Die Aneignung des Begriffs der Menschenwürde auf dem Evangelisch-sozialen Kongress

Das Kaftan-Zitat und die Koalition, die im Verfassungsausschuss den Eintrag des Menschenwürdebegriffs in die Reichsverfassung durchgesetzt hatte, verweisen zurück auf die Debattenlage des 19. Jahrhunderts. Für den Protestantismus ist es der Name Friedrich Naumanns, der zu demjenigen Forum führt, auf dem sich der soziale Protestantismus den gesellschaftlichen Auswirkungen der kapitalistischen Ökonomie gestellt hatte: der evangelisch-soziale Kongress, der seit 1890 jährlich tagte und wo die damals führenden Vertreter von Theologie und Nationalökonomie die sozialen Probleme der Zeit diskutierten. Und hier ist es Julius Kaftan, der erstmals den Begriff der Menschenwürde in programmatischer Absicht verwendet. Bei seinem Kongressbeitrag von 1893 *Christentum und Wirtschaftsordnung* handelt es sich um die erste *theologische* Besinnung auf die ethischen Grundlagen des modernen Wirtschaftens. In diesem Zusammenhang greift Kaftan den Menschenwürdebegriff auf, interpretiert ihn aus der Perspektive der liberalprotestantischen Dogmatik, baut ihn als sittlichen Maßstab zur Beurteilung der Wirtschaftsordnung auf und konkretisiert ihn im Blick auf bestimmte Missstände.[43] Interessant ist, dass Kaftan offensichtlich davon ausgeht, dass der Begriff der Menschenwürde außerhalb des christlichen Denkens geprägt ist, aber von der „natürliche(n) unverlierbare(n) Gottesebenbildlichkeit" oder vom „Ewigkeitsgehalt des christlichen Glaubens" auch christlich begründet werden kann. Diese ausführliche Begründung hatte Kaftan in seinem apologetischen Hauptwerk *Die Wahrheit der christlichen Religion* vorgelegt. Im Zuge der Erörterung der religiösen und sittlichen Merkmale des christlichen Reich-Gottes-Begriffs kommt er auf das Verhältnis der humanen Vernunft zum Glauben zu sprechen und formuliert, dass die „Ideen von der Menschenwürde und Achtung der Person"[44] sittlich nur wirksam werden können, wenn sie sich mit der christlichen Anthropologie verbänden. Ohne diese christlich-religiösen Antriebskräfte bliebe es – wie Kaftan schreibt – bei der „Frage von der Menschenwürde".[45] Offensichtlich ist er der Auffassung, dass die „Menschenwürde" zwar vernünftig begründet werden kann, für ihre kulturelle Geltung in der sittlichen Praxis aber auf die durch das Christentum bereitgestellten religiösen Impulse angewiesen ist.[46] Kaftans offensichtliches

---

[43] „Wohl aber ist es notwendig, dass wir die Missbräuche abthun, die den Grundsatz von der Menschenwürde verletzen" (a. a. O., 34).

[44] JULIUS KAFTAN, Die Wahrheit der christlichen Religion, Basel 1889, 544.

[45] Ebd. In der Schrift Das Wesen der christlichen Religion, Basel ²1888 dagegen fehlt am gleichen systematischen Ort der Hinweis auf die Menschenwürde.

[46] Schon bei Kaftans theologischem Lehrer Albrecht Ritschl (1822–1889) findet sich eine ähnlich gestufte Verwendung des Begriffs der Menschenwürde, wobei Ritschl mit seiner theologischen Hochschätzung der Rechtsidee für die Theologie des 19. Jahrhunderts nicht repräsentativ ist. Für Ritschl verbindet sich mit der „Achtung vor der Menschenwürde" der basale Akt der

Vermittlungsinteresse zwischen dem christlichen Glauben und der Vernunftidee der Menschenwürde lässt darauf schließen, dass jenseits der Vermittlungsabsicht ein Konkurrenzverhältnis zwischen den mit den unterschiedlichen Begriffen bezeichneten Menschenbildern vorliegt.

Dieses Konkurrenzverhältnis deutet sich auch in der Debatte, die sich an Kaftans Vortrag anschließt, an.[47] Liberale Theologen wie Friedrich Naumann oder Adolf Harnack (1851–1930) greifen zwar die Idee der sittlichen Persönlichkeit als wirtschaftsethischen und sozialpolitischen Maßstab zustimmend auf, verwenden aber nicht den Begriff der Menschenwürde, sondern benutzen Äquivalente wie „ewige[r] Wert"[48] der einzelnen Person oder sprechen von der „christliche[n] Lehre vom Heil der einzelnen Seele"[49].

4. „Menschenwürdiges Dasein" als sozialdemokratische Programmformel

Ein wesentlicher Grund für die Distanz zum Begriff der Menschenwürde war seine Bedeutung innerhalb der Programmatik der damals erstarkenden Sozialdemokratie, der die evangelisch-soziale Bewegung das Monopol bei der Bearbeitung der Sozialen Frage entwinden wollte, um auf der Basis des *bestehenden* politischen Systems und seiner *sittlichen Grundlagen* zu sozialpolitischen Verän-

---

vom Recht geforderten „negativen Achtung" des Anderen (ALBRECHT RITSCHL, Unterricht in der christlichen Religion. Studienausgabe nach der 1. Auflage von 1875 nebst den Abweichungen der 2. und 3. Auflage, hg. von Christine Axt-Piscalar, Tübingen 2002, § 66, 89 f.; vgl. a. a. O., § 73, 97), die vor allem in der Anerkennung seiner Personhaftigkeit und in der „Schonung aller Arten von Eigentum der anderen" (a. a. O., § 73,97) besteht. Da diese „negative Achtung" aber bloß in einer „vollständigen Gleichgültigkeit gegen die anderen geübt werden" (ebd.) kann, besteht die besondere Aufgabe der christlich geprägten Sittlichkeit darin, auf der Basis der Menschenwürde das Bewusstsein der „liebevolle[n] Achtung der anderen" (ebd.) aufzubauen, d. h. die „berechtigten Zwecke der anderen" (§ 74, 98) positiv zu unterstützen. Die ethisch-religiöse Überbietung der bloßen Achtung der Menschenwürde besteht danach in der Anerkennung des Wertes der Gemeinschaft mit dem Anderen, die durch gemeinsame Zwecke bestimmt ist (vgl. § 73, 97 f.), die aber – anders als auf der Ebene des Rechts – nicht mehr auf der Basis von Gegenseitigkeit konstituiert, sondern uneigennützig sind. Denn solche „Liebespflichten" fordern „Dienstfertigkeit durch persönliche Leistungen" (§ 74, 99), „Wohltätigkeit durch Mitteilung von Eigentum" (ebd.) und „Wahrhaftigkeit durch Mitteilung von Wissen" (ebd.). Der Begriff der Menschenwürde ist bei Ritschl reserviert zur Beschreibung der sittlichen Dimension des Rechts, gilt darin aber nur (aber immerhin) als Vorstufe der christlichen Ethik. Darüber hinaus kann Ritschl den Begriff der Menschenwürde synonym für den Begriff der Humanität verwenden (vgl. ALBRECHT RITSCHL, Die christliche Lehre von der Rechtfertigung und Versöhnung, Bd. III: Die positive Entwickelung der Lehre, Bonn [4]1895, 187).

[47] Vgl. zu Vortrag und Diskussion die Darstellung von TRAUGOTT JÄHNICHEN, Die Debatte um Christentum und Wirtschaftsordnung, in: Protestantische Wirtschaftsethik und Reform des Kapitalismus, hg. von KLAUS HEIENBROCK u. a., Bochum 1991, 18–24.

[48] FRIEDRICH NAUMANN, Christentum und Wirtschaftsordnung, in: Gesammelte Werke Bd. 1: Religiöse Schriften, Köln 1964, 334–340, 339.

[49] FRIEDRICH NAUMANN, Christlich-sozialer Geist, in: DERS., Gesammelte Werke Bd. 1: Religiöse Schriften, Köln 1964, 322–334, 326.

derungen zu gelangen. Faktisch war das weltanschauliche und politische Verhältnis zur Sozialdemokratie Dauerthema des Evangelisch-sozialen Kongresses. Um dieses Verhältnis war es nicht gut bestellt, denn die Sozialdemokraten befanden sich auf strikt antichristlichem Kurs, wie das folgende Zitat ihres Führers August Bebel (1840–1913) belegt. „Das Christentum ist freiheits- und kulturfeindlich"[50], so stellt Bebel fest und fährt fort: „[...] während das Volk nach menschenwürdiger Existenz und dem Ertrage seiner Mühe und Arbeit strebt und verlangt, predigen [...] [die Priester] ihm die Zufriedenheit und vertrösten es auf den Himmel, sie selbst aber leben in Herrlichkeit und Freude und genießen die Früchte der Arbeit anderer."[51] Dem Selbstverständnis christlicher Theologen strikt entgegen wurde dem Christentum jedwede kulturproduktive Bedeutung abgesprochen: „Das Gute, das während der Herrschaft des Christentums entstanden, *gehört ihm nicht*, und das viele Üble und Schlimme, das es gebracht, *das wollen wir nicht*, das ist, mit zwei Worten, unser Standpunkt. [...] Christentum und Sozialismus stehen sich gegenüber wie Feuer und Wasser."[52]

Solche Aussagen machen immerhin verständlich, dass die Vertreter des lutherischen Konservatismus – wie etwa Hofprediger Adolf Stöcker (1835–1909) – in ihrem Bestreben nicht müde wurden, die evangelisch-soziale Bewegung auf strikt anti-sozialdemokratischen Kurs zu bringen.[53] Und aus dem Bebelzitat wird zudem deutlich, dass der Begriff des „menschenwürdigen Daseins" als Kristallisationspunkt der sozialdemokratischen Forderung nach sozialer und politischer Emanzipation der Arbeiter fungierte. Bereits im *Kommunistischen Manifest* von 1848 sprechen Karl Marx und Friedrich Engels davon, dass die Herrschaft des ökonomischen Systems der Bourgeoisie dazu geführt habe, dass „die Persönliche Würde [des Menschen] in den Tauschwert aufgelöst und an die Stelle der zahllosen verbrieften und wohlerworbenen Freiheiten die *eine* gewissenlose Handelsfreiheit gesetzt"[54] worden sei. Der entfesselte Kapitalismus habe genau das bewirkt, wogegen Kant sich im Blick auf die Würde des Menschen gewehrt habe, nämlich ihre Konvertierung in einen am Arbeitsmarkt orientierten Wert. Dementsprechend forderte Arbeiterführer Ferdinand Lassalle (1825–1864), dass es die Aufgabe des Staates sei, „die kummervolle und not-

---

[50] AUGUST BEBEL, Christentum und Sozialismus. Eine religiöse Polemik zwischen Herrn Kaplan Hohoff in Hüffe und A. Bebel (1873/1874), in: DERS., Ausgewählte Reden und Schriften Bd. I, München 1995, 281–299, 294.

[51] A.a.O., 298.

[52] A.a.O., 297f.

[53] Vgl. Bericht über die Verhandlungen des Ersten Evangelisch-sozialen Kongresses, abgehalten zu Berlin vom 27.–29. Mai 1890 (nach den stenographischen Protokollen), Berlin 1890, darin z. B. die Beiträge von Hofprediger Adolf Stöcker (6), Graf von Hagen (8), Generalsuperintendent Dr. Schultze (35 f.).

[54] KARL MARX/FRIEDRICH ENGELS, Manifest der kommunistischen Partei (1848) Berlin 1984, 48.

beladene materielle Lage der arbeitenden Klassen zu verbessern [...] und [...] ihnen zu einem wahrhaft menschenwürdigen Dasein zu verhelfen"[55]. Darunter verstand man freilich nicht allein die Herstellung sozialer Mindeststandards, sondern auch die Möglichkeit zur umfassenden Bildung. Dazu traten die Forderung nach weitreichender Demokratisierung der politischen und ökonomischen Ordnung und weitere, wie etwa die der Emanzipation der Frau.[56]

Da man ebendiese Konsequenzen der sozialdemokratischen Forderungen nicht teilte, verhielt man sich im Protestantismus dem Begriff der Menschenwürde gegenüber spröde. Man vertraute dem paternalistischen Machtstaat und seinen subsidiären Einrichtungen der Wohlfahrtspflege die Lösung der sozialen Frage an. Sie besteht darin, die materiellen Voraussetzungen für die Wahrnehmung der Freiheit durch die Einzelnen herzustellen. Subjekt dieser Freiheit ist die einzelne sittliche Persönlichkeit. Für ihre Bildung werden ökonomische Rahmenbedingungen veranschlagt, die „menschenwürdig" zu sein haben. „Menschenwürde" ist hier aber nicht mehr als ein *soziales* Merkmal im Begriff der sittlichen Persönlichkeit. Sie begründet hingegen *nicht* die emanzipative Forderung nach gesellschaftlicher oder politischer Freiheit. Diese Dimension wird als Abkehr von der lutherischen Sozialidee, als Konkurrenz zum nationalkonservativen Kaisertum und als unvereinbar mit dem Inhalt der christlichen Freiheitsidee empfunden: Der sittlichen Persönlichkeit, die ihren Wert in sich trägt, weil sie ihn von Gott her empfangen hat. Die christliche Freiheit entfaltet sich nicht in einer demokratischen Gesellschaftsordnung, sondern – so Friedrich Naumann noch 1893 – im „Innenleben, dem Kernpunkt des Christentums, dass der Mensch inmitten aller Socialpolitik stille wird vor Gott und seine Sachen ansieht sub specie aeternitatis."[57]

5. Der Konkurrenzbegriff: Christliche Freiheit als unendlicher Wert der Menschenseele

Tatsächlich artikuliert sich die *Christliche Freiheit* in dieser Zeit in der Formel vom sittlichen Wert der Persönlichkeit bzw. der vom „unendlichen Wert der Menschenseele" und diese ist zugleich der Konkurrenzbegriff zu der als sozialistisch imprägniert empfundenen Menschenwürde. Im liberalen Protestantismus wird der Begriff über die Kant-Deutung Hegels aufgebaut, weil diese die Rückbindung der Vernunftidee der Freiheit an die religiöse Dogmatik ermög-

---

[55] FERDINAND LASSALLE, Arbeiter-Programm, in Gesammelte Schriften und Reden Bd. II, hg. von EDUARD BERNSTEIN, Berlin 1919, 145–202, 173.

[56] Vgl. AUGUST BEBEL, Unsere Ziele. Eine Streitschrift gegen die „Demokratische Correspondenz", in: DERS., Ausgewählte Reden und Schriften Bd. I, München 1995, 58–116, 78f.

[57] Bericht über die Verhandlungen des Vierten Evangelisch-sozialen Kongresses, abgehalten zu Berlin am 1. und 2. Juni 1893 (nach den stenographischen Protokollen), Berlin 1893, 34–39, 39.

lichte. Kant hatte den Kern der Menschenwürde in der Anlage und Bestimmung des Menschen zum Gebrauch der Freiheit gesehen und sie deshalb unter ein unbedingtes Achtungsgebot gestellt. Danach kann die Selbstzweckhaftigkeit des Menschen „sich selbst für keinen Preis weggeben".[58] Die Würde des Menschen steht außerhalb jeder Konvertierbarkeit und kann daher nicht in den Kategorien von Tausch oder Verrechnung begriffen werden. Die Würde ist ein Wert, „der keinen Preis hat".[59] Sie repräsentiert einen „unbedingten, unvergleichbaren Wert".[60]

Während Kant die Begriffe „Würde" und „absoluter Wert" synonym verwendet und diesen Gedanken durch die Vernunft begründet und in Geltung gesetzt sieht, erfolgt die für unseren Zusammenhang entscheidende Weichenstellung durch Hegel. Dieser nimmt zwar die vernunfttheoretische Begründung der menschlichen Würde auf[61], kritisiert aber die Theorie Kants als bloß formal[62] und ergänzt die in seinen Augen dort bloß als subjektiv vorgestellte Moralität um die Stufe der Sittlichkeit. Diese sei erst dort erreicht, wo die formale Möglichkeit zur vernünftigen Selbstbestimmung[63] vermittelt ist mit dem vorgegebenen sittlichen Kontext und diese Vermittlung vom Einzelnen auch selbst vollzogen wird. Die Würde wird verwirklicht in der wechselseitigen Zuschreibung und vernünftigen Aneignung von sittlichen Gehalten. Das gilt auch für die Idee der Würde selbst. Ihre Geltung ist also abhängig von kulturellen Bedingungen, die ihre sittliche Substanzhaftigkeit begründen. Für Hegel besteht nun die *historische* Leistung des Christentums darin, das kulturelle Bewusstsein von der Würde der individuellen Persönlichkeit aufgebaut zu haben. Indem Hegel die Genese dieser Idee mit der kulturellen Mächtigkeit des Christentums identifiziert, kommt es zu einer semantischen Umstellung. Er ersetzt den Begriff der Würde durch das metaphysische Prädikat der Unendlichkeit, das wiederum auf den geschichtlichen Entdeckungszusammenhang verweist. „Diese Idee ist durch das Christentum in die Welt gekommen, nach welchem das Individuum als solches einen unendlichen Wert hat, indem es, Gegenstand und Zweck der Liebe Gottes, dazu bestimmt ist, zu Gott als Geist ein absolutes Verhältnis, diesen Geist in sich wohnen zu haben, d. i. daß der Mensch an sich zur höchsten Freiheit bestimmt ist."[64] Die

---

[58] IMMANUEL KANT, Metaphysische Anfangsgründe der Tugendlehre, hg. von B. LUDWIG, Hamburg 1990, § 38.
[59] A. a. O., § 37.
[60] IMMANUEL KANT, Grundlegung zur Metaphysik der Sitten, Hamburg 1965, 59.
[61] Vgl. GEORG FRIEDRICH WILHELM HEGEL, Grundlinien der Philosophie des Rechts (1821), Hamburg ^{4}1967, § 21.
[62] Vgl. a. a. O., § 137.
[63] Vgl. a. a. O., § 131.
[64] GEORG FRIEDRICH WILHELM HEGEL, Enzyklopädie der philosophischen Wissenschaften (1830), Hamburg ^{8}1991, § 482, 388.

Familie, die bürgerliche Gesellschaft, das Recht und der moderne Staat stellen diejenigen sittlichen Güter dar, in denen sich das „Prinzip der selbständigen in sich unendlichen Persönlichkeit des Einzelnen"[65] verwirklicht.

Für die protestantische Theologie und ihr Konzept der christlichen Freiheit war Hegels Theorie der sittlichen Substanz doppelt attraktiv, nicht nur, weil sie gute Munition im geschichtsphilosophischen Legitimationsdiskurs gegen den Sozialismus lieferte. Zunächst kommt die Religion darin als wesentlicher Kulturfaktor von Konstitution und Geltung der sittlichen Persönlichkeit zu stehen. Denn das Christentum geht für Hegel in seiner kulturhistorischen Bedeutung, die Idee des unendlichen Wertes des Individuums entbunden zu haben, nicht auf. Vielmehr weist Hegel der Religion die Funktion zu, für das jeweilige gesellschaftliche Gelten der sittlichen Substanz zu sorgen. Weiter verknüpfte man diesen Aspekt – freilich unter Überspringung der systematischen Bedeutung des Rechtsbegriffs bei Hegel[66] – mit der klassischen reformatorischen Sozialidee, so konnten der vorfindliche Staat und die jeweilige gesellschaftliche Stellung des Einzelnen als diejenigen sittlichen Substanzien ausgewiesen werden, die das Material zur individuellen Selbstbestimmung offerieren. Daran – so war die Vorstellung – bleibt der Einzelne gebunden, und dies weitgehend unabhängig davon, wie diese konkreten Bedingungen gestaltet sind. Der Gedanke, dass das religiöse Potenzial der sittlichen Persönlichkeit in Menschen-, Grund- und Bürgerrechtskatalogen unter Umständen auch *gegen* die womöglich repressive Macht des Staates oder der entfesselten Ökonomie zur Geltung zu bringen sei – wie man es im Linkshegelianismus ausdrücklich forderte – wurde verworfen. Die im göttlichen Geist mitgeteilte Freiheit war eine Freiheit von der Natur und eine Freiheit von den geist-losen Anteilen des humanen Lebens. Sie bildete eine Sphäre der religiösen Bildung, die vor allem *gegen* die Gefährdungen des Individuums in Ökonomie und Gesellschaft *kontrafaktisch* in Stellung gebracht wurde.

Diese dominante Kontrafaktizität der *Christlichen Freiheit* wird an Albrecht Ritschls Theologie exemplarisch deutlich. Er rekonstruiert die Funktion der Religion innerhalb des metaphysischen Gegensatzes von Natur und Geist. Danach wird in der Religion die Selbstunterscheidung des Menschen von der Natur vollzogen und das individuelle Bewusstsein von einem höheren Wert des geistigen Lebens aufgebaut, das den empirischen Gegebenheiten in Natur, Geschichte und Gesellschaft entnommen und von ihnen nicht nur nicht bestimmt wird, sich ihnen gegenüber vielmehr selbst bestimmen kann.

---

[65] GEORG FRIEDRICH WILHELM HEGEL, Grundlinien der Philosophie des Rechts (1821), Frankfurt am Main ⁵1996 (Werke 7), § 186.
[66] Vgl. dazu HORST FOLKERS, Subjektivität und Recht – eine Skizze im Durchgang durch die Rechtsphilosophie, in: Subjektivität im Kontext, hg. von DIETRICH KORSCH und JÖRG DIERKEN, Tübingen 2004, 163–174.

„Die religiöse Weltanschauung ist in allen ihren Arten darauf gestellt, dass der menschliche Geist sich in irgendeinem Grade von den ihn umgebenden Erscheinungen und auf ihn eindringenden Wirkungen der Natur an Werth unterscheidet"[67]. Das metaphysische Merkmal der „Unendlichkeit" wird im Zuge der religiösen Bestimmung des Begriffs der sittlichen Persönlichkeit von Ritschl in die soteriologischen Kategorien der christlichen Dogmatik überformt. Der auf diese Weise gewusste „Wert unseres geistigen Lebens"[68] ist identisch mit dem „Stand der christlichen Freiheit"[69]. Diese wird von Ritschl in doppelter Hinsicht interpretiert: Sie ist einerseits als „negative[ ] Freiheit"[70] Freiheit „von der Schuld und der Macht der Sünde".[71] Als „positive Freiheit"[72] ist sie anderseits „Herrschaft über die Welt"[73], die „in der Übung der religiösen und sittlichen Tugenden und in der durch den sittlichen Beruf geordneten Ausübung der Liebespflichten"[74] zwar ausgeübt wird, aber als *religiöse* Position *geistiger* Freiheit immer in Opposition zum natürlichen und gesellschaftlichen Leben steht.

An Ritschl anknüpfend hat Adolf von Harnack in dem Begriff der Seele, den er wahrscheinlich seiner Augustin-Deutung entnommen hat[75], einen anthropologischen Ort identifiziert, in dem diese religiöse Konstitution der sittlichen Persönlichkeit vollzogen und als solche gewusst wird. Die Seele steht für das Moment der Subjektivität von Religion.[76] Als Seele wissen wir von dieser humanen Bestimmung zur Freiheit. Harnack vertritt keine Seelenmetaphysik. Vielmehr ist die Seele selbst eine religiöse Kategorie. Sie ist die Form, in der sich das Bewusstsein für das übersinnliche, der Welt gegenüber transzendente Ich realisiert. Als Seele ist das Ewige im Menschen gegenwärtig. Sie ist Repräsentantin der Unendlichkeitsdimension des Lebens, das Bewusstsein der überweltlichen Bestimmung des Menschen.

Der anthropologische Begriff der Seele ist als religiöse Kategorie für Harnack daher nicht ohne den Gottesgedanken zu haben. „Gott" und „Seele" sind bei Harnack Korrelatbegriffe.[77] Denn erst in einem persönlichen Verhält-

---

[67] ALBRECHT RITSCHL, Theologie und Metaphysik. Zur Verständigung und Abwehr, Bonn 1881, 7.
[68] RITSCHL, Unterricht in der christlichen Religion, § 59, 81.
[69] A.a.O., § 54, 73f.
[70] Ebd.
[71] Ebd.
[72] Ebd.
[73] Ebd.
[74] A.a.O., § 76, 101.
[75] Vgl. KURT FLASCH, Harnacks Augustin, in: Adolf von Harnack. Christentum, Wissenschaft und Gesellschaft, hg. von KURT NOWAK/OTTO GERHARD OEXLE/TRUTZ RENDTORFF/KURT-VICTOR SELGE, Göttingen 2003, 51–68, 60f.
[76] Vgl. CLAUS-DIETER OSTHÖVENER, Adolf von Harnack als Systematiker, in: Zeitschrift für Theologie und Kirche 99 (2002), 296–331, 310f.
[77] Vgl. ADOLF VON HARNACK, Das Wesen des Christentums, Leipzig ³1900, 22. 41.

nis der Seele zu Gott, die „sich mit ihm zusammenzuschließen vermag und zusammenschließt"[78], wird jener Akt der Transzendenz der natürlichen und gesellschaftlichen Zusammenhänge vollzogen, der zugleich das Bewusstsein der grundsätzlichen Weltüberlegenheit herstellt, sichert und verstetigt, so dass Religion zu einem geistigen Habitus wird.[79] Das personale Gottesverhältnis sichert die *vollständige* Transzendenz der religiösen Position im Gegenüber zur *ganzen* Welt: „Wer zu dem Wesen, das Himmel und Erde regiert, mein Vater sagen darf, der ist damit über Himmel und Erde erhoben und hat selbst einen Wert, der höher ist als das Gefüge der Welt".[80] Dieses ‚im Umweg' über Gott aufgebaute Bewusstsein vom „unendlichen Wert der Menschenseele"[81] bleibt nach Harnack kein spirituelles ‚Für-Sich', sondern wird Maßstab zur Beurteilung und Gestaltung der gesellschaftlichen Sphären, wie Harnack in der ‚Wesensschrift' an den Bereichen Politik und Soziales, Recht und Wirtschaft, Wissenschaft und Kunst deutlich macht.[82] Deren Eigengesetzlichkeit wird zwar bejaht, sie stehen aber als „ideale() Güter"[83] unter der Norm, Raum zur kulturellen Entfaltung des unendlichen Wertes der Menschenseele sein zu sollen. In diesem Sinne hat Harnack gelegentlich auch den Begriff der Menschenwürde verwenden und mit der christlichen Tradition zusammenschließen können.[84]

Im personalen Gottesverhältnis wird die kontraempirische Freiheit gesichert. Die Seele ist das Bewusstsein vom unendlichen Wert des menschlichen Lebens. Diese Freiheit wurde aber primär nicht als Freiheit verstanden, die über ihre *empirische* Entfaltung *individuell* und *kreativ* bestimmen sollte. In religiöser Hinsicht war sie auf Dauer gestellte Selbstwertreflexion, in ethischer Hinsicht Selbstbestimmung unter oft differenzloser Aneignung der oktroyierten sittlichen Vorgaben, seien dies die Anordnungen der Obrigkeit, seien dies die Pflichten im Beruf. In dieser religiösen Spiritualisierung als innerer Selbstwertreflexion erkannte man den spezifisch deutschen Weg der Realisierung der *Christlichen Freiheit*. Die in den naturrechtlich begründeten Demokratien des Westens verwirklichte Freiheit mit ihrer sozialen und politischen

---

[78] A.a.O., 41.
[79] „[D]as Bewusstsein, in Gott geborgen zu sein", „die demütige und stolze Zuversicht, für Zeit und Ewigkeit unter dem väterlichen Schutze zu stehen" (a.a.O., 42).
[80] A.a.O., 43.
[81] Ebd.
[82] Vgl. dazu GÜNTER BRAKELMANN, Adolf Harnack als Sozialpolitiker, in: Was ist Christentum? Versuch einer kritischen Annäherung, hg. von der Evangelisch-Theologischen Fakultät der Ruhr-Universität Bochum, Waltrop 1997, 201–232.
[83] HARNACK, Das Wesen des Christentums, 74.
[84] Vgl. ADOLF VON HARNACK, Reden und Aufsätze Bd. 2, 26: „Kultur, Recht und Menschenwürde"; 38: „Würde des Menschen", „Würde der unsterblichen Seele". In diesem allgemeinen Sinne konnte auch Ernst Troeltsch den Begriff der Menschenwürde verwenden: ERNST TROELTSCH, Der Historismus, Bonn 1922, 706.

Durchlässigkeit dagegen wertete man als Veräußerlichung des wahrhaft Christlichen, das man in den sozialistischen Utopien auf dem Altar der Gleichheit ohnehin geopfert sah. *Diese* Interpretation der Christlichen Freiheit ist es also, die die Idee vom unendlichen Wert der Menschenseele im 19. Jahrhundert in ein Konkurrenzverhältnis zur sozialistisch besetzten Idee der Menschenwürde gebracht hatte.

Umso bedeutsamer und weitsichtiger war es, dass liberale Protestanten wie Kaftan, Wilhelm Herrmann (1846–1922)[85], Naumann und Harnack kritische Differenzierungen zunehmend anbrachten. Indem zwischen den berechtigten sozialpolitischen Zielen der Sozialdemokratie, ihren gesellschaftlichen Utopien und deren materialistischen Voraussetzungen zu unterscheiden begonnen wurde, kam es zu einer Annäherung an die Formel von der Menschenwürde. Diese Aneignung dürfte auch von gesellschaftlichen Diagnosen geleitet gewesen sein: Wegen der *allgemeinen* Folgen, die das freigesetzte wirtschaftliche Handeln zeitigte und wegen der bloß noch partikularen Bedeutung der christlichen Kirchen war es nicht mehr möglich, die ethischen Argumente zur Begründung der ordnungspolitischen Vorschläge allein aus der religiösen Dogmatik abzuleiten. Zudem hatte man inzwischen auch im sozial engagierten Katholizismus begonnen, sich den Menschenwürdebegriff anzueignen.[86]

An Friedrich Naumann kann man dann erkennen, dass diese Rezeption des Begriffs der Menschenwürde schließlich auch zur Aneignung von gesellschafts- und verfassungspolitischen Konsequenzen führte. Mit der Formulierung, dass die Sozialdemokratie „als eine abweichende Erscheinung am Leib der alten Christenheit" und als „die erste große evangelische Häresie"[87] anzusehen sei, hatte er schon frühzeitig eine Nähe auszudrücken versucht. Seine ursprünglichen Reserven gegen den sozialdemokratischen Persönlichkeitsbegriff gibt er nun auf. In der dritten Auflage seiner weit verbreiteten Schrift „Demokratie und Kaisertum" von 1904 streicht er seine Polemik gegen das Naturrecht, gegen das von ihm zuvor als eudämonistisch kritisierte Menschenrechtsdenken und gegen die Demokratien des Westens.[88] Er

---

[85] Vgl. etwa den Kongressbeitrag von WILHELM HERRMANN, Religion und Sozialdemokratie, in: Bericht über die Verhandlungen des Zweiten Evangelisch-sozialen Kongresses abgehalten zu Berlin am 28. und 29. Mai 1891 nach den stenographischen Protokollen, Berlin 1891, 7–25.

[86] Vgl. etwa WILHELM EMMANUEL VON KETTELER, Die Arbeiterfrage und das Christenthum (1862) in: Schriften, Aufsätze und Reden 1848–1866, Mainz 1977, 429 u. ö. oder die Enzyklika *Rerum novarum* (1891) von Papst Leo XIII. (1878–1903). Vgl. dazu ALEXANDER SABERSCHINSKY, Die Begründung universeller Menschenrechte. Zum Ansatz der Katholischen Soziallehre, Paderborn 2002, 67.

[87] Bericht über die Verhandlungen des Vierten Evangelisch-sozialen Kongresses, abgehalten zu Berlin am 1. und 2. Juni 1893 nach den stenographischen Protokollen, Berlin 1893, 34–39, 36.

[88] Vgl. FRIEDRICH NAUMANN, Demokratie und Kaisertum, in: Werke, Bd. II: Schriften zur Verfassungspolitik, bearbeitet von WOLFGANG MOMMSEN, Köln 1964, 351.

fügt ein neues Kapitel „Demokratie als Industriepolitik" ein und begründet die Konvergenz der unterschiedlichen Persönlichkeitsgedanken. Das sozialistische Persönlichkeitsideal vertrete nur eine Variante des liberalen. „Staat und Gesellschaft sind schon ganz anders mit Persönlichkeitsgeist gefüllt als in alten Zeiten. Aus Untertanen sind Staatsbürger geworden. [...] Dieser Gesinnungshintergrund ist auch bei der Sozialdemokratie vorhanden. Mögen auch die Programmformeln so klingen, als käme es auf Persönlichkeitswerte wenig an, [...] es ist doch sicher, daß die Masse bei ihrem politischen Wollen von einem Persönlichkeitsideal vorwärtsgedrängt wird, das der einzelne in sich hat. Der einzelne will menschenwürdig leben! In diesem Begriff ‚menschenwürdig' legt der Arbeiter seine materiellen wie sittlichen Ansprüche hinein."[89] Die politischen und ökonomischen Konsequenzen seiner Einsicht, die sozialdemokratische Formel vom menschenwürdigen Dasein als Fortschreibung der liberalprotestantischen Freiheitsidee zu interpretieren, hat Naumann dann zur Begründung seines Programms einer Wirtschaftsdemokratie weitreichend entfaltet und auch die politischen Ordnungen Nordamerikas und Englands werden von ihm nun *positiv* gewürdigt.

Gelegentlich wird die Arbeit des Evangelisch-sozialen Kongresses als gescheitert bezeichnet.[90] Im Blick auf Naumann wird man aber sagen müssen: Durch die intensive Auseinandersetzung mit der Sozialdemokratie waren er und einige andere liberale Protestanten theologisch vorbereitet auf die Verhandlungen der Nationalversammlung, in der es darum ging, durch politische Kooperation einen Konsens über dasjenige Menschenbild zu erzielen, das der neuen politischen Ordnung zu Grunde liegen sollte. Dass der Protestantismus in seiner Breite den Vernunftrepublikanern wie Naumann, Ernst Troeltsch (1865–1923)[91] oder Harnack[92] *nicht* gefolgt ist, sondern die von der Weimarer Verfassungsordnung ermöglichte Freiheit dazu nutzte, diese mit einem spiritualisierten Verständnis der christlichen Freiheit noch einmal in ein forciertes Konkurrenzverhältnis zu setzen, macht Schwäche und Schuld des deutschen Protestantismus jener Zeit aus.

---

[89] A.a.O., 57.

[90] Vgl. MARTIN H. JUNG, Der Protestantismus in Deutschland von 1870 bis 1945, Leipzig 2002, 71.

[91] Vgl. JOHANN HINRICH CLAUSSEN, Der moderne Protestantismus als politische Theologie der Differenzierung. Das Beispiel der Vernunftrepublikaner Ernst Troeltsch und Thomas Mann, in: Das protestantische Prinzip. Historische und systematische Studien zum Protestantismusbegriff, hg. von ARNULF VON SCHELIHA/MARKUS SCHRÖDER, Stuttgart 1998, 181–199.

[92] Vgl. ANSELM DOERING-MANTEUFFEL, Der Kulturbürger und die Demokratie. Harnacks Standort in der ersten deutschen Republik, in: Adolf von Harnack. Christentum, Wissenschaft und Gesellschaft, hg. von KURT NOWAK/OTTO GERHARD OEXLE/TRUTZ RENDTORFF/KURT-VICTOR SELGE, Göttingen 2003, 37–255.

Der ideengeschichtliche Zusammenhang von christlicher Gottebenbildlichkeitsvorstellung und Menschenwürdekonzept war in den Weltanschauungskämpfen des 19. Jahrhunderts unkenntlich. Die theologiegeschichtliche Analyse zeigt, dass Kants synonymer Gebrauch von „Würde" und „Wert" unter den Bedingungen von Politisierung und Ökonomisierung der Gesellschaft im 19. Jahrhundert ausdifferenziert wird. Der Begriff der Menschenwürde wechselt vorübergehend ins ideenpolitische Arsenal der sozialistischen Bewegung und avanciert zur Leitkategorie einer sozial- und ordnungspolitischen Programmatik, dem das christlich-bürgerliche Lager zunächst ablehnend gegenüber steht. Dagegen wird im liberalen Protestantismus mit der Formel vom unendlichen Wert der Seele die *geistige* Freiheit in den Vordergrund gestellt. Diese Konkurrenz wurde erst sukzessive überwunden. Die Verfassungen von Weimar und Bonn sowie die politischen Umstände, die die Verfassungswerke jeweils bedingten, haben dazu beigetragen, in den Begriff der Menschenwürde die christlichen, naturrechtlichen und sozialistischen Traditionen einfließen zu lassen und aufeinander zu beziehen. In den Begriff der Würde ist der „Glauben an die absolut freie Geistigkeit des menschlichen Subjekts"[93] eingegangen, und die auf diesem Artikel aufruhenden Grundrechte formen die empirische Freiheit des Menschen und Bürgers aus, die nun – endlich – auch theologisch anerkannt werden. Die Menschenwürde begründet dabei nicht nur Eingriffsabwehrrechte gegenüber dem Staat oder gegenüber Dritten, sondern verpflichtet den Staat auch, sich schützend und fördernd für die Realisierung der grundrechtlichen Freiheiten zu engagieren, sich also aktiv zugunsten der materiellen und geistigen Bedingungen für ein menschenwürdiges Dasein einzusetzen.

II. Systematische Erwägungen zur Aktualität der Differenz von Menschenwürde und Christlicher Freiheit: Die religiöse Dimension des Begriffs der Menschenwürde

Auch unter dem Einfluss des Konstitutionsprinzips der Menschenwürde führt der Gebrauch der Freiheit zu Kollisionen und diese Tatsache stellt die Einzelnen, den Gesetzgeber und die Rechtssprechung immer wieder vor die Aufgabe komplexer Abwägungen zwischen Gewährung von Freiheit und Schutz vor der Freiheit Anderer. Die Menschenwürde bildet dabei den Maßstab solcher Abwägungen, der aber seinerseits situationsbezogen angewendet werden muss. Aus dem allgemeinen und absoluten Rechtsanspruch der Menschen-

---

[93] Vgl. CHRISTOPH ENDERS, Freiheit als Prinzip rechtlicher Ordnung – nach dem Grundgesetz und im Verhältnis zwischen den Staaten, in: JÖRG DIERKEN/ARNULF VON SCHELIHA (Hg.), Freiheit und Menschenwürde, Tübingen 2005, 295–320, 297.

würde muss jeweils konkrete Menschenwürde*gewissheit* werden, die sich sittlich und rechtlich zu bewähren hat. Mit dem Stichwort der Menschenwürde*gewissheit* ist zugleich das Religionsthema angesprochen, denn Religion hat es eben nicht mit abstrakten Rechtsansprüchen zu tun, sondern mit der Konstitution, der Formulierung und der Kommunikation von Gewissheiten. Die religiöse Dimension der Menschenwürde-Idee wird also dort kenntlich, wo ihre „mentale Realität"[94] thematisch wird. Das Zustandekommen und die Geltung dieser Gewissheit drückt sich in der *Idee der christlichen Freiheit* aus, wie ich nun an vier Punkten abschließend deutlich machen möchte, wobei wesentliche Elemente des vorgestellten Begriffs der *Christlichen Freiheit* aufzugreifen sind.

Zunächst und ganz allgemein: Religion fällt in der Tradition des Protestantismus mit der „Für-Perspektive" zusammen. Glaube ist nicht der Glaube an etwas, sondern der aneignende Glaube, die individuelle Gewissheit. Im Blick auf die Menschenwürde formuliert: In der Religion wird die Selbstunterscheidung des Menschen von den natürlichen, geschichtlichen und gesellschaftlichen Bedingungen seines Daseins real vollzogen. Als religiöse Menschen erkennen wir uns als das, was wir nach dem Grundgesetz sind oder doch sein sollen: geistige Wesen. Religion ist also eine reflektierte Form der Selbstzuschreibung von Menschenwürde. In der Religion wird Freiheit *meine* Freiheit. Insofern ist die Religion wesentlicher Faktor, der an der sozialen Anerkennung der Menschenwürde mitwirkt, auf die eine freiheitliche Grundrechtsordnung nicht verzichten kann. Darin liegt gegenwärtig die fast schon zivilreligiös zu nennende Bedeutung der religiösen Aneignung der Menschenwürde-Idee.

Zweitens: Diese „Für-Perspektive" ist in den von mir vorgestellten Theologien mit dem Begriffe der Seele bezeichnet worden. Dabei ging es nicht um eine neue Seelenmetaphysik. Vielmehr ist „Seele" selbst eine religiöse Kategorie, sie ist der ‚Konzentrationspunkt des geistigen Lebens' und damit der Ort der menschlichen Selbstwertreflexion.[95] In der *Christlichen Freiheit* realisiert die Seele den unendlichen Wert ihres Lebens, der – darauf kommt es jetzt an – *auch* kontrafaktisch gilt. So sehr die Freiheit nach individueller, kultureller, politischer oder ökonomischer Entfaltung drängt und dabei durch das Recht geschützt, gestützt und begrenzt werden muss, so wenig zerfließt sie in diesen Sphären. Ihre innere Bestimmtheit bleibt unangetastet. Dessen sind wir als „Seele" gewiss. Freiheit in diesem Sinne ist das Bewusstsein vom unbedingten Unangetastet-Sein der Menschenwürde.

Drittens: Der anthropologische Begriff der Seele wird als religiöse Kategorie aber nicht als reines „Für-Sich" vorgestellt, sondern im ‚Umweg' über

---

[94] Vgl. BARTH, Herkunft und Bedeutung des Menschenwürdekonzepts, 365.
[95] Zur religionstheoretischen Bedeutung des Seelenbegriffs vgl. ULRICH BARTH, Selbstbewusstsein und Seele, in: Zeitschrift für Theologie und Kirche 101 (2004), 198–217.

den Gottesgedanken. „Gott" und „Seele" sind Korrelatbegriffe.[96] Die Gottesidee steht für die Universalität der Selbstzuschreibung von Menschenwürde. *Alle* Menschen gelten als Geschöpfe und sind damit Adressaten der Zuschreibung der Menschenwürde. Diese Zuschreibung verdanken sie aber nicht einer menschlichen Aktivität, sondern die religiöse Aneignung der Menschenwürde wird zugleich als eine allen Menschen geltende göttliche Zuschreibung gewusst. Sie ist theonom und gilt unbedingt.

Daraus leiten sich zwei ethische Folgerungen ab.

Erstens, die *Christliche Freiheit* betont die *Verantwortung des Einzelnen* darüber zu befinden, in welcher Weise die Autonomie verwirklicht und die Würde des Anderen zu schützen ist. Diese Verantwortung ist ein hohes Gut und Lösungen sind durch selbständige und kritische Reflexion der sittlichen Substanz zu finden. Denn es kann nicht im Sinne des Menschenwürdeschutzes sein, alle möglichen Fälle von Respekt vor der Autonomie des Anderen und des Schutzes seiner Würde zu verrechten. Beides, Autonomie und Würde müssen von jedem Einzelnen gewagt und riskiert werden. Dort aber, wo die notwendigen rechtlichen Regelungen zum Schutz der Menschenwürde verteidigt, verändert oder neu gefunden werden müssen, gehört es zweitens zur Verantwortung, sich an den gesellschaftlichen Diskursen über die Ausgestaltung des Freiheitsrahmens und des Menschenwürdeschutzes zu beteiligen. Dabei wird zunehmend deutlich, dass die Ergebnisse dieser Diskurse nicht vorab bestimmt werden können, weil die sittliche Substanz, wie an der Geschichte der Aneignung der Menschenwürde-Idee selbst gezeigt werden konnte, historisch vielschichtig und systematisch interpretationsfähig ist. Ob der Wunsch eines Todkranken nach Sterbehilfe Ausdruck des in der Menschenwürde-Idee eingelagerten Autonomieprinzips ist und, ob die Würde in diesem Fall von Rechts wegen gegen ihren Träger in Schutz genommen werden soll, ist strittig. Ähnliche innere Gegenläufigkeiten können auf dem Gebiete der Biomedizin identifiziert werden. Anstatt hier bestimmte sittliche Positionen ideologisch zu überhöhen, setzt die *Christliche Freiheit* ihr Vertrauen in die politische Willensbildung und in die gesetzliche Lösung der offenen Fragen nach den geordneten Verfahren des Rechtsstaates, die ihrerseits Ausdruck der Menschenwürde sind und deren Anerkennung – wie gezeigt wurde – dem Protestantismus viel Mühe bereitet hat, die aber diese Mühe Wert war.

Ein *letzter (vierter) Gedanke*, der wieder zur religiösen Dimension der Menschenwürde-Idee zurückführt. Menschenwürdegewissheit ist das Bewusstsein ihres unbedingten Unangetastetseins. Die faktischen Risiken des Freiheitslebens führen zur Beeinträchtigung von Menschenwürdegewissheit, sei es, dass wir selbst zum bloßen Objekt der Freiheit Anderer werden, sei es, dass wir mit

---

[96] Vgl. HARNACK, Das Wesen des Christentums, 22, 41, u. ö.

unseren Freiheitsansprüchen den Selbstwert Anderer verletzen. Im Glauben an die göttliche Rechtfertigung des Sünders allein aus Gnade wird das Bewusstsein vom unendlichen Wert der Seele wieder hergestellt. Christliche Freiheit ist dann die *vertiefte* Reflexion auf die angefochtene Menschenwürdegewissheit. Als wiederhergestellte Freiheit ist sie die der Seele von Gott her eröffnete Fülle der Möglichkeiten, ein menschenwürdiges Leben zu führen.

Ist Menschenwürde ein theologisch-politischer Grundbegriff?

Thesen aus evangelisch-theologischer Perspektive

Aus der Perspektive der protestantischen Theologie der Gegenwart wird man die im Thema gestellte Frage eindeutig bejahen müssen. Seit der Denkschrift „Evangelische Kirche und freiheitliche Demokratie. Der Staat des Grundgesetzes als Angebot und Aufgabe" gehört „Menschenwürde" zu den Grundbegriffen der Politischen Theologie. In dieser 1985 veröffentlichten sogenannten Demokratie-Denkschrift der Evangelischen Kirche in Deutschland (EKD) heißt es wörtlich: „Grundelemente des freiheitlichen demokratischen Staates sind Achtung der Würde des Menschen, Anerkennung der Freiheit und der Gleichheit. Daraus folgt das Gebot politischer und sozialer Gerechtigkeit. Der Gedanke der Menschenwürde ist inhaltlich eine Konsequenz der biblischen Lehre von der Gottesebenbildlichkeit des Menschen als Geschöpf Gottes (Gen. 1,27). [...] Der Staat soll Auswirkungen der Fehlsamkeit des Menschen in Grenzen halten. Aus dem gleichen Grund muß auch die Ausübung staatlicher Macht kontrolliert werden. Die Würde des Menschen als Gabe Gottes ist dabei Maßstab, den die politische und gesellschaftliche Gestaltung des Gemeinwesens zu achten hat und dem sie nach menschlicher Einsicht gerecht werden muß. In ihr gründet die Berufung des Menschen zu freier Mitverantwortung in der Gestaltung des Gemeinwesens."[1] Von dieser schöpfungstheologischen Zentralposition aus strahlt der Begriff der Menschenwürde gegenwärtig in alle Bereiche der Sozialethik aus. Kein theologischer Beitrag kommt derzeit ohne einen Rekurs auf die Menschen- bzw. Personenwürde aus. Man kann sagen: Neben dem Begriff der Gerechtigkeit[2] formuliert der Begriff der Menschenwürde die zentrale politische Botschaft der christlichen Religion. Diesen Befund möchte ich im Folgenden in neun Thesen beleuchten.

---

[1] Evangelische Kirche und freiheitliche Demokratie. Der Staat des Grundgesetzes als Angebot und Aufgabe. Eine Denkschrift der Kammer der Evangelischen Kirche in Deutschland, hg. vom Kirchenamt im Auftrag des Rates der Evangelischen Kirche in Deutschland. Gütersloh, 1985, 13f.

[2] Vgl. ARNULF VON SCHELIHA, Gerechtigkeit und ihre transzendenten Wurzeln. Theologische Überlegungen zur religiösen Dimension eines aktuellen Begriffs, in: Recht, Gerechtigkeit und Frieden, Osnabrück, 2002 (Osnabrücker Jahrbuch Frieden und Wissenschaft 9), 181–194.

Erstens: Der Begriff der Menschenwürde ist „von Haus aus" *kein* Grundbegriff der Politischen Theologie des Christentums. Vielmehr haben Kirchen und Theologien sich die politischen Merkmale des Begriffs – phasenverschoben – erst im Laufe des 19. und 20. Jahrhunderts angeeignet. Dies vollzog sich zeitgleich mit der Anerkennung der Demokratie als eine dem Christentum innerlich verwandte Staatsform. Die historischen Erfahrungen mit den totalitären Systemen im 20. Jahrhundert, insbesondere mit dem Nationalsozialismus in Deutschland, spielten bei diesen Rezeptions- und Anerkennungsprozessen eine sehr große Rolle.[3]

Zweitens: Dem entspricht, dass der Artikel I der deutschen Verfassung mit dem Begriff der Menschenwürde eine fundamentale Norm aufbietet, „die den Schutz des Individuums gerade angesichts der Schrecken des Nationalsozialismus in durchaus dramatischer Form zum Ausdruck bringen sollte".[4] Mit einigem Recht hat man daher auch von einer „offizielle[n] Staatsmoral"[5] gesprochen: Sie „folgt […] aus der wechselseitigen Anerkennung als vernünftige, zur Freiheit befähigte Wesen, die Gründe für ihre Handlungen angeben können."[6] Freilich war schon im Parlamentarischen Rat, der die Verfassung ausgearbeitet hat, strittig, wie die Menschenwürde genau zu verstehen und näher zu begründen sei. Dass kein partikularer Begründungsgang in das Grundgesetz aufgenommen wurde, war eine weise Entscheidung, deren Inhalt von Theodor Heuss treffend beschrieben wurde, als er den Satz von der Menschenwürde als „nicht interpretierte These" bezeichnete.[7]

Drittens: Folgt man der Interpretation von Christoph Enders, dann ist der Satz von der Menschenwürde „eine Art Präambel des Grundrechtsabschnitts"[8] und benennt den Grund für die nachfolgenden, aufeinander irreduziblen Freiheitsrechte, ohne die ein Leben in Würde zu führen unmöglich ist. Aber, so Enders: „Unmittelbar normative Handlungsanweisungen sind von ihm nicht zu erwarten."[9] Davon aber ist man, wie Enders und Möllers kritisch betonen, in der höchstrichterlichen Interpretation ebenso wie im politischen Diskurs abgewichen.[10] Dies habe, so nun kritisch, bisweilen zu einer moralisierenden,

---

[3] Vgl. „,Menschenwürde' – Konkurrent oder Realisator der Christlichen Freiheit?".

[4] CHRISTOPH MÖLLERS, Das Grundgesetz. Geschichte und Inhalt, München, 2009, 30.

[5] PETER ANTES, Menschenrechte und Staatsmoral, in: RICHARD HEINZMANN u. a., (Hg.), Menschenwürde. Grundlagen in Christentum und Islam, Stuttgart, 2007, 124–137, 131. „Die Würde des Menschen ist […] zum ,säkularen' Inbegriff der ,Moral der wechselseitigen Anerkennung' geworden" (135).

[6] CHRISTOPH MÖLLERS, Demokratie. Zumutungen und Versprechen, Nr. 100, Berlin, 2008, 76. Möllers will diese Bestimmung aber weder als „moralisch" noch als „metaphysisch" verstehen.

[7] CHRISTOPH ENDERS, Freiheit als Prinzip rechtlicher Ordnung, in: JÖRG DIERKEN / ARNULF VON SCHELIHA (Hg.), Freiheit und Menschenwürde, Tübingen 2005, 295–320.

[8] Vgl. a. a. O., 299.

[9] Ebd.

[10] Vgl. ebd., 310 f.; Vgl. MÖLLERS, Grundgesetz, 31. 46 f.

paternalistischen und verengenden Interpretation des Begriffs geführt. Zusätzlich habe der „inflationäre Gebrauch der Formel durch Parteien, Verbände und Kirchen, die sich das moralische Gewicht der Menschenwürde bedenkenlos zunutze machen", weitere Beiträge „zur Bedeutungskrise" des Begriffs geliefert.[11] In diesem Kontext verweist Möllers auch auf die systematische Differenz von „achten" und „schützen".[12] Deren unterschiedliche Gewichtung führe zu unterschiedlichen Interpretationen. Während in der „Achtung" die Grenzen staatlichen Handelns und die Anerkennung der Freiheitsqualität des Menschseins ausgedrückt werden, strahle das „Schutzgebot" auf die Grundrechte aus und deute staatliche Interventionen im Sinne der Drittwirkung auch im gesellschaftlichen Verkehr an.[13] In der politisch-theologischen Affirmation des Begriffs wird dominant auf diesen Schutzaspekt abgestellt, insbesondere in den Gerechtigkeitsdebatten, während die Achtung vor der Freiheitsqualität der Menschenwürde weniger stark berücksichtigt wird. Diesen Sachverhalt kann man als einen Restbestand der etatistischen Tradition im deutschen Protestantismus deuten.

Viertens: Einerseits kann man den vielfachen Gebrauch der Menschenwürde als Vernutzung und Instrumentalisierung beklagen. Andererseits kann man diesen Befund aber auch *stark* lesen, weil sich darin trotz – oder wegen – der mit ihm verbundenen Auslegungsprobleme seine besondere „Schirmfunktion" für das Gemeinwesen zeigt, dessen Verfassung er einleitet.[14] Anders gesprochen: Je mehr Menschen sich auf die Menschenwürde als die der gesellschaftlichen Interaktion zu Grunde liegende sittliche Substanz berufen, desto stärker ist ihre Identifikation mit ihr. Auch wenn man irrtümlicherweise damit konkrete politische Optionen oder eine (von Juristen oft beklagte) Sehnsucht nach höchstrichterlichen Entscheidungen verbindet: In der affirmativen Verwendung des

---

[11] MÖLLERS, Grundgesetz, 47.

[12] Vgl. ebd., 46f.

[13] „Wenn das oberste Konstitutionsprinzip nach Art. 1 I 2 GG der Staatsgewalt rechtsverbindlich den Schutz der menschlichen Würde aufgibt, dann kommt auch den Einzelgrundrechten in Konkretisierung des sie konstituierenden Prinzips für ihren Anwendungsbereich ein entsprechender Aufforderungscharakter zu. Sie sind folglich nicht mehr nur Abwehrrechte, sondern zeichnen sich auch durch eine Schutzfunktion aus. Diese kann sich im Einzelfall zur konkreten staatsgerichteten Schutzpflicht verdichten, begründet die Ausstrahlung der Grundrechte auf die gesamte Rechtsordnung und bildet namentlich die Basis der mittelbaren Drittwirkung der Grundrechte" (CHRISTOPH ENDERS, Berliner Kommentar zum Grundgesetz, 12. Erg.-Lfg. V/05, Nr. 57).

[14] Aus juristischer Perspektive merkt Heinig zu der oben beschriebenen Gefahr zutreffend an: „Gleichwohl verbietet sich demgegenüber standesbewusster Expertendünkel. Die Gefahr einer Banalisierung der M. ist Folge des Zwangs zu bereichsspezifischen Konkretionen, in denen die Evidenz von Würdeverletzungen immer wieder neu ausgetestet werden muss. Nur durch solche Spezifizierungen im Einzelfall gelangt die M. über den Status eines inhaltsleeren Abstraktums hinaus" (HANS MICHAEL HEINIG, Art. Menschenwürde (J), in: WERNER HEUN u. a. (Hg.), Evangelisches Staatslexikon, Stuttgart 2006, 1516–1525, 1522).

Begriffs „Menschenwürde" im Diskurs liegt sowohl eine *Bejahung* der mit ihr verbundenen historischen Erinnerung als auch die *Aneignung* der mit ihr verknüpften sittlichen Substanz. Beide Aspekte („Bejahung" und „Aneignung") haben religiösen Charakter, worauf im Folgenden noch zurückgekommen wird.

Fünftens: Aus theologischer Perspektive ist zu sagen, dass die christliche Interpretation den Begriff nicht vollständig zu bestimmen vermag. Schon ideengeschichtlich betrachtet, bilden die Merkmale des Begriffs eine Synthese aus aufgeklärtem Naturrecht, kantischer Philosophie, sozialistischer Bewegung und christlicher Anthropologie.[15] Seine Begründungs- bzw. Interpretationsoffenheit ist aber kein Mangel, sondern angesichts der pluralistischen Konstellation aus theologischer Sicht geradezu geboten,[16] weil der Begriff nur dann, wenn er aus unterschiedlichen Perspektiven interpretiert wird, integrative Kraft entfalten kann. Das mag den Staatsrechtler verdrießen. Aber erst die „supplementierende[] Komplementarität"[17] seiner Begründungen und Interpretationen ermöglicht es dem Begriff, innerhalb der *politischen Kultur* eine Schirmfunktion zu übernehmen, die die unterschiedlichen religiösen, kulturellen und weltanschaulichen Strömungen zu integrieren vermag. Die Attraktivität dieses „offenen" Menschenwürdekonzepts zeigt sich unter anderem daran, dass der Begriff der Menschenwürde an prominenter Stelle in internationale Vereinbarungen zum Menschenrechtsthema aufgenommen wurde, zuletzt in die Charta der Grundrechte der Europäischen Union.[18]

Sechstens: Diese Schirmfunktion des Menschenwürdebegriffs soll hier als seine „zivilreligiöse Bedeutung" für die Fundierung des Politischen bezeichnet werden.[19] Bezugspunkt dafür ist dabei ausdrücklich *nicht* das US-amerikanische Zivilreligionsmodell. Vielmehr wird hier in deskriptiver Absicht an das Verständnis von „Zivilreligion" angeknüpft, das Hermann Lübbe vorgelegt hat.[20] Er versteht darunter „die [...] als universalkonsensfähig unterstellten religiösen Orientierungen, die in unsere politische Kultur integriert

---

[15] Vgl. „‚Menschenwürde' – Konkurrent oder Realisator der Christlichen Freiheit?". Dieser komplexe ideengeschichtliche Vermittlungszusammenhang bleibt weitgehend unberücksichtigt bei der genetischen Interpretation des Menschenwürde-Begriffs durch TINE STEIN, Himmlische Quellen und irdisches Recht. Religiöse Voraussetzungen des freiheitlichen Verfassungsstaates, Frankfurt am Main/New York, 2007.

[16] Vgl. dazu WOLFGANG VÖGELE, Menschenwürde zwischen Recht und Theologie, Gütersloh, 2000.

[17] HEINIG, Menschenwürde, 1520.

[18] Vgl. ENDERS, Freiheit, 304f.

[19] Vgl. ARNULF VON SCHELIHA, Kultur und Religion, in: BIRGIT WEYEL/WILHELM GRÄB (Hg.), Religion in der modernen Lebenswelt. Erscheinungsformen und Perspektiven, Göttingen, 2006, 118–146, 144f. So neuerdings auch HEINZ KLEGER, Gibt es eine europäische Zivilreligion?, Potsdam 2008, 24f., 36f.

[20] Zur Religionstheorie Hermann Lübbes vgl. ARNULF VON SCHELIHA, Der Glaube an die göttliche Vorsehung. Eine religionssoziologische, geschichtsphilosophische und theologiegeschichtliche Untersuchung, Stuttgart 1999.

sind."²¹ Als „religiös" bezeichnet Lübbe danach „diejenigen Symbole, symbolischen Handlungen, rituellen und freien Bekundungen, Normen und freien Gewohnheiten [...], durch die innerhalb des politischen Systems öffentlich ein Sinnbezug zu prinzipiell nicht disponiblen Voraussetzungen seiner eigenen Existenz hergestellt wird und durch die darüber hinaus der Grund benannt und anerkannt wird, der uns normativ festlegen läßt, was prinzipiell menschlicher Dispositionsfreiheit entzogen sein soll."²² All diese Merkmale treffen – unbeschadet oder gerade wegen der konkreten Interpretationsprobleme – auf die „Menschenwürde" zu. Auch die Tatsache, dass der Begriff einer Interpretation zugänglich ist, die sich selbst als nicht-religiös versteht, widerstreitet dieser Einordnung nicht, weil „religiös" hier durch die Merkmale „nicht disponible Voraussetzungen" und „Entzug menschlicher Dispositionsfreiheit" definiert ist, also durch die Unbedingtheitsdimension²³, oder, mit der Formulierung Lübbes, durch eine handlungssinntranszendente Gegebenheit. Zivilreligiös an der Menschenwürde ist *einmal*, dass die unbedingte Selbstbegrenzung des Staates von ihm selbst internalisiert ist und in den Verfassungstexten selbstständig ausgedrückt ist. Neben dieser Selbstbegrenzung besteht die *zweite* zivilreligiöse Bedeutung in ihrer Integrationsfunktion. Um es an einem Beispiel deutlich zu machen: An den Diskussionen um die EU-Grundrechte-Charta und den EU-Verfassungsvertrag kann man sehen, dass die einer bestimmten religiösen Tradition zuzuordnenden Wendungen sich verflüchtigen. Das ist aber zugleich ein Beleg für die zivilreligiöse Funktion insbesondere des Satzes von der Menschenwürde, der ebenso wie die Formulierung vom „religiösen Erbe" auf die Etablierung einer pluralen und toleranten Religionskultur zielt²⁴, in der es eine Mehrheitskonfession nicht mehr gibt und die dem Staatenverbund der EU eine immense politische Integrationsleistung abverlangt. Zu ihr kann der Begriff der Menschenwürde gerade wegen seiner Begründungs- und Interpretationsoffenheit einen wesentlichen Beitrag leisten, da seine Auslegung weder von *einer* religiösen Tradition noch vom Staat vorab prädisponiert wird.²⁵ Vielmehr ermöglicht die Aneignung aus unterschiedlichen religiösen

---

²¹ HERMANN LÜBBE, Religion nach der Aufklärung, Graz/Wien/Köln ²1990, 316.
²² Ebd., 320.
²³ Auf diesen Sachverhalt läuft auch Steins Interpretation der „Menschenwürde" zu, die dominant an der genetischen Herleitung aus der christlichen Tradition interessiert ist: „Die Würde des Menschen ist das den anderen Unverfügbare" (STEIN, Himmlische Quellen, 223–335, 335). Barth (ULRICH BARTH, Herkunft und Bedeutung des Menschenwürdekonzepts. Der Wandel der Gottebenbildlichkeitsvorstellung, in: DERS., Religion in der Moderne, Tübingen 2003, 345–371, 370) und HEINIG (Menschenwürde, 1524) sprechen jeweils von der „religiösen Tabu-Funktion" der Menschenwürde.
²⁴ Vgl. ARNULF VON SCHELIHA, Die kulturelle Identität Europas und die Bedeutung der Religionen, in: DERS., Der Islam im Kontext der christlichen Religion, Münster 2004, 134–152.
²⁵ So schon NIKLAS LUHMANN, Grundwerte als Zivilreligion, in: DERS., Soziologische Aufklärung Bd. 2, Opladen, 1981, 293–308. Luhmann geht, sehr allgemein, davon aus, dass es sich

und weltanschaulichen Perspektiven auf der Basis von Glaubens- und Gewissensfreiheit und unabhängig von konfessionellen Zugehörigkeitsverhältnissen den Bürgern, sich auch „in ihrer religiösen Existenz an das Gemeinwesen [zu] binden"[26], das ihnen diese Freiheit ermöglicht. Insofern überspannt der Begriff der Menschenwürde die kulturellen, ethnischen und konfessionellen Differenzen innerhalb der EU.

Siebtens: Diesen Vorgang einer Beheimatung im Staat durch Aneignung der Menschenwürde-Idee konnte man in den fünfziger Jahren an den christlichen Kirchen in der Bonner Republik beobachten, die in ihren Verlautbarungen zu politischen und sozialen Themen heute eher als zivilreligiöse denn als konfessionelle Akteure auftreten. Gegenwärtig zeigt sich die zivilreligiöse Kraft des Satzes von der Menschenwürde dort, wo zum Beispiel muslimische Intellektuelle, Verbände und Organisationen den Begriff der Menschenwürde aufnehmen und unter ihren Verstehensbedingungen interpretieren. Da die vorbehaltlose Aneignung der naturrechtlichen Menschen*rechts*tradition wegen des Scharia-Vorbehaltes erheblich erschwert ist, kommt der koranischen Re-Interpretation der Menschen*würde* für die Beheimatung in den freiheitlich-demokratischen Rechtsordnungen Europas erhebliche Bedeutung zu. Auf diese Weise führt die Aneignung des Begriffs zur Beheimatung von Menschen in einem Staatswesen, das sich auf die Anerkennung und den Schutz der Menschenwürde verpflichtet hat. Das ist eben diejenige zivilreligiöse Funktion, auf die es hier ankommt. Seine interpretative Aneignung integriert Menschen anderer Kulturen und Religionen in denjenigen Staat, der um der wechselseitigen Anerkennung und um des Schutzes dieser Menschenwürde willen existiert.[27]

---

bei „Zivilreligion" um einen von allen Teilsystemen der Gesellschaft unterstellten Wertekonsens handelt, „dessen Annahme überhaupt erst die Selektion spezifischer Themen ermöglicht" (304) und fordert. Denn erst in der dynamischen Auslegung dieser „Grundwerte" (293) durch die religiösen Dogmatiken und Bekenntnisse „erweist und präzisiert sich das, was als Zivilreligion unterstellbar ist, als Religion" (305). Diesen fortgesetzten Prozess der „Reevaluierung" (305) hat auch Eilert Herms vor Augen, der für den konsequenten „Verzicht auf jede staatliche Pflege einer Zivilreligion zugunsten der unumwundenen Anerkennung der definitiven Abhängigkeit des staatlichen Lebens von den zivilreligiösen Effekten der freien Gewissheitskommunikation in den Religions- und Weltanschauungsgemeinschaften" (EILERT HERMS, Zivilreligion. Systematische Aspekte einer gesellschaftlichen Realität, Theologische Quartalsschrift, 183, 2003, 97–127, 126) plädiert und dabei – wie Rolf Schieder – auf die zivilisierende und die politische Kultur stabilisierende Bedeutung dieser Diskurse verweist (vgl. ROLF SCHIEDER, Sind Religionen gefährlich? Berlin 2008, 274 ff.).

[26] LÜBBE, Religion, 321.
[27] Die zivilreligiöse Leistungsfähigkeit des Begriffs der Menschenwürde kann durch einen Vergleich mit dem Begriff der deutschen Nation gezeigt aufgewiesen werden, dem es im 19. und frühen 20. Jahrhundert nicht gelang, die Menschen jüdischer Abstammung und Glaubens im Staatswesen zu beheimaten. Darin liegt die Chance der „Menschenwürde", einen zivilreligiösen Beheimatungsschirm aufzuspannen.

Achtens: Damit ist die religiöse Dimension der Menschenwürde angesprochen. Der spezifisch religiöse Charakter der Menschenwürde verbindet sich vor allem mit seiner Aneignung, d. h. mit der Formierung von Menschenwürdegewissheit durch den je Einzelnen. Im Unterschied zur rechtlichen Dimension des Begriffs benötigen die ethische und religiöse Dimension die innere Stellungnahme des Einzelnen zu seinem Inhalt. Hier wird aus der Grundrechtsnorm „Menschenwürde" individuelle Menschenwürde*gewissheit*, sie gewinnt „mentale Realität"[28], die sich sittlich bewähren will. Die Formierung dieser Realität ist religiös, weil in der Religion die Selbstunterscheidung des Menschen von den natürlichen, geschichtlichen und gesellschaftlichen Bedingungen seines Daseins vom Einzelnen selbst vollzogen wird. Glaube ist also eine reflektierte Form der Selbstzuschreibung von Menschenwürde. Insofern ist die Religion wesentlicher Faktor, der an der sozialen Anerkennung der Menschenwürde mitwirkt, auf die eine freiheitliche Grundrechtsordnung nicht verzichten kann. Hier wird noch einmal die zivilreligiös zu nennende Bedeutung der „Menschenwürde" kenntlich, weil es sich um eine Formierung einer Lebensgewissheit handelt, die auch politisch wichtig wird. Diese ((zivil-)religiöse) Ebene der individuellen Menschenwürdegewissheit ist ein Komplement zu dem, was Möllers als „demokratisches Versprechen" bezeichnet und kritisch gegen überzogene etatistische Erwartungen wendet. Denn „Menschenwürdegewissheit" ist zunächst ein Modus der Selbstdeutung und sittliche Selbstverpflichtung des Einzelnen, deren Entfaltung innerhalb des politischen Gemeinwesens erfolgt und darin selbst verantwortet werden muss. Sofern darin auch eine Verpflichtung zur Partizipation an den politischen Prozessen liegt, erneuert sich im religiösen Bewusstsein jenes ethische Fundament, auf dem der Staat aufruht und das er benötigt, um seiner Aufgabe, „Heimstatt aller Staatsbürger"[29] zu sein, gerecht werden zu können, ohne selbst religiös aktiv zu sein.

Neuntens: Die politisch-theologische Interpretation des Menschenwürdebegriffs geht in evangelischer Perspektive nicht in der beschriebenen zivilreligiösen Funktion auf. Vielmehr enthält die rechtfertigungstheologische Interpretation der Menschenwürde einen kritischen Akzent gegen einen schöpfungstheologischen Naturalismus, indem der gnadenhafte Charakter der von Gott zugeschriebenen Menschenwürde betont wird. Spezifisch für die christliche Formierung der Menschenwürdegewissheit ist, dass diese nicht als reines „Für-Sich" vorgestellt wird, sondern im „Umweg" über den Gottesgedanken. Die Gottesidee steht für die Universalität der Selbstzuschreibung

---

[28] Vgl. BARTH, Herkunft, 365.
[29] So das BVerfGE, zitiert nach MICHAEL DROEGE, Der Religionsbegriff im deutschen Religionsverfassungsrecht – oder: Vom Spiel der großen Unbekannten, in: MATHIAS HILDEBRANDT/MANFRED BROCKER (Hg.), Der Begriff der Religion, Wiesbaden 2008, 159–176, 161.

von Menschenwürde. *Alle* Menschen gelten als Geschöpfe und sind damit Adressaten der Zuschreibung der Menschenwürde. Diese Zuschreibung verdanken sie allerdings nicht einer menschlichen Aktivität, sondern die religiöse Aneignung der Menschenwürde wird als eine allen Menschen geltende göttliche Zuschreibung vorgestellt. Sie ist theonom und gilt unbedingt. Daraus wird das *ethisch* in besonderer Weise qualifizierte Verständnis von Menschenwürdegewissheit abgeleitet. Denn die mit der Menschenwürde verbundene Freiheit weiß sich als verantwortliche Freiheit und begrenzt sich von innen heraus an der Würde des Anderen. Diese Verantwortung ist ein hohes Gut und kann zum Beispiel bedeuten, dass Lösungen im Fall von Freiheitskollisionen selbstständig gesucht und in symmetrischer Kommunikation mit Anderen anzubahnen sind. Denn es kann nicht im Sinne des Menschenwürdeschutzes sein, alle möglichen Fälle von Menschenwürdeschutz zu verrechten. Beides, Autonomie und Würde müssen von jedem Einzelnen gewagt und riskiert werden. Dort aber, wo die notwendigen rechtlichen Regelungen zum Schutz der Menschenwürde verteidigt, verändert oder neu gefunden werden müssen, gehört es zur Verantwortung, sich an den gesellschaftlichen Diskursen und politischen Verfahren zur Ausgestaltung des Freiheitsrahmens und Würdeschutzes zu beteiligen. Diese ethische Verpflichtung zu einer symmetrischen Gestaltung der Menschenwürde rechnet in evangelischer Perspektive aber auch mit Versagen, Verfehlung und Schuld. Denn die *religiöse* Reflexion über die in die Menschenwürdegewissheit eingelagerte sittliche Verpflichtung entdeckt die faktischen Mängel ihrer Realisierung. Daher gehört zur rechtfertigungstheologischen Interpretation der Menschenwürde die Ausbildung einer Schuldkultur, die sowohl eine individuelle als auch eine gesellschaftliche Ausprägung annimmt. Diese Schuldkultur, die sich der christlichen Einsicht in die Fehlbarkeit endlichen Freiheitslebens verdankt, ist getragen vom Glauben an die göttliche Rechtfertigung des Sünders allein aus Gnade, der die kontrafaktische Zuschreibung der Würde festhält, die weder durch Schuld noch Tat verspielt wird. So sehr also die Freiheit nach individueller, kultureller, politischer oder ökonomischer Entfaltung drängt und dabei durch das Recht geschützt, gestützt und begrenzt werden muss, so wenig zerfließt sie in diesen Sphären. Die innere Bestimmtheit der Menschenwürde bleibt in religiöser Hinsicht unangetastet. Aber die Risiken und Gefährdungen des Freiheitslebens können zur Beeinträchtigung von Menschenwürdegewissheit führen, sei es, dass man selbst zum bloßen Objekt der Freiheit Anderer wird, sei es, dass mit durch Versagen die eigene Würde verspielt glaubt. Der Glaube an die göttliche Rechtfertigung des Sünders zielt auf die innere Stabilisierung verletzten Würdebewusstseins. In diesem Sinne ist Glaube eine *vertiefte* Reflexion auf die angefochtene Menschenwürdegewissheit, denn er wird der Einsicht inne, dass die Würde des Menschen vor Gott auch in *dem* Fall gilt, dass sie empirisch angetastet oder nach menschlichen Maßstäben selbst verschuldet verspielt wird. Menschenwürdegewissheit ist das Bewusstsein vom *unbedingten* Unangetastet-Sein der Menschenwürde. Im Rechtfertigungsglauben wird daher die Menschenwürde auch kontrafaktisch angeeignet. Zugleich hält sie im Bewusstsein, dass es diese *kritische* Funktion des Glaubens ist, die kulturelle Wirkung zeigt – auch im Verhältnis zu den Anderen.

Die „Zwei-Reiche-Lehre" im deutschen Protestantismus des 20. Jahrhunderts

Eine kritische Sichtung[1]

Die theologischen Transformationen, die der neuzeitliche Protestantismus in Deutschland durchlaufen hat, werden auf wenigen Gebieten so deutlich wie im Bereich der politischen Ethik. In diesem Bereich werden die Grundeinsichten der Reformation geradezu vom Kopf auf die Füße gestellt. Dies geschieht im 20. Jahrhundert, vornehmlich in der Zeit nach dem Zweiten Weltkrieg. Vier externe Faktoren waren dabei wirksam: Zunächst ist es die Erfolgsgeschichte des Bonner Grundgesetzes, das ein rechtsethisches Resümee aus den Erfahrungen der nationalsozialistischen Zeit gezogen und eine Art zivilreligiösen Konsens gestiftet hat,[2] der sich auf Dauer als umfassender erwies als die von den Kirchen vermeinten ‚Grundwerte'. Sodann hat der ideologische, politische und ökonomische Gegensatz zwischen dem sogenannten Ostblock und den demokratischen Staaten des Westens der evangelischen Theologie und den evangelischen Kirchen den Weg in Richtung Demokratie gewiesen. Dem entspricht drittens, dass sich die römisch-katholische Kirche auf dem Zweiten Vatikanischen Konzil von ihren theokratischen Phantasien verabschiedete, Menschenwürde und -rechte aus ihrem Naturrecht ableitete und sich zum demokratischen Rechtsstaat bekannte. Schließlich wurde unter dem Eindruck der theologisch-politischen Arbeit des Ökumenischen Rates der Kirchen (ÖRK) der nationalstaatliche Horizont der Politischen Ethik überschritten und die globale Perspektive rückte in den Fokus.

Insgesamt könnte der Kontrast zwischen „Vorher" und „Nachher" kaum größer sein: Aus der fürstlichen Obrigkeit wird der demokratische Mehr-Ebenen-Staat. Aus dem Untertanen wird der Wahlbürger. Die Drei-Stände-Ordnung wird durch die egalitäre Zivilgesellschaft abgelöst. Nicht mehr der

---

[1] Diesem Beitrag liegt ein Vortrag zu Grunde, der am 28. Januar 2014 bei der DFG-Forschergruppe „Der Protestantismus in den ethischen Debatten Nachkriegsdeutschlands 1949–1989" in Weilheim gehalten wurde.

[2] Dieser Konsens wird im Begriff „Verfassungspatriotismus" gebündelt, vgl. DOLF STERNBERGER, Verfassungspatriotismus, Hannover 1982; JAN-WERNER MÜLLER, Verfassungspatriotismus, Berlin 2010.

„Gehorsam", sondern die „Verantwortung" gilt als die vorrangige politische Pflicht des Christenmenschen. Die Kirche wird aus der staatlichen Bürokratie herausgelöst und verselbstständigt sich. Das daraus entwickelte Gegenüber von Staat und Kirche ist jedoch nur ein kurzes Zwischenspiel. Heute sind die christlichen Kirchen Akteure in einer sich zunehmend plural auffächernden Religionskultur, für deren normative Einfriedung vor allem der Staat sorgt. Die durch diese Stichworte nur angedeutete Entwicklung vollzog sich in zum Teil erbitterten Debatten, in denen die sogenannte Zwei-Reiche-Lehre Gegenstand und Katalysator war. Der Begriff „Zwei-Reiche-Lehre" wurde erst *nach* der Trennung der Kirchen vom Staat in Deutschland 1918/19 geprägt. Vorher sprach man von den zwei Regierweisen Gottes und forderte von den Christen gemäß Römer 13,1–7 vor allem Gehorsam gegenüber der politischen Obrigkeit, die als von Gott eingesetzt gilt. *Gegenwärtig* wird der Begriff „Zwei-Reiche-Lehre" kaum noch verwendet, weil in den eher handlungstheoretischen Kontexten der Gegenwart neben der klassischen Unterscheidung, die begrifflich anders festgehalten wird, die wechselseitigen Interdependenzen von Glaube und Politik das Interesse auf sich ziehen.

Im Folgenden wird diejenige Entwicklung nachgezeichnet, deren Eckdaten einleitend genannt wurden. Um die Entwicklung in Nachkriegsdeutschland verstehen zu können, muss auf die Vorgeschichte eingegangen werden.

I.

Im 19. Jahrhundert ist die Politische Ethik im deutschen Luthertum stark vom Abwehrkampf gegen den Liberalismus und den Sozialismus geprägt. Argumentative Hauptstoßrichtung ist daher die Erhaltung der seit der Reformation aufgebauten sittlichen Substanz in Gesellschaft und politischer Ordnung. Nach der Französischen Revolution sah man die gottgewollte Ordnung durch die Beschlüsse des Wiener Kongresses in der Heiligen Allianz der regierenden Monarchen Europas verkörpert. Exemplarisch steht dafür die „Christliche Ethik" von Adolph von Harleß (1806–1879), die erstmals 1842 erschien und bis 1893 acht Auflagen erlebte, woran man ihren Einfluss ablesen kann.[3]

Die Ausführungen zur politischen Ethik finden sich im dritten Teil unter der Überschrift „Die Heilsbewahrung" und sind tugendethisch konzipiert. Harleß' Grundeinsicht besagt, dass sich der christliche Glaube in sittlicher Hinsicht bestätigend und festigend zu den vorgegebenen irdischen Sozialformen wie Ehe, Familie, Staat und Kirche verhält. Anders als gegenwärtig wäre im 19. Jahrhundert kein Theologe auf den Gedanken gekommen, die Rolle

---

[3] ADOLPH VON HARLESS, Christliche Ethik, Stuttgart 1842 (Gütersloh [8]1893). Das Buch wird hier nach der ersten Auflage zitiert.

der Kirche als kritisches Gegenüber zum Staat zu beschreiben. Die politische Rolle der Kirche bestand darin, an der Erhaltung und Festigung der sittlichen Substanz des Staates mitzuwirken.

Dazu wird der Berufsgedanke in einer doppelten Weise fruchtbar gemacht. Nach Harleß lebt der Christ in zwei Grundverhältnissen, denen er verpflichtet ist. Da ist zum einen die Schöpfungsordnung, für die vor allem Ehe, Familie und Staat stehen. Da ist zum anderen das Heilsgeschehen, dessen Wirksamkeit durch die Kirche und die von ihr verwalteten Heilsmittel verkörpert wird. Beide Grundverhältnisse stehen in einer gewissen Parallelität zueinander. Der Christ ist nun zur Gestaltung beider Grundverhältnisse aufgerufen, darin besteht sein Beruf. Dieser Begriff ist im Sinne von „göttlicher Berufung" zu verstehen, er schließt also eine religiös-sittliche Pflicht ein. Im „Grundverhältnis des Erlösten" geht es um die „Bewahrung der Seele in ihrem himmlischen Berufe"[4]. Innerhalb der Schöpfungsordnung gilt es, die „Seele in ihrem irdischen Berufe"[5] zu sichern. Beide Verpflichtungen werden miteinander koordiniert und zwar in der Weise, dass dem „Reich der Schöpfung" die Bestimmung zugewiesen wird, „für das Reich des erlösten Geistes als Gefäß, Stoff, Vorbereitung zu dienen."[6] Anders: Das berufliche Leben in der Welt dient der Vorbereitung des göttlichen Heils. Weil die eschatologische Vollendung des Heils noch aussteht, muss die Welt, also Ehe, Familie und Staat gegen das „Reich des Teufels" aktiv verteidigt werden. Dafür ist die Stärkung der gegebenen Institutionen die erstrangige Pflicht. Indem der Christ seinen irdischen Beruf nicht selbstsüchtig nutzt, sondern in den Dienst der göttlichen Zwecke stellt, leistet er seinen Beitrag zur Erhaltung der Schöpfungsordnung und zu ihrer Ausrichtung auf das eschatologische Ziel.[7] Die politische Pointe dieser Einordnung besteht in der Kritik an dem modernen Autonomiestreben, wie man es im Liberalismus verkörpert fand. Die gottgewollten und hierarchisch geprägten Grundformen des sozialen Lebens, nämlich Ehe, Familie, Staat und Kirche, bilden das Bollwerk gegen den eudämonistischen Individualismus und die Anarchie sozialer Durchlässigkeit.

Diese ordnungstheologische Festschreibung der bestehenden Strukturen erlaubt Harleß eine weitgehende Abstinenz von konkreten politisch-ethischen

---

[4] HARLESS, Christliche Ethik, 150.
[5] A. a. O., 152.
[6] A. a. O., 123.
[7] „Indem der Christ genau die Lebensgebiete und Lebensbeziehungen scheidet, in welchen Gottes Gerechtigkeit und Gottes gnadenvolle Barmherzigkeit, jede für sich, ihre volle und abgegränzte Erscheinung haben, sichert seine Bestimmung allein den Bestand irdischer Gemeinschaft zu den Zwecken ihres Erdendaseyns. Indem er aber die Unterordnung anerkennt, in welcher die Erdengemeinschaft dem Reiche Gottes, der irdische Beruf dem himmlischen, die Berufserfüllung dem Walten der göttlichen Gerechtigkeit und nicht der persönlichen Selbstsucht dient, sichert er die Gemeinschaft vor Mißbrauch des Rechts und Gesetzes, vor dem Verfehlen des höchsten Ziels, vor dem Verfall in schlechte Gesetzlichkeit." (A. a. O., 193).

Aussagen, denn die Aufgabe des Christenmenschen besteht darin, die vorgegebenen Strukturen durch christliche Liebe zu verfeinern. Weil grundsätzlich jeder Staat durch tätige christliche Liebe verbessert werden kann, hat für Harleß jede bestehende Staatsordnung Anspruch auf göttliche Legitimation.[8] „Um der Ordnung Gottes zu gehorsamen, ist es dem Christen genug, daß sie als Rechtsordnung und Rechtsvollzug besteht, mag die Ordnung Monarchie, Aristokratie, Demokratie oder sonst wie heißen."[9] Gehorsam ist die erstrangige politische Pflicht. Formell hält Harleß die Frage nach der Staatsordnung offen. Aus dem Duktus seiner Ausführungen ist aber klar, dass für den Bezugsraum seiner Ethik nur die Fürstenherrschaft die legitime politische Ordnungsgröße sein kann. Bemerkenswert ist der Hinweis auf „Rechtsordnung und Rechtsvollzug". Sie gelten als Norm für das Geordnetsein der Ordnungsstrukturen. Die Idee der Rechtsstaatlichkeit war den lutherischen Theologen viel wichtiger als die der politischen Partizipation.

Der Duktus von Harleß' Ethik lässt schon erahnen, dass ihr Autor im Vormärz und in den Jahren um 1848 jeglichen revolutionären Umtrieben eine scharfe Absage erteilt. Die Revolution ist für ihn eine Rebellion gegen die von Gott eingesetzte Ordnung und eine eklatante Verletzung der politischen Pflichten eines Christen. Entsprechend dient das ordnungstheologische Programm zur Legitimation der bestehenden staatlichen Strukturen in der Epoche der Reaktion. Gerade für die lutherischen Kirchen war diese theologischethische Verbindung aus bestehender politischer Ordnung und Gesinnungspflege attraktiv, um der ideellen und faktischen Entfremdung der Menschen von überlieferter Staatlichkeit und Anstaltskirche entgegenzuwirken und um im Schulterschluss mit dem Staat der sozialistischen Arbeiterbewegung das Wasser abzugraben. Zugleich witterte man die Chance, im Bündnis mit der weltlichen Obrigkeit die zweifellos notwendige Modernisierung einzuleiten und in vorsichtiger Fortschreibung der bestehenden Strukturen die erforderliche Anpassung der kirchlichen an die gesellschaftlichen Veränderungen vorzunehmen.[10]

Diese Einstellung war auch der Grund dafür, dass protestantische Theologen in der Deutschen Nationalversammlung, die ab Mai 1848 in der Frankfurter Paulskirche tagte, keine große Rolle spielten. Während die Katholiken, Kleriker ebenso wie Laien, entschlossen auf die Befreiung der Kirche von den Einmischungen des Staates hinarbeiteten und sich für das Grundrecht der

---

[8] Vgl. UWE RIESKE-BRAUN, Zwei-Bereiche-Lehre und christlicher Staat. Verhältnisbestimmungen von Religion und Politik im Erlanger Neuluthertum und in der Allgemeinen Ev.-luth. Kirchenzeitung, Gütersloh 1993, 78.

[9] HARLESS, Christliche Ethik, 562.

[10] Vgl. dazu die Darstellung der Entwicklung des lutherischen Kirchenbegriffs bei EMANUEL HIRSCH, Geschichte der neuern evangelischen Theologie im Zusammenhang mit den allgemeinen Bewegungen des europäischen Denkens, Bd. V, Waltrop 2000, 170–204.

Glaubensfreiheit einsetzten, vertraten die Protestanten keine gemeinsame Position. Die Konservativen lehnten die Revolution ab, weil man eine Wiederholung des Chaos und der Anarchie aus der Zeit der Französischen Revolution fürchtete. Legitimität kann die Volksvertretung nur durch die Zustimmung der legitimen Herrscher erhalten. Dementsprechend wies man in diesen Kreisen den Katalog der Grundrechte zurück, weil sie sich ebenso wie die Trennung von Kirche und Staat nicht mit denjenigen Grundsätzen vermitteln lassen, die bei Harleß exemplarisch deutlich wurden. Aber auch die wenigen liberalen Protestanten mussten sich an der paulinischen Weisung „Jedermann sei Untertan der Obrigkeit, die Gewalt über ihn hat" (Röm 13,1) abarbeiten. Sie begründeten ihre Zustimmung zur Revolution und zum Grundrechtskatalog damit, dass es nicht die Revolutionäre, sondern die Herrscher selbst waren, die das paulinisch-reformatorische Gehorsamsgebot suspendiert hätten.[11] Indem sie nämlich dem Volk seine elementaren Rechte vorenthalten haben, hätten sie zum eigenen Vorteil gehandelt und somit gegen das Liebesgebot verstoßen. Daher sei es legitim, wenn das Volk sein Schicksal nun in die eigene Hand nimmt und es sich eine Verfassung gibt, die die Nation eint, dem Bürger Grundrechte gewährt und dem monarchischen Machtmissbrauch durch eine Verfassung vorbeugt. Das politische Scheitern des Projektes „Paulskirche" aber bedeutet, dass liberale und demokratische Strömungen aus dem Spektrum der Politischen Ethik des Protestantismus für lange Zeit ausschieden.[12]

II.

Mit dem Verschwinden der Monarchien, der Gründung der Weimarer Republik und der Trennung von Staat und Kirche stehen die Lutheraner seit 1919 erstmalig in Opposition zur politischen Ordnungsmacht. Dementsprechend hoch ist der theologische Deutungsbedarf und spektakulär fallen die Versuche zur Umformung der alten Obrigkeitslehre aus. Man denke etwa an Paul Tillichs Schriften zum Religiösen Sozialismus.[13] Hier sei der Ansatz von Emanuel Hirsch (1888–1972) herausgegriffen, weil er von besonderer Radikalität ist. Hirsch hat den Begriff der Zwei-Reiche-Lehre mitgeprägt, er deutet ihn bereits in seiner Bonner Antrittsvorlesung 1915 an[14] und verwendet ihn

---

[11] Vgl. dazu die Darstellung bei ARNULF VON SCHELIHA, Protestantische Ethik des Politischen, Tübingen 2013, 132–144.

[12] Vgl. MARTIN FRIEDRICH, Reichsverfassung und evangelische Kirche, in: DIRK BOCKERMANN u. a. (Hg.), Freiheit gestalten. Zum Demokratieverständnis des deutschen Protestantismus. Kommentierte Quellentexte 1789–1989, Göttingen 1996, 78–86.

[13] Vgl. SCHELIHA, Protestantische Ethik des Politischen, 160–166.

[14] EMANUEL HIRSCH, Luthers Lehre vom Staat (1915), in: DERS., Lutherstudien Bd. III, hg. von HANS MARTIN MÜLLER, Waltrop 1999, 7–23, 23.

in dem 1922 verfassten Nachwort zu seiner Schrift „Deutschlands Schicksal"[15]. Während Hirsch dort das „werdende Reich Gottes" und das „Reich der menschlichen irdischen Gemeinschaften"[16] im Gewissen des Einzelnen verklammert sieht, bezieht sich Karl Barth im gleichen Jahr kritisch auf „die paradoxe Lehre von zwei Reichen"[17] und charakterisiert damit die Position von Paul Althaus, der sich mit dem Hinweis, dass das Reich Gottes nicht das Endziel des Geschichtsverlaufes sein könne, gegen die Idee eines irdischen Idealreiches gewendet hatte, das er im Religiösen Sozialismus vertreten sah.[18] Die ganz gegenläufigen Begriffsverwendungen zeigen, wie interpretationsoffen und konzeptionell wenig festgelegt diese Formel zunächst war, bevor sie sich im weiteren Verlauf zu einem festen Lehr- und Denunziationsbegriff entwickelte.

So viel kann man aber sagen: Mit dem Aufkommen der Formel von den Zwei-Reichen und ihrem Rückbezug auf Luther beginnt die radikale Umformung der Obrigkeitslehre. Das kann man bei Hirsch sehr gut beobachten. Er hat bereits in „Deutschlands Schicksal" den Staatsgedanken von der Idee der Nation bzw. des Volkes her aufgebaut.[19] Auch das Recht versteht Hirsch als im Dienste des Volkswillens stehend. Die Demokratie ist deshalb keine geeignete Staatsform, weil sie die nationale Einheitsidee nicht repräsentieren kann, sondern das Schicksal des Volkes „in die Hände seiner gerade lebenden Bürger, oder genauer in die ihrer Mehrheit, gibt."[20] Gegen die Regierung einer bloß partikularen Interessen verpflichteten Mehrheit helfe nur ein „straffer, mit der Nation wieder verwachsender Staat"[21]. Diese Idee des Volksstaates bringt Hirsch dann 1933 mit den alten reformatorischen Einsichten in Verbindung. „Nach der zur Zeit noch giltigen neuen Reichsverfassung sind wir selbst, die Bürger, das, was die Reformation Obrigkeit und die neuere Staatslehre den Suverän nennt"[22]. Damit *diese* Souveränität nun nicht in eine Vielzahl von Einzelinteressen zerfließt, müssen die Bürger gemeinsam auf eine Größe bezogen sein, die sie auf ein gemeines Wollen hin verpflichtet. Diese Größe ist das Volk.

---

[15] EMANUEL HIRSCH, Deutschlands Schicksal. Staat, Volk und Menschheit im Lichte einer ethischen Geschichtsansicht, Göttingen ³1925.

[16] Ebd., 159.

[17] KARL BARTH, Grundfragen der christlichen Sozialethik, in: Anfänge der dialektischen Theologie Bd. 1, hg. von JÜRGEN MOLTMANN, München ⁵1985, 152–165, 156.

[18] Vgl. HANS WALTER SCHÜTTE, Zwei-Reiche-Lehre und Königsherrschaft Christi, in: Handbuch der christlichen Ethik Bd. 1/2, hg. von ANSELM HERTZ u. a., Freiburg im Breisgau u. a. 1978, 339–353, 339–341.

[19] „Der Geist und Wille, der einen Staat in allen seinen Stücken [...] bildet zum Ausdruck seines besonderen Wesens und Lebens, ist stets Geist und Wille eines bestimmten Volkes. Staatseinheit ist ohne Nationaleinheit nicht denkbar" (HIRSCH, Deutschlands Schicksal, 80). Der „Staat, das ist das oberste Gut der Nation in allen ihren Geschlechtern." (A. a. O., 84).

[20] A. a. O., 83.

[21] A. a. O., 150.

[22] EMANUEL HIRSCH, Vom verborgenen Suverän, in: DERS., Glaube und Volk 2, 1933, 4–13, 5.

Daher muss nach Hirsch das Volk an diejenige Stelle gesetzt werden, an der in der klassischen Lehre die Obrigkeit stand.[23] „So haben wir im Verhältnis zur Volkheit eben das gefunden, was die Reformatoren an ihrer Beugung unter die Obrigkeit fanden: ein von Gott als dem Herrn der Geschichte gesetztes Dienstverhältnis, das uns in eine irdisch-geschichtliche Gemeinschaft leidend-gehorchend einfügt."[24] Die Hauptthese der umgeformten Staatslehre lautet daher: „Das Volk [...] ist der verborgene, und damit der wahre Suverän."[25] Die Verborgenheit besteht darin, dass der Wille des Volkes nicht eindeutig zutage tritt, sondern konkret festgestellt werden muss. Aber deutlich ist, dass alle Staatsäußerungen, die sich im machtvollen Auftreten nach außen und im Setzen des positiven Rechtes nach innen vollziehen, nun als Ausdruck der Souveränität des Volkes angesehen werden können. Der Staat leiht seine Souveränität vom Volk, indem er „als Werkzeug des verborgnen Suveräns"[26] agiert.

Die Konzeption hat drei wichtige Konsequenzen: Erstens, die Verfassung und das Recht haben keine eigenständige Geltung, sondern sind Ausdruck des volksstaatlichen Willens. Für Hirsch ist gerade diese Unterordnung des Rechts das Spezifikum des deutschen Staatsdenkens. Während im westlichen Staatsverständnis die Aufgabe des Rechtes in der Sicherung der naturrechtlich begründeten Freiheit eines jeden Individuums besteht und damit die Grenze jeder souveränen Machtausübung des Staates darstellt, ist für Hirschs deutsches Staatsverständnis das Recht Ausdruck des Volkswillens und damit grundsätzlich revidierbar mit dem Ziel, das Zusammenleben des Volkes zu ordnen und das Individuum in die Volksgemeinschaft einzubinden.

Zweitens, die politische Grundpflicht des Einzelnen besteht in der Einordnung in den Volksorganismus und in der peniblen Beachtung der Rechtspflichten. Beides braucht durchaus nicht willenlos oder im blinden Gehorsam zu geschehen. Vielmehr betrachtet Hirsch dies als spezifisch moderne Form politischer Partizipation.[27] Aber diese Partizipation vollzieht sich im Regelfall

---

[23] A. a. O., 5.
[24] Ebd.
[25] A. a. O., 7.
[26] A. a. O., 12.
[27] Schon 1915 hatte Hirsch den vorneuzeitlichen Staat vom modernen durch die Möglichkeit zur individuellen Partizipation unterschieden. „Christen haben das Recht und die Pflicht, an der Reform und Umgestaltung des weltlichen Regiments zu arbeiten. Führt das zur Kritik an einer staatlichen Einrichtung, so gilt auch hier, dass die klare Erkenntnis des Gewissens, von dem was sein soll, höher ist als alles Staatsgebot. [...] Der ganze patriarchalische Charakter des Staates würde schwinden, und ein modernerer Staatsbegriff an die Stelle treten. Daß aber diese Umbildung möglich ist auf dem von Luther gelegten Fundamente, auf dem Grunde der Lehre Luthers vom Gottes- und Weltreiche, das scheint mir mehr als alles andere ein Zeugnis zu sein für die Größe der Leistung, die Luthers Staatslehre darstellt." (EMANUEL HIRSCH, Der Staat in Luthers Theologie [1915], in: DERS., Lutherstudien, Bd. III, hg. von HANS MARTIN MÜLLER, Waltrop 1999, 7–23, 23).

als freiwillige Verinnerlichung der Lebensgemeinschaft im Volk. Sie entlastet den Einzelnen vom Zwangscharakter des Rechtes, weil sie das politische Wollen inhaltlich bestimmt – bis hin zur völligen Einheit von individueller und nationaler Identität.[28] Zwang und Hingabe finden aber eine Grenze am Gewissen der individuellen Persönlichkeit selbst.[29] Die ethische Grundnorm politischen Handelns ist also die „Hingabe"[30] an das Wollen des Volkes oder die „Hörigkeit"[31] gegenüber den situativ gebotenen politischen Pflichten.

Drittens, der Staat kann zum Aufbau innerer und äußerer Stärke diese Bindung des Einzelnen an die Interessen des Volkes erzwingen. Das ist moralisch legitim, wenn dadurch Volksgedanke und staatliche Souveränität gestärkt werden können. So schlägt Hirsch vor, dass die ökonomischen Lasten, die Deutschland durch den Versailler Friedensvertrag auferlegt worden sind, durch eine zweijährige „Arbeitsdienstzeit" für Männer und Frauen getragen werden sollen, die „stramm auf dem Befehlen und Gehorchen zu stehen"[32] hätte und somit „eine Schule der Staatsgesinnung, ein Band der Reichseinheit"[33] würde. Ebenso könnten (Kausalität undeutlich) Teile der Wirtschaft und des Bodens zum Wohl des Reiches verstaatlicht werden.

Man kann hier erkennen, wie stark der Staat das gesellschaftliche Leben dominieren soll. Eine Öffentlichkeit jenseits des Staates kann es nicht geben – oder nur von Gnaden des Staates. Der Glaube ist vollständig spiritualisiert und privatisiert; es sei denn, er wird zugunsten der Verinnerlichung der Volksinteressen und der Funktion der Staatsmacht in den Dienst genommen. Daher kann die Norm der Liebe, der der christliche Amtsträger verpflichtet ist, legitimer Weise auch die Gestalt von institutioneller Härte und Zwang annehmen.[34] Der

---

[28] „Unsre ganze persönliche Eigenart wurzelt nun aber in der unsers Volkes. Wir sind in unserm Denken und Fühlen nicht frei, sondern durch eine von unserm Dasein unablösliche Notwendigkeit national gebunden. Darum erkennen wir in den großen Schöpfungen unsers Volks ein Stück unsrer eignen Seele wieder. Darum führt uns ein natürlicher Zug unsers Herzens zur Hingabe an den Staat, in dem die Eigenart unsers Volks Gestalt gewonnen hat. Wir geben ihm heimlich recht, wenn er uns gebietend seinen Zwecken unterwirft." (HIRSCH, Deutschlands Schicksal, 81).

[29] „Nur zweierlei darf sie nicht antasten, ohne uns mit ihm zu entzweien, das Heiligtum des Gewissens und die Möglichkeit überhaupt eines Handelns nach eigner Einsicht und Entscheidung." (Ebd.).

[30] A. a. O., 107.

[31] Zum Begriff der Hörigkeit als Grundkategorie der politischen Ethik Friedrich Gogartens vgl. ANDREAS HOLZBAUER, Nation und Identität. Die politischen Theologien von Emanuel Hirsch, Friedrich Gogarten und Werner Elert aus postmoderner Perspektive, Tübingen 2012, 233–243, 254–269.

[32] HIRSCH, Deutschlands Schicksal, 150.

[33] Ebd., 151.

[34] „Damit wird die Ausübung des Rechts zu einem Amte voller Hoheit und voller Verantwortung. Der Mensch handelt in ihnen nicht als eine Person für sich, auch nicht allein im Namen der Gesamtheit. [...] Die Gesamtheit erteilt wohl den Auftrag, des Amtes wahrzunehmen. Aber die Vollmacht, die dies Amt seinem Wesen nach hat, geht auf Gott zurück. Indem

Rechtsstaatsgedanke wird vernachlässigt mit dem Ergebnis, dass gegenüber menschenverachtenden Handlungen des Staates keine gedanklichen Bremsen und rechtlichen Schranken mehr zur Geltung gebracht werden können.

III.

Demgegenüber kann Dietrich Bonhoeffers (1906–1945) Umformung der lutherischen Obrigkeitslehre als Versuch zur gedanklichen Begründung von kritischer Öffentlichkeit und zivilgesellschaftlicher Freiheit gedeutet werden. Bonhoeffer argumentiert in seinem theologischen Gutachten „Staat und Kirche" (1941) einerseits auf gewohnter ordnungstheologischer Bahn und weist alle naturrechtlichen Begründungen des Staates ab. Andererseits führt er eine christologische Begründung an, indem er schreibt: „Die echte Begründung der Obrigkeit ist [...] Jesus Christus selbst."[35] Wie auch immer Herrschaftsstrukturen empirisch hervorgebracht wurden: Es gilt deren göttlicher Grund[36] und der christologische Auftrag. Dieser besteht darin, „mit der Ausübung weltlicher Schwert- und Gerichtsgewalt der Herrschaft Christi auf Erden zu dienen"[37]. Daher sind die „obrigkeitlichen Personen [...] Gottes ‚Liturgen', Diener, Stellvertreter."[38] Sie stellen äußere Gerechtigkeit her und fordern Gehorsam. Diese Forderung gilt „unbedingt, qualitativ total, sie erstreckt sich auf Gewissen und leibliches Leben."[39] Überdies verfügt die Obrigkeit über ein „Erziehungsrecht zum Guten"[40].

---

er die Ordnung unsers gesellschaftlichen Lebens zu einer Aufgabe an die menschliche Freiheit und Gewissenhaftigkeit machte und die Menschen so über die Natur zu sich erhob, gewährte er ihnen das Recht, dies Amt zu errichten. Von diesen Voraussetzungen aus macht es keine Schwierigkeiten mehr, zu verstehen, wie ein dem Liebesgebot verpflichteter Christ dennoch mit gutem Gewissen drin stehen kann in der strengen Rechtsordnung, die Sicherheit, die sie gewährt, genießt und sein Leben hineinflechten läßt in das Netz der wechselseitigen irdischen Verpflichtungen. Er gebraucht damit dankbar eine Gabe Gottes. Seine Liebe aber zeigt er darin, in welcher Art er dies vom Recht umhegte und mit auf Leistungen andrer gebaute Leben gebraucht. [...] Auch das ist nunmehr zu verstehen, wie sich die Erfüllung des Liebesgebots damit verträgt, persönlich das strenge und harte Amt der zwingenden und vergeltenden staatlichen Gerechtigkeit zu übernehmen. Die Durchsetzung der Rechtsordnung ist eine von Gott der Menschheit gesetzte Aufgabe und eine Aufgabe, ohne deren Erfüllung wahrhaft menschliches Leben zugrunde geht. Sich ihrer im Auftrag der Gesamtheit annehmen heißt also, einen Dienst am Ganzen verrichten. Warum sollte die Liebe sich diesem Dienste weigern?" (A.a.O., 76f.).

[35] DIETRICH BONHOEFFER, Theologisches Gutachten: Staat und Kirche, in: Konspiration und Haft 1940–1945, hg. von JØRGEN GLENTHØJ/ULRICH KABITZ/WOLF KRÖTKE, München 1996 (Dietrich Bonhoeffer Werke. Bd. 16), 505–535, 514.

[36] „In ihrem Sein ist sie göttliches Amt" (BONHOEFFER, Staat und Kirche, 517).

[37] A.a.O., 519.

[38] A.a.O., 517.

[39] A.a.O., 521.

[40] A.a.O., 519.

Gegen diese drastische Beschreibung der obrigkeitlichen Macht werden Grenzen abgesteckt, die nun ebenfalls christologisch bestimmt werden. Denn das Gute, als das Bonhoeffer die äußere Gerechtigkeit bestimmt, „kann [...] nicht in Widerspruch zu Jesus Christus stehen. Das Gute besteht darin, daß in jedem Handeln der Obrigkeit dem letzten Ziel, nämlich dem Dienst an Jesus Christus, Raum gelassen wird."[41] Diese Raum-Metapher deutet an, dass Bonhoeffer auf einen korporativen Begriff von Freiheit zielt, der es ihm ermöglicht, nicht nur das Verhältnis von Staat und Kirche positiv zu bestimmen, sondern auch einen Begriff der Gesellschaft zu finden. Deren sittliche Qualität besteht darin, dass soziale Freiräume jenseits der staatlichen Macht existieren. Darin liegt der freiheitstheoretische Sinn von Bonhoeffers Lehre von den göttlichen Mandaten.

Konkret hat Bonhoeffer die Mandate „Ehe" und „Arbeit" vor Augen. Sie gehören zur Schöpfungsordnung und die mit ihnen verbundenen Ausgaben sind von den Mandaten „Obrigkeit" und „Kirche" einerseits streng unterschieden, andererseits – auf Grund seiner Schöpfungsmittlerschaft – auf Jesus Christus hingeordnet. Ihre Freiheit verdanken sie der Kirche. Denn indem diese in ihrer Verkündigung auf Jesus Christus verweist, öffnet sie *für sich* eine von den obrigkeitlichen Aufgaben streng unterschiedene soziale Sphäre, deren Unabhängigkeit dann auf die Mandate „Ehe" und „Arbeit" abstrahlt. Dabei dient das Mandat der *Ehe* als Stätte der Erzeugung und Erziehung der Kinder „zum Gehorsam Jesu Christi"[42]. Unter *Arbeit* fasst Bonhoeffer Ackerbau, Wirtschaft, Wissenschaft und Kunst. Dieses Mandat erschafft „eine Welt der [...] Werte [...] zur Verherrlichung und zum Dienst Jesu Christi"[43]. Das „Schaffen" ist in beiden Fällen wörtlich zu verstehen. Bonhoeffer betont, dass durch die Wahrnehmung dieser Mandate „Ehe" und „Arbeit" Neues geschaffen wird. Es handelt sich um Kreativmandate, durch die Gottes Schöpfungshandeln gewissermaßen verlängert wird. Dagegen ist das Mandat der Obrigkeit auf die Erhaltung der äußeren Ordnung bezogen und darauf begrenzt. Sie darf *nicht* in den genuinen Bereich der anderen Mandate eindringen oder sie aufsaugen. Sie besitzt nur regulative Bedeutung.[44] Damit wird der Anspruch des totalen Staates zurückgewiesen und zugleich die in der Barmer Theologischen Erklärung von 1934 fehlende Idee der gesellschaftlichen Differenzierung nachgetragen. Mit ihr verbindet sich auch die Verwirklichung von Freiheit. Sie kommt durch wechselseitige Begrenzung der göttlichen Mandate zu Stande.

---

[41] Ebd.

[42] DIETRICH BONHOEFFER, Ethik, hg. von ILSE TÖDT/EDUARD TÖDT/ERNST FEIL/CLIFFORD GREEN, München 1992 (Dietrich Bonhoeffer Werke; Bd. 6), 58.

[43] A. a. O., 57.

[44] „Niemals darf die Obrigkeit selbst zum Subjekt dieser Arbeitsbereiche werden wollen." (BONHOEFFER, Ethik, 59).

In Aufnahme der zweiten These von Barmen positioniert Bonhoeffer die Kirche als kritisches Gegenüber zum Staat. Ihr integrativer Anspruch für die ganze Gesellschaft[45] wird daran deutlich, dass sie der Obrigkeit zum rechten Verständnis ihrer selbst verhelfen und ihr gegenüber den Freiraum für die Wahrnehmung des kirchlichen Mandates einklagen soll.[46] Zugleich besteht die Verantwortung von Christen und Kirche darin, gegen Fehlleistungen der Obrigkeit öffentlich die Stimme zu erheben. „Es gehört zum Wächteramt der Kirche, Sünde Sünde zu nennen und die Menschen vor der Sünde zu warnen. [...] Es gehört zur Verantwortlichkeit des geistlichen Amtes, daß es die Verkündigung der Königsherrschaft Christi ernst nimmt, daß es auch die Obrigkeit in direkter Ansprache in aller Ehrerbietung auf Versäumnisse und Verfehlungen, die ihr obrigkeitliches Amt gefährden müssen, aufmerksam macht."[47] In diesem Zitat werden die Thesen von der Königsherrschaft Christi und dem Wächteramt der Kirche kombiniert. Das begründet ein kritisches Verhältnis von Staat und Kirche. Zu diesem Verhältnis gehört nach Bonhoeffer eine Asymmetrie, weil die Kirche einen Wissensvorsprung vor dem Staat hat, nämlich bezüglich seiner Legitimität, seiner Aufgaben und der Grenzen seines obrigkeitlichen Handelns.

Die von Bonhoeffer verwendete Herrschaftssemantik und sein korporatives Freiheitsverständnis führen dazu, dass er die politischen Pflichten der Einzelnen in der archaisch anmutenden Sprache des 16. Jahrhunderts wiedergibt. Durchgängig spricht er vom „Untertanen" und nicht vom „Bürger", von „Gehorsam" und nicht von „Mitverantwortung", von „Ordnung" und nicht von „sozialer Durchlässigkeit". Zweifel, Resistenz und Widerstand sind nur in gestufter Weise legitim. „In Zweifelsfällen ist der Gehorsam gefordert; denn der Christ trägt nicht die obrigkeitliche Verantwortung."[48] Verstößt die Obrigkeit gegen ihren Auftrag, verliert sie *nicht* ihre göttliche Legitimation. Ein nur ausnahmsweise möglicher „Ungehorsam kann immer nur eine konkrete Entscheidung im Einzelfall sein"[49] und ist auf diesen zu begrenzen.

Bonhoeffer reagiert mit seiner christologischen Verklammerung von Obrigkeit und Kirche – und nachgeordnet auch der der ganzen Gesellschaft – auf eine bestimmte Tendenz, die man im Zuge der Modernisierung der alten Lehre von den zwei Regierweisen Gottes wahrgenommen hatte. Sie wurde

---

[45] „Das Mandat der Kirche erstreckt sich über alle Menschen und zwar innerhalb aller anderen Mandate." (BONHOEFFER, Ethik, 59).
[46] „Sie beansprucht [...] das Gehör der Obrigkeit, den Schutz der öffentlichen christlichen Verkündigung gegen Gewalttat und Blasphemie, den Schutz der kirchlichen Ordnung vor willkürlichem Eingriff, den Schutz des christlichen Lebens im Gehorsam gegen Jesus Christus." (BONHOEFFER, Staat und Kirche, 529).
[47] A.a.O., 531f.
[48] A.a.O., 522.
[49] Ebd.

damals unter dem Label „Eigengesetzlichkeit" diskutiert. Man befürchtete, dass die Unterscheidung von weltlichem und geistlichem Regiment Gottes so überdehnt würde, dass eine wechselseitige Begrenzung nicht mehr möglich wäre. In diesem Fall würden die Normen der christlichen Ethik in den Sphären von Politik und Wirtschaft nicht mehr gelten, stattdessen würden Staatsräson, Volkswille oder die Marktgesetze obwalten. Das Evangelium sei dann ausschließlich auf das Seelenheil bezogen, aus ihm seien keine Normen für die Gestaltung von Recht und Ordnung abzuleiten. Für Geistliches und Weltliches gäbe es keinen gemeinsamen Nenner.[50] *Dagegen* reklamiert Bonhoeffer die organisatorische Selbstständigkeit der Kirche, die als kritisches Gegenüber zum Staat aufgebaut wird. Die dogmatische These von der „Königsherrschaft Christi" dient als Klammer, die die Welt unter den normativen Anspruch des Evangeliums stellt, der innergesellschaftlich durch das kirchliche Wächteramt wahrzunehmen ist.

IV.

Damit ist ein wichtiger Wandel für die Politische Ethik angedeutet, der sich im Nachkriegsdeutschland vollzog. Die evangelischen Kirchen wurden nun zu politischen Akteuren im Gegenüber zum Staat, der ihnen aber nun in sehr unterschiedlicher Weise entgegentrat. Da ist einerseits der Staat des Bonner Grundgesetzes, der das Religionsrecht der Weimarer Reichsverfassung übernahm und mit den christlichen Kirchen kooperierte. Da ist andererseits die DDR, die sich der Ideologie des historischen Materialismus verpflichtet fühlte und eine aggressiv anti-kirchliche Religionspolitik betrieb. Durch diese Lage wurden Kirchen und Theologie dazu genötigt, das Verhältnis von Evangeliums-Verkündigung und Staat ethisch neu zu justieren. Dies geschah im Modus der Antwort auf die Frage, ob die alte Obrigkeitslehre auf *alle* Staatsformen anzuwenden ist oder nicht.

Namhafte Repräsentanten der Kirchen in der DDR vertraten die These von der Äquidistanz.[51] Johannes Hamel (1911–2002), Dozent für Praktische

---

[50] Im Luthertum wird diese Sorge etwa von Karl Holl artikuliert (vgl. KARL HOLL, Die Kulturbedeutung der Reformation, in: Gesammelte Aufsätze zur Kirchengeschichte Bd. I, Tübingen ⁴1927, 468–543, 468f.). Ulrich Duchrow hat zu zeigen versucht, dass die Freisetzung von Eigengesetzlichkeit zu den Zielen der theologischen Lehrbildung im 19. Jahrhundert gehört habe (vgl. ULRICH DUCHROW, Christenheit und Weltverantwortung, Stuttgart 1970, 582–647; Umdeutungen der Zweireichelehre im 19. Jahrhundert, hg. von ULRICH DUCHROW, Gütersloh 1975). Diesem Befund wurde frühzeitig und mit guten Gründen widersprochen (vgl. HANS-JOACHIM BIRKNER, Kulturprotestantismus und Zwei-Reiche-Lehre, in: Gottes Wirken in der Welt Bd. 1, hg. von NIELS HASSELMANN, Hamburg 1980, 81–92).

[51] Vgl. dazu ROCHUS LEONHARDT, Äquidistanz als Götzendienst? Überlegungen zur politischen Ethik im deutschen Nachkriegsprotestantismus, in: Gott – Götter – Götzen, hg. von

Theologie am Naumburger Katechetischen Oberseminar arbeitete in einem programmatischen Aufsatz „Die Verkündigung des Evangeliums in der marxistischen Welt" von 1958 heraus, dass die „Anforderung an die Christen, im politischen Leben gemäß ihrem Glauben und ihrer Ethik Verantwortung zu erkennen und zu übernehmen"[52], auch innerhalb einer politischen Ordnung gelte, die kirchen-, christentums- und religionsfeindlich agiere. Christen sollten deshalb „auch erhebliche Unterschiede in der Staatsgestaltung, auch diejenigen, die ihren Glauben und das Gebot Gottes tangieren, nicht ins Unendliche überschätzen und eine Art Staatsmetaphysik entwickeln"[53], die schließlich zu der kleingläubigen Auffassung führen würden, „daß in diesem Raum [der marxistischen Welt] alles vergeblich sei."[54] Denn: „Was auch sonst über den Marxismus zu sagen ist: wir befinden uns in der Begegnung mit ihm nicht in einem gott-losen Raum, nicht in einem Niemandsland, wo das Evangelium nicht hinreichte"[55]. Auch bei marxistischen Regierungen haben Christen es „mit Gesandten und Knechten Gottes, mit seiner Axt und seiner Rute, mit seinem Stab und Instrument zu tun, denen Er Gewalt und Macht über uns übertragen hat"[56]. Politische Obrigkeiten sind immer Ausdruck der göttlichen Vorsehung, der man nicht entrinnen kann. Für diese Anerkennung des sozialistischen Staates als legitime Obrigkeit erhielten Hamel und seine Mitstreiter publizistischen Rückenwind durch Karl Barth (1886–1968), der sich zustimmend auf Hamel bezog und seine 1946 aufgestellte These von der Affinität von Glaube und Demokratie zurückstellte.[57] In seinem bekannten offenen „Brief an einen Pfarrer in der Deutschen Demokratischen Republik"[58] relativiert Barth den Systemgegensatz von Ost und West, indem er schreibt: „Auf Gott aber, der auch über jenem Sozialismus und indem er sich seiner bedient, an Seinem Werke ist, wird auch in dessen Herrschaftsbereich Keiner umsonst hoffen."[59] Im Übrigen gelte: „‚Christusfeindschaft'" gibt es „auch in der angeblich ‚freien' Welt des Westens. [...] die der Gemeinde aufgetragene Botschaft von

---

CHRISTOPH SCHWÖBEL, Leipzig 2013, 657–674. Vgl. zum historischen Kontext CLAUDIA LEPP, Tabu der Einheit? Die Ost-West-Gemeinschaft der evangelischen Christen und die deutsche Teilung (1945–1989), Göttingen 2005, 219–378.

[52] JOHANNES HAMEL, Die Verkündigung des Evangeliums in der marxistischen Welt, in: Gottesdienst – Menschendienst. Eduard Thurneysen zum 70. Geburtstag, Zollikon 1958, 221–249, 247.

[53] A.a.O., 248.

[54] Ebd.

[55] A.a.O., 234.

[56] A.a.O., 235.

[57] Vgl. KARL BARTH, Christengemeinde und Bürgergemeinde (1946), in: DERS., Rechtfertigung und Recht. Christengemeinde und Bürgergemeinde. Evangelium und Gesetz, Zürich 1998, 47–80, 74.

[58] KARL BARTH, An einen Pfarrer in der deutschen demokratischen Republik (1958), in: DERS., Offene Briefe 1945–1968, hg. von DIETHER KOCH, Zürich 1984, 401–439.

[59] A.a.O., 419.

Christus als dem Inbegriff jener kommenden Gottesherrschaft ist dem Westen genau so widrig und peinlich wie dem Osten: wer weiß, im Grunde vielleicht noch widriger und peinlicher."[60] Daher stünden Christen zu allen Obrigkeiten in gleicher Distanz. Ja, die „besondere Berufung" der Christen in der DDR könnte darin bestehen, sich nach dem vom Cottbusser Generalsuperintendenten Günter Jacob 1956 ausgerufenen Ende des konstantinischen Zeitalters[61] „nach neuen Wagnissen auf neuen Wegen umzusehen", nämlich „in ganz neuer Demut, Aufgeschlossenheit und Willigkeit [...] uns Anderen das Leben einer den neuen Weg einer Kirche *für* das Volk (statt *des* Volkes) suchenden [...] christlichen Gemeinde als ‚Gottes (allen Ernstes besonders) geliebte Ostzone' exemplarisch vorzuleben"[62]. In der Perspektive des letzten Zitates erscheint der atheistische Staat nicht als Bedrohung, sondern als göttliches Werkzeug zur Hervorbringung einer neuen politischen Ethik, mithin als „verzerrtes und verfinstertes [...] Gleichnis"[63] der freien Gnade des Evangeliums.

Dagegen versucht man in der Bundesrepublik die alte Obrigkeitslehre so zu reformulieren, dass die selbstständige politische Rolle der Kirchen fruchtbar gemacht und zugleich zwischen den Staatsformen differenziert werden kann. Exemplarisch sei die 1959 erstmals publizierte Obrigkeitsschrift von Otto Dibelius (1880–1967) herangezogen, eine der markantesten kirchlichen Persönlichkeiten des 20. Jahrhunderts. Charakteristisch für den damaligen Diskursstil ist, dass die Distanzierung von der klassischen Obrigkeitslehre nicht direkt ausgesprochen, sondern exegetisch eingeführt wird. Dibelius interpretiert Römer 13,1–7 im paulinischen Kontext und hebt Luthers Übersetzung und Auslegung davon kritisch ab. Er arbeitet heraus, dass der Apostel bei den „übergeordneten Mächten" etwas ganz anderes vor Augen hatte als Luther mit der „Obrigkeit", nämlich keinesfalls den paternalistisch-fürstlichen Territorialstaat des 16. Jahrhunderts. Der sei ohnehin überwunden. Ihn „gibt es heute in Deutschland nicht mehr"[64]. Dibelius schärft mit seiner exegetischen Distanzierung von der lutherischen Auslegungstradition ein, „daß der moderne Staat in der gesamten Geschichte der menschlichen Kultur etwas völlig Neues und Einzigartiges darstellt und daß der Sinn des Neuen nicht dadurch verwässert werden darf, daß man Restbestände aus ganz anderen geschichtlichen Erscheinungen in sein Wesen hinträgt."[65] Gegenwärtig habe man es mit einem demokratischen Staat zu tun, in dem politische Parteien um die Macht ringen, so dass „Gehorsam" nicht mehr als die vorrangige politische Pflicht des

---

[60] A.a.O., 417.
[61] Vgl. Martin Greschat, Protestantismus im Kalten Krieg. Kirche, Politik und Gesellschaft im geteilten Deutschland, Paderborn 2010, 203–205.
[62] Barth, Offener Brief, 426f.
[63] A.a.O., 422.
[64] Otto Dibelius, Obrigkeit? Eine Frage an den 60jährigen Landesbischof, Berlin 1959, 9.
[65] Otto Dibelius, Obrigkeit, Stuttgart/Berlin 1963, 122.

Christen angesehen werden könne. Vielmehr sei zwischen Staat und staatlicher Machtausübung zu unterscheiden: „Der Staat ist die Lebensform der Nation, zu der wir alle gehören. Für den Staat *als Ganzes* darf es keinen Unterschied der Parteien geben. Daß der Staat mit seiner Ordnung bejaht, respektiert und in seiner Würde geachtet werde, ist unser aller gemeinsames Interesse. Und wir glauben als Christen, daß das auch Gottes Wille ist. Aber das ist keineswegs gleichbedeutend mit Autoritätsstellung derer, die die staatliche Macht jeweils verwalten und die ich bekämpfen muß, weil sie nach meiner Meinung nicht begriffen haben, was unserem Volke nottut."[66]

Aufgrund der Demokratisierung des Staatswesens und der mit ihr verbundenen Konkurrenz der politischen Parteien um die Macht im Staat kann es für Dibelius in der Gegenwart nur noch eine „gebrochene Autorität"[67] staatlicher Macht geben. Dies gilt umso mehr für Staaten, die – wie das NS-Regime oder die DDR – als totalitäre Staaten anzusehen sind, die nicht nur nicht auf dem sittlichen Fundament des Christentums aufruhen, sondern es radikal bekämpfen. „Von Machthabern eines totalen Staates soll man nicht als von ‚Obrigkeit' reden."[68] Kriterium für die christliche Anerkennung staatlicher Macht nach dem von Dibelius rekonstruierten Ursinn von Römer 13 ist, „daß die Ordnung, die die Machthaber [...] aufrechterhalten, durch die Gebote Gottes bestimmt sein muß, bewußt oder unbewußt, daß sie legitime Ordnung sein muß, wenn sie respektiert werden soll, und daß die Gebote Gottes allen Menschen ohne Unterschied gelten."[69] Der bleibend aktuelle *paulinische* Kernbestand ist also die Rechtsstaatlichkeit, die als Kriterium für die Beurteilung des modernen Staatswesens dient. Daher kann man dem atheistischen Machtstaat gegenüber auf Distanz gehen.[70] Ihm gegenüber wird das Recht zur kritischen Beurteilung staatlichen Handelns, zum zivilen Widerstand und zur Einklagung ungestörter religiöser Betätigung eingefordert, während der Staat des Grundgesetzes, der sich zudem auf ein dem Christentum nahes sittliches Fundament gründet, als legitime Obrigkeit anerkannt wird.[71] Hier gilt sogar die Pflicht zum zivilen Engagement. In markigen Worten formuliert Dibelius: „Der Christ greift also zu – nicht weil die staatlichen Machthaber es verlangen, sondern weil die lex caritatis ihm gebietet, nicht das Vertrauen der Menschen

---

[66] DIBELIUS, Obrigkeit?, 11 f.
[67] A. a. O., 13.
[68] A. a. O., 16.
[69] A. a. O., 20 f.
[70] „Die heutige Theologie [...] wird auch einen Blick dafür haben müssen, daß der totalitäre Staat etwas grundsätzlich anderes ist als alles, was wir bisher ‚Staat' genannt haben, und daß das Bild einer gesellschaftlichen Ordnung, das Römer 13 vorausgesetzt wird, mit dem Bild eines neuen Totalstaats nur Äußeres gemeinsam hat." (A. a. O., 95).
[71] Dabei handelt es sich um „Staaten, die eine Sittlichkeit kennen, die über den Interessen der Macht steht, das heißt also ein Recht, das für alle gemeinsam ist, für die Regierenden wie für die Regierten, ein Recht, das irgendwie metaphysisch verankert ist." (Ebd.).

um ihn her zu verscherzen und damit die ihm aufgetragene Wirksamkeit in seiner Gemeinde zu erschweren. Er tut es in freier Entscheidung; und er wird, sofern er es körperlich leisten kann, seine Ehre darein setzen, nicht schlechter zu arbeiten als irgendein anderer."[72] Unwichtig ist für Dibelius, ob der ihm vorschwebende, sittlich eingefriedete Staat monarchisch, demokratisch oder absolutistisch verfasst ist. Insofern liegt in Dibelius' Obrigkeitsschrift noch keine Aneignung der Demokratie vor. Der theologische Begriff des demokratischen Staates ist noch nicht gefunden.

V.

Jenseits dieser in der Rückschau sehr engen Debatten wird seit den 60er Jahren im Linksprotestantismus ein neuer Zugang zur Politischen Ethik gebahnt. Hier zielt man auf eine gänzliche Überwindung der Lehre von den beiden Regierweisen Gottes. Ihr wird das nun pejorativ verstandene Label „Zwei-Reiche-Lehre" zugewiesen und sie wird ideenpolitisch als lutherische Lehre rekonstruiert, die seit der Reformationszeit konstant gegolten und das Luthertum auf konservative Staatsfrömmigkeit festgelegt habe. Als progressives Gegenmodell wird die „reformierte Herrschaft-Christi-Lehre" exponiert, deren Ursprünge bei Ulrich Zwingli und Johannes Calvin identifiziert werden. Mit anderen Worten: Die christologische Verklammerung von Obrigkeit und Kirche, die für das Modell des lutherischen Theologen Bonhoeffer einschlägig war, wird nun aufgelöst mit dem Ziel, die Wurzeln der Demokratie in der reformierten Tradition aufzufinden, die – bei aller Wertschätzung für den Widerständler Bonhoeffer – in dessen politischen Ethik beim besten Willen nicht zu finden waren. Daher identifiziert man nun eine ideengeschichtliche Linie von Johann Calvin zu Karl Barth, wobei die Tradition über die westeuropäischen Reformierten rekonstruiert werden musste. Dazu sei ein repräsentatives Zitat von Jürgen Moltmann angeführt:

„Wir finden bei beiden [Zwingli und Calvin] gewiß eine *Zwei-Reiche-Lehre*, mit der Glaube und Politik, sowie Kirche und Staat ebenso auseinandergehalten werden wie bei *Luther*. Aber beide betonen den persönlichen Ruf in die *Nachfolge Christi* auch in der Politik. In der reformierten Tradition ist der Gedanke der Nachfolge nicht zum ‚Stiefkind des Protestantismus' (E. Wolf) geworden. Der Christ lebt nach reformierter Auffassung nicht in zwei verschiedenen Welten zugleich, sondern er lebt in der einen umfassenden Herrschaft Christi in den verschiedenen Verhältnissen dieser Welt. Luther hatte gegen den mittelalterlichen Klerikalismus das ‚allgemeine Priestertum aller Gläubigen' herausgestellt und damit das *Recht der Gemeinde* entdeckt. Die reformierte Tradition hat dazu das ‚allgemeine Königtum aller Gläubigen' entdeckt und damit den Grundstein zur *modernen Demokratie* gelegt. Luther hatte die *klerikale Tyrannis* in Rom vor Augen. Die

---
[72] A. a. O., 134.

westeuropäischen Reformierten sahen die Gefahr der *politischen Tyrannis* und entdeckten die politische Bedeutung der biblischen Idee des *Bundes*, des *Covenant*, der *constitution*, der Verfassung."[73]

Man kann an diesem Zitat sehr gut ablesen, wie hier durch ideengeschichtliche Gegenlektüre die Prinzipien „Demokratie" und „Verfassung" theologisch begründet und in emanzipativer Absicht zur Geltung gebracht werden. Die Barmer Theologische Erklärung hat die Kirche als kritisches Gegenüber zum Staat positioniert. Bonhoeffer verkörpert den notwendigen personalen Widerstand in der Nachfolge Christi gegen den Unrechtsstaat. Barth hat einmal in „Christengemeinde und Bürgergemeinde" von 1946 die These von der Affinität von Glaube und Demokratie dargelegt. Sodann hat er mit der These von der „Herrschaft Christi" die Einsicht von der grundsätzlichen Überwindung des Bösen eingeschärft, weil unter dem Einfluss des Gekreuzigten und Auferstandenen Freiheit und Gerechtigkeit bereits innerweltlich wirksam seien. Barth hat allerdings, so die Kritik, diesen Ansatz kosmologisch überzogen und damit in gewisser Weise entpolitisiert. Daher kommt es nun darauf an, dass sich die Gemeinde ebenso wie der Einzelne in der Nachfolge des Gekreuzigten und Auferstandenen mit den Leidenden in der Welt solidarisiert und sich für die Etablierung gerechter Strukturen in der Welt einsetzt. „Diese Welt ist kein Wartezimmer für das Reich Gottes. […] Sie ist der Kampfplatz und der Bauplatz für das Reich, das von Gott selbst auf Erden kommt. Man kann schon jetzt durch neuen Gehorsam und schöpferische Nachfolge im Geist dieses Reiches leben."[74] Es geht nicht darum, das Reich Gottes werktätig zu errichten, sondern es im kämpferischen Handeln zu antizipieren. Moltmann nennt dieses politische Engagement der Christen „messianisches Handeln" und konkretisiert es: „1. im Kampf um ökonomische Gerechtigkeit gegen die Ausbeutung des Menschen durch den Menschen, 2. im Kampf um Menschenrecht und Freiheit gegen die politische Unterdrückung des Menschen durch den Menschen. 3. im Kampf um menschliche Solidarität gegen die kulturelle, die realistische und die sexistische Entfremdung des Menschen vom Menschen, 4. im Kampf um den ökologischen Frieden mit der Natur gegen die industrielle Zerstörung der Natur durch den Menschen, 5. im Kampf um die Gewißheit gegen die Apathie im persönlichen Leben."[75]

Mit diesen Formulierungen sind Grundüberlegungen zur Befreiungstheologie angestellt, die nun in der Tat die Lehre von den zwei Regierweisen Gottes hinter sich gelassen hat. Das wird auch daran kenntlich, dass der Begriff des Politischen zum Schlüssel des Verständnisses von Theologie überhaupt wird.

---

[73] JÜRGEN MOLTMANN, Politische Theologie – Politische Ethik, München 1984, 138 (Hervorhebungen im Original).
[74] A. a. O., 162.
[75] MOLTMANN, Politische Theologie – Politische Ethik, 163 f.

Denn unter dem normativen Vorzeichen einer „messianischen Antizipation"[76] ist jede Theologie politisch, weil sie dort, wo sie sich – wie im Luthertum – diesem Kampf nicht stellt, zur Stabilisierung der ungerechten Verhältnisse beiträgt.[77] Der Begriff der Politischen Theologie wird in diesem Lager also zur Fundamentalkategorie.[78] Das bestätigt die Diagnose des Rechtsphilosophen und Politiktheoretikers Carl Schmitt, nach der sich die moderne Welt dadurch auszeichnet, dass alle Lebensbereiche zum Gegenstand des politischen Kampfes werden können[79] – *auch* die theologische Interpretation des Evangeliums von Jesus Christus, die unpolitisch nun nicht mehr gedacht werden kann.[80]

VI.

Einen anderen Weg ist man in der EKD-Denkschrift „Evangelische Kirche und freiheitliche Demokratie. Der Staat des Grundgesetzes als Angebot und Aufgabe" gegangen, die 1985 vorgelegt wird.[81] Auch hier wird das protestantische Staatsverständnis auf die Füße gestellt, aber von den überzogenen Ansprüchen entlastet. Dazu trägt bei, dass man den Gegensatz von „Zwei-Reiche-Lehre" und „Königsherrschaft Christi" überwindet und die Verbindung zum Naturrechtsdenken herstellt. Unzweideutig ist das Bekenntnis zur Demokratie. „Für Christen ist es wichtig zu erkennen, daß die Grundgedanken, aus denen heraus ein demokratischer Staat seinen Auftrag wahrnimmt, eine Nähe zum christlichen Menschenbild aufweisen. Nur eine demokratische Verfassung kann heute der Menschenwürde entsprechen. Das ist bei aller Unsicherheit in der Auslegung von Verfassungsprinzipien und bei allem Streit um deren politische Gestaltung festzuhalten. Auch die Demokratie ist

---

[76] A.a.O., 156.

[77] „Es gibt in der Tat politisch bewußtlose Theologen, aber es gibt grundsätzlich keine apolitischen Theologen. Kirchen und Theologen, die sich für ‚unpolitisch' erklären, arbeiten immer mit den Mächten des *status quo* zusammen und sind durchweg konservative Allianzen eingegangen" (JÜRGEN MOLTMANN, Gerechtigkeit schafft Zukunft. Friedenspolitik und Schöpfungsethik in einer bedrohten Welt, München 1989, 41).

[78] „‚Politische Theologie' ist keine neue Dogmatik, sondern will fundamentaltheologisch das politische Bewußtsein jeder christlichen Theologie erwecken. [...] A-politische Theologie gibt es nicht, weder auf der Erde noch im Himmel." (MOLTMANN, Politische Theologie – Politische Ethik, 153).

[79] Vgl. CARL SCHMITT, Der Begriff des Politischen, Berlin ⁷2002, 79–95.

[80] Dementsprechend heißt es programmatisch konsequent: „Die neue *Politische Theologie* will die Kirchen nicht ‚politisieren', sondern die politischen Bindungen der Kirchen bewußt machen und die politische Existenz der Kirchen ‚christianisieren'. Kirche ist eine Institution gesellschaftskritischer Freiheit (Metz)." (MOLTMANN, Gerechtigkeit schafft Zukunft, 42).

[81] Sie umfasst drei Teile: „I. Demokratie im evangelischen Verständnis. Alte Fragen und neue Aufgaben. II. Grundelemente des freiheitlichen demokratischen Verfassungsstaates. III. Demokratie vor den Herausforderungen der Gegenwart".

keine ‚christliche Staatsform'. Aber die positive Beziehung von Christen zum demokratischen Staat des Grundgesetzes ist mehr als äußerlicher Natur; sie hat zu tun mit den theologischen und ethischen Überzeugungen des christlichen Glaubens."[82] Aus dem Zitat geht hervor, dass der Begriff der Menschenwürde in der Begründung der Nähe des christlichen Glaubens zur Demokratie eine Schlüsselfunktion übernimmt, weil in ihm die unterschiedlichen gedanklichen Fäden ineinanderlaufen. Daher hat man auch von einer zivilreligiösen Bedeutung der Menschenwürde gesprochen.[83]

Grundlegend ist die Feststellung einer Konvergenz zwischen der biblischen Anthropologie, nämlich der rechtfertigungstheologisch interpretierten Gottebenbildlichkeit, und dem durch das Grundgesetz vorausgesetzten Verständnis des Menschen, das im Begriff der Menschenwürde gebündelt wird. Aus der Achtung der Würde des Menschen folgt die „Anerkennung der Freiheit und Gleichheit", aus denen das „Gebot der politischen und sozialen Gerechtigkeit" abgeleitet wird. Die Aufgabe des Staates wird darin gesehen, in der „nichterlösten", „fehlsamen", lutherisch gesprochen: sündigen Welt für Ordnung zu sorgen. Weil aber der Staat – und hier liegt eine gravierende Abweichung von der klassischen Obrigkeitslehre vor – selbst der gleichen Fehlbarkeit unterliegt, wird nicht nur die strikte Begrenzung der staatlichen Macht an der unantastbaren Menschenwürde und den aus ihr folgenden Grundrechten festgestellt, sondern die Menschenwürde und ihre Entfaltung werden zum kritischen Maßstab, an dem sich politische Vernunft und politisches Handeln zu orientieren haben. Der Begriff der Menschenwürde dient schließlich als Maßstab zur Beurteilung der Staatsformen. Im Blick auf die deutsche Teilung wird zwar festgehalten, dass man auch in totalitären Staaten Christ sein kann, aber es kann doch am Maßstab der Menschenwürde und den aus ihr abgeleiteten Grundrechten aus christlicher Sicht zwischen den Staatsformen kritisch unterschieden werden.

In der ethischen Pflichtenlehre stellt die Denkschrift endgültig von „Gehorsam" und „Dienst" auf „Verantwortung" oder „Mitverantwortung" um. Die von Gott geforderte Mitwirkung an den Aufgaben des demokratischen Staates wird als Umformung der reformatorischen Berufsethik formuliert, die von je her den Christen in das gesellschaftliche Leben einbindet und die im jesuanischen Gebot der Nächstenliebe begründet ist.[84] Als Ort des Berufes gilt nun

---

[82] EKD, Evangelische Kirche und freiheitliche Demokratie. Der Staat des Grundgesetzes als Angebot und Aufgabe, in: Die Denkschriften der EKD, hg. von der KIRCHENKANZLEI DER EKD, Bd. 2/4, Hannover 1985, 20.

[83] Vgl. „Ist Menschenwürde ein theologisch-politischer Grundbegriff?".

[84] „Nach evangelischem Verständnis gehört die politische Existenz des Christen zu seinem weltlichen Beruf. Christliche Bürger sind deswegen hier nach ihrer Berufserfüllung gefragt. Im Beruf kommen nach evangelischem Verständnis seit Luther eine weltliche Aufgabe und die Verantwortung vor Gott zusammen. Der weltliche Beruf kann dem Christen nicht gleichgültig sein, weil er etwa mit seinem Glauben nichts zu tun hätte. Auch im weltlichen Beruf sind wir von

die Welt des Politischen. So gehört es zum Beruf des Christenmenschen, vom aktiven Wahlrecht Gebrauch zu machen und politische Mandate und Ämter zu übernehmen, nicht nur in der Administration und Regierung, sondern auch in der parlamentarischen Opposition.

Verantwortungsethisch werden auch die Rolle der politischen Parteien, die demokratischen Verfahren zur politischen Entscheidungsfindung, die Bedeutung der politischen Öffentlichkeit unter Einschluss des politischen Journalismus und der gesellschaftliche Pluralismus positiv gewürdigt. Die Probleme des politischen Lobbyismus, eines reinen Mehrheitsprinzips und des Widerstandsrechtes werden ausführlich diskutiert, Perspektiven der Weiterentwicklung des demokratischen Gemeinwesens erörtert.

Die politische Rolle der Kirchen wird zurückhaltend beschrieben. In der Unterscheidung zwischen dem geistlichen Auftrag der Kirche und dem weltlichen Auftrag des Staates lebt die alte Lehre weiter. Die christliche Verantwortung für das Politische begründet „eine positive Beziehung"[85] der Kirchen zum Staat. Indem die Kirchen die ethische Seite des Glaubens betonen und die Protestanten zur Wahrnehmung ihrer politischen Mitverantwortung ermutigen, stärken sie die für das Funktionieren der freiheitlichen Demokratie notwendige sittliche Substanz. In diesem Zusammenhang bezieht man sich zustimmend auf das ‚Böckenförde-Paradox'. Der Freiburger Rechtsphilosoph Ernst-Wolfgang Böckenförde hatte schon 1967 formuliert: „Der freiheitliche Rechtsstaat lebt von Voraussetzungen, die er selbst nicht garantieren kann"[86]. Mit dieser Formulierung wollte der spätere Bundesverfassungsrichter auf die nicht anders denn zivilgesellschaftlich zu mobilisierenden sozialmoralischen Ressourcen aufmerksam machen, die der freiheitliche Staat benötigt, aber um der Freiheit willen nicht erzwingen kann. Für Böckenförde stellt insbesondere der christliche Glaube eine solche Ressource dar, der durch die kirchlichen Bildungsaktivitäten gestützt und gefördert wird. Diese These wird aufgegriffen und zur Selbstbeschreibung dieser Seite der politischen Aufgabe der Kirche verwendet. Die andere Aufgabe der Kirche besteht darin, die fachpolitischen Debatten auf die

---

Gott beansprucht. Denn er ist ein Ort, an dem die Nächstenliebe geübt werden soll, die danach fragt, was dem Nächsten und der Gemeinschaft dient und nützt. Der Ruf zur Nächstenliebe fordert also sehr nüchtern auch die Bereitschaft zur Übernahme politischer Verantwortung. Im Gehorsam gegen Gottes Gebot und in der Freiheit des Glaubens soll der Christ im Beruf nicht nach dem besonderen Ansehen der Christen suchen, sondern sich bereitfinden, Verantwortung zu übernehmen, wo dies von ihm erwartet wird. In diesem Sinne enthält die Demokratie die Aufforderung zu einer Erneuerung und einer Erweiterung des Berufsverständnisses auf allen Ebenen des politischen Gemeinwesens." (EKD, Evangelische Kirche und freiheitliche Demokratie, 28).

[85] A. a. O., 12.

[86] ERNST-WOLFGANG BÖCKENFÖRDE, Die Entstehung des Staates als Vorgang der Säkularisation (1967), in: HEINZ-HORST SCHREY (Hg.), Säkularisierung, Darmstadt 1981, 67–89, 87. Vgl. kritisch dazu: HARTMUT KRESS, Ethik der Rechtsordnung. Staat, Grundrechte und Religionen im Licht der Rechtsethik, Stuttgart 2012, 24–30.

ethischen Prinzipien hin durchsichtig zu machen und bei denjenigen politischen Entscheidungen, deren mögliche Lösungen direkt ethische Fragen berühren, die christlichen Grundeinsichten in den politischen Prozess einzubringen.

VII.

Mit der Demokratie-Denkschrift ist der Streit um die „Zwei-Reiche-Lehre" beendet, sie spielt im gegenwärtigen Diskurs nur noch eine marginale Rolle. Das Wegfallen der ideologischen Front zum real existierenden Sozialismus hat diese Entwicklung befördert. Aber die Demokratie-Denkschrift markiert nicht das Ende der Geschichte, vielmehr können Aspekte der Debatte um die Zwei-Reiche-Lehre in der Auslegung der Demokratie-Denkschrift identifiziert werden. Dazu seien noch einige Beobachtungen notiert.

Neben der freiheitstheologischen und institutionstheoretischen Auslegung des Verhältnisses von Kirche(n) und Staat, die das politische Engagement des Einzelnen einerseits fördert, ihn andererseits auch institutionell entlastet,[87] steht die bleibend herrschafts- und staatskritische Interpretation, wie sie in milder Form etwa von Martin Honecker vertreten wird. Der Bonner Ethiker, Schüler des Barth-Schülers Hermann Diem (1900–1975), interpretiert die Unterscheidung von weltlichem und geistlichem Regiment durch eine Neuauflage der Unterscheidung von Gesetz und Evangelium. „Gesetz" wird von Honecker als „Faktum" verstanden, „daß jedem Menschen mit seinem Menschsein die sittliche Forderung aufgegeben ist, daß die Anerkennung der Freiheit des Menschen die Inanspruchnahme von Verantwortung impliziert"[88]. Unter Evangelium versteht er „Heil, oder, wie man [...] auch sagen kann, Lebenssinn, Vertrauen (als Gegenstück zur Angst)", das dem Menschen „durch Gottes Zuwendung, Gottes Wort"[89] zuteilwird. Ganz im Sinne der Unterscheidung der zwei Regierweisen Gottes ist eine unmittelbare politische Anwendung des Evangeliums als unreformatorisch zu verwerfen. Vielmehr ist die Aufgabe der Gestaltung der politischen Ordnung eine Sache der vernünftigen Einsicht, und das politische Geschäft vollzieht sich als Suche nach zumutbaren Kompromissen und tragfähigen Übereinkünften. Aber das Evangelium ist davon unterschieden und es hat eine bleibende kritische Funktion, weil es mit den politischen Prozeduren nichts zu tun hat, sondern seine orientierende, Vertrauen stiftende Bedeutung soteriologisch aufbaut. Das bedeutet in politi-

---

[87] Vgl. hierzu vor allem die das Politische betreffenden Ausführungen bei TRUTZ RENDTORFF, Ethik. Grundelemente, Methodologie und Konkretionen einer ethischen Theologie, Stuttgart ²1991.

[88] MARTIN HONECKER, Christlicher Glaube, Religion und moderne Gesellschaft (1987), in: DERS., Evangelische Christenheit und Staat. Orientierungsversuche, Berlin/New York, 107–125.

[89] A.a.O., 114.

scher Hinsicht: „Der Beitrag der Religion [...] kann nicht nur stabilisierend und legitimierend, sondern muß immer auch kritisch, machtkritisch sein."[90]

Diese kritische Perspektive wird wesentlich schärfer von Wolfgang Huber betont. Aus Anlass des 25jährigen Jubiläums der Denkschrift hat er in seiner Eigenschaft als EKD-Ratsvorsitzender die Rolle der Kirche im politischen Diskurs durch die Re-Aktivierung des Anspruches, ein prophetisches Wächteramt wahrzunehmen, aufzuwerten versucht. Er spricht von der Kirche als kollektives „Gewissen" oder als einem „Herzschrittmacher der modernen Demokratie"[91]. Dahinter stehen theologische Gedanken, die Hubers akademischer Lehrer Heinz Eduard Tödt (1918–1991) in den sechziger bis achtziger Jahren seinen akademischen Schülern vermittelt hatte und die nicht an der Zwei-Reiche-Lehre anknüpften. Tödt versuchte, das neuzeitliche Menschenrechtsdenken in seinem komplexen ideengeschichtlichen Gewordensein aufzugreifen und solchermaßen auf das theologische Denken zu beziehen, dass dessen Eigenständigkeit gewahrt bleibt. Danach ist das Grundanliegen des humanistischen Menschenrechtsdenkens, nämlich Freiheit, Gleichheit und Teilhabe, für das theologische Staatsverständnis aufzugreifen und fruchtbar zu machen. Der Bezug zum theologischen Denken wird durch „Analogie" und „Differenz" hergestellt. Die Analogien zwischen theologischem und humanistischem Denken werden mit Blick auf die Unverfügbarkeit der Menschenwürde, als radikale Gleichheit aller Menschen und als vollkommene Teilhabe bestimmt.[92] Entscheidend sind die Differenzen: Weil das humanistische Menschenrechtsdenken in sich Gegenläufigkeiten enthält und die Politik die geforderte Universalität des Menschenrechtsdenkens empirisch nicht einholen kann, besteht die Aufgabe der Theologie darin, aus der Kontrafaktizität des Evangeliums heraus die genannten Grundnormen kritisch zur Geltung zu bringen und den politisch Verantwortlichen die Anerkennungs- und Vollzugsdefizite vor Augen zu halten.[93] Wolfgang Huber hat diese Position aufgegriffen und verfeinert. Er stellt sich einerseits entschlossen auf die Seite von Demokratie und Rechtsstaat, will andererseits aus biblischer Perspektive die „prophetische Kritik" zur Geltung bringen, „die im Alten Testament beginnt und bei Jesus von Nazareth Aufnahme und Bestätigung findet [...]: Prophetische Kritik ist durch die Opposition gegen alle Zukunft verweigernden Formen des Lebens bestimmt."[94]

---

[90] A. a. O., 124.

[91] WOLFGANG HUBER, Demokratie wagen – Der Protestantismus im politischen Wandel 1965–1985 – Festvortrag im Rahmen des 50jährigen Jubiläums der Evangelischen Arbeitsgemeinschaft für Kirchliche Zeitgeschichte, München 2005.

[92] Vgl. HEINZ EDUARD TÖDT, Menschenrechte – Grundrechte, in: FRANZ BÖCKLE u. a. (Hg.), Christlicher Glaube in moderner Gesellschaft, Bd. 27, Freiburg i. B. 1982, 5–57, 51–53.

[93] Vgl. a. a. O., 53–55.

[94] WOLFGANG HUBER, Prophetische Kritik und demokratischer Konsens, in: DERS., Konflikt und Konsens. Studien zur Ethik der Verantwortung, München 1990, 253–271, 265.

Derartige Konstellationen können sich auch im demokratischen Rechtsstaat einstellen, wenn die „Bindungen der Machtausübung in der Demokratie außer Kraft gesetzt werden" oder „wenn die konstitutionelle in eine absolute Demokratie verkehrt und die Spannung von Legitimität und Legalität durch einen autoritären Legalismus außer Kraft gesetzt werden soll."[95] In solchen Fällen sei prophetischer Widerspruch legitim und erforderlich. Den theologischen Maßstab der prophetischen Kritik hat Huber später mit dem Begriff der Gerechtigkeit erläutert,[96] den er biblisch-theologisch aufbaut[97], eschatologisch interpretiert[98] und als Motor für eine dynamische Weiterentwicklung auch der auf den Menschenrechten fußenden Rechtssysteme versteht.[99] Die Kirche gilt vor allem als Institution der auf Dauer gestellten Kritik und fungiert eben als jener „Herzschrittmacher" der kommunikativen und demokratischen Freiheit. Hubers Auslegung des Begriffs der Gerechtigkeit steht ausdrücklich in der theologischen Tradition Karl Barths und im Dienst der Überwindung jener Trennung der beiden Reiche, die durch die im Neuluthertum getroffene Unterscheidung von „Gesetz und Evangelium" theologisch verwirklicht schien.[100] Aus der Betonung der zweiten Barmer These, nach der die Christen in *allen* Lebensbereichen unter dem gnädigen Zuspruch wie unter dem Anspruch Jesu Christi stehen[101], folgt hier das „Konzept kritischer Loyalität gegenüber dem Staat"[102].

---

[95] A. a. O., 270.

[96] Vgl. WOLFGANG HUBER, Gerechtigkeit und Recht. Grundlinien christlicher Rechtsethik, Darmstadt ³2006.

[97] Vgl. a. a. O., 190–199.

[98] „Die theologische Interpretation von Gottes endgültiger Zukunft ruft Entsprechungen in der teleologischen Interpretation von historischen Prozessen hervor. Dazu gehört auch die teleologische Interpretation des Rechts. [...] Die jüdisch-christliche Tradition enthält ein spezifisches Verständnis von Gerechtigkeit, das in die teleologische Prüfung und Kritik von Rechtssystemen eingebracht werden kann." (A. a. O., 201 f.).

[99] „Das eschatologische und teleologische Verständnis der Gerechtigkeit eröffnet den Zugang zu einer geschichtlichen Interpretation der Menschenrechte, die gleichwohl nicht relativistisch ist; es eröffnet zugleich den Zugang zu einer prozessualen und diskursiven Auffassung über die Legitimität von Rechtssystemen." (A. a. O., 216).

[100] Vgl. HUBER, Gerechtigkeit und Recht, 142–161 und 531–535.

[101] „Jesus Christus ist uns gemacht von Gott zur Weisheit und zur Gerechtigkeit und zur Heiligung und zur Erlösung (1 Kor 1,30). Wie Jesus Christus Gottes Zuspruch der Vergebung aller unserer Sünden ist, so und mit gleichem Ernst ist er auch Gottes kräftiger Anspruch auf unser ganzes Leben; durch ihn widerfährt uns frohe Befreiung aus den gottlosen Bindungen dieser Welt zu freiem, dankbarem Dienst an seinen Geschöpfen.

Wir verwerfen die falsche Lehre, als gebe es Bereiche unseres Lebens, in denen wir nicht Jesus Christus, sondern anderen Herren zu eigen wären, Bereiche, in denen wir nicht der Rechtfertigung und Heiligung durch ihn bedürften." (Bekenntnissynode der Deutschen Evangelischen Kirche zu Barmen am 31. Mai 1934. Siehe: http://www.ekd.de/download/handzettel_barmer_theologische_erklaerung.pdf [Zugriff: 30.04.2018]).

[102] HUBER, Gerechtigkeit und Recht, 534.

VIII.

In diesem Aufsatz wurde ein langer und komplexer Transformationsprozess beschrieben. Sind bei aller Veränderung auch Kontinuitäten zu konstatieren? Drei Aspekte seien angedeutet.

Ein sich durchhaltendes Motiv ist *einmal* die Betonung der politischen Verantwortung *des Einzelnen*. Sie wurde früher vor allem an die Fürsten und seine politischen Berater adressiert, heute hat jeder *homo politicus* die Chance zur Mitwirkung, trägt aber auch die Last der politischen Verantwortung. Das politische Geschehen vollzieht sich immer im Spannungsfeld zwischen der staatlichen Kooperation und dem politischen Wollen des Einzelnen. Die protestantische Ethik des Politischen akzentuiert die Verantwortung des Einzelnen, der sich in den Dienst des Gemeinwesens stellt, ohne darin aufzugehen. Das führt zum *zweiten* Kontinuitätsmoment, nämlich zum Ringen um die Versachlichung der politischen Prozesse. Dass der Staat „nach dem Maß menschlicher Einsicht und menschlichen Vermögens unter Androhung und Ausübung von Gewalt für Recht und Frieden zu sorgen"[103] hat, das wird bis in die BTE hinein gesagt. Die Frage, ob und wie religiöse Anliegen in das Politische eingespielt werden können oder sollen, ist bis heute zwischen den Lagern im Protestantismus strittig. Zwischen dem prophetischen Gestus einer politischen Theologie und dem gläubigen Vertrauen auf die Rationalität politischer Prozesse öffnet sich ein breites Spektrum, in dessen Mitte eine verfahrensethische Interpretation des protestantischen Politikverständnisses steht.[104] *Drittens* geht es in der Politischen Ethik immer auch darum, dem Politischen eine prinzipielle Grenze zu ziehen, die durch den Glauben bestimmt ist. Angesichts der Politisierbarkeit *aller* Lebensbereiche ist diese Grenzziehung von größter Aktualität. Wo diese Grenze zu ziehen ist, von wem und mit welchem Anspruch – das wiederum ist theologisch strittig. Das Politische und das Glaubensleben sind in reformatorischer Perspektive eben wirklich zwei Sphären oder Reiche, deren Einheit nur in Gott verbürgt ist. Hans Walter Schütte formulierte dazu einst sehr treffend: „An beiden Reichen gewährt Gott Anteil, aber das Anteilhaben am Reich Gottes und am Reich der Welt ist ein Teilhaben an der Unterscheidung."[105] Das bedeutet: In reformatorischer Perspektive ist Politik nicht nur die Kunst des Möglichen, sondern auch „die Kunst der Unterscheidung."[106]

---

[103] So der Wortlaut der fünften These der Barmer Theologischen Erklärung.
[104] Vgl. SCHELIHA, Protestantische Ethik des Politischen, 219–315.
[105] HANS WALTER SCHÜTTE, Zwei-Reiche-Lehre und Königsherrschaft Christi, 347.
[106] Ebd.

Religion und Sachpolitik

Zur gegenwärtigen Bedeutung von Martin Luthers Unterscheidung von geistlichem und weltlichem Regiment Gottes

Einleitung

Bezieht man Luthers Staatsverständnis auf die Gegenwart, dann könnte der Kontrast zwischen dem „Damals" und dem „Heute" kaum größer sein. Streng genommen hatte Martin Luther nicht einmal einen Staat vor Augen, sondern den fürstlichen Landesherrn, der innerhalb seines Territoriums vorrangig um die volle *Herstellung* von Souveränität bemüht war. Das Gewaltmonopol und die Herstellung einheitlicher Verwaltungsstrukturen und Rechtsauslegung mussten dem Kaiser, der mittelalterlichen Kirche, den adeligen Vasallen und den Landständen abgerungen werden.[1] Bei der Durchsetzung seiner Souveränität kam den Territorialfürsten die reformatorische Bewegung entgegen und der frühneuzeitliche Staat mit seinem Zusammenspiel von weltlicher Macht und religiösem Glauben ist eher das Ergebnis denn eine Voraussetzung der Reformation. Für das heutige Staatsverständnis dagegen ist die Überwindung des souveränen Nationalstaates charakteristisch. Staatlichkeit ist in der Gegenwart auf unterschiedlichen Ebenen etabliert: auf lokaler Ebene, auf regionaler Ebene (z. B. die Bundesländer) und auf nationalstaatlicher Ebene. Dazu kommen die sich z. T. überschneidenden zwischen- und überstaatlichen Ebenen, die Teilbereiche ehedem nationalstaatlicher Souveränität an sich gezogen haben und funktionale Regime ausüben, die mehrere Nationalstaaten umfassen (z. B. die Europäische Union, die zum Schengener Abkommen gehörende Staatengemeinschaft oder die Mitglieder der EURO-Zone). Die Kontrastbeispiele können noch vermehrt werden: Aus dem Untertanen Luthers wurde der Wahlbürger, der auf demokratische Weise die Bildung der Regierung mitbestimmt. Die alte Drei-Stände-Ordnung wurde durch die egalitäre Zivilgesellschaft abgelöst. Nicht mehr der *Gehorsam*, sondern die *Verantwortung* gilt als die vorrangige politische Pflicht des Christenmenschen. Die Kirche löste sich aus der staatlichen Bürokratie und verselbstständigte sich. Das daraus entwi-

---

[1] Vgl. THOMAS KAUFMANN, Geschichte der Reformation, Frankfurt am Main/Leipzig 2009, 37–61.

ckelte Gegenüber von Staat und Kirche war jedoch nur ein kurzes Zwischenspiel. Heute sind die christlichen Kirchen Akteure in einer sich zunehmend plural auffächernden Religionskultur, für deren normative Einfriedung vor allem der Staat sorgt.

Ein wesentlicher Umschlagpunkt, der Luthers Staatsverständnis vom modernen trennt, sind die Menschenrechte, die als vorstaatliche Normen die Macht des Staates begrenzen und als Grundrechte dem modernen Verfassungsstaat die Aufgabe zuweisen, die Freiheit der Einzelnen zu garantieren und das Zusammenstimmen der gleichen Freiheit aller Bürger zu regulieren. Es war die Französische Revolution, die die Legitimation der staatlichen Ordnung in diesem Sinn vom Kopf auf die Füße gestellt hatte: Am 26. August 1789 wurde die natürliche Freiheit zum Fundament des postrevolutionären Staates erhoben. Das bedeutete durchaus keine Absage an dessen religiöse Begründung. Denn man sprach von den „unveräußerlichen und geheiligten Menschenrechten" (droits inaliénables et sacrés) und vollzog die Deklaration der Menschen- und Bürgerrechte ausdrücklich „unter dem Schutze des Allerhöchsten Wesens" (sous les auspice de l'Etre suprême).[2] Dessen Heiligkeit korrespondierte allerdings die Heiligkeit der menschlichen Freiheitsrechte, die die Menschen vor der Staatsmacht schützen sollten. Von ihnen wollte man im bürgerlichen Verkehr Gebrauch machen und sie nötigenfalls *gegen* die Obrigkeit zur Geltung bringen.

Eine solche religiöse Umbesetzung des Staatsdenkens war in den evangelischen Territorien Alteuropas allerdings lange Zeit nicht denkbar. Bis in die Mitte des 20. Jahrhunderts hinein bewegte man sich in den Diskursen bis auf wenige Ausnahmen ganz in der Theorie-Rivalität zwischen der von den Reformatoren eingeschärften Obrigkeits- bzw. Zwei-Regimentenlehre und dem Menschenrechtsdenken.[3] Trotz dieser Diskontinuitäten können einige bleibend aktuelle Einsichten von Luthers Staatsverständnis identifiziert werden, die in diesem Beitrag im Bereich der politischen Ethik herausgearbeitet werden.

Grundzüge der reformatorischen Ethik:
Die politischen Pflichten von Christen im Staat

Die nach Röm 13,1–7 und 1 Petr 2,13–14 von Gott eingesetzte Obrigkeit ist nach Luther mit der Aufgabe betraut, die naturzuständliche Gewalt an sich zu ziehen und das Gewaltchaos einzudämmen. Dieser Aufgabenstellung

---

[2] Die Entwicklung der Menschen- und Bürgerrechte von 1776 bis zur Gegenwart, hg. von GERHARD COMMICHAU, Göttingen/Zürich ⁶1998, 72f.

[3] Vgl. „‚Menschenwürde' – Konkurrent oder Realisator der Christlichen Freiheit?".

liegt das pessimistische Menschenbild der Reformatoren zugrunde, die von der Gewaltneigung des natürlichen Menschen ausgehen. Um ihrer Aufgabe, Leben und Eigentum der Untertanen zu schützen, nachzukommen, erlässt die Obrigkeit Gesetze und stellt sicher, dass sie eingehalten werden. Für diesen Zweck verfügt sie – wie Luther metaphorisch formuliert – über das Schwert, also über bewaffnete Organe. Auf diese Weise erfüllt sie ihre grundlegende Pflicht, „dass das weltliche Schwert und Recht zur Strafe der Bösen und zum Schutz der Guten geübt werden."[4] Auch der Verteidigungskrieg ist für Luther ein mit der Obrigkeitsaufgabe direkt verknüpftes Mittel zur Durchsetzung des Friedens zwischen den Menschen und Völkern, den diese von sich aus nicht halten können: „Denn wo das Schwert nicht wehret und Frieden hielte, so müßte alles durch Unfrieden verderben, was in der Welt ist. Deshalb ist ein solcher Krieg nichts anders als ein kleiner kurzer Unfriede, der einem ewigen unermeßlichen Unfrieden wehret, ein kleines Unglück, das einem großen Unglück wehret"[5] – nämlich der Entfesselung von naturzuständlicher Gewalt.

Diese Ordnungs- und Friedensaufgabe wird von Luther als so grundlegend angesehen, dass sich darüberhinausgehende ‚Staatsziele' kaum finden lassen. In der Auslegung des Vierten Gebotes im Großen Katechismus spricht Luther allerdings davon, dass Gott den Menschen durch die Obrigkeit „Nahrung, Haus und Hof"[6] gibt und erhält. Luther spielt hier wohl auf eine Pflicht der fürstlichen Obrigkeit zur elementaren Sozialfürsorge an.

Eine weitere obrigkeitliche Pflicht lässt sich dem Bildungssektor zurechnen, durch den das dauerhafte Funktionieren der Obrigkeit sichergestellt wird. Denn die Nachbesetzung der obrigkeitlichen Ämter darf nicht dem Zufall überlassen bleiben, vielmehr muss durch die Ausbildung späterer Amtsträger vorgesorgt werden. „Ich meine aber, daß auch die Obrigkeit hier schuldig sei, die Untertanen zu zwingen, ihre Kinder zur Schule zu halten [...]. Denn sie ist wahrlich schuldig, die [...] Ämter und Stände zu erhalten, daß Prediger, Juristen, Pfarrer, Schreiber, Ärzte, Schulmeister und dergleichen bleiben, denn man kann deren nicht entbehren."[7] Die Durchsetzung der Schulpflicht

---

[4] MARTIN LUTHER, Von weltlicher Obrigkeit: wie weit man ihr Gehorsam schuldig sei (1523), in: DERS., Deutsch-deutsche Studienausgabe 3, hg. von HELLMUT ZSCHOCH, Leipzig 2015, 217–289, 5.

[5] MARTIN LUTHER, Ob Kriegsleute auch in seligem Stande sein können, in: KURT ALAND (Hg.), Luther deutsch. Die Werke Martin Luthers in Auswahl für die Gegenwart, Bd. 7, Stuttgart ²1967, 52–86, 54.

[6] MARTIN LUTHER, Der Große Katechismus, in: Unser Glaube. Die Bekenntnisschriften der evangelisch-lutherischen Kirche, im Auftrag der Kirchenleitung der VELKD hg. vom LUTHERISCHEN KIRCHENAMT, ³1991, 632.

[7] MARTIN LUTHER, Eine Predigt, dass man Kinder zur Schulen halten solle (1530), in: KURT ALAND (Hg.), Luther deutsch. Die Werke Martin Luthers in Auswahl für die Gegenwart, Bd. 7, Stuttgart ²1967, 230–262, 261.

(für Jungen) zur Bildung des natürlichen Menschen und zur systematischen Ausbildung politischer Führungseliten gehört somit zu den obrigkeitlichen Aufgaben.

Maßstab jedes obrigkeitlichen Handelns ist das Wohl der Untertanen. Die Obrigkeit ist, so schreibt Luther, „eine Vertreterin des Gemeinwesens"[8] und daher nicht auf sich selbst, sondern auf die öffentlichen Belange bezogen. Der Friede, den der *christliche* Fürst anstrebt, unterscheidet sich von der bloß eingedämmten Gewalt, die *jeder* Fürst herzustellen verpflichtet ist, dadurch, dass die Bedürfnisse der Untertanen berücksichtigt werden und ihr Wohl gemehrt wird.[9] Der christliche Fürst regiert nicht selbstbezogen, sondern ist „von ganzem Herzen auf Nutzen, Ehre und Heil für andere"[10] gerichtet. In diesem fast utilitaristischen Sinne dient er dem allgemeinen Nutzen.[11]

Das Glaubensleben allerdings gehört für Luther *nicht* zu den obrigkeitlichen Aufgaben. Es fällt vielmehr in das geistliche Regiment Gottes, das um den inneren Menschen, die Seele und ihr ewiges Heil bekümmert ist. Es ist Bestandteil der göttlichen Heilsordnung, die einer ganz anderen Sach- und Vollzugslogik folgt als das weltliche Regiment, das Gott durch die Obrigkeit ausübt. „Darum muss man diese beiden Regimente sorgfältig unterscheiden und beide bestehen lassen: eines, das gerecht macht, das andere, das äußeren Frieden schafft und den bösen Taten wehrt."[12] Aus diesem Zitat geht die Unterscheidung beider Regimente Gottes klar hervor. Im Unterschied zum weltlichen Regiment, das auf den äußeren Menschen bezogen ist, regiert Gott die Seelen durch sein von der Kirche verkündigtes Wort, das den Menschen überzeugen und zum Glauben führen soll. An Wort und Geschichte Jesu Christi wird dabei deutlich, dass dieses Regiment vollkommen gewaltfrei ausgeübt wird, „weil Christus ohne Zwangsgewalt, ohne Gesetz und Schwert ein freiwilliges Volk haben soll"[13]. Die Differenz von „Wort" und „Gesetz"

---

[8] LUTHER, Ob Kriegsleute auch in seligem Stande sein können, 79.

[9] „Das tut er aber, indem er sein ganzes Vorhaben darauf ausrichtet, ihnen zu nützen und zu dienen. Er soll nicht denken: Land und Leute gehören mir, ich will handeln, wie es mir gefällt. Sondern so: Ich gehöre dem Land und den Leuten, ich muss handeln, wie es für sie nützlich und gut ist." (LUTHER, Von weltlicher Obrigkeit, 67).

[10] A.a.O., 63.

[11] Luther lässt den christlichen Fürsten sagen: „Dasselbe will ich auch tun, indem ich bei meinen Untertanen nicht auf meinen, sondern auf ihren Vorteil bedacht bin; und ich will ihnen mit meinem Amt auch so dienen, sie schützen, anhören und verteidigen und sie nur mit dem Ziel regieren, dass es ihnen guttut und nützt und nicht mir." (A.a.O., 67). Nach Kaufmann handelt es sich beim „gemeinen Nutzen" um „ein um 1500 breit aufkommendes Schlagwort der politisch-rechtlichen Semantik und der sozialethischen Selbstverständigung" (KAUFMANN, Geschichte der Reformation, 52). Ahlmann betont die Nähe dieser und anderer Äußerungen Luthers zum Utilitarismus (vgl. FRANK AHLMANN, Nutz und Not des Nächsten. Grundlinien eines christlichen Utilitarismus im Anschluss an Martin Luther, Münster 2007).

[12] LUTHER, Von weltlicher Obrigkeit, 15.

[13] A.a.O., 17.

ermöglicht eine klare Kompetenzabgrenzung zwischen weltlichem und geistlichem Regiment. Die Macht der Obrigkeit erstreckt sich nur „auf Leib und Gut und auf irdische Äußerlichkeiten"[14]. Geht sie darüber hinaus, „greift sie Gott in sein Regiment und verführt und verdirbt die Seele nur."[15] Denn weil die Seele „allein unter die Macht Gottes gestellt"[16] ist, soll jeder „jeden so oder so glauben lassen, wie man kann und will, und niemanden mit Gewalt dazu zwingen."[17] Zum Glauben kann niemand gezwungen werden. Daher sind auch Unglaube und Ketzerei zu tolerieren. „Denn der Ketzerei kann man niemals mit Gewalt begegnen. [...] Hier muss Gottes Wort kämpfen. Wenn das den Kampf nicht entscheidet, wird er von der weltlichen Gewalt sicher nicht entschieden werden können"[18]. *Keine* soziale Institution, auch die Kirche nicht, darf das Gewissen des Menschen antasten.

Allerdings bedarf der ganze Mensch wiederum *beider* Sphären, in denen Gott regiert, der äußeren Ordnung und des Seelenheils. „In der Welt reicht keines ohne das andere aus. Denn ohne das geistliche Regiment Christi kann niemand [...] vor Gott gerecht werden. So herrscht das Regiment Christi nicht über alle Menschen, sondern immer sind die Christen [...] unter den Unchristen. Wo nun allein das weltliche Regiment oder Gesetz regiert, muss es sich um reine Heuchelei handeln, selbst wenn es sich ganz auf Gottes Gebote stützt. Denn niemand wird ohne den Heiligen Geist im Herzen wahrhaft gerecht, wie vorbildlich seine Werke auch sein mögen. Wo aber nur das geistliche Regiment über Land und Leute regiert, da wird die Bosheit von der Leine gelassen und allen Schandtaten Raum gegeben, denn die Welt als solche kann es weder annehmen noch verstehen."[19] Angesichts dieses Verweisungszusammenhangs hat der *christliche* Fürst nicht nur für die äußere Ordnung zu sorgen, sondern auch die Rahmenbedingungen zur Entfaltung für das christliche Glaubensleben bereitzustellen, d. h. der Kirche einen sozialen Raum zu geben. Diese Aufgabe wird *cura religionis* genannt. Mit ihr verbindet sich *keine* Vermischung der beiden Regimente, sondern lediglich die Bereitstellung der Möglichkeit für die kirchliche Predigt des Evangeliums und die rechte Verwaltung der Sakramente. Hier wird die reformatorische Gleichheitsidee wirksam. Denn ebenso wie alle Menschen vor dem Ordnungsanspruch der weltlichen Obrigkeit gleich sind und sich ihr zu fügen haben, so übernimmt der christliche Fürst im Sinne des „Priestertums aller Gläubigen" Verantwortung für die Kirche, indem er die institutionellen und personellen Mittel bereitstellt, weil

---

[14] A.a.O., 38.
[15] Ebd.
[16] A.a.O., 40.
[17] A.a.O., 43.
[18] A.a.O., 53.
[19] A.a.O., 15.

er über die erforderlichen administrativen Möglichkeiten verfügt.[20] Insofern ist das spätere landesherrliche Kirchenregiment in den lutherischen Territorien kein historischer Zufall, sondern bereits in den reformatorischen Grundgedanken und -entscheidungen Luthers verankert.

Die vorrangige politische Pflicht des Untertanen ist der Gehorsam. Das gilt für den natürlichen Menschen ebenso wie für den Christen. Da die Obrigkeit beim Erlass von Gesetzen und bei deren Durchsetzung legitime Gewalt ausübt, kann sie – auch im Missbrauchsfall – keine Gegengewalt dulden, sondern fordert zivilen Gehorsam.[21] Auch die Gehorsamspflicht wird biblisch mit dem Verweis auf Röm 13,1–7 begründet, sie ist aber zugleich in Luthers paternalistischem Gesamtverständnis der Obrigkeit verwurzelt. Für ihn gehört sie – wie in der Dekalog-Auslegung des Großen Katechismus deutlich wird – „zum Vaterstand"[22]. Sie ist, wie die eigenen Eltern, etwas schlechthin Vorgegebenes, über das nicht disponiert werden kann. Daher hat man ihr unter Hintanstellung von Kritik und Widerspruch nicht nur zu folgen, sondern sie auch stets zu ehren. Dementsprechend gibt es in Luthers politischer Ethik auch fast keinen Spielraum für ein Widerstandsrecht. Jede (inhaltlich noch so berechtigte) Resistenz würde die basale Aufgabe der Obrigkeit unterlaufen und die menschliche Gesellschaft in Unfrieden und Gewalteskalation stürzen, so dass im Zweifel die Herrschaft eines Tyrannen vorzuziehen ist.[23]

Überdies ist dem Christen als Privatperson am Vorbild Jesu Christi der Weg in die Gewaltlosigkeit gewiesen. Er soll sich den Grundsatz der Nächsten- und Feindesliebe aneignen und ihn in seinem Alltag anwenden. Dazu gehört, dass man im Sinne von Mt 5,38–42 bei zivilen Streitigkeiten auf Rechtsmittel, die auf gerichtliche Durchsetzung der eigenen Ansprüche abstellen, verzichtet. Als Privatperson soll der Christ nur dann den Rechtsweg beschreiten, wenn das Ziel der „Besserung dessen, der geraubt oder beleidigt hat" anders nicht erreicht und der Gegner „ohne Strafe nicht gebessert werden"[24] kann. Dabei muss von Ungeduld, Zorn und Rache völlig abgesehen werden. Allein die „Liebe zur Gerechtigkeit"[25] darf der Grund dafür sein, wenn der Rechtsweg beschritten werden soll. In diesem Fall wird das Zivilrecht zum Zweck der

---

[20] Diesen Gedanken hat Luther ausgeführt in seiner Schrift: „An den christlichen Adel deutscher Nation von des christlichen Standes Besserung" (1520).

[21] „Denn der Obrigkeit darf man nicht mit Gewalt Widerstand leisten, sondern nur mit dem Bekenntnis der Wahrheit." (LUTHER, Von weltlicher Obrigkeit, 21).

[22] Luther, Der Große Katechismus, 631 f.

[23] Vgl. dazu ANGELIKA DÖRFLER-DIERKEN, Wiederstand, in: ROCHUS LEONHARDT/ARNULF VON SCHELIHA (Hg.), Hier stehe ich, ich kann nicht anders!, Baden-Baden 2015, 137–168.

[24] MARTIN LUTHER, Sermon über die zweifache Gerechtigkeit, in: DERS., Lateinisch-Deutsche Studienausgabe, Bd. 2: Christusglaube und Rechtfertigung, hg. von Johannes Schilling, Leipzig 2006, 67–85, 83.

[25] A. a. O., 85.

Nächstenliebe, weil es dem Nächsten zu Gute angewendet wird. Als Amtsperson indes kann und soll der Christ sich des Rechts bedienen, um die der Obrigkeit gestellten Aufgabe zu lösen. Mittel zur Herstellung des Friedens ist das Zivil- und Strafgesetz.

Grundsätzlich gibt es schließlich eine Pflicht zur Mitwirkung an der Sicherstellung der öffentlichen Ordnung. In diesem Sinne kann die Wahrnehmung des Schwertamtes, d. h. die zwangsbewehrte Durchsetzung der Gesetze eine Erfüllung der Liebespflicht sein.[26] Das gilt für alle christlichen „Amtspersonen": Vom Landesherrn über den Richter, den Lehrer bis hin zum Soldaten.[27]

Neben der Übernahme von öffentlichen Ämtern versieht der Christ seine sozialen Pflichten im Rahmen der gesellschaftlichen Stände, die zwischen der Obrigkeit und der Kirche etabliert sind, also im *status oeconomicus*. Die Mitwirkung an der Regeneration des Volkes, an der Erziehung der Kinder und an der Beschaffung der materiellen Lebensmittel (Eigentumsbildung) gehören zu den christlichen Pflichten. Hier wird die Weltzugewandtheit des protestantischen Christentums begründet, die die Einsicht einschließt, dass der Bereich des sozialen Miteinanders nicht einfach pejorativ als „sündig" bezeichnet werden kann, sondern als Ort der Bewährung der Nächstenliebe genutzt wird – zum Aufbau einer sittlichen Kultur.

Kontinuitäten

Trotz des ‚garstigen Grabens' zwischen dem Staatsverständnis Luthers und dem der Gegenwart lassen sich vier Motive bei Luther identifizieren, die noch heute für das Staatsverständnis von Bedeutung sind.

Da ist zunächst die grundlegende Staatsaufgabe, nämlich die Monopolisierung der Gewalt und die Herstellung äußeren Friedens. Um die Aktualität dieser Einsicht zu belegen, wäre auf die sogenannte *failed states* der Gegenwart, etwa Somalia, Jemen oder Irak, zu verweisen, bei denen ersichtlich wird, dass

---

[26] Luthers Unterscheidung der beiden *usus legis* steht noch einmal quer zu der Unterscheidung von Privat- und Amtsperson. Während der *usus elenchticus* in den Zusammenhang der religiösen Erkenntnis der *iustitia Dei* gehört, betrifft der *usus politicus* sowohl die Privat- als auch die Amtsperson. Aus Gründen der Aufrechterhaltung der öffentlichen Ordnung stellte die Rechtsloyalität eine moralische Pflicht für beide dar, woraus sich für beide die Aufgabe ergibt, diese nötigenfalls mit Zwangsmitteln durchzusetzen.

[27] „Nach dem zweiten Lehrstück bist du verpflichtet, dem Schwert zu dienen und es zu fördern, womit du kannst, sei es mit Leib, Gut, Ehre oder Seele. Denn es ist ein Werk, das du nicht brauchst, das aber für die ganze Welt und deinen Nächsten höchst nützlich und notwendig ist. Wenn du also siehst, dass ein Henker, Gerichtsdiener, Richter, Herr oder Fürst fehlt, und du dich für geeignet hältst, sollst du dich dazu anbieten und dich bewerben, damit keinesfalls die notwendige Rechtsgewalt missachtet und geschwächt wird oder gar untergeht." (LUTHER, Von weltlicher Obrigkeit, 21).

mit dem Zusammenbruch der Staatsmacht die zivilisatorischen Standards tatsächlich rasch absinken. Aber auch das liberale Freiheitsleben benötigt wegen seiner grundsätzlichen Kollisionsträchtigkeit absolute Grenzen. Es bedarf einer Macht, die das Freiheitsleben koordiniert, nötigenfalls mit rechtsstaatlich kontrolliertem Zwang. In diesem Sinn hat Luthers Obrigkeitslehre auch heute noch Bedeutung.

Ein weiteres Kontinuitätsmoment ist die politische Verantwortung *des Einzelnen*. Luther hatte sie vor allem an die Fürsten und seine politischen Berater adressiert, die in ihrem Handeln die Interessen der ihnen anvertrauten Untertanen zu berücksichtigen haben. Dabei wird übrigens die herrschaftskritische Seite der göttlichen Legitimation der Obrigkeit kenntlich: Der Staat ist weder Pfründe noch Beute des Fürsten. Dieser genügt seiner Pflicht nur, wenn er seine Eigeninteressen hinter denen seiner Untertanen zurückstellt. Heute hat jeder *homo politicus* die Chance zur Mitwirkung und das unterscheidet ihn vom Untertanen im fürstlichen Obrigkeitsstaat. Der politisch Engagierte nimmt die Interessen vieler Menschen auf, für die er sich einsetzt. Aber er trägt als Einzelner auch die Last der politischen Verantwortung. Man kann daher formulieren: Das politische Geschehen vollzieht sich immer im Spannungsfeld zwischen der staatlichen Aufgabe und dem politischen Wollen des Einzelnen. Diese Spannung ist nicht aufhebbar. Die protestantische Ethik des Politischen akzentuiert die Verantwortung des Einzelnen, der sich in den Dienst des Gemeinwesens stellt, ohne in ihm aufzugehen. Diese Verantwortung des Einzelnen hat daher immer auch einen institutionellen- und machtkritischen Aspekt.

Ein drittes Kontinuitätsmoment besteht in der auch ethisch höchst relevanten Begrenzung von staatlicher Macht, die Luther durch die Unterscheidung der beiden Regierweisen Gottes scharf markiert. Georg Jellinek (1851–1911) hat in der reformatorischen Gewissensfreiheit die Keimzelle des menschen- und grundrechtlichen Denkens der Neuzeit aufzuzeigen versucht.[28] In den westlichen Verfassungsstaaten wird diese Grenze gegenwärtig durch die Grundrechte gezogen. Jenseits dieser grundrechtlichen Schranke besteht allerdings eine permanente Aufgabe darin, dem Politischen eine Grenze zu ziehen, vor allem angesichts der von Carl Schmitt festgestellten Politisierbarkeit *aller* Lebensbereiche.[29] Wo diese Grenze zu ziehen ist, von wem und mit welchem Anspruch – das wiederum ist theologisch, ethisch und politisch strittig. Die Festlegung der Grenzen kann daher nur durch diskursive Aushandlungsprozesse erfolgen. Aber grundsätzlich gilt sowohl für Luther als auch nach Luther:

---

[28] Vgl. GEORG JELLINEK, Die Erklärung der Menschen- und Bürgerrechte (1895), in: ROMAN SCHNUR (Hg.), Zur Geschichte der Erklärung der Menschenrechte, Darmstadt ²1974, 1–72.

[29] Vgl. CARL SCHMITT, Das Zeitalter der Neutralisierungen und Entpolitisierungen (1932), in: DERS., Der Begriff des Politischen, Berlin ⁷2002, 79–95.

Das Politische und das Glaubensleben sind tatsächlich zwei unterschiedliche Sphären, deren Einheit nur in Gott verbürgt ist. Hans Walter Schütte formulierte dazu einst sehr treffend: „An beiden Reichen gewährt Gott Anteil, aber das Anteilhaben am Reich Gottes und am Reich der Welt ist ein Teilhaben an der Unterscheidung."[30] Das bedeutet: In reformatorischer Perspektive ist Politik nicht nur die Kunst des Möglichen, sondern auch „die Kunst der Unterscheidung."[31]

Die strikte Unterscheidung von politischer und religiöser Sphäre führt zum vierten Kontinuitätsmoment, nämlich zum Ringen um die Versachlichung der politischen Prozesse. Eine Grundintuition Luthers bestand ja darin, jeder Klerikalisierung des obrigkeitlichen und politischen Handelns zu wehren. Die grundsätzliche Eigenrationalität, die dem staatlichen Handeln eingeräumt wird, impliziert, dass politische Fragen als *Sachfragen* diskutiert und nach bestem Wissen und Gewissen entschieden werden müssen. Bei Luther wird dies an dem Hinweis auf die Billigkeit kenntlich, die er den obrigkeitlichen Organen zur Rechtsauslegung empfiehlt. Diese Einsicht prägte das lutherische Staatsdenken bis hinein in die Barmer Theologische Erklärung, die 1934 im Kirchenkampf das reformatorische Staatsdenken letztmalig erneuert hat.[32] In der fünften These heißt es dort, dass der Staat „nach dem Maß menschlicher Einsicht und menschlichen Vermögens unter Androhung und Ausübung von Gewalt für Recht und Frieden zu sorgen"[33] hat. Mit Blick auf die nationalsozialistische Diktatur wird dieser Eigenrationalität des Politischen zwar eine ethische Grenze gezogen, die in der Barmer Theologischen Erklärung christologisch bestimmt ist und später auf den Begriff der Königsherrschaft Christi gebracht wird. Aber innerhalb dieser Grenzen gilt eben jenes „Maß menschlicher Einsicht und menschlichen Vermögens", das den im Staat Verantwortlichen Spielräume zubilligt und unmittelbar religiöse Direktiven und klerikalen Maßregeln von den Entscheidungen fernhält.

Freilich ist die Frage, *wie* die christologische Norm politisch zu konkretisieren und in den politischen Diskurs einzuspielen ist, bis heute im Protestantismus strittig.[34] Zwischen dem prophetischen Gestus einer politischen

---

[30] HANS WALTER SCHÜTTE, Zwei-Reiche-Lehre und Königsherrschaft Christi, in: Handbuch der christlichen Ethik Bd. 1/2, hg. von ANSELM HERTZ u. a., Freiburg im Breisgau u. a. 1978, 339–353, 347.

[31] A. a. O., 347.

[32] Vgl. die Darstellung in ARNULF VON SCHELIHA, Protestantische Ethik des Politischen, Tübingen 2013, 175–192.

[33] Barmer Theologische Erklärung, vom 31. Mai 1934, in: Reformierte Bekenntnisschriften: Eine Auswahl von den Anfängen bis zur Gegenwart, hg. von GEORG PLASGER und MATTHIAS FREUDENBERG, Göttingen 2005, 244.

[34] Vgl. CHRISTIAN WALTHER, Politisches Christentum. Ein kontroverses Phänomen im Protestantismus, Landsberg am Lech 1996; „Die ‚Zwei-Reiche-Lehre' im deutschen Protestantismus des 20. Jahrhunderts. Eine kritische Sichtung".

Theologie und dem gläubigen Vertrauen auf die Rationalität politischer Prozesse öffnet sich ein breites Spektrum, in dessen Mitte eine verfahrensethische Interpretation des protestantischen Politikverständnisses steht.[35]

Religion und Politik im öffentlichen Raum

Diese innerprotestantische Debatte hat ein philosophisches Pendant. Vor dem Hintergrund der sogenannten Wiederkehr der Götter[36], als die die Renaissance der Religionen im politischen Raum seit dem letzten Drittel des zwanzigsten Jahrhunderts gelegentlich bezeichnet wird, wird über die Frage diskutiert, ob religiöse Anliegen legitimerweise in den politischen Raum gehören und ob sie – im positiven Fall – in säkulare Sprache zu übersetzen seien. Der amerikanische Philosoph John Rawls (1921–2002) vertritt auf der einen Seite des Spektrums das Ideal des öffentlichen Vernunftgebrauchs, der einzig dem politischen Pluralismus in einem liberalen Verfassungsstaat gerecht würde.[37] In der Regel sollen die politischen Akteure vernünftige Sachargumente vortragen und sich keiner partikularen weltanschaulichen Argumente bedienen, weil dies geeignet sei, das von allen Bürgern geteilte Wertefundament zu unterspülen. Das schließt die Forderung an die religiös musikalischen Akteure ein, ihre Argumente in eine vernünftige Sprache zu übersetzen und für alle Beteiligten verständlich zu machen. Anderenfalls bestünde eine akute Gefährdung des liberalen Staates, weil in dem Fall, dass die religiöse Politik eine Mehrheit fände, diese Auffassung den Staat beherrschen und die profane Minderheit überwältigen würde.[38]

---

[35] Vgl. Scheliha, Protestantische Ethik des Politischen, 219–315.
[36] Vgl. Friedrich Wilhelm Graf, Die Wiederkehr der Götter. Religion in der modernen Kultur, München 2004.
[37] Vgl. John Rawls, Der Gedanke eines übergreifenden Konsenses, in: Ders., Die Idee des politischen Liberalismus. Aufsätze 1978–1989, hg. von Wilfried Hinsch, Frankfurt am Main 1994, 293–332.
[38] Vgl. Rawls, Der Bereich des Politischen und der Gedanke eines übergreifenden Konsenses, in: Ders., Die Idee des politischen Liberalismus. Aufsätze 1978–1989, hg. von Wilfried Hinsch, Frankfurt am Main 1994, 333–363. Robert Audi ermäßigt diese Forderung, indem er die religiösen Akteure in der Politik auf ein „theo-ethical equilibrium" verpflichten will: „where religious considerations appropriately bear on matters of public morality or of political choise, religious people have a prima facie obligation – at least insofar as they have civic virtue – to seek an equilibrium between those considerations and relevant secular standards of ethics and political responsibility." (Robert Audi, Liberal Democracy and the Place of Religion in Politics, in: Religion in the Public Square. The Place of Religious Convictions in Political Debate, ed. by Robert Audi and Nicholas Wolterstorff, Boston/London 1997, 1–66, 37). Der Graben zwischen religiöser und vernünftiger Kommunikation darf allerdings, wie Audi weiter ausführt, nicht unüberwindlich sein.

Dagegen ist von dem Philosophen Paul J. Weithman eingewendet worden, dass diese Übersetzungszumutung illiberal und widersprüchlich ist, weil der liberale Staat nicht gleichzeitig die Religionsfreiheit gewähren und von den religiösen Bürgern verlangen könne, sich politisch unabhängig von ihren religiösen Überzeugungen zu äußern. Der normative Grund dafür ist religionstheoretischer Art. Der Glaube eines Menschen bestimmt seine ganze Existenz und diese Ganzheitlichkeit umfasst auch seine moralische Gerechtigkeitskonzeption. Daher ist es nicht zu ändern, sondern zu akzeptieren, dass einige Menschen sich aus religiösen Gründen politisch engagierten und mit religiösen Argumenten in die Debatte eingriffen.[39] Das bedeutet: Es kann keine Verpflichtung der Bürger geben, in religiöser Sprache geäußerte politische Überzeugungen durch sprachlich allgemein zugängliche Äquivalente zu ergänzen.[40]

Der deutsche Philosoph Jürgen Habermas hat diesen Diskurs aufgegriffen und einen Mittelweg vorgeschlagen. Er möchte nämlich die „inspirierende Kraft" der Weltreligionen „für die ganze Gesellschaft"[41] offenhalten. Religiöse Einsichten bilden für ihn eine wichtige sozialmoralische Ressource, die

---

[39] „We should accept the fact that [...] some citizens will participate in politics for religious reasons and some will offer religious political arguments in public." (PAUL WEITHMAN, Religion and the Obligations of Citizenship, Cambridge 2002, 92). So formuliert in aller Deutlichkeit der Philosoph Nicolas Woltersdorff: „It belongs to the religious convictions of a good many religious people in our society that they ought to base their decisions concerning fundamental issues of justice on their religious convictions. They do not view it as an opinion whether or not to do so. It is their conviction that they ought to strive for wholeness, integrity, integration, in their live; that they ought to allow the Word of God, the teachings of the Torah, the command and the example of Jesus, or whatever, to shape their existence as a whole, including, then, their social and political existence. Their religion is [...] about their social and political existence. Accordingly, to require of them that they not base their decisions and discussions concerning political issues on their religion is to infringe, inequitable, on the free exercise of their religion". (NICHOLAS WOLTERSTORFF, The Role of Religion in Decision and Discussion of Political Issues, in: Religion in the Public Square. The Place of Religious Convictions in Political Debate, ed. by ROBERT AUDI and NICHOLAS WOLTERSTORFF, Boston/London 1997, 105).

[40] Vgl. WEITHMAN, Religion and the Obligations of Citizenship, 121.–147. WOLTERSTORFF (The Role of Religion in Political Issues) vertritt eine „consocial position" (114), die es den Bürgern zugesteht, in der öffentlichen Debatte religiöse Argumente zu vertreten. Im Blick auf das Verhältnis von Staat und Kirchen versucht er die strenge liberale Trennung zugunsten einer staatlichen „impartiality" (115) zu überwinden, in der der Staat religiösen und weltanschaulich festgelegten Repräsentanten unparteilich und unvoreingenommen begegnet. Im Blick auf den institutionellen Gebrauch schlägt er vor, dass sich Exekutive und Judikative religiöser Wendungen ganz zu enthalten haben. „Both are acting on behalf of the community" (117), obwohl die konkrete Urteilsbildung von der religiösen Überzeugung beeinflusst sein kann. Die Vertreter der Legislative dagegen können sich im offenen politischen Prozesses und bei den treffenden Entscheidungen unterschiedlicher – auch religiöser – Argumente bedienen und sich an religiösen Gesichtspunkten orientieren, freilich mit dem Risiko der Abwahl, wenn sie sich dem säkularen Wähler nicht mehr verständlich machen können (vgl. 118f.).

[41] JÜRGEN HABERMAS, Religion in der Öffentlichkeit. Kognitive Voraussetzungen für den ‚öffentlichen Vernunftgebrauch' religiöser und säkularer Bürger, in: DERS., Zwischen Naturalismus und Religion. Philosophische Aufsätze, Frankfurt am Main 2005, 119–154, 149.

gegen die Phänomene der entgleisenden Moderne fruchtbar zu machen seien, weil sie der „nur schwach motivierenden Vernunftmoral, auf die sich [...] die verfassungsrechtliche Integration weitgehend säkularisierter Gesellschaften in letzter Instanz stützen muß"[42], beispringen können. Denn vor allem religiöse Gewissheiten verpflichten „durch den Appell an das Gewissen eines jeden einzelnen Individuums"[43] und führen somit dem vom Defätismus der Vernunft zermürbten normativen Bewusstsein neue transzendente Kräfte zu. Daher sollen religiöse Argumente und Ziele im öffentlichen Diskurs geäußert werden dürfen.[44] Nicht nur, weil damit der Religionsfreiheit Rechnung getragen wird, sondern auch, weil nur durch die religiöse Semantik jene Inspiration und Sinn stiftende Kraft der Religion wirksam wird, deren die Gesellschaft bedürftig ist. Diese Freiheit reicht allerdings nur bis zu der institutionellen Schwelle, über die man von der informellen Öffentlichkeit in die Parlamente, Gerichte, Ministerien und Verwaltungen eintritt.[45] *Hier gilt nur* die Sprache der säkularen Vernunft. Daher sind die religiösen Beiträge auf Übersetzung angewiesen, wenn sie sich institutionelle Wirkung verschaffen wollen.

Wie ist das umsetzbar? Einmal können die religiösen Akteure „auf die kooperativen Übersetzungsleistungen ihrer Mitbürger"[46] bauen, die das im religiösen Argument als vernünftig Erkannte in säkulare Sprache filtern. Sodann, und darauf kommt es jetzt an, vertraut Habermas auf einen „Formwandel der Religion". Dieser besagt, dass die religiösen Bürger im profanen Umfeld schon „lernen, zu ihrer säkularen Umgebung epistemische Einstellungen einzunehmen, die den aufgeklärten [...] Bürgern *mühelos* zufallen"[47]. Durch diesen Lernprozess wird das normative Gefüge der Religion reflexiv aufgelockert und die religiösen Bürger eignen sich den Gebrauch der säkularen Sprache selbst an, um ihre politischen Anliegen vorzubringen.

Kehrt man von dieser Debatte zurück zu Luthers Unterscheidung der beiden Regimente Gottes, dann wird man sagen können, dass *diese* eines säku-

---

[42] JÜRGEN HABERMAS, Politik und Religion, in: FRIEDRICH WILHELM GRAF/HEINRICH MEYER (Hg.), Politik und Religion. Zur Diagnose der Gegenwart, München 2013, 287–300, 299.

[43] A.a.O., 300.

[44] „Religiösen Bürgern und Religionsgemeinschaften muß es freistehen, sich auch in der Öffentlichkeit religiös darzustellen, sich einer religiösen Sprache und entsprechender Argumente zu bedienen." (A.a.O., 290).

[45] „Es muß [...] ein Filter zwischen die wilden Kommunikationsströme der Öffentlichkeit einerseits und die formalen Beratungen, die zu kollektiv bindenden Entscheidungen führen, andererseits eingezogen werden. Denn staatlich sanktionierte Entscheidungen müssen in einer allen Bürgern gleichermaßen zugänglichen Sprache formuliert *und gerechtfertigt* werden." (A.a.O., 290, H.i.O.).

[46] HABERMAS, Religion in der Öffentlichkeit, 136.

[47] A.a.O., 144. Dem entspricht auf der Seite des säkularen Bewusstseins ein komplementärer Lernprozess, der das säkularistische Bewusstsein selbstkritisch überwindet und sich den kognitiv unabgeltbaren, aber innovativen Anstößen aus den religiösen Überlieferungen gegenüber öffnet.

laren Anstoßes *nicht* bedarf, um Glaube und politische Vernunft miteinander zu verbinden. Denn der religionstheoretische Mangel der eben referierten Diskussion besteht darin, dass man von einem totalisierenden Verständnis des Glaubens ausgeht[48] und deshalb sein Verhältnis zur Vernunft zu vordergründig bestimmt. Dies mag damit zusammenhängen, dass man hier *alle* Weltreligionen gleichzeitig abhandeln will. Das ist gewagt, denn gerade in sozialphilosophischer Hinsicht erweisen sich die normativen Dispositionen schon zwischen den christlichen Konfessionen, aber im Vergleich vor allem mit dem Judentum und dem Islam als ausgesprochen heterogen. Wenigstens für die auf Luther zurückgehende Tradition des Protestantismus wird man nun aber sagen können, dass für sie die „diskursive Exterritorialität"[49], die Habermas der religiösen Gewissheit zumisst, *gerade nicht* gilt. Vielmehr ist die Pointe von Luthers Unterscheidung zwischen dem geistlichen und weltlichen Regiment Gottes darin zu sehen, dass ihr die Differenz von Glauben und profaner Institution nicht von außen aufgenötigt werden muss, sondern dass es eben gerade diese Unterscheidung selbst ist, von der man normativ immer schon ausgeht. Mit ihr verbindet sich auch ihre aktuelle Bedeutung für die politische Ethik im demokratischen Rechtsstaat.

Die Unterscheidung von „geistlich" und „weltlich"
und ihre verfahrensethische Bedeutung

Im Glauben wird Gott als die Einheit der vielspältigen Wirklichkeit vergegenwärtigt, in der sich der Einzelne vorfindet. Unter Gottes geistlichem Regiment findet sich der Glaubende durch das Evangelium Jesu Christi in seiner Endlichkeit und trotz seines Versagens von Gott anerkannt. Im Begriff der Liebe wird das Gebot der Nächstenliebe als Freiheit zur verantwortungsvollen Mitwirkung an der politischen Ordnung in Gottes Welt reflektiert, die zum Nutzen aller gestaltet werden soll. Diese Partizipation am Gemeinwesen ist aber nur dann erfolgreich möglich, wenn sie nach den Erfordernissen und Regeln derjenigen Einsichten erfolgt, die *alle* Menschen teilen können. Schon Luther ging ja vom politischen Verband als einem *corpus mixtum* aus, in dem christliche und unchristliche Menschen miteinander friedlich leben sollen. Erst recht macht es der Antagonismus der politischen Interessen erforderlich, dass der Diskurs über politische Sachfragen mit vernünftigen Argumenten geführt wird. Das gilt auch deshalb, weil zur Mehrheitsfindung und Durchsetzung der politischen Interessen immer auch die Interessen von Menschen berücksichtigt und in den politischen Prozess einbezogen werden müssen, die nicht oder

---

[48] A.a.O., 133.
[49] A.a.O., 135.

nicht christlich-religiös orientiert sind. Die Transformation der christlichen Liebe in vernünftige politische Lösungen ist daher für *alle*, auch für die religiösen Akteure von Belang, die in der Zivilgesellschaft und auf den staatlichen Ebenen politische Verantwortung übernehmen. Diese Übersetzung leistet jene Vorstellung Luthers von den zwei Regierweisen des *einen* Gottes.

Allgemeiner gewendet bedeutet das: Governance in einem auf Partizipation und Repräsentation angelegten Gemeinwesen schließt eine machtvolle Durchsetzung des im Glauben als normativ richtig Erkannten in Ordnungsstrukturen aus. Vielmehr hat unter der Bedingung demokratischer Verfahren ein politisches Interesse nur dann Aussichten auf Durchsetzung, wenn es sich mit dem politischen Willen anderer verbindet. Daher ist es notwendig, das religiös Gesollte sequentiell in politische Sachfragen zu übersetzen und in den politischen Prozess einzuspeisen. Der Sinn der verfahrensethischen Interpretation der Unterscheidung von „geistlich" und „weltlich" besteht deshalb darin, unterschiedliche Interessen zusammenzuführen, Partizipation zu erhöhen und auf eine Lösung hinzuwirken, die den Anliegen möglichst vieler Menschen gerecht wird. In dieser Perspektive ist das Finden einer politischen Lösung im fairen Verfahren als sittlich höher einzustufen als die direkte Durchsetzung des eigenen Normenbewusstseins.

In dieser auf Dauer gestellten Unterscheidung zwischen dem Glauben als Ort von Normenbegründung und -bewusstsein und politischer Vernunft liegt die aktuelle Bedeutung der Unterscheidung vom geistlichen und weltlichen Regiment Gottes. Sie ist das Gegenteil von *religiösem Fundamentalismus*. Dieser kann als Versuch interpretiert werden, religiöse Normen ohne Berücksichtigung demokratischer Verfahren machtvoll oder gewaltsam umzusetzen. Er negiert den eigenen Wert der politischen Prozeduren und die Bedeutung der politischen Vernunft, die die heterogenen Interessen der Menschen zusammenführt. Insofern folgt aus der Unterscheidung von „geistlich" und „weltlich" eine Kritik des religiösen Fundamentalismus. Diese Kritik richtet sich aber auch gegen die Haltung einer politischen *Technokratie*, die die normative Seite des politischen Wollens unterdrückt, die politische Gestaltung als Sachzwang ausgibt, alternative Konzepte ausblendet oder die Bedeutung von religiösen Motiven und gesellschaftlichen Visionen für das politische Handeln leugnet. Die verstetigte kritische, auch selbst- und herrschaftskritische Unterscheidung von religiös-sittlichen Motiven und politischem Sachargument ist bleibend aktuell, weil sie religiöse Fundamentalismen ebenso vom Politischen fernhält wie sie über falsche Heilsversprechen, die im politischen Raum etwa in Wahlkampfzeiten gern gemacht werden, kritisch aufklärt. Die Unterscheidung von „geistlich" und „weltlich" dagegen fordert und ermöglicht es, die Vorstellung vom Guten in eine Sachfrage zu übersetzen. Dadurch wird der christliche Glaube politikfähig.

Die Unterscheidung von „geistlich" und „weltlich" entlastet sodann den politischen Prozess von einer Übernormierung und vermag, das im Verfahren erreichte Ergebnis in seiner Begrenztheit und Revisionsfähigkeit kritisch im Auge zu behalten. Die operationalisierte Perspektivendifferenz hält schließlich auch die Tür offen für die Kreation *neuer* Verfahren, weil die üblichen und eingespielten Verfahren verkrusten und intransparent werden können. Mit der Einrichtung des „Runden Tisches" ist in der DDR-Wendezeit vom politischen Protestantismus ein solch *neues* Verfahren begründet worden. Mit Blick auf die Europäische Union gilt es noch, neue Formen der demokratischen Partizipation zu finden. Mit der reformatorischen Unterscheidung im Rücken gibt es keinen Grund, sich neuen Verfahren zur politischen Willensbildung nicht aufgeschlossen gegenüber zu zeigen. Es gibt aber auch *keinen* Grund, in ihnen einen neuen Heilsweg zu sehen. Ebendiese Nüchternheit kultiviert das reformatorische Politikverständnis – von Martin Luther bis in die Gegenwart.

Konfessionalität und Politik

Unmittelbar nach der Wahl des ehemaligen lutherischen Pastors Joachim Gauck zum elften deutschen Bundespräsidenten liegt es nahe, dem gegenwartsdiagnostischen Beitrag zum Thema ‚Konfessionalität und Politik' einige Erwägungen zu diesem Anlass voranzustellen.[1] In den Wochen vor der Wahl wurde mehrfach betont, dass nun die beiden wichtigsten Staatsämter der Bundesrepublik Deutschland von Politikern versehen würden, die entscheidende bildungsbiographische Prägungen im protestantischen Pfarrhaus empfangen haben. Dazu kam, dass bei der Kandidatensuche mehrere protestantische Geistliche genannt wurden und dass es überhaupt erst zwei römisch-katholische Bundespräsidenten gegeben hat, deren Amtszeiten überdies im kollektiven Gedächtnis unter der Überschrift ‚unglücklich' archiviert werden. Aus diesem Befund wurde gelegentlich gefolgert, dass die konfessionelle Milieuprägung im Protestantismus für politische Aufgaben in höchsten Staatsämtern in besonderer Weise prädestiniere. Solche Suggestionen sind auf den ersten Blick bestechend. Gleichwohl ist es notwendig, einige Differenzierungen anzubringen, die zugleich die Funktion haben, in das Thema dieses Beitrages einzuleiten.

Die Nominierung und Wahl von Joachim Gauck verdanken sich wohl nicht der Einsicht, dass Protestanten dem Amt grundsächlich besser gewachsen wären als Katholiken, sondern eher einem parteipolitischen Kalkül, das den Bundesvorsitzenden der FDP, den Katholiken Philipp Rösler, dazu veranlasste, der CDU-Bundesvorsitzenden und Bundeskanzlerin Angela Merkel die Kandidatur von Gauck aufzunötigen, die aus Gründen der Koalitionsräson zustimmte. Mit Gauck amtiert übrigens erstmals ein Pastor als Bundespräsident, freilich lange Zeit nach seinem Ausscheiden aus dem landeskirchlichen Dienst im Jahre 1990. Die Bundeskanzlerin ist zwar im Pfarrhaus aufgewachsen, ihr Vater Horst Kasner (1926–2011) ist aber einem anderen protestantischen Milieu zuzuordnen. Der politische Habitus von Frau Merkel ist weniger durch den Protestantismus als durch ihre naturwissenschaftliche Ausbildung und durch die parteipolitischen Lehrjahre in der CDU während der Spätzeit

---

[1] Die Bundesversammlung wählte Joachim Gauck am 18. März 2012 zum Präsidenten der Bundesrepublik Deutschland, dem Tag der Eröffnung der Internationalen Tagung der Ernst-Troeltsch-Gesellschaft, der Deutschen Paul-Tillich-Gesellschaft und der Schleiermacher-Gesellschaft „Die aufgeklärte Religion und ihre Probleme".

der Ära des langjährigen CDU-Bundesvorsitzenden und Bundeskanzlers Helmut Kohl geprägt.

Damit deutet sich ein Sachverhalt an, den schon Ernst Troeltsch (1865–1923) gründlich reflektiert hatte. Danach ist es ausgesprochen problematisch, von *dem* Protestantismus im Allgemeinen und von *dem* politischen Protestantismus im Besonderen zu sprechen, vielmehr ist – wenigstens für den Neuprotestantismus – von seiner national-, kulturell- und frömmigkeitsgeschichtlich bedingten Vielgestaltigkeit auszugehen.² Das zeigt ein Blick auf die anderen evangelischen Bundespräsidenten, deren protestantisches Profil sehr unterschiedlich ausgeprägt war. Eher marginal ist es bei Theodor Heuß (1949–1959), Walter Scheel (1974–1979) und Horst Köhler (2004–2010) kenntlich. Stark landesmannschaftlich gefiltert ist der protestantische Habitus bei den Rechtsprofessoren Karl Carstens (1979–1984) und Roman Herzog (1994–1999). Wirklichen ‚Stallgeruch' vermittelt die Verbundenheit mit der evangelischen Kirche vor allem bei Gustav Heinemann (1969–1974), Richard von Weizsäcker (1984–1994) und Johannes Rau (1999–2004). Aber auch sie verkörpern sehr verschiedene Richtungen im politischen Protestantismus. Insofern wird man zwar von einer protestantischen Einfärbung des Amtes sprechen können, aber die Tönung fällt im Einzelnen sehr unterschiedlich aus und dürfte mehr den zeitgeschichtlichen Umständen mit ihren politischen Erfordernissen geschuldet sein, als einem durchgängig identifizierbaren protestantischen Habitus.

Schließlich sind noch wenige Worte zu den beiden katholischen Bundespräsidenten zu sagen. Heinrich Lübke (1959–1969) war ein eher ‚leiser' Katholik. Bei seinem älteren Bruder Friedrich Wilhelm Lübke war das ebenso. Er konnte daher zwischen 1951–1954 als Ministerpräsident im lutherischen Schleswig-Holstein amtieren, was zeigt, dass die konfessionellen Politikmilieus in Deutschland schon während der Nachkriegszeit aufbrachen. – Was immer man über die Amtszeit von Christian Wulff (2010–2012) sagen wird: Für das Thema ‚Konfessionalität und Politik' hat er Bedeutsames geleistet. Als niedersächsischer Ministerpräsident (2003–2010) hat er das Projekt der Konfessionalisierung des Islam in Deutschland politisch angeschoben und mit seinen integrationspolitischen Initiativen maßgeblich vorbereitet. Genau diesem Anliegen war Bundespräsidentenfastkandidat Wolfgang Huber in seiner Amtszeit als EKD-Ratsvorsitzender (2003–2009) noch strikt entgegengetreten.³

---

² Vgl. ERNST TROELTSCH, Protestantisches Christentum und Kirche in der Neuzeit, in: DERS., KGA VII, hg. von VOLKER DREHSEN in Zusammenarbeit mit CHRISTIAN ALBRECHT, Berlin/New York 2004, 81–504.

³ Vgl. dazu die in der Amtszeit Hubers veröffentlichte Handreichung des Rates der EKD: Klarheit und gute Nachbarschaft. Christen und Muslime in Deutschland, Hannover, hg. vom KIRCHENAMT DER EVANGELISCHEN KIRCHE IN DEUTSCHLAND, Hannover 2006. Kritisch dazu die Beiträge in dem Band: Evangelisch aus fundamentalem Grund. Wie sich die EKD gegen den Islam profiliert, hg. von JÜRGEN MIKSCH, Frankfurt am Main 2007.

Die zum Teil kritischen Reaktionen auf Wulffs bundespräsidiales Bekenntnis, nach dem der Islam zu Deutschland gehöre[4], zeigen, wie nicht-selbstverständlich diese Politik der Konfessionalisierung des Islam ist. Die akademische Seite der Umsetzung dieses ambitionierten Projektes erfolgt übrigens federführend durch die ebenfalls katholische Bundesministerin für Bildung und Forschung Annette Schavan.[5] Insofern spielen hier – wie schon 1848 und 1918/19 – bei der Konfessionalisierungspolitik katholische Politiker eine sehr viel konstruktivere Rolle als der kirchliche Protestantismus.

Damit ist die Doppelseitigkeit des Themas benannt. Bei ‚Konfessionalität und Politik' geht es auf der einen Seite um die konfessionelle Prägung von Politik und Staat. Auf der anderen Seite verbindet sich mit dem Thema die Frage nach der politischen Steuerung der Konfessionalisierung der Religionen, die sich gar nicht von selbst versteht, sondern historische Voraussetzungen hat und religiöse ‚Kosten' verursacht. Alle drei ‚Helden' dieses Bandes haben *beide* Seiten des Themas reflektiert. Friedrich Schleiermacher (1768–1834) und Troeltsch haben überdies in der Konfessionspolitik aktiv Verantwortung übernommen. Ihre Beiträge zum Thema ‚Konfessionalität und Politik' seien nacheinander kurz skizziert. Anschließend wird der Befund zu einer Gegenwartsdiagnose herangezogen.

I.

Theologiegeschichtlich steht Friedrich Schleiermacher genau an dem Punkt, an dem sich in dem korporativ angelegten Religionsrecht Europas konfessionspolitische Gestaltungsmöglichkeiten eröffnen. Thomas Kaufmann hat gezeigt, dass dieser korporative Ansatz staatlicher Religionsgovernance bis auf den Augsburger Religionsfrieden zurückgeht und in Deutschland erst im Verfassungswerk von Weimar mit der westlich-aufklärerischen Tradition der Menschenrechte synthetisiert wurde.[6] Schleiermacher steht gewissermaßen am

---

[4] Vgl. die Rede von Bundespräsident Wulff am 3. Oktober 2010. „Das Christentum gehört zweifelsfrei zu Deutschland. Das Judentum gehört zweifelsfrei zu Deutschland. Das ist unsere christlich-jüdische Geschichte. Aber der Islam gehört inzwischen auch zu Deutschland. Vor fast 200 Jahren hat es Johann Wolfgang von Goethe in seinem west-östlichen Divan zum Ausdruck gebracht: „Wer sich selbst und andere kennt, wird auch hier erkennen: Orient und Okzident sind nicht mehr zu trennen." Siehe: http://www.bundespraesident.de/SharedDocs/Reden/DE/Christian-Wulff/Reden/2010/10/20101003_Rede.html (Zugriff: 30.04.2018).

[5] Vgl. zur Genese und Durchführung der akademischen Seite dieser Integrationspolitik den Beitrag „Religiöse Pluralität an der Universität. Chancen und Probleme staatlicher Steuerung und fachlicher Selbstbestimmung – am Beispiel der Etablierung des Faches Islamische Studien/Theologie an deutschen Universitäten".

[6] Vgl. THOMAS KAUFMANN, Das deutsche Staatskirchenrecht im 19. und 20. Jahrhundert und die Grenzen der Werteautonomie des staatlichen Rechts, in: EILERT HERMS (Hg.), Menschenbild und Menschenwürde, Gütersloh 2001, 173–197.

Wendepunkt dieser Entwicklung. Er ergreift im Namen der Religion die Initiative, um die organisierte Religion vom Staat zu lösen und um mehr Freiheit für die Konfessionen zu erwirken. Dabei verbleibt er zwar im korporativen System des konfessionell geprägten Hochabsolutismus, aber er versucht politische Freiheit durch Konfessionalität zu erreichen. Vier Aspekte sind hervorzuheben.

Schleiermachers engagiertes Mitwirken an der Bildung der Preußischen Unionskirche kann als vorzüglicher Ausdruck dieses konfessionspolitischen Gestaltungswillens gelten. Neben einer Verbesserung der kirchlichen Situation verband Schleiermacher damit die Absicht, durch den Einbau von repräsentativen Elementen in die Kirchenverfassung ein Vorbild für die ihm vorschwebende Demokratisierung des Staatswesens aufzubauen.[7] Das letztgenannte Ziel erreichte er zwar nicht, aber die Bildung der Union auf gemeindlicher, staatlicher und dogmatischer Ebene gelang.

Auch Schleiermachers politisches Wirken im Kontext der napoleonischen Befreiungskriege hatte eine konfessionspolitische Dimension. Seine patriotischen Predigten von 1813 sind Ausdruck des damaligen Ineinander von staatlicher, bürgerlicher und kirchlicher Sphäre.[8] Für Schleiermacher ging es dabei nicht nur um die Befreiung von Fremdherrschaft, sondern er wollte auch die von ihm befürchtete Re-Katholisierung Europas abwenden helfen, die er mit der Herrschaft von „Buonaparte" verband.[9] Die Freiheit, die es mit dem kriegerischen Einsatz für das „deutsche Vaterland" zurückzugewinnen galt[10], schloss für ihn ausdrücklich die Bewahrung der konfessionellen Vielfalt in Europa ein. Es ist bemerkenswert, wie oft Schleiermacher als Ziel der Erhebung die „Freiheit Europa's" nennt. Sie wird von ihm so gedacht, dass sie die nationale Selbstbestimmung der europäischen Völker einschließt, die deutsche Einigung unter einem nationalen Kaisertum vorsieht und den Einzelstaaten wiederum regionale und konfessionelle Autonomie einräumt.[11] Dies skizziert

---

[7] Vgl. dazu ABRECHT GECK, Schleiermacher als Kirchenpolitiker. Die Auseinandersetzungen um die Reform der Kirchenverfassung in Preußen (1799–1823), Bielefeld 1997.

[8] Wieder abgedruckt in FRIEDRICH SCHLEIERMACHER, Predigten 1809–1815, in: DERS., KGA III,4, hg. von PETER WEILAND unter Mitwirkung von SIMON PASCHEN, Berlin/Boston 2011.

[9] Vgl. exemplarisch die 1821 angebrachten Anmerkung 4 zur Nachrede „Über die Religion" in: FRIEDRICH SCHLEIERMACHER, Über die Religion, (2.–) 4. Auflage, in: DERS., KGA I,12 hg. von GÜNTER MECKENSTOCK, Berlin/New York 1995, 321.

[10] So die durchgängige Formulierung in der berühmten Predigt vom 28. März 1813 „Zum Besten der Auszurüstenden" in: Schleiermacher, Predigten 1809–1815, 563–577.

[11] „Du forderst mir kurz und gut mein politisches Glaubensbekenntniß ab, lieber Freund. Ich kann Dir das Allgemeine davon in wenig Worten mittheilen, nur fürchte ich, Du wirst wenig eigenthümliches darin finden [...] Ich bin gar nicht so ganz dagegen, daß es Sachsen und Brandenburger Oestreicher und Baiern geben soll. Die Stammesverschiedenheiten sowol als die Spuren der alten einzelnen politischen Concrescenzen, die freilich mit jenen nicht immer genau zusammenfallen, sind den Deutschen zu stark aufgedrückt, als daß man sie sollte vernichten wollen dürfen. Nur sollen sie nicht über die größere National Einheit dominiren [...] Darum ist nach

die politische Seite jener von Schleiermacher vertretenen Theorie des Christentums, die auf ein europaweit gleichberechtigtes Nebeneinander der Konfessionskulturen zielt.[12] Diesem Ziel entspricht, dass Schleiermachers politische Publizistik während der Befreiungskriege keine agitatorische Dimension konfessioneller Prägung aufweist.[13]

Ein dritter Aspekt: Schon 1799 hatte sich der junge Schleiermacher an der Debatte über die bürgerliche Gleichstellung der Juden beteiligt.[14] Seine differenzierte Sicht gibt einen Vorausblick auf die Konfessionalisierungspolitik des 19. und 20. Jahrhunderts. Den Vorschlag des jüdischen Aufklärers David Friedländer (1750–1834), den Juden durch Bildung einer christlich-jüdischen Religionsvereinigung unter dem Dach einer formalen Christlichkeit die bürgerliche Gleichstellung zu ermöglichen, lehnte Schleiermacher ab. Diese Initiative liefe auf eine Instrumentalisierung des Christentums hinaus und Juden würden veranlasst, „aus unreinen und fremdartigen Bewegungsgründen zum Christenthum überzugehen"[15]. Dadurch würden nicht nur die Religionen Schaden nehmen, sondern auch der Staat, weil die den Juden aufgenötigte Doppelmoral am Ende die staatsbürgerliche Gesinnung gefährden würde. Schleiermachers grundsätzliche Feststellung lautet: „Die Vernunft fordert, daß Alle Bürger sein sollen, aber sie weiß nichts davon, daß Alle Christen sein müßen, und es muß also auf vielerlei Art möglich sein, Bürger und Nicht-Christ zu sein."[16] Zu dieser *vernünftigen* Einsicht gesellen sich *religionstheoretische* Gründe, die Schleiermacher in den Reden „Über die Religion" im gleichen Jahr aufzeigt.[17] Seine prinzipielle Zustimmung zur pluralen Konfes-

---

der Befreiung mein höchster Wunsch auf Ein wahres deutsches Kaiserthum, kräftig und nach außen hin allein das ganze deutsche Volk und Land repräsentirend, das aber wieder nach innen den einzelnen Ländern und ihren Fürsten recht viele Freiheit läßt, sich nach ihrer Eigenthümlichkeit aus zu bilden und zu regieren." (FRIEDRICH SCHLEIERMACHER, Brief an Friedrich Schlegel vom 12.06.1813, zitiert nach MATTHIAS WOLFES, Öffentlichkeit und Bürgergesellschaft I, Berlin/New York 2005, 369).

[12] Vgl. HANS-JOACHIM BIRKNER, Deutung und Kritik des Katholizismus bei Schleiermacher und Hegel, in: DERS., Schleiermacher-Studien, hg. von HERMANN FISCHER, Berlin/New York 1996, 125–136.

[13] Vgl. WOLFES, Öffentlichkeit und Bürgergesellschaft, 323–541.

[14] Vgl. dazu neuerdings HANS-MARTIN KIRN, Friedrich Schleiermachers Stellungnahme zur Judenemanzipation, in: RODERICH BARTH/ULRICH BARTH/CLAUS-DIETER OSTHÖVENER (Hg.), Christentum und Judentum. Akten des Internationalen Kongresses der Schleiermacher-Gesellschaft in Halle, März 2009, Berlin/Boston 2012, 193–212 (dort finden sich auch Hinweise auf die inzwischen reiche Literatur zum Thema).

[15] FRIEDRICH SCHLEIERMACHER, Briefe bei Gelegenheit der politisch theologischen Aufgabe und des Sendschreibens jüdischer Hausväter (1799), in: DERS., Schriften aus der Berliner Zeit (1796–1799), KGA I,1, hg. von GÜNTER MECKENSTOCK, Berlin/New York 1984, 327–361, 335 Z. 32f.

[16] SCHLEIERMACHER, Briefe bei Gelegenheit, 335 Z. 27–29.

[17] Vgl. MARKUS SCHRÖDER, Das ‚unendliche Chaos' der Religion. Die Pluralität der Religionen in Schleiermachers ‚Reden', in: ULRICH BARTH/CLAUS-DIETER OSTHÖVENER (Hg.),

sionskultur wird eingeschränkt durch zwei Bedingungen, die Schleiermacher im Blick auf das Judentum anbringt. Wenn die Inkulturation der jüdischen Religion in Staat und Gesellschaft gelingen soll, müssen die Juden das Ritualgesetz dem Staatsgesetz unterordnen und der Hoffnung auf das Heilige Land entsagen, anderenfalls würde man dem erforderlichen bürgerlichen Patriotismus nicht gerecht. Mit diesen Forderungen wusste Schleiermacher sich mit den Reformkräften im Judentum einig. Sein Eintreten für die bürgerliche Gleichstellung der Juden ist vor allem *politisch* motiviert.[18] *Religiös* hat Schleiermacher mit dem Judentum nicht viel anfangen können. Er rechnete eher mit dessen religionsgeschichtlichen Tod.[19] Aber Sterbehilfe durch Konversionszwang sollten weder Staat noch Christentum leisten dürfen noch wollen.

Konfessionspolitisch von erheblicher Bedeutung war schließlich, dass Schleiermacher programmatisch und wissenschaftsorganisatorisch die konfessionelle Theologie in die Humboldt'sche Universitätsreform eingebracht hat.[20] Dabei hat er – unbeabsichtigt – einen Beitrag zur Konfessionalisierung des Judentums geleistet. Der von ihm entworfene, hoch allgemeine Begriff der Theologie lautet bekanntlich: „Die Theologie in dem Sinne, in welchem das Wort hier immer genommen wird, ist eine positive Wissenschaft, deren Theile zu einem Ganzen nur verbunden sind durch ihre gemeinsame Beziehung auf eine bestimmte Glaubensweise, d. h. eine bestimmte Gestaltung des Gottesbewußtseins; die der christlichen also durch die Beziehung auf das Christenthum."[21] Die wissenschafts- und religionstheoretisch begründete Offenheit dieser Definition hat den jüdischen Religionsgelehrten Abraham Geiger (1810–1874) dazu ermuntert, einen analogen Begriff der Jüdischen Theologie zu entwerfen.[22] Geiger folgt Schleiermacher dabei bis zur bekannten Dreiteilung der Theologie in „Philosophische Theologie", „Historische Theologie" und „Praktische Theologie" nebst ihren Unterbestimmungen und unterfüt-

---

200 Jahre ‚Reden über die Religion'. Akten des 1. Internationalen Kongresses der Schleiermacher-Gesellschaft in Halle, 14.–17. März 1999, Berlin/New York 2000, 585–608.

[18] Im Preußischen Correspondenten berichtet Schleiermacher über die konfessionelle Gleichstellung der Juden in „Baiern" (vgl. FRIEDRICH SCHLEIERMACHER, Beiträge aus ‚Der Preußische Correspondent', in: DERS., Kleine Schriften 1786–1833, KGA I,14, hg. von MATHIAS WOLFES/MICHAEL PIETSCH, Berlin/New York 2003, 395–500, 454f.).

[19] Vgl. ARNULF VON SCHELIHA, Schleiermachers Deutung von Judentum und Christentum in der fünften Rede ‚Über die Religion' und ihre Rezeption bei Abraham Geiger, in: BARTH u. a. (Hg.), Christentum und Judentum. 213–227, 215–220.

[20] Vgl. HANS-JOACHIM BIRKNER, Schleiermachers ‚Kurze Darstellung' als theologisches Reformprogramm, in: DERS., Schleiermacher-Studien, 285–306.

[21] Vgl. FRIEDRICH SCHLEIERMACHER, Kurze Darstellung des theologischen Studiums zum Behuf einleitender Vorlesungen. Zweite umgearbeitete Ausgabe (1830), in DERS., Universitätsschriften – Herakleitos – Kurze Darstellung des theologischen Studiums, KGA I,6, hg. von DIRK SCHMID, Berlin/New York 1998, 317–446, 325.

[22] Vgl. ARNULF VON SCHELIHA, Schleiermachers Deutung von Judentum und Christentum in der fünften Rede ‚Über die Religion' und ihre Rezeption bei Abraham Geiger, 221–226.

tert mit diesem Entwurf die Forderung progressiver Juden nach akademischer Repräsentanz und Anerkennung, die ihnen freilich versagt wurde. Die „Wissenschaft des Judentums" – dieser Begriff setzte sich im Judentum durch – wurde jenseits des offiziellen Wissenschaftsbetriebes institutionalisiert.[23] Politik und Wissenschaft waren zur Konfessionalisierung des Judentums damals noch nicht bereit.

Trotz mancher Teilerfolge blieb die Wirklichkeit also hinter Schleiermachers politischen und konfessionspolitischen Visionen zurück. Das mag auch an Schleiermacher selbst gelegen haben, dessen tief empfundene Treue zur Monarchie wohl ein energischeres Eintreten für religiöse, politische und bürgerliche Freiheit verhindert hat.

II.

Einhundert Jahre später hat Ernst Troeltsch wesentliche Grundeinsichten Schleiermachers vertieft. Zu dieser Zeit sind die Pluralisierung der Religionskultur und die Politisierung der Gesellschaft erheblich fortgeschritten. Troeltsch reflektiert auf die historische Kontingenz, den Wandel und die konfessionspolitischen Folgen der engen Staatsbindung der evangelischen Kirchen in Deutschland. Seine Diagnosen zur konfessionellen Prägung der politischen Lage beziehen vergleichend die Entwicklung außerhalb Deutschlands mit ein, insbesondere in England, in Frankreich, in den Niederlanden und in den USA.[24] Auch in historischer Perspektive werden die vielfältigen Strömungen im Protestantismus herausgearbeitet, so dass nicht mehr – wie noch zu Zeiten Schleiermachers – der Eindruck entstehen kann, dass Protestantismus und evangelische Kirchen in Deutschland zusammenfallen. Deren Lage wird von Troeltsch als außerordentlich kritisch eingeschätzt. Der „Zustand [...] der schweren Religionskrisis"[25] in Deutschland ist maßgeblich dadurch mitverursacht, dass der landeskirchliche Protestantismus „der religiöse Begleiter der bürokratisch-militärischen Monarchie und der Gutsherrschaft"[26] war.

---

[23] Vgl. IMKE STALLMANN, Abraham Geigers Wissenschaftsverständnis. Eine Studie zur jüdischen Rezeption von Friedrich Schleiermachers Religionsbegriff, Frankfurt am Main, 2013.

[24] Vgl. dazu insbesondere ERNST TROELTSCH, Deutscher und westeuropäischer Geist im Weltkrieg (1916), in: DERS., Deutscher Geist und Westeuropa, hg. von HANS BARON, Tübingen 1925, 31–166.

[25] ERNST TROELTSCH, Die Religion im deutschen Staate (1912), in: DERS., Zur religiösen Lage, Religionsphilosophie und Ethik (Gesammelte Schriften Bd. 2), Tübingen ²1922, 68–90, 73.

[26] ERNST TROELTSCH, Die Kundgebungen des Deutschen Kirchentages (1919), in: DERS., Schriften zur Politik und Kulturphilosophie (1918–1923), KGA XV, hg. von GANGOLF HÜBINGER in Zusammenarbeit mit JOHANNES MIKUTEIT, Berlin/New York 2002, 259–268, 264.

Durch ihre zwischenzeitlich erfolgte organisatorische Verselbstständigung hat die „uniformierte und zentralisierte protestantische Kirche"[27] zwar erheblichen politischen Einfluss. Aber wegen ihrer Milieuverhaftung hat sie breite Bevölkerungskreise verloren und ist nicht in der Lage, „das moderne Religionsbedürfnis, das gerade im Gegensatz gegen die ökonomische Materialisierung und die politische Brutalisierung mit leidenschaftlicher Stärke erwacht ist"[28], aufzugreifen.

Deutlich schärfer als Schleiermacher nimmt Troeltsch den Katholizismus in den Blick, der sich mit dem Ersten Vatikanischen Konzil als kirchliche Gegenwelt zur Moderne konstituiert hat und der auf dieser Grundlage in Gestalt der *Deutschen Zentrumspartei* (kurz „Zentrum" genannt) seit 1870 viel entschlossener als der Protestantismus in das politische Geschehen eingreift. Im „Zentrum" verbindet sich für Troeltsch „der entsetzliche dogmatische Geisteszwang"[29] mit einem „politisch-sozialen Modernismus"[30], der nicht nur „auf die sozialen Forderungen und die sozialen Organisationskünste der Gegenwart einzugehen versteht", sondern auch „mit dem konfessionell gemischten Staate vortrefflich zu paktieren imstande ist" und sich „den Anforderungen einer realistischen Machtpolitik [...] nicht verschließt"[31]. Er steht daher dem „modernen politischen Denken gar nicht so fern"[32]. Der Katholizismus, so Troeltsch an anderer Stelle, „vereinigt in seiner Sozialethik den Individualismus der Menschenwürde und die willige Anerkennung der sozialen Differenzierung, kann für die Massen fühlen und doch die Ausbildung von Führern sicherstellen. Er verbindet demokratische und aristokratische Elemente, kann [...] demokratische und sozialistische Politik treiben"[33].

Die mit Kriegsniederlage und Revolution verbundenen politischen Umbrüche werden für Troeltsch zum Anlass für den Versuch einer Synthese seiner etwas disparaten geschichtsphilosophischen Diagnosen der Vorkriegszeit.[34] In seinem im Herbst 1922 erstmals in Kiel gehaltenen Vortrag *Naturrecht und Humanität in der Weltpolitik* legt er eine Revision der von ihm selbst bis in den Krieg hinein vertretenen Theorie vom deutschen Sonderweg vor. Die vielen Varianten, in denen das Verhältnis der Konfessionen zur Politik bestimmt ist,

---

[27] ERNST TROELTSCH, Die Trennung von Staat und Kirche, der staatliche Religionsunterricht und die theologischen Fakultäten, Tübingen 1907, 46.
[28] A. a. O., 86.
[29] A. a. O., 75.
[30] Ebd.
[31] A. a. O., 75 f.
[32] A. a. O., 76.
[33] TROELTSCH, Die Kundgebungen des Deutschen Kirchentages, 260.
[34] Vgl. dazu die instruktive Studie von HARTMUT RUDDIES, Gelehrtenpolitik und Historismusverständnis. Über die Formierung der Geschichtsphilosophie Ernst Troeltschs im Ersten Weltkrieg, in: FRIEDRICH WILHELM GRAF (Hg.), Ernst Troeltschs ‚Historismus', Gütersloh ²2003, 135–163.

werden nun auf zwei dominante Linien reduziert, das westdeutsche Denken des rationalen Naturrechts und der Humanität, dem „der Katholizismus [...] viel näher steht"[35], einerseits und das romantisch-individualistische Geschichtsdenken Deutschlands andererseits, das maßgeblich durch lutherische Denker in Klassik und Romantik geprägt ist. Beide Traditionen werden in einem kühnen Überblick genetisch rekonstruiert, um sie im Blick auf die damalige politische Situation in einer „Kultursynthese"[36] zusammenzuführen. Maßgeblich ist dabei die von Troeltsch durchaus selbstkritisch formulierte Einsicht in die Ideologisierung von Moral und Religion, die auf beiden Seiten zum Zweck der Kriegspropaganda erfolgt sei.[37] Die von Troeltsch angestrebte Kultursynthese soll den geschichtlichen Individualitätsgedanken mit dem Menschenrechtsdenken und der mit ihm verbundenen universalen Perspektive verknüpfen. „Der Horizont des Weltbürgertums und der Menschheitsgemeinschaft muß alles das umschließen als moralische Forderung und Voraussetzung [...] In all den Ideen von Völkerbund, Menschheitsorganisation, Einschränkung der Zerstörungskräfte und Egoismen steckt ein unverlierbarer moralischer Kern, den man grundsätzlich nicht preisgeben darf"[38]. Daraus folgt für Troeltsch „ein Programm der Selbstbesinnung des deutschen historisch-politisch-ethischen Denkens"[39], das seine konfessionelle Prägung nicht zu vergessen braucht. Aber diese darf nicht an dem erforderlichen „neuen unbefangenen und weitsichtigen Denken[ ]"[40] hindern, das moralisch und ideenpolitisch nun erforderlich ist, um die junge Demokratie von Weimar zu fundieren.[41]

Diese Synthese ist auch der ideelle Boden für Troeltschs politisches Engagement in der Weimarer Republik.[42] Die *Deutsche Demokratische Partei* (DDP), der er sich anschloss, hat er als politischen Arm des urbanen und weltoffenen Protestantismus verstanden. Sie gestaltet in den Anfangsjahren das neue Staatswesen in der sogenannten Weimarer Koalition gemeinsam mit der SPD und dem Zentrum. Der liberale Protestantismus und der politische Katholizismus

---

[35] TROELTSCH, Naturrecht und Humanität in der Weltpolitik, in: DERS., KGA XV, 493–512, 497.

[36] A. a. O., 508.

[37] Die treffende Formulierung Troeltschs lautet: „Das ist ja überhaupt heute in dem furchtbar gesteigerten Daseinskampf die Rolle [...] der öffentlichen Moral und politischen Moral[ ] geworden, daß sie wesentlich als Waffe zur moralischen Entwertung der Gegner, nicht aber als Regel des eigenen Verhaltens dient." (A. a. O., 493).

[38] A. a. O., 510.

[39] Ebd.

[40] A. a. O., 512.

[41] Vgl. JOHANN HINRICH CLAUSSEN, Der moderne Protestantismus als politische Theologie der Differenzierung. Das Beispiel der Vernunftrepublikaner Ernst Troeltsch und Thomas Mann, in: ARNULF VON SCHELIHA/ MARKUS SCHRÖDER (Hg.), Das protestantische Prinzip. Historische und systematische Studien zum Protestantismusbegriff, Stuttgart 1998,181–199, 182–190.

[42] Vgl. ERNST TROELTSCH, Gegenwärtige und bleibende Werte der Deutschen demokratischen Partei (1919), in: DERS., KGA XV, 98–99.

sind in den ersten Weimarer Jahren auf Konsens und Kompromiss ausgelegt. In seiner Tätigkeit als Mitglied der Verfassung gebenden Landesversammlung Preußens und als Unterstaatssekretär im Preußischen Kultusministerium hat Troeltsch an der Entflechtung von Staat und Kirche mitgewirkt und war insofern mitverantwortlich für die Etablierung des bis heute gültigen Religionsverfassungsrechtes, das die korporative Tradition in gewisser Weise zwar fortsetzt, sie aber mit einem grundrechtlichen Unterbau versieht. Dadurch können auch neue Akteure in die Religionskultur eintreten. *Damals* waren es die Weltanschauungsvereine[43], *gegenwärtig* ist es die Religion des Islam, die in diesen – oft verkürzt als „Staatskirchenrecht" bezeichneten – Verfassungsrahmen eintritt.

In seinem Beitrag *Der Religionsunterricht und die Trennung von Staat und Kirchen* vom Frühjahr 1919 untersucht Troeltsch die Verwiesenheit von Sozialismus und Demokratie auf religiöse Fundierung und kann – im Blick auf Deutschland – sogar von einer „christlichen Demokratie" und einem „christlichen Sozialismus" sprechen.[44] Aber diese religiös-sittliche Fundierung des Staates kann nur auf der Basis der Trennung von Staat und Kirchen erfolgen, sie ist für beide Seiten „unausweichlich"[45], weil sie Ausdruck der Verwirklichung der demokratischen Idee in Deutschland ist. Die Trennung soll aber nicht in dem feindlichen Sinne Frankreichs vollzogen werden, sondern ist „auf den amerikanischen Sinn und Ton [zu] stimmen"[46]. Für die angestrebte freundschaftliche Kooperation stehen der öffentlich-rechtliche Körperschaftsstatus der Kirchen und Religionsgemeinschaften sowie die Beibehaltung des schulischen Religionsunterrichtes ein. Diese Position hatte Troeltsch schon vor der Revolution gedanklich antizipiert. Unter dem Eindruck der 1905 vollzogenen laizistischen Trennung von Staat und Kirche in Frankreich tritt Troeltsch in einer 1906 gehaltenen Rede für eine besondere Berücksichtigung der konfessionellen Verhältnisse in Deutschland ein. Er nimmt das sogenannte Böckenförde-Argument der Sache nach vorweg[47] und behauptet, „daß [...]

---

[43] In Art. 137 Abs. 7 der Weimarer Reichsverfassung heißt es: „Den Religionsgesellschaften werden die Vereinigungen gleichgestellt, die sich die gemeinschaftliche Pflege einer Weltanschauung zur Aufgabe machen". Vgl. dazu FOLKART WITTEKIND, Die Entstehung des modernen Staatskirchenrechts in den Verhandlungen der Weimarer Reichsverfassung, in: GÜNTER BRAKELMANN/NORBERT FRIEDRICH/TRAUGOTT JÄHNICHEN (Hg.), Auf dem Weg zum Grundgesetz. Beiträge zum Verfassungsverständnis des neuzeitlichen Protestantismus, Münster 1999, 77–97.

[44] ERNST TROELTSCH, Der Religionsunterricht und die Trennung von Staat und Kirchen, in: DERS., KGA XV, 123–146, 127.

[45] A. a. O., 136.

[46] Ebd.

[47] „Der freiheitliche Rechtsstaat lebt von Voraussetzungen, die er selbst nicht garantieren kann" (ERNST-WOLFGANG BÖCKENFÖRDE, Die Entstehung des Staates als Vorgang der Säkularisation (1967), in: HEINZ-HORST SCHREY [Hg.], Säkularisierung, Darmstadt 1981, 67–89, 87). Vgl. kritisch dazu: HARTMUT KRESS, Ethik der Rechtsordnung. Staat, Grundrechte und Religionen im Licht der Rechtsethik, Stuttgart 2011, 24–30).

die Gesellschaft eine starke, tiefe und lebendige Religion braucht und von ihr sich nicht trennen kann, auch wenn sie die Kirchen vom Staate trennt."[48] Das bedeutet, dass die Trennung von Staat und Kirche in Deutschland „keine Trennung von Staat und Christentum"[49] sein muss. Vielmehr sei für die Bildung der christlichen Fundierung der Gesellschaft der schulische Religionsunterricht zuständig, der als „ein wesentlich historischer Unterricht"[50] durchzuführen wäre. Ausdrücklich grenzt sich Troeltsch von einer bloß historischen Betrachtung der Religion ab. Vielmehr muss man „überall von unserem gegebenen Besitz ausgehen"[51], Religion also affirmativ verstehen, in der Schule vermitteln und an der Universität erforschen. Die dafür notwendige „Wissenschaft vom Christentum"[52] würde von den konfessionell differenzierten theologischen Fakultäten (in Kooperation mit der Pädagogik) angeboten. Eine die Religionen übergreifende, angeblich voraussetzungsfreie Religionswissenschaft lehnt Troeltsch – ebenso wie Adolf Harnack[53] – ab. Vielmehr sind für ihn die theologischen Fakultäten gerade Ausdruck der Unterscheidung von Christentum und Kirchen und institutionelle Realisierung der im Christentum wurzelnden sittlichen Grundierung des Staates. Man sieht daran: Schärfer als Schleiermacher differenziert Troeltsch zwischen dem Christentum als Kulturmacht einerseits und den Konfessionskirchen andererseits.

Ein auffällig blinder Fleck ist bei Troeltsch das Problem der konfessionellen Integration des Judentums. Hinweise Troeltschs dazu, ob und wie es in die Konfessionalisierungspolitik einzubeziehen ist, konnten nicht gefunden werden. In dem Artikel *Vorherrschaft des Judentums?* wird zwar bilanziert, „daß das Judentum[ ] bisher in dem amtlichen und offiziellen Deutschland aufs schärfste unterdrückt" war und „mit der Revolution ganz ungeheuer emporgeschnellt ist."[54] Troeltsch entkräftet mit vorwiegend kulturgeschichtlichen Argumenten die Angst vor Überfremdung und jüdischer Vorherrschaft. Er tritt dem Antisemitismus vorsichtig entgegen, macht aber keinerlei Vorschläge für eine in die Zukunft gerichtete Integrationspolitik, sondern trägt mit den von ihm

---

[48] ERNST TROELTSCH, Die Trennung von Staat und Kirche, der staatliche Religionsunterricht und die theologischen Fakultäten, Tübingen 1907, 59.
[49] A. a. O., 60.
[50] A. a. O., 61.
[51] A. a. O., 60.
[52] A. a. O., 61.
[53] Vgl. ARNULF VON SCHELIHA, Symmetrie und Asymmetrie der Wissenschaftskulturen. Theologie – Religionswissenschaft – Kulturwissenschaften um 1900. Adolf von Harnacks Position im wissenschafts-theoretischen Diskurs, in: KURT NOWAK/OTTO GERHARD OEXLE/TRUTZ RENDTORFF u. a. (Hg.), Adolf von Harnack. Christentum, Wissenschaft und Gesellschaft, Göttingen 2003, 163–187.
[54] ERNST TROELTSCH, Die Fehlgeburt einer Republik. Spektator in Berlin 1918–1922, zusammengestellt und mit einem Nachwort versehen von JOHANN HINRICH CLAUSSEN, Frankfurt am Main, 1994, 93.

gewählten Formulierungen eher zur Marginalisierung dieser Minderheit bei.⁵⁵ An anderer Stelle gesteht Troeltsch zu, dass er keine intime Kenntnis vom Judentum habe. Er fordert für es „Gerechtigkeit und Billigkeit"⁵⁶ – nicht weniger, aber auch nicht mehr.

Troeltsch sieht deutlich die Krisen und Aporien der konfessionellen Prägung der deutschen Politik. Das Staatskirchensystem von Weimar bedeutet für ihn die Entpolitisierung der Kirchen. Die Staatsferne bietet ihnen die Chance, sich religiös zu regenerieren. Zur sittlichen Fundierung der Demokratie strebt Troeltsch eine überkonfessionelle Kultursynthese an, in der christliche Sittlichkeit sich mit dem Menschenrechtsdenken und der allgemeinen Humanitätsgesinnung verbindet. Auch die konfessionelle Orientierung der Parteien wird von ihm in Richtung Verständigung und pragmatischem Realismus ausgelegt. Ein Projekt, dem sich – anders als der politische Katholizismus – der konservative Protestantismus von Weimar bekanntlich verweigerte.

III.

Bei Paul Tillich (1886–1965) liegen die Dinge komplizierter. Einerseits thematisiert er die bisher angesprochenen Themen auf einer sehr abstrakten Ebene. Andererseits drängt seine theologische Interpretation des christlichen Glaubens selbst auf politische Realisierung, wie an seinen – schwer zu deutenden – Schriften zum religiösen Sozialismus deutlich wird.⁵⁷

Tillich denkt das Christentum in konfessioneller Differenzierung, die Gegenüberstellung von Katholizismus und Protestantismus ist für ihn schon kategorial grundlegend. Beide Konfessionen verweisen strukturell und historisch aufeinander, weil in ihnen das Verhältnis von Theonomie, Autonomie und Heteronomie unterschiedlich konstelliert ist. Aus der jeweiligen Konstellation ergibt sich der Zugang zum Politischen. Der hierarchische Katholizismus mit seiner fest gefügten religiösen Kulturidee hat „die Möglichkeit, in der politischen Sphäre einen parteimäßigen Ausdruck im Zentrum [...] zu finden"⁵⁸.

---

⁵⁵ „Wir müssen mit allem Ernst und aller Hingebung eine nationale Kulturform schaffen und ausbauen." Juden „sind ein belebender Zusatz zu deutscher Schwerfälligkeit und Philisterei, aber sie sind auch heute nicht die geistigen Führer, sondern die eifrigen Kommentatoren und geistreichen Umschreiber deutscher Führer" (TROELTSCH, Die Fehlgeburt einer Republik, 98).

⁵⁶ ERNST TROELTSCH, Deutscher Geist und Judenhaß (1920), in: DERS., KGA XV, 395.

⁵⁷ Vgl. THOMAS ULRICH, Ontologie, Theologie, gesellschaftliche Praxis. Studien zum religiösen Sozialismus Paul Tillichs und Carl Mennickes, Zürich 1971; MARION ENZMANN, Die politischen Ideen Paul Tillichs zur Zeit der Weimarer Republik, Frankfurt am Main 2000; ALF CHRISTOPHERSEN, Kairos. Protestantische Zeitdeutungskämpfe in der Weimarer Republik, Tübingen 2008, 68–126.

⁵⁸ PAUL TILLICH, Die religiöse Lage der Gegenwart (1926), in: DERS., Die religiöse Deutung der Gegenwart. Schriften zur Zeitkritik (Gesammelte Werke Bd. X), Stuttgart 1968, 9–93, 75f.

Dadurch nimmt er planmäßig politischen Einfluss. Der Protestantismus kennt zwar die strikte Unterscheidung von Religion und Politik, schwankt faktisch aber zwischen enger Verbindung mit den politischen Mächten einerseits und der Haltung einer konservativen Opposition zum demokratischen Staat andererseits, wie Tillich es für große Teile des Protestantismus von Weimar feststellt.[59]

In der problemgeschichtlichen Abfolge dieses Beitrages ist neu, dass Tillich in der Spannungseinheit von Religion und Kultur die religiöse Aufladung des Politischen prinzipiell erfassen und theologisch auf den Begriff bringen kann. Dadurch wird es möglich, Phänomene politischer Theologie und religiöser Politik wahrzunehmen und dort, wo es zur Verzerrungen kommt, zu kritisieren. Dies wird von Tillich insbesondere in den zeitdiagnostischen Schriften durchgeführt. Die politische Epoche von Weimar deutet Tillich als in eminenter Weise religionshaltig. Die katholische Kirche und die evangelischen Kirchen hatten sich im 19. Jahrhundert hochanteilig dem „Geist der in sich ruhenden Endlichkeit"[60] der bürgerlichen Gesellschaft und des Wirtschaftsliberalismus angepasst.[61] Doch nun seien, insbesondere im Nachkriegsprotestantismus, theologisch ganz unterschiedlich gelagerte Aufbrüche erkennbar.[62] Diese bringen denjenigen Durchbruch der Ewigkeit auf den theologischen Begriff, den Tillich in allen gesellschaftlichen Sphären wahrnimmt. Auf dem Gebiet der Politik verkörpern der „mystische Nationalismus" und die „sozialistischen Utopien" anti-bürgerliche, religioide Bewegungen, die sich zum Teil dämonisch aufladen und Menschen verachtende Gewalt entfesseln.[63] Die komplexen Zuordnungen, die Tillich begrifflich und phänomenologisch vornimmt, lassen die von Schleiermacher und Troeltsch angestrebte Trennung von Staat und Kirche als vordergründig erscheinen, weil sie der existenziellen Abgründigkeit weder der Religion noch des Politischen gerecht zu werden scheinen.

Die von Tillich konstruierte Syntheseposition, in der die kritische Kraft der Religion und das auf vernünftige Weltgestaltung zielende politische Handeln zusammenkommen, bezeichnet er in den zwanziger Jahren als „gläubigen Realismus". Es handelt es sich um „ein unbedingtes Ernstnehmen der konkreten Lage unserer Zeit und der Zeit vor der Ewigkeit überhaupt, also ein Nein zu jeder Romantik und Utopie, aber die Hoffnung auf eine Gesellschafts- und Wirtschaftslage, in der der Geist des Kapitalismus – das stärkste Symbol der in sich ruhenden Endlichkeit – überwunden ist."[64] Die in dem Zitat angespro-

---

[59] PAUL TILLICH, Das Christentum und die moderne Gesellschaft (1928), in: DERS., GW X, 100–107, 105 f.
[60] Vgl. TILLICH, Die religiöse Lage der Gegenwart, 80.
[61] A.a.O., 77, 81.
[62] Vgl. a.a.O., 91–93.
[63] Vgl. a.a.O., 44–49.
[64] A.a.O., 46.

chene Überwindung der in sich ruhenden Endlichkeit erfolgt durch den prophetischen Geist, der sich politisch und bzw. oder religiös artikulieren kann. Die „prophetische Haltung" ist zwar in allen Religionen vertreten, weil sie ein Strukturmerkmal der Religion selbst ist.[65] Sie ist aber vorzüglich im Protestantismus beheimatet, weil er in seinem Gegensatz zum Katholizismus die Kritik an der sogenannten sakramentalen Haltung der Religion verstetigt. Der religiöse Sozialismus allerdings ist nicht allein eine prophetische Bewegung, sondern zielt auf Verwirklichung des Ideals einer theonomen Gesellschaft[66], die – freilich in dämonischer Verzerrung – im Katholizismus verwirklicht ist. Tillich spricht daher von der „eigentümliche[n] Doppelstellung" des religiösen Sozialismus „gegenüber den reformatorischen und den katholischen Ausprägungen der christlichen Idee".[67] Der gläubige Realismus verkörpert also eine post-konfessionelle Haltung. Dabei geht es nicht um einen ökumenischen Konsens, sondern um eine normative Überwindung der alten Verbindung von Konfessionalität und Politik. Der gläubige Realismus ist Ausdruck der Autonomie des Politischen, der mit einem post-konfessionellen Standpunkt der Religion ausbalanciert ist.

Diesen Ansatz hat Tillich in den dreißiger und vierziger Jahren noch einmal christentumstheoretisch vertieft. In den Beiträgen zum *Ende der protestantischen Ära*[68] unterscheidet er drei Ebenen, nämlich die „Verwirklichung des Protestantismus in Massenkirchen"[69], die „vom Protestantismus durchdrungene[] Kultur"[70] und das protestantische Prinzip.[71] Die protestantische Kultur, die Tillich als „religiösen Sektor einer autonomen Welt" bezeichnet[72], sei erschöpft, weil sie die Antagonismen des modernen Lebens nicht mehr

---

[65] Vgl. PAUL TILLICH, Grundlinien des Religiösen Sozialismus (1923), in: DERS., Christentum und soziale Gestaltung. Frühe Schriften zum Religiösen Sozialismus, Stuttgart 1962, 91–119, 93 f.

[66] „Nur das kann [...] nach Meinung des Religiösen Sozialismus Ziel der Endhoffnung sein, daß die Erschütterung durch das Ewige zu einer Gestaltung des Daseins und der Gesellschaft führt, in der die Hinwendung zum Ewigen erkennbar ist." (TILLICH, Die religiöse Lage der Gegenwart, 73).

[67] „Der religiöse Sozialismus steht derjenigen Konfession am nächsten, die das kritisch-theokratische Element am stärksten in sich trägt, wenn er sich auch im Ziel denjenigen Konfessionen näher weiß, in denen die theonome Idee eine, wenn auch dämonisch ausgeartete, Ausprägung gefunden hat. Das macht seine eigentümliche Doppelstellung gegenüber den reformatorischen und den katholischen Ausprägungen der christlichen Idee aus, daß er in der kritischen Haltung mit den radikal-reformatorischen Formen, in der theonomen Idee mit einem von der dämonischen Heteronomie befreiten Katholizismus gehen muß" (TILLICH, Grundlinien des religiösen Sozialismus, 118).

[68] Vgl. PAUL TILLICH, Ende der protestantischen Ära? (1937), in: DERS., Protestantismus als Kritik und Gestaltung. Schriften zur Theologie I (GW. VII), Stuttgart 1962, 151–170.

[69] A. a. O., 151.

[70] Ebd.

[71] Vgl. a. a. O., 157 f.

[72] A. a. O., 153.

integrieren könne. Alle erkennbaren Gegenstrategien, nämlich die Ablösung vom Humanismus durch die Dialektische Theologie, die Rekatholisierung des Protestantismus oder die Verbindung mit einer von den großen politisch-weltanschaulichen Mächten, seien Symptome der Krise, keine Katalysatoren. Tillich zieht daraus den Schluss: „Die protestantische Ära ist zu Ende, nachdem ihr fast alle geschichtlichen Voraussetzungen, auf denen sie ruhte, entzogen sind. Aber das protestantische Prinzip und die christliche Verkündigung, auf der es ruht, sind nicht zu Ende, weil sie nicht endlich, nicht erschöpflich sind."[73] Das protestantische Prinzip werde ‚ewig' in Geltung stehen, weil es „wirksam in allen Perioden der Geschichte" ist, sich „in den großen Religionen der Menschheit" zeigt und „unabhängig vom Anwachsen oder Zurückgehen religiöser Erfahrung oder geistiger Kraft" als Formel für die dialektischen Verschränkungen von Position und absoluter Negation „das letzte Kriterium jeder religiösen und geistigen Erfahrung"[74] bildet. Zu Recht hat Ulrich Barth diese Haltung Tillichs als „extrem ambivalent" beurteilt[75], weil Tillich seine steile Protestantismus-Apologie skeptisch gegenliest. Diese Skepsis ist auch der Grund, warum er in seinen späten Texten zur Zeitkritik allgemeiner vom Christentum spricht, das er als Synthese aus „Prophetismus und Humanismus" versteht und dessen politische Wirksamkeit er wie folgt beschreibt: „Das Christentum muss den verlorenen prophetischen Geist neu in sich erwecken und in diesem Geist die Zeichen der Zeit deuten, die Dämonien der Zeit enthüllen, die Erwartungen eines Neuen stärken und formen, ohne Utopien Nahrung zu geben. Der Versuch, den Kampf für soziale Gerechtigkeit und Völkereinheit auf christliche Grundlage zu stellen, muß trotz aller Niederlagen fortgeführt werden."[76]. Die normative Orientierung an Gerechtigkeit und Wahrheit schließt Vernunft ausdrücklich ein und weitergehend heißt es: Die „Errungenschaften der bürgerlichen Periode [dürfen] der zukünftigen Menschheit nicht verloren gehen"[77].

Trotz des prophetischen Pathos hat Tillich also einen aufgeklärt-nüchternen Blick auf das Politische, aus dem er religiösen Fanatismus ausscheidet und das er normativ auf Vernunft und Gerechtigkeit verpflichtet. Die spezifische Aufgabe der Religion besteht in der Pflege des Bewusstseins für die „Wider-

---

[73] A. a. O., 157.

[74] TILLICH, Die protestantische Ära (1948/50), in: DERS., GW VII, 11–28, 12.

[75] „Auf der einen Seite präsentiert er sich als Verfechter der steilsten Protestantismusapologetik, die je gedacht wurde, auf der anderen Seite tritt er als skeptischer Zeitdiagnostiker auf, der alle auf die eigene Konfession abzielende Apologetik weit hinter sich läßt." (ULRICH BARTH, Protestantismus und Kultur. Systematische und werkbiographische Erwägungen zum Denken Paul Tillichs, in: CHRISTIAN DANZ/WERNER SCHÜSSLER [Hg.], Paul Tillichs Theologie der Kultur. Aspekte – Probleme – Perspektiven, Berlin/Boston 2011, 13–37, 32).

[76] PAUL TILLICH, Die europäische Lage. Religion und Christentum (1929), in: DERS., GW X, 170–180, 179.

[77] PAUL TILLICH, Die gegenwärtige Weltsituation (1945), in: DERS., GW X, 237–279, 279.

sprüche, die menschliches Leben stets kennzeichnen. [...] Deshalb kann die christliche Botschaft keine zukünftige Situation antizipieren, die ohne Tragik ist, selbst wenn die dämonischen Kräfte der gegenwärtigen Lage überwunden würden."[78] Tillich etabliert also im Blick auf das Politische einen post-konfessionellen Begriff des Christentums, weil in der existenziellen Perspektive der Religion die „Trennung des profanen Bereichs vom religiösen Bereich"[79] immer schon überwunden ist. Das aufgeklärte Christentum kultiviert das Differenzbewusstsein, das politisches Handeln motiviert, es aber niemals loswird. Deutlich ist, dass Tillich in den abstrakten Höhenlagen, in denen er sich bewegt, kein Interesse an einer politischen Steuerung der konfessionellen Vielfalt hat, die in den USA damals ohnehin nicht auf der Tagesordnung stand. Die Politisierung des evangelikalen Protestantismus, der die USA seit der Reagan-Zeit bestimmt, war für Tillich damals nicht absehbar. Die Tatsache aber, dass die beiden republikanischen US-Präsidentschafts- bzw. Vizepräsidentschaftskandidaten des Jahres 2012, die zugleich die religiöse Rechten politisch repräsentieren, keiner protestantischen Denomination angehören[80], bestätigt in gewisser Weise Tillichs Diagnose von der post-konfessionellen Präsenz des Religiösen in der Politik.

IV.

Kommt man von Tillichs Bestimmungen auf die Debatte um die durch Protestanten besetzten Staatsämter zurück, dann wird man sagen können, dass das Hantieren mit konfessionellen Etiketten Ausdruck eines re-katholisierten Verständnisses von Protestantismus ist, vor dem übrigens Adolf von Harnack immer gewarnt hatte.[81] Das Etikett „protestantisch" im Unterschied zu „katholisch" wird aber auch dem politischen Wollen der damit zuletzt bezeichneten Politiker nicht gerecht, zu stark ist dieses durch vernünftige Einsicht, sachliche Erfordernisse und historische Erfahrungen geprägt, die selbstverständlich konfessionell eingefärbt sind, mehr aber auch nicht. Es gehört zu den Grundeinsichten aller Parteien in Deutschland, dass in ihnen die konfessionellen Milieus überwunden sind und diesbezügliche Prägungen im Sinne von Denkschulen zwar identifizierbar, aber in der politischen Entscheidung nicht Ausschlag gebend sind. Auch in den breit diskutierten ethischen Grenzfragen lassen sich eher Verständigungsprozesse von liberalen Katholiken und liberalen

---

[78] A.a.O., 279.
[79] A.a.O., 270.
[80] Willard Mitt Romney gehört der der Kirche Jesu Christi der Heiligen der Letzten Tage („Mormonen") an, Paul Davis Ryan jr. ist Mitglied der römisch-katholischen Kirche.
[81] Vgl. ADOLF VON HARNACK, Das Wesen des Christentums (1900), hg. von CLAUS-DIETER OSTHÖVENER, Tübingen 2005, 164 ff.

Protestanten und entsprechend zwischen konservativen Katholiken und Protestanten identifizieren. Auf der Akteursebene spielt die religiöse Dimension bei der Reflexion von politischer Verantwortung zwar eine gewisse Rolle. Insgesamt dürfte die politische Kultur Deutschlands sich aber in einem postkonfessionellen, vielleicht zivil-religiösen Zeitalter befinden.[82]

Zu diesem Befund verhält sich nur auf den ersten Blick gegenläufig, dass wir gegenwärtig den groß angelegten Versuch der politisch gestützten Konfessionalisierung der Religion des Islam in die deutsche Religionskultur erleben. Man folgt dabei dem korporativen Weg staatlicher Religionspolitik, der – den Vorgaben von Ernst Troeltsch grundsätzlich folgend – über den schulischen Religionsunterricht (nach Art. 7 Abs. 3 des Grundgesetzes) und damit verbunden über die Einrichtung Islamisch-Theologischer Institute an deutschen Universitäten verläuft. Die akademische Abbildung der religiösen Pluralität war in Deutschland bis in die jüngste Vergangenheit hinein auf die beiden großen christlichen Konfessionen beschränkt geblieben. Versuche im 19. und frühen 20. Jahrhundert, jüdisch-theologische Fakultäten bzw. Lehrstühle für die Wissenschaft des Judentums zu etablieren, scheiterten bekanntlich.[83] Die Debatten konzentrierten sich lange Zeit auf das Verhältnis von Theologie und Religionswissenschaft. Erst spät, nach der Re-Konsolidierung der jüdischen Gemeinden in Deutschland, wurden mit der Hochschule für Jüdische Studien in Heidelberg (eröffnet 1979) und dem Abraham-Geiger-Kolleg in Potsdam (gegründet 1999) zwei akademisch selbstständige Einrichtungen gegründet, die für Lehrer- und Rabbinerausbildung zuständig sind und mit nahe gelegenen Universitäten kooperieren. Mit dem 2011 gegründeten Zentrum Jüdische Studien in Berlin-Brandenburg werden die in dieser Region bestehenden Einrichtungen für Jüdische Studien miteinander vernetzt und gemeinsame Aktivitäten in Forschung und Lehre gebündelt.[84] Seit 2010 entstehen an vier Standorten in Deutschland Zentren für Islamische Theologie (Osnabrück/Münster, Tübingen, Erlangen-Nürnberg und Frankfurt/Gießen).

Die auf den Islam bezogene Konfessionalisierungspolitik verfolgt integrationspolitische, staatsethische und wissenschaftspolitische Ziele, die durchaus in Spannung zueinanderstehen.[85] Grundsätzlich aber ist es konsequent, dass

---

[82] Vgl. dazu EILERT HERMS, Systematische Aspekte einer geschichtlichen Realität, in: Theologische Quartalsschrift 183 (2003), 97–127; ROLF SCHIEDER, Zivilreligion als Diskurs, in: Religionspolitik und Zivilreligion, hg. von ROLF SCHIEDER, Baden-Baden 2001, 8–22; „Ist Menschenwürde ein theologisch-politischer Grundbegriff?".

[83] Vgl. CHRISTIAN WIESE, Wissenschaft des Judentums und protestantische Theologie im wilhelminischen Deutschland. Ein Schrei ins Leere? Tübingen 1999.

[84] Vgl. http://www.zentrum-juedische-studien.de (Zugriff am 30.04.2018).

[85] Vgl. „Religiöse Pluralität an der Universität. Chancen und Probleme staatlicher Steuerung und fachlicher Selbstbestimmung – am Beispiel der Etablierung des Faches Islamische Studien/Theologie an deutschen Universitäten".

man in Deutschland den korporativen Weg politischer Religionsgovernance weitergeht und Judentum und Islam nun offensiv einbezieht. Mit der akademischen Pflege der konfessionellen Theologien im Christentum hat man gute Erfahrungen gemacht. Das aufgeklärte Niveau theologischer Reflexion ist gesichert und das Verhältnis der christlichen Konfessionen zueinander pazifiziert. Die ökumenische Diskussion zwischen den christlichen Konfessionen wird auf akademischem Niveau geführt. Die hochgradig differenzierte Einkreisung der konfessionellen Lehrunterschiede wirkt auch deshalb zivilisierend, weil sie an der Basis nicht mehr verstanden werden. Das wiederum ist die Voraussetzung dafür, dass sich die konfessionellen Lebenswelten einander annähern und durchdringen können. Dadurch ergeben sich Spielräume für eine post-konfessionelle Selbstorganisation der christlichen Akteure in der Politik. Ich vermute, dass sich nicht wenige dieser politischen Akteure heute in Tillichs Beschreibung des „gläubigen Realismus" wiederfinden können. Warum sollte das dereinst nicht auch für Spitzenpolitiker muslimscher Herkunft gelten?

Es gibt also gute Gründe für die Prognose, dass die Konfessionalisierung des Islam ähnliche Effekte haben könnte. Für die dafür notwendige Erweiterung des Theologiebegriffs liegen bis auf Schleiermacher zurückgehende gedankliche Impulse des Protestantismus vor, die in die entscheidende Studie des Wissenschaftsrates auch spürbar eingeflossen sind.[86] Es ist eine großartige Anerkennung der gedanklichen Arbeit des theologischen Liberalismus, dass seine Idee der aufgeklärten Religion Pate steht für die Konfessionalisierungspolitik der Gegenwart, während das kerygmatische Theologieverständnis von Karl Barth über Rudolf Bultmann bis hin zu Eberhard Jüngel dabei so gut wie gar keine Rolle mehr spielt.

Aber es sind auch Gegenläufigkeiten hervorzuheben: Die auf den Islam bezogene Konfessionalisierungspolitik im Sinne des aufgeklärten Religionsverständnisses setzt dort ein, wo im Blick auf das Christentum die Entwicklung gerade angelangt ist. Die politischen Bemühungen betrachten den Islam als *eine* Konfession, uneingedenk der ethnischen und religiösen Vielfalt, die sich hinter dem Begriff verbirgt. Aber es ist eigentlich kaum vorstellbar, dass sich Sunniten, Schiiten der verschiedenen Richtungen und Alewiten in *einer* akademischen Theologie und in *einem* islamischen Religionsunterricht repräsentiert sehen wollen. Im 19. Jahrhundert stießen die Bestrebungen der progressiven Juden nach akademisch-theologischer Repräsentanz auf Widerstand im konservativen und orthodoxen Judentum, die sich aus religiösen Gründen gegen die konfessionelle Einbindung aussprachen, weil sie als bevormun-

---

[86] WISSENSCHAFTSRAT, Empfehlungen zur Weiterentwicklung von Theologien und religionsbezogenen Wissenschaften an deutschen Hochschulen (2010). Siehe: https://www.wissenschaftsrat.de/download/archiv/9678-10.pdf (Zugriff: 30.04.2018).

dend und fremdbestimmend empfunden wurde. Diese Reaktion kann man sich auch innerhalb des Islam gut vorstellen. Ein möglicher erster Schritt zur Lösung dieses Problems wäre ‚konfessionelle' Profilbildung der verschiedenen Standorte für islamische Theologie.[87]

Aber gerade eine solche Profilbildung würde die Frage nach der organisierten Präsenz des Islam noch einmal dringlicher machen. Sie ist bei der korporativen Religionsgovernance stets vorausgesetzt, im Islam aber gerade nicht gegeben. Inzwischen hat man unter den Religionsverfassungsrechtlern die Position eingenommen, dass die Muslime hierfür nicht den vergleichsweise hohen Organisationsgrad der christlichen Kirchen erreichen müssen. Die Beiräte, die jetzt gegründet werden und die die Rolle der Kirchen funktional äquivalent übernehmen sollen, sind Ausdruck dieser Flexibilisierung des Religionsrechtes. Gerade weil aber diese Beiräte unter erheblicher staatlicher Mitwirkung entstanden sind, weht in ihnen der Geist der korporativen Religionspolitik. Ihm werden sich die Muslime auch immer wieder entziehen, nicht nur aus Gründen ihrer inneren Vielfalt, sondern auch aus den gleichen Gründen, die viele Protestanten auf Abstand zu ihren Kirchen gehen lassen. Hier ist an die sogenannten Kulturmuslime wie zum Beispiel Hilal Sezgin[88] oder Navid Kermani[89] zu denken, die vor einer religionspolitischen Überidentifizierung insbesondere von Menschen islamischen Glaubens warnen und in öffentlichen Debatten zunehmend Beachtung finden, in den ‚konfessorischen' Beiräten aber gerade nicht vertreten sind.

Die ähnliche Ambivalenz kann auch im Blick auf ein anderes Phänomen beschrieben werden. Den Zufluss von Studierenden für die Lehrämter kann der Staat durch seine Politik der Einstellung von islamischen Religionslehrerinnen und Lehrer selbst steuern. Im Blick auf die projektierte Imam-Ausbildung geht das nicht. Hier sind die Moscheegemeinden die Anstellungsträger von Absolventen der universitären Studiengänge. Für die Anwerbung von Studierenden ist nun eine Standardisierung von Karriereweg und Berufsbild mit entsprechender Gehaltserwartung erforderlich.[90] Davon ist man gegenwärtig noch sehr weit entfernt. Daher wird man sich darauf einstellen müssen, dass es neben der jetzt angestrebten akademischen Ausbildung von Imamen weiterhin andere Zugangswege zum Imamat geben wird, sei es durch Entsendung von Gast-Imamen aus der Türkei, sei es, dass die islamischen Organisationen

---

[87] In der Tat gibt es gegenwärtig keinerlei Abstimmung über die Profilbildung oder ‚konfessionelle' Ausrichtung der akademischen Standorte für Islamische Theologie.
[88] Vgl. HILAL SEZGIN, Von Religion sprechen und schweigen, in: HEIT u. a. (Hg.), Religions-Politik II, 171–186.
[89] Vgl. NAVID KERMANI, Wer sind wir? Deutschland und seine Muslime, München 2009.
[90] Vgl. zu diesem Thema den Sammelband: BÜLENT UCAR (Hg.), Imamausbildung in Deutschland, Göttingen 2010.

selbst die Ausbildung in die Hand nehmen, wie es etwa auch in der Rabbiner-Ausbildung der Fall ist, zum Beispiel beim 2004 neu gegründeten orthodoxen Rabbinerseminar in Berlin[91] oder bei den christlichen Freikirchen. Die Diagnose lautet: Auf Grund der fortgeschrittenen pluralen Binnendifferenzierung aller großen Religionen besteht die Möglichkeit, die Voraussetzungen zum Zugang in die religiösen Funktionseliten in staatlicher Obhut zu monopolisieren, nicht (mehr). Insofern stößt auch hier die Konfessionalisierungspolitik an Grenzen der Selbstbestimmung der religiösen Korporationen.

Eine letzte Gegenläufigkeit sei angeführt: Die Konfessionalisierung wird die Sichtbarkeit der Präsenz des Islam im öffentlichen Raum steigern. Es wird mehr Moscheen, Minarette und mehr Kopftücher geben. Diese Entwicklung wird wiederum die Frage nach deren öffentlicher Akzeptanz aufwerfen. Die Volksabstimmung in der Schweiz vom November 2010 hat gezeigt, dass diese Akzeptanz nicht einfach vorausgesetzt werden kann. An dem Schweizer Votum wird deutlich, dass sich beste integrationspolitische Absichten mit dem Wunsch verbinden, dass mit der Beheimatung von Muslimen ihre Religion verschwindet. Das aber ist unter der Bedingung der Konfessionalisierung des Islam weder zu erwarten noch wünschenswert, weil diese gerade die Ausgestaltung der Religionsfreiheit freisetzt und fördert. Insofern wäre ein mutmaßliches Erstarken und Sichtbarwerden der Religion des Islam in Europa nicht als Überfremdung zu deuten, sondern als Ausdruck gelingender Integration und aktivierter Religionsfreiheit, deren europäische Wurzeln eng mit der Reformation verbunden sind. Freilich gehört zu dieser Entwicklung auch eine Kehrseite. Denn mit der Konfessionalisierung wird on the long run der gleiche Effekt eintreten, wie wir ihn von den christlichen Kirchen kennen: Mit der Stärkung der institutionellen Religion geht die Mobilisierung des Einzelnen zurück und das Partizipationsverhalten der Muslime wird sich dem der volkskirchlichen Christen angleichen. Das muss nicht als Schwund der vitalen Religion gedeutet werden. Es kann religionssoziologisch als Phänomen der Individualisierung und Privatisierung des religiösen Lebens verstanden werden, oder – mit Tillich – religionsphilosophisch als zur Natur der Religion selbst gehörig. Seine Einsicht besagt, dass Religion grundsätzlich nicht in konfessionellen Kulturen aufgeht, sondern sich in prophetischer Haltung auch immer wieder kritisch davon absetzt. Wegen dieser Dialektik wird die aufgeklärte Religion die im Spannungsfeld von Konfessionalität und Politik gestellten Probleme nicht endgültig lösen, sondern ihnen in emergenter Gestalt immer wieder neu begegnen.

Das Ergebnis dieser Erwägungen lautet: Wir sind gegenwärtig Zeugen einer forcierten Konfessionalisierungspolitik, die die fortgeschrittene religiöse Pluralität auf staatlicher Ebene re-organisiert. Dabei steht das im europäischen

---

[91] Vgl. https://www.rabbinerseminar.de (Zugriff: 30.04.2018).

Christentum bewährte Modell der aufgeklärten Religion Pate. Man verspricht sich von ihr die Integration und Zivilisierung des Islam und von ihm, dass er *das sittliche Fundament des freiheitlichen Staates mitträgt*. Die akademische Ausbildung der religiösen Eliten ist für dieses Ziel ein hierzulande bewährtes Medium. Freilich ist vor zu hohen Erwartungen an diese Konfessionalisierungspolitik zu warnen. Es ist vor allem Paul Tillich gewesen, der immer wieder darauf hingewiesen hat, dass sich die Religionen in der Regel außerhalb konfessioneller Korporativität und staatlicher ‚Umarmung' regenerieren. Das gehört schon zum Begriff der Religion und gerade die religiösen Aufklärer sollten das wissen.

Die Rolle der Kirchen im gesellschaftlichen und politischen Diskurs der Gegenwart

1. Die öffentliche Rolle der evangelischen Kirchen bis zur Trennung von Staat und Kirchen

Bekanntlich waren die evangelischen Kirchen in den deutschen Territorien über viele Jahrhunderte hinweg eng mit der politischen Obrigkeit verbunden. Die Reformation als religiöse Bewegung konnte überhaupt nur sichtbar werden und wirken, weil sie durch reformfreundliche Fürsten und Städte unterstützt wurde. In den evangelischen Territorien entstand das sogenannte landesherrliche Kirchenregiment. Die Regenten standen an der Spitze von Landeskirche und Staat. Die Pastoren waren quasi Staatsbeamte und ihrem Bischof und Landesherrn zu Loyalität verpflichtet. Die Lehre von den zwei Regierweisen Gottes unterscheidet einerseits zwischen dem geistlichen Regiment, durch das Gott vermittelst der Kraft seines Wortes den einzelnen Gewissen Frieden und Seligkeit schenkt, und dem politischen Regiment andererseits, durch das mit Gesetz und Zwang die öffentliche Ordnung gesichert wird. Martin Luther verpflichtet in seiner Obrigkeitsschrift den christlichen Fürsten zu einer staatsutilitaristischen Haltung, die Untertanen einerseits zu Gehorsam, andererseits zur Mitwirkung an der Sicherung der öffentlichen Ordnung aus Gründen der Nächstenliebe. Durch den *usus civilis legis* sind Glaube bzw. Kirche und politische Öffentlichkeit homogen miteinander verwoben.[1]

Im 19. Jahrhundert sind theologische Bemühungen erkennbar, die evangelischen Kirchen zu verselbstständigen und vom Staat zu lösen. Dabei gehen zum Beispiel Friedrich Schleiermacher und Richard Rothe davon aus, dass das christliche Ethos wesentliche Beiträge zum Aufbau der allgemeinen Sittlichkeit leistet. Dazu gehören neben der individuellen Moralpädagogik die Etablierung und Stärkung einer bürgergesellschaftlichen Öffentlichkeit zwischen Ehe/Familie, religiöser Institution und Staat einerseits (z. B. Freundschaftsverhältnisse, Vereine, Kunstbetrieb, Einrichtungen für Bildung und Wissenschaft) und andererseits die Humanisierung des Staates („Staatsverbesserung" durch

---

[1] Vgl. ROCHUS LEONHARDT/ARNULF VON SCHELIHA (Hg.), Hier stehe ich, ich kann nicht anders! Zu Martin Luthers Staatsverständnis, Baden-Baden 2015.

Wirken auf die Bereitstellung von (egalitären) Partizipationsmöglichkeiten, Milderung des Strafrechtes, politische Öffentlichkeit, gesetzliche Kontrolle der Regierung etc.).[2]

2. Theologie und Kirchen auf dem Weg zur Anerkennung des demokratischen Verfassungsstaates

Nach der Trennung von Staat und evangelischen Kirchen in Deutschland in der Weimarer Reichsverfassung sind zwei gegenläufige Tendenzen zu identifizieren, die im sogenannten Kirchenkampf ab 1933 miteinander konfligieren. Es wird einerseits das Konzept der Volkskirche entwickelt. Die Größe „Volk" gilt als eine politischen Pluralismus begrenzende oder einhegende Größe. Die Lehre von den zwei Regierweisen Gottes wird (unter Einschränkung des kosmopolitischen Ethos) sozialethisch auf die Größe „Volk" bezogen, die gewissermaßen zivilreligiöse Bedeutung bekommt. Die sogenannten „Deutschen Christen" spitzen den Volksgedanken rassistisch zu,[3] fordern zu diesem Zwecke sogar die Anpassung der kirchlichen Verfassungen an die politisch-rechtliche Verfassung des Volkes und setzen dies in den von ihnen dominierten Landeskirchen auch weitgehend durch. Andererseits wird das Selbstverständnis der Kirchen als Gegenüber zum Staat entwickelt, wie es exemplarisch in der Barmer Theologischen Erklärung von 1934 formuliert wird.[4] Die Kirchen verstehen sich als moralische Sachwalterinnen der „Königsherrschaft Christi", die auch innerhalb von Gottes weltlichem Regiment, das die Obrigkeit versieht, zur Geltung kommen sollen. Sie üben ein prophetisches Wächteramt im Staat aus, indem sie ihn mahnen, sich im Gebrauch des ihm zugestandenen „Maß[es] menschlicher Einsicht und menschlichen Vermögen[s]" an „Gottes Gebot und Gerechtigkeit" zu halten und – wie Dietrich Bonhoeffer – für die Entfaltung der göttlichen Mandate in „Ehe/Familie" und „Arbeit" ein Mindestmaß an staatsferner Freiheit fordern. Beide Konzepte teilen die Ablehnung des sozialen und politischen Pluralismus und streben nach ethisch-politischer Homogenität. Das gilt ohnehin für die völkischen Theologien, zu deren Hauptmerkmal die Ausgrenzung Anderer und die Stigmatisierung von Abweichung gehören. Aber auch die steilen Formulierungen der Barmer Theologischen Erklärung mit ihrer Autoritätssemantik, nach der „Jesus Christus [...] Gottes kräftiger Anspruch auf unser *ganzes* Leben" (These 2) ist, dem die

---

[2] Vgl. ARNULF VON SCHELIHA, Protestantische Ethik des Politischen, Tübingen 2013, 101–144.

[3] Vgl. MANFRED GAILUS/CLEMENS VOLLNHALS (Hg.), Für ein artgemäßes Christentum der Tat. Völkische Theologien im ‚Dritten Reich', Göttingen 2016.

[4] Vgl. MARTIN HEIMBUCHER/RUDOLF WETH (Hg.), Die Barmer Theologische Erklärung, Einführung und Dokumentation, Neukirchen-Vluyn [7]2009.

Kirche auch im staatlichen Leben „gehorcht" (These 5), erweisen sich lange Zeit als in hohem Maße resistent gegenüber gesellschaftlichem Pluralismus und spröde im Verhältnis zur politischen Freiheit.

Erst unter dem Eindruck der Erfolgsgeschichte des Grundgesetzes, des Systemgegensatzes zwischen den östlichen Staaten des real-existierenden Sozialismus und den westlichen Demokratien und der Beschlüsse des Zweiten Vatikanischen Konzils kommt es in den theologischen Ethiken und Kirchen der Nachkriegszeit zu einer Annäherung an die Demokratie. Diese Entwicklung findet ihren Abschluss in der EKD-Demokratiedenkschrift „Evangelische Kirche und freiheitliche Demokratie. Der Staat des Grundgesetzes als Angebot und Aufgabe" von 1985.[5] Hier verabschieden die evangelischen Kirchen die buchstäbliche Interpretation der klassischen Obrigkeitslehre und steuern in mehrfacher Hinsicht in Richtung Demokratie um. Die an die Sündhaftigkeit des Menschen geknüpfte göttliche Begründung des obrigkeitlichen Staates wird aufgegeben. Die rechtsstaatliche Demokratie wird als diejenige Staatsform verstanden, die auf Grund von Gewaltenteilung, befristeten Mandaten und kritischer Öffentlichkeit Mechanismen zur Selbstkontrolle und -korrektur eingebaut hat. Gottebenbildlichkeit und Menschenwürde werden freiheitspraktisch gewendet. Demokratische Partizipation und Übernahme von politischer Verantwortung gehören nun zum „´Beruf´ aller Bürger in der Demokratie"[6]. Die Anerkennung des demokratischen Rechtsstaates als einer Lebensordnung, die der christlichen Überzeugung von der Würde, der Freiheit und der Gleichheit der Menschen am besten zu entsprechen vermag, begründet die Affinität des evangelischen Glaubens für Geist und Buchstaben der bundesdeutschen Verfassung. Indes bleibt die öffentliche und politische Rolle der Kirchen in der Denkschrift auffällig unbestimmt. Daher wird ebendies im Gefolge dieser Denkschrift, so unumstritten ihr Rang und ihre Bedeutung sind, was das Bekenntnis zur Demokratie angeht, strittig diskutiert.

Bei der Bestimmung der öffentlichen Aufgabe der Kirchen genießt auf römisch-katholischer und evangelischer Seite das sogenannte Böckenförde-Paradox große Attraktivität. Vor dem Hintergrund der auf dem Zweiten Vatikanischen Konzil ausgesprochenen Bejahung der Säkularität des modernen demokratischen Rechtsstaates stellte der Jurist Ernst-Wolfgang Böckenförde 1967 die von ihm später häufig wiederholte Frage, in deren Beantwortung die christlichen Kirchen und Theologien bis in die Gegenwart immer wieder einstimmen: „Woraus lebt der Staat, worin findet er die ihn tragende, homo-

---

[5] EKD, Evangelische Kirche und freiheitliche Demokratie. Der Staat des Grundgesetzes als Angebot und Aufgabe, in: Die Denkschriften der EKD, hg. von der Kirchenkanzlei der EKD, Bd. 2/4, Hannover 1985. Zur Genese und Wirkung dieser Denkschrift vgl. jetzt HANS MICHAEL HEINIG (Hg.), Aneignung des Gegebenen. Entstehung und Wirkung der Demokratie-Denkschrift der EKD, Tübingen 2017.

[6] EKD, Evangelische Kirche und freiheitliche Demokratie, 16.

genitätsverbürgende Kraft und die inneren Regulierungskräfte der Freiheit, deren er bedarf, nachdem die Bindungskraft aus der Religion für ihn nicht mehr essentiell ist und sein kann? Bis zum 19. Jahrhundert war ja, in einer zunächst sakral, dann religiös gedeuteten Welt die Religion immer die tiefste Bindungskraft für die politische Ordnung und das staatliche Leben gewesen. [...] So stellt sich [in der Gegenwart] die Frage nach den bindenden Kräften von neuem und in ihrem eigentlichen Kern. *Der freiheitlich, säkularisierte Staat lebt von Voraussetzungen, die er selbst nicht garantieren kann.* Das ist das große Wagnis, das er, um der Freiheit willen, eingegangen ist. Als freiheitlicher Staat kann er einerseits nur bestehen, wenn sich die Freiheit, die er seinen Bürgern gewährt, von innen her, aus der moralischen Substanz des einzelnen und der Homogenität der Gesellschaft, reguliert. Andererseits kann er diese inneren Regulierungskräfte nicht von sich aus [...] garantieren suchen. [...] So wäre denn noch einmal – mit Hegel – zu fragen, ob nicht auch der säkularisierte weltliche Staat letztlich aus jenen inneren Antrieben und Bindungskräften leben muß, die der religiöse Glaube seiner Bürger vermittelt."[7] Die Attraktivität dieser Formel liegt in der Aufwertung der Kirchen mit Blick auf ihre staatspädagogische Bedeutung, indem sie die Gläubigen zu Mitverantwortung und Partizipation an den der Freiheit verpflichteten staatlichen Strukturen ermuntern. Dies zumal am „Tag der Krise"[8], in deren imaginiertem Kontext Böckenförde sein Argument einführt und damit das Staatsparadox des freiheitlichen Staates auf die Spitze treibt. So einleuchtend das Böckenförde-Argument auf den ersten Blick zu sein scheint, so sehr erweist es sich jedoch auf den zweiten Blick als vordergründig, weil sich die Forderung nach „Homogenität der Gesellschaft" weder mit dem faktischen gesellschaftlichen Pluralismus noch mit dem innerkirchlichen Pluralismus vereinbaren lässt. Auch die exklusive Fokussierung auf die *religiösen* Kräfte bei der Mobilisierung staatsethischer Ressourcen greift zu kurz. Faktisch tragen Kunst und Kultur, Rechtsstandards und Medizin, Wissenschaft und Bildung in mindestens gleicher Weise wie die gelebten Religionen zum ethischen Diskurs und zum *ordre public* bei.[9] Schließlich ist auch der Staat selbst in moralpädagogischer Absicht tätig. Man denke an die Schulpflicht und die in den Schulgesetzen der Bundesländer verankerten Normen, die den schulischen Erziehungs- und Bildungsauftrag eine ethische Richtung geben. Zutreffend an Böckenfördes Diktum ist der Verzicht des Staates auf Selbstlegitimation und selbstreferentielle Selbstdurchsetzung.

---

[7] Hier zitiert nach: ERNST-WOLFGANG BOCKENFÖRDE, Der säkularisierte Staat. Sein Charakter, seine Rechtfertigung und seine Probleme im 21. Jahrhundert, München 2006, 69–72. Vgl. zu Böckenförde HERMANN-JOSEF GROSSE KRACHT/KLAUS GROSSE KRACHT (Hg.), Religion – Recht – Republik. Studien zu Ernst-Wolfgang Böckenförde. Paderborn 2014.

[8] A. a. O., 72.

[9] Vgl. HARTMUT KRESS, Ethik der Rechtsordnung. Staat, Grundrechte und Religionen im Lichte der Rechtsethik, Stuttgart 2012, 24–30.

Aber weder die religiösen Akteure noch die Kirchen können als exklusive „Garanten" derjenigen Freiheit und Regulierungskräfte auftreten, deren der freiheitliche Staat bedarf.

Der ehemalige Berliner Bischof Wolfgang Huber hat in seiner Zeit als EKD-Ratsvorsitzender (2003–2009), in der das 20-jährige Jubiläum der EKD-Demokratie-Denkschrift gefeiert wurde, die Rolle der Kirche im freiheitlichen Staat gern als kollektives „Gewissen" oder als „Herzschrittmacher der Demokratie" bezeichnet.[10] Dabei hat er sich ausdrücklich auf die Tradition der Barmer Theologischen Erklärung berufen, in der das kritische Gegenüber von Staat und Kirche betont wird. Die gemeinsame normative Ebene wird von Huber weiterführend über den Begriff der Gerechtigkeit hergestellt, der einerseits einen staatlichen Rechtspositivismus unterläuft, andererseits aus der biblischen Tradition heraus eschatologisch interpretiert wird. In Anknüpfung an die prophetische und jesuanische Tradition besteht die Aufgabe der Kirchen darin, gesellschaftliche Gerechtigkeitslücken zu identifizieren, sie im Sinne jenes Staatsgewissens zu artikulieren und damit die demokratische Weiterentwicklung des Gemeinwesens voranzutreiben, indem sie rechtsethisch auf die Schließung dieser Lücken hinwirken. Die Frage ist jedoch, ob die personale Kategorie des Gewissens auf eine Institution übertragbar ist. Schon die komplexe Prozeduralität einer Institution sperrt sich gegen diese Analogie. Dazu kommt: Wenn man diese Analogie durchführt und die innere Stimme personaler Integrität als Ausdruck institutionellen Handelns und rechtsethischen Wollens versteht, produziert man unter der Hand ein Glaubwürdigkeitsproblem. Denn die Kirche als Institution ist ja nicht einfach nur „Gewissen", vielmehr reproduziert sie in ihrer Eigenschaft als Arbeitgeber, ökonomischer Akteur und Bürokratie selbst diejenigen Probleme, die sie im gesellschaftlichen Raum beklagt und an den Staat adressiert. Die *institutionelle* Realität kirchlichen Lebens, gerade unter Berücksichtigung ihrer vielfachen Verflechtung mit den gesellschaftlichen und staatlichen Realitäten, macht das kritische Gegenüber von „Kirche" und „Staat" zu einer bloßen Fiktion, in der die faktischen Ähnlichkeiten überspielt und durch die Reklamation der besseren Moral übertüncht werden.

3. Öffentliche Theologie

Der Name von Wolfgang Huber verbindet sich auch mit dem Stichwort „Öffentliche Theologie". Dieses Konzept gründet sich auf ein verästeltes Wurzelwerk, das in die USA, nach Südafrika und in die römisch-katholische Theo-

---

[10] Vgl. http://www.ekd.de/vortraege/051024_huber_muenchen.html (Zugriff: 30.04.2018).

logie reicht.¹¹ Huber hat den Begriff für die deutsche Szene aufbereitet. „Die Deutung der Wirklichkeit und des menschlichen Lebens im Licht der Gottesbeziehung, Nächstenliebe und eine Praxis der Gerechtigkeit, die Hinwendung zu den Schwachen und Barmherzigkeit sind grundlegende Dimensionen einer christlichen Kirche wie für verantwortliches Christsein. Aus ihnen ergibt sich die Grundtendenz der kirchlichen Beiträge […], ihrer Interventionen in öffentliche Urteilsbildung, ihrer praktischen Parteinahme in gesellschaftlichen Konflikten wie ihrer Einwirkungen auf politisches Handeln. […] ‚Öffentliche Theologie' meint die kritische Reflexion über das Wirken und die Wirkungen des Christentums in die gesellschaftliche Öffentlichkeit hinein sowie die dialogische Teilnahme am Nachdenken über die Identität und die Krisen, die Ziele und die Aufgaben der Gesellschaft."¹² Die Aufgabe der Öffentlichen Theologie besteht in der Unterstützung der Kirche, die sich im Rückgriff auf die Botschaft von Jesus Christus als für gesellschaftliche Fragen offene und öffentliche Institution versteht. Sie analysiert die Wirklichkeit im Licht der göttlichen Gerechtigkeit und setzt sich für deren rechtliche Gestaltung nach Maßgabe dieses Gerechtigkeitsverständnisses ein. In diesem Sinne verbindet auch der gegenwärtige EKD-Ratsvorsitzende Landesbischof Heinrich Bedford-Strohm mit der Öffentlichen Theologie „ein klares theologisches Profil von zentraler Bedeutung. Es geht […] um eine Orientierung in strittigen ethischen Grundfragen, die in den Tiefendimensionen der öffentlichen Debatten identifizierbar sind. Öffentliche Theologie hat eine aufklärerische Funktion für die ganze Gesellschaft, weil sie die ethischen Tiefendimensionen sichtbar und dadurch diskutierbar macht, die oft hinter Sachdebatten stehen."¹³ Die ethische Zuspitzung des Christentumsverständnisses, die Vernachlässigung der faktischen Pluralität dessen, was als „klares theologisches Profil" aufzufassen ist und die sehr enge Koppelung von „Kirche" (von der stets im Singular die Rede ist) und Theologie haben diesem Konzept viel Kritik eingetragen. Daher wird dieses Programm gegenwärtig konzeptionell erweitert und sein Anspruch erneuert.

---

¹¹ Wichtige Texte zur Herkunft und Konzeptualisierung dieses Programms sind jetzt versammelt in der verdienstvollen Edition von FLORIAN HÖHNE/FREDERIKE VAN OORSCHOT (Hg.), Grundtexte Öffentliche Theologie, Leipzig 2015. Leider fehlt ein Text von dem liberalen Theologen Reinhold Niebuhr, der zu den ersten programmatischen Verwendern des Begriffs Public Theology gehört. Vgl. dazu jetzt die Dissertation von TINA BELLMANN, Zwischen Liebesideal und Realismus. Theologische Anthropologie als soziale Ressource bei Reinhold Niebuhr, Göttingen 2018.

¹² WOLFGANG HUBER, Kirche in der Zeitenwende. Gesellschaftlicher Wandel und Erneuerung der Kirche, Gütersloh 1998, 116 f. Eine ähnliche Formulierung findet sich bei Wolfgang Vögele. Er versteht Öffentliche Theologie als „Reflexion des Wirkens und der Wirkungen des Christentums in die Öffentlichkeiten der Gesellschaft hinein" (WOLFGANG VÖGELE, Zivilreligion in der Bundesrepublik Deutschland, Gütersloh 1994, 421 f.).

¹³ HEINRICH BEDFORD-STROHM, Fromm und politisch. Warum die evangelische Kirche die Öffentliche Theologie braucht, in: zeitzeichen 7/2016, 8–11, 10.

Thomas Wabel will die präkognitiven Ausdrucksgestalten des Glaubens berücksichtigen. Danach sind nichtdiskursive Formen „maßgeblich für das Verständnis öffentlicher Theologie und die Selbstbeschreibung von Kirche, ohne dass aber [...] wahrgenommene nichtdiskursive öffentliche Erscheinungsformen kirchlichen Handelns jederzeit in eine explizite Äußerung überführbar sein oder gar als Illustration einer zuvor entwickelten programmatischen Aussage fungieren müssten."[14] Im phänomenologischen Anschluss an das kognitionswissenschaftliche Konzept der Verkörperung betont Wabel die Bedeutung der ästhetischen Vollzüge wie Klang, Sprache und Hymnus für die Öffentlichkeit des Religiösen, die es theologisch einzuholen gelte. „Geglückte religiöse Erfahrung verbindet beide Dimensionen – das unableitbar Neue, Überraschende, das auch ästhetisches Erleben kennzeichnet *und* die semantische Vereindeutigung des Bekenntnisses, die Verbindlichkeit schafft und die es ermöglicht, Glaubenserfahrung in den Worten anderer zur Sprache zu bringen. Insofern eignet auch religiöser Überzeugung der Status subjektiver Allgemeinheit. Indem im öffentlichen Raum das religiöse Bekenntnis die Grenzen des Geltungsbereiches innerhalb einer Gemeinschaft überschreitet, greift es aus auf eine Allgemeinheit, die gleichwohl [...] nicht durch die Verbindlichkeit rationaler Argumentation erreicht werden kann. Eine Theologie [...] wird im Zusammenspiel von ästhetischer und religiöser Erfahrung in der (öffentlichen) Religionsausübung einen exemplarischen Bereich *öffentlicher Theologie* erkennen."[15] Bei dieser Betonung der ästhetischen Dimension religiöser Vollzüge handelt es sich um eine sinnvolle Ergänzung manch ethizistischer Verengungen, die mit der Ausführung des Programms der Öffentlichen Theologie gelegentlich verbunden sind. Freilich wird diese Ergänzung durch eine – gemessen an der Ausgangsdefinition – engeren Bindung der Öffentlichen Theologie an kirchliche Vollzüge erkauft.[16]

---

[14] THOMAS WABEL/FLORIAN HÖHNE/TORBEN STAMER, Klingende öffentliche Theologie? Plädoyer für eine methodische Weitung, in: Öffentliche Theologie zwischen Klang und Sprache. Hymnen als eine Verkörperungsform von Religion, Leipzig 2017, 9–40, 26.

[15] A.a.O., 34f.

[16] Überschaut man die bisher exemplarisch herangezogenen Beispiele für die ästhetische Verkörperung der Öffentlichen Theologie, so schlägt der Erweiterungsvorschlag entweder in biedere Kirchlichkeit um (Choräle, Bach-Passionen) oder es erhebt sich doch wieder ganz schnell der sattsam bekannte Zeigefinger der Öffentlichen Theologie, die als „kritikbedürftig" geißelt, wenn „beispielsweise der Kunstgenuss allein zur ästhetischen Weltflucht genutzt wird" oder die „ausschließlich ästhetische Orientierung des eigenen Angebots an den ‚hoch'-kulturellen Maßstäben der herrschenden ‚reines Ästhetik'" als „unvereinbar mit der ethischen Orientierung an der Beteiligung der am wenigsten Privilegierten" bezeichnet wird (FLORIAN HÖHNE, Prophetenrufe und Königsbilder. Anregung zu einer Ethik ästhetischer Formen im Horizont Öffentlicher Theologie, in: Öffentliche Theologie zwischen Klang und Sprache. Hymnen als eine Verkörperungsform von Religion, Leipzig 2017, 41–68, 67f.). Anders als in den Beiträgen von MALTE KRÜGER und CHRISTIAN POLKE zu Hymnus, Klage und Jubel wird der religionstheoretisch beachtliche Eigenwert des Ästhetischen hier sofort wieder verspielt.

Diese Aporie versucht Torsten Meireis zu vermeiden, indem er das Programm der Öffentlichen Theologie formalisiert. Er führt in seiner Berliner Antrittsvorlesung aus: „Die Aufgabe religiöser Gemeinschaften und der Theologie in der Öffentlichkeit ist also plurale religiöse Kommunikation, Theologie im Geist der kritischen Selbstbegrenzung unter Beachtung der angemessenen Balance von Öffentlichkeit und Nichtöffentlichkeit und des immer neuen Einklagens der Bedingungen gleichen Zugangs zu Artikulation und Regelung des Gemeinsamen. Öffentliche Theologie, public theology, ist so gesehen weder eine bestimmte theologische Position noch gar eine theologische Disziplin, weder ein exklusiv protestantisches oder christliches Unterfangen noch eine nur auf westliche Kontexte bezogene Vorgehensweise, sondern eine global anschlussfähige und plurale Diskursformation, die den friedlichen Streit um ihre Auslegung aushält und dazu einlädt, die aber stets die öffentliche Dimension religiöser Diskurse und die religiöse Dimension öffentlicher Diskurse bedeutsam beleuchtet, kritisch zur Geltung bringt und wissenschaftlich reflektiert"[17]. Klar wird aus diesem Zitat, dass Meireis den Begriff mit der Erweiterung seines Umfanges von einer bestimmten theologischen Schulposition, ja vom Christentum überhaupt ablösen und interreligiös sowie global exportieren will. Man kann aber anfragen, ob diese Erweiterung nicht zur Inflationierung und damit zur Entwertung führt – mit dem Effekt, dass sich die spezifischen Konturen von Begriff und Inhalt verflüchtigen. Denn einerseits ist gar nicht mehr klar, welche Form von Theologie *keine* Öffentliche Theologie sein kann, denn religionshermeneutisch betrachtet dürfte bei den gesellschaftlichen Diskursen nach Subtraktion ‚der öffentlichen Dimension religiöser Diskurse und der religiösen Dimension öffentlicher Diskurse' gar kein Rest mehr bleiben. Damit aber fällt man auf eine bloße Selbstverständlichkeit zurück. Denn das *publice docere* der Kirche wurde bereits in CA XIV in Kombination mit CA V mit dem Amt der Evangeliumsverkündigung und Sakramentsverwaltung verknüpft. Kirchliches Handeln ist also *per se* öffentlich ausgelegt.[18] Betrachtet man andererseits die normative Ebene in Meireis' Definition, dann scheint die „Beachtung [...] des immer neuen Einklagens der Bedingungen gleichen Zugangs zu Artikulation und Regelung des Gemeinsamen"[19] wiederum auf eine Unterbestimmung derjenigen Inhalte hinauszulaufen, die theologisch (im engeren Sinne) bzw. sozialethisch im Verhältnis von Kirche zu Gesellschaft und Politik zu bedenken wären. Insofern verbindet sich

---

[17] TORSTEN MEIREIS, Öffentlichkeit – eine kritische Revision, 16. In: https://www.theologie.hu-berlin.de/de/professuren/professuren/ethik/Aktuelles/offentlichkeitmeireis.pdf. (Zugriff: 30.04.2018).

[18] Vgl. GUNTHER WENZ, Theologie der Bekenntnisschriften der evangelisch-lutherischen Kirche Bd. 2, Berlin/New York 1997, 315–336.

[19] MEIREIS, Öffentlichkeit, 16.

mit Meireis' Ausweitung des Begriffs der Öffentlichen Theologie eine eigentümliche Verdunstung seiner spezifischen Konturen.

Die bei einigen Vertretern der Öffentlichen Theologie bisweilen wahrzunehmende Moralisierung der öffentlichen Verlautbarungen hat jüngst der Wiener Theologe Ulrich H. J. Körtner kritisiert.[20] Körtner bejaht „öffentliche Theologie"[21], wirbt jedoch „für ein anderes Verständnis derselben"[22], das er auf den Begriff „missionarische Theologie" bringt.[23] Er kritisiert einerseits die Verengung der Auslegung jenes Begriffs als „Synonym für eine EKD-Theologie mit quasi lehramtlichem Anspruch"[24], andererseits jene Formalisierung der theologischen Sprache und Inhalte, die in dem eben wiedergegebenen Zitat von Torsten Meireis durchaus zu registrieren war und fordert mehr „theologische Substanz" und „geistliche Erneuerung"[25] der theologischen Verlautbarungen. Kritisch hält er den gegenwärtigen kirchlichen Akteuren vor: „Weil die Kraft des eigenen Glaubens schwindet, suchen die Kirchen ihr Heil in seinen säkularen Schwundstufen, nämlich Menschenwürde, Menschenrechte, soziale Gerechtigkeit und allseits geübte Toleranz."[26] Hier nun allerdings schüttet Körtner mit seiner Kritik das Kind mit dem Bade aus. Er greift mit seiner Kritik zwar möglicherweise das Unbehagen vieler Christinnen und Christen an vielen theologischen und kirchlichen Einlassungen zu aktuellen gesellschaftspolitischen Fragen auf und artikuliert es in zugespitzter Weise. Aber der Vorwurf vom Verlust der Kraft des eigenen Glaubens dürfte jedenfalls den gegenwärtigen Ratsvorsitzenden nicht treffen, betont dieser doch glaubwürdig und authentisch den engen Zusammenhang von vertiefter Frömmigkeit und Öffentlicher Theologie.[27] Schwerer wiegt, dass Körtner nicht zeigen kann, wie er von der von ihm geforderten „missionarischen Theologie" zu der von ihm intendierten „Vernunft in der Politik" gelangen will, wenn er gleichzeitig ‚Menschenwürde, Menschenrechte, soziale Gerechtigkeit und Toleranz' als „Schwundstufen" denunziert. Denn damit würdigt er die humanen Grundlagen des demokratischen Verfassungsstaates theologisch

---

[20] ULRICH H. J. KÖRTNER, Für die Vernunft. Wider Moralisierung und Emotionalisierung in Politik und Kirche, Leipzig 2017.
[21] Vgl. ULRICH H. J. KÖRTNER, Aufgabe und Gestalt von Öffentlicher Theologie, in: MIRIAM ROSE/MICHAEL WERMKE (Hg.), Religiöse Rede in postsäkularen Gesellschaften, Leipzig 2016, 183–201, 190. Er betont jedoch die religionskritische Dimension (vgl. a. a. O., 194–196) und zielt auf die Berücksichtigung der „Existenz von Kirche und Gemeinde in der modernen säkularen Gesellschaft" (200), die er mit Ernst Lange und Wilhelm Dantine auf den Begriff der Diaspora bringt.
[22] KÖRTNER, Für die Vernunft, 107.
[23] A. a. O., 110.
[24] A. a. O., 108.
[25] A. a. O., 110.
[26] Ebd.
[27] Vgl. BEDFORD-STROHM, Fromm und politisch, 11.

herab, die nicht nur interdisziplinär anerkannt sind, sondern die Plattform der europäischen Demokratien und des politischen Europa bilden und von hier aus nach Universalisierung drängen.

4. Öffentlicher Protestantismus

Im Jahr 2017 haben die Münchener Theologen Christian Albrecht und Reiner Anselm ihr Programm eines Öffentlichen Protestantismus vorgelegt. Sie kritisieren das Konzept der Öffentlichen Theologie wegen des mit ihm verknüpften Anspruchs, „für Urteile in Sachfragen den Charakter der Eindeutigkeit reklamieren zu können, weil diese direkt aus dem geoffenbarten Evangelium abgeleitet seien und daher im gesellschaftlichen Diskurs nicht zur Disposition gestellt werden könnten. Die politische Auseinandersetzung soll sich also unterhalb der Ebene kirchlicher Beaufsichtigung und in dem von ihr gesetzten positionellen Ordnungsrahmen vollziehen. Aus dem Programm einer Öffentlichen Theologie droht dann unter der Hand das Programm einer Theologie zu werden, deren Aufgabe vorrangig in der Zurüstung der Kirche zu einer dem politischen Diskurs entzogenen, mit übergesellschaftlicher, metaphysischer Autorität ausgerüsteten Instanz besteht. Öffentliche Theologie wird also zur kirchlichen Theologie, diskursive Öffnung zu beinahe fundamentalistischer Selbstvergewisserung."[28] Das ist eine – auch in der Wortwahl – sehr schroffe Kritik. Der Titel ihrer Schrift signalisiert bereits, dass die Autoren stattdessen mit einer Vielzahl von protestantischen Akteuren rechnen. Ausgangspunkt sind die protestantischen Individuen, die in ihren „pluralen Praxisformen aber zugleich auf die Kirche als Gemeinschaft bezogen sind und sich in ihr entfalten"[29]. Daraus ergibt sich ein vielstimmiger Dreiklang aus Individuum, Kirche und Öffentlichkeit, die das gesellschaftliche Engagement im Protestantismus auszeichnet. „Einzelne Personen, selbst überindividuelle Akteure sind darin verbunden und miteinander trotz aller Differenzen vermittelbar, dass in ihnen jenes kirchliche, gesellschaftspolitische und individualbezogene Interesse zwar in immer anderer Gewichtung erscheint, jedoch alle drei Dimension stets präsent sind."[30] Die reflexive Verschränkung dieser drei Dimension hatten Albrecht und Anselm im Zuge ihrer theologiegeschichtlichen Erforschung der ethischen Debatten in der frühen Bundesrepublik als ein Ineinander von gesellschaftspolitischer Intervention und theologischem Selbst-

---

[28] CHRISTIAN ALBRECHT, REINER ANSELM, Öffentlicher Protestantismus. Zur aktuellen Debatte um gesellschaftliche Präsenz und politische Aufgaben des Christentums (Theologische Studien N. F.; Bd. 4), Zürich 2017, 33.
[29] A. a. O., 22.
[30] Ebd.

verständigungsdiskurs beschrieben und resümiert: „Protestantische Voten in den ethischen Debatten waren damals niemals nur Plädoyers für die Gestaltung der Gesellschaft – vielmehr waren sie stets auch Voten einer kritischen Selbstaufklärung des zeitgenössischen Protestantismus über seine Funktion in der modernen Gesellschaft."[31] Diese historisch gewonnene Einsicht münzen sie in ihrem Essay „Öffentlicher Protestantismus" in einen plausiblen Vorschlag zur theologischen Selbstverständigung über die gesellschaftliche Präsenz und politischen Aufgaben des evangelischen Christentums um. Jenseits der unterschiedlichen Strömungen bestehe „der besondere Beitrag des Protestantismus zur politischer Kultur [...] in der aus dem Glauben an Gott den Schöpfer, Erlöser und Versöhner resultierenden Pflege des Verbindenden, das politischen Streit sowie politische Entscheidungen ermöglicht und zugleich auch begrenzt. Öffentlicher Protestantismus steht für eine Grundierung des gesellschaftlichen Zusammenlebens aus dem Geist des evangelischen Christentums, das sich an politischen Debatten kritisch oder konstruktiv beteiligt mit dem Ziel gesellschaftlicher Kohäsion."[32] Diese Beschreibung betont die auf die Bildung eines Hintergrundkonsenses ausgerichtete Intention protestantischer Interventionen im politischen Raum. Zwar solle es bei diesen Wortmeldungen auch darum gehen, „konkrete Vorschläge in die politische Diskussion einzubringen"[33] und politische Positionen zu beziehen, insbesondere dann, wenn es darum gehe, „die Situation der Schwachen und Rechtlosen zu stärken"[34]. Eine solche „Parteinahme in Aufnahme der neutestamentlichen Erzählungen von Jesu Zuwendung zu den Ausgegrenzten"[35] erfolge aber zugleich so, dass die gesellschaftlichen und politischen Rahmenbedingungen stabilisiert und vor diesem Hintergrund politische Lösungen ausgehandelt und grundsätzlich revidierbare Entscheidungen getroffen würden. Das den politischen Streit einhegende Gemeinwohl wird von den Autoren weder wertsubstanzialistisch noch durch „einen festen Kanon konkreter Forderungen"[36] gedacht, sondern unter dem Eindruck der forcierten Pluralisierung der Gesellschaft verstanden als gemeinsames Bezogen-Sein auf die das Freiheitsleben sichernden Rahmenbedingungen des gemeinsamen Lebens. Zu ihnen gehöre neben der grundlegenden Unterscheidung von Gott und Welt, die jede Reklamation von Absolutheit für eine politische Position negiert, dass jeder Mensch „unabhängig von seiner körperlichen und geistigen Verfassung, unabhängig auch

---

[31] Vgl. CHRISTIAN ALBRECHT, Protestantische Kommunikationsformen, in: CHRISTIAN ALBRECHT/REINER ANSELM (Hg.), Teilnehmende Zeitgenossenschaft, Tübingen 2015, 81–94, 82.
[32] ALBRECHT, ANSELM, Öffentlicher Protestantismus, a.a.O., 61.
[33] A.a.O., 58.
[34] A.a.O., 54.
[35] Ebd.
[36] Ebd.

von seiner Volkszugehörigkeit, seinem Geschlecht und seiner sexuellen Orientierung als gleichberechtigter Mitbürger"[37] anerkannt wird. Diese gesamtgesellschaftlich nicht selbstverständliche Sichtweise sei verankert in der „im Christentum gepflegten Überzeugung [...], in jedem Menschen gleichermaßen ein Kind Gottes"[38] zu sehen. Aus dieser Überlegung folge unter anderem, „jeder Stimme dasselbe Gewicht bei Abstimmungen zuzumessen oder auch im Recht einen Minderheitenschutz zu gewährleisten, weil der Wert einer Person nicht über Mehrheiten verrechnet werden kann."[39] Diese Aufgabe würde vom Öffentlichen Protestantismus in Gestalt von einzelnen Persönlichkeiten in Kirche, Gesellschaft und Politik wahrgenommen, wobei diese Individualität stets durch kirchliche und besondere gesellschaftliche Bezüge gebrochen ist. Auf diese Weise präsentiert sich das christliche Ethos im Protestantismus nie abstrakt, sondern immer situationsbezogen, gesellschaftsrelativ und kontextsensibel.[40]

5. „Konsens und Konflikt"

Im August 2017 hat die Kammer für Öffentliche Verantwortung der EKD zu aktuellen Herausforderungen der Demokratie in Deutschland „Zehn Impulse" vorgelegt.[41] Vorsitzender der Kammer ist Reiner Anselm, stellvertretende Vorsitzende ist die Regionalbischöfin Susanne Breit-Keßler. Der Text ist durchaus vom Programm des Öffentlichen Protestantismus mitbestimmt. Man stellt sich den Herausforderungen des wachsenden politischen Pluralismus, der sich – ohne, dass dies ausgesprochen wird – mit dem politischen Erstarken der Partei „Alternative für Deutschland" seit den Wahlen in den Jahren 2016/17 und den sozialethischen Debatten im Anschluss an die Flüchtlingskrise 2015 verbindet. Drei Aspekte in diesem Papier seien hervorgehoben. Zuvörderst ist die Titel gebende Anerkennung des politischen Konflikts und die damit verknüpfte Aufgabe demokratischer Verfahren zu nennen. Festgestellt wird, „dass der Konflikt nicht per se bereits eine Krise, sondern eher den Normalfall der Demokratie darstellt. Daher ist es auch kein realistisches Ziel, jeglichen Konflikt in Konsens zu überführen. Zwar ist die Demokratie darauf angelegt, verschiedene Interessen und Sichtweisen in ein förderliches Verhältnis

---

[37] CHRISTIAN ALBRECHT, Protestantische Kommunikationsformen, in: CHRISTIAN ALBRECHT/REINER ANSELM (Hg.), Teilnehmende Zeitgenossenschaft, Tübingen 2015, 81–94, 82, 55.
[38] Ebd.
[39] Ebd.
[40] Vgl. a.a.O., 50.
[41] EVANGELISCHE KIRCHE IN DEUTSCHLAND (Hg.), Konsens und Konflikt. Politik braucht Auseinandersetzung. Zehn Impulse der Kammer für Öffentliche Verantwortung der EKD zu aktuellen Herausforderungen der Demokratie in Deutschland, Hannover 2017.

zueinander zu bringen. Im Spannungsfeld von Konflikt, Kompromissen und Konsens kommt es aber vor allem auf eines an: Strukturen und Mentalitäten zu schaffen, die dabei helfen, mit Konflikten und Dissonanzen so umzugehen, dass deren destruktives Potenzial eingehegt wird. So können diese sowohl für den Einzelnen als auch für die Gesellschaft fruchtbar sein. Die Demokratie ist mehr als eine Regierungsform: Sie beschreibt, wie Bürgerinnen und Bürger ihre eigenen Interessen und Freiheiten mit den Vorstellungen anderer in einen für alle förderlichen Ausgleich bringen können."[42] Zutreffend wird hier der politische Konflikt als Normalfall im demokratischen Gemeinwesen beschrieben. Die ethische Aufgabe besteht vor allem darin, die Konflikte so einzuhegen, dass sie nicht in destruktiver Weise entarten, sondern diskriminierende Entgleisungen verhindert bzw. geächtet werden. Als Ideal gilt die Vermittlung der eigenen Interessen mit dem, was für alle förderlich ist. Der Kompromiss steht im Dienst eines höheren ideellen Ziels.

Dieses ethische Ideal wird mit den Stichworten „Beteiligung" und „Gemeinwohl" in doppelter Weise zugespitzt. „Demokratien verzichten darauf, eine bestimmte Auffassung des guten Lebens als verbindlich zu erklären. Sie rechnen mit der Vielfalt der Lebensstile und daher auch mit verschiedenen Vorstellungen vom guten Leben. An die Stelle von nicht hinterfragbaren Wahrheitsansprüchen setzen sie den Streit der Meinungen [...] Demokratische Verfahren öffnen einen Raum, in dem dieser Streit ausgetragen werden kann und über Aushandlungsprozesse und Kompromisse zu Entscheidungen führt. Die rechtsstaatliche Ordnung bildet die Regeln für die demokratische Urteilsbildung. [...] Die Funktionsfähigkeit der Demokratie hängt davon ab, dass die Bürgerinnen und Bürger bereit sind, in gleicher Weise Verantwortung für die Gestaltung des eigenen Lebens zu übernehmen wie für das Zusammenleben in der Gesellschaft. Demokratische Politik folgt einem höchst anspruchsvollen Leitbild: der Vorstellung nämlich, dass aus dem vernünftig ausgetragenen Streit unterschiedlicher Positionen und Überzeugungen heraus politische Entscheidungen gefällt werden, die aufgrund der Art ihres Zustandekommens gerechtfertigt sind und daher von allen Beteiligten anerkannt werden sollen. Dieses Leitbild lässt sich nur dann verwirklichen, wenn alle Beteiligten die von ihnen vertretene Position immer wieder kritisch hinterfragen – und sich selbst hinterfragen lassen. Und zwar daraufhin, ob diese Position nicht nur den eigenen Interessen dient, sondern auch das Wohl des Gemeinwesens als Ganzes befördern kann und anderen genügend Freiräume für die Verwirklichung ihrer Lebensentwürfe einräumt."[43] Man greift zunächst die liberale Unterscheidung zwischen dem Guten und dem Gerechten auf und macht sie für die Bestim-

---

[42] A. a. O., Nr. 1, 9.
[43] EVANGELISCHE KIRCHE IN DEUTSCHLAND (Hg.), Konsens und Konflikt. Politik braucht Auseinandersetzung, Nr. 3, 11.

mung der Aufgabe demokratischer Verfahren fruchtbar. Im politischen Raum wird nicht um Wahrheiten gekämpft und entschieden. Vielmehr geht es um das Verfahren im Umgang mit der Vielfalt von konkurrierenden Interessen und Meinungen. Das Leitbild ist die Aushandlung von Kompromissen, die von allen anerkannt werden können (overlapping consensus) im Sinne der Beförderung des „Wohls des Gemeinwesens". An diesem deliberativen Geschäft sind möglichst alle Bürger zu beteiligen.

Schließlich wird in sehr offener Weise auf die Probleme hingewiesen, die sich für die demokratischen Verfahren durch die supranationalen Verflechtungen der Nationalstaaten ergeben. „Demokratische Gesellschaften sind [...] gezwungen, sich dem Konflikt zu stellen: zwischen der unaufgebbaren Anerkennung universaler, unteilbarer und unveräußerlicher Menschenrechte einerseits, die das Recht bedrohter Menschen auf Zuflucht und Schutz vor Verfolgung einschließen, und andererseits dem Recht der Staatsbürgerinnen und Staatsbürger, die politische Ordnung des Gemeinwesens zu bestimmen und zu gestalten. Zu diesem Konflikt gehört auch die Auseinandersetzung darüber, wie humanitäre Flüchtlingsaufnahme, Asylverfahren und Zuwanderung in europäischer Verantwortung so gestaltet und gesteuert werden können, dass die Funktionsfähigkeit staatlicher Institutionen nicht gefährdet und der innergesellschaftliche Frieden bewahrt wird. Seit den Erfahrungen des Jahres 2015 liegt hier eine Kernfrage der politischen Auseinandersetzungen. [...] Die deutliche Spannung zwischen der Supranationalisierung und der Demokratie bietet den Nährboden für politische Positionen, die einem Isolationismus im Namen der Demokratie das Wort reden. Die Skepsis gegenüber einer steigenden internationalen Verflechtung, die auch in eine Skepsis gegenüber der EU ausstrahlen kann, wird aus dieser Spannung gespeist. Sie kann sich national wie international mit ganz unterschiedlichen politischen Optionen verbinden: Gegner des Freihandels bedienen sich ihrer ebenso wie Kritiker einer Politik großzügiger Zuwanderung. Dies ist das Spannungsfeld, in dem sich die Demokratie heute bewähren muss: Auf der einen Seite steht eine aus der Hochschätzung von Freiheit und internationaler Solidarität entspringende Supranationalisierung, auf der anderen das Bedürfnis, die Regeln der Zusammenarbeit und des Zusammenlebens selbst bestimmen zu können. Um beidem gerecht zu werden, muss die Demokratie zu Entscheidungen finden, die zwischen nationalen und supranationalen bzw. transnationalen Verpflichtungen, Regeln und Verfahren abwägen. [...] Die demokratische Gesellschaft, und mit ihr die Kirchen, wird diese schwierigen Fragen mit demokratischen Mitteln lösen müssen: über den Austausch von Argumenten und über kommunikativ wie rechtsförmig geregelte Verfahren. Dazu bedarf es jedoch des Mutes, gerade auch die kontroversen und schwierigen Themen als Aufgabe der demokratischen Urteilsbildung und des politischen Handelns zu begreifen und sie nicht etwa der Kraft der herrschenden Verhältnisse oder der Märkte zu überlassen."⁴⁴ Hier erfolgt eine ehrliche Benennung der Spannungseinheit, in der sich die nationalstaatlichen Demokratien in Europa befinden und die auch ein wichtiger Anknüpfungspunkt für die rechtspopulistische Revitalisierung des Nationalgedankens bilden dürfte. Deutlich wird in dem Dokument, dass es keine einfachen Lösungen gibt. Vielmehr wird zur Versachlichung der politischen Streitfragen und zur aktiven Partizipation an der Steuerung gerade der supranationalen Prozesse aufgerufen.

6. Ausblick

Ich halte das Modell des Öffentlichen Protestantismus für die Beschreibung der Präsenz des christlichen Ethos im gesellschaftlichen und politischen Raum für angemessener als die Varianten der Öffentlichen Theologie. Denn in diesen kommen fast ausschließlich nur die Kirche(n) oder die theologischen Fakultäten als Akteure in den Blick, was der Vielstimmigkeit und Vielschichtigkeit von theologischer Arbeit und christlich inspiriertem Engagement nicht gerecht wird. Sodann lebt trotz oder – vielleicht gerade – wegen ihrer bei Torsten Meireis als „Diskursformat"⁴⁵ verstandenen Gestalt die Öffentliche Theologie von der Geste der Eindeutigkeit im Verhältnis zur a-theologischen Öffentlichkeit, die durch die Realitäten nicht gedeckt zu sein scheint. Das Label „Öffentliche Theologie" legt Kirchen und Theologie auch im Gewand des „Diskursformats" auf die Funktionsbestimmung einer öffentlichen Moralagentur fest.⁴⁶ Genau das aber vernebelt die Tatsache, dass wir es in einer offenen Gesellschaft mit einer *Pluralität* gerade von Moralvorstellungen und damit – auch der Moralagenturen zu tun haben. Das könnte man sicherlich konzedieren. Sodann überspielt, worauf Hans Joas kritisch verweist, diese Vorstellung den innerkirchlichen Pluralismus, den die zeitgemäße Interpretation des christlichen Ethos gerade in politischen Dingen hervorbringt. Schließlich wird suggeriert – und das ist mein Hauptargument –, dass es so etwas wie ein durch Institutionen oder Agenturen verwaltetes Reservoir an Moral(en) gibt, das einfach abrufbar und auf ethische Probleme anzuwenden wäre. Eine solche Vorstellung geht aber zumindest am Selbstverständnis des modernen Protestantismus vorbei.

Der Gegenbegriff zur öffentlichen Moralagentur ist nun *nicht* der „private Religionsverein". Allerdings spricht nichts, aber auch gar nichts gegen den

---

⁴⁴ EVANGELISCHE KIRCHE IN DEUTSCHLAND (Hg.), Konsens und Konflikt. Politik braucht Auseinandersetzung, Nr. 5, 17–19.
⁴⁵ MEIREIS, Öffentlichkeit, 6.
⁴⁶ Vgl. HANS JOAS, Kirche als Moralagentur?, München 2016. Vgl. kritisch aus evangelischer Perspektive und eher analytisch ausgerichtet JOHANNES FISCHER, Kirche und Theologie als Moralagentur, in: CLAAS CORDEMANN/GUNDOLF HOLFERT (Hg.), Moral ohne Bekenntnis? Zur Debatte um Kirche als zivilreligiöse Moralagentur, Leipzig 2017, 65–81.

Vereinsbegriff. Denn Vereine sind letztlich Träger der und Akteure in der Zivilgesellschaft und somit Ausdruck gesellschaftlicher Freiheit – auch auf dem Gebiet der Religionskultur. Man denke nur an das katholische Vereinswesen, das bis heute die gesellschaftliche Präsenz des römischen Katholizismus über die Amtskirche hinaus (und oftmals überzeugender als sie) sicherstellt. Ebenso wenig spricht etwas gegen den Begriff des Privaten.[47] Vielmehr ist gerade unter den reformatorischen Vorzeichen der Lehre von den zwei Regierweisen Gottes die Befreiung des Gewissens von klerikaler Gängelei, kirchlicher Sozialdisziplinierung und staatlicher Kontrolle zu begrüßen. Zur Freiheit eines Christenmenschen gehören die Gottunmittelbarkeit des einzelnen Gewissens und die daraus geschöpfte Freiheit, die aus ihr erwachsene ethische Verantwortung politisch selbst zu bestimmen. Insofern gibt es hier einen großen Bereich, für den die Öffentliche Theologie einfach nicht zuständig ist, der aber moralisch ebenso wie politisch von großer Bedeutung ist. Hier gilt also ein aus der reformatorischen Einsicht abgeleiteter liberaler Vorbehalt gegen jedwede institutionelle oder auch nur diskursive Bevormundung des Einzelnen in ethischen und politischen Angelegenheiten.

Anknüpfend an die theologiegeschichtliche Einsicht von Albrecht und Anselm schlage ich vor, den Gedanken einer Kombination aus ethischem Gestaltungsimpuls und theologischer Selbstaufklärung als Hauptmerkmal protestantischer Intervention in Politik und Gesellschaft zu verstehen. Zugespitzt könnte man sagen: Der protestantische Akteur konstituiert sich als solcher erst im Zuge einer spezifischen gesellschaftsöffentlichen Intervention durch kritischen Rekurs auf das christliche Ethos. Im Rückgriff auf klassische theologische Terminologie formuliert: Öffentlichen Protestantismus gibt es nicht *extra usum*, vielmehr konstituiert er sich *in usu*. Genau dadurch kommen Problem- und Kontextsensibilität, situationsadäquate Interpretation der ethischen Tradition und die Vielfalt der möglichen Akteure mit ihren unterschiedlichen Verantwortungshinsichten gleichursprünglich zur Geltung. Die institutionelle Wahrnehmung dieser Verantwortung durch die religiösen Institutionen (Kirchen) ist dabei nur einer von allen möglichen Fällen. Auch die Einholung der kirchlichen Dimension vollzieht sich einerseits reflexiv und andererseits wiederum in individueller Brechung. Anders gewendet: Öffentlicher Protestantismus vollzieht sich durch normengeleitete Reflexion im Zuge der Wahrnehmung gesellschaftlicher Verantwortung im Geist des Christentums durch sehr unterschiedliche Akteure. Das bedeutet: Die Kirchen repräsentieren weder den Protestantismus noch die Theologie. Aber es gilt natürlich auch: *Ohne* die evangelischen Kir-

---

[47] Vgl. dazu auch die erhellenden Ausführungen von ELISABETH GRÄB-SCHMIDT, Kirche als moralischer Akteur oder als entweltlichter religiöser Sinnvermittler, in: CLAAS CORDEMANN/GUNDOLF HOLFERT (Hg.), Moral ohne Bekenntnis? Zur Debatte um Kirche als zivilreligiöse Moralagentur, Leipzig 2017, 89–124, 112f., 115–121.

chen würde es den Protestantismus, die öffentlich engagierten protestantischen Persönlichkeiten und ihre theologischen Selbstbeschreibungen nicht geben.

Auf der Basis dieser Überlegung seien fünf weiterführende Gedanken angeschlossen.

Erstens verlangt die emphatische Verwendung des Begriffs „Protestantismus" eine abgrenzende Zuordnung oder zuordnende Abgrenzung zum römischen Katholizismus. Dazu findet sich in dem Essay der beiden Münchener Theologen kein Wort. Mit Blick auf die vielfältigen ökumenischen Aktivitäten gerade im öffentlichen und politischen Raum scheint mir diese Klärung aber durchaus angezeigt. Neben der Beachtung von mentalitätsgeschichtlich bedingten Differenzen zwischen römisch-katholischer Soziallehre und den protestantischen Sozialethiken, die gelegentlich zu unterschiedlichen Gewichtungen bei ethischen Güterabwägungen führen, scheint mir eine strukturelle Beschreibung weiterführend zu sein. Öffentlicher Protestantismus ist strukturell ‚katholisch', wenn die Kirchen als Akteure auftreten, indem sie bezogen auf ein spezifisches Problem – etwa in Gestalt von ‚Denkschriften' oder ‚Orientierungshilfen' – eine kirchliche Lehrmeinung formulieren und vertreten. Öffentlicher Protestantismus ist strukturell ‚protestantisch', wenn z. B. Vereine, Gruppen oder Einzelne in Eigenverantwortung initiativ und tätig werden. In diesem Sinne verhalten sich auch katholisch geprägte Persönlichkeiten oder Gruppen oftmals ‚protestantisch'. Die Differenz besteht also in dem Verhältnis von kirchlich gebundener und *individuell verantworteter* Intervention und Reflexion. Wird letztere bloß faktisch geduldet oder ist sie prinzipiell erwünscht? Der letztgenannte Fall sollte im Bereich des reformatorischen Christentums gelten.

Zweitens scheint mir der Begriff des „Gemeinwohls" bei Albrecht und Anselm, aber auch in dem von der EKD herausgegebenen Impulspapier überbetont zu sein. Hier findet sich ein Rest jenes klassischen Homogenitätsideals, das dem deutschen Protestantismus historisch eingestiftet ist, das aber angesichts des religiös-weltanschaulichen und politischen Pluralismus nicht mehr einholbar zu sein scheint. Mehr als eine regulative Idee kann der Verweis auf das Gemeinwohl nicht sein, weil jede substanzielle Füllung an politische Einstellungen gebunden ist, die es nur im Plural gibt. Freilich kann jene von den Autoren betonte Unterscheidung von Gott und Mensch so fruchtbar gemacht werden, dass durch sie die religiös überhöhte Moralisierung einer bestimmten politischen Position verhindert, der konkurrierenden politischen Einstellung ihr relatives Recht zugemessen, deliberative Rationalität entbunden und der Weg zum politischen Kompromiss gebahnt wird.[48] Der meines Erach-

---

[48] Vgl. ARNULF VON SCHELIHA, Protestantische Ethik des Politischen, 291–315 und Religion und Sachpolitik – Zur gegenwärtigen Bedeutung von Martin Luthers Unterscheidung von geistlichem und weltlichen Regiment Gottes, in: LEONHARDT/VON SCHELIHA (Hg.), Hier stehe ich, ich kann nicht anders (wie FN 1), 243–258.

tens sachgerechte Verweis auf die gesellschaftlichen Kohäsionskräfte ist daher weniger über den Begriff des Gemeinwohls als über den sittlichen Wert des Kompromisses einzuholen. Der wiederum steht – wie man an der SPD gerade erleben kann – in der Perspektive der Akteure oftmals im Gegensatz zu der aus einer politischen Einstellung heraus entworfenen Vorstellung vom Gemeinwohl. Ich schlage daher vor, begrifflich und sachlich zwischen „Kompromiss" und „Gemeinwohl" zu unterscheiden und das Aushalten der – möglicherweise auch tragischen – Spannung zwischen diesen beiden Polen zu denjenigen ethischen Anforderungen zu rechnen, die zur Demokratie gehören.[49]

Ein *dritter* Punkt betrifft den in dem Impulspapier verwendeten Demokratie-Begriff. Er wird passim so verwendet, dass die Entscheidungen als durch formalisierte „Aushandlungsprozesse und Kompromisse"[50] zu Stande kommend dargestellt werden. In diesen und anderen Zusammenhängen zeigt sich ein auf den *overlapping consensus* ausgerichtetes deliberatives Politikverständnis, das gerade in einem föderalen System und in langen Regierungszeiten mit Großen Koalitionen im Vordergrund steht. Oftmals ist zu Recht und mit sehr guten Gründen aus der Perspektive evangelischer Ethik die sittliche Bedeutung des politischen Kompromisses unter den Bedingungen des gesellschaftlichen Pluralismus betont worden.[51] Gleichwohl ist aber gerade in Zeiten eines sich verstärkenden politischen Pluralismus in Rechnung zu stellen, dass Demokratie auch ein Verfahren zur Entscheidung durch Abstimmung ist, bei dem sich die Mehrheit durchsetzt. Das heißt, im Kern ist die demokratische Entscheidung kein sachlicher Kompromiss, sondern auch von der Kontingenz der Mehrheits- und Machtverhältnisse abhängig. Unsichere Mehrheitsverhältnisse fördern zwar die Bereitschaft zum Aushandeln von Kompromissen. Aber am Ende hat Demokratie dieses nicht rational auflösbare Moment, das sich auch bei der höchstrichterlichen Entscheidung über die Verfassungsmäßigkeit einzelner Gesetze wiederholt. Daher gehören zur Pluralismusfähigkeit auch das Ertragen von Niederlagen im demokratischen Verfahren und die Loyalität gegenüber den getroffenen Entscheidungen. Demokratische Entscheidungen sind selbstverständlich nicht sakrosankt, sondern reversibel oder doch reformfähig. Sie müssen auch bestimmte Rechte der Minderheit unangetastet lassen. Im Ergebnis ist aber eine weitere Spannung zu notieren, die auszuhalten ethischen Aufwand erfordert: Das Bemühen um einen Kompromiss steht unter

---

[49] Vgl. auch KÖRTNER, Für die Vernunft, 87 f., der die grundsätzliche Bereitschaft zum Kompromiss harmatiologisch begründet, was wiederum in rechtfertigungstheologischer Hinsicht als Bedingung dafür genommen werden kann, von der eigenen Gemeinwohlidee Abstand zu nehmen und den politischen Kompromiss anzustreben.

[50] Vgl. EKD, Konsens und Konflikt, Nr. 2, 11 u. ö.

[51] Vgl. grundlegend DIETRICH RÖSSLER, Die Moral des Pluralismus. Anmerkungen zur evangelischen Ethik im Kontext der neuzeitlichen Gesellschaft, in: DERS., Akzeptierte Abhängigkeit. Gesammelte Aufsätze zur Ethik, Tübingen 2011, 82–104.

der Bedingung, dass Mehrheiten erforderlich sind, die entscheiden. Auch diese *Spannung* ist ethisch zu würdigen und sie gehört, so könnte man theologiegeschichtlich zurückbinden, zu den Härten von Gottes Regiment auf seiner linken Seite, die die Reformatoren stets betont hatten.

Viertens die Pluralisierung der staatlichen Ebenen, die sich durch internationale Verflechtungen ergeben, ist in der Perspektive christlicher Ethik weniger demokratietheoretisch als bereichsethisch zu bewerten. Dann ergeben sich – etwa mit Blick auf die Europäische Union – Abwägungsentscheidungen zwischen den Spielräumen nationalstaatlich-demokratischer Verfahren und politischen Entscheidungen, die in Brüssel getroffen werden und einzelstaatliche Spielräume mit Partizipationsmöglichkeiten jedoch einschränken. Solche Einschränkungen sind ethisch zu rechtfertigen, wenn dadurch andere Ziele, wie etwa Frieden und Völkerverständigung auf dem europäischen Kontinent erhalten und intensiviert werden können. Analog dazu wäre mit Blick auf Klima- und Umweltschutz ein entsprechendes supranationales Regime zu rechtfertigen. Diese Perspektive erlaubt es, das kosmopolitische Ethos des Christentums jenseits der auf den Territorialstaat bezogenen Lehre von den zwei Regierweisen Gottes und jenseits eines strengen Konnexes mit demokratischen Prozeduren in den Diskurs einzuspielen.

Fünftens würde ich – nun doch mit Torsten Meireis – als Spielfeld des christlichen Öffentlichkeitsauftrages vor allem die Zivilgesellschaft markieren. Noch immer fallen die kirchlichen Adressen in Predigten, Stellungnahmen und Denkschriften zu staatslastig aus. Hier vor allem wird die politische Verantwortung adressiert. Der regelmäßige Effekt dieser ‚Grüße von Gipfel zu Gipfel' besteht aber darin, dass die Zivilgesellschaft aus dem Blick gerät und die einzelnen Menschen zu Zuschauern gemacht werden. Dagegen finden sich bei Meireis gute Ansätze, den Begriff der Öffentlichkeit auszudifferenzieren, institutionell zu spezifizieren und zivilgesellschaftlich zu konkretisieren. In *diesen* sozialen Foren bewährt sich die christliche Verantwortung, wahrgenommen in Vielfalt durch die Kirchen ebenso wie durch die vielen Einzelnen. In dieser Spannweite ist die öffentlich-politische Aufgabe der Kirchen zu verorten, letztere immer verstanden im Sinne der für das Selbstverständnis der reformatorischen Kirchen unverzichtbaren Unterscheidung von *ecclesiae visibiles* und *ecclesia invisibilis*.[52]

---

[52] Vgl. grundlegend ULRICH BARTH, Sichtbare und unsichtbare Kirche, in: KLAUS TANNER (Hg.), Christentumstheorie. Geschichtsschreibung und Kulturdeutung. Trutz Rendtorff zum 24.01.2006, Leipzig 2006, 179–230.

II. Zu den christentumstheoretischen Grundlagen
des religiösen Pluralismus der Gegenwart

Die religiös-kulturelle Prägung westlich demokratischer Verfassungen in ihrer Spannung zur kulturellen Pluralität der europäischen Gesellschaften[1]

1. Religiös-kulturelle Prägung westlich demokratischer Verfassungen?

Mir scheint es in historischer und systematischer Perspektive nicht ausgemacht zu sein, dass man von einer „religiös-kulturellen Prägung westlich demokratischer Verfassungen" sprechen kann.[2] Denn historisch wird man wohl davon auszugehen haben, dass zumindest in Deutschland, aber auch in den römisch-katholisch geprägten Ländern die Prinzipien des modernen demokratischen Verfassungsstaates (Menschenrechte, Volkssouveränität, repräsentative Demokratie, Gewaltenteilung) gegen den Widerstand der großen christlichen Kirchen und ihrer Theologien durchgesetzt worden sind. Theologen, Kirchenführer und engagierte Christen, die sich im Zuge der Stein-Hardenberg'schen Reformen, im Vormärz, in der Paulskirche und in der Zeit der Weimar Republik für eine demokratische Verfassungsordnung einsetzten, gab es zwar, aber sie wurden nie repräsentativ und konnten sich nicht durchsetzen. Vielmehr war der Widerstand gegen den Staat von Weimar auf Seiten von Theologie und Kirche erheblich. Auch im sogenannten Kirchenkampf bildeten die „Bekennende Kirche" und ihre Theologie keinen Hort für Menschenrechte und Demokratie. Kein Wort davon in der „Barmer Theologischen Erklärung".[3] Die kirchlichen Widerstandskämpfer gegen Hitler träumen eher von einem christlichen Ständestaat und einer paternalistischen Mandatenlehre (Bonhoeffer) denn von Volkssouveränität und Gewaltenteilung.[4] Erst im Jahre 1985, als man sich der Erfolgsgeschichte des Grundgesetzes sicher war, erkannte die Evangelische Kirche in Deutschland die Demokratie und das ihr

---

[1] Helmut Merkel zum 13. März 2007 in kollegialer Verbundenheit gewidmet.

[2] Vgl. WILLIAM J. HOYE, Demokratie und Christentum. Die christliche Verantwortung für demokratische Prinzipien, Münster 1999.

[3] Vgl. KURT NOWAK, Evangelische Kirche und Weimarer Republik. Zum politischen Weg des deutschen Protestantismus zwischen 1918 und 1932, Göttingen ²1988.

[4] Vgl. JOACHIM SCHOLTYSSEK, Individuelle Freiheit als Leitmotiv? Religiöse Aspekte der Widerstandsbewegung im ‚Dritten Reich', in: Freiheit und Menschenwürde. Studien zum Beitrag des Protestantismus, hg. von JÖRG DIERKEN und ARNULF VON SCHELIHA, Tübingen 2005, 277–293.

zugrunde liegende Menschenbild als mit der christlichen Anthropologie vereinbare politische Ordnungsform an.[5] Wenn wir also gegenwärtig von einer christlichen Prägung der westlich demokratischen Verfassungsordnung sprechen, so handelt es sich hierbei um Aussagen, die die ideellen Grundlagen, die wesentlich aus dem Naturrecht und aus der sozialistischen Arbeiterbewegung stammen, gewissermaßen nachträglich auf die christliche Tradition beziehen.[6]

Auf Seiten der katholischen Kirche vollzog sich eine ähnliche Neuinterpretation der eigenen Tradition auf dem Zweiten Vatikanischen Konzil. Erst 1965 hat Rom in der „Declaratio De Liberate Religionis" die Glaubens- und Gewissensfreiheit und damit die menschenrechtlichen Grundlagen des modernen Staatsdenkens anerkannt.[7] Zuvor galt der noch von Papst Pius XII. 1953 erneuerte Grundsatz vom Primat der (kirchlicherseits definierten) Wahrheit gegenüber der Freiheit, und ebenso galt die daraus abgeleitete Folgerung, dass der Irrtum gegenüber der Wahrheit kein Daseinsrecht habe. „Was nicht der Wahrheit und dem Sittengesetz entspricht, hat objektiv kein Recht auf Dasein, Propaganda und Aktion"[8]. Aus dieser Position heraus galt der Staat als Instrument, das dem Irrtum seine gesetzliche Existenz zu entziehen habe. Erst mit dem Zweiten Vatikanischen Konzil ist die römische Kirche auf das demokratische Verfassungsverständnis des Westens eingeschwenkt,[9] und Papst Johannes Paul II. ist es dann gewesen, der Menschenwürde und Menschenrechte zur Grundlage der katholischen Staatslehre gemacht hat.

Kirchen und Theologie in Europa haben sich also sehr schwer damit getan, die westlichen Demokratien zu prägen. Damit soll aber nicht bestritten werden, dass bestimmte ideelle Grundannahmen der westlich demokratischen Verfassungsordnung durch christliche, insbesondere reformatorische Impulse eingegangen sind. Aber sie mussten eben, wie man an den staatsphilosophischen Schriften von John Locke (1632–1704) sehr schön sehen kann, den Umweg über das Naturrecht nehmen, um zum fundamentalen Regulativ demokratischer Verfassungsordnungen zu werden. Deren Plausibilität schließlich wird gerade dadurch erzeugt, dass sie nicht in bestimmter Weise religiös geprägt sind, sondern vernunfttheoretisch und anthropologisch begründet werden können.

Faktisch spielen die Religionen denn auch weniger in der *Begründung* als in der *Belebung* der Verfassungsordnung eine wesentliche Rolle. In der pro-

---

[5] Vgl. EKD, Evangelische Kirche und freiheitliche Demokratie. Der Staat des Grundgesetzes als Angebot und Aufgabe, Hannover 1985.

[6] Vgl. „Menschenwürde" – Konkurrent oder Realisator der Christlichen Freiheit?

[7] Vgl. ERNST-WOLFGANG BÖCKENFÖRDE, Staat, Verfassung, Demokratie. Studien zur Verfassungstheorie und zum Verfassungsrecht, Frankfurt am Main ²1992, 200–263.

[8] PIUS XII, Die religiöse Toleranz in einer Staatengemeinschaft, in: Aufbau und Entfaltung des gesellschaftlichen Lebens. Soziale Summe Pius XII., hg. von ARTHUR FRIDOLIN UTZ und JOSEPH-FULKO GRONER, Freiburg (Schweiz) 1954, Nr. 3978.

[9] Vgl. GEORG ESSEN, Sinnstiftende Unruhe im System des Rechts. Religion im Beziehungsgeflecht von modernem Verfassungsstaat und säkularer Zivilgesellschaft, Essen 2004.

testantischen und römisch-katholischen Sozialethik wird in diesem Zusammenhang stets auf das berühmte „Böckenförde-Paradox" verwiesen, nach dem der „freiheitliche, säkularisierte Staat [...] von Voraussetzungen [lebt], die er selbst nicht garantieren kann"[10]. Zur Freiheitlichkeit des modernen Staatswesens gehört danach, dass er verantwortlichen Freiheitsgebrauch und Partizipation an den demokratischen Strukturen nicht erzwingen kann, so dass er auf gesellschaftliche Institutionen der Wertevermittlung angewiesen ist, die sich der Pflege von moralischen Sinnressourcen widmen, damit, abgekürzt gesprochen, Freiheit aus Gründen der Freiheit gelebt wird. Als solche Institutionen verstehen sich vorzüglich die Kirchen und die Kirchen sind es auch, die sich unter Berufung auf Böckenförde gegenüber dem Staat und innerhalb der politischen Ordnung in diesem Sinne profilieren.

2. Die innere Affinität des christlichen Glaubens zur Verfassungsdemokratie

Der gegenwärtige Staat kann den Beitrag insbesondere der großen Kirchen zur Bildung zur Freiheit deswegen erwarten, weil gegenwärtig beide großen Kirchen in den eben angedeuteten Neu-Interpretationen ihrer Staatslehren die These von der inneren Affinität zwischen dem christlichen Glauben einerseits und den freiheitlichen Grundlagen des modernen Staates andererseits vertreten. Die Argumentationsstränge unterscheiden sich im Einzelnen. Für die protestantische Sozialethik – nur um sie soll es im Folgenden gehen – gilt die Glaubens- und Gewissensfreiheit als Konvergenzpunkt von Christentums- und Staatsverständnis.

Nach übereinstimmender Auffassung wird die Glaubens- und Gewissensfreiheit „als Grundlage der modernen individuellen Freiheitsrechte"[11] angesehen. Diese Einsicht konvergiert mit der reformatorischen Grundeinsicht von der Freiheit eines Christenmenschen. Dieses reformatorische Freiheitsverständnis kann über die klassischen vier Exklusivpartikel erschlossen werden und umfasst die menschliche Unverfügbarkeit des Glaubens (*sola gratia*), die Subjektivität des Glaubens (*sola fide*), die Befreiung von der Sündenlast durch das Heilswerk Jesu Christi (*solus Christus*) und den anti-institutionellen Aspekt, der sich in der Betonung der Heiligen Schrift gegenüber lehramtlicher Bevormundung ausdrückt (*sola scriptura*). Daraus wird nun ein Analogieschluss gezogen: Ebenso wie der Glaube von der für ihn unverfügbaren Gnade lebt, wie die Kirche im reformatorischen Verständnis die Freiheit des Glaubenslebens ermöglicht, aber nicht reguliert, so setzt, aus der Sicht der protestantischen Sozialethik, der Staat

---

[10] ERNST-WOLFGANG BÖCKENFÖRDE, Kirche und christlicher Glaube in den Herausforderungen der Zeit. Beiträge zur politisch-theologischen Verfassungsgeschichte, Münster 2004, 229.
[11] BÖCKENFÖRDE, Staat, Verfassung, Demokratie, 203.

die Menschenwürde als eine natürliche (vorstaatliche) Qualität in normativer Weise voraus, schützt ihre Unantastbarkeit und sorgt für die äußeren Rahmenbedingungen ihrer freiheitlichen Entfaltung. Diese im Freiheitsbegriff zu bündelnden Strukturanalogien verleihen der „Verfassungsdemokratie ihre Affinität zum christlichen Menschenbild", wie es in der Demokratie-Denkschrift der EKD formuliert worden ist und der Begriff der Menschenwürde kann in einem umfassenden Sinne als Freiheit ausgelegt werden.

3. Die plurale Religionskultur in Deutschland

Von dieser theologischen Betrachtung ausgehend, soll ein Blick in die Statistik[12] der deutschen Religionskultur geworfen werden, auch, um Anspruch und Wirklichkeit abzugleichen.

Zunächst fällt die vergleichsweise homogene Verteilung auf. Die römisch-katholische Kirche und die in der EKD zusammengeschlossenen 23 evangelischen Landeskirchen repräsentieren jeweils ⅓ der Religionszugehörigen. Auf

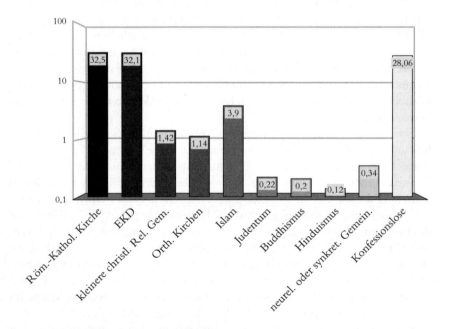

---

[12] Bei der Erstveröffentlichung des Aufsatzes wurde als Quelle der oben abgedruckten Grafik folgender Link angegeben: www.ruhr-uni-bochum.de/relwiss/material-statistik-D.html. Sie ist dort gegenwärtig nicht mehr abrufbar. Da in dem Aufsatz auf die in der Graphik genannten, für das Jahr 2006 geltenden Zahlen Bezug genommen wird, wurde darauf verzichtet, eine neuere Statistik einzufügen.

einem knapp darunter angesiedelten Niveau sind die Konfessionslosen angesiedelt, die 28 % der deutschen Bevölkerung ausmachen. Das ist im Vergleich mit den Daten anderer europäischer Gesellschaften ein sehr hoher Anteil. Alle anderen Glaubensrichtungen können nur weniger als 5 % der in Deutschland lebenden Bevölkerung auf sich ziehen, wobei unter diesen Gruppen der Islam mit 3,9 % die weitaus größte Glaubensrichtung ausmacht. Alle anderen Glaubensrichtungen sind fast zu vernachlässigen, denn die nächst höchste Säule sind die als „kleinere christliche Religionsgemeinschaften" bezeichneten Gruppen, unter denen nicht weniger als 49 juristische Personen versammelt sind. Ähnlich differenziert ist die Aufteilung der mit 1,14 % dargestellten Orthodoxen Kirchen, die in 14 selbstständige Religionsgemeinschaften zerfallen. Das Judentum, dem aus höchst wichtigen Gründen in der Öffentlichkeit eine große Beachtung geschenkt wird, ist mit 0,22 % nur geringfügig größer als die Gruppe der in Deutschland lebenden Buddhisten. Alle anderen Gruppen, insbesondere die neureligiösen oder synkretistischen Gemeinschaften, können für die deutsche Religionskultur vernachlässigt werden.

Für unser Thema ergibt sich aus dem Befund, dass den großen Kirchen auf einem stabil hohen Niveau eine große Prägekraft für die Aufgabe, Freiheit aus Gründen der Freiheit zu leben, zugemessen werden kann. Zugleich zeigt die fast ebenso große Zahl der religiös Ungebundenen, dass es für die Erfüllung der gleichen Aufgabe weiterer nicht-religiöser Ressourcen in der Zivilgesellschaft bedarf. Und schließlich zwingt die schon demographisch betrachtet wachsende Zahl an Muslimen dazu, die mit 3,3 Millionen Menschen auch in absoluten Zahlen durchaus ansehnliche Bevölkerungsgruppe als festen Bestandteil der deutschen Religionskultur zu betrachten und bei der Identifikation religiös-kultureller Prägekräfte für unser demokratisches Gemeinwesen zu berücksichtigen. Darauf sei nun eingegangen.

4. Muslimische Religionsgesellschaften und demokratischer Staat

Ein wichtiges vom Grundgesetz bereitgestelltes Mittel zur Integration von Muslimen in die deutsche Religions- und Freiheitskultur wäre die Einführung von muslimischem Religionsunterricht an deutschen Schulen als ordentliches Lehrfach, der von Bundesländern zu organisieren ist. Dazu müssten Religionslehrerinnen und -lehrer an deutschen Universitäten ausgebildet werden, was entsprechende Lehrstühle an den Universitäten erfordern würde.[13] Dafür wie-

---

[13] Vgl. dazu ARNULF VON SCHELIHA, Institutionelle Voraussetzungen und wissenschaftspolitische Forderungen für eine plurale Religionskultur, in: Wahrheitsansprüche der Religionen – Konturen gegenwärtiger Religionstheologie, hg. von CHRISTIAN DANZ und FRIEDRICH HERMANNI, Neukirchen-Vluyn 2006.

derum müssten sich die vielen z. T. konkurrierenden muslimischen Verbände und Dachorganisationen so organisieren, dass mit ihnen staatlicherseits diejenige grundgesetzlich in Art. 7 Abs. 3 geforderte „Übereinstimmung" hergestellt werden kann, um Religionsunterricht und Lehrerbildung durchführen zu können. Zu dieser Selbstorganisation der Muslime gibt es bereits einige Erfolg versprechende Ansätze, welche in den Bundesländern aber unterschiedlich weit sind. Unterschiedliche Rechtstraditionen, ethnische Hintergründe und Integrationskonzepte verhindern hier *rasche* Erfolge.

Aber sind Muslime von ihren religiösen Voraussetzungen her überhaupt fähig, die demokratische Verfassung anzuerkennen und im oben beschriebenen Sinne in die staatlich geförderte Lebendigkeit der pluralen Religionskultur einzutreten? In einem anderen Zusammenhang habe ich die diesbezüglichen Selbstauskünfte der großen muslimischen Verbände und Organisationen untersucht, so dass im Einzelnen darauf verwiesen werden kann.[14] Dabei zeigt sich, dass sie das Religionsrecht der Bundesrepublik Deutschland als für sie maßgeblich voraussetzen. Sie anerkennen (in freilich durchaus unterschiedlicher Akzentuierung) die freiheitlich-demokratische Grundordnung und die darin vorgesehene Religionsfreiheit, deren negative Komponente freilich anzuerkennen Muslimen deshalb große Schwierigkeiten bereitet, weil sie zugleich in Rechtstraditionen der Scharia stehen, die Apostasie mit der Todesstrafe bedrohen. Hierzulande ordnet man sich aber den religionsrechtlichen Bestimmungen unter und sucht zugleich die kommunikative Nähe zu den hiesigen Mehrheitsreligionen, mit denen man sich verwandt fühlt. Dass dabei bisweilen eine gemeinsame Distanz zu gesellschaftlichem Pluralismus und säkularem Staat vermeint wird, ist nachvollziehbar aber missverständnisträchtig, und es dürfte Aufgabe des von allen muslimischen Organisationen angestrebten Religionsdialoges sein auszumitteln, inwieweit man sich in der Beurteilung der gesellschaftlichen Lage mit ihrem moralischen Individualismus und ihrer pluralen Religionskultur tatsächlich einig ist.

Dass es sich hierbei nicht um ein bloß strategisches „Lippenbekenntnis" handelt, zeigt sich daran, dass man in der reformorientierten Koranexegese das Prinzip der Menschenwürde identifiziert, das jedem Geschöpf Gottes verliehen ist, unabhängig von der religiösen Orientierung, von der der Einzelne sich im Laufe seines Lebens leiten lässt (karama). Beispielhaft sei hier der Beitrag von Abdoldjavad Falaturi „Sind westliche Menschenrechtsvorstellungen mit dem Koran vereinbar?" herangezogen, der in sachlicher und methodischer Hinsicht als repräsentativ für die muslimische Aneignung des Menschen-

---

[14] Vgl. ARNULF VON SCHELIHA, Der Religionsbegriff und seine Bedeutung für den gegenwärtigen Islam, in: Protestantismus zwischen Aufklärung und Moderne. Festschrift für Ulrich Barth, hg. von RODERICH BARTH/CLAUS-DIETER OSTHÖVENER/ARNULF VON SCHELIHA, Frankfurt am Main 2005 (Beiträge zur rationalen Theologie; 16), 233–250, 240–243.

würdebegriffs gelten kann.¹⁵ *Zunächst* wird zugestanden, dass das Menschenrechtsdenken eine vom Christentum wesentlich mit beeinflusste Bewegung innerhalb der westlichen Philosophie (hier bezieht man sich gern auf Kant) ist, die sich in den Staaten der westlichen Demokratien als ideelle Grundlage durchgesetzt hat. In einem *zweiten Schritt* machen Muslime darauf aufmerksam, dass es sich bei dieser Grundlage lange Zeit eben nur um *ideelle* Grundlagen gehandelt habe, denen die Staaten, die ihren Verfassungen die Menschen-, Grund- und Bürgerrechte vorangestellt hätten, in nur geringem Umfang entsprochen hätten. Es werden die massiven Menschenrechtsverletzungen gerade von denjenigen Staaten immer wieder benannt, die als Kolonialherren in den arabischen Ländern ebenso wie in der Dritten Welt aufgetreten sind. Es ist ein fester Bestandteil des kollektiven Gedächtnisses von Muslimen aus diesen Ländern, dass sie das westliche Menschenrechtsdenken im Zusammenhang mit der Kolonisation muslimischer Länder kennen gelernt haben. Auch aus diesem Grund sind die Entwicklungen im Irak gegenwärtig so prekär. In einem *dritten Schritt* allerdings wird aus Gründen der Vernunft das mit den Menschenrechten verbundene Menschenbild anerkannt. Diese Anerkennung fällt Muslimen deswegen vergleichsweise leicht, weil die anthropologischen Grundannahmen des Koran in einer gewissen Nähe zu den anthropologischen Grundannahmen des westlichen Naturrechtsdenkens stehen, insofern der Mensch als ein von Natur aus vernünftiges Wesen gesehen und anerkannt wird, der mit den Mitteln der Vernunft das Gute nicht nur in den Blick nehmen, sondern auch handelnd umsetzen kann. Koranischer Beleg der Identifikation der Menschenwürde ist Sure 17,70, in der es heißt: „Und wir haben den Kindern Adams Würde (karama) erwiesen; Wir haben sie auf dem Festland und auf dem Meer getragen und ihnen köstliche Dinge beschert, und Wir haben sie vor Vielen von denen, die Wir erschaffen haben, eindeutig bevorzugt". In diesem Vers ist von den Kindern Adams die Rede, gemeint sind die Menschen, die von Gott in gleicher Weise mit Würde ausgestattet worden sind, unabhängig davon, ob sie diese Würde dazu nutzen, im Glauben zu Gott zu kommen und sich im Handeln seiner Rechtleitung zu bedienen. Diese Würde existiert fort, unabhängig von der frommen Einstellung eines jeden Menschen (vgl. Sure 49,13). Aus dieser Würde, die eng mit der Vernunftbegabung des Menschen zusammen gesehen wird, wird in einem *vierten Schritt* die Gleichheit der Menschen als Menschen vor Gott abgeleitet, aus der schließlich die Gerechtigkeit als auf das Handeln ausgerichteter Grundwert abgeleitet wird. Mit Würde, Gleichheit und Gerechtigkeit sind dann drei Prinzipien versammelt, zu denen dann durch Hinzuziehung weiterer Verse aus Koran und Sunna der Schutz des Lebens, das Recht der körperlichen Unversehrtheit jedes Menschen, der

---

¹⁵ Vgl. ABDOLDJAVAD FALATURI, Sind westliche Menschenrechtsvorstellungen mit dem Koran vereinbar?, in: DERS., Der Islam im Dialog, Hamburg ⁵1996, 121–139.

Schutz des Eigentums und der persönlichen Leistung gewonnen wird. Diese Re-Interpretation von Koran und Sunna, die in der alten Überlieferung das neue Menschenrechtsdenken wiederfindet, ist durch die Schritte der hanafitischen Rechtsschule, die gewissermaßen für den Islam in Deutschland ‚zuständig' ist, im Einzelnen methodisch abgesichert. In einem *letzten Schritt* werden dann die Menschenrechtsverletzungen in islamischen Ländern entweder als Missverständnisse der eigenen Tradition kritisiert oder mit Menschenrechtsverletzungen parallelisiert, die von den westlichen Staaten im 19. und 20. Jahrhundert ausgegangen sind. Der Westen erzielt „die gegenteilige Wirkung [...], wenn diejenigen Staaten, die sich für die Menschenrechte einsetzen, selbst offenkundige Menschenrechtsverletzungen begehen"[16]. Vom Westen aus könne dann ein für die Hoffnung dienlicher Nährboden geschaffen werden, dass sich auch in den muslimisch geprägten Staaten eine Weiterentwicklung mit der Abnahme von Menschenrechtsverletzungen verbindet, wenn die westlichen Staaten zum einen die Einforderung der Grundwerte auch auf sich selbst reflektieren und zum anderen „die restliche Welt als gleichberechtigte Partner"[17] anerkennen.

Die muslimischen Organisationen in Deutschland (z. B. die „Türkisch-Islamische Union der Anstalt für Religion e.V. (DITIB)", der „Zentralrat der Muslime in Deutschland e.V. (ZMD)" und der „Islamrat für die Bundesrepublik Deutschland") ziehen aus solchen und ähnlichen Erwägungen den Schluss, dass für sie die Anerkennung von Menschenwürde, Menschenrechten und ein darauf aufruhendes Staatswesen kein Problem darstellt. Es ist somit deutlich erkennbar, dass das ursprünglich westliche Menschenrechtsdenken auch auf Muslime und ihre Tradition der Rechtsauslegung einwirkt, so dass sie unter freilich großen hermeneutischen Anstrengungen grundsätzlich in der Lage sind, in ihrer eigenen Tradition für uns wesentliche Motive des Menschenrechtsdenkens wiederzufinden und anzuerkennen. Ein Vorgang, den die christlichen Theologien in ähnlicher Weise auch durchlaufen haben. Insofern wird man, wenn man solchen Auslegungen trauen mag (wogegen *prima facie* nichts spricht) den Muslimen, die sich im Einflussbereich der hanafitischen Rechtsschule bewegen, die innere Reformierbarkeit hin auf das Menschenrechtsdenken, das dem modernen Verfassungsstaat zugrunde liegt, nicht absprechen dürfen. Daher wird man religiös-kulturelle Prägekräfte unseres Verfassungslebens künftig auch von Muslimen zu erwarten haben, so dass ihnen die religionsverfassungsrechtlichen Möglichkeiten auch mit dem Ziel eingeräumt werden können, dass sie das Freiheitsleben bereichern, sich aber auch umgekehrt von unserem Freiheitsleben bereichern lassen.

---

[16] A.a.O., 138.
[17] Ebd.

5. Der Pluralitätsschub in der Religionskultur der Europäischen Union

Von diesen Feststellungen ausgehend soll nun ein Blick auf die europäische Religionsstatistik geworfen werden.

Die europäische Religionsstatistik zeigt, dass die römischen Katholiken deutlich die Mehrheit stellen. Man muss nur daran erinnern, dass es viele sehr bevölkerungsstarke Mitgliedsstaaten in der EU gibt, die eine nahezu uniforme römisch-katholische Religionskultur haben: Allen voran Spanien, Italien, Frankreich und Polen, während die stark lutherisch geprägten Staaten wie Dänemark, Schweden, Finnland, Estland und Lettland vergleichsweise kleine Bevölkerungen haben. Die religionskulturelle Mehrheitsposition der Katholiken wird noch einmal dadurch unterstützt, dass europaweit betrachtet die unterschiedlichen protestantischen Kirchen nicht mehr ohne Weiteres auf einen Nenner gebracht werden können. In der europäischen Perspektive kann man nicht mehr so einfach wie in Deutschland die lutherische und reformierte Kirche miteinander verrechnen, sondern muss aus Gründen der spezifischen Inkulturationsvorgänge, die die protestantischen Konfessionen durchlaufen haben, europaweit Lutheraner, Reformierte, Presbyterianer und Anglikaner eigentlich auseinanderhalten. Dazu kommt, dass in der Perspektive einer europäischen Religionskultur die christliche Orthodoxie in ihren vielfältigen Spielarten mehr Gewicht erhält, als sie in Deutschland hat. Im Vergleich zur deutschen Religionskultur sind die Muslime zwar prozentual etwas geringer vertreten, aber in absoluten Zahlen (12.221.000) durchaus ‚kräftig', man muss freilich die ganz unterschiedlichen ethnischen Hintergründe berücksichtigen. Auffallend hoch ist, auch europaweit, die Zahl der Religionslosen, die aber mit 10% unter der Zahl der Religionslosen in Deutschland liegt.

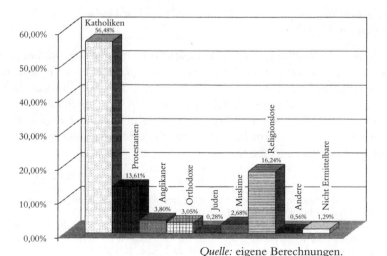

Quelle: eigene Berechnungen.

Diese religionskulturelle Pluralität wird sich noch einmal vertiefen, wenn weitere Staaten wie Bulgarien (8.000.000 Einwohner, 85,7% bulgarisch-orthodox; 13,1% Muslime) und Rumänien (22.000.000 Einwohner, 86,8% rumänisch-orthodox, 5,3% protestantisch (verschiedene Konfessionen), 4,7% katholisch; 0,9% griechisch-orthodox; 0,3% Muslime; 14.000 Juden), die Ukraine, Mazedonien oder gar die Türkei in die Europäische Union eintreten werden.

Die Vielfalt, die sich in der europäischen Religionsstatistik wiedergibt, ist in Europa auch durch die unterschiedlichen staatskirchenrechtlichen Bestimmungen, die in den Ländern der Europäischen Union gelten, gespiegelt. Wir haben Staatskirchentümer in Dänemark, Finnland, Griechenland, England und Schweden, eine strenge Trennung von Kirche und Staat in Frankreich, Irland und den Niederlanden, und eine durch Verträge oder Konkordate im Einzelnen geregelte Kooperation von Staat und Kirchen z. B. in Deutschland, Belgien, Italien, Österreich, Portugal.

6. Religionsgesellschaften in der europäischen Zivilgesellschaft

Der statistische Zuschnitt der EU-Religionskultur und die höchst unterschiedlichen staatskirchenrechtlichen Regelungen in den Mitgliedsstaaten machen verständlich, warum die religiös-kulturelle Prägung des noch nicht ratifizierten „Vertrages über eine Verfassung für Europa"[18] so moderat ausgefallen ist und den Kirchen und Religionsgemeinschaften keine staatsnahe, sondern eine zivilgesellschaftliche Rolle zugemessen wird.[19] Die Komponenten seien im Folgenden kurz angeführt:

a. Strukturierter Dialog mit den „Kirchen und religiösen Vereinigungen oder Gemeinschaften"

Die in den Bestimmungen zur partizipativen Demokratie getroffene Regelung für einen strukturierten Dialog mit den repräsentativen Verbänden der Zivilgesellschaft (vgl. I-47 Abs. 2) wird in Art. I-52 Abs. 1 ausdrücklich auf die „Kirchen und religiösen Vereinigungen oder Gemeinschaften" übertragen. Damit wird die besondere Bedeutung der Kirchen in der Zivilgesellschaft gewürdigt, aber eine staatsnahe oder -ähnliche Ordnungsfunktion wird ihnen gerade nicht mehr zugemessen.

---

[18] Der Verfassungstext in deutscher Sprache: http://eur-lex.europa.eu/legal-content/DE/TXT/PDF/?uri=OJ:C:2004:310:FULL&from=DE (Zugriff: 30.04.2018).

[19] Vgl. dazu grundsätzlich HANS MICHAEL HEINIG, Öffentlich-rechtliche Religionsgesellschaften. Studien zur Rechtsstellung der nach Art. 137 Abs. 5 WRV korporierten Religionsgesellschaften in Deutschland und in der Europäischen Union, Berlin 2003.

b. Fortgeltung des mitgliedsstaatlichen Religionsrechtes

Das zeigt sich auch bei dem auf drei Säulen ruhenden europäischen Religionsrecht. Die erste Säule verweist in Art. I-52 die staatskirchenrechtlichen Zuständigkeiten an die Mitgliedsstaaten. Die Wahrung des mitgliedsstaatlichen Kirchenrechts wird durch das Gebot der Achtung nationaler Identität (Art. I-5 Abs. 1) und der Vielfalt der Religionen (Art. II-82) sowie durch das Prinzip der Subsidiarität unterstützt (Art. I-11 Abs. 1 u. 3). Die zweite Säule bildet die umfassende grundrechtliche Garantie der „Gedanken-, Gewissens- und Religionsfreiheit" (Art. II-70), das noch durch das „Recht der Eltern, die Erziehung und den Unterricht ihrer Kinder entsprechend ihrer eigenen religiösen [...] Überzeugungen sicherzustellen" (Art. II-74 Abs. 3), ergänzt wird. Die dritte Säule des europäischen Religionsrechts betont im Diskriminierungsverbot die negative Religionsfreiheit (vgl. Art. II-81; III-124 Abs. 1), dessen einzelrechtliche Wirkungen auf die Kirchen und Religionsgemeinschaften der näheren Ausgestaltung harren und sorgfältig beobachtet werden müssen.

c. Kein Gottesbezug in der Präambel

Zum großen Bedauern der christlichen Kirchen hat man darauf verzichtet, in die Pathosformeln der Präambel eine sogenannte *nominatio dei* aufzunehmen. Stattdessen wird dort vom „kulturellen, religiösen und humanistischen Erbe Europas" gesprochen, „aus dem sich die unverletzlichen und unveräußerlichen Rechte des Menschen sowie Freiheit, Demokratie, Gleichheit und Rechtsstaatlichkeit als universelle Werte entwickelt haben". Für diese Entscheidung des Verfassungskonventes, der lange Debatten vorausgingen, kann man in Würdigung der pluralen EU-Religionskultur zwei gute Gründe angeben.

Erstens, angesichts der religionskulturellen Dominanz der römisch-katholischen Kirche war nicht sicherzustellen, dass die *invocatio Dei* von allen Religionsgemeinschaften in gleicher Weise aufgefasst werden kann. Ein konfessionelles Auslegungsmonopol musste verhindert werden. Das konnte man nicht anders neutralisieren als durch den laizistischen Zug, den das Verfassungswerk zweifellos aufweist. Jede andere Entscheidung wäre für diejenigen Regierungen von Mitgliedschaftsländern, deren reformorientierte Innenpolitik durch Bestimmungen mit den Konkordaten mit dem Heiligen Stuhl blockiert wird, nicht hinnehmbar gewesen. Man muss sich ja klar machen, dass der verstorbene Papst mehrere Kampagnen zur „Evangelisation Europas" ausgerufen hatte. Ein Unternehmen, das nicht nur Sozialisten, liberalen Vernunftrepublikanern und Realpolitikern, sondern auch bei Protestanten auf Unbehagen stoßen musste.

Sodann mussten die Pathosformeln der Präambel für die religiösen Beiträge von Juden und Muslimen für die Gestaltung der „Werte der Union", die in Artikel I-2 des Verfassungsvertrages genannt sind, offen gehalten werden: „Achtung der Menschenwürde, Freiheit, Demokratie, Gleichheit, Rechtsstaatlichkeit und die Wahrung der Menschenwürde". Es ist daher angemessen, wenn man in der Präambel auf das kulturelle, religiöse und humanistische Erbe Europas als Quelle für die Grundrechtscharta abstellt. Damit wurde aus guten Gründen eine Formulierung gewählt, die nicht nur die vielschichtigen ideengeschichtlichen Strömungen integriert, die das moderne Menschenrechtsdenken geprägt haben, sondern auch offen ist für die Beiträge von Muslimen, Juden und religiös anders orientierten Menschen.

d. Innenpolitische Perspektiven: Grundsatzprogramme der Parteien

Die künftige zivilgesellschaftliche Position der Religionsgemeinschaften und Kirchen beginnt sich auch in Deutschland durchzusetzen. In sozialwissenschaftlicher Perspektive gelten die Kirchen schon lange vor allem als zivilgesellschaftliche Akteure.[20]

Mustert man die Grundsatzprogramme der die Politik der Bundesrepublik Deutschland maßgeblich bestimmenden Parteien durch, so sind nur CDU und CSU, die sich noch auf den staatskirchenrechtlichen *status quo* beziehen und die in ihrer Optik nur die aus den beiden christlichen Kirchen und den Juden bestehenden Religionskultur in den Blick nehmen: „Wertorientierung der Gesellschaft", „Mitverantwortung [...] für das Gemeinwohl", „Bewahrung der christlichen Wertgrundlagen unserer freiheitlichen Demokratie", das sind die wesentlichen Stichworte, mit denen im Grundsatzprogramm die Rolle der Kirchen beschrieben wird. Während CDU/CSU die Kirchen vor allem in staatstragender Bedeutung sehen, sieht die SPD „Kirchen und Religionsgemeinschaften" als partielle Partner, die „durch Kritik, Anregung und praktische Mitarbeit auf die Gestaltung des gesellschaftlichen und politischen Lebens einwirken". Die Rolle von Religion und Kirchen wird hier weniger „verfassungspatriotisch" akzentuiert denn innergesellschaftlich und politisch. FDP und Bündnisgrüne machen die zivilgesellschaftliche Bedeutung der Kirchen explizit und erwähnen – anders als CDU/CSU und SPD – Juden und Muslime als Dialogpartner. Dabei bleibt bei der FDP die konstruktive Rolle der Religionen unterbelichtet, während die Bündnisgrünen „die positive Rolle von Kirchen- und Religionsgemeinschaften als wichtige Kräfte der Zivilgesellschaft" herausstreichen und deren Beitrag im „ökumenischen Prozess für den Frieden, Gerechtigkeiten und Bewahrung der Schöpfung" herausstreichen. Dazu wird „das Eintreten gegen Fremdenfeindlichkeit, für internatio-

---

[20] Vgl. HERFRIED MÜNKLER, Einige sozialwissenschaftliche Anmerkungen zum Verhältnis von Staat und Kirche in protestantischer Sicht um 1900, in: Praktische Theologie und protestantische Kultur, hg. von WILHELM GRÄB und BIRGIT WEYEL, Gütersloh 2002, 119–127.

nale Gerechtigkeit und [...] das ethische Engagement in Fragen der modernen Gentechnik" hervorgehoben. Als einzige Partei öffnen sich die Bündnisgrünen dem Islam innerhalb der Religionskultur, von dem man sagt, dass er „die europäische Geschichte durch seine Beiträge zur Bewahrung des europäischen Erbes mit geprägt hat".[21]

Religionsverfassungsrechtlich und politisch wird also zunehmend auf die zivilgesellschaftliche Bedeutung und die Inklusion *aller* Religionsgemeinschaften in die religionsverfassungsrechtlichen Möglichkeiten abgestellt – zu Lasten der traditionellen und beinahe exklusiven Staatsnähe der christlichen Kirchen.

7. Zivilgesellschaftliche Reform der Kirchen

Aus dem religionskulturellen Befund und den verfassungspolitischen Umbesetzungen ziehe ich die Folgerung, dass die christlichen Kirchen die Herausforderung, die mit der zunehmenden politischen Positionierung innerhalb der Zivilgesellschaft verbunden ist, annehmen müssen. Das bedeutet, dass sie ihre klassische Staatsnähe überwinden und die Gesellschaft als realen Kontext anerkennen. Die Konzentration auf das Verhältnis von Kirche und Staat ist ein theologisches Produkt des 19. Jahrhundert und hängt zusammen mit dem Zu-sich-selbst-Kommen des Staates in dieser Epoche und der damit verbundenen sukzessiven Ablösung der Kirche aus dem Staatsverband. Nachdem gegenwärtig in Deutschland mit der Demokratie-Denkschrift das Verhältnis von Kirche und Staat kirchlicherseits hinreichend bestimmt und auf eine gute Arbeitsgrundlage gestellt worden ist, scheint es nun erforderlich zu sein, das kirchliche Selbstverständnis als parastaatliche Institution aufzugeben und sich als Forum zu präsentieren, auf dem sich die Menschen freiwillig engagieren, um gemeinsame Anliegen selbstständig zu kommunizieren und zu organisieren. Dazu vier Konkretisierungen.

In der Logik einer solchen zivilgesellschaftlichen Positionierung der Kirche liegt zunächst eine institutionelle Reform der Evangelischen Kirchen in Deutschland. Sie sollte das Ziel haben, die unteren Ebenen (Gemeinde und Dienste „vor Ort") einerseits und die oberen Ebenen (Kirchenleitung) andererseits zu stärken. Die gegenwärtigen kirchlichen Strukturen scheinen mir aber für eine zivilgesellschaftliche Positionierung ganz ungeeignet zu sein. Unsere evangelischen Landeskirchen bilden die territorialen Zustände Preußens und des Deutschen Reiches zwischen 1919 und 1933 ab mit dem Ergebnis, dass man auf 23 ‚mittleren Ebenen' ineffizient operiert und zivilgesellschaftlich und politisch wirkungslos bleibt. Die kirchliche ‚Kleinstaaterei'

---

[21] Alle Zitate sind den Grundsatzprogrammen der Parteien über deren Internetplattformen entnommen.

in Deutschland bedarf daher dringend einer durchgreifenden Reform. Man sollte endlich mit der Leuenberger Konkordie von 1973 Ernst machen und die bestehenden konfessionellen und landeskirchlichen Schranken überwinden zugunsten arbeitsfähiger kirchlicher Strukturen, die ein zivilgesellschaftliches Engagement auf unterer Ebene ebenso ermöglicht wie eine effiziente politische Vertretung der evangelischen Kirchen nach außen. Die bestehenden 23 landeskirchlichen Bürokratien sind abzubauen und die dabei einzusparenden Ressourcen zugunsten der Stärkung des geistlichen Lebens innerhalb der Kirchen zu nutzen.

Zivilgesellschaftliches Wirken bedeutet Engagement im Bereich zwischen Staat, Markt und Familie in einem Netzwerk von Initiativen, Zirkeln, Vereinen, Organisationen und Arenen, das Bereithalten von (temporären, projektbezogenen) Partizipationsmöglichkeiten und damit die Eröffnung von individuell motiviertem Engagement für das Ganze in der Brechung der je überschaubaren Lebenswelt. Darin sollten die Kirchen mitwirken und deshalb muss diese Ebene der zivilgesellschaftlichen Selbstorganisation gemeindlichen Lebens gestärkt und die finanzielle und administrative Gängelung durch kirchliche Bürokratien zurückgeschraubt werden. Auch das Öffentlichkeitsverständnis kirchlicher Arbeit ist nach wie vor zu ‚staatsnah' gedacht. Vielmehr hat man sich der inneren Differenziertheit und Vielzahl der Arenen zu stellen und in ihnen die befreiende Kraft des Evangeliums lebensweltlich konkret auszulegen. Das spezifisch *religiöse* Profil der Kirchen muss also ‚von unten' aufgebaut werden und sich in der Lebenswelt zwischen Politik und Markt einerseits und dem familial-privaten Bereich andererseits bewähren.

Im Blick auf die Wertevermittlung und Sozialarbeit haben die Kirchen in Deutschland kein Monopol und werden von Seiten des Staates und der Politik nicht mehr als Monopolisten angesehen. Politikwissenschaftler sagen uns, dass ein demokratischer Staat mit einem Minimum an Wertekonsens auskommt, der – was die Hochschätzung der Werte „Freiheit" und „Menschenwürde" und das Einüben von Partizipation angeht – auch zivilreligiös (also nicht unbedingt: konfessionell vorgeprägt) vermittelt werden kann. Denn die kirchlichen Wertkonzepte seien, so wird insbesondere der Katholischen Kirche vorgeworfen – immer konzeptualisiert und damit im Kern illiberal. Bei der Frage nach dem Beitrag der Kirchen zum Aufbau des sozialmoralischen Ethos stellt sich zugleich die Frage, welche Werte vermittelt werden sollen. Evangelischerseits kann es dabei nur um die aus dem Geist der Freiheit gelebte Religion gehen, die sich von lehramtlichen Vorgaben in puncto Spiritualität, Lebensführung und politischer Orientierung keine Vorschriften machen lässt. Im Fokus des Protestantismus steht die religiös sublimierte Idee der Selbstentfaltung, die sich lebensstilindifferent entfaltet. Es gilt dann zivilgesellschaftlich deutlich zu machen, dass die aus der Kraft des Glaubens heraus gelebte Freiheit den Menschen zu sich und seinen Möglichkeiten befreit, zu denen Toleranz dem

Andersglaubenden ebenso gehört wie die Bereitschaft zur Übernahme von Verantwortung in Lebenspartnerschaft, Lebenswelt, Beruf und Gesamtgesellschaft. Damit haben die evangelischen Kirchen die einzigartige Möglichkeit, sich einerseits zivilgesellschaftlich zu positionieren und insbesondere dort Partei zu ergreifen, wo das Freiheitsleben gefährdet ist. Andererseits können sie gleichzeitig zivilgesellschaftliche Foren bieten, auf dem die mit dem Freiheitsleben verbundenen Kollisionen von Interessen und Ansprüchen kommunikativ vermittelt werden.

Insbesondere in diesem Sinn haben gerade die evangelischen Kirchen als Kirchen aus dem Geist der Freiheit schließlich die Möglichkeit, am Aufbau einer friedlichen pluralen Religionskultur mitzuwirken, in der man zwischen den Konfessionen sowie mit Juden und Muslimen tolerant und dialogoffen miteinander umgeht. Auch diese tolerante Dialogkultur kann nicht von oben verordnet werden, sondern muss ‚von unten', in den Gemeinden samt ihren zivilgesellschaftlichen Netzwerken gelebt werden und sich bewähren. Gelingt dies in der Fläche, dürfte das nicht nur prägend für das demokratische Verfassungsleben sein, sondern auf Europa und die ganze Welt eine erhebliche Ausstrahlung haben.

Abschließend: Die zivilgesellschaftliche Positionierung wird der Kirche nur gelingen, wenn sie ihre spezifische Aufgabe im Unterschied zu anderen zivilgesellschaftlichen Akteuren darin erkennt, eine tolerante und friedliche Religionskultur aufzubauen, die den religiösen Bedürfnissen der Menschen in ihren Lebenswelten Rechnung trägt und zugleich die gesamtgesellschaftliche Relevanz und globale Ausstrahlung einer friedlichen Religionskultur wissenschaftlich, theologisch und politisch deutlich zu machen versteht. Dafür haben die Kirchen auch gute Chancen. Denn die Entflechtung staatlicher und kirchlicher Aktivitäten entlastet die Kirche von Regelungskompetenzen und -zwängen und macht sie frei für ihre religiösen Kernaufgaben. Das verschafft ihr im existenziellen Bereich wie im zivilgesellschaftlichen Diskurs mehr Spielräume und Wirkungsmöglichkeiten und, darauf wird es vor allem ankommen, personale und institutionelle Glaubwürdigkeit.

Toleranz als Botschaft des Christentums?

Auf den ersten Blick dürfte es so scheinen, als sei die im Titel gestellte Frage klar zu bejahen. Denn unstrittig ist, dass die großen Kirchen in Deutschland die negative und positive Religionsfreiheit des Grundgesetzes akzeptieren, die Gegenwart und Konkurrenz anderer Religionen billigen und das in Deutschland verbreitete Phänomen der Religionslosigkeit hinnehmen. Insoweit dürfte Toleranz aus christlicher Sicht als Ordnungsprinzip der Gesellschaft gelten.[1]

Bei näherem Hinsehen zeigt sich freilich, dass diese These der Präzisierung bedürftig ist. Denn mindestens zwei Einschränkungen sind anzubringen. *Einmal* ist daran zu erinnern, dass diese Haltung nicht selbstverständlich ist, sondern theologisch über einen längeren Zeitraum hinweg aufgebaut wurde. Darauf soll im ersten Teil dieses Beitrages näher eingegangen werden. *Zum anderen* ist zu notieren, dass sich im weltweiten Maßstab die These von der Toleranz des Christentums veruneindeutigt. Als Beispiele sei auf die tendenzielle Intoleranz der national gesinnten orthodoxen Kirchen ebenso verwiesen wie auf die politische Theologie der wiedergeborenen Christen in den USA oder auf die fundamentalistischen Abgrenzungsdiskurse evangelikaler Gemeinschaften, in denen die Wahrheit der Religion *gegen* die gesellschaftlichen Realitäten in Stellung gebracht wird. In diesem Milieu hat der Begriff „Fundamentalismus" seine historischen Wurzeln[2] und es sei daran erinnert, dass er ein *modernes* Phänomen bezeichnet, das grundsätzlich in *allen* Religionen identifiziert

---

[1] Vgl. exemplarisch die sogenannte Demokratie-Denkschrift der EKD „Der Staat des Grundgesetzes als Angebot und Chance" (1985), in: Die Denkschriften der Evangelischen Kirche in Deutschland, hg. vom Kirchenamt im Auftrage des Rates der Evangelischen Kirche in Deutschland, Bd. 2/4: Soziale Ordnung, Wirtschaft, Staat, Gütersloh 1982, 9–54. Darin findet sich ein ausdrückliches Bekenntnis zur Toleranz: „Toleranz ist ein grundlegendes Strukturmerkmal der freiheitlichen Demokratie." (24).

[2] Vgl. Martin Riesebrodt, Fundamentalismus als patriarchalische Protestbewegung. Amerikanische Protestanten (1910–28) und iranische Schiiten (1961–79) im Vergleich, Tübingen 1990; Ders., Die Rückkehr der Religionen. Fundamentalismus und der „Kampf der Kulturen", München ²2001; Thomas Meyer, Fundamentalismus – Aufstand gegen die Moderne, Reinbek 1991; Ders., Identitäts-Wahn. Die Politisierung des kulturellen Unterschieds, Berlin 1997; Gottfried Küenzlen, Sind nicht die Fundamentalismen der anderen das Problem, sondern womöglich auch die fundamentalistische Moderne selbst?, in: Fundamentalismus, hg. vom Verband evangelischer Missionskonferenzen, Hamburg 1995 (Jahrbuch Mission 1995), 1 ff.

werden kann.³ Die Frage nach der Toleranz im oder durch das Christentum kann daher nur *kontextbezogen* beantwortet werden. Denn in der christlichen wie in anderen Religionen gibt es innere Dispositionen sowohl für Intoleranz als auch für Toleranz. Daher bedarf es einer kontinuierlichen theologischen Vergewisserung der religiösen Quellen für Toleranz, die die in der Gegenwart gestellten Probleme einzubeziehen hat. Aus diesen Erwägungen ergibt sich die Gliederung dieses Beitrages. Zunächst werden die Toleranz begründenden Quellen des lateinischen Christentums vorgestellt (I), in einem zweiten Teil soll auf den gegenwärtigen philosophischen Toleranzdiskurs eingegangen werden (II), bevor abschließend die Frage beantwortet wird, ob und inwieweit Toleranz als Botschaft des Christentums gelten kann (III).

I. Theologische Quellen für das Toleranzdenken im lateinischen Christentum

1. Die römisch-katholische Kirche

Die scholastische Theologie des mittelalterlichen Katholizismus hatte ein gestuftes System von Toleranz gegenüber Anders- bzw. Nichtgläubigen entwickelt. Die Stufung bezog sich sowohl auf den Kreis der Adressaten kirchlichen Zwangs als auch auf die Zwangsausübung selbst. Im Folgenden seien die wesentliche Gesichtspunkte aus der *Summa Theologica* des Thomas von Aquin (1224/25– 1274) zusammengefasst:

Biblisches Fundament aller Argumente ist die allegorische Auslegung des in der Luther-Bibel sogenannten Gleichnisses *Vom Unkraut unter dem Weizen*⁴. Hier ergeht auf die Frage der Knechte, ob sie das mit dem Weizen wachsende Unkraut jäten sollen, die Antwort des Herrn: „Nein! Damit ihr nicht zugleich den Weizen mit ausrauft, wenn ihr das Unkraut ausjätet. Lasst beides miteinander wachsen bis zur Ernte."⁵ Diesem Wort entnimmt man die grundsätzliche Weisung, niemanden mit Gewalt zum Glauben zu zwingen. Allerdings werden einige Ausnahmetatbestände zur Geltung gebracht, die im Ergebnis intolerante Maßnahmen begründen. Grundlegend dafür ist die Differenzierung zwischen Ungläubigen, bei denen noch einmal zwischen Heiden und Juden unterschieden wird, den Häretikern und den Apostaten.

Gegenüber den *Heiden und Juden* wird festgestellt, dass ihr freier Wille nicht mit Zwangsmitteln zum Glauben gewendet werden kann. Mit Verweis auf die

---

³ Vgl. ARNULF VON SCHELIHA, Fundamentalistische Abgrenzungsdiskurse in Christentum und Islam, in: Identität durch Differenz. Wechselseitige Abgrenzungen in Christentum und Islam, hg. von HANSJÖRG SCHMID, ANDREAS RENZ, JUTTA SPERBER und DURAN TERZI, Regensburg 2007, 220 ff.
⁴ Mt 13,24–30.36–43.
⁵ Mt 13,28 f.

Geschichte vom großen Abendmahl[6] wird aber die Möglichkeit begründet, sie zu nötigen,[7] „dem Glauben nichts in den Weg zu legen, sei es durch Lästerungen oder durch bösartiges Zureden oder gar durch offene Verfolgungen"[8]. Diese Nötigung schließt, wie Thomas ausführt, auch die Option eines offenen Krieges ein, der aber nicht das Ziel hat, die Ungläubigen zum Glauben zu zwingen, sondern lediglich die Glaubenshindernisse zu beseitigen. Für den Fall, dass zwar die Hindernisse beseitigt worden sind, Heiden und Juden aber nicht zum Glauben kommen, kann deren Religionsausübung toleriert werden. Für den heidnischen Gottesdienst liegt dies im Ermessen der menschlichen Obrigkeit, die ihr Vorbild in der göttlichen Schöpfungsweisheit hat und daher, wenn es politisch opportun ist, „manche Übel [dulden kann], damit man sich nicht noch schlimmeren Übeln aussetze"[9].

Dagegen wird die Toleranz gegenüber dem jüdischen Ritus mit dem Hinweis begründet, dass in ihm die Wahrheit des christlichen Glaubens „vorgebildet war". Christen steht hier „im Bilde vor Augen [...], was wir glauben"[10]. Sie erkennen also das Eigene im Fremden wieder und das begründet Toleranz.

Den *Häretikern* gegenüber gilt das Prinzip der Nicht-Toleranz. Denn das Abweichen von der rechten Lehre und der von der Kirche verordneten frommen Praxis ist ein so schwerwiegendes Delikt, dass „die Häretiker, sobald sie der Häresie überführt sind, nicht nur aus der Gemeinschaft ausgeschlossen, sondern auch rechtens getötet werden"[11]. Die Tugend der Barmherzigkeit fordert zwar, dass die Kirche vor der Einleitung von Zwangsmaßnahmen zwei Warnungen ausspricht. Hält der Häretiker aber an seinem Irrtum fest, wird die Kirche ihn zum Schutz des Seelenheils der ihr anvertrauten Gläubigen durch Bannspruch von der Kirche absondern und einem weltlichen Gericht übergeben, „damit er durch den Tod von der Welt getilgt werde"[12]. Kehrt ein Häretiker nach erfolgter Mahnung seine Irrlehre widerrufend in den Schoß der Kirche zurück, nimmt sie ihn wieder zum Zwecke der Buße auf. Im Wiederholungsfalle aber führt auch die kirchliche Barmherzigkeit zum Todesurteil, denn die Ketzer werden „zwar wieder aufgenommen zur Buße, nicht aber so, daß sie von der Verurteilung zum Tode befreit werden"[13].

---

[6] Lk 14,15–24.

[7] „Und der Herr sprach zu dem Knecht: Geh hinaus auf die Landstraßen und an die Zäune und nötige sie hereinzukommen, dass mein Haus voll werde." (Lk 14, 23).

[8] Die Zitate aus der Summa Theologica des Thomas von Aquin werden hier nach der Deutschen Thomas-Ausgabe, Bd. 15, 1950 wiedergegeben. THOMAS, Summa Theologica II–II, q. 10, 8, 212.

[9] THOMAS, Summa Theologica Bd. II–II, q. 10, 11. 225.

[10] Ebd.

[11] THOMAS, Summa Theologica Bd. II–II, q. 11, 3, 241.

[12] THOMAS, Summa Theologica Bd. II–II, q. 11, 3, 242.

[13] THOMAS, Summa Theologica Bd. II–II, q. 11, 4, 246.

Ähnlich verhält es sich im Falle der *Apostasie*. Auch die Abtrünnigkeit vom einmal angenommenen Glauben ist eine schwere Verletzung der Gott gegenüber eingegangenen Pflichten und sanktionsbewehrt[14], weil vom Apostaten zu vermuten ist, dass er andere Seelen der Kirche abspenstig machen will. Daher sind „solche [...] auch mit körperlichen Mitteln zu nötigen, zu erfüllen, was sie versprochen, und festzuhalten, was sie ein für alle Mal angenommen haben"[15].

Wie ist das mit dem „Toleranz-Gleichnis" vom *Unkraut unter dem Weizen* zu vereinbaren? Es wird argumentiert, dass durch das Unkraut der Apostaten und Ketzer der gesunde Weizen zu Schaden käme, würden beide gemeinsam wachsen und wuchern. Daher ist in *diesem* Fall das vorzeitige Jäten des Unkrautes nicht nur erlaubt, sondern auch geboten.[16] Der tiefste Grund für die religiöse Intoleranz liegt also, wie Perry Schmidt-Leukel zutreffend herausgearbeitet hat, in der Sorge um das Seelenheil der der Kirche anvertrauten Gläubigen.[17]

Es zeigt sich, dass es im mittelalterlichen Katholizismus ein gestuftes System von Toleranz und Zwang gegenüber Nicht- und Andersglaubenden gab, das strukturell dem Toleranzsystem im Islam nicht unähnlich, inhaltlich jedoch anders positioniert ist. Beiden Religionen ist gemeinsam, dass Apostaten und Ketzern drakonische Maßnahmen drohen. Während aber die Christen Juden und Heiden in gestufter Weise tolerieren können, bekundet der Islam Toleranz gegenüber den „Leuten der Schrift", also Juden und Christen, während gegen die „Heiden" Zwangsmaßnahmen möglich sind.[18]

Die Grundlinien dieser Argumentation des Thomas[19] sind im Prinzip bis weit in das 20. Jahrhundert hinein in Geltung geblieben. So heißt es beispielsweise in der zweiten Auflage des *Lexikons für Theologie und Kirche* apodiktisch: „Die kath. Kirche u. der Katholik sind [...] absolut intolerant wegen des Anspruchs, die absolut u. allein wahre Religion zu haben [...] Die Verwerfung der innerchristl. Häresie von der Urzeit her ist der schärfste Ausdruck dieser wesensnotwendigen theoret. Intoleranz."[20] Ausdrücklich wird festgehalten,

---

[14] Vgl. THOMAS, Summa Theologica Bd. II–II, q. 12, 12, 253 f.

[15] THOMAS, Summa Theologica Bd. II–II, q. 10, 8, 213.

[16] Vgl. THOMAS, Summa Theologica Bd. II–II, q. 11, 3, 243.

[17] Vgl. PERRY SCHMIDT-LEUKEL, Ist das Christentum notwendig intolerant?, in: Toleranz: Philosophische Grundlagen und gesellschaftliche Praxis einer umstrittenen Tugend, hg. von RAINER FORST, Frankfurt a. M. 2000, 177–213.

[18] Vgl. ADEL THEODOR KHOURY, Toleranz im Islam, Altenberge ²1986.

[19] Dass die Bestimmung des Begriffs der Toleranz, seine philosophisch-theologische Begründung und ihre lebenspraktische Umsetzung im Mittelalter durchaus gegenläufig waren, dokumentiert der Band: Toleranz im Mittelalter, hg. von ALEXANDER PATSCHOVSKY/HARALD ZIMMERMANN, Sigmaringen 1998.

[20] A. STRUCKER, Art. Duldung, religiöse, in: LThK Bd. III, Freiburg i. B. 1931, Sp. 483–486, 483.

dass daher der „Glaubensstaat für das Ideal"[21] gehalten wird, um diese Position durchzusetzen. Innerhalb ihres kirchlichen Einflussbereiches „muss" die katholische Kirche „die freiwillige Ablösung von ihr durch Schisma, Häresie u. Apostasie als unrechtmäßig ansehen; dadurch sind Zwangsmaßnahmen gegen die Personen gerechtfertigt"[22]. Diese Haltung begründet ein problematisches Spannungsverhältnis zum modernen Verfassungsstaat, das Papst Pius XII. (1876/ 1939–1958) in seiner Rede *Die religiöse Toleranz in einer Staatengemeinschaft* durch einen argumentativen Spagat zu überbrücken versucht hat. Der Papst setzt dabei zwei Prinzipien in ein sich wechselseitig kontrollierendes Verhältnis. Das erste Prinzip ist die autoritative Durchsetzung der religiösen Wahrheit, der die Kirche und jeder Katholik verpflichtet sind. „Was nicht der Wahrheit und dem Sittengesetz entspricht, hat objektiv kein Recht auf Dasein, Propaganda und Aktion."[23] Dieser Intoleranz wird ein zweites Prinzip gegenübergestellt, nämlich das friedliche Miteinander in der Völkergemeinschaft auf der Basis eines Völkerrechtes. Dieses Prinzip repräsentiert das höhere Gut, so dass um seinetwillen religiöse Pluralität und „Toleranz unter bestimmten Umständen"[24] erlaubt sind. Daraus folgt für den katholischen Juristen und Staatsmann, dass „die Pflicht, sittliche und religiöse Verirrungen zu unterdrücken [...] keine letzte Norm des Handelns sein [kann]. Sie muss höheren und allgemeineren Normen untergeordnet werden, die [...] es [...] als den besseren Teil erscheinen lassen, den Irrtum nicht zu verhindern, um ein höheres Gut zu verwirklichen."[25] Die Verordnung des Friedens vor der dogmatischen Intoleranz ist also das Ergebnis einer sittlichen Abwägung, die kontextbezogen gilt.[26]

Eine fundamentale Veränderung zur Toleranz vollzieht das Zweite Vatikanische Konzil mit seiner 1965 verabschiedeten *Erklärung über die Religionsfreiheit* (*Dignitas Humanae Personae*), die Toleranz nicht mehr als mögliches Ergebnis einer politisch-moralischen Abwägung vorstellt, sondern als den in der Würde der menschlichen Person direkt begründeten Regelfall. Zwar geht man noch immer davon aus, dass die „einzige wahre Religion [...] in der katholischen,

---

[21] STRUCKER, Art. Duldung, religiöse, Sp. 484.
[22] Ebd.
[23] PIUS XII, Die religiöse Toleranz in einer Staatengemeinschaft, in: Aufbau und Entfaltung des gesellschaftlichen Lebens. Soziale Summe Pius XII, Bd. II, hg. von ARTHUR FRIEDOLIN UTZ und JOSEPH-FULKO GRONER, Freiburg/Schweiz² 1954, Nr. 3978.
[24] A. a. O., Nr. 3984.
[25] A. a. O., Nr. 3977.
[26] Ausdrücklich weist der Papst darauf hin, dass diese Abweichung das Ergebnis einer Lagebeurteilung und Abwägung ist. „In solchen Einzelfällen ist die Haltung der Kirche vom Schutz und von der Rücksichtnahme auf das Bonum commune, das Gemeinwohl der Kirche und des Staates in den verschiedenen Staaten einerseits und andererseits das Gemeinwohl der universalen Kirche des Reiches Gottes auf der ganzen Erde, bestimmt." (A. a. O., Nr. 3984).
[27] Erklärung über die Religionsfreiheit, in: Das Zweite Vatikanische Konzil. Konstitutionen, Dekrete und Erklärungen Teil II, Freiburg i. B. 1967, Artikel 2, 715.

apostolischen Kirche"²⁷ verkörpert ist. Aus dieser dogmatischen Einsicht wird aber nicht mehr Intoleranz abgeleitet. Vielmehr erfolgt auf der Basis einer naturrechtlichen Argumentation eine ausführliche Begründung der negativen und positiven Religionsfreiheit, die individuellen, institutionellen und kollektiven Zwang von der Religion fernhält und die Möglichkeit zur freien religiösen Bildung des Einzelnen unter Außenstützung entsprechender Institutionen einfordert. Bemerkenswert ist, dass auch für den Binnenraum der Kirche die Fälle von Häresie und Apostasie nicht eigens erörtert werden. Vielmehr wird eingeschärft, „daß der Mensch freiwillig durch seinen Glauben Gott antworten soll, daß dementsprechend niemand gegen seinen Willen zur Annahme des Glaubens gezwungen werden darf. Denn der Glaubensakt ist seiner Natur nach ein freier Akt"²⁸. Zu Recht hat Ernst-Wolfgang Böckenförde darauf aufmerksam gemacht, dass die römisch-katholische Kirche erst mit dieser „Erklärung über die Religionsfreiheit" die Gewissensfreiheit allgemein zugestanden und ein positives theologisches Verhältnis zur modernen Gesellschaft und zum säkularen Verfassungsstaat mit den durch ihn ermöglichten Freiheiten aufgebaut hat.²⁹

2. Das reformatorische Christentum

Für die reformatorische Theologie stellte sich, historisch betrachtet, das Problem der Toleranz völlig anders als für die katholische Tradition, weil man der Kirche gegenüber auf die Freiheit des Gewissens und auf die Duldung des von der Kirchenlehre abweichenden Verständnisses der christlichen Wahrheit abstellte. Es sei hier nur knapp an Martin Luthers berühmte Worte auf dem Wormser Reichstag erinnert, mit denen er sich gegenüber der obrigkeitlichen und kirchlichen Macht auf die Heilige Schrift und die Vernunftgründe bezieht und sein Gewissen als exklusive Instanz der Bewahrheitung des Glaubens namhaft macht. Hier allein entfaltet die göttliche Wahrheit ihre bindende

---

²⁸ Erklärung über die Religionsfreiheit, Artikel 10, 733 ff.
²⁹ Vgl. dazu ERNST-WOLFGANG BÖCKENFÖRDE, Einleitung zur Textausgabe der ‚Erklärung über die Religionsfreiheit' (1968), in: DERS.: Kirche und christlicher Glaube in den Herausforderungen der Zeit. Beiträge zur politisch-theologischen Verfassungsgeschichte 1957–2002, Münster 2004, 231–246. Dagegen stellen die dogmatischen Kommentare zum Konzilstext auf die Kontinuität der römischen Lehrentwicklung ab. Aber Feststellungen wie die, „daß die Lehre von *Dignitatis humanae* völlig im Rahmen der Tradition liegt" (JOHN COURTNEY MURRAY, Zum Verständnis der Entwicklung der Lehre der Kirche über die Religionsfreiheit, in: Die Konzilserklärung über die Religionsfreiheit, hg. von JÉRÔME HAMER und YVES CONGAR, Paderborn 1967, 125–165, 163), sind angesichts der faktisch vollzogenen Brüche als abwegig zu bezeichnen. Vgl. dazu auch die Ausführungen des römisch-katholischen Dogmatikers GEORG ESSEN, Sinnstiftende Unruhe im System des Rechts. Religion im Beziehungsgeflecht von modernem Verfassungsstaat und säkularer Zivilgesellschaft, Göttingen 2004, 19 ff. Essen verweist darauf, dass einige CSU-Abgeordnete im Parlamentarischen Rat gegen das Grundgesetz gestimmt hätten, weil es mit seinen Prinzipien der Volkssouveränität und den grundrechtlichen Freiheiten nicht im Einklang mit dem damaligen römisch-katholischen Staatsverständnis gestanden habe.

Wirkung, so dass „contra conscientiam agere neque tutum neque integrum sit"[30]. Das Zitat zeigt an, dass es der reformatorischen Theologie nicht allein um die Forderung nach bloßer Koexistenz des neuen mit dem alten Glauben ging, sondern um Toleranz aus Prinzip. Zu dessen Begründung lassen sich zwei Argumentationsstränge voneinander unterscheiden.

Die *erste* und sozialethische Begründung ist eine Konsequenz aus Martin Luthers Lehre von den beiden Regierweisen Gottes. Nach dieser Lehre hat Gott die weltliche Obrigkeit eingesetzt und mit der Aufgabe betraut, durch das Gesetz – und nötigenfalls auch mit dem Schwert – für Recht und Ordnung zwischen den Menschen zu sorgen, den Frieden zu erhalten und die Verbrecher zu strafen. Als biblische Hauptbelege dafür gelten Römer 13, 1–7 und 1. Petr. 2, 13–14, die vorzüglich von den Christen Gehorsam dieser weltlichen Obrigkeit gegenüber verlangen. Daneben steht Gottes geistliches Regiment, das um den inneren Menschen, seine Seele und ihr ewiges Heil bekümmert ist. Hier regiert Gott durch sein von der Kirche verkündigtes Wort, das den Menschen überzeugen und zum Glauben führen soll. An Wort und Geschichte Jesu Christi wird dabei deutlich, dass dieses Regiment vollkommen gewaltfrei ausgeübt wird, weil „Christus on zwang un drang on gesetz und schwerd eyn frey willig volk haben sollt"[31]. Die Differenz von „Gesetz" und „Wort" ermöglicht eine klare Kompetenzabgrenzung zwischen weltlichem und geistlichem Regiment. Die Macht der Obrigkeit erstreckt sich nur „uber leyb und gutt und was eußerlich ist auf erden"[32]. Geht sie darüber hinaus, „greyfft sie Gott ynn seyn regiment und verfuret und verderbet die seelen"[33]. Denn weil die Seele „auß aller menschen hand genomen und alleyne unter Gottis gewallt gestellet"[34] ist, ist es „umb sonst unnd unmüglich [...] yemant zu gepieten oder zu zwingen mit gewallt, sonst oder so zu glewben"[35]. Die göttliche Wahrheit gehorcht also einer gänzlich anderen Sach- und Vollzugslogik als die zwangsbewehrte Gewalt menschlicher Institutionen. Zum Glauben kann daher niemand gezwungen werden. Auch Unglaube und Ketzerei sind zu tolerieren. „Denn ketzerey kan man nymer mehr mitt gewalt weren. [...] Gottis wort soll hie streytten, wenns das nicht auß richt, tzo wirtts wol unaußgericht bleyben von welltlicher gewallt"[36]. Zum Heil der Seele gehört eine vollständige Kongruenz von Form und Inhalt des Heilsvollzuges. Daher schließen Glaube und Gewalt einander aus.

---

[30] Die Zitate aus Luther werden hier nach der Weimarer Ausgabe [WA] wiedergegeben. MARTIN LUTHER, Wormser Reichstag, WA 7, 1897, WA 7, 814 (838).
[31] MARTIN LUTHER, Von weltlicher Obrigkeit, WA 11, 1900, 229 (253).
[32] A.a.O., 262.
[33] Ebd.
[34] A.a.O., 263.
[35] A.a.O., 264.
[36] A.a.O., 268.

Auf die *zweite* und dogmatische Argumentation zur Begründung von Toleranz hat Gerhard Ebeling aufmerksam gemacht.[37] Er bezieht sich auf eine Passage in Martin Luthers *Disputatio de iustifiactione*, in der der Begriff der „Toleranz Gottes" als Schlüsselbegriff der Rechtfertigungslehre dient.[38] Danach gründet die Rechtfertigung des sündigen und gottlosen Menschen in der „Toleranz und Weisheit Gottes"[39], der um eines höheren Zieles, nämlich um seines künftigen Reiches willen, den Gottlosen und seine üblen Werke nicht verstößt und bestraft. Gott erträgt das Böse in der Welt wie man eine Krankheit erträgt, um dennoch weiter zu leben[40] oder wie eine weise Regierung um des guten Friedens willen auch einem unredlichen Bürger das Bürgerrecht belässt.[41] Diese göttliche Toleranz gilt auch denen, die schon glauben. „Auch gegen die Kirche und seine Heiligen auf Erden übt er eine ähnliche Geduld (*tolerantia*) und Güte, denn er erträgt (*tolerat*) sie und erhält sie, weil sie Erstlinge seiner Schöpfung unter uns sind, und erklärt sie schließlich auch für gerecht und Kinder seines Reiches."[42] Der Gerechtfertigte ist nicht effektiv gerecht, sondern „in der Bewegung und im Lauf nach der Gerechtigkeit"[43], also zugleich noch Sünder.[44] Die göttliche Toleranz bezieht sich auf den Gottlosen ebenso wie auf den Gerechtfertigten. Im Kern leben also alle Menschen von der Toleranz Gottes und daraus ist die sittliche Forderung nach Toleranz zwischen den Menschen abzuleiten. Weil Gott allein Richter ist, kann es kein menschliches Urteil geben, das an die Stelle seines Urteils treten könnte. Es gibt vielmehr eine Solidarität zwischen den Menschen als Sünder, die eine wechselseitige Maßregelung nicht gestattet, sondern den Anderen in Liebe duldet.[45] Toleranz in diesem Sinne ist ein Abbild der Toleranz Gottes mit dem Sünder.

---

[37] Vgl. GERHARD EBELING, Die Toleranz Gottes und die Toleranz der Vernunft (1981), in: Glaube und Toleranz. Das theologische Erbe der Aufklärung, hg. von TRUTZ RENDTORFF, Gütersloh 1982, 54–73.

[38] „So darf man weder die Person des Gottlosen, der sich um Gerechtigkeit müht, noch die Schönheit seines Werkes ansehen, sondern die unbegreifliche Geduld (*tolerantia*) und Weisheit Gottes, der das geringere Übel trägt, damit nicht durch ein größeres Übel alles vernichtet werde" (MARTIN LUTHER, Thesenreihe über Römer 3,28, WA 39/I, 1926, 82 (82) These 13f. (Übersetzung von KURT ALAND).

[39] „tolerantiam et sapientiam Dei" (LUTHER, Thesenreihe über Römer 3,28, WA 39/I, 1926, 82 (82) These 14).

[40] Vgl. a.a.O., 82, These 15.

[41] Vgl. a.a.O., 83, These 19.

[42] A.a.O., 83, Thesen 21 f. (Übersetzung von Kurt Aland).

[43] A.a.O., 83, These 23 (Übersetzung von Kurt Aland).

[44] Vgl. a.a.O., 83, These 24.

[45] „[…] quantum ipsi amplificent charitatem et concordiam, Nos dei verbum. Ibi nihil concessum. Sed in charitate omnia volumus tolerare et credere. Quid nocet, quod alius me bescheisset? Das schad mir nichts." (Martin Luther, In epistolam S. Pauli ad Galatas Commentarius, WA 40/II, 1914, 12–184, (47), 12–48, (2)).

Diese dogmatische Begründung des Toleranzgedankens ist von Theologen der Gegenwart unterschiedlich durchgeführt worden. Gerhard Ebeling[46] und Christoph Schwöbel[47] verorten den Grund der Toleranzidee in der Rechtfertigungslehre und betonen im Anschluss an Luther deren harmatiologischen Kern. Für Ernst Wolf fällt die Toleranz „in den Bereich der Heiligung"[48]. Martin Honecker begründet die Toleranz eschatologisch, weil die Wahrheit nicht Besitz, sondern Verheißung ist.[49] Für Gerhard Sauter ist Toleranz in der „trinitarischen Struktur der christlichen Theologie"[50] fundiert. Diese ans Kuriose grenzende Bandbreite von Möglichkeiten zeigt, wie unproblematisch für die reformatorische Theologie Gewissensfreiheit und Toleranz sind, denn bei den genannten Variationen handelt es sich um Differenzen, die für die Sachhaltigkeit der vorgetragenen Argumentation keinerlei Konsequenzen haben. Man kann daher die reformatorische Begründung von Toleranz so zusammenfassen, dass zum Inhalt des christlichen Glaubens auch die Art seines Zustandekommens gehört. Die Rechtfertigung des Sünders durch den barmherzigen Gott, der die Sünde des Menschen erträgt und sie ihm in Jesus Christus nicht anrechnet, wird dem Menschen *nur* von Gott her im Glauben erschlossen, so dass das einzelne Gewissen freigestellt ist gegenüber allen menschlichen Machtansprüchen, kirchlicher Indoktrination oder obrigkeitlicher Zwangsgewalt.

Die im reformatorischen Denken vorliegende prinzipielle Vorordnung der Gewissensfreiheit gegenüber der Obrigkeit ist im späten 19. Jahrhundert von Georg Jellinek (1851–1911) zur Grundlage jener ideengeschichtlichen Konstruktion erhoben worden, nach der das moderne Menschenrechtsdenken aus der reformatorischen Gewissens- und Religionsfreiheit hervorgegangen sei.[51] Wie immer das ideengeschichtliche Konstrukt Jellineks zu beurteilen ist, gegenwärtig wird der methodische und „konzeptuelle Zusammenhang"[52] von Gewissensfreiheit und Toleranz von Autoren von Böckenförde[53] bis Habermas

---

[46] Vgl. GERHARD EBELING, Die Toleranz Gottes und die Toleranz der Vernunft, 54–73.

[47] Vgl. CHRISTOPH SCHWÖBEL, Toleranz aus Glauben. Identität und Toleranz im Horizont religiöser Wahrheitsgewissheiten, in: DERS., Christlicher Glaube im Pluralismus. Studien zu einer Theologie der Kultur, Tübingen 2003, 217–243.

[48] ERNST WOLF, Toleranz nach evangelischem Verständnis, in: Zur Geschichte der Toleranz und Religionsfreiheit, hg. von HEINRICH LUTZ, Darmstadt 1977, 135–154, 154.

[49] MARTIN HONECKER, Grundriß der Sozialethik, Berlin/New York 1995, 705.

[50] GERHARD SAUTER, Wahrheit und Toleranz, in: Glaube und Toleranz, hg. von TRUTZ RENDTORFF, Gütersloh 1982, 128–137, 137.

[51] Vgl. GEORG JELLINEK, Die Erklärung der Menschen- und Bürgerrechte (1895), in: Zur Geschichte der Erklärung der Menschenrechte, hg. von ROMAN SCHNUR, Darmstadt ²1974, 1–72.

[52] JÜRGEN HABERMAS, Religiöse Toleranz als Schrittmacher kultureller Rechte, in: DERS., Zwischen Naturalismus und Religion: Philosophische Aufsätze, Frankfurt a. M. 2005, 258–278, 260.

[53] ERNST-WOLFGANG BÖCKENFÖRDE, Das Grundrecht der Gewissensfreiheit, in: DERS., Staat, Verfassung, Demokratie. Studien zur Verfassungstheorie und zum Verfassungsrecht, Frankfurt am Main ²1992, 200–263.

immer wieder hervorgehoben. Gleichwohl muss der historischen Wahrheit Raum gegeben werden, denn auch im reformatorischen Lager ist es zu Ausbrüchen von Intoleranz gekommen. Martin Luther hat das gewaltsame Vorgehen gegen die aufständischen Bauern auch damit begründet, dass sie „die aller grosten Gotteslesterer und schender seynes heyligen namen"[54] seien. In Genf hat Johannes Calvin mit der Hinrichtung des Antitrinitariers Michel Servet den ersten religiösen Mord der Reformation begangen. In der Reformationszeit wurde die Freiheit des Gewissens vor allem mit der göttlichen Zuständigkeit für das Seelenheil und mit der Worthaftigkeit des Glaubens begründet, aber (noch) nicht als individuelles Menschen- oder Grundrecht begriffen.

II. Aspekte des gegenwärtigen philosophischen Diskurses

Nach dieser grundsätzlichen theologischen Klärung sollen aus dem aktuellen philosophischen Diskurs zum Toleranzbegriff[55] vier Aspekte hervorgehoben werden, bei denen eine weitreichende Übereinstimmung festzustellen ist. Sie bilden gewissermaßen den Horizont für die Beantwortung der Frage nach dem Beitrag des christlichen Verständnisses von Toleranz in der Gegenwart.

1. Multikulturelle Vervielfältigung des Toleranzbedarfs

Unter dem Vorzeichen von Migration und Globalisierung ergibt sich ein erhöhter Toleranzbedarf, der den paradigmatischen Fall von Toleranz, das Dulden des Nebeneinanders unterschiedlicher Religionen, erheblich verkompliziert hat. Der Begriff bezieht sich, wie die amerikanische Philosophin Wendy Brown feststellt, nicht mehr nur auf den Schutz divergierender Überzeugungen, sondern „auf ein Ethos und eine Praxis des Zusammenlebens von Menschen verschiedenster Hautfarben, Ethnien, Kulturen und sexueller Praktiken"[56]. Die Schnittstellen verlaufen nicht mehr, wie in den klassischen Toleranztheorien bis zum Kommunitarismus noch unterstellt, zwischen fest umrissenen sozialen Größen, sondern im Nahbereich des individuellen Lebens. Michael Walzer stellt pointiert fest: „Toleranz beginnt nun schon in

---

[54] MARTIN LUTHER, Wider die räuberischen und mörderischen Rotten der Bauern, WA 18, 1908, 357 (358).

[55] Die gründlichste philosophische Analyse des Toleranzbegriffs hat RAINER FORST (Toleranz im Konflikt. Geschichte, Gehalt und Gegenwart eines umstrittenen Begriffs, Frankfurt a. M. 2003) vorgelegt. Auf die von Forst vorgetragene Begründung kann in diesem Rahmen nicht eingegangen werden.

[56] WENDY BROWN, Reflexionen über Toleranz im Zeitalter der Identität, in: Toleranz. Philosophische Grundlagen und gesellschaftliche Praxis einer umstrittenen Tugend, hg. von RAINER FORST, Frankfurt a. M./New York 1999, 257–281, 259.

der Familie, wo wir Frieden schließen müssen mit der ethnischen, religiösen und kulturellen Zugehörigkeit unserer Ehepartner, unserer Schwiegersöhne und -töchter, unserer Kinder und auch mit unserem eigenen zusammengesetzten oder geteiltem Selbst."[57] Daraus folgt, dass Toleranz vor allem als Tugend einzuschätzen ist, die sich vorzüglich in der Lebenswelt zu bewähren hat.[58]

2. Das Recht als Rahmen von Toleranz

Konsens herrscht darüber, dass das freiheitliche Recht diejenige Institution ist, die die Rahmenbedingungen für eine plurale Toleranzkultur bereitstellt.[59] Seine Aufgabe besteht in der gesetzlichen Regulierung des friedlichen Zusammenlebens freier Menschen. Insofern kann man sagen, dass die „rechtsstaatliche Freiheitsordnung [...] eine Ordnung institutionalisierter Toleranz"[60] ist. Außerhalb der Duldung stehen damit solche Positionen, die *mit Gewalt* die freiheitliche Rechtsordnung zu kontaminieren trachten. Freilich ist damit das Thema Toleranz nicht erledigt, was durch zwei Überlegungen gezeigt werden kann.

Einmal ist zu notieren, dass die nationalen Rechtssysteme aufgrund kultureller, rechtsgeschichtlicher und rechtsdogmatischer Gewichtungen die Grenzen von Toleranz unterschiedlich bestimmen, wie Winfried Brugger am Beispiel der „Hassrede" eindrucksvoll in seinen vergleichenden Beobachtungen zum deutschen und amerikanischen Recht vorgeführt hat.[61] „In den USA ist die Meinungsfreiheit in aller Regel [...] das gegenüber anderen Interessen und Verfassungswerten vorrangige Recht. In Deutschland dagegen ist Persönlichkeitsschutz und dahinter stehende Menschenwürde wichtiger. Bei deren Verletzung, bei Formalbeleidigung und Schmähung und unwahren Behauptungen tritt die Freiheit der Rede zurück."[62] Insofern erweist sich auch das

---

[57] MICHAEL WALZER, Über Toleranz. Von der Zivilisierung der Differenz, Hamburg 1998, 107.

[58] Vgl. OTFRIED HÖFFE, Toleranz: Zur politischen Legitimation der Moderne, in: Toleranz. Philosophische Grundlagen und gesellschaftliche Praxis einer umstrittenen Tugend, hg. von RAINER FORST, Frankfurt a. M./New York 1999, 60–76.

[59] Vgl. dazu HELMUT GOERLICH, Glaubens- und Religionsfreiheit in „Zeiten des Multikulturalismus" in völker-, europa- und verfassungsrechtlicher Sicht – oder vom Staatskirchenrecht zu einem allgemeinen Religionsrecht?, in: CHRISTOPH ENDERS/MICHAEL KAHLO (Hg.), Toleranz als Ordnungsprinzip. Die moderne Bürgergesellschaft zwischen Offenheit und Selbstaufgabe, Paderborn 2007, 207–234.

[60] CHRISTOPH ENDERS, Toleranz als Rechtsprinzip? – Überlegungen zu den verfassungsrechtlichen Maßgaben anhand höchstrichterlicher Entscheidungen, in: CHRISTOPH ENDERS/MICHAEL KAHLO (Hg.), Toleranz als Ordnungsprinzip. Die moderne Bürgergesellschaft zwischen Offenheit und Selbstaufgabe, Paderborn 2007, 243 ff., 243 (245).

[61] Vgl. WINFRIED BRUGGER, Verbot oder Schutz der Haßrede. Rechtsvergleichende Beobachtung zum deutschen und amerikanischen Recht, in: AöR 128 (2003), 372–412.

[62] A. a. O., 380.

Rechtssystem als kontextbezogen und die Bestimmung der Grenzen der Toleranz als rechtsspezifisch differenzierungsbedürftig.

Sodann wird registriert, dass sich innerhalb von Recht und Toleranz Formen von Diskriminierungen einstellen können und zwar dort, wo angesichts realer Machtverhältnisse „das Objekt der Toleranz [...] gerade dadurch, daß es toleriert wird, so konstruiert [wird], als sei es marginal, unterlegen, anders, als stünde es außerhalb der Gemeinschaft"[63], sei fremd, ja feindlich. Dabei handelt es sich um einen Sachverhalt, den schon Herbert Marcuse als „repressive Toleranz" bezeichnet hatte.[64] Dieser Fall stellt sich insbesondere dort ein, wo Toleranz bloß als eine „Art des lieblosen Lebens und Leben-Lassens"[65] verstanden wird und asymmetrische gesellschaftliche Machtkonstellationen den Anderen auf seine Andersheit festlegen. Inzwischen ist durch das im EU-Recht verankerte Diskriminierungsverbot rechtliche Abhilfe geschaffen worden, aber mit ihrer institutionellen und lebensweltlichen Umsetzung verbindet sich die bleibende Aufgabe, subkutane Prozesse sozialer Exklusion aufzuspüren.

3. Der überrationale Charakter des Anderen und die Bedeutung der Religionen

Der wachsende Toleranzbedarf wird auch durch die Einsicht begründet, dass die Gründe für das Anderssein des Anderen nur teilweise rationalisierbar und daher bloß partiellen Übersetzungsleistungen zugänglich sind. Bekanntlich vertritt Jürgen Habermas die These, dass nur das- oder derjenige Gegenstand der Duldung sein kann, der für seine Position vernünftige Gründe geltend machen kann, die nicht nur subjektiv für gut gehalten werden, sondern „öffentlich als legitim gelten dürfen"[66]. Dieses hochnormative Toleranzverständnis läuft aber auf ein Diktat der öffentlichen Vernunft hinaus, die dem überrationalen Charakter der religiösen, ethischen und kulturellen Differenzen nicht gerecht wird. Gerade in liberalen Konzeptionen, in denen zwischen Gerechtigkeit und Gutem unterschieden und die Wahl des Guten der Option des Einzelnen anheimgestellt wird, wird darauf Wert gelegt, dass den darin wirksamen überrationalen Motiven und Handlungsweisen Anerkennung entgegen zu bringen ist. Das aber bedeutet, dass man sie nicht nur in einer formal-vernünftigen Weise gleichbehandeln kann, sondern ihnen auch lebensweltliche Entfaltungsmöglichkeiten einräumen muss, damit sie bei Wahrung der Gleichheit aller jeweils in ihrer Andersheit zur Geltung und Anerkennung gebracht wer-

---

[63] BROWN, Reflexionen über Toleranz, 260 f.
[64] Vgl. HERBERT MARCUSE, Kritik der reinen Toleranz, Frankfurt a. M. 1966, 101 f.
[65] MARTHA C. NUSSBAUM, Toleranz, Mitleid und Gnade, in: Toleranz: Philosophische Grundlagen und gesellschaftliche Praxis einer umstrittenen Tugend, hg. von RAINER FORST, Frankfurt a. M. 1999, 144–161, 160.
[66] HABERMAS, Religiöse Toleranz als Schrittmacher kultureller Rechte, 265.

den können. In diesem Zusammenhang wird – im Blick auf das Religionsrecht – oft der Laizismus kritisiert, der zugunsten einer egalitären Freiheitsidee die Bedeutung der überrationalen Differenzfaktoren unterschätzt. Daher hat Rainer Forst den Begriff der Toleranz als „Respekt-Konzeption qualitativer Gleichheit" ausgelegt, der „zufolge die Bürger einander als rechtlich-politisch gleichberechtigte und doch ethisch unterschiedliche Personen anerkennen und sehen, dass aus ethischen Unterschieden besondere rechtliche Anerkennungsformen folgen können – sofern dies reziprok-allgemein mit dem Verweis auf gleiche Chancen, ethisch-kulturelle Identitäten auszubilden bzw. zu erhalten [...], zu rechtfertigen ist"[67].

Als Paradigmen für die Überrationalität der Andersheit gelten noch immer die Religionen, weil in ihnen religiöse Gewissheit, ethnische Abkünftigkeit, kulturelle Traditionen und sittliche Bindung des Gewissens ineinander liegen und sie entsprechenden Toleranzbedarf erzeugen, wenn sie innerhalb einer Religionskultur zu stehen kommen. Als kulturelle Sinngebilde folgen sie nicht der gleichen Rationalität wie die Gerechtigkeit und die Freiheit, die als Fundament des Rechts gelten. Aber zugleich sind sie wegen ihrer individuellen und gesellschaftlichen Prägekraft für die Begründung von und die Bildung zur Toleranz wichtig und unverzichtbar, weil sich in der Religionskultur eben auch wesentliche Klärungen für das Selbstverständnis der Gesamtgesellschaft vollziehen. Drei Aspekte seien angeführt:

a) Einmal sind die Religionen in ihrer Geschichte selbst Subjekte und Objekte von Toleranz und Intoleranz gewesen.[68] Aus der Vergegenwärtigung dieser religiösen Erinnerungen lässt sich die leid- und wechselvolle Geschichte der Durchsetzung von Toleranz entnehmen und für die Gegenwart aufbereiten.

b) Wegen der lebensgeschichtlichen und kulturellen Prägekraft der Religionen entzünden sich noch immer strittige Grenzfälle an religiösen Themen, gerade in einer Rechtskultur wie der unseren, die den Religionen viel zutraut und daher der positiven Religionsfreiheit erheblichen Raum gibt.[69] In diesem Rahmen kollidieren gelegentlich – anders als innerhalb laizistischer Rechtsordnungen – religiöse Riten und Ausdrucksformen miteinander oder mit den Ansprüchen Anderer (z. B. des Staates) und lösen dadurch Konflikte aus. Daher können von einer innerlich pazifizierten Religionskultur wichtige

---

[67] Vgl. FORST, Toleranz im Konflikt, 697. Zum Begriff der Anerkennung vgl. LUDWIG SIEP, Toleranz und Anerkennung bei Kant und im Deutschen Idealismus, in: CHRISTOPH ENDERS/MICHAEL KAHLO (Hg.), Toleranz als Ordnungsprinzip. Die moderne Bürgergesellschaft zwischen Offenheit und Selbstaufgabe, Paderborn 2007, 177–194.

[68] Vgl. zur Geschichte der Juden in Deutschland JÖRG BERKEMANN, Die Emanzipation der deutschen Juden und der Begriff der Toleranz, in: CHRISTOPH ENDERS/MICHAEL KAHLO (Hg.), Toleranz als Ordnungsprinzip. Die moderne Bürgergesellschaft zwischen Offenheit und Selbstaufgabe, Paderborn 2007, 71–108.

[69] Vgl. dazu ENDERS, Toleranz als Rechtsprinzip?, 243 (251 ff.).

Impulse für den Abbau gesellschaftlicher Diskriminierungen und Intoleranz ausgehen. Eine freiheitliche und tolerante Religionskultur kann, so nun doch zu Recht Jürgen Habermas, daher ein ‚Schrittmacher' sein für die Gewährung und Gestaltung kultureller Rechte für andere, bisher marginalisierte ethnische, kulturelle oder soziale Minderheiten.[70]

c) Voraussetzung dafür ist, dass die Gestaltung der Religionsfreiheit von aufgeklärten Religionen übernommen wird, die dann Träger und Motor einer ethischen Toleranzkultur werden. Dazu gehört, dass die Religionen die ambivalenten Prädispositionen zu Intoleranz und Toleranz überwinden, indem sie die Toleranzidee dogmatisch reformulieren und durch Bildungsanstrengungen zu ihrer Verinnerlichung beitragen. In diesem Sinne verweist etwa Paul Ricoeur auf das aufgeklärte Christentum, in dem er den Geist der gegenseitigen Anerkennung und des Respekts vor der Vielfalt wieder erkennt. Wesentliche Merkmale sind für ihn die historische Selbstkritik und die Entdeckung der inneren Pluralität, die Kirche als freie Interpretationsgemeinschaft und die Ausdifferenzierung von Religion und politischer Macht. Ricoeur schließt daraus, dass die im Christentum erarbeitete „Anerkennung in der Verschiedenheit auch auf die nicht-christlichen Religionen" ausgedehnt werden soll, „ohne daß die Christen gezwungen wären, in einen vagen Synkretismus zu verfallen"[71]. Das Christentum wäre ein Vorbild einer toleranten Selbstliberalisierung auch anderer Religionen.

4. Toleranz als moralische Ressource für gesellschaftliche Inklusion

Der Toleranzbedarf erhöht sich, wenn man innerhalb der rechtlichen Ordnung und der von ihr ermöglichten Pluralität auf zivilgesellschaftliche Selbstorganisation mit dem Ziel von sozialer Inklusion abstellt. Dann könnte sich, wie der Streit um die Mohammed-Karikaturen deutlich macht, aus dem Toleranzgebot die Anmutung ableiten lassen, aus Gründen des Respekts vor der religiösen Position des Anderen die grundrechtlichen Spielräume etwa im Bereich der Meinungs- und Kunstfreiheit nicht auszuschöpfen. Dafür ist es aber erforderlich, dass man die soeben angedeutete Bewegung auf den Anderen hin vertieft. In diesem mentalen Aufgeschlossensein für den Anderen steckt eine ganze Bandbreite von kognitiven, emotionalen, volitiven und sittlichen Vor-

---

[70] „Die Einbeziehung religiöser Minderheiten ins politische Gemeinwesen weckt und fördert die Sensibilität für die Ansprüche anderer diskriminierter Gruppen. Die Anerkennung des religiösen Pluralismus kann diese Vorbildfunktion übernehmen, weil sie auf exemplarische Weise den Anspruch von Minderheiten auf Inklusion zu Bewusstsein bringt." (HABERMAS, Religiöse Toleranz als Schrittmacher kultureller Rechte, 274).

[71] PAUL RICOEUR, Toleranz, Intoleranz und das Nicht-Tolerierbare in: Toleranz. Philosophische Grundlagen und gesellschaftliche Praxis einer umstrittenen Tugend, hg. von RAINER FORST, Frankfurt a. M./New York 1999, 26–44, 41 f.

aussetzungen, auf deren Entfaltung im philosophischen Gegenwartsdiskurs ein Schwerpunkt liegt. Der „Respekt [...] auf der konkreten Ebene des Verhältnisses von Mensch zu Mensch"[72] kann hochgezont werden über das „Mitleid"[73] und die „Kooperation"[74] bis hin zu einer „enthusiastische[n] Bejahung der Differenz"[75]. Im Mittelpunkt steht dabei der Begriff des Verstehens.[76] Toleranz im pointiert sittlichen Sinne schließt also eine Hermeneutik des Anderen ein.

III. Der Beitrag des Christentums zur Begründung und Belebung einer toleranten Religionskultur

Vor diesem Hintergrund sollen abschließend aus theologischer Perspektive einige Anmerkungen zum Beitrag des Christentums zur Begründung und Belebung einer Toleranzkultur angebracht werden. Dazu knüpfe ich an den Ergebnissen des ersten Teils an und gehe von der dort begründeten These aus, dass für das lateinische Christentum der Gegenwart Toleranz zum Kernbestand gehört und dass es in diesem Sinne als gesellschaftlicher Faktor der Internalisierung der rechtlichen, sittlichen und religiösen Dimension von Toleranz gelten kann. Denn in der Religion wird der Mensch seines Selbst in der „Für"-Perspektive thematisch. Martin Luthers Einsicht von der Gewissensbestimmtheit des Glaubens bedeutet für das Thema „Toleranz", dass in der Religion die eigene Lebensgewissheit so angeeignet wird, dass die dabei erfahrene Freiheit auch den Anderen zugemessen wird. Insofern liegt im Glauben eine selbstbewusste und wechselseitige Inanspruchnahme und Gewährung von Toleranz vor, die ihre Wirksamkeit innerhalb des durch das Recht gesteckten Rahmens, aber vor allem in vorrechtlichen Bezügen entfaltet. Insofern ist Toleranz eine sittliche Tugend.[77]

Hierzulande nährt sich dieses Toleranzbewusstsein wesentlich von der Erinnerung an die eigene Religionsgeschichte, in der Christinnen und Christen einerseits ebenso Opfer intoleranter Repression gewesen sind wie sie andererseits anders Glaubende verfolgt haben. Diese historische Erinnerung stützt den prinzipiellen Charakter der Einsicht in die symmetrische Toleranz, wie

---

[72] A. a. O., 36.

[73] NUSSBAUM, Toleranz, Mitleid und Gnade, 160.

[74] SCHWÖBEL, Toleranz aus Glauben, 241.

[75] WALZER, Über Toleranz, 20. Dazu kritisch RÜDIGER BUBNER, Die Dialektik der Toleranz, in: Toleranz. Philosophische Grundlagen und gesellschaftliche Praxis einer umstrittenen Tugend, hg. von RAINER FORST, Frankfurt a. M./New York 1999, 45–59.

[76] „Es erscheint notwendig, sowohl die Norm als auch die Antagonisten zu verstehen, um die es in dieser Konzeption der heutigen Gesellschaft geht." (BROWN, Reflexionen über Toleranz, 265).

[77] Vgl. ARNULF VON SCHELIHA, Toleranz als Tugend in einer multikulturellen Gemeinschaft, in: DERS., Der Islam im Kontext der christlichen Religion, Münster 2004, 110–122.

sie heute und hierzulande im Verhältnis zu anders Glaubenden unstrittig ist. Für diesen historischen Erschließungszusammenhang erweist sich die Entstaatlichung der christlichen Kirchen als entscheidender Katalysator. Die in der Unterscheidung der beiden Regierweisen Gottes ideell bereits in der Reformationszeit geprägte und in der europäischen Freiheitsgeschichte vollzogene Differenzierung von Religion und staatlicher Gewalt ist für den Aufbau einer religiös begründeten Toleranzkultur von nicht zu unterschätzender Bedeutung, weil hegemoniale Interessen abgestreift werden und Religion ohne sie ganz bei sich selbst ist. Diese Verknüpfung der Differenzierung von Religion und staatlicher Macht einerseits mit der Toleranz andererseits lässt sich übrigens gegenwärtig auch im Islam beobachten. Denn überall dort, wo von muslimischen Gelehrten Toleranz historisch und systematisch begründet wird, wird faktisch auf diese Differenzierung abgestellt.[78] Es zeigt sich dabei auch, dass der Begründungszusammenhang dort ganz anders verläuft, weil der Vertragsidee darin eine wesentliche Bedeutung zukommt. Toleranz liegt in der inneren Logik des Vertragsdenkens insofern begründet, weil mit einem Vertrag auf der Basis von Leistung und Gegenleistung das Zugleich von Gleichheit und Ungleichheit mit dem Vertragspartner anerkannt wird.

Über die formale Symmetrie, die mit dem Vertragsdenken idealer verbunden ist, lässt sich innerhalb der christlichen Denkungsart noch ein besonderes Interesse an einer Hermeneutik des Anderen identifizieren, die die Toleranz von einem bloßen Ertragen des Anderen weg und hin zu einem emphatischen Verstehen führt. Dazu sei an die Toleranz Gottes mit den sündigen Menschen angeknüpft. „Sünde" bezeichnet ja das Selbstverhältnis des Menschen vor Gott, in dem der Mensch sich versteht als jemand, der den göttlichen Ansprüchen an sein Leben genügen will, es aber niemals vermag. Im Begriff der Sünde verbirgt sich also eine Hermeneutik des Ich, das die eigene Lebensgeschichte in der unauflöslichen Dialektik von Forderung, Vollbringen und Unvermögen versteht. Die Rechtfertigung des Sünders aber löst den Persönlichkeitswert aus dieser Dialektik heraus ohne diese zu überspringen, denn das konkrete Selbstverstehen bleibt daran gebunden (*simul iustus et peccator*). Im *Außenverhältnis* wird diese Hermeneutik des Ich strukturell auf den anderen Menschen übertragen. Der dogmatische Grundbegriff lautet nun: „Liebe". Damit ist keine utopische Verschmelzungsideologie gemeint, sondern die fürsorgende Zuwendung zum anderen. Freiheitstheoretisch formuliert geht es um die Unterstützung des Anderen in seiner Selbstzweckhaftigkeit mit dem Ziel,[79] dass er die in ihm und

---

[78] Vgl. exemplarisch ABDOLDJAVAD FALATURI, Toleranz und Friedenstraditionen im Islam, in: DERS., Der Islam im Dialog, Hamburg ⁵1996, 75–97. Falaturi unterscheidet innerhalb der Sunna vom Propheten konsequent zwischen religiösen (d. h. toleranten) und politischen Motiven des Handelns.

[79] Ich folge hier den dogmatischen Bestimmungen von ALBRECHT RITSCHL, Die christliche Lehre von der Rechtfertigung und Versöhnung, Bd. III: Die positive Entwicklung der Lehre,

nur in ihm liegenden Potenziale entfalten und Anlagen ausbilden kann.[80] Folgt man dieser Spur, dann liegt in der Logik der Liebe nicht nur die Anerkennung der Anderen in seiner Andersheit, sondern auch der Versuch seines Verstehens. Der christliche Glaube schließt also nicht nur ein Sich-Selbst-Verstehen vor Gott ein, sondern, ethisch gewendet, auch ein sympathetisches Interesse am Anderen. Daher liegt in der christlichen Religion neben der Absage an Gewalt, der Betonung der Worthaftigkeit des Glaubens, dem Vertrauen auf die Kraft des Argumentes auch eine prinzipielle Disposition zum Dialog vor.

Dass mit dieser dialogischen Kultur des wechselseitigen Verstehens ein wichtiger Schritt über die bloße Anerkennung von Alterität hinausgetan wird, wird sofort deutlich, wenn man erwägt, dass mit der *bloßen* Anerkennung diese Andersheit durch Fremdzuschreibung – womöglich repressiv – zementiert werden kann. Diesen Vorgang hat Wendy Brown zutreffend als den „äußerst heimtückischen Aspekt des gegenwärtigen Toleranzdiskurses"[81] beschrieben. Verfolgt man aber mit der Kultur der Toleranz nun eine *inklusive* Absicht, dann müssen Prozesse der Naturalisierung von Andersheit abgebaut und durch eine verstehende Dialogkultur das Bewusstsein der Kontingenz von Andersheit mitgeführt werden. Erst dadurch ergibt sich eine wirkliche „Zivilisierung der Differenz". Toleranz in diesem Sinne dient dann nicht kulturellem oder religiösem Artenschutz,[82] sondern der kooperativen Koexistenz von Personen oder Gruppen, die einander gerade nicht als fensterlose Monaden begegnen, sondern sich in und durch die tolerante Dialogsituation weiterentwickeln und ihre Identität in der Begegnung mit dem Anderen neu arrangieren. Es geht, wie jüngst Hartmut Kreß im Anschluss an Gustav Mensching betont hat,[83] um ein wechselseitiges Enrichment, das seinen ‚Grund' und ‚Motor' in der Verstehenskultur des Christentums findet. Der Effekt eines wechselseitigen Enrichments werden gesellschaftliche Inklusionsprozesse und – bezogen auf die Religionskultur – weitreichende Liberalisierungsvorgänge sein. Denn im dialogischen Verstehensprozess wird das Andere im Eigenen und umgekehrt angeschaut. Der als Verstehensprozess geführte Dialog führt zu einer reflexiven Vertiefung des Eigenen durch die Erfahrung des Fremden, und enthält das Potenzial für notwendige Umorientierungen auf der Basis der jeweils selbst

---

Bonn ²1883. Danach „ist die Liebe auf die Förderung des erkannten oder geahnten Selbstzweckes des Andern gerichtet." (259).

[80] Eine freiheits- und individualitätstheoretische Umformung dieser Gedanken hat Friedrich Schleiermacher vorgelegt. Dazu ULRICH BARTH, Das Individualitätskonzept der ‚Monologen'. Schleiermachers ethischer Beitrag zur Dogmatik, in: DERS., Aufgeklärter Protestantismus, Tübingen 2004, 291–327, 320f.

[81] BROWN, Reflexionen über Toleranz, 278.

[82] Vgl. DIETER GRIMM, Kann der Turbanträger von der Helmpflicht befreit werden?, in: FAZ Nr. 141 vom 21. Juni 2002, 49.

[83] KRESS, Kultur der Toleranz, 86.

mitgebrachten Sinnressourcen. Diese Hermeneutik bezieht sich nicht nur auf *religiöse* Alterität, sondern wird auch der modernen Vervielfältigung der Differenzen gerecht, weil sich das Verstehen-Wollen auch auf das ethnisch und kulturell Fremde, auf den neuen Lebensstil und auf die andere Orientierung bezieht – ohne jeden Zwang, es sich aneignen zu müssen.

In der sich zunehmend plural auffächernden Religionskultur wird diese auf Verstehen des Anderen ausgerichtete Haltung vor allem im Dialog zwischen den Vertretern der Religionen wirksam, der von den Kirchen, Organisationen und Verbänden vor Ort durchgeführt wird. Darin wird exemplarisch die Balance zwischen der Anerkennung, dem Verstehen des Anderen und dem Aushalten bleibender Differenzen eingeübt. Solche Differenzen stellen sich ein in der Religionsdogmatik, in Fragen nach der Gestaltung der Gesellschaft ebenso wie bei denen des alltäglichen Lebens – bis hinein in die Lebensgemeinschaften, die quer zu den unterschiedlichen ethnischen und religiösen Herkunftskulturen eingegangen werden. Hier wie dort gibt es – auf der Basis von Gemeinsamkeiten – bleibende Differenzen, die aber nur durch wechselseitiges Verstehen in lebensdienlicher Weise als solche festgestellt, und gelegentlich – so es lebensweltlich möglich ist – auch in partielle Konsense überführt werden.[84] In diesem Bereich wirkt sich die auf Dialog und Verstehen angelegte Arbeit von Theologie und Kirchen schon jetzt positiv aus. Es zeigen sich darin auch positive Rückwirkungen für das Christentum: Denn durch den Dialog mit Muslimen und Juden ist inzwischen ein erkennbar größeres Interesse an der christlichen Prägung der eigenen Herkunftskultur gewachsen, das zeigt nicht zuletzt der philosophische Diskurs der Gegenwart zum Thema „Toleranz". Die Tatsache, dass wir es in Deutschland mit einer im Großen und Ganzen befriedeten Religionskultur zu tun haben, ist also nicht nur der grundgesetzlich garantierten negativen und positiven Religionsfreiheit geschuldet, sondern auch das Ergebnis dieser vom Christentum ausgehenden und Verstehen intendierenden Dialogoffenheit, die z. B. von vielen Muslimen in Deutschland mit einer entsprechenden Offenheit beantwortet wird. Das ist nicht selbstverständlich, wenn man die Verhältnisse in anderen Ländern anschaut. Insofern ist die in Deutschland gegenwärtig existierende Religionskultur *cum grano salis* von Toleranz, Friedfertigkeit und Vorurteilsfreiheit gekennzeichnet, und sie ist damit ein Beleg dafür, dass religiöse Toleranz nicht, wie viele Fundamentalisten aller Lager immer unterstellen, eine Vergleichgültigung der Wahrheit bedeutet, sondern deren höchste Konkretion, insofern das dialogische Verstehen der Weg ist, den die Botschaft der christlichen Religion nehmen will.

---

[84] Vgl. ARNULF VON SCHELIHA, Theorie der Religionen und moderner Synkretismus, in: Theologie der Religionen. Positionen und Perspektiven evangelischer Theologie, hg. von CHRISTIAN DANZ und ULRICH H. J. KÖRTNER, Neukirchen-Vluyn 2005, 43–56.

Dynamiken in der europäischen Religionskultur

„Es ist die von den europäischen Eliten und dem einfachen Volk gleichermaßen geteilte ‚säkulare' Identität, die paradoxerweise die ‚Religion' und die kaum verdeckte christliche europäische Identität zu einem dornenvollen Problem werden lässt, wenn es darum geht, die äußeren geographischen Grenzen zu ziehen und die innere kulturelle Identität der Europäischen Union in ihrem Entstehungsprozess zu definieren. [...] Zudem haben die Debatten über die Bezugnahme auf Gott oder das christliche Erbe im Text der Präambel zur europäischen Verfassung gezeigt, dass [...] Europa ein ‚in sich zerrissenes Land' ist, tief gespalten über seine kulturelle Identität, unfähig zur Beantwortung der Frage, ob die europäische Einheit [...] durch das gemeinsame Erbe des Christentums [...] oder durch seine modernen säkularen Werte des Liberalismus, der universellen Menschenrechte, der Demokratie und des toleranten und inklusiven Multikulturalismus"[1] bestimmt ist.

Diese düstere Einschätzung stammt von dem Religionssoziologen José Casanova, der aus der amerikanischen Außenperspektive die alteuropäische Unfähigkeit zum Aufbau einer pluralen und toleranten Religionskultur feststellt, weil europäische Gesellschaften große Schwierigkeiten haben, „die legitime Rolle der Religion im öffentlichen Leben und in der Organisation und Mobilisierung von Gruppenidentitäten anzuerkennen. Muslimisch organisierte kollektive Identitäten werden zu einer Quelle der Angst, und zwar [...] wegen ihrer Religiosität als solcher – im Gegensatz zur europäischen Weltlichkeit"[2].

Mit seinen Worten umreißt Casanova die tatsächlich noch ungelöste Aufgabe, nämlich die Gestaltung einer integrierten europäischen Religionskultur. Ob allerdings die von ihm aufgemachte Alternative von „religiös" einerseits und „säkular" andererseits für Diagnose und Therapie hilfreich ist, mag bezweifelt werden. Ein Blick auf die spezifischen Merkmale der europäischen Religionsgeschichte kann zeigen, dass „Weltlichkeit" der europäischen Religionskultur nicht gegenübersteht, sondern ihr fester Bestandteil ist.

---

[1] José CASANOVA, Einwanderung und der neue religiöse Pluralismus. Ein Vergleich zwischen der EU und den USA, 188. Siehe: https://www.jstor.org/stable/23984140?seq=1#page_scan_tab_contents (Zugriff: 30.04.2018).

[2] A.a.O., 191.

Das Schlüsseldatum zum Verständnis der Religionskultur Europas ist der Westfälische Frieden, ausgehandelt und geschlossen in Osnabrück und Münster im Jahre 1648. Hier wird mit dem Mittel des Völkerrechts der 30jährige Krieg zwischen den verfeindeten christlichen Religionsparteien beendet. Die Bestimmungen des Religionsfriedens setzen für die Entwicklung der europäischen Religionskultur bis heute spürbare Dynamiken frei:

Das Christentum differenziert sich in Europa in unterschiedliche und gleichberechtigte Konfessionen. Da sind zunächst die am Friedensschluss beteiligten Glaubensweisen, also die Katholiken, die Lutheraner und die Reformierten. Dazu kommen die orthodoxen Kirchen im Osten und Südosten des europäischen Kontinents. Die Umstände des Friedensschlusses und das Prinzip der konfessionellen Differenzierung, nämlich „*cuius religio, eius religio*", führen dazu, dass die christlichen Kirchen in Europa bis zum heutigen Tag nicht nur „staatsnah" orientiert sind, sondern sich selbst staatsähnlich organisiert haben („Anstaltskirchen"). Auch unter den Bedingungen von Religionsfreiheit und Trennung von Kirche und Staat gibt es bis heute europaweit sehr enge rechtliche, in Verträgen ausgestaltete und politisch belebte Kooperationen zwischen den weltlichen Obrigkeiten und den Konfessionskirchen.

Andere Religionen dagegen werden vom Westfälischen Frieden nicht erfasst. Für die Menschen jüdischen Glaubens bedeutete er die Fortschreibung ihrer Repression durch die Völker Europas. Der Islam blieb unerwähnt. Unter diesen Vorzeichen war „Europa" – religionskulturell betrachtet – lange Zeit ein zwar in sich differenziertes, aber insgesamt ein „Christliches Europa".

Das profane Recht ist das Medium der Befriedung des Religionskrieges. Bemerkenswert ist, dass die Impulse zum Friedensschluss damals weniger theologisch entwickelt und aus Gründen des Glaubens vertreten wurden, sondern der politischen Einsicht und dem rationalen Kalkül entstammten. Für die europäische Religionskultur bedeutet das: Das profane Recht, das staatliche Religionsrecht und insoweit auch die säkulare Vernunft sind seit dem Westfälischen Frieden fester Bestandteil der europäischen Religionskultur. Mit dem *ius emigrandi* entsteht so etwas wie das erste Grund- bzw. Freiheitsrecht des Einzelnen. Es ermöglichte den Menschen grundsätzlich, das heimatliche Territorium aus Gründen des Glaubens zu verlassen. Faktisch wurde den Menschen die Wahrnehmung dieses Grundrechtes sehr schwer gemacht. Migration und Konversion sind in Europa bis heute nicht der Regelfall, sondern die Ausnahme.

Im 19. Jahrhundert werden weitere Faktoren wirksam, die die religionskulturellen Bewegungen in Europa dynamisieren.

Die Französische Revolution wendet die Idee der Freiheit menschenrechtlich und führt die Trennung von Staat und Religion ein. Das ist ein europäisches Novum, aber in der Grundkonstruktion Vorbild für die künftige Entwicklung. Aber die Französische Revolution bedeutet noch mehr: Der Atheismus, bis in das 19. Jahrhundert hinein in vielen europäischen Gebieten ein Straftatbestand, wird nun eine religionskulturelle Möglichkeit. Die Französische Revolution steht aber nicht nur für die Einführung der negativen Religionsfreiheit und ein laizistisches Staatsverständnis, sondern auch für den Anfang der typisch europäischen Produktion ersatzreligiöser Ideologien, wie sie in Gestalt des historischen Materialismus, des imperialistischen Kolonialismus und des nationalistischen Sozialdarwinismus in der Folgezeit politisch wirksam wurden. Das bedeutet: Zur Wahrnehmung der Religionsfreiheit in Europa gehört auch, gar keine Religion zu haben, mit atheistischen Weltanschauungen in Konkurrenz zu den bestehenden Religionen zu treten und einen Staat zu etablieren, der jeden Kontakt mit Religion vermeidet.

Die Gebietsverschiebungen im Gefolge des Reichsdeputationshauptschlusses und des Wiener Kongresses sprengen die ursprünglichen Bestimmungen des Westfälischen Friedens. Die Herrscher Europas organisieren mit politischen Mitteln die konfessionelle Mischung ihrer Staaten und geben der Staatsnähe der christlichen Kirchen eine zeitgemäße Form. Umgekehrt vollzieht sich im 19. Jahrhundert die Verselbständigung der Kirchen im Modus ihrer Selbstorganisation nach Analogie zum modernen bürokratischen Staat. Diese Staatsnähe der christlichen Kirchen verstärkt den Nationalismus des 19. Jahrhunderts. In dieser Zeit entstehen politische Theologien, und zwar in Konkordanz und nicht in Distanz zum politischen Wollen des Nationalstaates. Die europäische bzw. kosmopolitische Dimension des christlichen Glaubens und der christlichen Ethik wird zwar nicht vollständig verschliffen, fällt aber unter dem Druck nationalstaatlicher Uniformität bisweilen auf den Status einer *reservatio mentalis* zurück.

In Mitteleuropa, insbesondere in Deutschland, wollen die Menschen jüdischen Glaubens die Entwicklung zur innerstaatlichen Pluralisierung der Religionskultur nutzen. Das Ziel der Emanzipation besteht in der Formierung einer jüdischen Konfession – unter Inkaufnahme massiver Traditionsabbrüche und Anpassungsprozesse. Die Staaten, insbesondere Preußen und das Deutsche Reich, versagen in dieser historischen Konstellation und nehmen die Chance einer religionskulturellen Integration des Judentums nicht wahr. Damit verhindern die intellektuellen Eliten in Politik, Wissenschaft und Christentum die Konfessionalisierung des Judentums in Europa und tragen indirekt zum Beginn derjenigen antisemitischen Dynamik bei, die in die größte Katastrophe Europas führt, den Holocaust und die Vernichtung des jüdischen Erbes. Gegenwärtig stehen wir vor der Aufgabe der Konfessionalisierung des Islam.

Der politische Einigungsprozess in Europa nach dem Zweiten Weltkrieg ist die sittliche Antwort auf die Aporien des überspitzten und auch religiös überhöhten Nationalismus in Europa, der im Zweiten Weltkrieg und in der Vernichtung des Europäischen Judentums seinen grausamen Höhepunkt gefunden hatte. Der Prozess der europäischen Einigung hat den Bürgern der daran beteiligten Staaten eine in der europäischen Geschichte bis dato unbekannte

Periode des Friedens beschert. Ursache dafür waren neben der Marktverflechtung die Aussöhnung und Verständigung ehemals verfeindeter Völker, die politisch initiiert und gefördert wurden.

Zwischen den christlichen Konfessionen kommt es in Europa zu einer bis dato nie da gewesenen Verständigung. Nach dem Zweiten Vatikanischen Konzil betritt die römisch-katholische Kirche die ökumenische Bühne, die welt- und europaweit zwischen den anderen christlichen Kirchen bereits in der Zwischenkriegszeit aufgebaut worden war. Seither gibt es fest etablierte Arbeitsebenen zwischen den Kirchen und weitreichende theologische und sozialethische Übereinstimmungen. Die Leuenberger Konkordie hat 1973 volle Kanzel- und Abendmahlsgemeinschaften zwischen den lutherischen und reformierten Kirchen hergestellt. Damit herrscht zwischen den Religionsparteien des Westfälischen Friedens nicht mehr bloß rechtlich erzwungener Waffenstillstand, sondern von innen heraus angestrebte Versöhnung.

Durch Migrationen hat sich die europäische Religionskultur über das Christentum hinaus pluralisiert. Der Islam ist inzwischen eine Religion Europas, aber hat hier noch keine Heimat gefunden. Auch das fast vollständig vernichtete Judentum in Europa ist wieder zu einer signifikanten Größe geworden. Die historische Schuld, die Deutschland und Europa gegenüber den Juden auf sich geladen haben, und die Solidarität mit dem Staat Israel geben den jüdischen Organisationen in Deutschland und Europa großes politisches Gewicht – unabhängig von der Zahl der Mitglieder in den jüdischen Gemeinden. Ergebnis jener Versöhnungsarbeit ist, dass sich das Verhältnis zwischen den Religionen – anders als ehedem – insgesamt positiv gestaltet hat. Die christlich-jüdische Verständigung ist nach dem Zweiten Weltkrieg sehr weit gediehen – bis hin zur Bildung jener Formel von der „jüdisch-christlichen Tradition", die von manchen Juden freilich als vereinnahmend und erdrückend empfunden wird. Auch die Dialogarbeit zwischen den Kirchen und den islamischen Gemeinden und Verbänden hat ein hohes Maß an wechselseitigem Verständnis und Vertrauen erzeugt, das – trotz mancher Irritationen – auch die durch den 11. September 2001 ausgelöste Krise überstanden hat.

Die EU-Grundrechtscharta öffnet Europa für andere Religionen und offeriert vielfältige politische Gestaltungsmöglichkeiten. Grundlage des EU-Religionsrechtes ist bis heute die „Erklärung zum Status der Kirchen und weltanschaulichen Gemeinschaften" (1996). Darin heißt es: „Die Europäische Union achtet den Status, den Kirchen und religiöse Vereinigungen oder Gemeinschaften in den Mitgliedstaaten nach deren Rechtsvorschriften genießen, und beeinträchtigt ihn nicht. Die Europäische Union achtet den Status von weltanschaulichen Gemeinschaften in gleicher Weise."[3] Mit dieser rechtsverbind-

---

[3] https://recht.drs.de/fileadmin/user_files/117/Dokumente/Rechtsdokumentation/1/2/4/amsterdam.pdf (Zugriff: 30.04.2018).

lichen Erklärung wird nicht nur das – im Einzelnen höchst unterschiedliche – nationalstaatliche Religionsrecht bestätigt, sondern auch auf dessen EU-weite Angleichung verzichtet. Damit wird, im Unterschied zu anderen Politikbereichen, der staatskirchenrechtliche Status Quo fort- und eine EU-weite Politisierung der Religionen abgeschrieben.

Diese Dynamiken haben wieder neue Fragen freigesetzt, von denen drei genannt seien, die die weitere Forschung am Thema „Religionen in Europa" bestimmen werden.

Bildet das zuletzt genannte Religionsverfassungsrecht, das den nationalstaatlichen Regelungen weitgehende Autonomie einräumt, einen geeigneten Rahmen für den Aufbau einer integrierten europäischen Religionskultur? Die Organisationssprödigkeit des Islam erweist sich als Hindernis für seine Integration in das bestehende Religionsrecht. Die Politik steht vor einem Dilemma: Werden die Integrationsanstrengungen des Staates einseitig (d. h. ohne Beteiligung der Gemeinden und Verbände) betrieben, bewegt man sich auf eine verbotene Verstaatlichung des Islam zu (und der türkische Kemalismus wird unter der Hand eingeführt). Wartet man, bis der Islam sich kirchenanalog organisiert (was wegen seiner inneren und ethnischen Vielspältigkeit sehr schwierig ist), werden Integrationschancen versäumt. Dazu kommt, dass der Verzicht auf EU-weite religionsrechtliche Regelungen die für eine kirchenähnliche Selbstorganisation des Islam erforderliche Dekonstruktion der ethnischen Herkunft muslimischer Migranten erschwert, die sich nämlich für Muslime unter dem Vorzeichen Europas möglicherweise leichter vollziehen könnte als im jeweiligen nationalstaatlichen Kontext. Darauf hat der muslimische Publizist Navid Kermani immer wieder hingewiesen. Schließlich sind durch die EU-Erweiterung wieder Staaten mit stark mono-konfessionellen Religionskulturen in das Blickfeld gerückt, in denen der tolerante und dialogoffene Umgang mit religiösen Minderheiten noch eingeübt werden muss. Können dafür von Europa geeignete Impulse ausgehen, wenn es an EU-weiten Regelungen fehlt?

Für den Fall, dass die in manchen Staaten aus integrationspolitischen Gründen betriebene Konfessionalisierung des Islam gelingt, würde diese Entwicklung zu einer politischen Beheimatung und Zivilisierung dieser Religion führen, weil die zu bildenden muslimischen Organisationen durch Verträge und die Etablierung von *res mixtae* (insbesondere im Bildungswesen) politisch eingebunden würden. Dieser Prozess würde die religiöse Agilität von Muslimen stabilisieren, wenn nicht steigern mit der Folge einer sich verstärkenden Präsenz von islamischen Symbolen und Verhaltensweisen in der gesellschaftlichen Öffentlichkeit. Diese Entwicklung würde wiederum die Frage nach deren öffentlichen Akzeptanz aufwerfen. Die Volksabstimmung in der Schweiz vom 29.11.2010 hat gezeigt, dass diese Akzeptanz nicht einfach vorausgesetzt werden kann. Vielmehr wird daran deutlich, dass oftmals die Absicht politischer

Integration von Muslimen mit dem Wunsch nach Eskamotierung ihrer Religion einhergeht. Das aber ist unter der Bedingung der Konfessionalisierung des Islam weder zu erwarten noch wünschenswert, weil diese gerade Wahrnehmung der positiven Religionsfreiheit freisetzt und fördert. Insofern wäre ein wahrscheinliches Erstarken und Sichtbarwerden der Religion des Islam in Europa nicht als (plötzliche) Überfremdung zu deuten, sondern als Ausdruck gelingender Integration und aktivierter Religionsfreiheit, die einstmals aus dem inneren Gefüge reformatorischer Grundeinsichten hervorgebracht wurde und gegenwärtig als religiöser Pluralismus entfaltet wird.

Die dynamisch fortschreitende politische Einigung Europas hat die Frage nach Europas historisch-kultureller Identität aufgeworfen. Sie wird nicht rein akademisch behandelt, sondern hat schon eine förmliche Identitätspolitik der EU freigesetzt.[4] In den aktuellen (und von der EU geförderten) Debatten um die kulturelle Identität Europas ist der Beitrag der Religionen zur kulturellen Identität Europas durchaus strittig. Die Bandbreite des Meinungsspektrums ist groß. Auf der einen Seite steht das von Papst Benedikt erneuerte Konzept eines „Christlichen Europa". Auf der anderen Seite finden sich Positionen wie des Philosophen Julian Nida-Rümelin, der die kulturelle Genese der gegenwärtigen normativen Grundlagen Europas unter völliger Absehung des Christentums entfalten kann.[5] Die Debatten, die um die Aufnahme des Gottesbezuges in die Präambel zur Grundrechte-Charta bzw. zum Verfassungsvertrag geführt wurden, haben gezeigt, wie strittig dieses Diskursfeld ist. Die Formulierung, die schließlich gefunden wurde und in der vom „Bewusstsein" des „geistig-religiösen und sittlichen Erbes"[6] gesprochen wird, zeigt, dass man in Europa das Christentum nicht für eine exklusive Sinnressource hält[7]. Man kann diese Debatten wie Casanova als Ausdruck der inneren Zerrissenheit Europas deuten. Ihr Ergebnis kann aber auch integrativ verstanden werden: Man wollte Interpretationsmonopole vermeiden und den Präambeltext offen halten für die Beiträge aller religiösen und weltanschaulichen Strömungen zum

---

[4] Vgl. dazu WOLFGANG SCHMALE, Eckpunkte einer Geschichte europäischer Identität, in: Europäische Identität: Voraussetzungen und Strategien, hg. von JULIAN NIDA-RÜMELIN und WERNER WEIDENFELD, Baden-Baden 2007, 63–86, 75 f. Kocka weist darauf hin, dass diese Identitätspolitik, die ja schon nationalstaatlich betrieben wurde, einen europäischen Motor benötigt (JÜRGEN KOCKA, Europäische Identität als Befund, Entwurf und Handlungsgrundlage, in: A. a. O., 47–59, 47 f.).

[5] Vgl. JULIAN NIDA-RÜMELIN, Europäische Identität? Das normative Fundament des europäischen Einigungsprozesses, in: Europäische Identität, hg. von JULIAN NIDA-RÜMELIN und WERNER WEIDENFELD, Baden-Baden 2007, 29–45, 42 f.

[6] Zitiert nach: Die Grundrechte-Charta der Europäischen Union, in: Süddeutsche Zeitung Nr. 283 vom 8. Dezember 2000, 11.

[7] Vgl. PETER ANTES (Hg.), Christentum und europäische Kultur. Eine Geschichte und ihre Gegenwart, Freiburg i. B. 2002.

Aufbau eines ideellen europäischen Fundamentes. Darin ist die europäische Tradition a-religiöser bzw. atheistischer Weltanschauungen eingeschlossen.

Innerhalb des deutschen Protestantismus hat den bekanntesten – und immer noch aktuellesten – Beitrag zum Thema „Europäismus"[8] Ernst Troeltsch geliefert. Sein historiographischer Leitbegriff ist der der Kultursynthese, deren Rekonstruktion freilich sehr komplexe Zuordnungen fordert, aber jene Gegenläufigkeiten zu beschreiben erlaubt. Troeltsch setzt mit der These ein, dass die europäische Welt „aus Antike und Moderne"[9] besteht. Dabei lassen sich innerhalb der antiken Welt drei „elementare Grundgewalten" identifizieren, deren Wirkungsgeschichte das Werden Europas maßgeblich bestimmt haben. Troeltsch nennt den hebräischen Profetismus, das klassische Griechentum, den antiken Imperialismus in seiner doppelten Variante als Idee eines geschlossenen, militärisch-bürokratischen Großstaates einerseits und als der von den christlichen Kirchen repräsentierten Weltreligion andererseits.[10] Zu diesen drei antiken „Grundgewalten" tritt nach Troeltsch die vierte Grundgewalt, die die Europa auszeichnende Synthese aus Antike und Moderne allererst herstellt, nämlich das abendländische Mittelalter.[11] Motor dieser vierten Grundgewalt ist die christliche Kirche: „Sie ist das Ergebnis der Selbstzersetzung der Antike, die Rettung von Staat, Kultur und Gesellschaft in die kirchliche Gesellschaftsbildung und die relative Wiederherstellung der Antike durch eben diese Kirche, die im byzantinischen Reich eine Neubildung des antiken Römerstaates möglich machte und in den germanisch-romanischen Völkern diesen und seine Kultur auf die neuen Barbarenvölker übertrug und sie deren Bedürfnissen entsprechend abänderte. Das ist die ungeheure, welthistorische Bedeutung der christlichen Kirchen für unseren Kulturkreis."[12] Die moderne Welt entwickelt sich nach Troeltsch nun dadurch, dass sich die von den Urgewalten einst introduzierten kulturellen Sphären von ihren ursprünglichen Trägern emanzipieren und nun – seit der Aufklärung – als rational begründbare Kulturprinzipien den europäischen Geist ausmachen. Es entstehen eine rationale Menschheitsethik, das Prinzip des Humanismus, der wissenschaftliche Rationalismus und das historische Bewusstsein. Von diesen *allgemeinen* Kulturprinzipien „lebt die europäische Welt ihr Leben"[13]. Das kirchliche Christentum hat für Troeltsch also vor allem eine transitorische Bedeutung bei der Herstellung der europäischen Kultursynthese. Der Islam, dessen europäische Bedeutung Troeltsch an mehreren Stellen knapp erörtert, wird nicht in die

---

[8] ERNST TROELTSCH, Der Historismus, Bonn 1922, 703 ff.
[9] A.a.O., 716.
[10] A.a.O., 765 f.
[11] A.a.O., 767 f.
[12] A.a.O., 717 f.
[13] A.a.O., 769.

Kultursynthese eingerechnet[14]: „Es gibt keine gemeinsame Kultursynthese für beide Welten."[15]

Troeltsch hat mit seinen Erwägungen in vielen Punkten wesentliche Aspekte herausgearbeitet: Die „rationale Säkularität" und deren fortdauernde Vergewisserung durch Rekonstruktion ihrer historischen Genese gehören sicher – insbesondere im Vergleich zur Religionskultur Amerikas – zu den wichtigen Merkmalen europäischer Identität. Die christliche Religion ist eingebunden in die Europa spezifisch auszeichnenden Gegenläufigkeiten. Die kulturellen Errungenschaften des Mittelalters waren verbunden mit Intoleranz und Repression gegenüber Minderheiten und Abweichlern. Die Reformation hat wichtige Impulse für den Aufbau des emanzipativen Freiheitsbewusstseins geliefert, das oftmals gegen das staatlich bzw. staatsähnlich organisierte Christentum durchgesetzt werden musste. Insofern haben die christlichen Kirchen für den „Europäismus" eine vermittelnde Funktion. Dies dürfte gegenwärtig trotz der Tatsache gelten, dass in einzelnen europäischen Nationalstaaten noch staatskirchenähnliche Verhältnisse obwalten. Innerhalb der gesamteuropäischen Religionskultur aber sind die christlichen Kirchen zwar wesentliche, aber nicht mehr exklusive Träger der christlichen Tradition. Vielmehr wird man unterscheiden müssen zwischen den christlichen Kirchen in der Vielfalt der Konfessionskulturen in Europa einerseits und den normativen Grundlagen des politisch organisierten Europas, die insofern als Ausdruck christlichen Bewusstsein gelten können, als sie theologisch interpretiert und religiös angeeignet werden. Weil diese sittlichen Werte auf eine komplexe Entstehungsgeschichte zurückblicken und philosophisch, weltanschaulich und religiös vielfältig begründet und interpretiert werden, also nicht exklusiv christlich vereinnahmt werden können und insoweit „profan" sind, ist Europa also Träger christlicher Ideen unter Einschluss der Möglichkeit, sich gegen das Christentum zu wenden, einer anderen oder keiner Religion zuzugehören. Insofern kann die plurale Religionskultur Europas im Rahmen einer Theorie des Christentums beschrieben werden, weil das Christentum nicht an die christlichen Kirchen gebunden ist, sondern sich in belastbaren Strukturen geordneter Freiheit Wirksamkeit verschafft. In dieser christentumstheoretischen Perspektive ist also der Beitrag der christlichen Religion am Aufbau einer europäischen Identität wie folgt zu spezifizieren.

Erstens ist im Sinne Troeltschs auf den oben beschriebenen konfliktträchtigen Beitrag der christlichen Kirchen an der Formierung des gegenwärtig in Europa anerkannten Normengefüges zu verweisen. Zweitens agieren die

---

[14] „Der Islam hat [...] eine Universalgeschichte für sich, so zahlreich und eng seine Beziehungen zum Europäismus sind, und gehört nicht in die Universalgeschichte des Europäertums." (a. a. O. 727, vgl. 708).

[15] Ebd.

christlichen Kirchen in konfessioneller und z. T. nationalstaatlicher Vielfalt als zivilgesellschaftliche Akteure und machen – auf der Basis der europaweit anerkannten Normen – in den gesellschaftlichen Diskursen ihren politischen Einfluss geltend. Drittens leisten die Kirchen gemeinsam mit anderen Akteuren der Zivilgesellschaft unter Einschluss anderer Religions- und Weltanschauungsgemeinschaften wichtige Beiträge zur Interpretation und Aneignung der europaweit anerkannten Normen. Darin besteht der zivilreligiöse Beitrag des Christentums für Europa.

Diese Erwägungen liegen noch innerhalb von Troeltschs Programm, weil Troeltsch im Rahmen der Historismus-Debatten die Fortschreibung der Kultursynthese mit dem Hinweis auf die Wert- und Standpunktgebundenheit historiographischer Leitbegriffe methodisch begründet hat. Daher ist in der Gegenwartsperspektive die Kultursynthese unter Beibehaltung der beschriebenen Gegenläufigkeiten um drei wesentliche Komponenten zu ergänzen[16]. Einmal ist es die Erinnerung an die humanitären Katastrophen, die im 20. Jahrhundert durch die totalitären Regime in Europa entfesselt wurden und die sich trotz der durch Christentum und Aufklärung etablierten Humanitätsgesinnung Europas ereignet haben.[17] Diese Erinnerung ist fester Bestandteil europäischer Identität. Sodann gehört der Islam inzwischen zur Religionskultur Europas.[18] Gleiches gilt – nach der Katastrophe der Schoa – für das Judentum, dessen eigenständiger Beitrag für die Formierung und Entwicklung Europas aufzuarbeiten und zu berücksichtigen ist. Insofern gehört zu den spezifischen Dynamiken der europäischen Religionsgeschichte, dass das einst zur Befriedung der binnenchristlichen Differenzen ausgebildete profane Religionsrecht gegenwärtig die Pluralisierung und Wiederbelebung der nationalen und europäischen Religionskulturen ermöglicht. Zu den europäischen Gegenläufigkeiten gehört drittens, dass die europäische Identität nur unter Bewahrung der starken nationalen Traditionen zu gewinnen ist[19], die ihrerseits unterschiedliche religionsgeschichtliche Prägungen aufweisen.

---

[16] Auch PETRA BAHR (Religion und Säkularität in Europa, in: DERS., Protestantismus und Europäische Kultur, Gütersloh 2007, 85–96) plädiert für Beschreibung der religiösen Identität Europas unter Einschluss der agonalen Kräfte und gegenläufigen Dynamiken (vgl. 94).

[17] Zu Recht hat der amerikanische Historiker Hayden White auf Tendenzen aufmerksam gemacht, die in den Debatten um die europäische Identität den Holocaust und die Totalitarismen ausblenden. (Vgl. HAYDEN WHITE, The Discourse of Europe and the Search for a European History, in: Europe and the Other and Europe as the Other, hg. von Bo STRATH, Brüssel ²2001, 67–86).

[18] Die Ausgliederung oder Einordnung der Religion im Islam in die Geschichte Europas variiert nach Perspektive. Kallscheuer deutet ihn als die europäische Geschichte begleitendes „Feindbild", Nida-Rümelin rechnet ihn zu den die europäische Geschichte auszeichnenden Spaltungen (vgl. Europäische Identität?, 34), für Kocka bietet der Islam ebenso wie Nordamerika eine externe Vergleichsfolie zur Bestimmung der europäischen Identität (vgl. KOCKA: Europäische Identität, 51 f.).

[19] Dieser Sachverhalt unterscheidet nach Auffassung Kockas Europa von Nordamerika (vgl. KOCKA: Europäische Identität, 51 f.).

Zusammenfassend kann gesagt werden, dass der Begriff der Kultursynthese einen geeigneten kategorialen Rahmen dafür bildet, in ideengeschichtlicher Perspektive die europäische Identität unter Einschluss der Europa bestimmenden Gegenläufigkeiten zu beschreiben, ohne den Beitrag des Christentums auszublenden oder ihn normativ zu überanstrengen. Vielmehr enthält der Begriff des Christentums selbst Gegenläufigkeiten, weil er die Aufklärung und die Erschließung von Profanität aus Gründen des Glaubens, also auch die Möglichkeit seiner Verneinung, einschließt. Dieser Sachverhalt kommt auch in der Präambel symbolisch vollzogene Öffnung zum Ausdruck, weil sie Europa aufschließt für die eigenständigen Beiträge von Judentum und Islam zur europäischen Identität. Sie erfordert eine Wieder-Erschließung der abgebrochenen Tradition jüdischen Denkens und jüdischer Kultur in Europa. Sie macht – im Blick auf den Islam – eine Revision stereotyper Deutungsmuster und seine Beheimatung in Europa erforderlich. In dieser Perspektive wird der ideelle Gehalt von Europa nicht essentialistisch verstanden, sondern als eine dynamische und für neue Synthesen offene Kategorie: „Wesensbestimmung ist Wesensgestaltung"[20], so formulierte Troeltsch einst treffend.

Gegenwärtig relevant wird der Beitrag des Christentums zu Europa dort, wo es um die Begründung und Aneignung des europäischen Normengefüges geht. Dies erfolgt durch dessen Interpretation im Horizont des christlichen Glaubens und der christlichen Sozialethik. Diese christliche Respezifikation der europäischen Normen vollzieht sich nicht in exklusivistischer, sondern in integrativer Absicht und stellt – der Sache nach – die Frage nach einer europäischen Zivilreligion. Die traditionelle Staatsnähe der christlichen Kirchen in den Staaten Europas hat hierzulande eine Zivilreligion US-amerikanischen Zuschnitts nicht entstehen lassen. Gleichwohl zehrt auch das europäische Gemeinwesen von einem symbolischen Kapital, das die indisponiblen normativen Voraussetzungen des politischen Handelns enthält. Der Potsdamer Politikwissenschaftler Heinz Kleger hat in diesem Sinne von einer „europäischen Zivilreligion" gesprochen.[21] Er rechnet dazu den antitotalitären Konsens, die Erinnerung an den Holocaust, die Menschenwürde (mit ausdrücklichem Vermerk ihrer zivilreligiösen Bedeutung in Deutschland), die Toleranz und die Solidarität, die das staatliche Handeln auf Rechts- und Sozialstaatlichkeit festlegen. Folgt man diesen Überlegungen, hätte man zugleich ein normatives Set für die Aufgabe der religionskulturellen Integration, das einerseits den profanen Standards europäischer Integration Rechnung trägt, andererseits den Anschluss an die religiösen Traditionen zumindest aller monotheistischen Religionen ermöglicht. Für das Projekt einer Konfessionalisierung des Islam

---

[20] ERNST TROELTSCH, Was heißt ‚Wesen des Christentums'?, in: Gesammelte Schriften Bd. II, Tübingen 1922, 451.

[21] Vgl. HEINZ KLEGER, Gibt es eine europäische Zivilreligion?, Potsdam 2008.

und die EU-Beitrittsverhandlungen mit der Türkei können sie als zivilreligiöse Mindeststandards gelten. Die Absage an jede Form des Antisemitismus, die Erinnerung an den Holocaust und die Verpflichtung auf Menschenwürde, Demokratie und Rechtsstaatlichkeit muten freilich den religiösen Akteuren, die sich in der europäischen Religionskultur beheimaten wollen, in kurzer Zeit eine große Aufgabe zur Transformation ihrer religiösen und ethischen Vorstellungswelten zu, die in den christlichen Konfessionen seit der Aufklärung bearbeitet, aber erst im 20. Jahrhundert abgeschlossen wurde und ihre aktive Zeitgenossenschaft im integrierten Europa begründet hat.

„Nation" und „Menschenwürde"

Zum Wandel der legitimatorischen Bedeutung von Religion
für den demokratischen Staat

1. Politische Ordnung und religiöse Legitimation

Der moderne demokratische Staat kann auf eine direkte religiöse Legitimation seiner politischen Ordnung verzichten. Er bezieht sie durch die grundrechtlichen Freiheiten, die den Staatsbürgern zustehen, deren Geltung und Durchsetzung er zu gewährleisten, deren Konkordanz er in politischen Prozessen zu organisieren, gesetzlich zu fixieren, rechtsstaatlich zu überprüfen und über die er im Konfliktfall richterlich entscheiden zu lassen hat. Durch demokratische Partizipation und rechtsstaatliche Verfahren sind alle Staatsbürger an den Prozessen der Interpretation und Ordnung des Freiheitslebens grundsätzlich beteiligt. Daher steht die Religion dem Staat auch nicht einfach gegenüber, sondern nimmt über die religiöse Orientierung der politischen Akteure auf das staatliche Handeln Einfluss. Diese Schnittstelle wird gelegentlich diskursiv aktiviert. Dabei erfolgt eine reflexive Vertiefung des Verhältnisses von Religion und Politik, die auch eine legitimatorische Dimension hat. In ihr können drei Aspekte voneinander unterschieden werden. *Zunächst* wird in den Diskursen daran erinnert, dass sich das Ensemble der grundrechtlichen Freiheiten einem bestimmten Verständnis des Menschen verdankt, bei dessen Formierung die jüdische und die christliche Religion wesentliche Anteile hatten. Dieses oft verkürzt so genannte Menschenbild wird in den politischen Grundlagendiskursen ebenso wie bei der politischen Diskussion über einzelne Sachverhalte (etwa bei den ethischen Grenzfragen der Biomedizin) aktualisiert. In diesen Diskursen wird auch die religiöse Dimension der anthropologischen Grundannahmen des Gemeinwesens kenntlich gemacht, nicht nur durch ihre Artikulation von Vertretern der Kirchen, sondern auch von den Entscheidungsträgern in Politik und Gesellschaft. *Sodann* ist der demokratische Staat für sein Funktionieren auf die Partizipation der Staatsbürger angewiesen. Er muss sie voraussetzen, kann sie jedoch nicht einfordern. Daher bilden die religiösen Traditionen wichtige sittliche Ressourcen, die – zumindest für die Gläubigen – die Übernahme von politischer Verantwortung legitimieren und die politischen Programmdiskurse mit Grundlagen und Zielvisionen speisen. *Schließlich* muss sich der Staat über den Modus der Zugehörigkeit zu ihm verständigen. Ein Staat ist ein historischer Sachverhalt. Er fußt auf einem bestimmten nationalen, territorialen, kulturellen, sittlichen und religiösen Erbe und er zieht Grenzen. In der Regel dominiert der generative Modus zur Legitimation von Zugehörigkeit. Zum Staat gehört ein Staatsvolk, das sich in der Regel selbst reproduziert. Aber das Ideal einer nationalen Einheit von Territorium, Volk, Sprache, Kultur und Staat hat niemals der Wirklichkeit vollständig entsprochen. Die Zugehörigkeitsdebatten sind stets nach außen und nach innen gerichtet. Gegenwärtig bewirken die Etablierung von staatlichen Strukturen oberhalb der Nationalstaaten und die globalen Migrationen, dass neue Zugehörigkeitsdiskurse etabliert werden, bei denen auch die Religion eine wesentliche Rolle spielt. Dabei zeigen sich im historischen Vergleich gewichtige Veränderungen. Die Debatte um die bürgerliche Gleichstellung der Juden im Preussen des späten 18. Jahrhunderts zielte auf Revision der strengen Bindung von Staatsangehörigkeit und religiöser Orientierung. In der Gegenwart sind religiöse Orientierung und Staatsbürgerschaft zwar grundsätzlich entkoppelt. Die immer wieder aufflammenden Diskussionen darüber, ob „der" Islam, in Europa erst durch Migration ansässig geworden, zu dieser Differenzierung in der Lage ist, zeigt aber, dass sich Muslime zum legitimatorischen Nachweis ihrer demokratischen und rechtsstaatlichen Gesinnung aufgerufen fühlen.

Dem zuletzt genannten Diskurszusammenhang soll im Folgenden nachgegangen werden. Ausgangspunkt ist die Hypothese, dass in der Verwendung des Begriffs der Menschenwürde gegenwärtig alle drei Aspekte der legitimatorischen Dimension identifiziert werden können. Er spielt daher eine wesentliche Rolle bei der Bestimmung des Verhältnisses von Politik und Religion und übernimmt insofern eine Schirmfunktion, weil er politisches und religiöses Denken aus unterschiedlichen Traditionen zusammenzuführen vermag. Ausgangspunkt dafür ist seine herausgehobene Bedeutung im Grundgesetz der Bundesrepublik Deutschland und in der Bundesverfassung der Schweizerischen Eidgenossenschaft. Seine priorisierte Stellung in Artikel 1 des Grundgesetzes resümiert die Erfahrungen mit den massiven Menschenrechtsverletzungen während der nationalsozialistischen Diktatur in Deutschland, gibt dem auf ihn folgenden Grundrechtskatalog dadurch eine besondere „story" und macht durch das Achtungs- und Schutzgebot das staatliche Handeln in besonderer Weise grundrechtssensibel. Mit einigem Recht hat man für Deutschland daher auch von einer „offizielle[n] Staatsmoral"[1] gesprochen. In Deutschland, der Schweiz und innerhalb der EU wird im Begriff der Menschenwürde das Set der geteilten normativen Grundannahmen gebündelt, die der staatlichen Ordnung voraus liegen und die das Reservoir gemeinsamer sittlicher Überzeu-

---

[1] PETER ANTES, Menschenrechte und Staatsmoral, in: RICHARD HEINZMANN (Hg.), Menschenwürde. Grundlagen in Christentum und Islam, Stuttgart, 2007, 124–137, 131.

gungen bilden. Geschichtlich betrachtet, ist der Verfassungsrang des Begriffs ein neues Phänomen von beachtlicher Konjunktur.[2] Inzwischen wurde er an prominenter Stelle in internationale Vereinbarungen zum Menschenrechtsthema aufgenommen, zuletzt in die Charta der Grundrechte der Europäischen Union.[3] Weil sich in dieser Begriffsverwendung eine Erfahrung der deutschen bzw. europäischen Geschichte spiegelt, wurde die „Menschenwürde" schon als spezifisches Merkmal einer europäischen Zivilreligion bezeichnet.[4]

In *ideengeschichtlicher* Hinsicht bildet der Begriff eine Synthese aus Elementen des aufgeklärten Naturrechts, der sozialistischen Bewegung und christlicher Anthropologie.[5] In den Verfassungstexten wurde auf eine Definition des Inhaltes verzichtet und der Satz von der Menschenwürde als „nicht interpretierte These"[6] an den Anfang des Grundrechte-Katalogs gestellt. Die damit verbundene Begründungs- bzw. Interpretationsoffenheit ist kein Mangel, sondern angesichts der pluralistischen Konstellation hilfreich,[7] weil der Begriff nur dann, wenn er aus unterschiedlichen Perspektiven interpretiert wird, integrative Kraft entfalten kann. Dies ist durchaus nicht selbstverständlich, sondern verdankt sich einerseits bestimmten historischen Bedingungen und andererseits denjenigen Merkmalen des Begriffs, die ihn für diese Offenheit disponieren. Es ist die „supplementierende Komplementarität"[8] seiner Begründungen und Interpretationen, die es ermöglicht, dass der Begriff innerhalb der *politischen Kultur* eine Schirmfunktion übernimmt, die die unterschiedlichen religiösen, kulturellen und weltanschaulichen Strömungen zu integrieren vermag.

Ziel dieses Beitrages ist die Analyse dieser Schirmfunktion des Menschenwürde-Begriffs im Blick auf die politische Beheimatung von Muslimen in Deutschland und Europa. Für Muslime bietet sich der Begriff der Menschenwürde deshalb an, weil er ein wesentlicher Faktor der Legitimation der demokratisch-rechtsstaatlichen Ordnung im Westen ist und sich Muslime daher durch seine Aneignung als zu ihr zugehörig legitimieren können – sowohl gegenüber der Mehrheitsgesellschaft als auch gegenüber der eigenen Commu-

---

[2] Vgl. CHRISTOPH ENDERS, Freiheit als Prinzip rechtlicher Ordnung – nach dem Grundgesetz und im Verhältnis zwischen den Staaten, in, JÖRG DIERKEN/ARNULF VON SCHELIHA, (Hg.), Freiheit und Menschenwürde. Studien zum Beitrag des Protestantismus, Tübingen, 2005, 295–320.

[3] Vgl. a. a. O., 304 f.

[4] Vgl. HEINZ KLEGER, Gibt es eine europäische Zivilreligion? Pariser Vorlesung über die Werte Europas, Potsdam 2008.

[5] Vgl. „‚Menschenwürde' – Konkurrent oder Realisator der Christlichen Freiheit?".

[6] Zitiert nach ENDERS, Freiheit als Prinzip rechtlicher Ordnung, 297.

[7] Vgl. dazu WOLFGANG VÖGELE, Menschenwürde und Gottebenbildlichkeit, in: JÖRG DIERKEN/ARNULF VON SCHELIHA (Hg.), Freiheit und Menschenwürde. Studien zum Beitrag des Protestantismus, Tübingen 2005, 265–276.

[8] HANS MICHAEL HEINIG, Artikel „Menschenwürde", in: WERNER HEUN (Hg.), Evangelisches Staatslexikon, Stuttgart 2006, 1516–1525, 1520.

nity. Die hermeneutischen Strategien der Aneignung und Interpretation des Begriffs Menschenwürde vonseiten muslimischer Intellektueller sind Thema des dritten Teils dieser Studie.

Die sich darin zeigende legitimatorische Bedeutung des Menschenwürde-Begriffs soll durch einen Vergleich mit derjenigen Debatte vertieft werden, bei der erstmals in Deutschland öffentlich über die freiheitliche Grundlage des Staates diskutiert wurde. Dies geschah während der Grundrechtsdebatte in der Frankfurter Nationalversammlung im Jahr 1848, die erstmals eine demokratische Verfassung für das Deutsche Reich erarbeitete. Der Vergleich bietet sich aus mehreren Gründen an. Das Frankfurter Parlament galt als bürgerliches „Professorenparlament", in dem erstmals auf einem offiziellen Forum der politischen Öffentlichkeit ein von den traditionalen Verpflichtungen absehender, intellektueller Diskurs über die freiheitlichen Grundlagen der staatlichen Ordnung geführt wurde. Dabei musste ein Konsens über den verbindlichen Geltungsgrund der bürgerlichen Freiheitsrechte erzielt werden, der zugleich über die Zugehörigkeit zum Deutschen Reich zu entscheiden hatte. Bei der Suche nach diesem Geltungsgrund spielten die offiziellen Ausdrucksformen und Repräsentanten der christlichen Konfessionen eine bloß untergeordnete Rolle. Die Kirchen und ihre Vertreter waren zu eng mit dem christlichen Obrigkeitsstaat verbunden, der in der Revolution gerade überwunden werden sollte. Daher wirkte – das macht den Vergleich für die Gegenwart attraktiv – die religiöse Dimension vor allem *indirekt* auf den Geltungsgrund der Freiheitsrechte ein. Zu diesen gehörte auch, dass man die Voraussetzungen für die Etablierung von religiöser Pluralität schuf, die über die christlichen Konfessionen hinausging. Das hatte schon damals zur Folge, dass sich die Vertreter derjenigen Religion, die in den Genuss der Freiheitsrechte kommen sollten, als von den Grundlagen ihrer Religion aus fähig legitimieren mussten, in den Geltungsbereich der Freiheitsrechte einzutreten. Das war die Situation der jüdischen Menschen in den deutschen Bundesstaaten. Diese Legitimation konnte damals nur im freien intellektuellen Diskurs angeboten werden, weil es dem Judentum damals – wie heute dem Islam – an einer repräsentativen Organisation gebrach, die verbindlich für alle Auskunft hätte geben können. All diese Aspekte legen den Vergleich beider Legitimationsdiskurse nahe. Dazu kommt noch ein forschungsgeschichtlicher Gesichtspunkt: Im Unterschied zu den Verfassung gebenden Beratungen im Parlamentarischen Rat 1948/49 und in der Weimarer Nationalversammlung 1918/19 sind die auf das Thema „Religion" bzw. „Religionsrecht" bezogenen Debatten in der Paulskirche in der evangelischen Theologiegeschichtsschreibung wenig präsent. Dem soll mit diesem Beitrag gegengesteuert werden. Den damaligen Debatten kommt auch deshalb besonderes Gewicht zu, weil man später, bei den Verfassungsberatungen in Weimar (1919) und in Bonn (1948/49), auf die Ergebnisse der Beratungen in der Frankfurter Nationalversammlung zurückgegriffen hat. Die

Hypothese, die in diesem zweiten Teil der Studie erhärtet werden soll, lautet: Der Begriff deutsche Nation war damals der Geltungsgrund der Grundrechte. Er stand, wie gegenwärtig der Begriff Menschenwürde, über den religiösen Traditionen, entbehrte aber nicht einer religiösen und sittlichen Dimension. Er konnte religiöse Vielfalt überspannen und gleichzeitig über Inklusion und Exklusion zum politischen Gemeinwesen entscheiden. Er stellte – so soll hier gezeigt werden – damals so etwas wie das zivilreligiöse Fundament des Staatswesens dar.

Auf einen solchen legitimatorischen Sinnmagneten kann, das wird in den abschließenden Erwägungen des vierten Teils zusammenzufassen sein, damals wie heute keine Ordnung, die Freiheit politisch organisieren will und damit eine plurale Religionskultur zu beheimaten hat, verzichten. Mit der Verschiebung der zivilreligiösen Plattform von der „Nation" zur „Menschenwürde" verbinden sich aber zugleich einige wesentliche inhaltliche Veränderungen, auf die aufmerksam zu machen ist. Diese zeigen zudem an, dass der Begriff Menschenwürde trotz vielfältiger Aneignungsstrategien kein Passpartout ist, sondern auch in seiner zivilreligiösen Bedeutung unabgeltbare normative Ansprüche stellt, die gegenwärtig noch nicht eingeholt sind.

Der Begriff Zivilreligion wird hier nicht im Sinne seiner US-amerikanischen Interpretation aufgegriffen[9], sondern im Anschluss an Rolf Schieder als „hermeneutischer Schlüssel zur Verständigung über religiös-politische Sachverhalte nach der Aufklärung"[10] verstanden. Danach repräsentiert die Zivilreligion das diskursive Feld, auf dem gemeinsame normative Grundannahmen auf der Schnittstelle von Politik und Religion artikuliert werden. Dieses Verständnis von Zivilreligion geht auf Niklas Luhmanns Beitrag „Grundwerte als Zivilreligion" zurück, die er als Ergebnis der gesellschaftlichen Differenzierung beschrieben hat. Sie ist „einerseits der Verständigungsmodus des Religionssystems mit seiner gesellschaftlichen Umwelt, zugleich aber auch der Bereich des gesellschaftlich Selbstverständlichen, gegen den die Religion verschärft selektive Kriterien zur Geltung zu bringen hat".[11] Danach markiert die Zivilreligion die ideelle Schnittmenge zwischen Religionssystem und politischem System, und zwar so, dass im zivilreligiösen Diskurs über die von allen Staatsbürgern geteilten Werteannahmen zugleich die Unterscheidung beider Teilsysteme durch diese selbst vorgenommen wird. Die religiösen Traditionen gehen also im zivilreligiösen Diskurs – auch in den dort fixierten Konsensen –

---

[9] Vgl. dazu den klassischen Text von ROBERT N. BELLAH, Zivilreligion in Amerika (1967), in: HEINZ KLEGER/ALOIS MÜLLER (Hg.), Religion des Bürgers. Zivilreligion in Amerika und Europa, München, 1986, 19–41.

[10] ROLF SCHIEDER, Zivilreligion als Diskurs, in: DERS. (Hg.), Religionspolitik und Zivilreligion, Baden-Baden 2001, 8–22, 14.

[11] NIKLAS LUHMANN, Grundwerte als Zivilreligion, in: DERS., Soziologische Aufklärung (Bd. 3), Opladen 1981, 293–308, 303.

nicht auf, sondern respezifizieren die zivilreligiösen Gehalte in der Perspektive ihrer je eigenen Dogmatik. In diesem Sinne hat auch Eilert Herms den Begriff theologisch rezipiert[12], die wechselseitigen Interdependenzen hervorgehoben und die Freiheit im zivilreligiösen Diskurs als normativen Standard herausgearbeitet, der die religiösen ebenso wie die politischen Akteure vor wechselseitiger Vereinnahmung schützt und die gleichwohl staatlich nicht erzwingbaren Überzeugungsfundamente des staatstragenden Ethos durch freie religiöse Gewissheitskommunikation und damit Zivilreligion hervorbringt.[13] Noch einmal: Es geht bei der Verwendung des Begriffs Zivilreligion nicht um die Behauptung, dass der Staat selber religiöse Attribute annimmt oder darum, die Trennung von Staat und religiösen Gemeinschaften zu unterlaufen[14], sondern um die Identifikation derjenigen diskursiven Plattform, auf der sich der religionsfreundliche Staat und die staatsfreundlichen religiösen Akteure unterschiedlicher religiöser Traditionen sowie andere zivilgesellschaftliche Player über die legitimatorischen Grundlagen und die für sie nicht disponiblen Grenzen des Gemeinwesens verständigen. Ziel dieses Beitrages ist es zu zeigen, dass es diese Plattform gibt, dass sie insbesondere dann diskursiv betreten wird, wenn über Zugehörigkeiten entschieden werden soll und dass es gegenwärtig der Begriff der Menschenwürde ist, an den diese Diskurse angeschlossen werden.

2. Der Begriff der deutschen Nation und die Grundrechte. Die Debatten in der Frankfurter Nationalversammlung

In Deutschland erlangen die Grundrechte erstmals im Zuge der Revolution von 1848 den Charakter ausdrücklicher Verfassungsnormierung. Dieser Vorgang steht in einem engen Zusammenhang mit der Auflösung der christlichen Legitimation der Fürstenherrschaft durch die reformatorische Obrigkeitslehre, mit der Kritik an der Idee des autoritären christlichen Staates und mit der Idee der Nation, die nun zum Fundament des Politischen wird. Entstanden war das moderne Nationalgefühl in Deutschland als Reaktion auf die Konstituie-

---

[12] „Einerseits manifestiert sich in der Zivilreligion [...] die in der Gleichursprünglichkeit beider Sphären [Religion, politische Ordnung] begründete spezifische Offenheit des staatlichen Lebens für eine Prägung durch die zielwahlorientierenden Gewissheiten der Religion [...] der Staatsbürger, ja seine Angewiesenheit auf und seine Abhängigkeit von ihnen; [...] Andererseits [...] manifestiert sich in der Zivilreligion zugleich auch das [...] Eingebettetsein der Religions- und Weltanschauungskommunikation in die staatlich unterhaltene Friedensordnung sowie die Angewiesenheit der ersteren auf die letztgenannte" (EILERT HERMS, Zivilreligion. Systematische Aspekte einer geschichtlichen Realität, Theologische Quartalsschrift, 183, 2003, 97–127, 111 f.).

[13] Vgl. a. a. O., 124–127.

[14] Vgl. PAUL NOLTE, Religion und Bürgergesellschaft. Brauchen wir einen religionsfreundlichen Staat?, Berlin, 2009, 111.

rung der französischen Nation im Zuge der Französischen Revolution. Die Befreiungskriege gegen die napoleonische Fremdherrschaft standen unter dem Vorzeichen von deutschem Nationalgeist, der preussischen Patriotismus nicht ausschloss, bürgerlicher Emanzipation und politischer Partizipation.[15] Der liberale Nationalismus verstand sich – wie das Beispiel Friedrich Schleiermachers zeigt – keineswegs als chauvinistisch oder exklusiv, sondern führte den Kosmopolitismus der Aufklärung fort.[16] Das politische Wollen des liberalen Nationalismus war insofern religiös legitimiert, als die Leitideen der Französischen Revolution Freiheit, Gleichheit und Brüderlichkeit über das Gebot der Nächstenliebe in der christlichen Tradition identifiziert und somit angeeignet werden konnten. Dabei repräsentierte die „Nation" den konkreten historischen Sozialhorizont, in dem diese sittlichen Grundeinsichten in vorzüglicher Weise politisch umgesetzt werden können.[17] Diese religiöse Legitimation des Politischen stand zwar in Spannung zu der reformatorischen Ordnungstheologie und der christlichen Lehre von der von Gott eingesetzten Obrigkeit, konnte aber mit ihr synthetisiert werden. Dagegen standen die ultramontan orientierten Katholiken und die jüdischen Menschen im nationalen Diskurs unter starkem Legitimationsdruck, Glaube und Nation miteinander zu verbinden.

Schon in den damaligen Diskursen über den Begriff war deutlich, dass die Nation keine naturwüchsige und eindeutige Ordnung des sozialen Lebens ist, sondern sich historischen Bedingungen verdankt, die politisch eingeholt werden müssen.[18] Dazu gehört im sogenannten Vormärz der Übergang von der deutschen Kulturnation, die im 18. Jahrhundert mit der Idee der dynastischen Legitimität politischer Herrschaft verbunden war, in eine „Volksnation", in der die nationale Zusammengehörigkeit politischen Ausdruck findet und vom Volk ausgehend legitimiert wird.[19] Dabei spielen, wie neuere Nationalismus-

---

[15] Vgl. CHRISTIAN SENKEL, Patriotismus und Protestantismus. Konfessionelle Semantik im nationalen Diskurs zwischen 1749 und 1813, Tübingen 2015.

[16] Vgl. MATTHIAS WOLFES, Öffentlichkeit und Bürgergesellschaft. Friedrich Schleiermachers politische Wirksamkeit (Bd. 1–2), Berlin/New York 2005; ARNULF VON SCHELIHA, Schleiermacher als politischer Denker, in: ANDREAS ARNDT/KURT-VICTOR SELGE (Hg.), Friedrich Schleiermacher – Denker für die Zukunft des Christentums?, Berlin/New York 2011, 83–100.

[17] Vgl. hierzu die historischen Darstellungen von MANFRED JACOBS, Die Entwicklung des deutschen Nationalgedankens von der Reformation bis zum deutschen Idealismus, in: HORST ZILLESSEN (Hg.), Volk, Nation, Vaterland. Der deutsche Protestantismus und der Nationalismus, Gütersloh 1970, 51–110; KARL KUPISCH, Die Wandlungen des Nationalismus im liberalen deutschen Bürgertum, in: HORST ZILLESSEN (Hg.), Volk, Nation, Vaterland. Der deutsche Protestantismus und der Nationalismus, Gütersloh 1970, 111–134.

[18] Vgl. BRIAN E. VICK, Defining Germany. The 1848 Parliamentarians and National Identity, Cambrigde/Mass 2002.

[19] Vgl. zu diesen Unterscheidungen: M. RAINER LEPSIUS, Nation und Nationalismus in Deutschland, in: DERS., Interessen, Ideen und Institutionen, Opladen 1990, 232–246. Danach definiert die „Volksnation" die Ordnung unter Einbezug kultureller, sprachlicher und religiöser

forschung herausgearbeitet hat, religiöse Faktoren eine wesentliche Rolle.[20] Einmal kann das Nationalbewusstsein selbst als politische Religion inszeniert und gegen die etablierten Religionen gerichtet werden, weil diese – wie etwa der Protestantismus – mit den traditionalen politischen Mächten im Bunde waren, oder – wie der ultramontane Katholizismus oder das Judentum – als Faktor nationaler Desintegration angesehen wurden. Sodann gibt es den religiös aufgeladenen Nationalismus, der das politische Wollen des Nationalstaates als Durchsetzung des göttlichen Geschichtswillens ansieht und nicht selten aggressive oder gar imperialistische Züge annimmt. In den Diskursen des Vormärz befindet man sich aber noch jenseits dieser Alternative. Hier wird die deutsche Nation als eine Einheit begriffen, die vor allem ständische Privilegien überwinden und den obrigkeitlichen Paternalismus zugunsten der bürgerlichen Gleichheit aufheben will, ohne zugleich die Individuen voneinander zu isolieren. Darin grenzte man sich wesentlich von der Französischen Revolution ab. Wesentlicher Faktor im Aufbau des politischen Nationalbewusstseins war die Besinnung auf die gemeinsame Geschichte, die innere Differenzen, wie unterschiedliche Abstammung und konfessionelle Spaltung, überbrückte.[21] Auf diese Weise übernimmt die Nation die Funktion von Einheitsstiftung und der Beheimatung freier Bürger in einem politisch arrondierten und historisch-kulturell konkret identifizierbaren Sozialverband. Die Nation „repräsentiert eine politische Ebene oberhalb der Region und unterhalb der Weltzivilisation und hat so ihre eigne, unverzichtbare Würde"[22]. Zu dieser Würde gehörte in diesem Stadium des Nationalbewusstseins auch, dass die nationale politische Einheit nicht auf Kosten anderer Nationen erreicht werden sollte. Vielmehr besteht ein wesentliches Ziel im Entwurf einer „Konzeption des Zusammenlebens der Nationen".[23] Wird dieser Gedanke geschichts- und individuali-

---

Faktoren und zielt auf nationale, territoriale und politisch-staatliche Einheit, die nach innen und außen strenge Unterscheidungen vollzieht. Im Unterschied dazu konstituiert sich die ‚Kulturnation' „über die kulturelle Gleichheit von Menschen" (238), zielt nicht notwendiger Weise auf politische Einheit, die vielmehr – so im ersten und zweiten Drittel des 19. Jahrhunderts – durch das dynastisch-monarchische Prinzip legitimiert war, das während der Epoche der Restauration in der „Heiligen Allianz" religiös begründet war.

[20] Vgl. FRIEDRICH WILHELM GRAF, Die Nation – von Gott erfunden, in: DERS., Die Wiederkehr der Götter. Religion in der modernen Kultur, München, 2004, 102–132.

[21] Vgl. WOLFGANG KASCHUBA, Volk und Nation. Ethnozentrismus und Geschichte und Gegenwart, in: HEINRICH AUGUST WINKLER/HARTMUT KAELBLE (Hg.), Nationalismus – Nationalitäten – Supranaturalität, Stuttgart 1993, 56–81, 60f.

[22] HARTMUT RUDDIES, Religion und Nation. Reflexion zu einem beschädigten Verhältnis, in: ULRICH BARTH/WILHELM GRÄB (Hg.), Gott im Selbstbewusstsein der Moderne. Zum neuzeitlichen Begriff der Religion, Gütersloh 1993, 196–221, 212.

[23] Vgl. ebd., 203. Für die Schweiz vgl. HANSJÖRG SIEGENTHALER, Supranationalität, Nationalismus und regionale Autonomie. Erfahrung des schweizerischen Bundesstaates – Perspektiven der Europäischen Gemeinschaft, in: HEINRICH AUGUST WINKLER/HARTMUT KAELBLE, (Hg.), Nationalismus – Nationalitäten – Supranaturalität, Stuttgart 1993, 309–333.

tätstheoretisch vertieft, tritt die religiöse Dimension des Begriffs Nation hervor, wie exemplarisch an Leopold von Rankes (1795–1886) Bemerkung aus der Einleitung in seine Vorlesung „Deutsche Geschichte" deutlich wird: „Die Völker, erfüllt ein jedes von einem eigentümlichen Geist, durch den sie sind, was sie sind, ohne den sie nicht wären, was sie wären, den sie den Trieb und die Pflicht haben, nach dem Ideal, das ihnen innewohnt, zu entwickeln, sind Geschöpfe, gleichsam Gedanken des göttlichen Geistes. Auf ihrem gegenseitigen Einfluss und dem Widerstand, den sie sich gegenseitig leisten, beruht der jedesmalige Zustand der Welt."[24] Die Individualität der Nationen, ihre Vielfalt und wechselseitige Einflussnahme werden von Ranke mit dem Hinweis auf die „Gedanken des göttlichen Geistes" – in einer freilich undogmatischen Weise – religiös begründet und als Motor der geschichtlichen Bewegung aufgefasst.

Die integrative Bedeutung des Begriffs deutsche Nation wird im Grundrechtsdiskurs in der Frankfurter Nationalversammlung 1848 deutlich. In den Grundrechtsdiskursen des Vormärz konkurrierten noch natur- bzw. grundrechtliche Begründungsfiguren mit konservativen, nach denen der Monarch in Einsicht der Gottebenbildlichkeit den Individuen bestimmte Grundfreiheiten zu gewähren und zu garantieren habe.[25] Nach Grimm war diese Frage nach dem „Geltungsgrund" der Grundrechte das „Leitthema für die erste Jahrhunderthälfte"[26]. In dieser Zeit dominierte in der Staatsrechtslehre der naturrechtliche Ansatz, der sich nun jedoch im Verfassungs- und Grundrechtsdiskurs von 1848 gerade *nicht* durchsetzen konnte.[27] Die Kontroversen über die Begründung der bürgerlichen Freiheiten klingen im Grundrechtsdiskurs des Vorparlamentes und des Verfassungsausschusses der Nationalversammlung zwar noch nach. Aber schon das revolutionäre „Vorparlament", das vom 31. März bis 2. April 1848 tagte und die Wahlen vorbereitete, hatte insofern bereits eine Vorentscheidung getroffen, als es seinen Grundrechtskatalog gemäß den „im

---

[24] RANKE, Vorlesungseinleitungen, 316.
[25] Vgl. THOMAS WÜRTENBERGER, Von der Aufklärung zum Vormärz, in: HANS-JÜRGEN PAPIER/DETLEF MERTEN (Hg.), Handbuch der Grundrechte (Bd. 1), Heidelberg 2004, 49–96, Nr. 48–53.
[26] DIETER GRIMM, Die Entwicklung der Grundrechtstheorie in der deutschen Staatsrechtslehre des 19. Jahrhunderts, in: DERS., Recht und Staat der bürgerlichen Gesellschaft, Frankfurt a. M. 1987, 308–346, 311.
[27] Dies hatte zum Ergebnis, dass „die Grundrechte [...] auf diese Weise an beträchtlicher Durchsetzungsschwäche" (GRIMM, Entwicklung der Grundrechtstheorie, 320) litten. Nach der „Paulskirche", die trotz ihres Scheiterns im Blick auf die Grundrechte Vorbild für die nachfolgend oktroyierten Verfassungen war, verlor die Frage nach dem Geltungsgrund der Grundrechte an Interesse (vgl. GRIMM, 322), zumal im Kaiserreich die bürgerlich-ökonomische Freiheit weitgehend gewährleistet war und Konservative und Liberale gemeinsam gegen die sozialistische Bewegung standen, was die Attraktivität naturrechtlicher Begründungen weiter schwächte. Der Rechtsstaat konnte auch ohne weitreichende demokratische Partizipationsrechte funktionieren (vgl. GRIMM, 344).

deutschen Volke lebenden Wünsche[n] und Forderungen" als Ausdruck und „geringstes Maass deutscher Volksfreiheit"[28] betrachtete. Der Verfassungsentwurf des sogenannten Siebzehnerausschusses des Bundestages rekapituliert in der Präambel die zurückliegende Epoche mangelnder Einheit, innerer Zerrüttung und Herabwürdigung der Volksfreiheit und stellt im vorletzten Teil des Entwurfes die Grundrechte als vom „Reich" „dem Deutschen Volke" „gewährleistet"[29] auf. Hier wird nur nationalhistorisch argumentiert. Jede religiöse oder naturrechtliche Legitimation fehlt. Vielmehr begründet der enge Konnex von Nationalbewusstsein und Freiheit die grundrechtlichen Normen. Eine ähnliche Formulierung findet sich im späteren Verfassungstext. In Artikel 130 heißt es: „Dem deutschen Volke sollen die nachstehenden Grundrechte gewährleistet seyn."

Hier wie in den späteren Plenardebatten zu den Grundrechten fällt der Begriff Menschenwürde übrigens selten, mutmaßlich weil er aufgeklärt-naturrechtlich oder sozialistisch geprägt ist. Lediglich in den Debattenbeiträgen des Rechtsphilosophen Heinrich Julius Ahrens (1808–1874, luth.)[30], Schüler des Philosophen Karl Ch. F. Krause (1781–1832), spielt er eine tragende Rolle. Hier wird er mit der dem Menschen zukommenden vernünftigen Freiheit in Verbindung gebracht, die zugleich eine religiöse Dimension hat.[31] In den Debatten der Paulskirche fällt er überdies im Zuge der Diskussion um die Begrenzung staatlichen Strafhandelns[32] und im Zusammenhang der Feudallasten.[33] Angesichts der sehr ausführlichen Grundrechtsdebatten dürften diese

---

[28] Zitiert nach der Dokumentation der Quellen in HEINRICH VON SCHOLLER, Die Grundrechtsdiskussion in der Paulskirche. Eine Dokumentation, Darmstadt 1973, 50.

[29] Ebd., 51.

[30] Die Angaben zur konfessionellen Zugehörigkeit sind entnommen aus: RAINER KOCH (Hg.), Die Frankfurter Nationalversammlung 1848/49. Ein Handlexikon der Abgeordneten der deutschen verfassungsgebenden Reichs-Versammlung, Kelkheim 1989. Vgl. auch HEINRICH BEST/WILHELM WEEGE (Hg.), Biographisches Handbuch der Abgeordneten der Frankfurter Nationalversammlung 1848/49, Düsseldorf 1996.

[31] Vgl. HEINRICH AHRENS, Artikel „Freiheit", in: JOHANN CASPAR BLUNTSCHLI (Hg.), Deutsches Staats-Wörterbuch (Bd. 3), Stuttgart/Leipzig 1858, 730–739. Schon für Krause machte die vernünftige Freiheitsqualität des menschlichen Lebens seine Würde aus (vgl. z. B. KARL CHRISTIAN FRIEDRICH KRAUSE, Der Erdrechtsbund. An sich selbst und im Verhältnis zum Ganzen und zu allen Einzeltheilen des Menschheitslebens, Leipzig 1893 28, 31 u. ö.).

[32] In der Begründung des Abgeordneten Carl Alexander Spatz (1810–1856, ev.) zu seinem Antrag, dass die „Strafen des Prangers, der Brandmarkung und der körperlichen Züchtigung [...] nicht stattfinden" können (FRANZ WIGARD (Hg.), Reden für die Deutsche Nation 1848/1849, Stenographischer Bericht über die Verhandlungen der Deutschen Constituierenden Nationalversammlung in Frankfurt am Main (Bd. 1–4), München 1979 (Bd. 2)).

[33] In der Rede des Abgeordneten Friedrich Wilhelm Schlöffel (1800–1870), der seinen Antrag auf entschädigungslose Aufhebung der Feudallasten mit dem Hinweis auf die in der Menschenwürde eingelagerte Gleichheitsidee begründet (vgl. WIGARD, Reden für die Deutsche Nation 1848/1849 [Bd. 4], 2416).

wenigen Erwähnungen der Menschenwürde weniger durchgängig „belegbare Grundlagenfunktion"[34] haben als ornamental sein.[35]

Nach ihrem Zusammentreten wählt die Nationalversammlung einen 30 Mitglieder umfassenden Verfassungsausschuss, der nach Ablehnung des Siebzehner-Entwurfes einen eigenen Entwurf erarbeiten sollte. Der Vorentwurf dazu wurde von Friedrich Christoph Dahlmann (1785–1860, luth.), Robert Mohl (1799–1875, ev.) und Eugen Alexander Megerle von Mühlfeld (1810–1868, kath.) erarbeitet („Vorkommission"), nach den Beratungen im Ausschuss umgearbeitet und von Carl Georg Beseler (1809–1888, ev.) und Johann Gustav Bernhard Droysen (1808–1884, luth.) redigiert und dem Plenum vorgelegt.

In den Debatten des Verfassungsausschusses[36] und in der Nationalversammlung sind die unterschiedlichen Möglichkeiten der Begründung der freiheitlichen Grundrechte diskutiert worden. Es gab „letztlich unentschiedene Meinungsverschiedenheiten zwischen den Anhängern vorgegebener Menschenrechte, zwischenzeitlich verlorener Urrechte und staatlich gegebener Rechte."[37] Repräsentant der Befürworter der Menschenrechtsqualität der Grundrechte war der deutsch-katholisch engagierte Kammerstenograph Franz Jakob Wigard (1807–1885, deutsch-kath.). Er trat im Verfassungsausschuss dafür ein, den Grundrechten eine Art Erklärung der Menschenrechte vorauszuschicken, konnte sich damit aber nicht durchsetzen.[38] Ahrens dagegen profilierte sich als Kritiker des aufgeklärten Naturrechtes und trat der individualistischen Interpretation der Menschen- und Grundrechte entgegen. Er kritisierte „die abstrakte, individualistisch atomistische Massenfreiheit" und empfahl

---

[34] JÖRG-DETLEF KÜHNE, Von der bürgerlichen Revolution bis zum Ersten Weltkrieg, in: HANS-JÜRGEN PAPIER/DETLEF MERTEN (Hg.), Handbuch der Grundrechte in Deutschland und Europa (Bd. 1), Heidelberg 2004, 97–152, Nr. 18.

[35] Zumal es sich bei Spatz und Schlöffel um Redner aus dem linksliberalen Spektrum gehandelt hat, in dem die naturrechtliche Argumentation bevorzugt wurde, die sich aber in der Grundrechtsbegründung gerade nicht durchsetzen konnte. Das passt auch zu den beiden anderen von Kühne angeführten Erwähnungen der „Menschenwürde", bei denen es um die Begründung von sozialen Rechten geht, die sich bekanntlich erst in der WRV durchgesetzt hat.

[36] Mitglieder im Ausschuss für den Entwurf einer Reichsverfassung waren Ahrens, von Andrian-Werburg, von Beckerath, Carl Georg Christoph Beseler, Blum, Dahlmann, Deiters, Detmold, Droysen, Heinrich von Gagern, Max von Gagern, Hergenhahn, Jürgens, Fürst Lichnowky, Mittermaier, von Mohl, Megerle von Mühlfeld, Pfizer, Römer, Scheller, Schreiner, Schüler, Simon, von Soiron, Tellkampf, Waitz, Welcker, Wippermann (vgl. KOCH, Die Frankfurter Nationalversammlung 1848/49. Evangelische Pastoren waren nicht darunter (vgl. CHRISTIAN R. HOMRICHHAUSEN, Evangelische Christen in der Paulskirche 1848/49. Vorgeschichte und Geschichte der Beziehung zwischen Theologie und politisch-parlamentarischer Aktivität, Bern 1985, 257f.).

[37] JÖRG-DETLEF KÜHNE, Die Reichsverfassung der Paulskirche. Vorbild und Verwirklichung im späteren deutschen Rechtsleben, Frankfurt a. M. 1985, 164; vgl. auch die Hinweise auf 166.

[38] Vgl. JOHANN GUSTAV DROYSEN, Die Verhandlungen des Verfassungsausschusses der deutschen Nationalversammlung (1849). Erster Teil, Vaduz 1987, 3–5.

deren gleichursprüngliche Einbindung in den Volksorganismus: „Die wahre Organisation der Freiheit verknüpft das Princip der Ordnung und der Freiheit, stärkt das Ganze durch die Theile, die Glieder durch den Gesamtorganismus; sie bewirkt [...] zum Wohle des Ganzen und zur Erleichterung der staatlichen Regierung, eine Vertheilung der Freiheit nach den einzelnen Lebenskreisen, begegnet dadurch der großen Gefahr, welche aus der ungeordneten Massenfreiheit entspringt, [...] und erzeugt durch die nothwendige Wechselwirkung aller Kreise [...] einen Gemeingeist, der durch die freien Gliederungen nicht geschwächt, sondern wesentlich gestärkt wird."[39] Man erkennt rasch, wie organologische Sozialvorstellungen der individualistischen Vereinseitigung des Freiheitsverständnisses wehren sollen. Ebenso wird die *natürliche* Egalität der Menschen abgelehnt. In der Debatte um den Gleichheitsgrundsatz wird vielmehr ihr *bürgerlich*-rechtlicher Charakter betont. So führt Ahrens aus: „Es handelt sich hier allein um die bürgerliche Gleichheit, nicht um jene rohe, materialistisch-communistische Gleichheit, welche alle natürlichen Unterschiede in den geistigen und physischen Fähigkeiten aufheben, und auch die Folgen derselben in Bezug auf Arbeit und Vermögenserwerb vertilgen will."[40] Eine Alternative zur organologischen Einfriedigung des bürgerlichen Individuums in den Sozialverband bietet die Genossenschaftstheorie des Staatsrechtlers Beseler. Er führt aus: Noch „steckt in unserer deutschen Natur und durch alle Polizeilichkeit und Staatsbevormundung nicht ruinirt, der tiefe germanische Zug der Genossenschaft und in tausend Formungen quillt er überall hervor; er ist das rechte und das volle Gegengewicht gegen die Zersetzung des Lebens in der Gesellschaft, die sich durch die traurige Nachäffung französischer Vorbilder in unser deutsches Wesen eindrängen will"[41].

Die Mehrzahl der rechtswissenschaftlichen Mitglieder im Verfassungsausschuss gehörte der historischen Rechtsschule an. Daher dominierte die nationale Perspektive mit dem Ergebnis, dass man der individualistisch-menschenrechtlichen Deutung der Grundrechte der Französischen Revolution nicht folgte, sondern ein Programm gesellschaftlicher Integration verfolgte. Daher band man die Geltung der bürgerlichen Freiheiten an die Idee der deutschen Nation und den in ihr erreichten Stand der Sittlichkeit.[42] Ausdrücklich weist man in der Begründung des Entwurfes zum Grundrechtskatalog darauf hin,

---

[39] AHRENS, Artikel „Freiheit", in: Deutsches Staats-Wörterbuch, 730–739, 739.
[40] WIGARD, Reden für die Deutsche Nation 1848/1849 (Bd. 2), 1293, Nr. 57 vom 2. August 1848.
[41] DROYSEN, Die Verhandlungen des Verfassungsausschusses der deutschen Nationalversammlung. Erster Teil, 24.
[42] Vgl. JÖRG-DETLEF KÜHNE, Revolution und Rechtskultur. Die Bedeutung der Revolutionen von 1848 für die Rechtsentwicklung in Europa, in: DIETER LANGEWIESCHE (Hg.), Die Revolutionen von 1848 in der europäischen Geschichte. Ergebnisse und Nachwirkungen, München 2000, 57–72, 59–62.

dass man auf „leere Theorieen und willkürlich ersonnene Systeme [...] keine Rücksicht genommen" habe. Vielmehr sei dasjenige ausgewählt worden, was „unserer Volksthümlichkeit, unseren gegenwärtigen Bedürfnissen entspricht, und unserer nationalen Entwickelung die beste Förderung und Sicherung verheißt"[43]. Insofern werden die individuellen Grundrechte an die Nation und ihre Gliederungen gebunden und nur in ihnen als wirksam vorgestellt, unabhängig davon, ob dieses historische Kollektiv genossenschaftlich und organologisch ausgelegt wird. Ganz im Sinne der dadurch legitimierten Grenzziehung wird der Grundrechtskatalog mit Bestimmungen zum deutschen Volk und zum Reichsbürgerrecht eingeleitet.[44]

Daher spielen auch religiöse Legitimationsfiguren in den Diskussionen keine Rolle. Zwar wird in den Debatten um die Grundrechte und die Prinzipien des Religionsrechtes gelegentlich von einigen Rednern beklagt, dass in der Verfassung der Verweis auf Gott fehle und in den Grundrechten kein Verweis auf das Christentum enthalten sei. Dem wird freilich entgegengehalten, dass ein solcher Bezug an die Idee des christlichen Staates erinnere, der aber durch seine repressiven Maßnahmen gegen Nationale und Demokraten im Vormärz so diskreditiert sei, dass jede christliche Begründung der neuen Reichsverfassung und ihres Grundrechtskataloges ausscheide.[45] Der christliche Staat ist in der Perspektive vieler Redner identisch mit dem Polizeistaat der Restaurationszeit. Der Begriff der deutschen Nation hat in diesem Stadium seiner Geschichte bezüglich der Grundrechte legitimatorische Bedeutung, und zwar ohne direkte Bezüge auf die christliche Religion. Dennoch zeigt sich – wie oben mit Verweis auf Leopold von Ranke angedeutet wurde – in der kulturellen, sittlichen und politischen Bedeutung des Begriffs eine religiöse Dimension, die *post festum* seine interpretatorische Respezifikation durch die Vertreter der Religionsgemeinschaften ermöglicht.

Direkt thematisch wird das Thema Religion in den Debatten über den Artikel zur Glaubens- und Gewissensfreiheit und über das künftige Verhältnis

---

[43] Bericht des Verfassungsausschusses der Constitutierenden Nationalversammlung über die Grundrechte des deutschen Volkes, in: WIGARD, Reden für die Deutsche Nation 1848/1849 (Bd. 1), 681–682, 681, Nr. 31 vom Dienstag, den 4. Juli 1848.

[44] Nach KÜHNE (Die Reichsverfassung der Paulskirche. Vorbild und Verwirklichung im späteren deutschen Rechtsleben) darf der Kontrast nicht überschätzt werden. Der Grundrechtskatalog sei weniger „Frucht einer rechtsinhaltlichen Gesamtentscheidung", als vielmehr nur „politisch-pragmatisch" (161) zu verstehen. Insgesamt „enthalten die Grundrechte der Paulskirche unterhalb der Gesamtstaatsebene sämtliche Rechte, die für das gesellschaftliche Leben einschliesslich des Staatslebens bedeutsam sind. Sie regeln den gesamten, für notwendig erachteten Unterbau der Reichsgenossenschaft." (170) Dennoch darf nicht übersehen werden, dass es die Idee der deutschen Nation und deren Freiheit und Selbständigkeit ist, die den Legitimations- und Entfaltungsrahmen für Einheit und bürgerliche Freiheit darstellt.

[45] Vgl. exemplarisch den Beitrag von WIGARD, Reden für die Deutsche Nation 1848/1849 (Bd. 3), 1788, Nr. 69 vom 30. August 1848.

von Staat und Kirchen. Hier erweist sich die integrative Funktion des Begriffs deutsche Nation und des aus ihm abgeleiteten Freiheitsverständnisses. Der Artikel über „die volle Glaubens- und Gewissensfreiheit" (Artikel III, § 11 im Entwurf) wird in der Begründung als eine der „wichtigsten Consequenzen des allgemeinen Princips"[46] der bürgerlichen Freiheit bezeichnet. Die ganz überwiegende Mehrheit der Nationalversammlung wollte dieses Grundrecht möglichst uneingeschränkt verwirklicht sehen. Die Zulassung neuer Religionsgemeinschaften bedürfe nicht der staatlichen Anerkennung (Artikel III, § 14 Entwurf, § 147 FRV). Ordnungs- oder staatspolitische Bedenken, die – etwa von dem Abgeordneten Michael Behr (1775–1851, kath.) – geäußert wurden[47], fanden keinen Rückhalt. In den Plenarberatungen wird der abwehrrechtliche Charakter der Glaubens- und Gewissensfreiheit durch den beschlossenen Zusatz „Niemand ist verpflichtet, seine religiöse Überzeugung zu offenbaren", verstärkt. Diese Betonung der „negativen Religionsausübungsfreiheit des § 148 FRV beruhte auf dem sogenannten Kniebeugungserlass, mit dem in Bayern auch andersgläubige Soldaten zu bestimmten Handlungen des katholischen Kultus verpflichtet worden waren".[48] Im Blick auf die positive Religionsfreiheit zielt man vor allem auf die jüdische Religionsgemeinschaft, einen weitergehenden religiösen Pluralismus hat man nicht im Blick.[49] Dazu Beseler: „Wenn wir volle Glaubens- und Gewissensfreiheit gewähren, dann geben wir auch dem Einzelnen die Berechtigung, überhaupt keinen positiven Glauben zu haben."[50] Aber man will durch die Verfassungsbestimmungen das Volk auch nicht zum Unglauben animieren. Atheismus ist die kaum vorstellbare, als minderwertig apostrophierte und höchstens als vorübergehendes Phänomen[51] vorkommende Ausnahme[52], was verfassungsrechtlich auch daran

---

[46] WIGARD, Reden für die Deutsche Nation 1848/1849 (Bd. 1), 685, Nr. 31 vom 4. Juli 1848.

[47] Vgl. WIGARD, Reden für die Deutsche Nation 1848/1849 (Bd. 3), 1725–1726, Nr. 67 vom 26. August 1848.

[48] Vgl. KÜHNE, Die Reichsverfassung, 486.

[49] „Die öffentliche Religionsübung soll den christlichen Religionsgesellschaften und den Juden gewährt sein. Meine Herren, im Ausschusse haben wir an keine andere gedacht." (Beseler im Abschlussbericht über die Debatte, in: WIGARD, Reden für die Deutsche Nation 1848/1849 [Bd. 3], 1762, Nr. 68 vom 28. August 1848). Er fügt andernorts noch hinzu, dass aber auch anderen Gruppen, wenn sie denn auftreten, Religionsfreiheit zu gewähren (aber nicht zu garantieren) ist.

[50] WIGARD, Reden für die Deutsche Nation 1848/1849 (Bd. 3), 1762, Nr. 68 vom 28. August 1848.

[51] Vgl. den Redebeitrag von Ahrens in: WIGARD, Reden für die Deutsche Nation 1848/1849 (Bd. 3), 1777, Nr. 69 vom 30. August 1848.

[52] „Es ist nun eingewendet worden, man könne da an eine Religionsübung des Unglaubens denken. Meine Herren! So wenig eine Religion des Unglaubens möglich ist, ebenso wenig kann es eine Ausübung derselben geben. [...] Nun, ich glaube, dass gegen das Schlechte und Unsittliche schon Vorsehen getroffen ist durch den zweiten Satz des § 12, wonach Verbrechen und Vergehen auch in diesem Fall dem Strafgesetz verfallen sein sollen." (Beseler im Abschlussbericht über die Debatte, in: WIGARD, Reden für die Deutsche Nation 1848/1849 [Bd. 3], 1763, Nr. 68 vom 28. August 1848).

sichtbar wird, dass der vorgeschriebene Eid eine theistische Formel aufweist, die nicht eingeschränkt oder fortgelassen werden darf.[53]

Im Mittelpunkt der Diskussion des Religionsverfassungsrechts stand das Verhältnis von Staat und Kirche. Der Ausschuss hatte in seinem Entwurf auf die Unabhängigkeit bzw. Trennung von Staat und Kirche verzichtet, weil eine Entflechtung insbesondere der evangelischen Kirchen mit den Bundesstaaten „schwierig sei"[54]. Dass es sich dabei um eine höchst strittige Position handelt, zeigt die Tatsache, dass gleich vier Minoritätsgutachten aus dem Ausschuss dazu vorgelegt wurden. In die endgültige Verfassung wurde dann die Staatsunabhängigkeit der Kirchen aufgenommen (Artikel 147). Damit kehrte man zu den Beschlüssen des sogenannten Vorparlamentes von Anfang April zurück, die bei der Aufzählung der Grundrechte „Gleichstellung der politischen Rechte, ohne Unterschied des Glaubensbekenntnisses, und Unabhängigkeit der Kirche vom Staate"[55] genannt hatten. Der sogenannte Siebzehner-Entwurf der Reichsverfassung hatte dagegen zum Verhältnis von Staat und Kirche nichts ausgesagt und rein grundrechtlich argumentiert: „Freiheit des Glaubens und der privaten und öffentlichen Religionsübung; Gleichheit aller Religionsparteien in bürgerlichen und politischen Rechten".[56] Dem fügt der Entwurf der sogenannten Vorkommission (Dahlmann, von Mühlfeld und R. von Mohl) das „Recht zur Bildung neuer Religionsparteien" hinzu.[57]

In der Plenardiskussion um das Verhältnis von Kirche und Staat wurde sehr schnell klar, dass die Unabhängigkeit der Kirchen vom Staat sich durchsetzen würde. Diese Lösung war die systematische Konsequenz der Grundrechte. Viele Redner sahen in der Verselbstständigung der Kirchen auch eine Möglichkeit ihrer Stärkung und die Chance für eine Vitalisierung des religiösen Lebens. Der Entwurf des Verfassungsausschusses hat zur Entflechtung von Kirche und Staat geschwiegen. In § 14 hieß es: „Neue Religionsgesellschaften dürfen sich bilden; einer Anerkennung ihres Bekenntnisses durch den Staat bedarf es nicht."[58] Dagegen erhoben sich auch bei einigen den Kirchen nahestehenden Parlamentariern Bedenken, weil dieser Vorschlag faktisch auf eine Besserstellung der neuen Religionsgemeinschaften hinauslaufe, da diese staatsunabhängig sein würden, während die großen christlichen Kirchen unter dem Kuratel des Staates blieben. Diese Schräglage sei ungerecht und verfassungswidrig. Zur Durchsetzung der Trennungsoption ergab sich in der Sache eine Koalition aus Liberalen und Katholiken. Jene stellten in Fortsetzung der Verfassungsprinzipien auf eine auch auf die Kirchen zu beziehende Emanzipa-

---

[53] Vgl. KÜHNE, Die Reichsverfassung, 481.
[54] WIGARD, Reden für die Deutsche Nation 1848/1849 (Bd. 1), 685, Nr. 31 vom 4. Juli 1848.
[55] Vgl. SCHOLLER, Grundrechtsdiskussion, 50.
[56] Vgl. a. a. O., 52.
[57] Vgl. a. a. O., 53.
[58] Zitiert nach SCHOLLER, Grundrechtsdiskussion, 64.

tion aller Lebensgebiete ab[59], während die katholischen Vertreter die Möglichkeit der Etablierung einer nationalen Kirchenstruktur sahen und zugleich den Anspruch der geistlichen Hierarchie und des Kirchenrechts auf Regelung der katholischen Angelegenheiten verwirklicht sehen wollten. Die Bildung neuer Religionsgemeinschaften nahm man zur Durchsetzung dieses Zieles billigend in Kauf, wie der Beitrag von Johann Nepomuk Sepp (1816–1909, kath.) zeigt: „Es soll Jedem freistehen, seinen Gottesdienst zu Dan und Bethel zu halten, wenn nur diejenigen auf ihrem Wege nicht behindert sind, welche ihr Angesicht nach Jerusalem wenden."[60] Freigeister wie Wigard und andere wollten die Selbstregelungskompetenz der Kirchen im Interesse der Freiheit des Einzelnen und der Gemeinden beschränken, was wiederum von der Mehrheit als unsystematisch abgelehnt wurde und auf keine Zustimmung stieß. Freilich befürchtete man, dass die völlig vom Staat getrennten Kirchen ein zu starkes Eigenleben entfalten könnten, mit dem womöglich problematischen Ergebnis, dass die individuellen Freiheitsrechte nicht gewährleistet werden könnten. Daher fügte man eine Schranke ein, nach der die Ausübung der Religionsfreiheit nicht gegen bürgerliche Gesetze und gegen das Strafgesetz verstoßen dürfe. Dagegen setzten sich nur wenige (vor allem protestantische) Abgeordnete für eine Beibehaltung des bestehenden Systems ein. Die Gründe dafür gehen exemplarisch aus dem Beitrag eines Vertreters aus dem bayerischen Luthertum hervor, Johann Friedrich Christoph Bauer (1803–1873, ev.). Er sprach sich gegen die Unabhängigkeit der Kirchen aus, weil damit die Möglichkeit repressiver Dominanz von Mehrheitskirchen gegeben sei, die gegenwärtig durch staatliche Aufsicht abgefangen werde, wie er mit Verweis auf die Verhältnisse in Bayern ausführt: „Wohlan, meine Herren, wir bayerischen Protestanten sind darüber im Geringsten nicht im Zweifel, dass, wenn es dieser ultramontanen Partei gelingt, eine völlige Unabhängigkeitserklärung der Kirche hier durchzusetzen, wenn es ihr gelingt, unter dem Panier der Glaubens- und Gewissensfreiheit, das sie früher unversöhnlich verfolgte, jetzt aber hoch in ihren Reihen flattern lässt, die verlorne Herrschaft wieder zu erobern, – dass wir dann hier in Frankfurt verlieren, was wir in München gewonnen haben, dass dann unsere Kämpfe, unser confessioneller Unfriede von Neuem beginnen."[61] Solche Befürchtungen konnten sich am Ende ebenso wenig durchsetzen wie jene derjenigen, die die positive Religionsfreiheit aus Angst vor der Gefahr von neuen Sekten, Atheismus oder skurrilen Riten einschränken wollten.

Für die überwiegende Mehrheit der Frankfurter Nationalversammlung war die bürgerliche und religionsrechtliche Gleichstellung der Juden eine klare

---

[59] So zum Beispiel Ahrens in seinem Redebeitrag (s. o., 51).
[60] Beitrag von Sepp, in: WIGARD, Reden für die Deutsche Nation 1848/1849 (Bd. 3), 1691, Nr. 66 vom 24. August 1848.
[61] WIGARD, Reden für die Deutsche Nation 1848/1849 (Bd. 3), 1684, Nr. 65 vom 22. August 1848.

Folgerung aus der Grundrechtssystematik. Im Plenum sprach sich nur Moritz Mohl (1802–1888, ev.) ausdrücklich nicht aus religiösen, sondern aus kulturellen, ökonomischen und nationalpolitischen Gründen gegen die Emanzipation der Juden aus. Er fasste seinen – von vielen kritischen Zwischenrufen unterbrochenen – Plenumsbeitrag mit den Worten zusammen: „Die Juden sind ein fremdes Element; sie hängen in der ganzen Welt unter sich zusammen, aber sie fühlen sich nicht als Theile des Volkes, unter dem sie leben."[62] Der direkt auf Mohl antwortende Jude Gabriel Riesser (1806–1863, mosaisch) aus Hamburg legte scharfsinnig die in Mohls Beitrag enthaltenen Widersprüche frei. Anstatt die bürgerliche Gleichheit faktisch an einen Religionswechsel zum Christentum zu binden, forderte er unter dem lebhaften Beifall des Parlamentes jene Differenzierung von Nationalbewusstsein und religiösem Bekenntnis, die die Integration der Juden in die Gesellschaft und ihre bürgerliche Gleichstellung möglich machen würde. „Ich kann zugeben, dass die Juden in der bisherigen Unterdrückung, das Höchste, den vaterländischen Geist noch nicht erreicht haben. Aber auch Deutschland hat es noch nicht erreicht. Die Juden werden immer begeistertere und patriotischere Anhänger Deutschland's unter einem gerechten Gesetze werden. Sie werden mit, und unter den Deutschen Deutsche werden. Vertrauen Sie der Macht des Rechts, der Macht des einheitlichen Gesetzes und dem grossen Schicksale Deutschland's. Glauben Sie nicht, dass sich Ausnahmsgesetze machen lassen, ohne dass das ganze System der Freiheit einen verderblichen Riss erhalten, ohne dass der Keim des Verderbens in dasselbe gelegt würde."[63] Man sieht an diesem Zitat, dass sich Juden wie Riesser gleichzeitig nicht länger als nationale, sondern als gleichberechtigte religiöse Minderheit auf der Basis bürgerlich-nationaler Egalität verstehen. Er nutzt dabei den adelskritischen, auf Freiheit und Partizipation der Bürger abstellenden Sinn der nationalen Diskurse[64], die es ihm erlauben, religiöse Orientierung und bürgerliche Gleichheit voneinander zu entkoppeln und das Judentum als eine Konfession innerhalb der deutschen Religionskultur zu verstehen.[65]

---

[62] Ebd. 1755.
[63] WIGARD, Reden für die Deutsche Nation 1848/1849 (Bd. 3), 1756f., Nr. 67 vom 26. August 1848.
[64] Vgl. THOMAS H. KUHN, Das neuzeitliche Christentum und die Genese des Nationalismus als ‚politischer Religion', in: GEORG PFLEIDERER/EKKEHARD W STEGEMANN (Hg.), Politische Religion. Geschichte und Gegenwart eines Problemfeldes, Zürich, TVZ, 2004, 131–157, 136.
[65] Die Bewertung des Gesamtbeitrages der revolutionären Ereignisse um 1848 für die jüdische Emanzipation ist umstritten. Während Rürup und andere die Widersprüche und Ambiguitäten hervorheben (vgl. exemplarisch REINHARD RÜRUP, The European Revolutions of 1848 and Jewish Emancipation, in: WERNER E. MOSSE/ARNOLD PAUCKER/REINHARD RÜRUP (Hg.), Revolution and Evolution. 1848 in German-Jewish History, Tübingen 1981, 1–53) und mit der grundrechtlichen Gleichstellung keine neue Etappe beschritten sehen, wird gegenwärtig betont, dass die politische Leistung der Frankfurter Nationalversammlung gerade darin bestanden habe,

Wendet man den Blick von den Debatten der Volksvertreter auf die Öffentlichkeit in den evangelischen Kirchen und folgt man der Quellenauswahl und Analyse von Ernst Schubert, dann spiegelt die evangelische Predigt im Revolutionsjahr 1848 das Meinungsspektrum in der Frankfurter Nationalversammlung. Diejenigen Prediger, die der Durchsetzung grundrechtlicher Freiheiten positiv gegenüberstehen, begründen dies dominant mit dem erreichten sittlichen Fortschritt im deutschen Volk, der eine verantwortliche Realisierung der nun durchgesetzten bürgerlichen Freiheiten begründe und möglich mache. In den bei Schubert abgedruckten Predigten findet sich nur eine christologische Begründung der bürgerlichen Freiheit.[66] Der Begriff der Menschenwürde fällt in der Quellenauswahl einmal und wird darin zur christologischen Begründung der Gleichheitsidee verwendet.[67] Umgekehrt verurteilen die Gegner der Revolution die neuen Grundrechte als Ausdruck des sittlichen, religiösen und politischen Verfalls und stellen düstere Prognosen.[68] Hier steht man in der Tradition der Kritik am Menschenrechtsdenken im konservativen Protestantismus, wie sie etwa von dem konservativen Rechtsphilosophen Friedrich Julius Stahl (1802–1861) vertreten wurde, der die Grundrechte als feierliche Lossagung vom christlichen Glauben bezeichnet hatte.[69] Die Mehrzahl der von

---

dass sie trotz der umlaufenden und auch in den eigenen Reihen gepflegten antijudaistischen Ressentiments und judenfeindlichen Stereotypen der religionsrechtlichen Gleichstellung der Juden und ihrer gesellschaftlichen Integration zugestimmt habe (vgl. VICK, Defining Germany, 83–109).

[66] In der Predigt von Adolph Stieren, Superintendent und Professor in Jena heißt es: „Aber nicht nur ihrem Ursprung, auch ihrem Wesen nach ist die junge deutsche Freiheit eine Freiheit, mit der Christus uns befreit hat [...] Das freie Wort ist eine Waffe gegen die Sünde, eine Macht, von Gott gegeben." (Zitiert nach ERNST SCHUBERT, Die evangelische Predigt im Revolutionsjahr 1848. Ein Beitrag zur Geschichte der Predigt wie zum Problem der Zeitpredigt, Giessen 1913, 56).

[67] Vgl. die Predigt eines gewissen Friedrich aus Frankfurt am Main. Er rekapituliert die Repression während der Restaurationsepoche und fragt rhetorisch: „Konnte sich die Wahrheit entwickeln unter dem Zwange, welchem die heiligsten Menschenrechte, das Recht der freien Sprache, der freien Schrift und der Freiheit der Glaubensforschung unterlagen?" Dann positiv: „Christus lehrte zuerst, dass es unrecht sei, andre zu Sklaven zu machen und sie dadurch ihrer heiligsten Rechte auf Freiheit und Menschenwürde zu berauben." (zitiert nach SCHUBERT, Die evangelische Predigt, 58).

[68] „Über ein kleines werden wir die Kirche nicht mehr sehen. Danach sind die Zeichen der Zeit. Sie werden ja immer kühner und lauter, die Forderungen der völligen Glaubensfreiheit und Glaubensgleichheit. Wenn die Gemeinden sich zu Herren des Glaubens aufwerfen, wenn Atheisten Kirchenpatrone und Mosaisten Bürgermeister werden, so werden wir die Kirche über ein kleines nicht mehr sehen. Wenn, was nicht fern sein dürfte, die Ehen nicht mehr eingesegnet zu werden brauchen und die Trauungen auf dem Rathaus vor dem grünen Tisch dieselbe Heiligkeit haben wie in der Kirche – sagt, was das für ein Familienglück geben kann!" (Claus Harms aus Kiel, zitiert nach SCHUBERT, Die evangelische Predigt, 116 f.).

[69] Vgl. GERHARD ROBBERS, Menschenrechte aus der Sicht des Protestantismus, in: HANS-JÜRGEN PAPIER/DETLEF MERTEN (Hg.), Handbuch der Grundrechte in Deutschland und Europa (Bd. 1), Heidelberg 2004, 387–411, Nr. 31.

Schubert untersuchten Predigten positionieren sich in der Mitte zwischen den beiden Polen und aktivieren im Zuge ihrer Kommentierung der Ergebnisse der Frankfurter Nationalversammlung die reformatorische Unterscheidung zwischen „weltlich" und „geistlich".[70]

In Abkehr vom Naturrechtsdenken und von der christlichen Ordnungstheologie „folgte die Paulskirche mit breiter Mehrheit einem [...] legitimatorischen Ideenwechsel [...] zum historischen Rechtsdenken."[71] Der Begriff Nation wurde kulturell, sittlich, egalitär und politisch bestimmt. Er begründet die Aufhebung der Privilegien des Adels, der rechtlichen Vormachtstellung der Kirchen und der Freiheitsbeschränkung durch territorialfürstliche Sondergesetze, territoriale Verfassungen und Traditionen. Er legitimiert die bürgerlichen Freiheiten und bildet so einen Schirm für Zugehörigkeit, Freiheit und Partizipation. Religionspolitisch wird dies am Beispiel des Judentums deutlich, denn der Begriff Nation erlaubt die Dekonstruktion von religiöser Zugehörigkeit, Abstammung und staatsbürgerlichen Freiheitsrechten. In der Systematik der Paulskirchenverfassung wird das Judentum eine Konfession. Man sollte als deutscher Bürger der jüdischen Religion ebenso angehören können wie der lutherischen, reformierten oder römisch-katholischen Kirche. Auch war mit dem Begriff Nation die Integration ethnischer, sprachlicher und kultureller Minderheiten vereinbar. Dieses Ergebnis bedeutete in umgekehrter Richtung, dass weder die christlichen Konfessionen und Kirchen noch die dogmatische Anthropologie des Christentums direkt an der Grundrechtsbegründung mitgewirkt oder in der Grundrechtsdiskussion in der Frankfurter Nationalversammlung eine aktive Rolle gespielt haben. Vielmehr waren die Kirchen hierfür aufgrund ihrer engen Verbindung mit dem restaurativen System der Heiligen Allianz und der Idee des christlichen Staates diskreditiert. Die legitimatorische Funktion für die Grundrechte kommt allein dem Begriff deutsche Nation zu, der freilich auch eine religiöse Dimension hat[72], die aber nur indirekt als christ-

---

[70] REINHARD WITTRAM zitiert in seiner Studie (Nationalismus und Säkularisation. Beiträge zur Geschichte und Problematik des Nationalgeistes, Lüneburg 1949) aus Predigten und Abhandlungen der Theologen A. F. C. Vilmar, C. Harms, M. Baumgarten, F. J. Stahl, I. A. Dorner, H. L. Martensen und A. Tholuck. Er zieht auch die Verhandlungen des zweiten deutschen Kirchentages zu Stuttgart heran. In seiner Auswertung der damaligen Beiträge wird die protestantische Kritik an der legitimatorischen Bedeutung des Nationalen und das Beharren auf der klassischen Obrigkeitslehre nach Röm 13 deutlich.
[71] KÜHNE, Von der bürgerlichen Revolution bis zum Ersten Weltkrieg, 97–152, Nr. 9.
[72] Vgl. WOLFGANG ESSBACH, Der Enthusiasmus und seine Stabilisierung in Kunstreligion und Nationalreligion, in: HANS-GEORG SOEFFNER (Hg.), Unsichere Zeiten (Bd. 1), Wiesbaden 2010, 521–531. Vgl. die von Essbach getroffene Unterscheidung zwischen Rationalreligion, Kunstreligion, Nationalreligion und Wissenschaftsreligion als Transformation traditionaler Bekenntnisreligion. Vgl. WOLFGANG ESSBACH, Europas Religionen, das Erbe der Religionskritik und die kulturelle Globalisierung, in: BOIKE REHBEIN/KLAUS-W. WEST (Hg.), Globale Rekonfigurationen von Arbeit und Kommunikation. Festschrift zum 60. Geburtstag von Hermann Schwengel, Konstanz 2009, 163–176.

lich bezeichnet werden kann. Der Diskurs um die Legitimität bürgerlicher und politischer Freiheit hat sich um 1848 vielmehr religiös pluralisiert und deshalb könnte man den Begriff der deutschen Nation als zivilreligiös in dem eingangs bestimmten Sinn bezeichnen, weil sich der damalige Verfassungsgesetzgeber mit der Legitimation der Grundrechte zugleich auf eine religionsfreundliche Kooperation mit den Kirchen und den Vertretern des Judentums festgelegt hat, auf deren Mitwirkung an der gemeinsamen Gestaltung des staatlichen und bürgerlichen Lebens in Deutschland er setzte. Diese Integrationsabsicht dürfte auch der Grund dafür sein, weswegen sich die naturrechtliche Begründung der Grundrechte damals nicht durchsetzen konnte, weil diese im Sinne eines von der Mehrheit abgelehnten Individualismus interpretierbar war. Dagegen begrenzt der Begriff deutsche Nation die individualistische Auslegung der Grundrechte durch die entweder organologisch oder genossenschaftlich zu denkende Einbettung des Einzelnen in das Volk.

Freilich barg der Begriff der deutschen Nation auch zwei wesentliche Schwächen. *Einmal* erwies sich seine zivilreligiöse Kraft als nicht stark genug, um sich gegen die traditionelle christliche Legitimität der monarchischen Herrschaft durchzusetzen. Daher lehnte der preussische König mit dem Hinweis auf das Gottesgnadentum seiner und der anderen deutschen Fürsten die ihm von der Nationalversammlung angebotene Kaiserwürde ab. Der Übergang von der Kulturnation in die Volks- und Staatsbürgernation war mit der traditionalen Legitimität der monarchischen Herrschaft noch nicht vermittelt. *Sodann* gingen von der Koppelung von Nation und Grundrechten auch Gefahren für den inneren und äußeren Frieden aus, denn sie war vor einer ethnischen, nationalistisch und imperialen Auslegung nicht geschützt, auch deshalb nicht, weil die Nation es war, die die Freiheit des Einzelnen legitimierte und nicht umgekehrt.[73]

3. Der Begriff der Menschenwürde in den europäischen Legitimationsdiskursen muslimischer Intellektueller der Gegenwart

Im Diskurs über die Grundrechte im deutschen Reich zeigte sich die zivilreligiöse Bedeutung des Begriffs der deutschen Nation darin, dass er als Geltungsgrund der Freiheit fungierte und damit auch die Kraft zur Integration

---

[73] JÖRG-DETLEF KÜHNE (Revolution und Rechtskultur, 57–72) verweist auf die damalige „spezifische Doppelfunktionalität der Freiheitsentfaltung" (59), die staatsbürgerliche und nationale Freiheit zusammenspannt, nun mit durchaus problematischen Folgen für das damals geltende völkerrechtliche System des Wiener Kongresses (vgl. 68–71). Auf den Übergang vom emanzipatorischen völkerverbindenden Nationalismus zu einem „gesunden Volksegoismus" und zum „Recht des Stärkeren", der in Frankfurt kenntlich wird, macht auch REINHARD RÜRUP (Deutschland im 19. Jahrhundert. 1815–1871, Göttingen ²1992, 184) aufmerksam.

von religiöser Pluralität erhielt. Das aus ihm heraus entwickelte Verfassungswerk ließ sich aber nicht mit dem traditionalen religiösen Selbstverständnis des preussischen Königtums vermitteln, so dass es niemals Rechtskraft erlangte. Losgelöst von diesem historischen Ort besaß der Begriff der Nation gegen seine nationalistische, ideologische, rassistische und religiöse Übersteigerung keine Bremsen. Im 20. Jahrhundert, nach zwei durch entfesselte Nationalismen ausgelösten Weltkriegen und den menschenverachtenden Gräueltaten des nationalsozialistischen Regimes, band man die Ideen der Volkssouveränität und des deutschen Nationalstaates daher an die Menschenrechte. Die in ihnen entfaltete natürliche Freiheit wird *allen* Menschen zugeschrieben und soll jedem staatlichen Handeln vorausliegen. Diese absolute Sonderstellung des einzelnen Menschen ist es nun, die die einzelnen Grund- und Freiheitsrechte legitimiert und das staatliche Handeln verpflichtet. Diese Einsicht wird im Grundgesetz der Bundesrepublik Deutschland in Artikel 1, dem Satz von der Unantastbarkeit der Menschenwürde, zum Ausdruck gebracht, der dem Grundrechtskatalog gewissermaßen als Präambel vorgeschaltet ist. Die Würde des Menschen gilt als Grund und Maß staatlicher Ordnung. Die Erinnerung an die nationalsozialistische Terrorherrschaft war der Anlass dafür, mit dem Satz von der Unantastbarkeit der Menschenwürde die implizit immer schon in Anspruch genommene ideelle Grundlage des Menschenrechtsdenkens ausdrücklich zu machen. Dieses Bekenntnis „signalisierte die Rückkehr des Deutschen Volkes in die Gemeinschaft der zivilisierten Staaten"[74]. Zugleich stand es am Anfang einer Entwicklung, in der in den 1970er und 1990er Jahren der vom Grundgesetz aufgemachte Zusammenhang von Menschenwürde und Menschenrechten nicht nur in zahlreiche nationale Verfassungswerke eingegangen ist, sondern – wie eingangs erwähnt – auch zum zentralen Baustein des europäischen Einigungswerkes avancierte.

Damit zieht der Begriff der Menschenwürde auch eine legitimatorische Funktion für die Zugehörigkeit von Menschen zu demjenigen Staatswesen auf sich, das sein Handeln am Satz von der Menschenwürde ausrichtet. Im Zeitalter von globaler wirtschaftlicher Verflechtung und Migration wird dieser legitimatorische Aspekt zunehmend wichtiger. Das Bekenntnis zur Menschenwürde legitimiert nicht nur die politische Ordnung, sondern die Anerkennung der Menschenwürde legitimiert die Zugehörigkeit zu ihr. Daher muss der Begriff – wie im Judentum der Begriff deutsche Nation – von denjenigen, die unter den Schirm dieser politischen Ordnung treten wollen, angeeignet werden. Dieser Aneignungs- und Anerkennungsprozess soll nun im Blick auf Muslime in Europa beobachtet und im Blick auf die zivilreligiöse Bedeutung des Begriffs Menschenwürde analysiert werden.

---

[74] ENDERS, Berliner Kommentar zum Grundgesetz, 13. Erg.-Lfg. VII/05, Rn. 28.

Dabei ist vorab daran zu erinnern, dass sich die christlichen Kirchen im westlichen Europa die politischen Merkmale des Begriffs – phasenverschoben – erst im Laufe des 19. und 20. Jahrhunderts angeeignet haben.[75] Damit vollzog sich sukzessive die Anerkennung der Demokratie als einer Staatsform, die von den religiös-sittlichen Grundlagen des Christentums aus bejaht werden kann. Die historischen Erfahrungen mit den totalitären Systemen im 20. Jahrhundert, insbesondere mit dem Nationalsozialismus in Deutschland, spielten bei diesen Rezeptions- und Anerkennungsprozessen eine sehr große Rolle. Diesen Vorgang einer Beheimatung im Staat durch Aneignung der Menschenwürde-Idee konnte man in den fünfziger Jahren an den christlichen Kirchen in der Bonner Republik beobachten, die ihre Verlautbarungen zu politischen und sozialen Themen in den politischen Diskurs einspeisten und dabei den auf dem Satz von der Menschenwürde aufgebauten Staat des Grundgesetzes schätzen lernten. Dies führte bei beiden christlichen Kirchen dazu, dass mit der konkreten politischen Option zugleich eine Auslegung der Menschenwürde verbunden wurde, so dass die christlichen Kirchen gleichermaßen als politische Akteure und als Affirmateure der zivilreligiösen Grundlagen des Gemeinwesens auftreten. Insofern legitimiert die Aneignung des Menschenwürdebegriffs christlicherseits den freiheitlich-demokratischen Rechtsstaat wie umgekehrt für den Staat die die Menschenwürde anerkennenden Religionsgemeinschaften (im Sinne des Menschenbildes, der Zivilgesellschaft und der Ausfüllung der Religionsfreiheit und der staatskirchenrechtlichen res mixtae) legitime Religionen sind.

Gegenwärtig zeigt sich die zivilreligiöse Kraft des Satzes von der Menschenwürde dort, wo zum Beispiel muslimische Intellektuelle, Verbände und Organisationen den Begriff Menschenwürde aufnehmen und unter ihren Verstehensbedingungen interpretieren. Die überregionalen islamischen Organisationen und Verbände haben die zivilreligiöse Bedeutung des Begriffs der Menschenwürde in Deutschland schon lange erkannt. Ihre Internet-Auftritte enthalten ausnahmslos Bekenntnisse zur Menschenwürde und zu der aus ihr abgeleiteten freiheitlich-demokratischen Grundordnung. Dies ist der formale Ausweis ihrer Zugehörigkeit zum Rechtssystem und soll sie vor der Öffentlichkeit als seriöse gesellschaftspolitische Akteure legitimieren. Naturgemäß sind solche Bekenntnisse formelhaft, Begründung und Näherbestimmungen sind höchstens in Abbreviaturen zu erkennen. Nicht selten ist der Verdacht von „Lippenbekenntnissen" geäußert worden, vor allem gegenüber Organisationen und Verbänden. Das soll hier nicht weiter verfolgt werden. Vielmehr geht es nun um die Analyse gedanklicher Aneignung und religiöser Interpreta-

---

[75] Vgl. „‚Menschenwürde' – Konkurrent oder Realisator der Christlichen Freiheit?"; ALEXANDER SABERSCHINSKY, Die Begründung universeller Menschenrechte. Zum Ansatz der Katholischen Soziallehre, Paderborn/Wien 2002.

tion der Menschenwürde – unter Einschluss der dabei verwendeten Methoden und gesellschaftspolitisch vertretenen Inhalte.

Der Begriff Menschenwürde ist kein genuin islamischer Begriff. Allen reflektierten Teilnehmern im aktuellen muslimischen Menschenwürdediskurs dürfte klar sein, dass er durch das Menschenrechtsdenken der westlichen Tradition vorgegeben ist, durch die Charta der Vereinten Nationen weltweit in Geltung steht und Anerkennung genießt. Im Diskurs werden daher die inneren Schwierigkeiten der Aneignung erkennbar. Zwei Lösungswege werden eingeschlagen. Auf dem einen Weg wird zugestanden, dass zwar der begriffsgeschichtliche Befund für die neuzeitliche Genese der Begriffe Menschenwürde und Menschenrechte spreche. Der Gehalt jedoch sei von je her in Koran und Prophetengeschichte präsent, jedoch durch falsche Auslegung verdunkelt. Sie seien wieder freizulegen.[76] Der andere Weg zielt auf eine tiefgreifende Revision muslimischen Denkens und der Auslegung der Rechtsquellen. Der tunesische Rechtswissenschaftler Yadh Ben Achour, Professor an der Universität von Karthago, zum Beispiel zeichnet in seinem Beitrag „Droits du croyant et droits de l'homme. Un point de vue islamique"[77] nach, dass das klassische islamische Denken monistisch geprägt ist. Daher seien jene begrifflichen Dualismen, die das Christentum seit Augustin im Blick auf die Unterscheidung von religiöser und bürgerlicher Existenz ausgebildet und die es für die Rezeption des säkularen Naturrechtsdenkens geöffnet hätten, hier nicht hervorgebracht worden. Dieses aber, in seinen Augen eine „construction intellectuelle et historique européenne"[78], nehme heute „une dimension planétaire"[79] ein und daher müsse die islamische Welt zu ihr Stellung nehmen. Freilich gebe es in ihr dagegen aber erhebliche Vorbehalte, die vor allem mit der klassischen „conception radicalement unitaire"[80] der islamischen Philosophie zusammenhingen, die die Unterscheidung von Glaubens- und Bürgerrechten fortgesetzt konfundiere. Dazu komme, dass eine religiöse Institution fehle, was die Umsetzung religiöser und philosophischer Reformen erschwere. Stattdessen herrsche, insbesondere im sunnitischen Islam, eine „orthodxie de masse"[81], die insbesondere dann, wenn sie mit den Gelehrten und politisch Mächtigen im Verbund sei, den klassischen Monismus stärke, damit die beste-

---

[76] Vgl. exemplarisch TEVHIT AYENGIN, Islam und Menschenrechte, in: BÜLENT UCAR/ISMAIL H. YAVUZCAN (Hg.), Die islamischen Wissenschaften aus Sicht muslimischer Theologen. Quellen, ihre Erfassung und neue Zugänge im Kontext kultureller Differenzen, Frankfurt a. M. 2010, 209–217.

[77] Vgl. YADH BEN ACHOUR, Droits du croyant et droits de l'homme. Un point de vue islamique, Islamochristiana, 34, 2008, 111–128.

[78] A.a.O., 113.
[79] A.a.O., 113.
[80] A.a.O., 115f.
[81] A.a.O., 126.

henden Vorbehalte gegen das Menschenrechtsdenken verlängere und Umformungen verhindere. Gleichwohl: „Cette conception historique ne constitue nullement l'essence de l'islam. Il s'agit bien d'un phénomène historique, certes durable et triomphant, mais qui laisse le champ totalement libre à d'autres interprétations possibles du message coranique et de son messager. Ces autres interprétations ont existé, tout au long de l'histoire, mais on été politiquement vaincues. Un renversement des tendances historiques, même consacrées par la longue durée, est toujours possible."[82] Dabei komme dem Islam in Europa, Amerika, Kanada und Australien eine Schlüsselrolle zu: „Dans ces nouvelles terres d'islam, l'intégrisme tente de maintenir son emprise."[83] Als für diese von innen zu vollziehende Annäherung an das moderne Menschenrechtsdenken nennt Ben Achour im Rahmen einer kritischen Diskussion von Vorschlägen des Reformdenkers Muhammad Iqbal (1873–1938) folgende Elemente: Der Text des Koran darf nicht wie ein juristischer Text gelesen, sondern muss als ein religiöses Dokument verstanden werden, das dem Prinzip der Evolution gegenüber offen ist. Die legislativen Verse im Koran wurden unter bestimmten historischen Umständen geoffenbart, die weder generalisiert noch absolut gesetzt werden dürfen. Vielmehr bedarf ihre Auslegung besonderer hermeneutischer Anstrengungen, die dem Wechsel der Umstände und dem Zeitgeist Rechnung tragen. Entscheidendes Gewicht bekommt nach Ben Achour daher die Methode des Idschihad: „l'ijtihad, comme aux premiers temps de l'islam, doit constituer à la fois le principe et la méthodologie de ce nouvel état d'esprit, pour assurer à la pensée islamique son adaptation au progrès, à la modernité et à la créativité."[84] Es wird sich zeigen, dass sowohl die Europa-Diagnose als auch die methodische Aufwertung des Idschihad die beiden entscheidenden Elemente im gegenwärtigen Menschenwürde-Diskurs sind.

Dieser Begriff selbst gehört ebenfalls nicht zum klassischen Denken. Im Blick auf die Genese des Menschenwürde-Denkens im Islam hat Raif Georges Khoury gezeigt, dass ein förmliches ethisches Denken erst mit der mittelalterlichen Rezeption der Philosophien des Platon und des Aristoteles beginnt. Erst hier erfolgt eine *ethische* Interpretation der aus der jüdisch-christlichen Tradition übernommenen biblischen Anthropologie. „Der Islam bleibt im Ganzen gesehen zunächst biblisch geprägt, was die Würde des Menschen anbetrifft, da dieser als Abbild Gottes des Schöpfers, als sein ‚Statthalter' auf Erden fungiert, mit allen Pflichten und Freiheiten, die die Moral der einzelnen Religionen auferlegt: Erfüllt er sie, gelangt er zu seinem Glück, also zu dem, was Aristoteles als höchstes, tugendhaftes Ziel des Lebens für das Indi-

---

[82] A.a.O., 116.
[83] A.a.O., 127.
[84] A.a.O., 124.

viduum nannte."⁸⁵ Freilich, so zeigt schon ein vergleichender Blick auf die christliche Deutung der biblischen Anthropologie, verdankt sich die Identifizierung der göttlichen Erschaffung des Menschen mit der Zuschreibung von Menschenwürde komplexen hermeneutischen Voraussetzungen. Dies gilt in gesteigertem Masse auch für die Interpretation der koranischen Anthropologie im Lichte der Menschenwürde. Dazu sollen nun ein paar Beispiele vorgestellt werden. Die Auswahl der hier herangezogenen Autoren und Quellen ist daran orientiert, dass die Beiträge für ein europäisches Publikum verfasst sind, also nicht allein der innermuslimischen Verständigung dienen, sondern der Öffentlichkeit den Islam als eine Religion präsentieren wollen, die den Begriff der Menschenwürde aufgreift und ihn als eine gesellschaftlich relevante und pluralismusfähige Religion legitimiert.⁸⁶

Als erstes Beispiel sei auf eine kleine Abhandlung des schiitischen Gelehrten Ayatollah S. A. Ghaemmaghami eingegangen, von 2004–2008 Leiter des Islamischen Zentrums Hamburg und Prediger an der dortigen Imam-Ali-Moschee. Seine Interpretation des Begriffs Menschenwürde findet sich in der vom Islamischen Zentrum herausgegebenen Zeitschrift Al Fadschr, die sich sowohl an Leserinnen und Leser innerhalb der Gemeinde als auch an die gesellschaftliche Öffentlichkeit wendet. Ghaemmaghami setzt ein mit dem koranischen *Locus classicus* zur Menschenwürde. Mit Verweis auf Sure 7,70 schreibt er: „Würde und Edelmut sind spezielle Eigenschaften des Menschen, die kein anderes Wesen besitzt, und wodurch er sogar den Engeln Gottes überlegen ist. […] Die Würde des Menschen […] macht seine essentielle Identität und existenzielle Natur aus. Deshalb steht die Würde des Menschen für nichts anderes als seine Menschlichkeit, denn jeder besitzt unabhängig von Gedanken, Glauben, Religion usw. eine bestimmte Würde."⁸⁷ Er interpretiert den Begriff Menschenwürde mit dem Begriff Freiheit und sucht vor allem koranische Begründungen. Aus anderen koranischen Belegstellen werden weitere Charakteristika abgeleitet: Sure 38,73 f.: Niederwerfung der Engel vor dem Men-

---

⁸⁵ RAIF GEORGES KHOURY, Ethik und Menschenwürde im Islam, in: ANNE SIEGETSLEITNER/NIKOLAUS KNOEPPFLER (Hg.), Menschenwürde im interkulturellen Dialog, Freiburg/München 2005, 91–122.

⁸⁶ Dass sich die kritische Auseinandersetzung mit dem und die Aneignung des Menschenwürdebegriffs im Islam erst in den letzten Jahren auf Europa bezogen, zeigt sich zum Beispiel daran, dass der indischstämmige Jurist MUHAMMAD ZAFRULLAH KHAN, 1954–1973 Richter am Internationalen Gerichtshof in Den Haag, zeitweise dessen Präsident, noch 1967 in seinem Versuch, die Kompatibilität von Menschenrechtsdenken und koranischen Grundeinsichten nachzuweisen, ganz ohne einen spezifischen Rekurs auf die *dignitas hominis* auskommt (Islam und Menschenrechte, Frankfurt am Main, Der Islam, 2004). Im Fokus stehen vielmehr die Ideen von Gleichheit und Brüderlichkeit. Auch sein 1979 publizierter Traktat „Der islamische Staat" (deutsch: 2001) kommt ohne Verwendung des Begriffs Menschenwürde aus. Menschenrechtliche Bezüge fehlen hier ganz.

⁸⁷ SEYED ABBAS HOSSEINI Ghaemmaghami, Menschenrechte und Menschenwürde. Einführung in das islamische Menschenbild, in: Al-Fadschr (116), 21, 2004, 46–50, 46.

schen. Sure 49,13: Gleichheit. Sure 5,32: Schutzqualität der Menschenwürde. Aus diesem Befund werden einerseits bestimmte Menschenrechte abgeleitet, so das Recht auf Leben, das Recht auf Freiheit, auf Entscheidungsfreiheit, auf Arbeit, auf Wohnung, auf Sicherheit, auf Meinungsfreiheit, auf Redefreiheit und auf „Religionsfreiheit des Einzelnen".[88] Abgelehnt wird jede Form von Zwang und Gewalt. Zugleich werden aus dem koranischen Befund zur Menschenwürde auch Verpflichtungen gefolgert. „Freiheit ist gleichbedeutend mit der Würde des Menschen, und diese Würde ist kein Recht, sondern macht vielmehr sein Wesen aus."[89] Diese Freiheit wird nun im Sinne der islamischen Ethik qualifiziert. Genannt werden die maßvolle Befriedigung der natürlichen Bedürfnisse, die Selbstbegrenzung der eigenen Freiheit an der Freiheit des Anderen und – das ist entscheidend – die Führung eines seiner Würde gemäßen Lebens. Das schließt die Beachtung der Menschenrechte ein.[90] Dabei soll er sich an den Grundsätzen des Islam orientieren, so dass es am Ende heißt: „Ein Muslim ist in erster Linie ein Mensch, und wenn er seine Würde und Verantwortung als Mensch nicht realisieren kann, entfernt er sich dadurch vom Islam."[91] Im Gefolge dieser Argumentation wird in der Auslegung der Menschenwürde eine sittliche Pflicht zur Mitwirkung am Aufbau einer Zivilisation abgeleitet, die die Krisensymptome, die von Muslimen in den modernen Gesellschaften beobachtet werden, nicht aufweist. Dafür werden Bildungsprozesse vorausgesetzt, die durch Eltern und Lehrer geleitet werden und die auf den Aufbau des Bewusstseins der eigenen Menschenwürde zielen, die im eigenen Leben im Sinne der o. g. Kriterien gelebt und entfaltet wird. – Das inhaltliche Hauptproblem dieser Argumentation ist schnell ersichtlich. Der eingangs aus dem Koran abgeleitete ‚natürliche' Begriff der Menschenwürde wird unter der Hand in die muslimische Weltanschauung hinübergespielt und inhaltlich nur von dort her ausgelegt. Am Ende überwiegt die muslimisch verstandene Verpflichtung gegenüber der freiheitlichen Selbstbestimmung, und die Menschenwürde kommt in ihrer universalen Bedeutung nicht zur Geltung.

Eine Variante einer direkt vom Koran her argumentierenden anthropologischen Auslegung des Begriffs und seine strikte Anbindung an eine direkt aus dem Koran abgeleitete Sittlichkeit findet sich in dem Beitrag von Saban Ali Düzgün, Professor für Systematische Theologie an der Theologischen Fakultät der Universität Ankara, der unter Anwendung einer Hermeneutik, die er „Leserreaktions-Theorie"[92] (ta'wil) nennt, koranische Schlüsselbegriffe zu

---

[88] A.a.O., 47.
[89] A.a.O., 49.
[90] Vgl. a.a.O., 48.
[91] A.a.O., 47f.
[92] SABAN ALI DÜZGÜN, Die Möglichkeit einer theologischen Grundlegung der menschlichen Vollkommenheit, in: RICHARD HEINZMANN (Hg.), Menschenwürde. Grundlagen in Christentum und Islam, Stuttgart 2007, 88–123, 105.

einer systematischen Anthropologie verbindet.[93] Der Gedankengang verläuft etwa folgendermaßen: Die Menschheit gilt als Ziel des göttlichen Schöpfungshandelns. Gott hat den Menschen als seinen Stellvertreter in die Welt gestellt und ihn zur Wahrnehmung seiner Aufgaben mit den erforderlichen Qualitäten ausgestattet. Die geistige Dimension seines Daseins ist es daher, die den Menschen von den nichtmenschlichen Geschöpfen Gottes unterscheidet. „*Baschar* ist die biologische Seite des Menschen, seine dem Animalischen, der Natur verhaftete Dimension. Die geistige Dimension des Menschen liegt hingegen außerhalb der Zeit. Wegen dieser Zeitlosigkeit fühlt sich der Mensch ständig genötigt, sich mit einem die Natur übersteigenden, metaphysischen Bereich zu verbinden."[94] Der menschliche Geist soll über die physisch-materielle Schicht im Menschen dominieren. Zu dieser geistigen Dimension gehört die menschliche Erkenntnisstruktur, die sich in dem Masse vervollkommnet, in dem sich das moralische Bewusstsein ausbildet, das ihn zu einer verantwortlichen Person macht. Die geistige Dimension ist zunächst als Anlage vorhanden, die durch die Religion aktiviert und im Laufe der religiösen Bildungsgeschichte ausgestaltet werden soll. Das personale Gottesverhältnis ist also das Mittel zur adäquaten Entfaltung der schöpfungsmässigen Disposition und wird im religiös-sittlichen Leben mit Hilfe der göttlichen Rechtleitung zur Vollkommenheit gestaltet. Dieses auf Orthopraxie ausgerichtete sittliche Leben gilt als das „fundamentalste Menschenrecht"[95] und macht die Würde des Menschen aus. In diesem Beitrag wird nur die kategoriale Plattform „Menschenwürde" erreicht, aber die Aneignung des Menschenrechtsdenkens nicht intendiert.

Ebenfalls im Rekurs auf die *ta'wil*-Methode erhebt Assem Hefny[96] die koranischen Verse 33,72 und 17,70 zum hermeneutischen Ausgangspunkt der islamischen Rechtstradition und -auslegung. Aus seiner besonderen Stellung in der Schöpfung folge, „dass der Mensch im Mittelpunkt der Welt steht und alle Offenbarungen auf sein Wohl und Interesse abzielen. Dies dient [...] als Beweis dafür, dass der Islam die Stellung und Würde des Menschen auf die höchste Stufe erhöht [...] Das führt uns zum Ergebnis, dass die westliche Würdigung des Menschen und dessen Rechte mit dem Islam auf keinen Fall

---

[93] Dieser Beitrag entstand im Zusammenhang einer gemeinsamen Tagung der Islamisch-Theologischen Fakultät Ankara und der Eugen-Biser-Stiftung (München) 2005, an der eine Reihe prominenter Theologen und Religionswissenschaftler aus Deutschland und der Türkei teilgenommen haben.

[94] DÜZGÜN, Die Möglichkeit einer theologischen Grundlegung der menschlichen Vollkommenheit, 88–123, 89.

[95] A.a.O., 121. Ähnlich argumentiert auch Ayengin in seiner Auslegung der koranischen Anthropologie (vgl. Islam und Menschenrechte, 215 f.).

[96] Assem Hefny ist Germanist und Islamwissenschaftler, wurde 2010 an der Universität Marburg promoviert, ist dort Lehrbeauftragter und Vorstandsmitglied der Gesellschaft für Arabisches und Islamisches Recht e.V. Bei dem hier herangezogenen Beitrag handelt es sich um einen 2007 in Berlin gehaltenen Vortrag.

im Widerspruch stehen."[97] In der Erkenntnis der geschöpflichen Würde des Menschen, in der Förderung seines Wohls und seiner Interessen bestehe die Hauptintention des Islam. An diesem Maßstab sei die methodische Auslegung der Rechtsquellen zu orientieren und weiterzuentwickeln.

Zu einer expliziten Kritik an der westlichen Interpretation der Menschenwürde nutzt der schiitische Religionsphilosoph Homoayoun Hemmati, Professor an der Universität Teheran und zeitweilig Kulturattaché der Islamischen Republik Iran in Berlin, seine islamische Auslegung menschlicher Freiheit.[98] „Freiheit ist die Quelle, aus der der Baum des Lebens wächst. [...] Ebenso benötigt Freiheit das Licht und die Führung des Islam, um gedeihen zu können. [...] Der Islam kam, um die Fesseln des Menschen zu brechen und die Mauern seines Gefängnisses einzureissen. [...] / [...] Die Freiheit, die der Islam bereitstellt, basiert auf Pflicht und Verantwortung, ohne die es keine wahre Freiheit geben kann. Freiheit ohne Schranken führt lediglich zum Nihilismus, dessen Konsequenz der vollständige Zusammenbruch der moralischen und sozialen Ordnung ist. Das unverantwortliche Verständnis der Freiheit, wie es vom Existenzialismus, der Demokratie und modernen Theorien der Freiheit als Ausdruck geliefert wird, führt nur zu Korruption und Unmoralität, da Freiheit hier nicht mehr an einen Begriff höherer Werte oder Selbstkontrolle gebunden ist."[99] Weitere Auswüchse willkürlicher Freiheit sind nach Hemmati „Verbrechen, Krieg, Armut, Drogenabhängigkeit, Alkoholismus und lebenszerstörende Krankheiten wie AIDS."[100] Hemmati beschreibt den Islam als eine Religion verantwortlicher und auf der Basis des Korans normativ begrenzter Freiheit und verbindet damit zivilisationskritische Absichten, die er mit Verweis auf Drogenmissbrauch, Sexualität und Krankheiten konkretisiert. „Der Islam fördert die Freiheit des Denkens, der Sprache, der Politik, der Ökonomie und der individuellen Lebensführung, aber er insistiert darauf, dass die Freiheit einen Sinn von Verantwortung und Pflicht beinhalten muss. Der Islam zielt daher auf die Bildung starker und standhafter Charaktere, die in ihrer Selbsterkenntnis sicher sind, die Vertrauen in sich und ihre Werte haben, und deren Verhalten stets ihre Stärke widerspiegelt."[101] Dieser Freiheitsbegriff gilt auch als politische Grundkategorie, wie ein kurzer Satz andeutet: „Politische

---

[97] ASSEM HEFNY, Hermeneutik, Koraninterpretation und Menschenrechte, in: HATEM ELLIESIE (Hg.), Islam und Menschenrechte. Beiträge zum Islamischen Recht VII (Leipziger Beiträge zur Orientforschung, Bd. 26), Frankfurt a. M. 2010, 73–97, 86.

[98] Dieser Beitrag entstand im Rahmen eines 2007 in Regensburg durchgeführten Forschungskongresses zum Thema „Personale Freiheit in pluralistischen Gesellschaften".

[99] HOMOAYOUN HEMMATI, Das Verständnis der Freiheit im Islam, in: MARKUS MÜHLING (Hg.), Gezwungene Freiheit? Personale Freiheit im pluralistischen Europa, Göttingen 2009, 109–116, 109f.

[100] A.a.O., 112.

[101] A.a.O., 115.

Freiheit ist im Islam ein Mittel, die Menschheit zu Gerechtigkeit, Güte und Frieden zu führen. Sie garantiert und schützt die politischen Rechte aller."[102] Danach gehört es zu den Aufgaben der politischen Ordnungsmacht, für alle Menschen das Recht auf das oben explizierte Freiheitsverständnis durchzusetzen. Menschenwürde und Freiheit werden hier – auch im politischen Sinne – in einem für westliche Verhältnisse sehr restriktiven Sinne verstanden und den religiösen und sittlichen Idealen des Islam untergeordnet.

Während in den bisher angeführten Beispielen die koranische Anthropologie mehr oder weniger explizit zur offenen Kritik am Westen und zur De-Legitimation der freiheitlichen Grundannahmen seiner politischen Ordnung genutzt wurde, gehen islamische Gelehrte, die auf dauerhafte Beheimatung in Deutschland und Europa abstellen, bei Aneignung und Interpretation der Menschenwürde-Idee methodisch reflektierter und affirmativer vor, ohne jedoch die Kritik am westlichen Verständnis von Menschenwürde aufzugeben.

Der schiitische Rechtsgelehrte (mudschtahid) Abdoldjavad Falaturi (1926–1996) dürfte der erste muslimische Denker sein, der hierzulande eine Ableitung des Menschenwürde-Begriffs vorgetragen hat.[103] Eine hermeneutische Scharnierstelle ist dabei die Praktische Philosophie Immanuel Kants, das Thema von Falaturis Bonner Promotionsschrift.[104] Von hier aus nimmt die Argumentation zwei Richtungen. Einmal rekonstruiert er die Hochschätzung der Vernunft im schiitischen Islam am Beispiel der Letztbegründung des Rechtes, der Auslegung rechtlicher und sittlicher Weisungen und der Lösung von Pflichtenkollisionen. Insgesamt wird ein hoher Rationalitätsstandard exponiert, den Falaturi selbst mit dem Kants vergleicht.[105] Im Islam gilt die Vernunft als „eine Wesenseigenschaft des Menschen", die seine „Mündigkeit und Eigenständigkeit"[106] ausmacht. An dieser vernünftigen Ausstattung knüpfen die Offenbarungen Gottes an, so dass sogar von einer „Widerspruchslosigkeit zwischen Vernunft [...] des Menschen und dem Offenbarungsinhalt"[107] gesprochen werden kann. Die hier erkennbare Hochschätzung der Vernunft wird nun aber nicht, wie bei Kant, traditionskritisch gewendet. Sie dient vielmehr der traditionsgeleiteten Fortschreibung religiöser Grundein-

---

[102] A.a.O., 111.
[103] Zu Falaturi vgl. WOLFRAM WEISSE, Erfordernisse einer Theologie im Plural für die Ausbildung von Imamen in Deutschland, in: BÜLENT UCAR (Hg.), Imamausbildung in Deutschland, Göttingen 2010, 97–114, 105–108.
[104] ABDOLDJAVAD FALATURI, Zur Interpretation der Kantischen Ethik im Lichte der Achtung, Bonn 1965.
[105] Vgl. ABDOLDJAVA FALATURI, Die Vernunft als Letztbegründung des Rechts in der schiitischen Lehre. In: Archiv für Rechts- und Sozialphilosophie 45 (1959), 369–388, 388.
[106] ABDOLDJAVA FALATURI, Ist der Islam mit Säkularismus vereinbar?, in: DERS., Der Islam – Religion der Barmherzigkeit, Islamwissenschaftliche Akademie, Hamburg, ⁵1996, 203.
[107] A.a.O., 205.

sichten. Danach wird „in der Glaubenslehre alles, woran man glauben soll, von der Vernunft und ihren Prinzipien abgeleitet – oder es wird mindestens versucht, es abzuleiten. Auf jeden Fall sind diese Bemühungen und Leistungen ein Zeichen dafür, dass *allein* die Vernunft als das oberste Prinzip, selbst für den Glauben, gelten soll."[108] Im Blick auf die moderne Welt hat Falaturi diesen Zusammenhang für die vernünftigen „Grundwerte" „Würde des Menschen", „Gleichheit" und „Gerechtigkeit" durchgeführt, deren Aneignung er aus der Perspektive des Koran darlegt.[109] Zugleich wird gegen den vom Westen vermeinten Universalismus kritisch eingewandt, dass man hier die universalen Werte „Würde", „Freiheit", „Gleichheit" und „Gerechtigkeit" zwar gedanklich hervorgebracht, aber selbst im Zuge des Kolonialismus politisch mit Füßen getreten habe. Damit ist ein weiteres Dauerthema muslimischer Kritik am westlichen Denken angestimmt, die mit gewissem Recht auf die Kluft zwischen normativem Anspruch und historischer Realität des politischen Handelns westlicher Mächte verweist.

Ein weiteres für den organisierten Islam in Europa wichtiges Beispiel für eine islamische Aneignung des Menschenwürde-Begriffs ist der Beitrag von Mustafa Ceric. Er wurde 1952 in Velika Cajna geboren, ist islamischer Theologe (Studium in Sarajewo und Kairo, Promotion in Chicago) und war bis 2012 Reisu-l-ulema (Grossmufti) von Bosnien-Herzegowina. Als bosnischer Muslim versteht er sich als Vertreter eines indigenen europäischen Islam, der sich als religiöse Minderheit aber niemals zwanglos entfalten konnte, sondern für seine religiöse und kulturelle Kontinuität in Europa kämpfen musste und künftig dafür die Unterstützung und die Anerkennung der europäischen Institutionen erwartet.[110] Europa ist für Ceric zugleich der Raum, um die ethnische Bindung der Muslime zu dekonstruieren mit dem Ziel der Gründung einer europaweiten Muslim Community, die die nach Europa migrierten Muslime ebenso umschließt wie die in Europa geborenen Muslime.[111] Dafür ist es nach Ceric unumgänglich, dass die Muslime Europa als ihren Lebensraum anerkennen, einschließlich der ethischen Grundlagen seiner politischen Ordnungsstruktur. Ausdruck einer solchen Anerkennung ist seine „Declaration of European Muslims" von 2006.[112] In ihr spielt die Anerkennung von

---

[108] FALATURI, Vernunft, 372.

[109] Vgl. ABDOLDJAVA FALATURI, Sind westliche Menschenrechtsvorstellungen mit dem Koran vereinbar?, in: DERS., Der Islam – Religion der Barmherzigkeit, Islamwissenschaftliche Akademie, Hamburg, ⁵1996, 125–132.

[110] „Indigenous Muslims carry the burden of history on their backs and expect to be supported in their struggle for religious and cultural continuity in Europe." (MUSTAFA CERIC, The challenge of a single Muslim authority in Europe, European View, Volume 6, 2007, 41–48, 46).

[111] „Native Muslims are the children of Muslim emigrants parents as well as those Europeans who have recently entered Islam." (a.a.O., 46).

[112] Siehe: https://www.rferl.org/a/1066751.html (Zugriff: 30.04.2018).

Menschenrechten und der Menschenwürde eine wichtige Rolle. Im Folgenden sollen die wesentlichen Bausteine der Argumentation Ceric' vorgestellt werden.[113]

Ein *erster* Baustein ist die Anerkennung Europas als „House of Peace and Security". Damit wird die klassische islamische Unterscheidung von „Haus des Islam" und „Haus des Krieges" für Europa außer Kraft gesetzt. Ceric spricht von europäischen Muslimen als europäische Patrioten „im Namen des Islam".[114] Auf die Begründung sei später eingegangen. Ein *zweiter* Baustein ist die Formulierung einer religiösen Gemeinsamkeit von Islam, Christentum und Judentum, die mit dem Hinweis auf die drei abrahamitischen Religionen erfolgt. Auch mit diesem Hinweis soll der Erfahrung von Fremdheit entgegengewirkt werden. Beim dritten Baustein handelt es sich um den interpretativen Modus, in dem Ceric mit einer Differenzierung im islamischen Rechtsbegriff umgeht, nämlich der Unterscheidung von Scharia und Fiqh. Danach ist Scharia „the communal commitment and the community identity that is the continuation of the collective memory".[115] Als unendliches göttliches Wort ist sie immerwährend, nicht verhandelbar und unauflöslich. Unter fiqh versteht Ceric „the Islamic applied law", „a particular understanding of the shari'ah". Sie ist nicht immerwährend, verhandelbar und auflösbar. Auf der unumstösslichen Basis der Scharia kann die konkrete Rechtsfindung in jeder Generation von Muslimen erfolgen. Sie hat dabei das Recht, Urteile über Gut und Böse, richtig oder falsch, im Kontext der jeweiligen Zeit und des Raumes zu fällen und dabei auch aus den eigenen Erfahrungen zu schöpfen. Den durch diese kategoriale Unterscheidung gewonnenen Spielraum nutzt Ceric zur Rezeption der aufgeklärten Lehre vom Gesellschaftsvertrag, durch den die Anerkennung der europäischen Rechtsordnungen und der ihnen zugrunde liegenden Wertannahmen erfolgt. Grundlage dafür ist jene im europäischen Raum gemachte Erfahrung, nach der Europa ein „House of Peace and Security" ist, das Religionsfreiheit gewährt und es Muslimen ermöglicht, ihrem Glauben

---

[113] Der Versuch, den bosnischen Islam als einen europäischen Islam zu verstehen, kann bereits auf eine gewisse Tradition zurückblicken. Pionierarbeit hat diesbezüglich Smail Balić (1920–2002) geleistet, der seit Mitte der achtziger Jahre publizistisch für die Entkoppelung von nationaler und religiöser Zugehörigkeit, die Differenzierung von Religion und Politik aus der Perspektive islamischen Denkens und unter Aufbietung erheblicher Selbstkritik an der islamischen Tradition für die Europakonformität des Islam eingetreten ist. Dabei wird die schöpfungstheologische Idee der natürlichen Würde des Menschen mit Verweis auf Sure 17,70 gelegentlich gestreift (vgl. SMAIL BALIC, Der Islam – europakonform?, Würzburg 1994, 283; SMAIL BALIC, Der Islam im Spannungsfeld von Tradition und heutiger Zeit, Würzburg, 1993, 68). Schon frühzeitig formulierte er: „[…] im säkularen Europa liegt heute ein wichtiger und unübersehbarer Teil des ‚Hauses des Islam'" (BALIC, Der Islam – europakonform?, 125).

[114] Vgl. http://de.qantara.de/inhalt/interview-patrioten-im-namen-des-islam (Zugriff: 30.04.2018).

[115] CERIC, The challenge of a single Muslim authority in Europe, 42.

gemäß zu leben. Die Anerkennung der europäischen Werte und Rechtsordnung ist daher „a person's dictate of reason".[116] Die an den spezifischen Kontext Europas gebundene Vernunft ist also die innerislamische Rechtsquelle für den Sozialvertrag. Daraus folgt: „European Muslims are fully and unequivocally committed to the following European common values: (a) the rule of law; (b) principles of tolerance; (c) values of democracy and human rights; (d) the belief that each and every human being has the right to five essential values: the value of life, the value of faith, the value of freedom, the value of property, and the value of dignity."[117] Aus diesem Zitat wird deutlich, dass die Menschenwürde – gleichgeordnet mit anderen Werten – als zur europäischen Wertordnung gehörend anerkannt, naturrechtlich begründet und damit zu den Grundlagen des gemeinsamen Lebens in Europa erhoben wird. Die naturrechtliche Begründung wird durch ein Zitat von John Rawls vertieft.[118] Der Vertragsmodell wird noch einmal historisch legitimiert mit dem Hinweis auf „many doctrinal and historical documents that support the concept of sulh (peace, (re)conciliation, settlement, accord and contract)"[119] aus der Frühzeit des Islam.

Mit der Anerkennung der europäischen Werte- und Rechtsordnung sollen freilich zugleich bestimmte Erwartungen der Muslime legitimiert werden, die in der Deklaration ebenfalls genannt werden: „As they try to live a decent life in Europe, European Muslims have the following expectations: (a) an institutional [presence] of Islam in Europe; (b) the economic development of the Muslim community so that it may have a full spiritual and cultural freedom and independence; (c) the development of the Islamic schools capable of educating European-born Muslims for the new challenges in multicultural societies; (d) political freedom that will enable European Muslims to have legitimate representatives in the European state parliaments; (e) a reform of European immigration policy, which has tended to be very restrictive toward Muslims recently; (f) opening the way for Muslim law to be recognized in matters of personal status such as the Family Law; (g) the protection of European Muslims from Islamophobia, ethnic cleansing, genocide, and similar atrocities."[120] Man sieht an dieser Aufzählung, dass die Anerkennung der Menschenwürde mit der Erwartung der Anerkennung des Islam als einer europäischen Konfes-

---

[116] MUSTAFA CERIC, A Declaration Of European Muslims, (https://www.rferl.org/a/1066751.html; Zugriff: 30.04.2018), part I (3).

[117] Ebd., (4).

[118] „Europe is the House of the Social Contract because it is possible to live in accordance with one's faith in the context of ‚the principles that free and rational persons concerned to further their own interests would accept in an inital position of equality as defining the fundamental terms of their association.'" (Ebd., (2)).

[119] CERIC, The challenge of a single Muslim authority in Europe, 45.

[120] CERIC, A Declaration Of European Muslims, part I (5).

sion verbunden ist, die in institutioneller Stärke[121] und Privilegien den christlichen Kirchen vergleichbar ist. Problematisch ist sicherlich die Erwartung, dass Religionsfreiheit und Minderheitenschutz so extensiv interpretiert werden, dass etwa die familienrechtlichen Bestimmungen der Scharia in das europäische Privatrecht integriert werden könnten.[122] Aber die politische Botschaft dieser islamischen Legitimation der europäischen Werte- und Rechtsordnung ist klar. Es geht um Integration und Gleichberechtigung der Religion im anerkannten Haus des Friedens „Europa". Der Begriff der Menschenwürde ist dafür ein Schlüsselbegriff, der insgesamt freilich eher in einem auf das Kollektiv denn auf das Individuum bezogenen Sinne ausgelegt wird.

Die konzeptionellen Vorstellungen von Ceric sind mittlerweile von Benjamin Idriz, einem in Mazedonien geborenen Imam, der in der bayerischen Gemeinde Penzberg arbeitet, aufgegriffen worden. In seinem populären Buch „Grüss Gott, Herr Imam!"[123] wird der Begriff des Euro-Islam als „das Gelingen einer Islam-Praxis nach europäischen Normen"[124] bestimmt. Dabei spielt die Menschenwürde eine wesentliche Rolle, die eingangs anthropologisch[125] und gegen Ende des Buches ethisch begründet wird.[126]

Einen ähnlich gelagerten und auf Europa bezogenen Ansatz hat der muslimische Gelehrte Sven Muhammad Kalisch, bis 2010 Inhaber des Lehrstuhls für die Religion des Islam an der Universität Münster, vorgelegt. Kalisch, 1966 geboren, zählte sich bis zu seiner Abrogation des Islam zur muslimischen Minderheit der Zaiditen. Er hat eine rechtsphilosophische Begründung der Anerkennung von Pluralismus, Demokratie und Menschenwürde vorgelegt. Seine Argumentation ruht auf zwei Säulen, nämlich der Flexibilisierung der tradi-

---

[121] Zur Formierung institutioneller Stärke gehört sicher auch Ceric' umstrittener Vorschlag der Einrichtung einer „single Muslim authority in Europe", die nach innen und nach außen wirken soll.

[122] Diese Erwartung ist nach herrschender Meinung unter Rechtswissenschaftlern nicht unrealistisch, sofern die Bestimmungen der Scharia „mit den zwingenden Grundsätzen der Gesamtrechtsordnung verträglich" sind (CHRISTOPH ENDERS, Selbstbewusste Toleranz. Das Prinzip der Subjektivität und die Spielräume seiner Auslegung im Recht moderner Staatlichkeit, in: CHRISTOPH ENDERS/MICHAEL KAHLO (Hg.), Diversität und Toleranz, Paderborn 2010, 213–228, 226).

[123] BENJAMIN IDRIZ, Grüss Gott, Herr Imam! Eine Religion ist angekommen, München 2010.

[124] Ebd., 54. Vgl. zur kritischen Sichtung der Euro-Islam-Debatte ebd., 40–60.

[125] „Der Mensch ist das würdigste Geschöpf Gottes. Daher sind seine Vernunft, Freiheit und Würde, sein Glaube und sein Leben unantastbar. Für ein würdevolles Leben des Menschen auf Erden, für die Verwirklichung von Gerechtigkeit und Gleichheit, muss sich jedermann bemühen." (Ebd., 17).

[126] Bei der Aufzählung und Entfaltung der islamischen Werte rangiert die Menschenwürde auf Platz 2 (vgl. ebd., 183f.). Insgesamt steuert aber der Begriff der Gerechtigkeit die von Idriz betriebene Modernisierung des Islam, wohl deshalb, weil er die unterschiedlichen Quellen (Vernunft, Koran) zusammenklammert.

tionellen Methode des *igtihad* (Bemühung der Gelehrten) einerseits und der vernunftrechtlichen Fortschreibung der Scharia andererseits. Auf dem zuletzt genannten Aspekt liegt im Folgenden das Gewicht der Darstellung. Auch Kalisch setzt mit der Revision der Unterscheidung von „Haus des Islam" und „Haus des Krieges" ein. Er argumentiert dabei historisch, indem er darauf verweist, dass diese Unterscheidung nicht dem Koran als der erstrangigen Rechtsquelle entstamme, sondern erst in der Frühzeit des Islam ausgeprägt worden sei. Dabei ging man von der gegebenen Mehrheitssituation der muslimischen Bevölkerung aus, die das islamische Recht nach innen anwendet. Nach außen unterstellte man eine grundsätzliche Aggressivität der nicht-muslimischen Völker gegen Muslime. Diese historische Konstellation sei gegenwärtig nicht gegeben, weil man sich in Deutschland in einem demokratischen Rechtsstaat befindet, der Muslimen Religionsfreiheit gewährt. Daher sei die damals getroffene Unterscheidung nicht auf die gegenwärtige Situation anzuwenden. Ein anderer argumentativer Strang beleuchtet die Minderheitensituation. Sie sei bei der frühen Rechtsbildung nur als Ausnahme- oder Notfalltatbestand reflektiert worden. Für diesen Fall akzeptiert das traditionelle islamische Recht die Jurisdiktion eines nichtislamischen Staates als Faktum. „Ein Muslim, der sich dort aufhält, ist faktisch dem dortigen Recht unterworfen."[127] Diese Loyalität dem nichtmuslimischen Recht gegenüber ist eine sittliche Pflicht, also Bestandteil des islamischen Rechtes selbst. Sie gilt, solange der Muslim dabei nicht gegen islamisches Recht verstoßen muss. Zur rechtlichen Erfassung des permanenten Minderheitenstatus von Muslimen, wie er in Deutschland und Europa gegeben ist, plädiert Kalisch für eine vernunftbegründete Fortschreibung der Scharia. Dabei geht er davon aus, dass allen nicht den religiösen Ritus betreffenden Regelungen in Koran und Sunna „eine *ratio legis* zugrunde liegt, die durch die Vernunft erkannt werden kann und die die Grundlage der Auslegung bildet. Entscheidend ist es, den Sinn der Norm zu verstehen und eine Regelung zu finden, die dem Sinn entspricht, selbst wenn sie unter Umständen dem äusseren Wortlaut des Qur'an widerspricht."[128] Im Kern geht es darum, dass die Menschen die koranischen Begriffe Gerechtigkeit, Ungerechtigkeit, Gut und Böse „durch ihre Vernunft mit Inhalt füllen"[129]. Daraus folgt nun eine Pluralität der Rechtauslegung, die durch staatliches Handeln nicht reduziert werden kann oder darf. „Theologische und juristische Meinungen sind lediglich Interpretationen dieser beiden Quellen und da kein Mensch ausser dem Propheten Fehlerlosigkeit für sich beanspruchen kann, kann grundsätzlich keine dieser Interpretationen für einen anderen Menschen verbindlich sein.

---

[127] MUHAMMAD KALISCH, Muslime als religiöse Minderheit, in: THORSTEN GERALD SCHNEIDERS/LAMYA KADDOR (Hg.), Muslime im Rechtsstaat, Münster 2005, 47–67, 49.
[128] A.a.O., 52.
[129] A.a.O., 54.

Daraus ergibt sich notwendig das Modell einer islamischen Demokratie, in der demokratisch und pluralistisch um den richtigen islamischen Weg gestritten wird."[130] Für die aktuelle Situation muslimischer Minderheiten in nichtislamisch geprägten demokratischen Staaten bedeuten diese Erwägungen schließlich, dass diese Demokratie aus islamischer Perspektive anzuerkennen ist. Auch die Charakterisierung der nichtmuslimischen Mehrheitsgesellschaft als „Haus des Krieges" sei nicht anwendbar, weil „der modernen Völkerrechtsordnung [...] die Vorstellung zugrunde liegt, dass die territoriale Integrität aller Staaten zu achten ist. [...] Aus der Tatsache, dass Gut und Böse bereits durch die Vernunft zu erkennen sind, folgt [...], dass sich islamisches Recht nicht gegen eine internationale Ordnung richten kann, die anstrebt Krieg zu vermeiden und internationale Rechtssicherheit zu erhöhen."[131] Für die Interpretation der Menschenwürde (und der Menschenrechte) folgt aus diesem Ansatz, dass diese schon im Kontext der Entfaltung der pluralen Rechtsauslegung vorausgesetzt wird, sofern der vernünftige Einzelne als letzte Instanz von Wahrheitssuche und Wahrheitsbewusstsein gilt.[132] Diese vernünftige Einsicht wird sodann mit Verweis auf Sure 2,256 koranisch abgestützt. Weiter stellt Kalisch fest, dass das traditionelle islamische Recht „in seinem Kern" keinen Widerspruch zum Menschenrechtsdenken aufweist. Dort, wo faktisch „Widersprüche existieren, können diese durch einen neuen *igtihad* beseitigt werden, weil es sich entweder um Regelungen in Qur'an und Sunna handelt, die zeitabhängig zu verstehen sind oder ohnehin lediglich um einen *igtihad* von Rechtsgelehrten".[133] Vor diesem Hintergrund wird schließlich in der koranischen Anthropologie (Sure 2,30; 17,70) die Menschenwürde der Sache nach identifiziert und als Begründung für die Menschenrechte angeführt: „Bereits hier wird eine herausgehobene besondere Stellung der Menschen in der Schöpfungsordnung deutlich und dies ist nichts anderes als das, was als Menschenwürde bezeichnet wird. Aus der Menschenwürde folgen die Menschenrechte."[134]

---

[130] A. a. O., 56.

[131] A. a. O., 59 f.

[132] „Aus dem Qu'ran ergibt sich eindeutig die Forderung, dass der Mensch verpflichtet ist, nach der Wahrheit zu streben und ihr zu folgen. Ebenso aber enthält der Qu'ran keine Ermächtigungsgrundlage für irgendjemanden, sein Verständnis von Wahrheit anderen aufzwingen zu dürfen" (Ebd., 56).

[133] Ebd., 57. Später hat Kalisch den hier referierten Ansatz radikalisiert. Er bestreitet die Möglichkeit und Notwendigkeit, Menschenwürde und Menschenrechte, die durch die Vernunft erkannt wurden, aus den heiligen Schriften der Traditionen abzuleiten. „Wenn das Urteil der Vernunft bestand hat, dann ist das Urteil der religiösen Tradition bedeutungslos. Die Vernunft ist der entscheidende Faktor." (MUHAMMAD KALISCH, Islam und Menschenrechte. Betrachtungen zum Verhältnis von Religion und Recht, in: HATEM ELLIESIE (Hg.), Islam und Menschenrechte. Beiträge zum Islamischen Recht VII [Leipziger Beiträge zur Orientforschung; Bd. 26], Frankfurt a. M. 2010, 49–72, 67).

[134] KALISCH, Muslime als religiöse Minderheit, 58.

Als letztes und vielleicht spektakulärstes Beispiel einer Begründung von Demokratie, Rechtsstaatlichkeit und Menschenrechtsdenken aus muslimischer Perspektive sei der 1962 geborene Tariq Ramadan herangezogen. Der in Genf promovierte Schweizer ägyptischer Herkunft, der seit 2006 als Gaststipendiat am St. Anthony's College an der Oxford University lehrt, vertritt zwar einen eher konservativen Islam, möchte ihn aber in der europäischen Gesellschaft beheimaten. Ausdrücklich zielt er auf die „Heimfindung" muslimischer Menschen in Europa.[135] Nach innen engagiert er sich für eine islamische Reform, nach außen agiert er zivilisationskritisch, weswegen er sich seinerseits kritischen Vorwürfen ausgesetzt sieht. Er setzt – methodisch gesehen – quellenkritisch ein. Koran und Sunna sind die beiden Quellen für das islamische Recht (Scharia) und Ausgangspunkt für die Rechtsfindung – bis in die Gegenwart hinein.[136] Schon in seinen frühen Veröffentlichungen betont Ramadan die Bedeutung der Methode des „Idschtihad". Die wörtliche Bedeutung dieses arabischen Wortes „lautet:,sich mit aller Kraft bemühen',,eine Anstrengung unternehmen'. Es handelt sich für den Juristen darum, sich unter Ermangelung von Quellentexten an die Arbeit zu machen, auf vernünftige Weise eine Regelung zu formulieren, die Ort und Zeit entspricht und Lehre und Geist der beiden Quellen treu bleibt."[137] Die Methode des „Idschtihad" schließt ein subjektives und ein zeitdiagnostisches Element in der Rechtsfindung ein, verbindet demnach in der Interpretation der Rechtsquellen die religiöse Kreativität des Auslegers mit den empirischen Rahmenbedingungen, die den zu lösenden Rechtsfall hervorgebracht haben und die infolgedessen zu berücksichtigen sind. Insofern ist der Islam von Haus aus, wie Ramadan nicht müde wird historisch nachzuweisen, auf produktive Anpassung an die Zeitläufe angelegt.

Die Bedeutung des „Idschtihad" hat Ramadan in seinem Buch „Muslimsein in Europa" weitergehend entfaltet.[138] Hier wird der „Idschtihad" als „dritte Quelle des islamischen Rechts"[139] und als das „wichtigste Instrument"[140] bezeichnet, „um die universelle Bestimmung des Islam kraft einer steten Dynamik der Anpassung im Lichte der Epoche und des Kontext zu verwirklichen".[141]

---

[135] Vgl. NINA ZU FÜRSTENBERG, Wer hat Angst vor Tariq Ramadan?, Freiburg 2008, 81 ff. Tariq Ramadan fasst den Ertrag seines Buches (Muslimsein in Europa. Untersuchung der islamischen Quellen im europäischen Kontext, Marburg 2001) mit den Worten zusammen: „Jenseits der alten [...] Begriffe gestatten die im Lichte unserer gegenwärtigen Situation gelesenen islamischen Quellen den Muslimen, ja fordern sie geradezu dazu auf, davon auszugehen, sich als im Westen ‚heimisch' zu betrachten." (265).
[136] Vgl. TARIQ RAMADAN, Der Islam und der Westen. Von der Konfrontation zum Dialog der Zivilisationen, Marburg 2000, 49–54.
[137] Ebd., 55 f.
[138] Vgl. RAMADAN, Muslimsein in Europa, 75–126.
[139] A. a. O., 120.
[140] A. a. O., 121.
[141] A. a. O., 121.

Schon diese Kontextbezogenheit verweist nach Ramadan die Muslime, wenn sie dem verpflichtenden Prinzip der Gerechtigkeit folgen, an die Verfassungen derjenigen Länder, in denen sie leben. Diese Loyalität wird in der Tradition von Koran und Sunna als Vertragsverhältnis gedacht: „[...] als Einwohner oder Bürger sind sie an einen Vertrag gebunden. Der Koran und die Sunna bilden ihre Bezugsgrundlagen, und zugleich sind sie an die Verfassung des Landes gebunden, in dem sie so lange leben, dass sie nicht dazu gezwungen werden können, gegen ihr Gewissen zu handeln."[142] In dem Buch „Radikale Reform" wird schließlich der Kontext selbst als Rechtsquelle identifiziert.[143] Die Begründung erfolgt durch eine offenbarungstheologische Interpretation des Verhältnisses von Glaube und Vernunft, die wissenschaftstheoretisch ausgeführt wird. Danach hat Gott seinen Willen im Buch (Koran) den Menschen offenbart, die ihn im Glauben aneignen. Der Koran verweist aber selbst auf das „offene Buch des Universums"[144] oder das „Buch der Welt, der schöpferischen Offenbarung"[145]. Diese kann mit Hilfe der Vernunft erkannt und untersucht werden. Beide Offenbarungen sind formal durch ihren Zeichencharakter miteinander verbunden. Ebenso wie die Phänomene der Schöpfung auf die Existenz Gottes verweisen, bezeichnen die Verse (ayat = Zeichen) des Koran den göttlichen Willen. Vernunft und Glaube verweisen aufeinander, widersprechen sich nicht, ergänzen sich vielmehr.[146]

Die wissenschaftliche Erschließung des „Buches der Welt" führt nach Ramadan zu einer methodischen Unterscheidung. Die Naturwissenschaften erforschen die Schöpfung mit dem Ziel der Feststellung der ihr innewohnenden Ordnungsstrukturen als Naturgesetze. Dagegen erforschen die Humanwissenschaften[147] mannigfaltige und sich wandelnde Realitäten im Laufe der Geschichte[148], die Ramadan als „weitere Artikulationsebene"[149] im Buch der Welt bezeichnet. Auch hier besteht die Aufgabe, Konstanten und Regelmässigkeiten festzustellen, „die letztendlich die Prinzipien etablieren, die das menschliche Handeln über die Zeiten hinweg bestimmen und dessen zyklische Eigenschaft bedingen, d. h. die Wiederholung desselben unabhängig vom

---

[142] A.a.O., 264.

[143] Vgl. TARIQ RAMADAN, Radikale Reform. Die Botschaft des Islam für die moderne Welt, München 2009.

[144] A.a.O., 117.

[145] A.a.O., 119.

[146] „Wie der Schrift sind dem Universum Prinzipien, Gesetze und eine Grammatik zu eigen; der menschliche Intellekt muss diese erkennen und deren Logik und Kategorien ableiten, um diese notwendigerweise beim Umgang mit der Natur und den Gesellschaften zu berücksichtigen." (A.a.O., 124).

[147] Ramadan nennt Sozial- und Politikwissenschaft, Individual- und Gesellschaftspsychologie (vgl. a.a.O., 126).

[148] Vgl. a.a.O., 124 ff.

[149] A.a.O., 124.

Zeitalter"¹⁵⁰. Die Hauptprinzipien zur humanwissenschaftlichen Erschließung der Geschichte finden sich bereits im „geoffenbarten Buch" und werden durch den induktiv erhobenen empirischen Befund konkretisiert. Dieses Zusammenspiel aus dem „reinen Prozess der Beobachtung, Analyse und Induktion"¹⁵¹ und aus dem Koran gespeister spiritueller Interpretation, die den empirischen Befund teleologisch im Sinne der göttlichen Weltordnung interpretiert, verleiht den veränderlichen Phänomenen der Welt den Rang einer Rechtsquelle, die in der fiqh (Rechtswissenschaft) zu berücksichtigen ist. „Demnach müssen wir das Universum und den sozialen und menschlichen Kontext [...] der gleichen, für die Texte entwickelten Analyse, Typologisierung und Kategorisierung unterziehen, indem wir uns Schritt für Schritt auf das zuvor über die Natur Gesagte beziehen. Das Universum muss als autonome und ergänzende Quelle für die rechtliche Ausarbeitung betrachtet werden"¹⁵² und soll damit auf methodisch gesichertem Wege in die Rechtsfindungspraxis einfließen. „Eine solche Erforschung, ausgehend von den sichtbaren Realitäten bis hin zu den zugrunde liegenden Regeln, ermöglicht es, eine kohärente Methodologie für den Umgang mit dem menschlichen Faktor festzulegen und die sich aus einer bestimmten Gesellschaft zu einer bestimmten Zeit ergebenden Fragen zu bewältigen."¹⁵³ Dies gelte umso mehr, als in der modernen Welt das differenzierte Wissen in den Humanwissenschaften so reich geworden ist, dass jede Rechtsauslegung zum Scheitern verurteilt ist, die sich – wie die traditionelle Scharia – ausschließlich auf die Quellen Koran und Sunna stütze.¹⁵⁴ Konsequenterweise fordert Ramadan daher die Aufnahme von „Kontextgelehrten" in die ulama und die paritätische Besetzung von Fatwa- bzw. Ethik-Ausschüssen mit Text- und Kontextgelehrten.¹⁵⁵

Aus dem Zusammenspiel von Textquellen und Kontextquelle entwickelt Ramadan dann ein System der höheren ethischen Ziele, an denen sich die konkrete Rechtsfindung auszurichten hat. Dabei betont Ramadan, dass diese Ziele positiv formuliert sein sollen, weil es in der angewandten Ethik weniger um Pflichten und das Verbotene, sondern um „Rechte und Freiheiten"¹⁵⁶ gehe. Als höchstes Ziel nennt Ramadan den Schutz der Religion des Islam (*din*) und des (umfassend verstandenen) Allgemeinwohls (*maslaha*), die er dem Koran entnimmt und mit koranischen Begriffen bezeichnet.¹⁵⁷ Diese Ziel-

---

¹⁵⁰ A.a.O., 127.
¹⁵¹ A.a.O., 131.
¹⁵² A.a.O., 135.
¹⁵³ A.a.O., 130.
¹⁵⁴ Vgl. a.a.O., 148–163.
¹⁵⁵ Vgl. a.a.O., 169–172.
¹⁵⁶ Vgl. a.a.O., 175.
¹⁵⁷ „An der Spitze der Zwecke und Ziele des Weges steht [...] der Schutz des *din* – im Sinne einer Auffassung von Leben und Tod, die auf der Anerkennung Gottes und *des Weges* beruht –

bestimmung ist dem Koran entnommen. Darunter stehen drei grundsätzliche Ziele, die sich bereits der differenzierten Quellenlage verdanken. Es sind: Achtung und Schutz des Lebens, Achtung und Schutz der Natur und Achtung und Schutz des Friedens.[158] Diese Teilziele gelten als „Grundsäulen"[159] für jene höchsten Ziele. „Die gesamte islamische Botschaft [...] bezieht sich auf diese drei wesentlichen, vorab feststehenden Ziele."[160] Auf einer dritten Stufe entfaltet Ramadan nun diejenigen Ziele, die den Menschen als Individuum und als soziales Subjekt betreffen. Diese Liste ist nach Ramadan wegen der variablen Kontexte der menschlichen Lebensführungspraxis grundsätzlich offen. Für die Gegenwart lautet sie: „Förderung und Schutz der Würde (des Menschen, der Lebewesen und der Natur), des Wohlergehens, des Wissens, der Kreativität, Autonomie, Entwicklung, Gleichheit, Freiheit, Gerechtigkeit, Brüderlichkeit, Liebe, Solidarität und Vielfalt."[161] Angesichts der Tatsache, dass die moderne europäische Gesellschaft denjenigen Kontext bezeichnet, auf den hin Ramadan seine angewandte Ethik auslegen will, ist es kein Zufall, dass diese Liste mit dem Hinweis auf die Menschenwürde beginnt. Schon in seinem Buch „Der Islam und der Westen" hatte Ramadan die Anerkennung von Menschenwürde und Menschenrechten kontextuell begründet: „Die *Erklärung* von 1948 ist ein grundlegender Text, dem wir heute wesentliche allgemeine Prinzipien entnehmen können, die in die Richtung der Achtung der Menschenwürde weisen. Das gilt auch für alle philosophischen Entwicklungen seit Locke bis in unsere Tage, die in den okzidentalen Gesellschaften die Praxis der Toleranz beförderten. Das sind Tatsachen; es wäre sinnlos, sie bestreiten zu wollen. [...] Wir sollten diese Realitäten anerkennen können."[162] Diese Anerkennung des Kontextes erlaubt dann eine Auslegung von Sure 17,70, nach der „die Würde als ein [...] Teil des menschlichen Kerns"[163] verstanden wird. Sie wird im Sinne einer ethischen Pflicht, nämlich einerseits als Freiheit zur Entfaltung der menschlichen Anlagen und Fähigkeiten sowie andererseits als unbedingt erhaltens- und bewahrenswert interpretiert. Für die Gesellschaft folgt daraus, dass sie „die (individuelle und kollektive) Entwicklung, Gleichheit und Gerechtigkeit gewährleisten [muss], und zwar bei gleichzeitiger Akzeptanz der Vielfalt."[164] Aus dieser Norm werden dann die Normen „Rechtsstaatlichkeit, Unabhängigkeit, Bedachtsamkeit, Pluralis-

---

und der *maslaha* – im Sinne des allgemeinen Wohls und Interesses der Menschen und des Universums." (A.a.O., 179).

[158] Vgl. a.a.O., 180.
[159] A.a.O., 180.
[160] Ebd.
[161] A.a.O., 181.
[162] RAMADAN, Der Islam und der Westen, 146.
[163] RAMADAN, Radikale Reform, 181.
[164] A.a.O., 182.

mus, Entwicklung, Kulturen, Religionen und Überlieferungen"¹⁶⁵ abgeleitet. Für das Verhältnis von Religion und Politik hält Ramadan an jenem anthropologisch begründeten Pluralismus aus Prinzip fest und kritisiert jeden Versuch, Gesellschaft und Politik vonseiten einer Religion, atheistischen oder laizistischen Doktrin her zu dominieren. Sein Pluralismusverständnis regiert auch seine strenge Unterscheidung von Religion und Politik. Danach fällt Religion in die Sphäre der unveränderlichen Glaubenswahrheiten, während sich die Sphäre des Politischen durch wechselnde Kontexte auszeichnet, weswegen hier die Vernunft regiert, um die ethischen Ziele umzusetzen. Dabei kommen ihr – auf der Grundlage jener ethischen Ziele – große Spielräume zu, um Probleme zu lösen und um politische Entscheidungen zu treffen.

Ramadans ethische Überlegungen zur rechtlichen Gestaltung der Gesellschaft kreisen nun um den Begriff der Menschenwürde. Danach sind Würde und Unverletzlichkeit der menschlichen Person erst anerkannt, wenn das Individuum geachtet, seine Rechte sozial, ökonomisch und politisch geschützt und freie Religionsausübung positiv gewährt wird. Die argumentative Stoßrichtung zielt auf die Forderung nach Anerkennung des Islam als eine in Europa gleichberechtigte und öffentlich agierende religiöse und sittliche Weltanschauung. Der Begriff Menschenwürde wird dabei weniger als ideelle normative Voraussetzung von Freiheit denn als empirisch-materieller Maßstab für das Vorliegen von Freiheit verstanden. Damit wird – von Ramadan möglicherweise selbst nicht bemerkt – das Begründungsgefälle verkehrt. Menschenwürde legitimiert nicht die grundrechtlichen Freiheiten, sondern ein bestimmtes Maß an Freiheit konstituiert das Vorliegen von Menschenwürde.¹⁶⁶ Die legitimatorische Strategie aber ist deutlich: Der Begriff Menschenwürde bildet die Plattform, weil er in den Ländern Europas, die Ramadan vor Augen hat, den Mantelbegriff bildet, um das gemeinsame Freiheitsleben zu organisieren. Diese gemeinsame Plattform ermöglicht es Ramadan auch, ähnlich wie Ceric und Kalisch, den klassischen Begriff „Haus des Krieges" für die Länder Europas zu streichen.¹⁶⁷ Anders als jene ersetzt er ihn aber nicht durch „Haus des Friedens", sondern formt zur Bezeichnung der Situation der Muslime in Europa den Begriff „Haus des Glaubenszeugnisses" (dar as schahada).¹⁶⁸ Er trägt damit einerseits dem Sachverhalt Rechnung, dass Muslime in Europa

---

¹⁶⁵ A.a.O., 187.

¹⁶⁶ RAMADAN, Muslimsein in Europa, 165f. „Die Achtung des Individuums und der soziale, ökonomische und politische Schutz der Rechte sind mit der Freiheit der Religionsausübung die drei Grundlagen einer echten Anerkennung der Würde und Unverletzlichkeit der menschlichen Person." (Vgl. zur Europa-Konzeptionen von Ramadan jetzt HANS-JÖRG SCHMID, Islam im europäischen Haus. Wege zu einer interreligiösen Sozialethik, Freiburg im Breisgau, 2012, 262ff., 287ff., 368ff., 405ff.).

¹⁶⁷ Vgl. a.a.O., 156–162.

¹⁶⁸ Vgl. a.a.O., 175–186.

unbehelligt ihren Glauben leben und als Bürger an Rechtsstaatlichkeit und Demokratie partizipieren können und sollen, ohne ihren Glauben verleugnen zu müssen.[169] Andererseits ergeben sich auf dieser Grundlage auch kritische Aspekte. Grundsätzlich sieht Ramadan Europa als Missionsgebiet an. Er kritisiert „Fehlfunktionen" und „Verfall" der demokratischen Modelle und Institutionen[170] und die in seinen Augen diskriminierenden Tendenzen in den von Mehrheiten und Medien dominierten westlichen Gesellschaften. Insofern ist auch bei Ramadan die zivilisationskritische Komponente mit der Aneignung des Begriffs der Menschenwürde verbunden.

4. Die legitimatorische Schirmfunktion der „Menschenwürde" und die Offenheit des zivilreligiösen Diskurses

Im Verhältnis zum Grundrechte-Diskurs von 1848 ist die legitimatorische Dimension des *gegenwärtigen* Menschenwürdediskurses im Anschluss an das Grundgesetz und die EU-Grundrechtscharta offener, weil Geltungsgrund und Geltungsbereich normierter Freiheit nicht mehr nur auf die Größe *einer* Nation bezogen werden, sondern auf die universale Norm der Menschenwürde. Zwar ist der historische Entdeckungszusammenhang in der Interpretation dieser Norm diskursiv präsent, weil sie in Deutschland und Europa als Antwort auf die Weltkriege und die mit ihnen verbundenen Menschenrechtsverletzungen aufgefasst wird. Die Norm wird aber mit vernunftrechtlichem Anspruch vertreten und ist zugleich für andere Begründungsmuster offen. Damit wird ein Beheimatungsschirm von großer Breite aufgespannt, denn die Menschenwürde eines *jeden* Menschen soll unantastbar sein, der in den Hoheitsbereich derjenigen staatlichen Instanzen eintritt, die sich dem Schutz der unantastbaren Menschenwürde verschrieben haben. Anders: Im Blick auf die Legitimation der „Staatsbürgernation"[171] übernimmt der Begriff der Menschenwürde wesentliche Anteile derjenigen Legitimationsfunktion, die in den deutschen Diskursen einstmals exklusiv dem Begriff der Nation zukam.

Im europäischen Zuschnitt wird die Bedeutung der Menschenwürde zur Legitimierung der Grundrechte noch einmal deutlicher. Denn im Staatenverbund der Europäischen Union ist ohnehin nicht ganz klar, wer als Subjekt ihrer demokratischen Legitimation soll gelten können. Infrage kommen die europäischen Völker, das europäische Volk, die Unionsbürger oder die euro-

---

[169] Vgl. a.a.O., 162–174.

[170] „Denn es ist allseits bekannt […], dass die Demokratie historisch gesehen noch nie eine hinreichende Bedingung für die Sicherung des Friedens, für Achtung vor der Würde des Menschen, seiner Freiheit, Autonomie, etc. war." (RAMADAN, Radikale Reform, 378).

[171] Vgl. LEPSIUS, Nation und Nationalismus, 242f.

päische Bevölkerung qua Staatsbürgerschaft in den Mitgliedsstaaten.[172] Religionspolitisch bewegt man sich in der EU von dem in einigen Mitgliedsstaaten praktizierten strikten Laizismus weg und hin zu einem Modell, das den spezifischen Interessen und zivilgesellschaftlichen Aufgaben der Religionsgemeinschaften Rechnung trägt, ohne aber eine bestimmte religiöse Tradition zu privilegieren.[173] Die inzwischen initiierte europäische Identitätspolitik hat noch zu keinem Ergebnis geführt.[174] Wegen dieser insgesamt unklaren Lage bietet sich der Begriff Menschenwürde als Grund und Ausdruck der kulturellen Identität des politischen Einigungswerkes in Europa geradezu an.[175] Das setzt voraus, dass er für die interpretativen Beiträge aus unterschiedlichen weltanschaulichen und religiösen Perspektiven zugänglich ist und gewissermaßen als Sinnmagnet für unterschiedliche religiöse, weltanschauliche, philosophische und politische Traditionen fungiert. Von dieser Möglichkeit zur Aneignung des Menschenwürde-Begriffs machen gegenwärtig im signifikanten Maße muslimische Intellektuelle Gebrauch – mit einem sehr hohen interpretatorischen Aufwand. Denn die nicht-islamische Vorprägung des Menschenwürde-Denkens erlaubt seine direkte (und vorbehaltlose) Aneignung im Rahmen der islamischen Tradition nicht. Es wird aber deutlich, dass durch methodische Neu-Arrangements eine inhaltliche Rezeption angebahnt und durchgeführt werden kann, die auf eine Beheimatung von Menschen muslimischen Glaubens in die politische Ordnung der europäischen Nationen zielt, in denen die pluralisierte Religionskultur nur einen Teilbereich darstellt. Auf diese Weise

---

[172] Vgl. dazu jetzt EVA-MARIA TIEKE, Das Subjekt demokratischer Legitimation in der Europäischen Union, Marburg 2015.

[173] Vgl. ANTONIUS LIEDHEGENER, Mehr als Binnenmarkt und Laizismus? Die neue Religionspolitik der Europäischen Union, in: MARTIN BAUMANN (Hg.), Religionspolitik – Öffentlichkeit – Wissenschaft. Studien zur Neuformierung von Religion in der Gegenwart, Zürich 2010, 59–80.

[174] Vgl. zum Beispiel: JULIAN NIDA-RÜMELIN, Europäische Identität? Das normative Fundament des europäischen Einigungsprozesses, in: JULIAN NIDA-RÜMELIN/WERNER WEIDENFELD (Hg.), Europäische Identität. Voraussetzungen und Strategien, Baden-Baden 2007.

[175] Christoph Enders weist in staatsrechtlicher Perspektive darauf hin, dass in Deutschland und Europa unterschiedliche Würdekonzepte vorherrschen (vgl. CHRISTOPH ENDERS, Das Bekenntnis zur Menschenwürde im Bonner Grundgesetz – ein Hemmnis auf dem Weg der Europäisierung", in: Jahrbuch des Öffentliches Rechtes NF 59 (2011), 245–257). Zwar ist in Europa die Menschenwürde „als Rechtsbegriff [...] etabliert" (248), ihr kommt aber – insbesondere in Würdigung der Rechtspraxis – „in Europa keineswegs die Stellung eines axiomatischen Zentrums des gesamten positiven Rechts zu" (ebd.). Sie werde „nirgends im Sinne einer vollzugsfähigen Rechtsnorm angewendet." (ebd). Weil sie in der deutschen Rechtspraxis also höherrangig fungiert, ergibt sich nach dem Lissabon-Urteil des BVG der Befund einer retardierenden Wirkung der Europäisierung des Rechts durch die Menschenwürde (vgl. 250). Für den hier diskutierten Kontext kann dies jedoch positiv gewendet werden, insofern sich dadurch auf europäischer Ebene die Integrationsfunktion erhöht, weil sie mehr Konzepte umgreifen kann. Enders weist überdies nach, dass der ursprüngliche (vom Parlamentarischen Rat bestimmte) Bedeutungsgehalt der Menschenwürde eher dem jetzigen europäischen Verständnis entspricht (vgl. 256).

treten Muslime unter den Schirm einer politischen Ordnung, deren Frieden stiftende und (Religions-)Freiheit ermöglichende Aufgabe sie anerkennen, mit der genuinen Intention ihrer Religion verbinden und von der sie bei der Gestaltung ihres bürgerlichen und religiösen Lebens profitieren. Diese interpretative Aneignung integriert Menschen islamischen Glaubens in denjenigen Staat, der um der wechselseitigen Anerkennung und um des Schutzes dieser Menschenwürde willen existiert.

Zugleich gilt der umgekehrte Befund: Indem sich muslimische Gelehrte den Begriff der Menschenwürde aneignen und aus der Perspektive von Koran, Sunna und Scharia interpretieren, versuchen sie den Islam als eine mit dem freiheitlich-demokratischen Staat kompatible Religion zu legitimieren und erwarten, dass Staat und Gesellschaft ihn auf dieser Basis als eine legitime Religion anerkennen und sowohl die positive Religionsfreiheit als auch die religionsrechtlichen *res mixtae* aufgrund der Bedürfnisse und Erfordernisse der Religion des Islam neu justieren. Die Aneignung der „Menschenwürde" zielt also – wie im 19. Jahrhundert bei den Menschen jüdischer Herkunft und Religion – auf emanzipative Gleichstellung der Religion des Islam mit der christlichen Religion. Insofern kann auch hier von einer zivilreligiösen Bedeutung des Begriffs gesprochen werden, weil wechselseitige Freundlichkeit zwischen staatlicher Ebene und religiösen Gemeinschaften darin zum Ausdruck kommt. Gleichwohl ist zu beachten, dass in der EU das nationalstaatliche und nationalkulturelle Erbe respektiert und gepflegt werden soll. Der Begriff Nation bleibt daher gegenwärtig relevant, zumal der Nationalstaat weiterhin für die Gestaltung des Religionsrechtes zuständig bleibt.[176] Insofern reicht die zivilreligiöse Anerkennung der „Menschenwürde" (und der Prinzipien des freiheitlich-demokratischen Rechtsstaates) für die religionspolitische Integration des Islam im Sinne seiner Konfessionalisierung noch nicht aus. Für die notwendige Dekonstruktion ethnischer, politischer und religiöser Zugehörigkeit und für die Beheimatung von Menschen unterschiedlicher Herkunft und Glaubensweise in den Regionen und Nationen Europas ist der gemeinsame Bezug auf die Menschenwürde aber ein erster, wichtiger legitimatorischer Schritt.

Gleichwohl handelt es sich nur um einen ersten Schritt. Die Rechnung geht nicht einfach auf und es ist auf mindestens drei Konfliktlinien aufmerksam zu machen. *Zunächst* ist auf den zuletzt bei Ramadan herausgearbeiteten Aspekt zu verweisen, dass im Zuge der muslimischen Aneignung der Grundlagen der politischen Ordnung des Westens der Begriff Menschenwürde nicht die gleiche Spitzenstellung genießt wie dies im legitimatorischen Diskurs

---

[176] Vgl. MICHAEL DROEGE, Chancen und Probleme des europäischen Religionsverfassungsrechtes für die Gestaltung der europäischen Religionskultur, in: ARNULF VON SCHELIHA/EVELINE GOODMAN-THAU (Hg.), Zwischen Formation und Transformation. Die Religionen Europas auf dem Weg des Friedens, Göttingen 2011, 69–84.

üblicherweise der Fall ist. Er gilt muslimischerseits bisher weniger als Grund humaner Freiheit und Grenze staatlichen Handelns denn als Ausdruck einer adäquaten (islamisch verstandenen) Freiheit, die sich in die freiheitlich-demokratische Ordnung einzupassen versteht. Die für die europäische Ordnung einschlägige Prinzipienstellung der Menschenwürde ist im islamischen Diskurs noch nicht wirklich erreicht. Damit hängt *zweitens* zusammen, dass sich mit dem muslimischen Rekurs auf die Menschenwürde eine mehr oder weniger ausgeführte Kritik an der westlichen Zivilisation und Lebensart verbindet. Das menschenwürdige Leben ist für die muslimischen Denker stets von den Grundsätzen der islamischen Sittlichkeit bestimmt. Die Möglichkeit, auf der legitimatorischen Basis der Menschenwürde die mit ihr gegebene Freiheit dazu zu nutzen, gegen die Prinzipien der islamischen Sittlichkeit zu verstoßen, wird – wenn überhaupt – nur theoretisch eingeräumt. Insofern zeigt sich hier ein inhaltlicher Dissens im Verständnis des Begriffs. Die Anerkennung der Menschenwürde als gewissermaßen zivilreligiöses Datum westlich-politischer Ordnungen impliziert nicht die Anerkennung ihrer herrschenden Auslegung durch die Mehrheitsgesellschaft oder -religionen. Daher gibt es an dieser Stelle konfliktträchtigen Stoff zur Fortsetzung des Diskurses, in dem über die triftige Auslegung des Begriffs im freien Wettbewerb und mit dem zwanglosen Zwang des besseren Argumentes gestritten werden muss. Die *dritte* Konfliktlinie fällt auf, wenn man noch einmal die korporative Deutung der Grundrechte in der Paulskirche mit dem tendenziell individualistischen Verständnis von Menschenwürde und Freiheit in der Gegenwart vergleicht. Deutlich wird dann, dass die Interpretation der Menschenwürde durch Muslime durch das korporative Denken der islamischen Tradition geprägt wird, die die Familie, die Grossfamilie, das „Haus des Islam" sowie die umma sehr hoch schätzt. So wird in der Regel zur Menschenwürde ein Leben in einer intakten Familie gerechnet. Andere, in den Gesellschaften des Westens gängige und moralisch approbierte Lebensformen dagegen gelten als defizitär. Hier ergeben sich strukturelle Konflikte, weil die grundrechtliche und religiöse Dimension der Menschenwürde die Schutz- und Freiheitsqualität des Einzelnen betont und ihren emanzipatorischen Charakter im Kollisionsfall auch gegen die gegebenen und religiös sanktionierten Sozialformen herausarbeitet. Die hier angedeutete Konfliktlinie zwischen einer korporativen und individualistischen Auslegung des Begriffs dürfte allerdings nicht nur zwischen der europäischen und der muslimischen Interpretation der „Menschenwürde" verlaufen, sondern auch innerhalb des Islam selbst, weil der Einzelne in der Gestaltung seines menschenwürdigen Lebens sich an der in Rechtssätzen formulierten ethischen Tradition seiner Religion zu orientieren hat, die ihn in das korporative Denken zurückverweist. Die historische Erfahrung innerhalb der christlichen Religionsgeschichte lehrt indes: Individualisierende Emanzipationsschübe sind zu erwarten, die aber ihrerseits mit dem Begriff Menschenwürde verstanden werden können. Trotz dieser Konfliktlinien mag gelten: Der Diskurs um die angemessene Auslegung des Begriffs Menschenwürde ist ein wesentlicher Baustein zur Bildung eines *overlapping consensus* in Fragen des Verhältnisses der freiheitlichen politischen Ordnung zu den unterschiedlichen religiösen Traditionen, denen sie eine Heimstatt bieten will.

Plurale Religionskultur und Theorie des Christentums

1. Konfessionalisierung – Die Besonderheiten der deutschen Religionskultur

Die Einführung des islamischen Religionsunterrichts an öffentlichen Schulen, die Etablierung der Islamischen Theologie an deutschen Universitäten, die Anstellung von muslimischen Gefängnisseelsorgern, das Gesetz zur rituellen Beschneidung von Jungen jüdischen und muslimischen Glaubens: Alle diese gegenwärtigen Maßnahmen der verschiedenen staatlichen Ebenen zielen auf die Konfessionalisierung des Islam und die Festigung der konfessionellen Präsenz des Judentums in der deutschen Religionskultur. Unter Konfessionalisierung verstehe ich die bis auf den Westfälischen Frieden zurückgehenden Maßnahmen in den deutschen Ländern, das Miteinander von Staat und Religionsgemeinschaften und der Religionsparteien untereinander mit den Mitteln des Öffentlichen Rechtes zu ordnen und zu pazifizieren. Dabei werden die Religionsgemeinschaften staatsnah und staatsanalog organisiert. Seit der Trennung von Staat und Kirche mit der Gründung der Weimarer Republik schließt man Verträge, die beide Seiten binden (und die Religionen domestizieren). Es werden dadurch sogenannte *res mixtae* (also gemeinsame Angelegenheiten) eingerichtet, die den Staat und die Religionsgemeinschaften zur Kooperation verpflichten. Im Ergebnis erhalten die Religionsgemeinschaften hohe staatliche Zuwendungen und para-staatliche Aufgaben, die ihre enge Bindung an den Staat festigen.

Eine wichtige Bewährungsprobe dieser Konfessionspolitik war die Zeit nach dem Reichsdeputationshauptschluss im Jahre 1803. Damals setzten die Obrigkeiten im Reich die Kirchenhoheit überall durch. Die Hauptanstrengung bestand darin, die katholischen Diözesen den neuen territorialen Grenzen anzugleichen und die Ko-Existenz *zweier* Konfessionen in *einem* Gebiet rechtlich zu regulieren. Das gelang durch Überwindung zum Teil erheblicher Widerstände. Allerdings geriet das System der Konfessionalisierung im 19. Jh. in zwei Krisen. Die *eine* Krise war der „Kulturkampf", in dem sich die Katholische Kirche erfolgreich gegen die staatliche Dominanz in innerkirchlichen Angelegenheiten wehrte. Sie ging konfessionell gefestigt aus dem Konflikt hervor. Allerdings vertiefte der Konflikt auch das konfessionelle Differenzbewusstsein in Deutschland. Historiker bezeichnen das 19. Jh. daher als

Epoche der „Rekonfessionalisierung"[1]. Die *zweite* Krise war das Scheitern der Bemühungen im 19. Jh., das Judentum in dieses konfessionelle System aufzunehmen.[2] Die Auswirkungen dieser Krise wurden erst während der Zeit des Nationalsozialismus leidvoll spürbar. Die Aufnahme der jüdischen Religionsgemeinschaft in die religionspolitische Konfessionalisierung gelang erst auf der Basis der Weimarer Reichsverfassung.

Heute sind die Jüdischen Gemeinden in das religionspolitische Vertragswerk fest eingebunden. Der Islam tritt gegenwärtig als Akteur in dieses System ein.[3] Von Seiten des Staates geht es dabei um integrationspolitische, staatsethische und wissenschaftspolitische Ziele, die durchaus in Spannung zueinander stehen.[4] Die Muslime ihrerseits streben nach politischer und sozialer Anerkennung, die ihnen während der Epoche, in der sich Deutschland nicht als Einwanderungsland verstehen wollte, bekanntlich vorenthalten blieb.

Der grundsätzliche Erfolg dieser Konfessionalisierungspolitik legt zweifellos ihre Fortsetzung nahe. Gleichwohl sind auch einige Gegenläufigkeiten zu notieren, zu denen auch der hohe Anteil an Konfessionslosen in Deutschland gehört.

2. Gegenläufige Trends in der deutschen Religionskultur

Vor dem Hintergrund der staatlichen Konfessionalisierungspolitik verdient der Anteil der Konfessionslosen besonderes Augenmerk. Es herrscht in der Religionssoziologie Übereinstimmung in der Einschätzung, dass der hohe Anteil von ca. 29% Konfessionslosen in Deutschland weltweit eine Ausnahme darstellt. Im globalen Durchschnitt gehören nur ca. 16,5% der Menschen keiner Religionsgemeinschaft an.[5] Es ist vielleicht gar nicht so abwegig zu vermuten, dass dieser Sachverhalt die Kehrseite jener staatlichen Konfessionalisierungs-

---

[1] THOMAS NIPPERDEY, Deutsche Geschichte 1800–1966. Bürgerwelt und starker Staat, München ⁶1993, 406.

[2] Vgl. CHRISTIAN WIESE, Wissenschaft des Judentums und protestantische Theologie im wilhelminischen Deutschland. Ein Schrei ins Leere?, Tübingen 1999.

[3] Zur Möglichkeit des Staates, auch mit privatrechtlichen Religionsgemeinschaften Verträge zu schließen, vgl. Dirk Ehlers, Staatskirchenverträge, in: ROSEMARIE WILL (Hg.), Die Privilegien der Kirchen und das Grundgesetz. 4. Berliner Gespräche über das Verhältnis von Staat, Religion und Weltanschauung, Berlin 2011, 75–88.

[4] Vgl. „Religiöse Pluralität an der Universität. Chancen und Probleme staatlicher Steuerung und fachlicher Selbstbestimmung – am Beispiel der Etablierung des Faches Islamische Studien/Theologie an deutschen Universitäten".

[5] Vgl. VOLKHARD KRECH, Die religiöse Lage in Deutschland als Hintergrund gegenwärtiger Pluralisierungsprozesse, in: KARL GABRIEL/CHRISTIAN SPIESS/KATJA WINKLER (Hg.), Modelle des religiösen Pluralismus. Historische, religionssoziologische und religionspolitische Perspektiven, Paderborn 2012, 207–222, 207f.

politik darstellt. Die Befunde des Religionsmonitors der Bertelsmann-Stiftung ermöglichen dazu einige differenzierende Einschätzungen. Zunächst ist festzustellen, dass ca. 96% der Konfessionslosen in großer Distanz zu den religiösen Institutionen (Kirchen) und ihren Netzwerken stehen. Sodann, zwei Drittel der Konfessionslosen sind wirklich nicht religiös. „Ihre Distanz zu den Kirchen wird [...] nicht durch andere alternative Formen der religiösen Praxis kompensiert."[6] Sie „sind auch nicht für stärker individualisierte Kerndimensionen der religiösen Praxis wie Gebet und Erfahrung ansprechbar."[7] Das aber bedeutet schließlich: Ca. 31% der Konfessionslosen sind durchschnittlich religiös und ca. 2% sogar hoch-religiös. Bei der „Religion" der Konfessionslosen macht sich, so der Bericht zum Bertelsmann Religionsmonitor, v. a. die Präsenz intellektueller Restbestände der christlichen Tradition bemerkbar.[8] Diese Feststellung entspricht dem Befund der Mitgliedschaftsstudien der EKD, nach dem beim Kirchenaustritt neben der Kritik an der religiösen Institution bei ca. 52% (im Westen) bzw. ca. 31% (im Osten) die Einsicht eine Rolle gespielt habe, man könne auch ohne Kirche Christ sein bzw. ein christliches Leben führen.[9] Ein signifikanter Teil der Konfessionslosen versteht sich also als Christ jenseits der Kirche. Dieser Sachverhalt könnte als Indiz dafür verstanden werden, dass für eine nicht geringe Anzahl von Menschen eine *vita christiana* auch jenseits der Konfessionskirchen denkbar ist, die in Deutschland mit dem Staat im Bunde sind.

---

[6] STEFAN HUBER/CONSTANTIN KLEIN (Hg.), Religionsmonitor. Kurzbericht zu ersten Ergebnissen des Religionsmonitor der Bertelsmann-Stiftung (siehe: https://www.researchgate.net/publication/238738238_Kurzbericht_zu_ersten_Ergebnissen_des_RELIGIONSMONITOR_der_Bertelsmann_-Stiftung_Befragung_in_Deutschland [Zugriff: 30.04.2018]), 14. Zum Religionsmonitor vergleiche BERTELSMANN STIFTUNG (Hg.), Religionsmonitor 2008, 2. Auflage, Gütersloh 2008.
[7] HUBER/KLEIN, Religionsmonitor, 26.
[8] Vgl. a. a. O., 26.
[9] Vgl. STUDIEN- UND PLANUNGSGRUPPE DER EKD (Hg.), Fremde Heimat Kirche. Ansichten ihrer Mitglieder. Dritte EKD-Umfrage über Kirchenmitgliedschaft, Hannover 1993. Konfessionslosigkeit lebt vorrangig von der Negation: „Den Konfessionslosen fällt es offenbar leichter, eine klare Position zu beziehen, wenn es um die Abgrenzung gegen explizite, entschiedene christliche Überzeugung geht. Die eigene Identität als Konfessionslose[r] wird aus der Negation gewonnen: man ist sich lediglich sicher, wovon man *nicht* überzeugt ist, woran man *nicht* glaubt. [...] Die Konfessionslosen beziehen ihren Standpunkt eher über die Ablehnung des überzeugten, [zu] sicheren Christseins. [...] Gleichzeitig aber scheint die Einbindung christlicher Elemente in eine individuell ‚konzipierte' Weltanschauung für viele eine gewisse Attraktivität auszustrahlen." A. a. O., 57 f. Das erklärt auch, warum der Kirchenaustritt v. a. institutionenkritisch motiviert ist. Vgl. a. a. O., 58 f. Die Bedeutung der Kirchenkritik hatte schon die Auswertung der empirischen Untersuchungen von 1974 herausgestellt. Vgl. HELMUT HILD (Hg.), Wie stabil ist die Kirche? Bestand und Erneuerung. Ergebnisse einer Umfrage, Gelnhausen 1974, 7–20, 19 f. Vgl. zum kirchlichen Partizipationsverhalten Konfessionsloser in Ostdeutschland auch ROLF SCHIEDER, Religion in der pluralistischen Gesellschaft, in: MARTINA WEYRAUCH/ROSEMARIE WILL (Hg.), Religionen – Weltanschauungen – Grundrechte. Dritte Berliner Gespräche über das Verhältnis von Staat, Religion und Weltanschauung, Potsdam 2008, 29–39, 37 f.

Eine zweite Gegenläufigkeit: Viele Muslime reklamieren den Status einer Körperschaft öffentlichen Rechts auch für den Islam, den noch kein islamischer Verband erlangt hat.[10] Zwei Bundesländer haben im Jahr 2012 „Staatsverträge" mit privatrechtlich organisierten islamischen Religionsgemeinschaften geschlossen und man braucht kein Prophet zu sein, um vorauszusagen, dass andere Bundesländer diesem Beispiel der Freien und Hansestadt Hamburg und der Hansestadt Bremen folgen werden. Gleichwohl können auch Gegenstimmen vernommen werden. Muslime selbst warnen bereits vor einem deutschen „Staatsislam"[11] und machen darauf aufmerksam, dass die gesuchte Nähe zum deutschen Staat gerade für eingewanderte Muslime ein Problem darstellt. Dies gilt insbesondere für diejenigen, die von Erfahrungen mit stark nationalistischen oder repressiven Staaten geprägt sind. Dazu kommt, dass einige, v. a. muslimische Intellektuelle, auf das mit der deutschen Religionspolitik verbundene Problem der sogenannten „Muslimifizierung" hinweisen. Hierbei werden eigentlich säkulare oder konfessionslose Menschen mit Migrationshintergrund aus muslimisch geprägten Ländern mittels der Konfessionalisierungspolitik aus ihrem konfessionslosen Status herausquotiert und dem muslimischen Anteil der Bevölkerung zumindest statistisch hinzugerechnet.[12]

Auch in den christlichen Kirchen mehren sich die Stimmen, die auf die Probleme aufmerksam machen, die mit dem deutschen Sonderweg verbunden sind. Zuletzt ist es Papst Benedikt XVI. gewesen, der sich bekanntlich bei seinem letzten Deutschland-Besuch in Freiburg wie folgt geäußert hat: „Die von materiellen und politischen Lasten und Privilegien befreite Kirche kann sich besser und auf wahrhaft christliche Weise der ganzen Welt zuwenden, wirklich weltoffen sein."[13] Die Tatsache, dass die deutschen Bischöfe sofort dementierten, dass der Papst eine Abwendung vom deutschen Staatskirchenrecht gefordert habe, zeigt, dass Benedikt durchaus einen sensiblen Punkt getroffen hatte. Denn *ein* Ergebnis des Bertelsmann Religionsmonitors dürfte darin bestehen, dass die „Gefahr" für die Kirchen nicht durch das durchschnittlich-religiöse Mitglied ausgeht, sondern durch die nicht-religiösen Mitglieder (immerhin ca. 17% in den evangelischen Kirchen) und durch die hoch-religiösen (etwa

---

[10] Vgl. GERHARD ROBBERS, 50 Jahre muslimische Zuwanderung und die Anerkennung muslimischer Verbände als Körperschaft des öffentlichen Rechts, in: BÜLENT UCAR (Hg.), Islam im europäischen Kontext. Selbstwahrnehmungen und Außensichten, Frankfurt a. M. 2013, 342–347.

[11] Vgl. z. B. die Meldung „Im Gewande der Universitäten". Wissenschaftler warnt vor Staats-Islam, in: Westfälische Nachrichten, 17.01.2013.

[12] Vgl. HILAL SEZGIN, Von Religion sprechen und schweigen, in: Alexander Heit/Georg Pfleiderer (Hg.), Religions-Politik II, 171–186.

[13] BENEDIKT XVI., Begegnung mit in Kirche und Gesellschaft engagierten Katholiken, Ansprache am 25.09.2011 in Freiburg, in: JÜRGEN ERBACHER (Hg.), Entweltlichung der Kirche? Die Freiburger Rede des Papstes, Freiburg i. Br. 2012, 11–33, 15.

14%), die der bürokratischen Amtskirche und der volkskirchlichen Durchschnittsspiritualität überdrüssig sind und eine Gemeinschaft aus Freiwilligen und spirituell Gleichstarken suchen.[14]

Auch im juristischen Diskurs mehren sich die Stimmen, die angesichts der großen Zahl der Konfessionslosen und des fortgeschrittenen religiösen Pluralismus den Rückbau der Verflechtungen von Staat und christlichen Kirchen fordern, etwa durch Ablösung derjenigen Staatsleistungen an die Kirchen, die als Entschädigung für die Säkularisierung von Kirchenbesitz im Zuge des Reichsdeputationshauptschlusses noch immer gezahlt werden.[15] Dem 17. Deutschen Bundestag liegt ein Gesetzentwurf der Fraktion „Die Linke" vor, der dafür den gesetzlichen Rahmen schaffen soll, welcher von der an diesem Punkte bis heute geltenden Weimarer Reichsverfassung gefordert wird.[16] Die Begründung der Abgeordneten verweist auf die religiös-weltanschauliche Neutralität des Staates, der keine Bekenntnisgemeinschaft auf Dauer privilegieren dürfe. Dem besonderen Rechtsgrund für die Zahlungen sei daher durch eine finale Ablösung der Zahlungsverpflichtung Rechnung zu tragen.[17]

---

[14] Vgl. HUBER/KLEIN, Religionsmonitor, 9.

[15] Vgl. MICHAEL DROEGE, Vom Beruf unserer Zeit für ein Neues Loccum. Staatsleistungen an Religionsgemeinschaften in Niedersachen, in: NdsVbI, 1/2012, 1–5. Droege fordert die zeitnahe Umsetzung des „zwingenden Verfassungsbefehl[s] zur Ablösung der überkommenen Staatsleistungen." (A. a. O., 5). Grundsätzlich plädiert z. B. Christian Walter für eine Fortschreibung der „religionsfreundliche[n] Haltung [...] des deutschen [...] Religionsverfassungsrechts", die nun die größere religiöse Vielfalt zu berücksichtigen habe. (CHRISTIAN WALTER, Religiöser Pluralismus in Deutschland. Ein rechtswissenschaftlicher Kommentar, in: KARL GABRIEL/CHRISTIAN SPIESS/KATJA WINKLER (Hg.), Modelle des religiösen Pluralismus, 223–241, 237). Konkret stellt Thomas Gutmann etwa die Privilegierung der Kirchen bei der Besetzung politikberatender Gremien wie Ethikräten in Frage. (Vgl. THOMAS GUTMANN, Religiöser Pluralismus und liberaler Verfassungsstaat, in: A. a. O., 291–315, 307).

[16] Vgl. WRV, Art. 138, Abs. 1; i. V. m. GG, Art. 140.

[17] Vgl. Deutscher Bundestag, Drucksache 17/8791, 29.02.2012. Am 28. Februar 2013 hat der Deutsche Bundestag den Gesetzentwurf in erster Lesung beraten und anschließend mit Stimmenmehrheit der Fraktionen von CDU/CSU und FDP an den Innenausschuss überwiesen. In der Debatte zeigte sich ein breiter Konsens darüber, dass das o. g. Verfassungsgebot einzulösen sei. Strittig war v. a. der einzuschlagende Weg. Mehrheitlich wurde die Auffassung vertreten, dass schon am Anfang des Gesetzgebungsverfahrens mit den Kirchen Gespräche aufzunehmen und mit ihnen möglichst Einvernehmen zu erzielen sei. (Vgl. http://dipbt.bundestag.de/dip21/btp/17/17225.pdf#P.28005 [Zugriff: 30.04.2018]). Der Bundestag hat den Gesetzentwurf am 27. Juni 2013 in zweiter Lesung beraten und ihn auf Empfehlung des Innenausschusses gegen die Stimmen der Fraktion „Die Linke" mit Mehrheit abgelehnt. Der Gesetzentwurf wurde nicht debattiert, die Reden wurden nur zu Protokoll gegeben. (Vgl. http://dipbt.bundestag.de/dip21/btp/17/17250.pdf#P.32201 [Zugriff: 30.04.2018]).

3. Konfessionalisierung der Konfessionslosen?

Als wesentlicher Grund für die hohe Zahl der Konfessionslosen in Deutschland nennt man die aggressive Anti-Religionspolitik zunächst des NS-Regimes und dann der DDR-Regierungen, die die deutsche Bevölkerung der christlichen Tradition und den großen Kirchen entfremdet habe. Es ist allerdings bekannt, dass diese Schuldzuweisung zu kurz greift. Zum einen stieg die Zahl der Konfessionslosen schon in der alten Bundesrepublik kontinuierlich an.[18] D. h. auch die dezidiert kirchen*freundliche* Religionspolitik der westdeutschen Bundes- und Landesregierungen hat die sukzessive Schwächung des kirchlichen Lebens nicht aufhalten können. Vielmehr gehörten Kirchenkritik und Kirchensteuer für viele Bürger der alten Bundesrepublik zu den vorrangigen Austrittsgründen. Zum anderen hat Monika Wohlrab-Sahr in ihren Studien gezeigt, dass die spezifisch ostdeutsche Säkularität nur deshalb zu jener „forcierten Säkularität" hat werden können, weil die staatliche Religionskritik nicht nur die lange Konfliktgeschichte zwischen Religion und Politik fortgeschrieben hat, sondern mit ihren eigenen atheistischen Sinnangeboten wie wissenschaftlicher Rationalität und dem ethischen Humanismus an die Tradition aufgeklärten Denkens anknüpfen konnte.[19] Die staatliche forcierte Säkularisierung ist also bloß die *äußere* Seite des Vorgangs, die andere ist die deutende Aneignung und *Verinnerlichung* von Deute-Schemata aus der Tradition aufgeklärter Religionskritik, deren Erbe (und nicht Initiatorin) das DDR-Regime war.[20] Die Aufklärung stellt also den ideellen Mutterboden für die aktuelle Konfessionslosigkeit dar.

Religionskritik, Kirchenferne und Konfessionslosigkeit sind, um diesen Befund zuzuspitzen, die Wirkung aufklärerischer Impulse und gesellschaftlicher Differenzierung, die zeitweilig religionspolitisch verstärkt wurden. Daraus folgt aber in verfassungsrechtlicher Hinsicht nicht die Entlassung der Konfessionslosen aus der Religionskultur. Denn seit der Weimarer Reichsverfassung steht auch die Konfessionslosigkeit unter dem Schutz der Glaubens- und Gewissensfreiheit, sofern sich Konfessionslosigkeit als „Weltanschauung" versteht.[21] Wenn sich die Konfessionslosen also vergemeinschaften, sind sie den

---

[18] Vgl. dazu GERT PICKEL, Religion, Religiosität, Religionslosigkeit und religiöse Indifferenz. Religionssoziologische Perspektiven im vereinigten Deutschland, in: MIRIAM ROSE/MICHAEL WERMKE (Hg.), Konfessionslosigkeit Heute, Leipzig 2014, 45–80.

[19] Vgl. MONIKA WOHLRAB-SAHR, Forcierte Säkularität oder Logiken der Aneignung repressiver Säkularisierung, in: MICHAEL DOMSGEN/HENNING SCHLUSS/MATTHIAS SPENN (Hg.), Was gehen uns „die anderen" an?, Göttingen 2012, 27–48.

[20] Bei der Aneignung der staatlich verordneten Ersatz-Sinn-Angebote bestanden durchaus Spielräume, die individuell genutzt wurden. Vgl. dazu DAVID KÄBISCH, Alltag, Politik und Religion in der DDR. Eine spannungsreiche Konstellation in der „Erinnerung" populärer Filme, in: MIRIAM ROSE/MICHAEL WERMKE (Hg.), Konfessionslosigkeit Heute, Leipzig 2014, 166–184.

[21] Vgl. GG, Art. 4, Abs. 1.

Religionsgemeinschaften in der Wahrnehmung der positiven Religionsfreiheit ebenbürtig: „Den Religionsgesellschaften werden die Vereinigungen gleichgestellt, die sich die gemeinschaftliche Pflege einer Weltanschauung zur Aufgabe machen."[22] So lautet der Artikel der WRV, der noch immer gilt.

Diese *gemeinschaftliche* Pflege einer säkularen Weltanschauung lässt sich nun in der Tat auch beobachten. In der Partei „Bündnis 90/DIE GRÜNEN" hat sich jüngst ein Arbeitskreis „Säkulare Grüne" gebildet, der für eine Überprüfung des bisherigen Verhältnisses von Staat und Religion eintritt und für die Ersetzung des konfessionsgebundenen Religionsunterrichtes durch ein Fach „Ethik" oder „Philosophie" eintritt. In der SPD gibt es eine entsprechende Gruppierung, die den Namen „Laizistische Sozis" führt und sich für ähnliche Ziele einsetzt.[23] Außerhalb der politischen Parteien tritt z. B. die Humanistische Union mit inzwischen beträchtlicher öffentlicher und gesellschaftlicher Wirkung auf. Sie kritisiert einerseits die Privilegien der Kirchen durch das Grundgesetz und die staatliche Religionspolitik.[24] Man tritt andererseits als (durchaus selbst nach Privilegien strebender) Akteur innerhalb der religionskulturellen Szene auf. So trägt der Humanistische Verband im Land Berlin das Fach „Lebenskunde", das dem konfessionell differenzierten Religionsunterricht gleichgestellt ist.[25] Aus diesem Grund hat der Bonner Theologe Hartmut Kreß „eine Fortschreibung des Religionsrechts" gefordert, in das die „nachreligiösen säkularen Weltanschauungsgemeinschaften einzubeziehen"[26] seien. „Dies betrifft den postreligiösen Humanismus, der manchmal als ‚dritte Konfession' bezeichnet wird und sich im Humanistischen Verband Deutschlands (HVD) organisiert."[27] Konkret würde das, neben dem bereits erwähnten schulischen Religionsunterricht, auf eine Beteiligung an den *res mixtae* hinauslaufen, also auf die Entsendung von Vertretern in die politikberatenden Gremien, Ethikkommissionen oder auf die Mitwirkung an der Krankenhaus- und Militärseelsorge.[28] Damit verbleibt man in der Logik der Konfessionalisierungspolitik, in die die Konfessionslosen gewissermaßen eingemeindet werden. Wie soll man das aber theologisch verstehen?

---

[22] WRV, Art. 137, Abs. 7; i. V. m. GG, Art. 140.

[23] Vgl. die Meldung „‚Säkulare Grüne' stellen Staat-Kirche-Verhältnis infrage", in: epd-Wochenspiegel (2013), 3 f. Zu den laizistischen Sozialdemokraten vgl. SEZGIN, Religion, 177 f.

[24] Vgl. ROSEMARIE WILL (Hg.), Die Privilegien der Kirchen und das Grundgesetz. 4. Berliner Gespräche über das Verhältnis von Staat, Religion und Weltanschauung, Berlin 2011, insbesondere 5–9 und 103–123.

[25] Vgl. HARTMUT KREß, Ethik der Rechtsordnung. Staat, Grundrechte und Religionen im Licht der Rechtsethik, Stuttgart 2012, 90 f.

[26] A. a. O., 90.

[27] Ebd.

[28] Vgl. a. a. O., 269.

4. Elemente einer Theorie des Christentums

Ich plädiere nun dafür, den durch Konfessionalisierung domestizierten, religiös-weltanschaulichen Pluralismus als ein Ergebnis der Religionsgeschichte des Christentums zu verstehen – unter Einschluss der Konfessionslosen. Die These soll im Folgenden erläutert werden.

Das Christentum hat gedanklich die Sphärentrennung von politischer Ordnungsmacht und religiöser Selbstbestimmung hervorgebracht und mit geschichtlicher Wirkung versehen. Dafür steht die reformatorische Unterscheidung der beiden Regierweisen Gottes. Im neuzeitlichen Protestantismus hat man mit Blick auf das geistliche Regiment Gottes einer weiteren Differenzierung Geltung verschafft, nämlich der von privater und öffentlicher Religion, wie man sie bei Johann Salomo Semler (1725–1791) findet.[29] Dabei liegt der religionstheoretische Akzent auf der privaten Religion des Einzelnen, die sich im Konfliktfall gegen die öffentliche Religion zur Geltung bringen kann, welche nämlich – wegen des fortdauernden landesherrlichen Kirchenregimentes im absolutistischen Staat – unter dessen Obhut und Kontrolle steht.[30] Schließlich nötigten die gemischt-konfessionellen Territorien und das post-revolutionäre Staatsverständnis im 19. Jh. die Theologie zu weiteren Überlegungen, weil die paulinisch-reformatorische These von der von Gott eingesetzten Obrigkeit nun obsolet geworden war. Daher wurde das legitimatorische Fundament des modernen Staates nunmehr geschichtsphilosophisch rekonstruiert, nämlich als Ausdruck der vom Christentum hervorgebrachten und durch es verwirklichten Sittlichkeit: Die Idee des Christlichen Staates.[31] In der deutschen Theologie ist es Richard Rothe, der mit diesem dreistelligen Verständnis des Christentums rechnet, d. h. mit dem Glauben des Einzelnen, der konfessionellen Kirchlichkeit und dem Staat als der Verwirklichung der sittlichen Substanz des Christentums.[32]

---

[29] Vgl. MARTIN LAUBE, Die Unterscheidung von öffentlicher und privater Religion bei Johann Salomo Semler. Zur neuzeittheoretischen Relevanz einer christentumstheoretischen Reflexionsfigur, in: ZNThG/JHMTh 11/2004, 1–23, 7.

[30] „Die wichtigste Entdeckung Semlers besteht darin, die unaufhebbare und freiheitsnotwendige Verschiedenheit und strukturelle Ungleichheit von persönlichem Glauben und individuellem Gewissen gegen die äußeren Verordnungen von Konfession und Lehre herausgearbeitet zu haben." (TRUTZ RENDTORFF, Christentum vor der Moderne – Zur religiösen Archäologie demokratischer Gesinnung, in: DIRK BOCKERMANN/GÜNTER BRAKELMANN (Hg.), Freiheit gestalten. Zum Demokratieverständnis des deutschen Protestantismus. Kommentierte Quellentexte 1789–1989, Göttingen 1996, 33–40, 37).

[31] Auf eine parallele Entwicklung in der Schweiz und in den USA macht Thomas Maissen aufmerksam: Facetten des Überkonfessionellen. Vergleichende Überlegungen zur Schweiz und den USA, in: ALEXANDER HEIT/GEORG PFLEIDERER (Hg.), Religions-Politik II, 55–77.

[32] Zur Politischen Ethik von Richard Rothe vgl. ARNULF VON SCHELIHA, Protestantische Ethik des Politischen, Tübingen 2013, 132–144.

Rothe diskutiert nun in seiner Theologischen Ethik die naheliegende Frage, ob Nicht-Christen in diesem Staat Bürger sein können und wie das Verhältnis von *religiöser* Orientierung und christlichem Staat zu bestimmen ist. Damals entzündete sich die Diskussion an der Emanzipation der Juden. Rothes Argumentation ist einigermaßen verwickelt, am Ende aber eindeutig. Einerseits gehören zum christlichen Staat nur christliche Staatsbürger.[33] „Das allein ist [...] die unerbittlich festzuhaltende Forderung, daß in einem christlichen Staate Keiner wirklicher Bürger sein dürfe, der nicht *sittlich* ein Christ ist oder dessen Sittlichkeit nicht *wesentlich* die christliche ist."[34] Andererseits ist „Christlichkeit" schwer zu positivieren, denn Kirchenzugehörigkeit oder Bekenntnis können als Kriterien *nicht* dienen, weil die Kirche immer ein *corpus mixtum* ist.[35] Daher kann das förmliche Religionsbekenntnis kein Maßstab für die Christlichkeit sein. Entscheidend ist vielmehr die Sittlichkeit. Diese, und darauf kommt es jetzt an, überschreitet nämlich die konfessionelle Form des Christentums und kann auch Andersgläubige umfassen.[36] Diese haben, wenn sie sich den sittlichen Grundsätzen annähern, „im christlichen Staate wohlbegründete Ansprüche auf den Genuß der vollen politischen Rechte."[37] Denn ihr

„Beharren bei ihrem nichtchristlichen *religiösen* Bekenntniß kann vollends am allerwenigsten in unsrer Zeit als vollgültiger Gegenbeweis gegen ihre *sittliche* Christlichkeit (oder christliche Sittlichkeit) gelten, – in einer Zeit [nämlich], in welcher sich [...] die christliche [...] *Kirche* (nicht etwa das Christenthum überhaupt) in einem Zustande so großer Zerrissenheit, Auflösung und Geltungslosigkeit befindet, daß der Uebertritt zu ihr auch für den Ernstgesinnten, der sich vom Christenthum angezogen findet, mit sehr erheblichen Bedenken verbunden sein muß"[38].

---

[33] „Soll der Staat wesentlich ein christlicher sein, so muß er ein Staat *von Christen* und *nur* von Christen sein, und die Bedingung des wirklichen, d. h. des vollen Staatsbürgerthums muß demnach unerläßlich für Jeden die sein, daß er ein Christ sei." (RICHARD ROTHE, Theologische Ethik. Bd. 3, Wittenberg 1848, 969 f.).

[34] Ebd.

[35] „Aber dieser an sich unumstößliche Satz wird sofort in einen Irrthum verkehrt, wenn man, wie dieß in der Regel geschieht, bei seiner Anwendung als das unumgängliche Kriterium des Christseins das Bekenntniß zur christlichen *Religion* aufstellt. Unläugbar gehört zur *vollen* Christlichkeit dieses letztere *wesentlich* mit; aber wenn denn doch die *volle* Christlichkeit überhaupt nicht als Bedingung des Staatsbürgerthums gefordert werden kann, weil ja auch denen, die ihrem Religionsbekenntniß nach ausgesprochenermaßen Christen sind, der Mehrzahl nach nach andern Seiten hin noch gar viel an derselben fehlt". (A. a. O., 970).

[36] „Nun erscheint es aber gewiß von vornherein als sehr möglich, oder vielmehr als sehr wahrscheinlich, dass Bekenner einer andern Religion, welche unter einem christlichen Volke und in einem christlichen Staate leben, auch wenn sie ihrem Religionsbekenntniß treu bleiben, doch von dem *sittlichen* Geiste des Christenthums, in dessen Atmosphäre sie sich fort und fort bewegen, unwillkürlich ergriffen und mehr oder minder beseelt werden." (Ebd.).

[37] A. a. O., 971.

[38] Ebd.

Rothe wirft also einen durchaus kritischen Blick auf die konfessionelle Spaltung und die geringe Attraktivität des kirchlichen Lebens. Daher kommt die Annäherung an den Geist des Christentums nicht religiös, sondern sittlich zustande. Es stehe nämlich zu erwarten, „daß die Herüberkunft zum Christenthum im Allgemeinen von der sittlichen Seite her anheben werde, nicht von der religiösen. Hiernach erledigt sich die Frage wegen der s. g. Emancipation der Israeliten von selbst."[39] Der sittliche Geist des Christentums ist also religionsübergreifend: Angehörige anderer Religionen, insbesondere Menschen jüdischen Glaubens, können ihn sich aneignen, ohne in einem religiösen oder gar kirchlichen Sinn Christen sein oder werden zu müssen. Rothe zieht daraus den Schluss: „Im Bejahungsfalle haben die Israeliten *gerechten* Anspruch auf die politische Gleichstellung mit den Christen, und sie muß ihnen gewährt werden."[40] Für den Fall, dass die Sittlichkeit der potentiellen Staatsbürger hinter dem notwendigen Standard zurückbleibt, ist es die Aufgabe des Staates, ernsthaft daran zu arbeiten, „sie bald möglichst auf den Punkt zu bringen, wo ihm rechtmäßigerweise entsprochen werden kann."[41]

Die Aneignung der den Staat fundierenden sittlichen Grundeinsichten führt nach Rothe übrigens auch zu einer Dekomposition von nationaler Herkunft und bürgerlicher Existenz. Deshalb könne man den Vorwurf gegen die Juden, sie würden einer anderen Nation angehören, fallenlassen.[42] Anmerkungsweise erwägt Rothe auch die Möglichkeit einer Versittlichung der „Türken" in diesem Sinne.[43] Man kann sagen: Rothe zielt auf ein „Dachverständnis" von universalisierter christlicher Sittlichkeit, das nationale und religiöse Pluralität übergreift. Der christliche Staat nimmt Bürger unterschiedlicher religiöser Bekenntnisse auf, auch die Abwendung von ihnen ist darin eingeschlossen.

---

[39] Ebd.
[40] A.a.O., 972.
[41] Ebd.
[42] „Allerdings kommt bei den Israeliten in der hier fraglichen Beziehung außer dem religiösen Moment noch ein andres wesentlich mit in Betracht, das nationale. Denn da der *einzelne* Staat wesentlich ein nationaler ist, so ist es freilich eine in der Sache selbst gegründete Bedingung des wirklichen Staatsbürgerthums, daß das Individuum dem betreffenden Volke angehört, nicht einem andern fremden. Sind also die Israeliten noch immer Juden, sind sie noch nicht bez. Deutsche, Engländer, Franzosen u.s.w. geworden: so können sie freilich auch nicht emancipirt werden. Allein diese zweite Frage fällt in der Sache so gut wie zusammen mit der ersteren. Denn Sittlichkeit, bevorab christliche, und Volksthümlichkeit gehören innerlich so wesentlich zusammen, dass das Individuum sich zu beidem nur auf die gleiche Weise verhalten kann. Sind die Israeliten sittlich christianisirt, so sind sie gewiß auch keine Juden mehr, sondern gute Deutsche u.s.w., und sind sie noch Juden von Nation, so ist es auch gewiß mit der Christlichkeit ihrer Sittlichkeit übel bestellt: was auch die Erfahrung durchweg bestätigt. Uebrigens darf auch nicht übersehen werden, daß die politische Freilassung der Israeliten auch selbst wieder ein mächtiges Mittel ist, ihre sittliche Christianisierung und ihre neue Nationalisierung zu befördern, und zwar ein Mittel, ohne welches es zu einem *durchschlagenden* Erfolg in beiden Beziehungen überhaupt gar nicht kommen *kann.*" (A.a.O., 972f.).
[43] Vgl. a.a.O., 970f.

Die Leistungskraft von Rothes kulturtheoretischem Verständnis des Christentums besteht darin, dass er durch die Unterscheidung von religiösem Bekenntnis, kirchlichem Leben und christlicher Sittlichkeit einen Staatsbegriff konzipiert, der *nach innen* religiöse Minderheiten integriert und im Außenverhältnis auf Koexistenz mit anderen Staaten angelegt ist. Der vorausgesetzte Begriff der Sittlichkeit stammt aus dem Christentum, ist aber insoweit generalisiert, als sein Inhalt außerhalb der konfessionellen Traditionen angeeignet werden kann. Anders: Die christliche Sittlichkeit ist für Rothe ein staatsethischer Mantelbegriff, der zwar keinen religiösen Pluralismus heutigen Zuschnitts begründet, aber doch die Staatsbürgerschaft vom konfessionellen und religiösen Bekenntnis entkoppelt und eine kosmopolitische Haltung begründet. Historisch entscheidend für die Freisetzung dieses generalisierten Verständnisses von christlicher Sittlichkeit ist die Epoche der Aufklärung. Für Rothe war klar: Der moderne Staat verdankt sich der Aufklärung und diese wiederum dem Christentum, insbesondere den Einsichten Luthers.[44]

5. *„Aufklärung" als normative Grundlage einer Theorie des Christentums*

Für die Bearbeitung des Problems „Konfessionslosigkeit" und „Religiöser Pluralismus" im Sinne einer Theorie des Christentums kann nun bei Richard Rothe angeknüpft werden. Seine Theorie der generalisierten christlichen Sittlichkeit ist dafür deshalb gut geeignet, weil mit ihr ideengeschichtlich plausibel gemacht werden kann, warum gerade in den Staaten der westlichen Welt plurale Religionskulturen hervorgebracht wurden, in denen die christlichen Kirchen wichtige, aber nicht mehr dominierende Akteure sind und sich mit der Ko-Existenz anderer Religionen und nicht-religiöser Akteure arrangiert haben. Ein Blick auf andere Weltgegenden zeigt schnell, wie wenig selbstverständlich dieser Sachverhalt ist. Zugleich verweist das generalisierte Verständnis dieser Sittlichkeit auf die Vorgänge epochaler Umformung christlichen Denkens und kirchlicher Selbstbestimmung, die die Geschichte des lateinischen Christentums auszeichnet und in der die Epoche der Aufklärung eine entscheidende Bedeutung spielt.

Georg Pfleiderer hat kürzlich gezeigt, dass die gesamte deutschsprachige und protestantische Theologiegeschichte des 19. und 20. Jh.s als Fortsetzung genuin aufgeklärter Impulse verstanden werden muss, auch dort, wo man sich – wie etwa im Lager der Dialektischen Theologie – aufklärungskritisch

---

[44] Vgl. dazu ANGELIKA DÖRFLER-DIERKEN, Luthertum und Demokratie. Deutsche und amerikanische Theologen des 19. Jahrhunderts zu Staat, Gesellschaft und Kirche, Göttingen 2001, 51, 94–98.

positioniert hat.⁴⁵ Von diesem Befund ausgehend kann die Kategorie der aufgeklärten Religion im Rahmen einer Theorie des Christentums nicht nur zur theologischen Selbstbeschreibung des neuzeitlichen Protestantismus verwendet werden, sondern sie bezieht auch den römischen Katholizismus des Zweiten Vatikanischen Konzils mit ein sowie das moderne Judentum, das sich anknüpfend oder abgrenzend auf die Haskala bezieht. Ebenso treten die Muslime in Europa, die gegenwärtig mit Hilfe der staatlichen Konfessionalisierungspolitik an die Tradition aufgeklärter Bildung und Sittlichkeit herangeführt werden, in den Umhof der aufgeklärten Religion ein. Sie alle beziehen sich – im Rahmen ihrer eigenen Denktraditionen – auf die Achtung der Menschenwürde und die natürlichen Freiheiten des Menschen, wie sie in den Menschenrechten zusammengefasst werden. Der Begriff der Menschenwürde fungiert, so könnte man sagen, gegenwärtig als sittlicher und staatsethischer Mantelbegriff.

Der demokratische Rechtsstaat hat sich nun die Menschenrechte in Gestalt des Grundrechtekataloges angeeignet und zieht ihnen entlang seinem machtvollen Handeln eine Grenze. Wegen dieser internalisierten Selbstbegrenzung kann der moderne Staat als Ergebnis der Aufklärung bezeichnet werden, sofern – mit Ulrich Barth – die vernunftkritisch begrenzte Freiheit als wesentliches Strukturmerkmal der Aufklärung gilt.⁴⁶ Auch die christlichen Theologien haben sich das Menschen- bzw. Grundrechtsdenken angeeignet, allerdings nur sehr verzögert. Der gegenwärtig nahezu selbstverständlich erscheinende Zusammenhang zwischen der biblischen Anthropologie der Gottebenbildlichkeit und der unantastbaren Menschenwürde wurde bis in die zweite Hälfte des 20. Jh.s mit theologischen Argumenten bestritten.⁴⁷ So erfolgte etwa die Aneignung der bürgerlichen Freiheitsrechte, wie sie etwa von der Frankfurter Nationalversammlung in der Paulskirche ausgearbeitet wurden, nicht im Rekurs auf die theologische Anthropologie, sondern – wie bei den protestantischen Intellektuellen in der Paulskirche oder bei Richard Rothe – über den Gedanken der einigen und freien deutschen Nation, die ihren Bürgern die grundrechtlichen Freiheiten „gewährleistet".⁴⁸

Schon wegen dieser „Hypothek der geistesgeschichtlichen Verspätung"⁴⁹ wäre es intellektuell unredlich, das moderne Menschenrechtsdenken mit der

---

⁴⁵ Vgl. GEORG PFLEIDERER, Aufklärerisches Denken in der neueren protestantischen Theologie, in: ThZ 68/2012, 233–254.

⁴⁶ Er nennt als epochenübergreifende Merkmale der Aufklärung: Vernünftige Kritik, Emanzipation, Verfahrenstransparenz, ethische Abzweckung und universalistischer Zuschnitt. Ihre Gegenwartsbedeutung liege v. a. in ihrem normativen Potenzial. Vgl. ULRICH BARTH, Aufklärung. Überlegungen zu einer aktuellen Debatte, in: FRIEDRICH WILHELM GRAF/CHRISTOPH LEVIN (Hg.), Die Autorität der Freiheit, München 2011, 38–45.

⁴⁷ Vgl. dazu die Belege bei KRESS, Ethik, 142–147.

⁴⁸ Vgl. „‚Nation' und ‚Menschenwürde'. Zum Wandel der legitimatorischen Bedeutung von Religion für den demokratischen Staat".

⁴⁹ KRESS, Ethik, 142.

biblischen Anthropologie zu identifizieren. Gegen eine direkte christliche Beanspruchung des Menschenrechtsdenkens spricht v. a. ein theologischer Grund. Der Umfang und die Auslegung der Menschenrechte sind ja durchaus strittig. Die Möglichkeit ihrer Umsetzung ist stark kontextabhängig. Kollisionen im Freiheitsverkehr sind nicht die Ausnahme, sondern die Regel. Daher ist es in reformatorischer Perspektive viel naheliegender, rechtfertigungstheologisch einzusetzen. Auf diese Weise kann man die Fragilität und Strittigkeit menschlicher Freiheit in grundlegender Weise thematisieren und mit Blick auf die in den gegenwärtigen Diskursen immer wieder betonte „Sakralisierung der Person"[50] den Zuschreibungscharakter der Menschenwürde als Grund und Aufgabe des christlichen Ethos herausstellen. Geht man also von einem rechtfertigungstheologisch bestimmten Begriff der christlichen Freiheit aus, hat man die theologische Möglichkeit, die Leitkategorie der Aufklärung aufzugreifen, sie einerseits nach ihren Möglichkeiten auszuloten, andererseits aber auch ihre Grenzen kritisch zu bestimmen.

Worin besteht nun der Beitrag für eine nicht-dual angelegte Religionstheorie? Die dreistellige Unterscheidung zwischen dem religiösen Gewissen des Einzelnen, den Kirchen als organisierter Sozialgestalt konfessionell geprägter Religionspraxis und der geltenden sittlichen Substanz ist als Ausdruck jenes aufgeklärten Freiheitsverständnisses zu verstehen, das in ideengeschichtlicher Hinsicht mit der reformatorischen Freiheit eines Christenmenschen in Verbindung steht. *Diese* – und darin besteht die rechtfertigungstheologische Pointe Martin Luthers – ist grundlegend bezogen auf die Selbstunterscheidung von profanen und institutionellen Sachverhalten, beansprucht also die Freiheit des Glaubens für sich. In diesem Sinne ist Freiheit der Religion, auch die Freiheit zur Nicht-Religion, also ein Datum der Geschichte des Christentums, systematisch betrachtet also ein Merkmal des Begriffs „Christentum".

Rothes Argument für die mögliche Integration von Juden und „Türken" in den christlichen Staat besagte ja, dass diese sich die ihm zugrunde liegende sittliche Substanz angeeignet hätten, die christlich sei – dies aber gerade *nicht* in einem kirchlich-konfessionellen Sinne. Eben diesen Vorgang der Aneignung eines generalisierten Verständnisses christlicher Sittlichkeit konnte man damals im (liberalen) Judentum ebenso beobachten wie gegenwärtig bei Muslimen, sofern sie gegenwärtig als Vertragspartner mit den staatlichen Ebenen auftreten und auf diese Weise von der positiven Religionsfreiheit Gebrauch machen. Gleiches gilt selbstverständlich auch für die Konfessionslosen, die sich – wie etwa die Humanistische Union – zivilgesellschaftlich für die Durchsetzung und Geltung der Menschenrechte einsetzen. Insofern kann hier ein normatives Fundament identifiziert werden, das das ganze Spektrum der pluralen

---

[50] Vgl. KARL GABRIEL, Religiös-weltanschaulicher Pluralismus im globalen Rahmen. Phänomene und Herausforderungen, in: GABRIEL/SPIESS/WINKLER (Hg.), Modelle, 133–154, 148 f.

Religionskultur umgreift und das sich, in der *methodischen* Fortschreibung der These Rothes, am Leitfaden der christlichen Freiheit einer theologischen Interpretation als fähig erweist.

Das aber bedeutet, dass religiöse Pluralität einschließlich der Konfessionslosigkeit als Ausdruck dieser Freiheit als Option innerhalb der gegenwärtigen Kultur des Christentums verstanden werden kann. Die Abkehr von der kirchlichen Religionspflege schreibt die Tradition aufgeklärter Religionskritik fort. Die kritischen Konfessionslosen repräsentieren daher kein religionskulturelles Außen, sondern können im Rahmen der Theorie des Christentums als wahlverwandte Akteure innerhalb der aufgeklärten Religionskultur identifiziert werden, weil sie eben die *andere* Seite des gemeinsamen Erbes repräsentieren, nämlich die religionskritische und emanzipative Seite der Aufklärung; und doch stehen sie auf dem gleichen normativen Element.[51] Der tiefste Grund für diese christentumstheoretische Überwindung des dualen Denkens besteht darin, dass Profanität, d. h. die kritische Unterscheidung des Religiösen vom Nicht-Religiösen, im protestantischen Denken eine Option des Glaubens selbst ist (man denke an die Unterscheidung der zwei Regierweisen Gottes). Die Unterscheidung nimmt nun *nach* der Aufklärung in Gestalt von Konfessionslosigkeit eine religionskulturelle Gestalt an. *Notabene*: Eine religionspolitisch aufregende Konsequenz dieser Einsicht besteht darin, dass ihr der Weg in die Koalition der Religionen gegen Säkularität, Profanität oder Unglaube verschlossen ist. Eine solche Koalition wird einem ja gelegentlich von muslimischer oder katholischer Seite angedient.

Dass im Rahmen einer solchen Theorie des Christentums *nicht* alle religionskulturellen Katzen grau werden, wird an der *kritischen* Seite des Freiheitsverständnisses deutlich. Die aktuellen religionspolitischen Debatten, wie sie über die Knabenbeschneidung, über ärztliche Entscheidungen in katholischen Krankenhäusern und über salafistische Gruppierungen im Islam geführt werden, zeigen, dass sich die Freiheit kritisch begrenzen lassen und zum „Zusammen-Bestehen-Können"[52] mit der Freiheit eines jeden Anderen nötigenfalls gezwungen werden muss.[53] In der Nahoptik wird man daher innerhalb der Religionskultur und mit dem Staat über die angemessene und lebensdienliche Auslegung der Religionsfreiheit streiten müssen. Sofern dabei rechtliche

---

[51] Mit Recht macht auch Martin Laube darauf aufmerksam, dass die säkulare bzw. philosophische Religionskritik um ihres Modernitätsanspruches willen bleibend auf die Religionskultur bezogen sein muss, weswegen auch die Konfessionslosen in sie hineingerechnet werden können. (Vgl. MARTIN LAUBE, Theologische Aufklärung. Überlegungen zur bleibenden Aufklärungsbedürftigkeit der Theologie, in: FRIEDRICH WILHELM GRAF/CHRISTOPH LEVIN (Hg.), Die Autorität der Freiheit, München 2011, 57–63, 59 ff.).

[52] IMMANUEL KANT, Metaphysische Abgründe der Tugendlehre. Metaphysik der Sitten zweiter Teil, hg. von Bernd Ludwig, Hamburg 1990, 15.

[53] Vgl. ebd.

Regelungen zu treffen sind, die zum Teil mit Eingriffen in die Religionsfreiheit verbunden sind, sind diese politisch zu diskutieren, demokratisch zu fällen und rechtsstaatlich zu überprüfen. Indem man sich einem solchen Verfahren verpflichtet, würde sich abermals die christentumstheoretisch rekonstruierte sittliche Substanz des politischen Gemeinwesens bewähren.[54]

---

[54] Vgl. zur verfahrensethischen Interpretation der politischen Grundnormen protestantischer Ethik SCHELIHA, Ethik, 236–241, 281–290, 311–315.

III. Zur Religionspolitik der Gegenwart

Religiöse Pluralität an der Universität

Chancen und Probleme staatlicher Steuerung und fachlicher Selbstbestimmung – am Beispiel der Etablierung des Faches Islamische Studien/Theologie an deutschen Universitäten

In Deutschland hat die Abbildung der religiösen Pluralität an den Universitäten einerseits Tradition, ist andererseits bis in die jüngste Vergangenheit hinein faktisch auf die beiden großen christlichen Konfessionen beschränkt geblieben.[1] Versuche im 19. und frühen 20. Jahrhundert jüdisch-theologische Fakultäten bzw. Lehrstühle für die Wissenschaft des Judentums zu etablieren, sind aus verschiedenen Gründen gescheitert.[2] Die Debatten konzentrierten sich lange Jahre auf das Verhältnis der theologischen Fakultäten, die aufgrund der besonderen staatskirchlichen Verhältnisse mit Sonderrechten ausgestatteten sind, zur Religionswissenschaft[3], die teils innerhalb, teils außerhalb der theologischen Fakultäten angesiedelt ist. Dabei ist zu beachten, dass es in Deutschland auch 66 christlich-theologische Einrichtungen *außerhalb* von eigenen Fakultäten gibt, nämlich in philosophischen oder kulturwissenschaftlichen Fachbereichen.[4] Erst spät, nach der Re-Konsolidierung der jüdischen Gemeinden in Deutschland, wurden mit der Hochschule für Jüdische Studien in Heidelberg (eröffnet 1979) und dem Abraham-Geiger-Kolleg in Potsdam (gegründet 1999) zwei akademisch selbstständige Einrichtungen gegründet, die direkt bzw. indirekt für Lehrer- und Rabbinerbildung zuständig sind und mit nahe gelegenen Universitäten kooperieren.[5]

---

[1] Als Ausnahme sind die Professuren für orthodoxe Theologie bzw. orthodoxes Christentum an den Universitäten München, Münster und Erfurt anzuführen. An der Universität Bonn gibt es ein altkatholisches Seminar.

[2] Vgl. CHRISTIAN WIESE, Wissenschaft des Judentums und protestantische Theologie im wilhelminischen Deutschland. Ein Schrei ins Leere?, Tübingen 1999.

[3] Vgl. ARNULF VON SCHELIHA, Symmetrie und Asymmetrie der Wissenschaftskulturen. Theologie – Religionswissenschaft – Kulturwissenschaften um 1900. Adolf von Harnacks Position im wissenschaftstheoretischen Diskurs, in: ADOLF VON HARNACK, Christentum, Wissenschaft und Gesellschaft, hg. von KURT NOWAK u. a., Göttingen 2003, 163–187.

[4] In Deutschland gibt es 19 evangelisch-theologische und 14 katholisch-theologische Fakultäten sowie 34 bzw. 32 nichtfakultäre theologische Einrichtungen an staatlichen Universitäten.

[5] Das Fach Jüdische Studien gibt es darüber hinaus u. a. an der FU Berlin (seit 1964), an den Universitäten Köln (seit 1966), Frankfurt am Main (seit 1970), Düsseldorf, Halle-Wittenberg und Potsdam.

Obwohl wissenschaftspolitische Forderungen nach einer den christlichen Theologien vergleichbaren Repräsentanz des Islam an deutschen Universitäten schon seit längerer Zeit erhoben wurden[6], tat man sich mit der Umsetzung lange Zeit ausgesprochen schwer. Das hatte mehrere Gründe. Neben einem gewissen Besitzstandswahrungsinteresse auf Seiten der Theologien war es vor allem die Tatsache, dass die Muslime keinen repräsentativen Ansprechpartner für die staatlichen Instanzen haben. Das ist ein religionsverfassungsrechtliches Hindernis. Dazu kam die Erfahrung von Fremdheit, die mit dem Islam verbunden ist, und die sich durch die wachsende Politisierung des Islambildes in Deutschland noch einmal verstärkt hat. Die Situation änderte sich erst, als man im Rahmen der integrationspolitischen Debatten die Rolle der Religion entdeckte.[7] In diesem Zusammenhang wurden Maßnahmen zur Einführung eines konfessionell orientierten islamischen Religionsunterrichtes ergriffen, zu dem die akademische Ausbildung von Religionslehrern zwingend gehört. Seit ca. zwei Jahren bezieht man in diese Überlegungen auch die Möglichkeit einer Imam-Ausbildung ein, die analog zur Priester-, Pastoren- und Rabbinerausbildung zu organisieren sei.[8] Mit diesem integrationspolitischen Schwung wurden an einigen Universitäten in Deutschland erste Professuren eingerichtet und besetzt, die für die neuen Studiengänge zur Ausbildung von islamischen Religionslehrern zuständig sind. Dies geschah zuerst an den Universitäten Münster[9], Erlangen-Nürnberg[10] und Osnabrück[11]. Hier wurde 2007 der Masterstudiengang „Islamische Religionspädagogik" zur Ausbildung von islamischen Religionslehrern eingerichtet. Mit Beginn des Wintersemesters 2010/11 lief ein akademisches Weiterbildungsprogramm für aus islamischen Ländern nach Deutschland entsandte Imame an, für das aus ca. 100 Bewer-

---

[6] Vgl. ARNULF VON SCHELIHA, Institutionelle Voraussetzungen und wissenschaftspolitische Forderungen für eine plurale Religionskultur, in: Wahrheitsansprüche der Weltreligionen. Konturen gegenwärtiger Religionstheologie, hg. von CHRISTIAN DANZ und FRIEDRICH HERMANNI, Neukirchen-Vluyn 2006, 109–129.

[7] Vgl. dazu jetzt: Die Rolle der Religion im Integrationsprozess. Die deutsche Islamdebatte, hg. von BÜLENT UCAR, Frankfurt am Main 2010.

[8] Zu Grunde liegt die Einsicht, dass die aus dem Ausland nach Deutschland entsandten Imane ein wesentliches Hindernis für die religionskulturelle Integration des Islam in Deutschland darstellen. Vgl. dazu: RAUF CEYLAN, Die Prediger des Islam, Freiburg i. B. 2010. Zur Entwicklung der akademischen Priester- und Pastorenausbildung in Deutschland vgl. CLAUS-DIETER OSTHÖVENER, Wie hat sich die Ausbildung der Theologen in Deutschland entwickelt?, in: BÜLENT UCAR (Hg.), Imamausbildung in Deutschland. Islamische Theologie im europäischen Kontext, Göttingen 2010, 68–78 (dort auch Literatur).

[9] Professur für die Religion des Islam, von 2004–2010 besetzt mit Sven Kalisch. Seit 2010 gibt es eine Professur für Islamische Religionspädagogik, besetzt mit Mouhanad Khorchide.

[10] Professur für Islamische Religionslehre, seit 2006 besetzt mit Harry Harun Behr.

[11] Professur für Islamische Religionspädagogik, seit 2008 besetzt mit Bülent Ucar sowie eine Professur für vergleichende und gegenwartsbezogene Religionswissenschaft, seit 2009 besetzt mit Rauf Ceylan.

bern 30 Studierende ausgewählt wurden. Der niedersächsische Kultusminister kündigte im Herbst 2010 an, im Schuljahr 2012/13 Islamischen Religionsunterricht als reguläres Schulfach einzuführen.[12] Seit 2003 wird dieser Unterricht bereits im Rahmen eines Schulversuches erteilt.[13]

Einen anderen Weg hat man an der Universität Frankfurt am Main beschritten. Hier wurden mit Hilfe des *Türkischen Präsidiums für Religiöse Angelegenheiten* (*Diyanet İşleri Başkanlığı*) 2003 und 2005 zwei Stiftungsgastprofessuren eingerichtet, die erst zur Evangelisch-theologischen Fakultät gehörten, seit 2009 am Fachbereich Sprach – und Kulturwissenschaften angesiedelt und dem neu gegründeten *Institut für Studien der Kultur und Religion des Islam* zugeordnet sind. Die Erweiterung um eine dritte Professur ist angekündigt. Von dieser Einrichtung wird der Studiengang „Islamische Religionswissenschaft" und der Teilstudiengang „Islamische Religion" verantwortet, seit dem Wintersemester 2010/11 auch ein Bachelor-Studiengang „Islamische Studien".

Wesentlichen Auftrieb haben die zunächst integrationspolitisch motivierten Bemühungen durch die „Empfehlungen zur Weiterentwicklung von Theologien und religionsbezogenen Wissenschaften an deutschen Hochschulen" erhalten, die der Wissenschaftsrat, das wichtigste wissenschaftspolitische Beratungsgremium in Deutschland, am 29. Januar 2010 vorgelegt hat, auf die nun im zweiten Teil einzugehen sein wird.[14]

Die Empfehlungen des Wissenschaftsrates 2010

Der Wissenschaftsrat geht in seinem Gutachten von der Wahrnehmung „der wachsenden Pluralität religiöser Bekenntnisse in Deutschland und der steigenden Nachfrage nach wissenschaftlicher Expertise zu Fragen der Religion"[15] aus. Dieser Situation soll an der Universität Rechnung getragen werden. Das Wissenschaftssystem soll durch Erweiterung des Spektrums an theologischen und religionsbezogenen Wissenschaften in die Lage versetzt werden, „zur

---

[12] Vgl. verschiedene Presseberichte vom 15. September 2010 über einen Besuch des niedersächsischen Kultusministers Bernd Althusmann während einer Islamischen Religionsunterrichtsstunde in einer Grundschule in Hannover, bei dem die Ankündigung gesprächsweise gemacht wurde.

[13] Am Schulversuch nehmen rund 2000 Schüler an 42 niedersächsischen Grundschulen teil. Vgl. dazu ‚Islamische Religionspädagogik' – Etablierung eines neuen Fachs. Bildungs- und kulturpolitische Initiativen des Landes Niedersachsen, hg. von PETER GRAF, Göttingen 2005.

[14] Dieses Gutachten wird im Folgenden nach der in das Internet eingestellten Version zitiert: WISSENSCHAFTSRAT, „Empfehlungen zur Weiterentwicklung von Theologien und religionsbezogenen Wissenschaften an deutschen Hochschulen (2010). Siehe: http://www.wissenschaftsrat.de/download/archiv/9678-10.pdf (Zugriff: 30.04.2018).

[15] A.a.O., 7.

Bewältigung neuer gesellschaftlicher Herausforderungen beizutragen."[16] Die Religionen kommen dabei vor allem als Träger demokratischer Prozesse in den Blick. Es heißt dort: „Religion, religiöse Orientierungen und religiöse Institutionen sind eine Ressource, auf die das demokratische Leben in der Bundesrepublik Deutschland in vielfältiger Weise zurückgreift."[17] Diese Einsicht ist es, die die Empfehlung des Wissenschaftsrates insgesamt steuert. *Intrinsische* Motive der Universität an neuen Disziplinen kommen erst nachgeordnet zur Sprache.[18] Konkret empfiehlt der Wissenschaftsrat eine „bedarfsgerechte Anpassung der christlichen Theologien, einen Ausbau der Islamischen Studien sowie eine Stärkung der Judaistik/Jüdischen Studien und der Religionswissenschaft".[19] Von Bedeutung ist auch die Empfehlung, „die noch bestehenden institutionellen Abhängigkeiten der Judaistik von den Evangelischen Fakultäten aufzulösen und Institute mit dem Ziel zu schaffen, die weitere Entwicklung der Judaistik/Jüdischen Studien an diesen Standorten zu unterstützen und eigenständige Studiengänge einrichten zu können."[20] Im Blick auf die Religionswissenschaft empfiehlt der Wissenschaftsrat, die vorwiegend auf Einzelprofessuren an verschiedenen Standorten gestützte Organisationsform zu verlassen und durch Schwerpunktbildung Institute zu formieren, die eigenständige Studiengänge betreiben. Es wird hinzugefügt: „Auch die Religionswissenschaft sollte aus ihren institutionellen Abhängigkeiten von den christlichen Theologien gelöst werden."[21]

In der auf die Veröffentlichung des Gutachtens folgenden Diskussion hat man sich vor allem auf die Empfehlung konzentriert, „institutionell starke Einheiten für Islamische Studien aufzubauen. Diese sollten Zentren islamisch-theologischer Forschungen werden und eine zentrale Rolle bei der Förderung des wissenschaftlichen Nachwuchses in Islamischen Studien spielen. Zugleich übernehmen sie die Aufgabe, islamische Religionslehrer und -lehrerinnen auszubilden und ermöglichen darüber hinaus eine wissenschaftlich fundierte Ausbildung von Religionsgelehrten im staatlichen Hochschulsystem."[22] Die

---

[16] A. a. O., 4.

[17] „Einerseits bringen sie religiös begründete Normen in die gesellschaftlichen Debatten ein; andererseits verkörpern sie die Stimmen vieler, die ihre Interessen und Anliegen nicht selbst im politischen Prozess vertreten können. Religion, religiöse Orientierungen und religiöse Institutionen sind eine Ressource, auf die das demokratische Leben in der Bundesrepublik Deutschland in vielfältiger Weise zurückgreift." (A. a. O., 9).

[18] Vgl. a. a. O., 5 (FN).

[19] A. a. O., 7.

[20] Ebd. Nach Angaben des Wissenschaftsrates sind 7 der insgesamt 18 (20) Lehrstühle für Judaistik/Jüdische Studien an deutschen Hochschulen in Evangelisch-theologischen Fakultäten angesiedelt.

[21] A. a. O., 8. Nach Angaben des Wissenschaftsrates sind 17 der insgesamt 35 religionswissenschaftlichen Lehrstühle in Deutschland außerhalb, 18 innerhalb christlich-theologischer Fakultäten angesiedelt (12 ev., 6 kath.).

[22] A. a. O., 7 f.

religionsverfassungsrechtlichen Probleme will der Wissenschaftsrat im Blick auf den Islam durch die Bildung von Beiräten lösen, in denen Vertreter des Staates, der Wissenschaft und der muslimischen Glaubensgemeinschaften miteinander kooperieren und die „bei der Berufung von Professoren und Professorinnen sowie bei der inhaltlichen Ausgestaltung des Lehrangebots mitwirken."[23] Im Anschluss an die Empfehlungen hat es drei große Fachtagungen in Berlin, Köln und Münster gegeben, bei denen Einzelheiten zur Umsetzung der Empfehlungen, insbesondere zum Zuschnitt der bekenntnisorientierten Islamischen Studien und zu den religionsverfassungsrechtlichen Fragen diskutiert worden sind.

Insgesamt handelt es sich bei den Empfehlungen um die Fortschreibung des in Deutschland etablierten und als bewährt interpretierten Systems der theologischen Einrichtungen an den Universitäten, das nun offensiv vor allem auf die Religion des Islam ausgedehnt werden soll, die dort als eigenständige und primär binnenperspektivisch angelegte (und in diesem Sinn: theologische) Wissenschaft zu etablieren ist. Im Vordergrund steht das gesellschaftspolitische Interesse, welches auch daran kenntlich wird, dass es eben der Staat sein soll, der in einer Art konzertierten Aktion von Bund, Ländern und Religionsgemeinschaften das etablierte Wissenschaftssystem in dem beschriebenen Sinne erweitert und die erforderlichen zusätzlichen Finanzmittel dafür bereitstellt.[24]

Jüngste Entwicklungen

Die Empfehlungen des Wissenschaftsrates haben eine Fülle von wissenschafts- und hochschulpolitischen Aktivitäten ausgelöst, die vor allem auf die Etablierung jener Zentren für Islamische Studien konzentriert sind. Das Bundesministerium für Bildung und Forschung hat sich die Empfehlungen des Wissenschaftsrates zu Eigen gemacht und gab in einem Eckpunktepapier im August 2010 bekannt, dass es beabsichtigt, den „Aufbau von Zentren für Islamische Studien an deutschen Universitäten im Rahmen der Projektförderung zu flankieren".[25] Um diese Projektförderung in Höhe von jeweils vier

---

[23] A. a. O., 8.
[24] Vergleiche zur staatlichen Steuerung und Finanzierung die Formulierung: „Zur Umsetzung der Empfehlungen bedarf es abgestimmter Initiativen von Seiten der Länder und der Hochschulen unter Mitwirkung der Kirchen und Religionsgemeinschaften. [...] Eine Unterstützung des Bundes, insbesondere in der Anfangsphase des Aufbaus Islamische Studien, ist wünschenswert." (Ebd.).
[25] Eckpunkte zur Unterstützung des Aufbaus Islamischer Studien an staatlichen deutschen Universitäten durch das Bundesministerium für Bildung und Forschung. Stand: August 2010, 1. Man folgte damit den „Rahmenbedingungen für die Implementierung der Empfehlungen", die der WR selbst aufgeführt hatte (vgl. a. a. O., 95–97).

Millionen Euro konnten sich Universitäten in enger Abstimmung mit den Ländern bewerben, die den gleichen Anteil übernehmen und auf lange Sicht die Kosten ganz zu tragen haben. Im Oktober 2010 erhielten die Universitäten Tübingen, Münster und Osnabrück (unter der Bedingung einer künftigen Kooperation beider Standorte) den Zuschlag. In Tübingen soll ab dem Wintersemester 2011/12 ein Studiengang Islamische Theologie angeboten werden. Gleiches ist für den gemeinsamen Standort in Münster und Osnabrück vorgesehen. Die Universität Erlangen, die sich ebenfalls beworben hatte, wurde auf die zweite Auswahlrunde im März 2011 verwiesen. Die Universitäten Gießen und Marburg, die sich gemeinsam beworben hatten, gingen leer aus, ebenso die Universität Frankfurt am Main. Im Februar 2011 wurden auch die Universitäten Erlangen-Nürnberg und die neue Kombination Frankfurt/Gießen von einer vom Bundesministerium für Bildung und Forschung einberufenen Gutachterrunde zur Förderung empfohlen. An allen vier Zentren sollen zukünftig islamisch-theologische Nachwuchswissenschaftlerinnen und Nachwuchswissenschaftler, in der Sozialarbeit tätige Personen, Religionslehrerinnen und Religionslehrer sowie Religionsgelehrte unter anderem für Moscheen ausgebildet werden.

Die religionsverfassungsrechtlichen Probleme, die bislang als Hindernis für die Einführung Islamischer Theologie galten, werden nun in breiter Front rechtspolitisch bearbeitet. Auf dem deutschen Juristentag im September 2010 plädierte eine sehr breite Mehrheit für eine Öffnung des deutschen Religionsverfassungsrechtes zum Islam. Festgestellt wurde, dass der Staat „Kooperation fördern aber nicht auf sie drängen" darf. Das bewährte „verfassungsrechtliche Konzept einer fördernden Neutralität im Verhältnis von Staat und Religion" sei auf den Islam anzuwenden, staatlicherseits seien „Übergangsformen" zu finden, bis die Muslime so weit organisiert sind, dass Religionsunterricht nach Art. 7 Abs. 3 GG erteilt und die Religionslehrer entsprechend ausgebildet werden können. Denn, so wörtlich: „Religionsgemeinschaften erfüllen traditionell in erheblichem Umfang soziale Aufgaben für das Gemeinwesen. Der Staat anerkennt und fördert diese Tätigkeiten und deren Weiterentwicklung." Daher gilt, so noch einmal die Juristen: „Der Verfassungsstaat hat ein Interesse an der wissenschaftlichen Fundierung des schulischen Religionsunterrichts."[26]

Die integrationspolitisch motivierten und durch die Ausschreibung staatlicher Finanzmittel verstärkten Bemühungen um den Aufbau der Islamischen Studien hat die Umsetzung der Reformvorschläge für die Jüdischen Studien/Judaistik und Religionswissenschaft bisher in den Hintergrund treten lassen. Die empfohlenen Strukturanpassungen der christlich-theologischen Fakultäten stehen noch nicht zur Umsetzung an. Wegen der bestehenden Staatskir-

---

[26] Zitiert nach http://www.djt.de/fileadmin/downloads/68/68_djt_beschluesse.pdf (Zugriff: 30.04.2018).

chenverträge bzw. Konkordate wäre dies mit erheblichem politischen Aufwand verbunden. Politische Stimmen, die gelegentlich auf eine Kündigung bestehender Verträge hinwirken wollten, sind bis jetzt verhallt. Dass die Zentren für Islamische Studien auf Kosten bestehender Einrichtungen für christliche Theologien eingerichtet würden, wäre allerdings ein sehr unpopuläres Signal und liefe der herrschenden integrationspolitischen Maxime zuwider, nach der die Anerkennung des Islam als einer zu Deutschland gehörenden Religion mit einer gleichzeitigen Betonung der aktiven Pflege des jüdischen und des christlichen Erbes verbunden wird.[27] Eine wissenschaftspolitische Neuordnung der Landschaft der christlichen Theologien ist wohl nur als gemeinsame Anstrengung von staatlichen Instanzen und Kirchen denkbar, und zwar im Zuge einer Anpassung an die sich verändernden kirchlichen Gegebenheiten, wie sie sich derzeit durch kirchliche Zusammenschlüsse vollzieht.[28]

Chancen und Probleme

Grundsätzlich ist nach meiner Einschätzung zu sagen, dass sich mit der Etablierung der Islamischen Studien und der Stärkung der Jüdischen Studien große Chancen verbinden zum Aufbau und zur Kultivierung einer pluralen Religionskultur auf dem aufgeklärten Niveau der kritischen Selbstreflexion, die nicht von außen an die religiösen Traditionen herangetragen ist, sondern binnenperspektivisch vollzogen wird. Nicht nur wegen der Verstärkung fundamentalistischer Umtriebe in *allen* religiösen Traditionen sollte diese Chance genutzt werden, sondern auch, weil damit eine gesellschaftliche Versäulung derjenigen Religionen erfolgen kann, die lange Zeit marginalisiert oder durch Migration hierzulande heimisch wurden. Die *universitas litterarum*, das wäre das wissenschaftliche Hauptanliegen, empfängt auf diese Weise einen erheblichen Input: Gerade in der Analyse von Querverbindungen, parallelen Entwicklungen *zwischen* und funktionalen Äquivalenten *in* den Religionen tun sich mannigfache

---

[27] Vgl. dazu exemplarisch die Rede von Bundespräsident Christian Wulff am 3. Oktober 2010. „Das Christentum gehört zweifelsfrei zu Deutschland. Das Judentum gehört zweifelsfrei zu Deutschland. Das ist unsere christlich-jüdische Geschichte. Aber der Islam gehört inzwischen auch zu Deutschland." Vor fast 200 Jahren hat es Johann Wolfgang von Goethe in seinem Westöstlichen Divan zum Ausdruck gebracht: „Wer sich selbst und andere kennt, wird auch hier erkennen: Orient und Okzident sind nicht mehr zu trennen." (http://www.bundespraesident.de/SharedDocs/Reden/DE/Christian-Wulff/Reden/2010/10/20101003_Rede.htm, [Zugriff: 30.04.2018]).

[28] Am 1. Januar 2009 entstand die Evangelische Kirche in Mitteldeutschland als Fusion der Evangelischen Kirche der Kirchenprovinz Sachsen und der Evangelisch-lutherischen Kirche in Thüringen. Zu Pfingsten 2012 wird die Fusion der Evangelisch-lutherischen Nordelbischen Kirche mit der Evangelisch-lutherischen Kirche Mecklenburgs und der Pommerschen Evangelischen Kirche zur Evangelisch-lutherischen Kirche in Norddeutschland vollzogen.

Forschungsgegenstände auf. Aus der Perspektive einer christlichen Theologie ist zu sagen, dass sich mit der Umsetzung dieser Initiativen Forschungs- und Kooperationsperspektiven für *alle* theologischen Disziplinen verbinden. Insbesondere die bibelwissenschaftlichen und historischen Fächer sind stärker als dato an der interdisziplinären Arbeit mit den Islamischen Studien zu beteiligen. Hier eröffnet sich ein weites Feld fachlicher und interdisziplinärer Selbstbestimmung.

Aber es stellen sich auch gewichtige Probleme, auf die kurz eingegangen werden soll. Sie werden, wie im Titel angedeutet, im Spannungsverhältnis zwischen staatlicher Initiative und fachlicher Selbstbestimmung verortet. Diese Spannungen existieren vor allem deshalb, weil gegenwärtig die staatliche Steuerung in der Vorhand ist.

Das erste Problem verbindet sich mit dem Spannungsfeld *Staatlicher Paternalismus vs. religiöse Selbstbestimmung*. Im Unterschied zu den gescheiterten Bemühungen im 19. und frühen 20. Jahrhundert, eine Jüdische Theologie bzw. die Wissenschaft des Judentums an den Universitäten zu etablieren, geht die Initiative zur akademischen Etablierung der Islamischen Studien *heute* vom Staat aus, der dafür gemäß den verfassungsrechtlichen Erfordernissen die Kooperation mit den Islamischen Organisationen nicht nur suchen, sondern sogar Beiträge dazu leisten muss, dass sich der Islam angemessen organisiert. Inzwischen hat man unter den Religionsverfassungsrechtlern zwar die Position eingenommen, dass die Muslime hierfür nicht den vergleichsweise hohen Organisationsgrad der christlichen Kirchen erreichen müssen. Gleichwohl benötigen auch die niedrigschwelligen Übergangslösungen ein Mindestmaß an Organisation und Repräsentanz. Anderenfalls entsteht gerade auf dieser Stufe die Gefahr einer „Ausbildung eines Sonderstaatskirchenrechts für Muslime"[29], was den Verfassungsgrundsatz der Gleichbehandlung verletzen würde. Diese zum Beispiel vom Staatsrechtler Heinig beschworene Gefahr droht nicht nur der Verfassungssystematik, sondern auch dem Islam selbst, weil sich auf diese Weise in fast kemalistischer Manier ein Staatsislam oder eine islamische Einheitstheologie etablieren könnte, die Gefahr läuft mit der religiösen Selbstbestimmung der Muslime zu kollidieren. Um diese Gefahr abzuwehren, müssten die Muslime in Deutschland *selbst* ein Interesse am Aufbau robuster Organisationsstrukturen haben, um die Etablierung der Islamischen Theologie an den Universitäten als eine eigene Angelegenheit zu betreiben und die religionsrechtlichen Mitwirkungsmöglichkeiten auszunutzen. Die Bündelung und Durchsetzung dieser Interessen ist freilich durch die ethnische und religiöse Vielfalt des Islam erheblich erschwert. – Gesetzt, dieses Problem würde pragmatisch gelöst, so begegnet am Ende der universitären Ausbildung eine weitere Schwierigkeit. Denn der Staat kann nur begrenzt Einfluss darauf nehmen, dass die akademisch gebildeten

---

[29] HANS MICHAEL HEINIG, Was sind die rechtlichen Vorgaben für eine Imamausbildung?, in: BÜLENT UCAR (Hg.), Imamausbildung in Deutschland, Göttingen 2010, 49–58, 57.

Imame von den Moscheegemeinden auch angestellt werden. Eine Voraussetzung dafür wäre eine Standardisierung von Karriereweg und Berufsbild (zu der auch eine bestimmte Gehaltserwartung gehört), von der man gegenwärtig noch sehr weit entfernt ist.[30] Insofern wird man sich darauf einstellen müssen, dass es neben der jetzt angestrebten akademischen Ausbildung von Imamen weiterhin mindestens zwei weitere Zugangswege zum Imamat geben wird. Einmal wird es wohl auch künftig die bis dato übliche Praxis des auf Zeit aus dem Ausland, vor allem aus der Türkei, nach Deutschland entsandten Imams geben. Dies ist für den türkischen Staat eine gute Gelegenheit, die Heimatverbundenheit der Migranten zu festigen, die er nicht ohne Not aus der Hand geben wird. Sodann könnten die islamischen Organisationen selbst die Ausbildung in die Hand nehmen, wie es etwa auch in der Rabbiner-Ausbildung der Fall ist, zum Beispiel beim 2004 neu gegründeten orthodoxen Rabbinerseminar in Berlin[31] oder bei den christlichen Freikirchen. Auf Grund der fortgeschrittenen pluralen Binnendifferenzierung aller großen Religionen besteht die Möglichkeit, die Voraussetzungen zum Zugang in den Beruf des Imams in staatliche Obhut zu nehmen und gewissermaßen zu monopolisieren, nicht (mehr).

Ein *zweites* Spannungsfeld sei mit den Polen *Politische Output-Erwartungen vs. Fachliche Selbstbestimmung* umrissen. Die Beschleunigung der Etablierung der Islamischen Studien ist politisch durch den Willen zur sozialen Integration von muslimischen Einwanderern motiviert. Die Pluralisierung der Religionskultur und deren akademische Abbildung ist ein Vehikel für ein politisches Vorhaben, das in einem demokratischen Staat freilich alle vier Jahre zur Evaluation ansteht. Daher steht die universitäre Umsetzung der Pläne unter hohem Erwartungsdruck, der in Spannung steht zu dem zeitlichen Rahmen, der für eine akademische Etablierung und Selbstorganisation der neuen Fächer zu veranschlagen ist. Drei problematische Aspekte in diesem Spannungsfeld seien genannt: *Erstens* gehört zu den in der gegenwärtigen Diskussion häufig geäußerten Erwartungen, dass die Islamischen Studien parallel zu den christlichen Theologien zu organisieren sind und dass diese in äquivalenter Weise funktionieren würden. Christoph Bochinger und andere aber haben darauf aufmerksam gemacht, dass mit der Gründung der Zentren für Islamische Studien die Etablierung völlig neuer wissenschaftlicher Disziplinen verbunden ist[32],

---

[30] Vgl. dazu, insbesondere zu den unterschiedlichen Erwartungen an den Beruf des Imams, MICHAEL KIEFER, Zielsetzungen einer Imamausbildung – Vom einfachen Vorbeter zum multifunktionalen Akteur, in: BÜLENT UCAR (Hg.), Imamausbildung in Deutschland, Göttingen 2010, 185–192.

[31] Vgl. www.rabbinerseminar.de (Zugriff: 30.04.2018).

[32] Im Osnabrücker Antrag an das BMBF wurden Professuren für Tafsir (Koranexegese), für Fiqh (Islamische Praxislehre und Jurisprudenz), für Hadit-Wissenschaft, Sira (Biographie des Propheten) und Islamische Geschichte, für Arabistik und (arabische) Literatur sowie für Kalam (Islamische Philosophie und Mystik) beantragt.

die zunächst der religiösen Orientierung derjenigen Religionsgemeinschaften verpflichtet sind, die die Absolventen ‚abnehmen' sollen.[33] Erste Beschreibungen des inhaltlichen Profils an eine Imam-Ausbildung aus muslimischer Sicht bestätigen diese Einschätzung, nach der bis dato völlig unbekannte wissenschaftliche Teildisziplinen begründet und der Universität zu implementieren sind.[34] Jenseits von religionspolitischen Output-Erwartungen muss es daher inneruniversitär darum zu tun sein, die gesellschaftspolitische Bedeutung dieser neuen Fächer mit wissenschaftlicher Qualitätssicherung zu verbinden, und zwar einmal bezüglich des akademischen Niveaus der bereits universitär etablierten theologischen Fächer, sodann bezüglich der disziplinären Standards innerhalb der weltweiten muslimischen Scientific Community und schließlich mit denen der ‚profanen' Nachbarfächer, insbesondere der Islam- und Religionswissenschaft. *Zweitens* ist der Zeitrahmen zu berücksichtigen, der für die fachliche Selbstorganisation an den neu entstehenden Zentren zu veranschlagen ist. Zu ihr gehören der Aufbau von Bibliotheksbeständen, die Einleitung und Durchführung von Berufungs- und Besetzungsverfahren, die Projektierung von Forschungsvorhaben, der Entwurf und die Akkreditierung der Studiengänge, die Werbung von Studierenden. Der im Förderprogramm des Bundes vorgesehene Aufwuchs qualifizierter Nachwuchswissenschaftler benötigt einen Zeitraum von ca. zehn Jahren, bis qualifizierter Output in Forschung und Lehre sichtbar und rezipiert wird. Schließlich ist *drittens* daran zu erinnern, dass das akademische Studium für Lehrer, Pastoren oder Imame keine Berufsausbildung darstellt.[35] Vielmehr folgt auf das Studium eine praktische Ausbildung, die von den späteren Anstellungsträgern verantwortet wird. Auch dieser Sachverhalt müsste im Blick auf die fachliche und curriculare Selbstbestimmung der Islamischen Studien berücksichtigt werden, die sich nicht nach einem vordergründigen Praxisbezug ihrer Studenten zu orientieren haben, sondern an wissenschaftlichen Standards, die wiederum in der oben beschriebenen Weise allererst zu etablieren sind. Dass sich mit der Vermittlung der Differenz von Theorie und Praxis großes Konfliktpotenzial verbindet, ist aus der Geschichte der christlichen Theologien wohl bekannt.

Ein letzter Problemkreis thematisiert die Spannungseinheit *Selbstständigkeit vs. Interdisziplinarität*. Die an der Ausbildungsfunktion orientierte Selbstständigkeit der Islamischen Theologie schreibt wissenschaftssystematisch und religions-

---

[33] Vgl. CHRISTOPH BOCHINGER, Imamausbildung in Deutschland? Gründe, Chancen und Probleme der Verankerung im deutschen Wissenschaftssystem, in: BÜLENT UCAR (Hg.), Imamausbildung in Deutschland, Göttingen 2010, 87–95.

[34] Vgl. BÜLENT UCAR, Inhalte und Voraussetzungen der Imamausbildung, in: DERS., Imamausbildung in Deutschland, Göttingen 2010, 171–173.

[35] Vgl. dazu HEINZ-GEORG ZIEBERTZ, Der Beitrag der christlichen Theologie zur Imamausbildung, in: BÜLENT UCAR (Hg.), Imamausbildung in Deutschland, Göttingen 2010, 298–305.

rechtlich das in Deutschland übliche und bewährte System der theologischen Fakultäten fort mit dem Ziel der Verselbstständigung aller religionsbezogenen Wissenschaften. Damit stellen sich erhebliche wissenschaftstheoretische und -organisatorische Probleme. Grundsätzlich ist nämlich festzuhalten, dass die Subsumption von Religionswissenschaft, evangelischer und katholischer Theologie, Jüdischen Studien, Islamwissenschaften und Islamischer Theologie unter den gemeinsamen Begriff „religionsbezogene Wissenschaften" problematisch ist. Denn der dabei vorausgesetzte Begriff der Religion ist von vornherein christlich imprägniert und nicht deckungsgleich mit den wissenschaftlichen Methoden und Gegenständen, denen etwa die Religionswissenschaft verpflichtet ist. Auch das Ausbildungsziel ist hier völlig anders bestimmt.[36] Diese Einwände gelten unter etwas anderen wissenschaftsgeschichtlichen und -systematischen Vorzeichen auch für die Jüdischen Studien, deren innere Vielfalt und fachliche Selbstbestimmung durch die Empfehlungen des Wissenschaftsrates als gefährdet angesehen werden.[37] Im Blick auf die Etablierung der Islamischen Theologie sind zwei Tendenzen erkennbar, die das Spannungsfeld ausmessen. *Erstens*, die Fortschreibung und Erweiterung des auf Ausbildung konzentrierten Systems kann zur Folge haben, dass die interdisziplinäre Kooperation, die wissenschaftlich sinnvoll und vom Wissenschaftsrat auch gewollt ist, nicht zu Stande kommt. Es droht die Gefahr einer intellektuellen Separierung der religionsbezogenen Fächer an der Universität[38], die weniger durch Unwillen der Beteiligten, als durch die Eigendynamik der voneinander isolierten Studiengänge und des fachwissenschaftlichen Forschungsbetriebes zustande kommen kann. Daher wäre es wichtig, bei der Etablierung der neuen Fächer zu selbstständigen Einheiten in der Universität zugleich auf eine strukturelle Verzahnung des wissenschaftlichen Betriebes in Forschung und Lehre zu achten.[39] Demgegenüber, und das ist der *zweite* Trend, steht das erkennbare Bedürfnis nach Abgrenzung, das Fachvertreter der Islamwissenschaft und benachbarter akademischer Disziplinen in einer am 25. Oktober 2010 von der Deutschen Morgenländischen Gesellschaft verbreiteten Stellungnahme geäußert haben. Hier wird die Islamwissenschaft als bekenntnisneutrales Fach scharf

---

[36] Vgl. CHRISTOPH BOCHINGER, Vielfalt der Religionen und religionswissenschaftliche Kompetenz. Die Empfehlungen des Wissenschaftsrates im Horizont säkularer Kulturwissenschaften, in: https://www.wissenschaftsrat.de/download/archiv/Bochinger.pdf (Zugriff: 30.04.2018).
[37] Vgl. dazu ALFRED BODENHEIMER, „Wann haben wir die ersten Rabbinen?" Jüdische Studien als Wissenschaft und als Politikum – Erfahrungen aus Deutschland und Perspektiven aus der Schweiz, in: ALEXANDER HEIT/GEORG PFLEIDERER (Hg.), Religions-Politik II. Zur pluralistischen Religionskultur in Europa, Zürich 2012, 43–54.
[38] ZIEBERTZ, Der Beitrag der christlichen Theologie zur Imamausbildung, 290–293.
[39] „Vielmehr ist es erforderlich, in einer solchen Ausbildung von vorne herein auch eine pluralistische Perspektive zu verankern." (WOLFRAM WEISSE, Erfordernisse einer Theologie im Plural für die Imam-Ausbildung in Deutschland, in: BÜLENT UCAR (Hg.), Imamausbildung in Deutschland, Göttingen 2010, 99–111, 100).

von der Islamischen Theologie unterschieden und eine strikte institutionelle Trennung gefordert: „Als bekenntnisgebundene Theologie muss das Fach in einem entsprechenden institutionellen Kontext verankert werden. Das kann an einer religionspluralen allgemeinen Theologischen Fakultät geschehen oder an einer eigens einzurichtenden Fakultät für Islamische Theologie, ersatzweise auch an Zentren, die direkt der jeweiligen Universitätsleitung unterstellt sind. Die vom WR geforderte Ansiedlung an Philosophischen oder Kulturwissenschaftlichen Fakultäten stellt dagegen einen Eingriff in deren wissenschaftliches Selbstverständnis dar"[40]. Wie immer man zu dieser Stellungnahme inhaltlich stehen mag: Sie zeigt, dass der wissenschaftspolitische Wille zur Etablierung einer neuen Disziplin mit der wissenschaftlichen Selbstbestimmung anderer Fächer kollidiert. Für die zweifellos notwendige Vermittlung beider Trends ist meines Erachtens erhebliche wissenschaftsorganisatorische Kreativität gefragt.

Das Ergebnis dieser Erwägungen lautet: Der demokratische Staat mitteleuropäischen Zuschnitts will die pluralisierte Religionskultur an die Universität herantragen, damit die Religionen für ihn erträglich sind und das werden sie, indem sie als aufgeklärte Religionen ihn und sein sittliches Fundament mittragen. Die akademische Ausbildung der religiösen Eliten ist für dieses Ziel ein hierzulande bewährtes Medium. Das integrationspolitische Signal dürfte nicht gering zu veranschlagen sein, weil es die Identifikation muslimischer Menschen mit ihrem Residenzstaat erhöhen dürfte.[41] Daher ist die oben beschriebene Initiative konsequent und sinnvoll. Das Vorhaben stößt aber auf eigentümliche Probleme. Erstens werden Judentum und Islam in ihrer inneren Vielfalt an der Universität gar nicht im gleichen Maße repräsentiert werden können (oder auch gar nicht werden wollen) wie das Christentum. Zweitens stößt die staatliche Steuerung an die Grenzen fachwissenschaftlicher Selbstbestimmung. Drittens hat sich der Staat mit der weitreichenden Autonomie der Universitäten und der Teilprivatisierung des Bildungssektors in gewisser Weise auch selbst der Möglichkeit entschlagen, einen festen Rahmen für eine akademische Fundierung der Religionskultur zu zimmern. Daher ist vor der Erwartung *schneller* integrationspolitischer Erfolge zu warnen, weil sich die Religionen ebenso wie Wissenschaft immer auch außerhalb staatlicher ‚Umarmung' formieren. Gewinner der jetzt angestoßenen wissenschaftspolitischen Entwicklung könnten aber die religionsbezogenen Wissenschaften insgesamt sein, weil sich – aller wissenschaftssystematisch notwendiger Differenzierungen zum Trotz – völlig neue Perspektiven akademischer Kooperation ergeben und

---

[40] Zitat nach: http://www.dmg-web.de/pdf/Stellungnahme_Islamstudien.pdf (Zugriff: 30.04.2018).

[41] Vgl. zu den möglichen politischen Folgen einer gegenteiligen Orientierung MATENIA SIRSELOUDI, Radikalisierungsprozesse in der Diaspora, in: AUS POLITIK UND ZEITGESCHICHTE 44 (2010), 39–43.

inneruniversitär das Thema Religion endlich so bearbeitet werden kann, wie es seiner grundlegenden anthropologischen Bedeutung und seiner faktischen kulturellen Vielfalt entspricht. Wenn diese Chance zur fachlichen Selbstbestimmung von der Universität als ganzer ergriffen wird, werden indirekt und langfristig auch Staat und Politik profitieren.

Religionspolitische Konstellationen und wissenschaftsethische Folgerungen im Zusammenhang mit der Etablierung von Zentren für Islamische Theologie

1. Religionspolitik in Bewegung

Das deutsche Religionsverfassungsrecht[1] bietet für eine aktive Religionspolitik große Spielräume, die nach jahrelanger Status-Quo-Pflege gegenwärtig offensiv genutzt werden. Der Grundrechtsstatus des schulischen Religionsunterrichtes (Art. 7 Abs. 3 GG) verschafft den Bundesländern die Möglichkeit, islamischen Religionsunterricht als ordentliches Lehrfach einzuführen und zum Zwecke der Ausbildung von Religionslehrerinnen und Religionslehrern Islamische Theologie als wissenschaftliche Disziplin an den deutschen Universitäten zu etablieren. Mit dem schulischen Religionsunterricht und der Akademisierung der Religion des Islams nach dem Vorbild der christlichen Theologien verfolgt man integrations- und religionspolitische Ziele. Die politische Anerkennung der Religion des Islams als ein Akteur innerhalb der pluralen Religionskultur ist ein wichtiges Signal für die Beheimatung der muslimisch geprägten Migranten in Deutschland. Daher wird auch die akademische Bildung künftiger Imame (Vorbeter) und Moscheemitarbeiter angestrebt. Vergleichbare Anstrengungen gibt es mit Blick auf das Judentum, denn die Mitgliederzahlen der jüdischen Gemeinden haben sich durch Zuwanderungen in den vergangenen Jahren verdoppelt. Es gab zwar schon einige Lehrstühle für Judaistik beziehungsweise Jüdische Studien an deutschen Universitäten, die aber in der Regel nicht mit theologischen Fragen befasst waren.

In seinem Gutachten *Empfehlungen zur Weiterentwicklung von Theologien und religionsbezogenen Wissenschaften an deutschen Hochschulen* (2010) hatte der Wissenschaftsrat, das wichtigste wissenschaftspolitische Beratungsgremium in Deutschland, einen zügigen Ausbau von Zentren für Islamische Studien/ Theologie an zwei bis drei Standorten gefordert.[2] Diese Empfehlungen wur-

---

[1] Vgl. zum Begriff HANS MICHAEL HEINIG/CHRISTIAN WALTER (Hg.), Staatskirchenrecht oder Religionsverfassungsrecht? Ein begriffspolitischer Grundsatzstreit, Tübingen 2007.

[2] Vgl. WISSENSCHAFTSRAT, Empfehlungen zur Weiterentwicklung von Theologien und religionsbezogenen Wissenschaften an deutschen Hochschulen (2010). Siehe: http://www.wissenschaftsrat.de/download/archiv/9678-10.pdf (Zugriff: 30.04.2018).

den anschließend energisch umgesetzt. Man gründete Zentren für Islamische Theologie an den Universitäten Tübingen, Münster und Osnabrück (in Kooperation), Frankfurt am Main und Gießen (in Kooperation) sowie Erlangen-Nürnberg. An der Universität Hamburg gibt es an der Akademie der Weltreligionen ebenfalls eine Professur für Islamische Studien/Theologie. An der Universität Potsdam wurde 2013 eine *School of Jewish Theology* gegründet, die eng mit dem in Potsdam ansässigen (liberal orientierten) Abraham Geiger Kolleg und dem (konservativ orientierten) Zacharias-Frankel-College kooperiert, an denen Rabbiner ausgebildet werden.[3] Das Zentrum für Jüdische Studien Berlin-Brandenburg bündelt insbesondere Forschungsaktivitäten seiner Trägereinrichtungen, zu denen die Freie Universität Berlin, die Humboldt-Universität zu Berlin, die Technische Universität Berlin, die Universität Potsdam, die Europa-Universität Viadrina sowie das Abraham Geiger Kolleg und das Moses Mendelssohn Zentrum für europäisch-jüdische Studien gehören. Der Zentralrat der Juden (ZdJ) trägt seit 1979 die Hochschule für Jüdische Studien in Heidelberg, deren Studiengänge allerdings nicht direkt auf die Rabbiner-Ausbildung bezogen sind. Die im Gutachten des Wissenschaftsrates empfohlene bedarfsgerechte Anpassung der evangelisch-theologischen und katholisch-theologischen Einrichtungen an deutschen Universitäten wurde bisher noch nicht umgesetzt.[4]

Durch diese mit erheblichen finanziellen Mitteln ermöglichten Neugründungen der letzten Jahre wird die zunehmende religiöse Pluralität in der Gesellschaft auf den deutschen Universitäten abgebildet.[5] Dadurch ergeben sich für das Wissenschaftssystem große Herausforderungen, die organisatorischer, fachlicher, interdisziplinärer, rechtlicher und ethischer Art sind. Auf die letztgenannten Fragen wird hier näher eingegangen.

---

[3] Vgl. UNIVERSITÄT POTSDAM, Jüdische Theologie an der Universität Potsdam. Festschrift anlässlich der Eröffnung der ‚School of Jewish Theology‘, Potsdam 2013.

[4] Der Wissenschaftsrat hatte u. a. empfohlen, die theologischen Fakultäten an den Universitäten durch Profilbildung fachlich zu stärken, die theologischen Institute ohne Fakultätsstatus in größeren Einheiten mit mindestens fünf Professuren zu bündeln und durch Kooperation mit theologischen Fakultäten aufzuwerten sowie die religionswissenschaftlichen Lehrstühle aus den theologischen Fakultäten auszugliedern. Die Umsetzung dieser Reformvorschläge ist vor allem durch den sogenannten doppelten Föderalismus prozedural erschwert, denn die Grenzen der evangelischen Landeskirchen und der römisch-katholischen Bistümer stimmen mit denen der Bundesländer in der Regel nicht überein.

[5] Vgl. „Religiöse Pluralität an der Universität. Chancen und Probleme staatlicher Steuerung und fachlicher Selbstbestimmung – am Beispiel der Etablierung des Faches Islamische Studien/Theologie an deutschen Universitäten".

2. Die Mitwirkung der Religionsgemeinschaften

Mit der Etablierung der Einrichtungen für Islamische Theologie und Jüdische Theologie sind die religionspolitischen Aktivitäten noch nicht ans Ziel gekommen. In gewisser Weise beginnen sie jetzt erst. Gemäß des erwähnten Artikels 7 Abs. 3 des Grundgesetzes ist nämlich der schulische Religionsunterricht in Übereinstimmung mit den Religionsgemeinschaften zu erteilen. Diese Übereinstimmung muss analog bei der Gründung der akademischen Einrichtungen und bei der Berufung von Professorinnen und Professoren gesucht und hergestellt werden.

Die gesetzlichen Normen sind die Regelungen, die für die evangelisch-theologischen und katholisch-theologischen Einrichtungen in Deutschland seit der Weimarer Republik gelten. Zwar ist die Garantie der Theologischen Fakultäten, die im Artikel 149 Abs. 3 der Weimarer Verfassung festgeschrieben war, nicht mit in das Bonner Grundgesetz aufgenommen worden.[6] Aber die Fakultäten gehören weitgehend unbestritten zu den sogenannten *res mixtae*, also zu den gemeinsamen Angelegenheiten von Staat und Kirchen, die unterhalb der konstitutionellen Vorgaben durch sogenannte Staatsverträge beziehungsweise Konkordate zwischen den Bundesländern und den Kirchen geregelt sind.[7] Das Bundesverfassungsgericht hat in seinem Beschluss aus Anlass des sogenannten ‚Falles Lüdemann' vom Oktober 2008 die Verfassungskonformität der Theologischen Fakultäten bestätigt,[8] sofern die Selbstbestimmungsrechte der Religionsgemeinschaften gewahrt bleiben, die durch ihre Mitwirkung bei der Berufung von theologischen Professorinnen und Professoren, bei der Einrichtung von theologischen Studiengängen und bei der inhaltlichen Gestaltung der Lehr- und Prüfungsordnungen sichergestellt werden. Einzelheiten sind in den Verträgen zwischen den Bundesländern, die die Kulturhoheit ausüben, und den Kirchen jeweils geregelt.

Die Mitwirkungsrechte bei Berufungen sind im evangelischen und katholischen Bereich unterschiedlich ausgeprägt. Evangelischerseits beschränkt sich die Mitwirkung der zuständigen Landeskirche in der Regel auf eine gutachterliche Äußerung zu Lehre und Bekenntnis des zu Berufenden, die vor Ertei-

---

[6] Zur Fülle der religionsrechtlichen Probleme, die sich mit der Einrichtung der Zentren für Islamische Theologie verbinden vgl. HANS MICHAEL HEINIG, Islamische Theologie an staatlichen Hochschulen in Deutschland, in: ZEITSCHRIFT FÜR EVANGELISCHES KIRCHENRECHT 56 (2011), 238–261.

[7] Zur juristischen Diskussion um die Problematik des Terminus ‚Staatsvertrag' vgl. CHRISTIAN WALTER, Religionsverfassungsrecht in vergleichender und internationaler Perspektive, Tübingen 2006, 600–605.

[8] Vgl. HEINRICH DE WALL, Die Staatskirchenrechtliche Stellung der Theologie an staatlichen Hochschule und die Reichweite kirchlicher Mitwirkungsrechte, in: HANS MICHAEL HEINIG/HENDRIK MUNSONIUS/VIOLA VOGEL (Hg.), Organisationsrechtliche Fragen der Theologie im Kontext moderner Religionsforschung, Tübingen 2013, 45–58, 48–50.

lung des Rufes eingeholt wird. Beanstandungen sind sehr selten. Gegen ein ausdrückliches Votum der zuständigen Kirche wird eine Berufung nicht vollzogen.[9] Dagegen verfügen die römisch-katholischen Diözesen über ein sogenanntes *votum decisivum*.[10] Der zuständige Ortsbischof lässt das theologische Oeuvre der zu Berufenden in der Regel durch die Glaubenskongregation in Rom eingehend und zeitaufwändig prüfen. Treten Zweifel an der theologischen Haltung zur kirchlichen Lehre oder am Lebenswandel auf, kommt es zu Nachfragen und Anhörungen, bevor das sogenannte *nihil obstat* und die *missio canonica* erteilt werden.

Im Verhältnis zwischen den Kirchen und den theologischen Einrichtungen an den deutschen Universitäten hat es immer wieder Konflikte gegeben. Allerdings ist im evangelischen Bereich in der jüngeren Zeit nur der sogenannte ‚Fall Lüdemann' einschlägig. Dem 1983 unter Mitwirkung der evangelisch-lutherischen Landeskirche Hannovers an die Theologische Fakultät der Universität Göttingen berufenen Neutestamentler Gerd Lüdemann wurde im Jahr 1998 innerhalb der Theologischen Fakultät der Universität Göttingen ein nicht-konfessionsgebundenes Amt zugewiesen, nachdem er sich öffentlich vom christlichen Glauben losgesagt hatte. Seine Lehrveranstaltungen wurden im Vorlesungsverzeichnis mit dem Zusatz „außerhalb des Studienganges zur Ausbildung des theologischen Nachwuchses" angeboten.[11] Im römisch-katho-

---

[9] Interessant ist in diesem Zusammenhang eine Formulierung im Schlussprotokoll des sogenannten Wittenberger Kirchenvertrages vom 15. September 1993. Dort heißt es: „Will die Landesregierung trotz fristgemäß geäußerter Bedenken das Berufungsverfahren für die ausgewählte Person fortsetzen, so werden die Bedenken mit Vertretern der Fakultät/des Fachbereichs und der Kirchenleitung erörtert. Hält die Kirche ihre Bedenken aufrecht, wird eine Berufung nicht vorgenommen, es sei denn, die Wissenschaftsfreiheit würde ernsthaft gefährdet" (zit. n. Jörg Winter, Staatskirchenrecht der Bundesrepublik Deutschland, Köln ²2008, 154). Campenhausen bescheinigt der in der zitierten Formulierung bedachten Möglichkeit, nach der „der Staat einer Fehlentwicklung kirchlicherseits entgegenwirken könne" und Wissenschaftsfreiheit in der Theologie gegen ein kirchliches Votum zu verteidigen habe, „ein lächerlicher Gedanke" zu sein (Axel von Campenhausen, Gesammelte Schriften II, hg. von Hans Michael Heinig/Hendrik Munsonius, Tübingen 2014, 210–211). Selbst wenn diese Möglichkeit für den Bereich der christlichen Kirchen derzeit ausgeschlossen zu sein scheint, so könnte sie mit Blick auf das in diesem Beitrag zu thematisierende Verhältnis der Zentren für Islamische Theologie und der islamischen Verbände Aktualität haben. Denn das von Campenhausen ausgeschlossene Missverständnis einer „Interpretation der Fakultäten als weisungsgebundener Außenstellen der Kirchen" (ebd. 211) könnte sich hier eingeschlichen haben und ihm wäre mit religionsrechtlichen, religionspolitischen und wissenschaftsethischen Argumenten zu begegnen.

[10] Dies gilt auch für die Verträge, die zwischen den neuen Bundesländern mit den evangelischen Landeskirchen in Mecklenburg-Vorpommern, Sachsen, Sachsen-Anhalt und Thüringen geschlossen wurden. Vgl. dazu die zusammenfassende Darstellung bei Axel von Campenhausen/Heinrich de Wall, Staatskirchenrecht, München ⁴2006, 219–224, und für den Vertrag zwischen dem Land Baden-Württemberg und den Landeskirchen in Baden und in Württemberg, vgl. Winter, Staatskirchenrecht, 154–155.

[11] Vgl. dazu insgesamt: Joachim E. Christoph, Nachträgliche Lehrbeanstandung eines evangelischen Theologieprofessors, in: ZThK 107,4 (2010), 505–531, 507–509.

lischen Bereich haben in den zurückliegenden Jahren vor allem die ‚Fälle' Hans Küng, Eugen Drewermann und Perry Schmidt-Leukel öffentliche Aufmerksamkeit erlangt, die auf Grund theologischer Differenzen mit dem kirchlichen Lehramt kirchenrechtliche Sanktionen zu ertragen hatten. Der Entzug der kirchlichen Lehrbefugnis auf Grund des persönlichen Lebenswandels (zum Beispiel Eheschließung von Priestern, Scheidung und zivile Wiederverheiratung) ist in der Praxis viel häufiger.

Der Wissenschaftsrat hat jüngst wissenschaftsethische Bedenken gegen die Eingriffsmöglichkeiten der Kirchen in den akademischen Betrieb geäußert und mit Blick auf die Habilitation zu verstehen gegeben, dass in diesem Fall eine erhebliche Einschränkung der Wissenschaftsfreiheit vorliegt.[12] Im Spannungsfeld von religionsgemeinschaftlicher Mitwirkung und Wissenschaftsfreiheit deuten sich also Probleme an, die gegenwärtig bei Etablierung der Islamischen Theologie deshalb besonders virulent werden, weil diese ebenso wie die islamische Religionsgemeinschaft als Ansprechpartner der staatlichen Ebenen erst im Aufbau begriffen und die theologischen Kriterien, die es bei der Mitwirkung zu berücksichtigen gilt, erst zu entwickeln sind.

3. Die Mitwirkung der islamischen Verbände und aktuelle Konflikte

Zur Einrichtung der Zentren für Islamische Theologie wurde in Nordrhein-Westfalen und Niedersachsen der Vorschlag des Wissenschaftsrates aufgegriffen, nach dem die Selbstbestimmungs- und Mitwirkungsrechte der Religionsgemeinschaften für die Muslime auf Beiräte übertragen werden, die sich aus Vertretern der muslimischen Verbände und Persönlichkeiten des öffentlichen Lebens zusammensetzen, um eine möglichst breite Repräsentanz der in dem jeweiligen Bundesland lebenden Muslime zu sichern. Die Etablierung kirchenanaloger Strukturen ist innerislamisch deshalb schwierig, weil die institutionelle Vergemeinschaftung in den religiösen Quellen des Islam nicht vorgesehen oder vorgeschrieben wird.[13] Die muslimischen Organisationen und Verbände, die es in Deutschland gibt, sind mit den Kirchen nicht vergleichbar,

---

[12] Die Habilitation gilt in den Theologien als wichtige akademische Voraussetzung für die Berufung auf eine Professur, bei der die römisch-katholische Kirche mitwirkt. Die Formulierung lautet: „Da es sich bei der Habilitation um eine rein akademische Angelegenheit handelt, richtet der Wissenschaftsrat die dringende Bitte insbesondere an die Katholische Kirche, sich aus dem Habilitationsverfahren zurückzuziehen. Bei Berufungen sollten die Kirchen für ein rasches und für alle Beteiligten verlässliches und transparentes Verfahren der kirchlichen Beteiligung Sorge tragen" (WISSENSCHAFTSRAT, 7).

[13] Vgl. dazu die vergleichenden Beiträge bei HANSJÖRG SCHMID/AMIR DZIRI/MOHAMMAD GHARAIBEH/ANJA MIDDELBECK-VARWICK (Hg.), Kirche und Umma. Glaubensgemeinschaften in Christentum und Islam, Regensburg 2014.

weil sie über keinen ausgeprägten Organisationsgrad verfügen und nur circa 20 Prozent der in Deutschland lebenden Muslime repräsentieren. Der Beirat soll nun

„die Kommunikation an der Schnittstelle von staatlichen Organisationsnotwendigkeiten und religiösem Selbstbestimmungsrecht ermöglichen. Er muss in Richtung des Staates die für die Einführung einer islamischen Theologie notwendigen verbindlichen Entscheidungen liefern können [...] und er muss gleichzeitig in Richtung Religion, also konkret: Muslime in Deutschland, offen für die vorherrschende Pluralität sein."[14]

Daher sollen alle vier großen islamischen Organisationen in Deutschland in dem Beirat vertreten sein, dazu Vertreter der Mehrheit nicht-organisierter Muslime, um diesbezüglich hohe Repräsentativität herzustellen und den theologischen Sachverstand muslimischer Religionsgelehrter zu berücksichtigen. Zudem soll das Beiratssystem helfen, breite gesellschaftliche Akzeptanz für das religionspolitische Gesamtunternehmen zu erzeugen.

Zunächst wurden verfassungsrechtliche Bedenken gegen das Beiratsmodell geäußert, die vor allem organisationsrechtlicher Art waren und die Frage aufwarfen, ob die Muslime in Deutschland dadurch effektiv repräsentiert sind.[15] Die Bedenken wurden inzwischen zwar überwunden, aber nun zeigen sich in der Anwendung des Beiratsmodells erhebliche Probleme, weil die Arbeitsfähigkeit dieser Beiräte in einem hohen Maße abhängig ist von der Kooperation der berufenden Instanzen und Verbände einerseits und der berufenen Personen andererseits.

In Niedersachen wurde im Dezember 2012 unter Moderation des Niedersächsischen Ministeriums für Wissenschaft und Kultur (MWK) eine Kooperationsvereinbarung zwischen Vertretern der islamischen Verbände DİTİB (Türkisch-Islamische Union der Anstalt für Religion) und Schura Niedersachsen einerseits und der Universität Osnabrück andererseits zur Bildung eines konfessorischen Beirats geschlossen. Die Mitglieder des Beirats, bestehend aus drei DİTİB-Vertretern, drei Vertretern der Schura Niedersachsen sowie drei unabhängigen Theologen, die jeweils von DİTİB, Schura und der Universität Osnabrück benannt wurden, wurden berufen und traten am 15. Mai 2012 zu einer konstituierenden Sitzung zusammen. Dieser theologische Beirat begleitet

---

[14] CHRISTIAN WALTER, Beirat für Islamische Studien. Ein religionsverfassungsrechtliches Instrument für die Einrichtung von Islamischen Studien an staatlichen Hochschulen. Vortrag beim Kongress ‚Vielfalt der Religionen – Theologie im Plural' am 16./17. Juni 2014 (http://www.wissenschaftsrat.de/download/archiv/Walter.pdf [Zugriff: 30.04.2018]), 3.

[15] Vgl. dazu HEINIG, Islamische Theologie an staatlichen Hochschulen, 253–259. Inzwischen mehren sich auch muslimische Stimmen, die die Verfassungsmäßigkeit dieser Konstruktion bezweifeln. Vgl. den Bericht auf der Internet-Plattform IslamiQ ‚Mitbestimmung bei der Islamischen Theologie fast nicht vorhanden' vom 7. März 2014 in: IslamiQ, 07.03.2014 (http://www.islamiq.de/2014/03/07/mitbestimmung-bei-der-islamischen-theologie-fast-nicht-vorhanden [Zugriff: 30.04.2018]).

seither die Verfahren zur Berufung islamisch-theologischer Professorinnen und Professoren am dortigen Institut.[16] Die Bildung des Beirates für das Zentrum für Islamische Theologie an der Universität Münster entwickelte sich zum Politikum, so dass sich der Beirat erst am 6. Mai 2016 konstituieren konnte.[17] An den zuvor geführten religionspolitischen Auseinandersetzungen wird nicht nur sichtbar, dass die Ausgestaltung des religionsverfassungsrechtlichen Rahmens in Deutschland auf die Kooperation der Vertragspartner angewiesen ist, sondern auch, dass die Konflikte nur dann hinreichend erfasst und beschrieben sind, wenn die Grenzen berücksichtigt werden, die dem (religions-)politischen Handeln durch die Glaubens- und Bekenntnisfreiheit der beteiligten Religionsgemeinschaften einerseits (Art. 4 GG) und durch die Freiheit der Wissenschaft andererseits (Art. 5 GG) gezogen sind.

Der für das Zentrum für Islamische Theologie (ZIT) an der Universität Münster zu bildende Beirat sollte aus acht Mitgliedern bestehen. Ursprünglich sollten vier Mitglieder vom Koordinationsrat der Muslime in Deutschland (KRM) entsendet werden, die anderen vier sollten muslimische Persönlichkeiten des öffentlichen Lebens sein, die die nicht-organisierten Muslime in Deutschland repräsentieren und durch ihre öffentliche Reputation die gesamtgesellschaftliche Akzeptanz der Beiräte verbessern sollen.[18] Die muslimische Dachorganisation KRM wurde 2007 gegründet, in ihr sind die Türkisch-Islamische Union der Anstalt für Religion (DİTİB), der Islamrat für die Bundesrepublik Deutschland (IRD), der Zentralrat der Muslime (ZMD) und der Verband der Islamischen Kulturzentren (VIKZ) zusammengeschlossen. Zwei vom IRD für den Beirat vorgeschlagene Persönlichkeiten wurden von der Universität Münster als Beiratsmitglieder zunächst abgelehnt, darunter der Generalsekretär des IRD, Burhan Kesici. Kesici ist zugleich stellvertretender Vorsitzender der zur Islamischen Gemeinschaft Millî Görüş (IGMG) gehörenden Islamischen Föderation Berlin. Die IGMG wird seit vielen Jahren vom Verfassungsschutz wegen verfassungsfeindlicher und antisemitischer Bestrebungen beobachtet. Kesici ist allerdings auch Mitglied in dem von der Landesregierung berufenen Beirat für islamischen Religionsunterricht in Nordrhein-Westfalen, der für die Curricula für den schulischen Religionsunterricht zuständig ist. Hier bestand offensichtlich eine gewisse Uneinigkeit zwischen den mit dem Islam befassten staatlichen Stellen. Die Frage nach der Legitimität der genannten Intervention wurde öffentlich nicht aufgeworfen. Hier deutet

---

[16] Vgl. http://www.islamische-theologie.uni-osnabrueck.de/institut/organisationsstruktur/beiraete.html (Zugriff: 30.04.2018).

[17] Vgl. Islam-Beirat hat sich konstituiert, https://www.uni-muenster.de/news/view.php?cmd id=8299 (Zugriff: 30.04.2018).

[18] Dem im Mai 2016 konstituierten Beirat gehören jeweils zwei Vertreter der DITIB, des IRD, des VIKZ und des ZMD an.

sich an, dass die Rolle des religionspolitischen Akteurs ‚Staat' in dieser Situation recht unklar war.

Von den vier nominierten Beiratsmitgliedern des Zentrums für Islamische Theologie (ZIT), die der Gruppe der muslimischen Persönlichkeiten des öffentlichen Lebens zugehören, ist der Publizist Eren Güvercin im Oktober 2013 zurückgetreten, weil er angesichts des Streites um die Kompetenzen des Beirates seine Zeit „[f]ür eine bloße Attrappe, die dem Staatskirchenrecht entsprechen soll"[19], nicht opfern wollte. Hintergrund dieses Rückzugs ist ein Votum von Mouhanad Khorchide, der seit 2010 Professor für Islamische Religionspädagogik an der Universität Münster ist. Seine Berufung erfolgte seinerzeit mit Zustimmung der Verbände. In einem Interview mit der Wochenzeitung Die Zeit hatte er das Beiratsmodell kritisiert, mit seinen Formulierungen allerdings das Missverständnis provoziert, nach dem es zu den Aufgaben des Beirates gehöre, über den individuellen Glauben der zu berufenden beziehungsweise berufenen Professoren zu urteilen.[20] Der Inhalt des Interviews war der Anlass für den Rückzug Güvercins. Die eigentliche Ursache ist der strukturelle Konflikt, der sich aus den unterschiedlichen Interessen und beteiligten Akteure ergibt.

Der theologische Kern des Konfliktes wird erkennbar im unerbittlichen Streit um zwei Buchveröffentlichungen von Mouhanad Khorchide, nämlich *Islam ist Barmherzigkeit*[21] und *Scharia – der missverstandene Gott*[22]. Khorchide wirbt in beiden – eher populärwissenschaftlichen – Büchern für ein modernes Islamverständnis. Dieses wird von den führenden Verbandsvertretern nicht in der Sache kritisiert, sondern direkt als unvereinbar mit den dogmatischen

---

[19] Zentrum für Islamische Theologie in Münster. Beiratsmitglied erklärt seinen Rücktritt, siehe: http://www.islamiq.de/2013/10/17/beiratsmitglied-erklaert-seinen-ruecktritt/ (Zugriff: 30.04.2018).

[20] Khorchide hatte ausgeführt: „Ich würde diese Lehrerlaubnis am liebsten abschaffen, eine amtliche Beurteilung, ob jemand religiös genug ist, gibt es nicht im Islam. Aber die Verbände wollten es so." (So kleinlich kann Gott nicht sein, in: ZEIT ONLINE, 12.10.2013, http://www.zeit.de/2013/41/religionsunterricht-paedagogik-islam-mouhanad-khorchide/seite-2 [Zugriff: 30.04.2018]). Tatsächlich besteht die Mitwirkung der Religionsgemeinschaften in der Prüfung der Lehre, höchstens sehr nachgeordnet kommt der Grad individueller Religiosität ins Spiel. Nach herrschender Auffassung im Staatskirchenrecht bezieht sich die kirchliche Beurteilung im evangelischen Bereich auf die Lehre und das Bekenntnis des Anzustellenden, im römischkatholischen Bereich auf die Prüfung der vom zu Berufenen vertretenen wissenschaftlichen Lehre auf deren Vereinbarkeit mit der katholischen Glaubenslehre und der von dieser Person geübten kirchlichen Disziplin (Lebenswandel); vgl. AXEL VON CAMPENHAUSEN/ILONA RIEDEL-SPANGENBERGER, Art. Nihil obstat, in: AXEL VON CAMPENHAUSEN/ILONA RIEDEL-SPANGENBERGER/REINHOLD SEBOTT (Hg.), Lexikon für Kirchen- und Staatskirchenrecht. Bd. 3, Paderborn 2004, 28–33.

[21] MOUHANAD KHORCHIDE, Islam ist Barmherzigkeit. Grundzüge einer modernen Religion, Freiburg i. Br. 2012.

[22] MOUHANAD KHORCHIDE, Scharia – der missverstandene Gott. Der Weg zu einer modernen islamischen Ethik, Freiburg i. Br. 2013.

Glaubensgrundsätzen der Religion des Islams eingeschätzt. Das hohe Maß an Irritation, die die Thesen Khorchides verbandsseitig ausgelöst haben, zeigt sich an der Massivität der geäußerten Kritik, die auf drei Ebenen vorgetragen wird und die die theologische Integrität des Theologieprofessors grundsätzlich in Frage stellt. Der Hauptvorwurf besagt, dass sich Khorchide methodisch und inhaltlich außerhalb der schulmäßigen islamischen Theologie bewegen würde. „Khorchide redet, schreibt und handelt [...] wie ein Orientalist und nicht wie ein Islamlehrer", so äußerte sich der Vorsitzende des Zentralrats der Muslime, Aiman Mazyek, in einem Interview.[23] Mit der Bestreitung der Theologizität von Khorchides Arbeit geht der zweite Vorwurf einher, der ebenfalls auf die Delegitimation der kritisierten Position abstellt. Khorchides Kritik an der Mitwirkung des Beirates an den Berufungen und der Entwicklung von Studien- und Lehrplänen wird von den Verbandsvertretern so gedeutet, dass er sich gegen die Verfassung stellt.[24] In der politischen Auseinandersetzung wiegt so ein Vorwurf faktisch schwer, da Muslime in der deutschen Öffentlichkeit ohnehin häufig in den Verdacht gestellt werden, dass ihre Religion mit einem freiheitlich-demokratischen Rechtsstaat nicht zu vereinbaren ist. Schließlich wurden ebenfalls Plagiatsvorwürfe erhoben, die auch die wissenschaftliche Existenz des Münsteraner Theologieprofessors diskreditieren sollen.[25]

Die Massivität dieser Vorwürfe zeigt, dass die Verbände der Auffassung sind, dass Khorchide in seinen Veröffentlichungen die Grenzen in einer Weise überschritten hat, dass eine Entfernung aus seinem Amt gerechtfertigt ist. Umgekehrt legt Khorchide mit Gründen dar, dass er sich innerhalb des Spektrums der islamischen Theologie bewegt. In der Außenperspektive stellt sich der Eindruck ein, dass jedenfalls in Teilen des deutschen Verbandislams das Bewusstsein für theologische Pluralität nicht stark ausgeprägt ist.

Wie auch immer dem sein mag: Dieser Konflikt stärkt den Einfluss der staatlichen Instanzen, die maßgebliche Träger der gesamten religionspolitischen Initiative sind. So streben die Konfliktparteien nach Unterstützung der zuständigen staatlichen Stellen. Ein sogenannter Runder Tisch unter Federführung des nordrhein-westfälischen Wissenschaftsministeriums sollte die Konfliktparteien zusammenführen und Lösungen suchen. Diese staatliche Obhut ist auf der einen Seite konsequent, weil die staatlichen Ebenen die Einrichtung der Zentren für Islamische Theologie politisch initiiert haben. Sie ist andererseits in gewisser Weise inkonsequent, weil Verbandsvertreter in den Monaten zuvor

---

[23] Interview des Vorsitzenden des ZdR, Aiman Mazyek, mit der Katholischen Nachrichtenagentur (KNA), abgedruckt in: Khorchide stellt sich gegen die Verfassung, in: DEUTSCH-TÜRKISCHES JOURNAL, 07.11.2013 (http://dtj-online.de/khorchide-zit-muenster-mazyek-verfassungswidrig-13854 [Zugriff: 30.04.2018]).
[24] Vgl. ebd.
[25] Vgl. ABDEL-HARKIM OURGHI, Ideenklau?, 08.01.2014 (http://islam.de/23186 [Zugriff: 30.04.2018]).

immer wieder vor einem deutschen „Staatsislam" gewarnt hatten, der durch die Akademisierung der Religionslehre den Islam von der religiösen Praxis der Muslime entfremden könnte. Dass man auf allen Seiten eine *politische* Lösung für den Konflikt sucht, erklärt auch das auffällige Schweigen von Khorchides Kolleginnen und Kollegen in Frankfurt, Gießen, Hamburg, Tübingen und Osnabrück. Lediglich der inzwischen an der Universität Frankfurt am Main als Professor für Islamische Religionspädagogik lehrende Harry Harun Behr hat sich öffentlich geäußert und Khorchides Position verteidigt.[26] Einen breiten akademischen Diskurs haben Khorchides Publikationen aber erstaunlicherweise nicht ausgelöst. Das mag mit fachlichen Zuständigkeiten der anderen Lehrstuhlinhaber für Islamische Theologie und den vielfach noch nicht abgeschlossenen Berufungsverfahren zusammenhängen. Erschwerend dürfte hinzukommen, dass es auf beiden Seiten an schulmäßig ausgewiesener theologischer Fachkompetenz fehlt. Der Vorwurf, dass Khorchide wie ein Orientalist rede, trifft durchaus etwas Richtiges, denn Khorchide ist tatsächlich studierter und promovierter Soziologe. Islamische Theologie hat er im Fernstudium in Beirut studiert. Das ist kein Einzelfall: Auch bei zwei Lehrstuhlinhabern am Institut für Islamische Theologie der Universität Osnabrück handelt es sich um Seiteneinsteiger aus der Islamwissenschaft und Soziologie. Dass die Vielzahl der im Zuge der Zentrumsgründungen zu besetzenden Nachwuchsstellen nicht mit grundständig theologisch qualifiziertem Personal besetzt werden kann, wird von den Islamischen Theologen auch eingeräumt.[27] Diese gewisse Schwäche der fachtheologischen Expertise zeigt sich übrigens auch an den Gutachten, die im Streit über Khorchides Bücher zwischen den Kontrahenten ausgetauscht wurden. Unter den Autoren des auf der Homepage des KRM gegen Khorchides Theologie gerichteten Gutachtens befinden sich keine promovierten oder habilitierten islamischen Theologen.[28] Umgekehrt präsentiert Khorchide auf seiner Homepage eine ihn vom Plagiatsvorwurf entlastende

---

[26] Vgl. Machtkampf um die wahre Lehre, in: SÜDDEUTSCHE ZEITUNG, 06.02.2014, (http://www.sueddeutsche.de/bildung/islam-in-deutschland-machtkampf-um-die-wahre-lehre-1.187 7436 [Zugriff: 30.04.2018]).

[27] Vgl. Neue Wege in die Moschee, in: DER TAGESSPIEGEL, 17.01.2013 (http://www.tagesspiegel.de/wissen/islam-studien-neue-wege-in-die-moschee/7642910.html [Zugriff: 30.04.2018]).

[28] Vgl. KOORDINATIONSRAT DER MUSLIME, Gutachten des Koordinationsrates der Muslime (KRM) zu theologischen Thesen von Mouhanad Khorchide in seinem Buch ‚Islam ist Barmherzigkeit', 17.12.2013, (http://www.koordinationsrat.de/detail1.php?id=138&lang=de [Zugriff: 29.04.2015]. Am 30.04.2018 konnte das Gutachten nicht mehr aufgerufen werden.) Formal genügen in diesem Gutachten nur Abschnitt 2 („Theorievergleich zu zentralen glaubensrelevanten Thesen", Autorin Şeyda Can) und partiell Abschnitt 3 („Religiöse Terminologie, Thesen und Glaubensinhalte", Autor Erol Pürlü) den formalen Anforderungen, die an ein Gutachten zu stellen sind, weil nur in diesen Passagen fachliche Urteile auf der Basis ausgeführter Vergleiche und sorgfältiger Abwägungsprozesse gefällt werden. Das ist in Abschnitt 1 („Methodik") und Abschnitt 4 („Eigenständige Koranübersetzung Khorchides") nicht der Fall.

Expertise aus der Feder eines promovierten Islamwissenschaftlers und evangelischen Theologen.[29]

4. Wissenschaftsethische Konsequenzen

Jenseits der Frage, wie man die von Khorchide eingenommenen Positionen inhaltlich beurteilen mag: Die Fachvertreter der Islamischen Theologie sehen sich bereits kurz nach ihrer Etablierung im deutschen Wissenschaftssystem vor die Aufgabe gestellt, an der Justierung der Grenzen zwischen Wissenschaftsfreiheit und der gebotenen Mitwirkung der islamischen Verbände aktiv mitzuwirken. Die Aufgabe besteht darin, die in Deutschland noch junge akademische Disziplin der islamischen Theologie so zu entwickeln, dass man einerseits der verbandlichen Mitsprache bei der Berufung von Professorinnen und Professoren, der Akkreditierung der Studiengänge und der Beauftragung der Absolventen für den Schuldienst Rechnung trägt, aber andererseits durch Mobilisierung wissenschaftlicher Methoden einen reflektierten und kritischen Zugang zur religiösen Tradition bahnt und somit theologische Verantwortung gegenüber der Glaubenstradition und den Studierenden, die man unterrichtet, übernimmt und nötigenfalls die dabei ermittelten Einsichten gegen traditionalistische Kritik mit theologischen Argumenten verteidigt. Daher sind in diesem Konflikt wissenschaftsethische Fragen grundlegender Art berührt.

Deutet man den Konflikt in Münster von den religionsrechtlichen Gegebenheiten her, an dem das Beiratsmodell orientiert ist, dann ist der Beirat auf den ersten Blick in einer starken Position. In seinem Beschluss vom 28. Oktober 2008 hatte das Bundesverfassungsgericht die nachträgliche Lehrbeanstandung eines Theologieprofessors und seine Entbindung von der Mitwirkung an der Lehre und Prüfung des theologischen Nachwuchses als verfassungskonform und damit nicht als Verstoß gegen die Grundrechte auf Glaubens-, Gewissens- und Religionsfreiheit und auf Wissenschaftsfreiheit in Forschung und Lehre oder als Verstoß gegen das Gebot der Beachtung der hergebrachten Grundsätze des Berufsbeamtentums eingestuft.[30] Die Mitwirkungsrechte der Religionsgemeinschaften an universitären Einrichtungen, die der akademischen Ausbildung ihres theologischen Nachwuchses dienen, erlauben die Lehrbeanstandung auch eines Professors oder einer Professorin, deren Berufung einst zugestimmt wurde. Die staatlichen Ebenen haben dies nicht in der Sache zu überprüfen, sondern sind an den Tatbestand der Lehrbeanstandung

---

[29] Vgl. THOMAS AMBERG, Stellungnahme zu den Plagiatsvorwürfen von Abdel-Hakim Ourghi, 2014, (http://www.uni-muenster.de/ZIT/Aktuelles/2014/20140119.html [Zugriff: 30.04.2018]).

[30] Vgl. CHRISTOPH, Nachträgliche Lehrbeanstandung.

gebunden und gehalten, den betreffenden Wissenschaftler oder die betreffende Wissenschaftlerin unter Wahrung seiner Wissenschaftsfreiheit und seines beamtenrechtlichen Status aus dem Lehr- und Forschungsbetrieb der bekenntnisgebundenen theologischen Organisationseinheit zu entfernen.

Auf den zweiten Blick zeigen sich aber erhebliche Unschärfen, die den hier diskutierten Sachverhalt veruneindeutigen. Erstens kann im ‚Fall Khorchide' nur der Beirat – analog zu den kirchlichen Instanzen – in Sachen Berufung und Lehrbeanstandung tätig werden. Bisher aber waren es nur einzelne Verbandsvertreter, die – völlig legitim – im politischen Raum ihr rigides Votum geäußert haben. Solange aber kein offizielles Votum des zuständigen, in diesem Fall noch gar nicht konstituierten Beirates vorliegt, genießt Khorchide daher Vertrauensschutz, den Schutz der Wissenschaftsfreiheit und in diesem Sinn die Solidarität seiner Fachkollegen.

Zweitens gilt: Nach der nunmehr erfolgten Konstituierung des Beirates müsste, wenn eine Lehrbeanstandung angestrengt werden sollte, verfahrensmäßig geklärt werden, wie diese zustande kommt und woran sie inhaltlich orientiert ist. Mit Blick auf die christlichen Kirchen ist dies relativ klar. Für die evangelischen Landeskirchen gilt der Bekenntnisstand, für die römisch-katholische Kirche gelten die Aussagen des Lehramtes und des *Codex Iuris Canonici*. Im sunnitischen Islam gibt es eine zentrale Instanz, die über die Islamizität theologischer Aussagen zu entscheiden hätte, bekanntermaßen aber nicht. Grundsätzlich ist die gesamte muslimische Gemeinschaft mit der Aufgabe der Traditionspflege und der Verkündigung der göttlichen Botschaft beauftragt. Im Laufe der Geschichte hat sich „die Gruppe der Gelehrten herauskristallisiert, die aufgrund ihrer theologischen Ausbildung die Auslegung der Schrift übernehmen"[31]. Der Zugang zu dieser Gruppe steht grundsätzlich allen Gläubigen offen, für ihn ist neben dem Erwerb religiösem Wissen auch eine rituelle Autorisation erforderlich. Allerdings arbeitet die Gruppe der Gelehrten „ohne feste hierarchische Strukturen"[32]. „Auch die Organisation in Rechts- und Dogmatikschulen [...] entspricht keiner [...] Institution, die das abschließende Wort über Glaubensinhalte zu sprechen vermag."[33] Die Meinungsbildung verläuft vielmehr informell und diskursiv. Dabei wird der Konsens der Gelehrten (Idschmā) angestrebt, der im Laufe der Geschichte in Grundsatzfragen oftmals erreicht wurde. „In einem ‚informellen System' von Überlieferungs- und Autoritätsakten übertragen die Gelehrten religiöse Auto-

---

[31] MOHAMMAD GHARAIBEH, Zur theologischen Identität der Umma und der Rolle der Gelehrten, in: HANSJÖRG SCHMID/AMIR DZIRI/MOHAMMAD GHARAIBEH/ANJA MIDDELBECK-VARWICK (Hg.), Kirche und Umma. Glaubensgemeinschaften in Christentum und Islam, Regensburg 2014, 60–77, 66.
[32] Ebd.
[33] A. a. O., 67.

rität, gestalten religiöse Inhalte, entscheiden über ihre Verbindlichkeit und schließen abweichende Meinungen aus."³⁴ Ein solch diskursiver Prozess der Gelehrten wäre mit Blick auf den ‚Fall Khorchide' anzustrengen, denn eine Lehrbeanstandung bedarf nachvollziehbarer Gründe, die gegenüber den staatlichen Ebenen auch darzulegen sind. Denn nur, wenn das Selbstbestimmungsrecht der Religionsgemeinschaft in einer nachvollziehbaren Weise verletzt ist, ist es legitim, in das Grundrecht auf Wissenschaftsfreiheit einzugreifen und Maßnahmen gegen den Grundrechtsträger zu ergreifen.³⁵ Nach allgemeiner Auffassung müssen nämlich Eingriffe in das Grundrecht auf Wissenschaftsfreiheit, dessen ursprünglicher Sinn abwehrrechtlich ist, mit der Schutzwürdigkeit und -bedürftigkeit von Verfassungsgütern begründet sein. Das wäre in diesem Fall das Selbstbestimmungsrecht derjenigen Religionsgemeinschaft, mit deren Übereinstimmung die betreffende akademische Theologie eingerichtet wurde.³⁶ Aber der Eingriff darf nicht „im Sinne [...] eines Oktroys ‚richtiger' Fragestellungen, Methoden oder Ergebnisse"³⁷ erfolgen, sondern muss von den Bekenntnisgrundlagen der Glaubensgemeinschaft her begründet und rational plausibilisiert sein.³⁸ Das bedeutet, dass insbesondere in denjenigen Religionsgemeinschaften, in denen es – anders als im Bereich der römisch-katholischen Kirche – keine oberste Lehrinstanz gibt, die wissenschaftliche Community in den Prozess der Lehrbeanstandung einzubeziehen ist, wie es etwa bei der Theologischen Fakultät der Universität Göttingen im ‚Fall Lüdemann' gegeben war.³⁹

---

³⁴ A.a.O., 77.
³⁵ Vgl. DE WALL Die Staatskirchenrechtliche Stellung der Theologie, 51. PETER UNRUH (Religionsverfassungsrecht, Baden-Baden 2009, 269) spricht dem Staat den Vorbehalt einer „Plausibilitätskontrolle" zu.
³⁶ Vgl. dazu in christlich-theologischer Perspektive HARTMUT KRESS, Theologische Fakultäten an staatlichen Universitäten in der Perspektive von Ernst Troeltsch, Adolf von Harnack und Hans von Schubert, Waltrop 2004, 20–32.
³⁷ CHRISTOPH ENDERS, Die Freiheit der Wissenschaft im System der Grundrechtsgewährleistungen, in: HANS-GEORG BABKE (Hg.), Wissenschaftsfreiheit, Frankfurt a. M. 2010, 153–169, 166.
³⁸ Im Güstrower Kirchenvertrag ist ausdrücklich festgehalten, dass die kirchlichen Bedenken im Einzelnen begründet werden müssen (vgl. CAMPENHAUSEN, Gesammelte Schriften, 210).
³⁹ Hier wirkten das Professorium der Theologischen Fakultät der Universität Göttingen und die Konföderation evangelischer Kirchen in Niedersachsen zusammen (vgl. CHRISTOPH, Nachträgliche Lehrbeanstandung, 508). Für das Verfahren einer Lehrbeanstandung sollte ferner gelten: „In jedem Fall muss dem zu Beanstandenden die Möglichkeit des rechtlichen Gehörs gegeben werden. Das gilt auch für die Ev.-theol. Fakultät, welcher der Betroffene angehört. Ferner ist im konkreten Fall zu entscheiden, ob auch andere [...] Fachvertreter aus der Disziplin, welcher der zu Beanstandende angehört, gutachterlich beteiligt werden sollen. Die Landeskirche sollte sich in jedem Einzelfall vergewissern, dass ihr Vorhaben [...] von einem magnus consensus in der Kirche getragen wird." (JOACHIM E. CHRISTOPH, Kirchen- und staatskirchenrechtliche Probleme der Evangelisch-theologischen Fakultäten, Tübingen 2009, 70). Analoge Grundsätze sind für das Verhältnis der Beiräte und der Zentren für Islamische Theologie anzuwenden.

Drittens gilt: Im ‚Fall Lüdemann' gab es bei der Angabe der Gründe für die Lehrbeanstandungen insofern kein Problem, weil er sich *expressis verbis* vom christlichen Glauben losgesagt hatte. Die staatlichen Behörden reagierten daher so, dass den Interessen der betroffenen Religionsgemeinschaft ebenso wie dem Grundrecht auf Wissenschaftsfreiheit Rechnung getragen wurde. Lüdemann verblieb innerhalb der Theologischen Fakultät der Universität Göttingen und bot bis zu seiner Emeritierung Lehrveranstaltungen im Fach ‚Geschichte und Literatur des frühen Christentums' an. Ähnlich lag der Fall bei Khorchides Vorgänger Sven Kalisch, der zunächst die Historizität des Propheten Mohammed angezweifelt hatte und sich später vom Islam lossagte. Er wurde in einen anderen Fachbereich versetzt und lehrt bis zur Gegenwart im Fachbereich Philologie ‚Geistesgeschichte im Vorderen Orient in nachantiker Zeit'. Im ‚Fall Khorchide' liegen die Dinge anders, weil er sich selbst als praktizierender Muslim bekennt und seine reformorientierte Theologie als durch die islamische Lehrtradition gedeckt und gestützt sieht. Dadurch wird die Kontroverse zu einer binnentheologischen Debatte um das Wesen des Islams, in der keine Position evidentermaßen als Richterin über die religiöse Legitimität der anderen auftreten kann.

Aus wissenschaftsethischer Sicht kann eine Lösung des Konfliktes nur durch eine durchgreifende Theologisierung desjenigen Diskurses gefunden werden, in dem um die Bekenntnisgemäßheit der theologischen Position von Khorchide gerungen wird. Die einfache Behauptung, eine Position sei ‚un-islamisch', ist nicht ausreichend. Vielmehr muss sich die Kritik rational ausweisen, das heißt sich methodisch transparent und unter argumentativer Berücksichtigung kritischer Einwände artikulieren.[40] Dazu kommt, dass die theologische Urteilsbildung auf Seiten der Verbände beziehungsweise des Beirates zurückgebunden sein muss an den Diskurs der Gelehrten, der mit dem Ziel eines Konsenses geführt wird. Er kann nur erreicht werden, wenn der theologische Diskurs nicht nur in den Vorstandsetagen der Verbände, sondern auch in den Gemeinden und in der muslimischen Öffentlichkeit aufgegriffen und geführt wird.

Die Herstellung einer theologischen Öffentlichkeit, in der sich akademische Theologie und religiöses Bewusstsein durch Kommunikation wechselseitig beeinflussen, ist die religionspolitisch gewollte Folge der Etablierung von akademischen Theologien. Aus diesem Grund gibt es den konfessionellen Religionsunterricht als ordentliches Schulfach an öffentlichen Schulen, der wie-

---

[40] Zu den oben genannten Plausibilitätskriterien jedweder Theologie, die auf der Basis des Grundrechtes auf Religionsfreiheit der akademischen Entfaltung von religiösem Wahrheitsbewusstsein verpflichtet ist, vgl. CHRISTOPH SCHWÖBEL, Wissenschaftliche Theologie. Ausbildung für die Praxis der Kirche an staatlichen Universitäten im religiös-weltanschaulichen Pluralismus, in: STEFAN ALKIER/HANS-GÜNTER HEIMBROCK (Hg.), Evangelische Theologie an Staatlichen Universitäten, Göttingen 2011, 56–92, 82–87.

derum die universitäre Theologie begründet. Indem die Religion des Islams in dieses System eintritt und damit Teil der öffentlichen Religionskultur wird, partizipieren die Gemeinden und Verbände auch an den mentalen Folgen, die sich aus dieser Konstruktion ergeben, weil die öffentliche Religion auf die religiösen Binnenmilieus zurückwirkt. Denn die Theologie als eine bekenntnisorientierte Wissenschaft steht nicht in einem Gegensatz zur religiösen Praxis, sondern steht im Dienst des religiösen Bewusstseins, dessen Wahrheitsgewissheit sie wissenschaftlich reflektiert. Durch die Ausbildung von professionellen Multiplikatoren in Schulen und Gemeinden ist die akademische Theologie auf die Praxis des gelebten Glaubens bezogen und damit von Haus aus der Vielfalt religiösen Lebens verpflichtet.[41] Durch ihre Ausbildungsfunktion und durch Interventionen im öffentlichen Diskurs nimmt die Theologie geistigen Einfluss auf die Bestimmtheit des Glaubens der Einzelnen, die durch die religiösen Bildungsprozesse in Gemeinden, Schulen und in der Zivilgesellschaft an der öffentlichen Religion teilhaben, was wiederum im akademischen Diskurs aufgegriffen wird.[42] Daher kann die Etablierung der islamischen Theologie im Rahmen eines dynamischen Prozesses wesentlich auf jene Theologisierung der islamischen Diskurse hinwirken, in denen kritisch über die Zeitgemäßheit der religiösen Tradition nachgedacht und ihr Reichtum neu fruchtbar gemacht wird.[43] In Anknüpfung an die klassische Rolle der Gelehrten, die im Diskurs und mit dem Ziel des Konsenses für die gegenwartsbezogene Auslegung der religiösen Quellen des Islams verantwortlich sind, bestünde die Aufgaben der universitären Fachvertreter darin, diese Rolle nun aktiv zu übernehmen und die Chancen zu nutzen, theologische Impulse in den öffentlichen Diskurs der islamischen Community in Deutschland einzuspeisen und eine Leitfunktion zu übernehmen. Historisches Vorbild dafür könnten die evangelisch-theologischen Fakultäten sein, die vom 16. bis ins 20. Jahrhundert hinein den Protestantismus repräsentierten, nicht die Kirchen.

Eine weitere wissenschaftsethische Folgerung verbindet sich mit einer Berufungspraxis, die der theologischen Pluralität im Islam Rechnung trägt. Eine

---

[41] Vgl. STEFAN ALKIER, Enzyklopädische Skizzen: Die theologische Aufgabe neutestamentlicher Wissenschaft im interdisziplinären Diskurs, in: STEFAN ALKIER/HANS-GÜNTER HEIMBROCK (Hg.), Evangelische Theologie an Staatlichen Universitäten, Göttingen 2011, 322–344, 342–343.

[42] Vgl. HANS MICHAEL HEINIG, Herausforderungen des deutschen Staatskirchen- und Religionsrechts aus verfassungsrechtlicher Sicht, in: IRENE DINGEL/CHRISTIANE TIETZ (Hg.), Kirche und Staat in Deutschland, Frankreich und den USA. Geschichte und Gegenwart einer spannungsreichen Beziehung, Göttingen 2012, 121–137, 136–137.

[43] Diese Theologisierung des Diskurses hat Khorchide auch vor Augen, wenn er in dem oben zitierten Interview äußert: „Die Verbandsfunktionäre waren bisher nicht mit inhaltlichen Fragestellungen konfrontiert. Sie wären damit überfordert, weil sie die theologischen Kompetenzen dafür nicht besitzen. Ich würde mir wünschen, dass Absolventen der neuen theologischen Studiengänge einmal diese Verbände bereichern" (ZEIT ONLINE 2013).

institutionelle Abstützung dieser Pluralität könnte durch eine entsprechende Profilbildung der einzelnen Zentren für Islamische Theologie erfolgen oder durch Abbildung unterschiedlicher Strömungen im Lehrkörper eines Zentrums. Möglicherweise liegt ein religionspolitischer ‚Geburtsfehler' der nach 2010 gestarteten Initiative darin, nicht von vornherein auf eine theologische Profilbildung der einzelnen Zentren für Islamische Theologie hingewirkt zu haben. Zu ihr sollte gehören, dass zum Beispiel sunnitische, schiitische und alevitische, konservative und reformorientierte Gelehrte in allen Fächern der islamischen Theologie in Deutschland akademisch tätig werden können. Dieser Gesichtspunkt wäre bei der Berufungspraxis und insbesondere bei der Ausgestaltung der akademischen Lehre zu berücksichtigen und wäre ein wichtiger Beitrag der akademischen Seite, die Akzeptanz der Universitätstheologie bei den Verbänden und Gemeinden zu erhöhen.

Das Bekenntnis zur Wissenschaftsfreiheit und das Herstellen theologischer Pluralität im gelehrten Diskurs ist schließlich nicht nur im Verhältnis zu den muslimischen Verbänden wichtig, sondern ist auch mit Blick auf die inneruniversitäre Anerkennung der neuen Disziplin von erheblicher Bedeutung. Denn die seit den Empfehlungen des Wissenschaftsrates bestehenden Spannungen zu den Islamwissenschaften werden nur abgebaut werden können, wenn die Bekenntnisbindung der Theologie nicht quer zu wissenschaftlichen Einsichten und Methoden steht, die allgemein anerkannt sind.[44] Für interdisziplinäre Projekte innerhalb der Universität wird man sich als Partner nur empfehlen, wenn Vorurteilsfreiheit, kritische Rationalität und Ergebnisoffenheit von Haus aus mitgebracht werden und im Konfliktfall diskursiv für die Wissenschaftsfreiheit eingetreten wird.

---

[44] Vgl. „Religiöse Pluralität an der Universität. Chancen und Probleme staatlicher Steuerung und fachlicher Selbstbestimmung – am Beispiel der Etablierung des Faches Islamische Studien/Theologie an deutschen Universitäten".

Religionsfreiheit und staatliche Lenkung

Chancen und Grenzen gegenwärtiger Religionspolitik in Deutschland

1. Religionspolitik damals und heute

Die gegenwärtige Religionspolitik des Bundes und der deutschen Länder kann sicherlich nicht mit denjenigen Maßnahmen verglichen werden, die man gewöhnlich unter den Begriff des Kulturkampfes subsumiert. Heutzutage agieren grundsätzlich religionsfreundlich gesinnte staatliche Ebenen und verfolgen das Ziel, eine plurale Religionskultur in Deutschland aufzubauen, um Menschen ganz unterschiedlicher religiöser Orientierung eine Heimstatt im Geltungsbereich des Grundgesetzes zu verschaffen. Staatsethisch geht es um Inklusion *aller* großen Religionsgemeinschaften und nicht um Ausschluss oder Diskriminierung unliebsamer oder als fremd empfundener Glaubenstraditionen. Überkommene Rechte der Kirchen werden nicht beschnitten oder umverteilt, sondern nicht-christliche Religionsgemeinschaften werden an die positive Religionsfreiheit herangeführt, um an der fördernden Haltung des deutschen Staates zu partizipieren.[1] Dafür wird, ganz anders als zur Kulturkampfzeit, sogar ein recht weitreichender Rechtspluralismus in Kauf genommen, wie das Beispiel des Ehe- und Familienrechtes zeigt.[2]

Trotz dieser grundlegenden Differenzen von „damals" und „heute" können aber Motive identifiziert werden, die sich durchhalten. Ich nenne vier:

Erstens, damals wie heute geht es bei der Religionspolitik des Staates darum, „zivilreligiöse Ansprüche an die Loyalität seiner Bürger"[3] zu stellen und durchzusetzen. Seinerzeit wollte man transnationale Loyalitäten abbauen und in bürgerliche Loyalität dem Nationalstaat gegenüber umschmelzen. Der Verdacht nationaler Illoyalität traf die Katholiken, einmal wegen des Ultramontanismus,

---

[1] Vgl. ARNULF VON SCHELIHA, Kirche und Staat. Staatskirchenrecht/Religionsrecht/Religion und Politik/Religionsfreiheit, in: WILHELM GRÄB u. a. (Hg.), Handbuch Praktische Theologie, Gütersloh: 2007, 101–112, 102.

[2] Vgl. EKKEHARD MÜLLER-JENTSCH, Scharia-Scheidung beschäftigt Justiz, in: SÜDDEUTSCHE ZEITUNG, 06.08.2015 (http://www.sueddeutsche.de/politik/recht-scharia-scheidung-beschaeftigt-justiz-1.2598026 [Zugriff: 30.04.2018]).

[3] THOMAS NIPPERDEY, Deutsche Geschichte 1866–1918. Zweiter Bd.: Machtstaat vor der Demokratie, München 1992, 364.

dann aber auch wegen seiner ethnischen Vielfalt, die man etwa mit Blick auf die im Reichsgebiet ansässigen Polen so empfand.[4] Ein gleicher Vorwurf traf unter anderen Vorzeichen auch die Juden. Heute gilt der Verdacht transnationaler Loyalität den muslimischen Einwanderern, insbesondere den türkischen Muslimen. Daher besteht ein wesentliches integrationspolitisches Ziel des einzuführenden islamisch-verantworteten Religionsunterrichts an öffentlichen Schulen darin, die Muslime für die Menschenwürde-Anthropologie des Grundgesetzes zu gewinnen und die sozialmoralischen Ressourcen des Islam im Sinne des bekannten Böckenförde-Theorems für den freiheitlich-demokratischen Staat zu mobilisieren.[5]

Zweitens ging es damals darum, den Einfluss des ultramontan ausgerichteten katholischen Klerus und der Orden auf die Bevölkerung einzudämmen. Daher wurde die Priesterausbildung an staatliche Fakultäten verlagert. Heute möchte man die gängige Praxis der Entsendung von Imamen aus der Türkei nach Deutschland beenden, und daher wird eine Imam-Ausbildung in Deutschland an universitären Einrichtungen angestrebt.

Drittens, mit der Akademisierung der Kleriker-Ausbildung verbindet sich damals wie heute die Hoffnung auf die Modernisierung der Religion und auf ihre Einpassung in die moderne Gesellschaft. Damals stand den Katholiken derjenige Aufklärungsschub bevor, den heute die deutsche Gesellschaft vor allem für den Islam erwartet und der durch die Implementierung der Islamischen Theologie in die *universitas litterarum* erfolgen soll.

Eine Gemeinsamkeit besteht schließlich darin, dass die Religionspolitik eine breite Öffentlichkeit erfasst. Damals begrüßten die Liberalen die staatlichen Anstrengungen und gesetzlichen Initiativen, während konservative Kreise sich zurückhielten, opponierten und widerstanden. Auch gegenwärtig mobilisieren die religionspolitischen Maßnahmen eine breite Öffentlichkeit. Das zeigt nicht nur die nicht abreißende Diskussion über das bekannte Votum von Bundespräsident Wulff zur Zugehörigkeit des Islam zu Deutschland, sondern auch die vielen Pegida- und Anti-Pegida-Demonstrationen in diesem Jahr. Übrigens dürfte auch die antisemitische Stimmung in Teilen der Bevölkerung ein sich bis heute leider durchhaltendes Motiv sein. Sie bleibt nicht ohne Einfluss auf die öffentliche Debatte, wird aber meines Erachtens von den verantwortlichen Akteuren mit hoher Sensibilität aufgegriffen.

Trotz dieser Gemeinsamkeiten verlaufen die Konfliktlinien ganz anders als damals: Die sich durchhaltenden Themen zeigen an, dass „europäische Kulturkämpfe" mit erheblicher Breitenwirkung kein abgeschlossenes Kapitel sind.

---

[4] Vgl. KURT NOWAK, Geschichte des Christentums in Deutschland. Religion, Politik und Gesellschaft vom Ende der Aufklärung bis zur Mitte des 20. Jahrhunderts, München 1995, 152 f.

[5] Vgl. „'Nation' und 'Menschenwürde'. Zum Wandel der legitimatorischen Bedeutung von Religion für den demokratischen Staat".

Vielmehr steht gerade der moderne Verfassungsstaat vor einem Dilemma. Zwar gewährleistet er die Religionsfreiheit in einem Maße, das im Europa des 19. Jahrhunderts undenkbar war. Diese Freiheit begründet die religionskulturelle Pluralität der Gegenwart. Indem die staatlichen Ebenen die Religionsgemeinschaften in ihren Aktivitäten unterstützen, greifen sie zugleich lenkend in deren Freiheit ein. Das löst dort regelmäßig das Bedürfnis nach Vergewisserung aus, die nur aus den religiösen Quellen erfolgen kann. Diese theologische Rückbesinnung erneuert die Religion gewissermaßen von innen heraus, und das führt dazu, dass man auch eine Distanz zum Staat empfindet. Das kann so weit gehen, dass man die politische Umarmung des Staates abstreifen will. Dabei geht es nicht darum, dass die staatliche Steuerung an eine grundrechtliche Schranke stößt, vielmehr wird diejenige Grenze berührt, die die Sphäre des Staates von der des Glaubens ganz grundsätzlich trennt. An dieser Stelle zeigt sich die Dialektik der Konstitution von Freiheit selbst, die eben keine einfache Gegebenheit ist, sondern sich in einem Netzwerk von inneren Gegenläufigkeiten aufbaut und konsolidiert. Zu diesen Gegenläufigkeiten der Freiheit gehört auch, dass Religionsfreiheit nicht nur Freiheit *zur* Religion und Freiheit *aus* der Religion bedeutet, sondern auch: Freiheit *von* der Religion. Wegen dieser der Freiheit innewohnenden Dialektik kommt die staatliche Religionspolitik nie an ein Ende, sondern arbeitet sich in immer neuen Kontexten an den Religionen ab. Diese Dialektik des Freiheitslebens ist zu berücksichtigen, wenn nun ein Blick auf die aktuelle Lage geworfen wird.

2. Religionspolitische Akzente in der jüngsten Zeit

Das deutsche Religionsverfassungsrecht[6] bietet für eine aktive Religionspolitik große Spielräume, die nach jahrelanger Status-Quo-Pflege gegenwärtig offensiv genutzt werden. Der Grundrechtsstatus des schulischen Religionsunterrichtes (Art. 7 Abs. 3 GG) verschafft den Bundesländern die Möglichkeit, islamischen Religionsunterricht als ordentliches Lehrfach einzuführen und zum Zwecke der Ausbildung von Religionslehrerinnen und Religionslehrern Islamische Theologie als wissenschaftliche Disziplin an den deutschen Universitäten zu etablieren. Vergleichbare Anstrengungen gibt es mit Blick auf das Judentum, denn die Mitgliederzahlen der jüdischen Gemeinden haben sich durch Zuwanderungen in den vergangenen Jahren verdoppelt.

In seinem Gutachten „Empfehlungen zur Weiterentwicklung von Theologien und religionsbezogenen Wissenschaften an deutschen Hochschulen"

---

[6] Vgl. zum Begriff HANS MICHAEL HEINIG u. a. (Hg.), Staatskirchenrecht oder Religionsverfassungsrecht? Ein begriffspolitischer Grundsatzstreit, Tübingen 2007.

(2010) hatte der Wissenschaftsrat, das wichtigste wissenschaftspolitische Beratungsgremium in Deutschland, einen zügigen Ausbau von Zentren für Islamische Studien/Theologie an zwei bis drei Standorten gefordert.[7] Diese Empfehlungen wurden anschließend energisch umgesetzt. Man gründete Zentren für Islamische Theologie an den Universitäten Tübingen, Münster und Osnabrück (in Kooperation), Frankfurt am Main und Gießen (in Kooperation) sowie Erlangen-Nürnberg. An der Universität Potsdam wurde 2013 eine School of Jewish Theology gegründet, die eng mit dem in Potsdam ansässigen (liberal orientierten) Abraham-Geiger-Kolleg und dem (konservativ orientierten) Zacharias-Frankel-College kooperiert, an denen Rabbiner ausgebildet werden.[8] Der Zentralrat der Juden (ZdJ) trägt seit 1979 die Hochschule für Jüdische Studien in Heidelberg, deren Studiengänge allerdings nicht direkt auf die Rabbiner-Ausbildung bezogen sind. Durch diese mit erheblichen finanziellen Mitteln ermöglichten Neugründungen der letzten Jahre wird die zunehmende religiöse Pluralität in der Gesellschaft auf den deutschen Universitäten abgebildet.[9]

Daneben haben einzelne Bundesländer damit begonnen, sogenannte Staatsverträge mit islamischen Religionsgemeinschaften zu schließen, um ‚partnerschaftliche Beziehungen' zu begründen. In diesen Verträgen werden gemeinsame Angelegenheiten geregelt. Sie betreffen das Schul- und Hochschulwesen, die Feiertage, die Gefängnis- und Polizeiseelsorge und das Bestattungswesen. Ausdrücklich wird den Gemeinden das Recht eingeräumt, Moscheen, Gebets- und Versammlungsräume sowie Bildungseinrichtungen und sonstige Gemeindeeinrichtungen zu errichten und ihrer Bestimmung entsprechend zu betreiben. Das schließt das Recht ein, Moscheegebäude mit Kuppeln und Minaretten auszustatten. Die Stadtstaaten Hamburg und Bremen waren hier Vorreiter, in Niedersachsen steht ein solcher Vertrag kurz vor dem Abschluss.

Darüber hinaus werden politische Signale gesendet, etwa durch Grußbotschaften des Bundespräsidenten aus Anlass des Beginns des Fastenmonats Ramadan[10] oder wenn – wie kürzlich geschehen – die Bundesregierung aus

---

[7] Vgl. WISSENSCHAFTSRAT, Empfehlungen zur Weiterentwicklung von Theologien und religionsbezogenen Wissenschaften an deutschen Hochschulen, 29.01.2010 (http://www.wissen schaftsrat.de/download/archiv/9678-10.pdf [Zugriff: 30.04.2018]).

[8] Vgl. UNIVERSITÄT POTSDAM, Jüdische Theologie an der Universität Potsdam. Festschrift anlässlich der Eröffnung der „School of Jewish Theology", Potsdam: Referat für Presse- und Öffentlichkeitsarbeit 2013.

[9] Vgl. „Religiöse Pluralität an der Universität. Chancen und Probleme staatlicher Steuerung und fachlicher Selbstbestimmung – am Beispiel der Etablierung des Faches Islamische Studien/Theologie an deutschen Universitäten".

[10] Vgl. DER BUNDESPRÄSIDENT, Grußbotschaft des Bundespräsidenten zum Fest des Fastenbrechens 2014, 08.07.2014 (http://www.bundespraesident.de/SharedDocs/Pressemitteilungen/DE/2014/07/140718-Gru%C3%9Fbotschaft-Fastenbrechen.html [Zugriff: 30.04.2018]).

Anlass des Fastenbrechens im Ramadan zum Empfang einlädt und die Bundeskanzlerin aus diesem Anlass eine Rede hält.[11]

3. Aktuelle Probleme

3.1. Die Mitwirkung der Religionsgemeinschaften

Mit der Etablierung der Einrichtungen für Islamische Theologie und Jüdische Theologie sind die religionspolitischen Aktivitäten noch nicht ans Ziel gekommen. In gewisser Weise beginnen sie jetzt erst. Nach Artikel 7 Abs. 3 des Grundgesetzes ist nämlich der schulische Religionsunterricht in Übereinstimmung mit den Religionsgemeinschaften zu erteilen. Diese Übereinstimmung muss analog bei der Gründung der akademischen Einrichtungen und bei der Berufung von Professorinnen und Professoren gesucht und hergestellt werden.

Die gesetzlichen Normen sind die Regelungen, die für die evangelisch-theologischen und katholisch-theologischen Einrichtungen in Deutschland seit der Weimarer Republik gelten. Zwar ist die Garantie der Theologischen Fakultäten, die im Artikel 149 Abs. 3 der Weimarer Verfassung festgeschrieben war, nicht mit in das Bonner Grundgesetz aufgenommen worden.[12] Aber die Fakultäten gehören unbestritten zu den sogenannten *res mixtae*, also zu den gemeinsamen Angelegenheiten von Staat und Kirchen, die durch sogenannte Staatsverträge bzw. Konkordate zwischen den Bundesländern und den Kirchen geregelt sind. Die darin verankerten Mitwirkungsrechte bei Berufungen sind im evangelischen und katholischen Bereich unterschiedlich ausgeprägt. Evangelischerseits beschränkt sich die Mitwirkung der zuständigen Landeskirche in der Regel auf eine gutachterliche Äußerung zu Lehre und Bekenntnis des zu Berufenden, die vor Erteilung des Rufes eingeholt wird. Beanstandungen sind sehr selten. Gegen ein ausdrückliches Votum der zuständigen Kirche wird

---

[11] Vgl. ANGELA MERKEL, Rede von Bundeskanzlerin Dr. Angela Merkel beim Empfang zum Fastenbrechen anlässlich des Ramadan am 30. Juni 2015 in Berlin, 30.06.2015 (https://www.bundesregierung.de/Content/DE/Bulletin/2010-2015/2015/06/89-1-bk-empfang.html [Zugriff: 30.04.2018]).

[12] Das Bundesverfassungsgericht hat in seinem Beschluss aus Anlass des sogenannten Falles Lüdemann vom Oktober 2008 die Verfassungskonformität der Theologischen Fakultäten bestätigt, sofern die Selbstbestimmungsrechte der Religionsgemeinschaften gewahrt bleiben, die durch ihre Mitwirkung bei der Berufung von theologischen Professorinnen und Professoren, bei der Einrichtung von theologischen Studiengängen und bei der inhaltlichen Gestaltung der Lehr- und Prüfungsordnungen sichergestellt werden. Vgl. HEINRICH DE WALL, Die Staatskirchenrechtliche Stellung der Theologie an staatlichen Hochschule und die Reichweite kirchlicher Mitwirkungsrechte, in: HANS MICHAEL HEINIG u. a. (Hg.), Organisationsrechtliche Fragen der Theologie im Kontext moderner Religionsforschung, Tübingen 2013, 45–58, 48–50.

eine Berufung nicht vollzogen. Dagegen verfügen die römisch-katholischen Diözesen über ein sogenanntes *votum decisivum*. Der zuständige Ortsbischof lässt das theologische Oeuvre der zu Berufenden in der Regel durch die Glaubenskongregation in Rom eingehend und zeitaufwändig prüfen. Bei begründeten Zweifeln an der theologischen Haltung zur kirchlichen Lehre oder am Lebenswandel können das sogenannte *nihil obstat* und die *missio canonica* verweigert werden. Die Berufung kommt nicht zu Stande. Aus gleichen Gründen müssen auch bereits installierte Inhaber einer konfessionsgebundenen Professur mit Beanstandungen seitens der Kirche rechnen.

Das religionspolitische Problem bei der Etablierung der akademischen Einrichtungen für den Islam besteht darin, dass die religionsgemeinschaftliche Mitwirkung in diesem Fall selbst religionspolitisch organisiert werden muss. Denn wegen seiner Organisationssprödigkeit ist eine islamische Religionsgemeinschaft als Ansprechpartner der staatlichen Ebenen erst im Aufbau begriffen und die theologischen Kriterien, die es bei der Mitwirkung zu berücksichtigen gilt, sind allererst zu entwickeln. Zur Einrichtung der Zentren für Islamische Theologie wurde in Nordrhein-Westfalen und Niedersachsen ein Vorschlag des Wissenschaftsrates aufgegriffen, der besagt, dass die Selbstbestimmungs- und Mitwirkungsrechte der Religionsgemeinschaften für die Muslime auf Beiräte übertragen werden, die sich aus Vertretern der muslimischen Verbände und Persönlichkeiten des öffentlichen Lebens zusammensetzen, um eine möglichst breite Repräsentanz der in dem jeweiligen Bundesland lebenden Muslime zu sichern.[13] Zunächst geäußerte verfassungsrechtliche Bedenken gegen das Beiratsmodell wurden inzwischen überwunden. Aber nun zeigen sich bei dessen Anwendung erhebliche Probleme, weil die Arbeitsfähigkeit dieser Beiräte in einem hohen Maße abhängig ist von der Kooperation der berufenden Instanzen und Verbände einerseits und der berufenen Personen andererseits. In Niedersachsen hat eine große Kooperationsbereitschaft aller Beteiligten dazu geführt, dass auf der Basis einer förmlichen Vereinbarung zwischen dem Wissenschaftsministerium, den Vertretern der islamischen Verbände und der Universität Osnabrück ein solcher sogenannter konfessorischer Beirat gebildet und die Berufungsverfahren an das Institut für Islamische

---

[13] In einer rechtlichen Erläuterung des Rechtswissenschaftlers Christian Walter zum Vorschlag des Wissenschaftsrates heißt es: „Der Beirat soll die Kommunikation an der Schnittstelle von staatlichen Organisationsnotwendigkeiten und religiösem Selbstbestimmungsrecht ermöglichen. Er muss in Richtung des Staates die für die Einführung einer islamischen Theologie notwendigen verbindlichen Entscheidungen liefern können […] und er muss gleichzeitig in Richtung Religion, also konkret: Muslime in Deutschland, offen für die vorherrschende Pluralität sein". (CHRISTIAN WALTER, Beirat für Islamische Studien. Ein religionsverfassungsrechtliches Instrument für die Einrichtung von Islamischen Studien an staatlichen Hochschulen. Vortrag beim Kongress „Vielfalt der Religionen – Theologie im Plural" am 16./17. Juni 2010, http://www.wissenschaftsrat.de/download/archiv/Walter.pdf [Zugriff: 30.04.2018]).

Theologie der Uni Osnabrück ordentlich durchgeführt werden konnten. Im Bundesland Nordrhein-Westfalen dagegen hat sich die Bildung des Beirates für das Zentrum für Islamische Theologie an der Universität Münster zu einer politischen Zerreißprobe entwickelt, weil zwischen den Beteiligten unterschiedliche Vorstellungen über die Mitwirkungsrechte der Verbände und über die Kriterien zur Beurteilung der Orthodoxie der Lehre der zu Berufenden herrschen. Die Verfahren stagnieren hier und der Studienbetrieb wird überwiegend auf der Basis von Vertretungsprofessuren und provisorischen Studienplänen durchgeführt.

3.2. Symbolpolitische Probleme

Die religionspolitischen Bemühungen um die Integration der Religion des Islam in das Bildungssystem und in die gesellschaftliche Öffentlichkeit stößt auch auf gesellschaftlichen Widerstand, der sich regelmäßig an der Kopftuchfrage entzündet, deren inszenierte Dramatik gelegentlich Kulturkampfqualitäten annehmen kann. Obwohl wir durch viele empirische Studien wissen, dass das Kopftuch per se keineswegs ein Instrument zur Unterdrückung der Frau, nicht einmal Ausdruck unmittelbar religiösen Bekenntnisses ist, vielmehr aus höchst individuellen Gründen getragen oder abgelegt wird,[14] war der symbolpolitische Druck so hoch, dass viele Bundesländer ihren Beamtinnen und Lehrerinnen das Tragen des Kopftuches im Dienst untersagt haben. Nun hat das Bundesverfassungsgericht am 27. Januar 2015 entschieden, dass der Staat muslimischen Lehrerinnen das Tragen des Kopftuches nicht generell verbieten darf. Ein Eingriff in das Grundrecht auf Religionsfreiheit ist von Seiten des Staates nicht auf der Basis einer abstrakten Gefahr möglich, sondern nur dann zu rechtfertigen, wenn eine hinreichend konkrete Gefahr für den Schulfrieden oder für die staatliche Neutralität vorliegt. Ein „Kopftuchverbot" darf also nur vom Schulleiter, also fallweise, ausgesprochen werden.[15] Damit hat das Bundesverfassungsgericht die Religionsfreiheit auch von Lehrern in der Ausübung ihres Berufes gestärkt, und das dürfte sich sehr positiv auf die Gewinnung von späteren Lehrkräften für den islamischen Religionsunterricht auswirken. Allerdings sind die Diskussionen über das Kopftuch und seine Gefahr für den Schulfrieden, gar für den gesellschaftlichen nun auf die unterste Ebene verlagert und damit gewissermaßen auf Dauer gestellt. Hier stehen weitere Kulturkämpfe bevor.

---

[14] Vgl. LAURA HADDAD, Verschleierte Mode? Zur Bedeutung von Kleidung und Kopftuch bei jungen Musliminnen in Deutschland, Münster 2011.
[15] Vgl. BUNDESVERFASSUNGSGERICHT, Ein pauschales Kopftuchverbot für Lehrkräfte in öffentlichen Schulen ist mit der Verfassung nicht vereinbar. Pressemitteilung Nr. 14/2015, 13.03.2015 (https://www.bundesverfassungsgericht.de/SharedDocs/Pressemitteilungen/DE/2015/bvg15-014.html [Zugriff:.30.04.2018]).

3.3. Probleme mit der staatlichen Neutralität

In einem Gastkommentar für die August-Ausgabe der Herder-Korrespondenz hat der ehemalige Bundestagspräsident Wolfgang Thierse den oben bereits angesprochenen Empfang der Bundesregierung zum Fastenbrechen im diesjährigen Ramadan kritisiert und auf die religiös-weltanschauliche Neutralität des Staates hingewiesen. Er argumentiert: Einerseits reagiere die Bundesregierung mit dieser Einladung aus guten Gründen auf die islamfeindliche Stimmung im Land, wie sie sich zum Beispiel bei den Pegida-Demonstrationen Ausdruck verschaffe. Sie sei daher „verständlich und notwendig". Aber, so fährt Thierse fort,

„nach der feierlichen Geste, nach all den Beteuerungen gilt es den Zumutungen des Pluralismus ins Auge zu sehen: Wenn wir Ja zum Islam als einem Teil Deutschlands sagen, dann erlaubt und verlangt dieses Ja dann auch Fragen – nach einer Reform des Islams, nach seiner Vielfalt, seiner inneren Differenzierung, seiner Theologie, nach den Unterschieden zwischen einem europäischen (deutschen?) Islam und dem Islam etwa in Saudi Arabien oder anderen islamisch bestimmten Staaten ohne Religionsfreiheit. [...] Die selbstverständlich auch für den Islam geltende Religionsfreiheit in Deutschland schließt also den Dialog, den Streit, die wechselseitigen Zumutungen und Infragestellungen der Religionen und Weltanschauungen ausdrücklich ein. Pluralismus ist eben keine Idylle. Der Staat des Grundgesetzes aber vertritt selbst keine Weltanschauung, er ist weltanschaulich neutral."[16]

Thierse verweist hier auf die Grenzen der staatlichen Religionspolitik. Die plurale Religionskultur schließt wegen ihrer freiheitlichen Grundlage eben auch Kritik, Antagonismus und Polemik ein, deren Ort die Zivilgesellschaft mit ihrer mediengestützten Öffentlichkeit ist. Hier können und dürfen die Religionen nur sehr bedingt vom Staat gegen Kritik und Polemik geschützt werden. Zur Religionsfreiheit gehört auch die Möglichkeit zur Freiheit *von* der Religion und zur Kritik *an* der Religion. Auch dieser Freiheit ist das staatliche Handeln verpflichtet. Religionspolitische Lenkung darf nicht auf Kosten der negativen Religionsfreiheit und des kritischen Religionsdiskurses gehen. Thierse lenkt zu Recht den Blick auf die Tiefe des Freiheitsverständnisses.

4. Chancen und Grenzen

Die insbesondere auf den Islam bezogene Religionspolitik verlängert den in Deutschland seit der Zeit der Weimarer Republik bewährten korporativen Weg politischer Religionsgovernance. Mit der akademischen Pflege der kon-

---

[16] WOLFGANG THIERSE, Regierungsoffiziell und religiös?, in: HERDER KORRESPONDENZ, 69, 2015, Heft 8 (https://www.herder-korrespondenz.de/heftarchiv/69-jahrgang-2015/heft-8-2015/gastkommentar-regierungsoffiziell-und-religioes [Zugriff: 30.04.2018]).

fessionellen Theologien im Christentum hat man gute Erfahrungen gemacht. Das aufgeklärte Niveau theologischer Reflexion ist gesichert und hat das Verhältnis der christlichen Konfessionen zueinander pazifiziert. Die ökumenische Diskussion zwischen den christlichen Konfessionen wird auf akademischem Niveau geführt. Die hochgradig differenzierte Einkreisung der Lehrunterschiede wirkt auch deshalb zivilisierend, weil sie an der Basis nicht mehr verstanden werden. Das wiederum ist die Voraussetzung dafür, dass sich die konfessionellen Lebenswelten einander annähern und durchdringen können. Es gibt gute Gründe dafür anzunehmen, dass sich diese Effekte mittel- und langfristig auch im Verhältnis zum Islam einstellen können. Darin liegt die große Chance der gegenwärtigen Religionspolitik. Aber es sind auch Grenzen erkennbar, die in der eingangs benannten Dialektik der Freiheit begründet sind. Erneut seien vier Aspekte hervorgehoben.

Erstens, die auf den Islam und das Judentum bezogenen religionspolitischen Aktivitäten betrachten beide Größen als Religionen und damit als den christlichen Konfessionen vergleichbar. Gegen diese Sicht haben sich vielfach kritische Stimmen erhoben, die – insbesondere im Spektrum des Judentums – darauf Wert legen, dass sich mit dem Judentum eine ganze Kultur verbindet, die nicht auf Religion reduziert werden kann. Für den Islam wird ein ähnlicher Befund geltend gemacht, meist mit islamisch-kritischem Unterton übrigens. Diese Frage kann hier nicht weiterverfolgt werden.[17] Sie verweist aber auf das oben angedeutete grundsätzliche Problem, das sich mit der Religionspolitik verbindet: Denn liegt es nicht in der Freiheit dieser ‚Religionen', sich nicht nur als Religion, sondern auch als *Kultur* zu verstehen, die mehr für sich beansprucht als dasjenige, welches durch die Religionsfreiheit abgedeckt ist?

Folgt man, zweitens, trotz dieses Einwandes der religionspolitischen Spur, die den deutschen Islam und das Judentum in Deutschland primär als eine Konfession ansieht, dann stellt sich die Frage nach deren innerer Vielfalt. Um es zunächst für den Islam zu konkretisieren: Es ist eigentlich kaum vorstellbar, dass sich Sunniten, Schiiten der verschiedenen Richtungen und Alewiten in *einer* akademischen Theologie und in *einem* islamischen Religionsunterricht repräsentiert sehen wollen. Schon im 19. Jahrhundert stießen die Bestrebungen der progressiven Juden nach akademisch-theologischer Repräsentanz auf Widerstand im konservativen und orthodoxen Judentum, die sich aus religiösen Gründen gegen die konfessionelle Einbindung aussprachen, weil diese als bevormundend und fremdbestimmend empfunden wurde. Eine solche Reaktion ist auch bei den muslimischen Gemeinden immer noch gut vorstellbar. Ein erster Schritt zur Lösung dieses Problems wäre eine ‚konfessionelle' Profil-

---

[17] Vgl. ARNULF VON SCHELIHA, Religion als Kultur oder kultivierte Religion. Der Religionsbegriff und seine Grenzen mit Blick auf Judentum, Islam und Christentum, in: ALEXANDER GRAU u. a. (Hg.), Religion. Facetten eines umstrittenen Begriffs, Leipzig 2014, 44–64.

bildung der verschiedenen Standorte für Islamische Theologie.[18] Aber gerade eine solche Profilbildung würde die Frage nach der organisierten Präsenz des Islam noch einmal dringlicher machen. Sie ist bei der korporativen Religionsgovernance stets vorausgesetzt, im Islam, wie erwähnt, aber gerade nicht gegeben. Wenn sich der Islam aus diesem Grund religionspolitisch nicht entlang seiner Glaubensrichtungen organisieren lässt, könnte dieser Sachverhalt langfristig den Druck auf die christlichen Kirchen und konfessionellen Theologien erhöhen, in der akademischen Ausbildung und im schulischen Religionsunterricht stärker als bisher zu kooperieren. In einigen Bundesländern, darunter Niedersachsen und Baden-Württemberg, wurde bereits ein sogenannter konfessionell kooperativer Religionsunterricht für bestimmte Schulstufen eingeführt, dabei wirkten politischer und schulpädagogischer Druck durchaus mit. Schließlich werden sich auch Muslime den staatlichen Lenkungsversuchen immer wieder entziehen, nicht nur aus Gründen ihrer inneren Vielfalt, sondern auch aus den gleichen Gründen, die viele Protestanten auf Abstand zu ihren Kirchen gehen lassen, etwa in den evangelischen Freikirchen. Man kann hier auf hybride Konstruktionen islamischer Identität jenseits der orthodoxen Religiosität denken[19] wie an die sogenannten Kulturmuslime wie zum Beispiel Hilal Sezgin[20] oder Navid Kermani[21], die vor einer religionspolitischen Überidentifizierung insbesondere von Menschen islamischen Glaubens warnen und die in öffentlichen Debatten zunehmend Beachtung finden.

Drittens kann eine ähnliche Ambivalenz auch mit Blick auf ein anderes Phänomen beschrieben werden. Den Zufluss von Studierenden für die Lehrämter kann der Staat durch seine Politik der Einstellung von islamischen Religionskräften selbst steuern. Im Blick auf die projektierte Imam-Ausbildung geht das nicht. Hier sind die Moscheegemeinden die Anstellungsträger von Absolventen der universitären Studiengänge. Für die Anwerbung von Studierenden ist nun eine Standardisierung von Karriereweg und Berufsbild mit entsprechender Gehaltserwartung erforderlich.[22] Davon ist man gegenwärtig noch weit entfernt. Daher wird man sich darauf einstellen müssen, dass es neben der jetzt angestrebten akademischen Ausbildung von Imamen weiterhin andere Zugangswege zum Imamat geben wird, sei es durch Entsendung von

---

[18] In der Tat gibt es gegenwärtig keinerlei Abstimmung über die Profilbildung oder ‚konfessionelle' Ausrichtung der akademischen Standorte für Islamische Theologie.

[19] Vgl. RIEM SPIELHAUS, Wer ist hier Muslim? Die Entwicklung eines islamischen Bewusstseins in Deutschland zwischen Selbstidentifikation und Fremdzuschreibung, Würzburg 2011.

[20] Vgl. HILAL SEZGIN, Von Religion sprechen und schweigen, in: ALEXANDER HEIT u. a. (Hg.), Religions-Politik II. Zur pluralistischen Religionskultur in Europa, Zürich/Baden-Baden 2012, 171–186.

[21] Vgl. NAVID KERMANI, Wer sind wir? Deutschland und seine Muslime, München 2009.

[22] Vgl. zu diesem Thema BÜLENT UCAR (Hg), Imamausbildung in Deutschland, Göttingen 2010.

Gast-Imamen aus der Türkei, sei es, dass die islamischen Organisationen selbst die Ausbildung in die Hand nehmen, wie es etwa auch bei der orthodoxen Rabbiner-Ausbildung der Fall ist[23] oder auch bei den christlichen Freikirchen. Die Diagnose lautet: Auf Grund der fortgeschrittenen pluralen Binnendifferenzierung aller großen Religionen besteht die Möglichkeit, die Voraussetzungen zum Zugang in die religiösen Funktionseliten in staatlicher Obhut zu monopolisieren, nicht (mehr). Auch hier stößt die Religionspolitik an die Grenze der Selbstbestimmung der religiösen Korporationen.

Viertens, die Konfessionalisierung wird die Sichtbarkeit der Präsenz des Islam im öffentlichen Raum steigern. Es wird mehr Moscheen, Minarette und mehr Kopftücher geben. Diese Entwicklung wird die Frage nach deren öffentlicher Akzeptanz aufwerfen. Die Volksabstimmung in der Schweiz vom November 2010 und die Pegida-Demonstrationen zeigen, dass diese Akzeptanz nicht einfach vorausgesetzt werden kann. An dem Schweizer Votum wird deutlich, dass sich beste integrationspolitische Absichten mit dem Wunsch verbinden, dass mit der Beheimatung von Muslimen ihre Religion verschwindet. Das aber ist weder zu erwarten noch wünschenswert, weil zur positiven Religionsfreiheit gehört, dass die Religionen sichtbar werden. Insofern ist das Sichtbarwerden der Religion des Islam im öffentlichen Raum nicht als kulturelle Überfremdung zu deuten, sondern als Ausdruck gelingender Integration auf der Basis von Freiheit. Freilich gehört zu dieser Entwicklung auch eine Kehrseite. Denn mit der institutionellen Stärkung des Islam wird on the long run der gleiche Effekt eintreten, den wir von den christlichen Kirchen kennen: Die Mobilisierung des Einzelnen wird zurückgehen und das Partizipationsverhalten der Muslime wird sich dem der volkskirchlichen Christen angleichen. Das muss nicht als Schwund der vitalen Religion gedeutet werden. Es kann religionssoziologisch auch als Phänomen der Individualisierung und Privatisierung des religiösen Lebens verstanden werden, oder religionsphilosophisch als zur Natur der Religion selbst gehörig. Denn die transzendenten Quellen, aus denen sich die Religionen speisen, gehen nicht in den gegebenen Religionskulturen auf. Vielmehr gehört es zum freiheitlichen Wesen der Religion, das sie sich immer wieder vom Gegebenen und Gemachten emanzipiert.

Fazit: Wir sind gegenwärtig Zeugen einer forcierten Religionspolitik, die auf Vermeidung einer Kulturkampfstimmung zielt und dabei beachtliche Erfolge erzielt. Im Hintergrund stehen die Erfahrungen der europäisch-nationalistischen Kulturkämpfe des 19. und 20. Jahrhunderts, die besagen, dass die Loyalität zum Nationalstaat nicht auf Kosten der Religionsfreiheit und kulturellen Vielfalt zu haben ist. Insbesondere mit Blick auf den Islam verspricht man sich von der aktuellen Steuerung dessen Integration und Zivilisierung.

---

[23] Zum Beispiel beim 2004 neu gegründeten orthodoxen Rabbinerseminar in Berlin: www.rabbinerseminar.de (Zugriff: 30.04.2018).

Zugleich erwartet man, dass er das sittliche Fundament des freiheitlichen Staates mitträgt. Die akademische Ausbildung der religiösen Eliten ist für dieses Ziel ein hierzulande bewährtes Medium. Freilich ist vor zu hohen Erwartungen an diese Religionspolitik zu warnen. Denn schon Bismarck machte die Erfahrung, dass man der Religion weder durch staatliche Umarmung noch mit Kampfmaßnahmen Herr wird. Denn das religiöse Bewusstsein speist sich am Ende aus einer eigenen Quelle, die jedem menschlichen Zugriff entzogen ist. Insofern ist damals wie heute vor einer religionspolitischen Selbstüberschätzung zu warnen.

Zwischen christlicher Leitkultur und Laizismus

Zur religionspolitischen Willensbildung der Parteien in Deutschland

1. Einleitung

Am 27. Juni 2013 hat der 17. Deutsche Bundestag einen Gesetzentwurf der Fraktion *Die Linke* in zweiter Lesung mit der Mehrheit des Hauses abgelehnt, der die bundesgesetzlichen Voraussetzungen für die in Art. 140 GG i. V. mit Art. 138. Abs. 1 WRV geforderte Ablösung der Staatsleistungen an die Religionsgesellschaften, insbesondere an die christlichen Kirchen schaffen wollte. Diese seit 88 Jahren in Deutschland geltende Verfassungsnorm ist bis heute uneingelöst, obgleich im juristischen Diskurs die Stimmen lauter werden, die die Umsetzung dieser Bestimmung fordern.[1] Auch einige evangelische Kirchen haben Offenheit dafür signalisiert.[2] Dennoch hat sich auch der 18. Deutsche Bundestag, dessen Legislatur im Jahr 2017 zu Ende geht, nicht mit diesem Thema auseinandergesetzt. Insgesamt haben sich seine Vertreter bis auf eine Ausnahme, auf die zurückzukommen sein wird, mit religionspolitischen Fragen nicht beschäftigt.

Unter Religionspolitik verstehe ich mit Ulrich Willems „alle jene politischen Prozesse und Entscheidungen, in denen die religiöse Praxis von Individuen einschließlich ihrer kollektiven Ausdrucksformen sowie der öffentliche Status, die Stellung und die Funktionen von religiösen Symbolen, religiösen Praktiken und Religionsgemeinschaften in politischen Gemeinwesen geregelt werden"[3]. Die

---

[1] Vgl. ARNULF VON SCHELIHA, Plurale Religionskultur und Theorie des Christentums, in: MIRIAM ROSE/MICHAEL WERMKE (Hg.), Konfessionslosigkeit heute. Zwischen Religiosität und Säkularität, Leipzig 2014, 81–97, 85–86.

[2] Vgl. EPD-BERICHT, Bischof Meister hält Ablösung von Staatsleistungen für denkbar, 20.10.2013 (https://www.evangelisch.de/inhalte/89302/20-10-2013/bischof-meister-haelt-ab loesung-von-staatsleistungen-kirchen-fuer-denkbar [Zugriff: 30.04.2018]); vgl. EPD-BERICHT, Evangelische Kirche zu Gesprächen über Staatsleistungen bereit, 12.11.2013 (https://www.evan gelisch.de/inhalte/89916/12-11-2013/evangelische-kirche-zu-gespraechen-ueber-staatsleistun gen-bereit [Zugriff: 30.04.2018]).

[3] ULRICH WILLEMS, Religionspolitik in der Bundesrepublik Deutschland 1945–1999. Die politische Regulierung der öffentlichen Stellung von Religion und Religionsgemeinschaften, in: DERS. (Hg.), Demokratie und Politik in der Bundesrepublik 1949–1999, Opladen 2001, 137–162, 137.

hauptsächliche Regelungskompetenz auf diesem Gebiet fällt in Deutschland aufgrund ihrer Kulturhoheit den Bundesländern zu. Diese sind in dieser Frage unterschiedlich aktiv. Die Hansestädte Hamburg und Bremen haben in den Jahren 2012 beziehungsweise 2013 sogenannte Staatsverträge mit muslimischen Verbänden und Organisationen geschlossen und versuchen mit diesem Instrument, die Religion des Islams in die Religionskultur zu integrieren. In Niedersachsen wurde ein solcher Vertrag vorbereitet, er liegt jedoch gegenwärtig auf Eis.[4] In denjenigen Ländern, in denen der islamische Religionsunterricht nach Art. 7 Abs. 3 GG als ordentliches Lehrfach in den öffentlichen Schulen eingeführt wurde beziehungsweise wird, kooperieren die zuständigen staatlichen Stellen mit den islamischen Dachorganisationen, um die erforderliche Übereinstimmung mit den Grundsätzen der Religionsgemeinschaften herzustellen. Gleiches gilt mit Bezug auf die Einrichtung der sogenannten bekenntnisgebundenen Lehrstühle an den Universitäten, die die künftigen Religionslehrkräfte akademisch ausbilden. Im Einzelnen gehen die Bundesländer unterschiedliche Wege, deren rechtliches Fundament umstritten ist[5] und deren Begehbarkeit sehr stark vom politischen Willen der Akteure abhängt.[6]

Daneben erlangen in den Bundesländern immer mehr Religionsgemeinschaften auf eigenen Antrag den Status einer Körperschaft des öffentlichen Rechtes nach Art. 140 GG i. V. mit Art 137 Abs. 5 WRV, was in der Regel durch einen Verwaltungsakt vollzogen wird. Nordrhein-Westfalen kann sogar die Zustimmung des Landtages vorsehen.[7] Inzwischen haben in Deutschland circa vierhundert Religionsgemeinschaften diesen Status erreicht,[8] allerdings nicht die großen islamischen Verbände und Organisationen. Das hat verschiedene Gründe, über die bekanntlich kontrovers diskutiert wird.

Ein weiteres religionspolitisches Thema, nämlich das kirchliche Arbeitsrecht, beschäftigt vor allem die Gerichte. Einerseits hatte der Europäische Gerichtshof für Menschenrechte (EGMR) im September 2010 geurteilt, dass

---

[4] Vgl. KLAUS WIESCHEMEYER, Weil beendet Gespräche zu Islamvertrag, in: NEUE OSNABRÜCKER ZEITUNG, 21.01.2017, 5.

[5] Vgl. Hartmut Kreß, der den Stand der Dinge als „verfassungsrechtlich grenzwertig" beschreibt. (HARTMUT KRESS, Klärungsbedarf im Religionsrecht, in: ZEITSCHRIFT FÜR RECHTSPOLITIK 49 (2016), 115–118, 115).

[6] Vgl. ARNULF VON SCHELIHA, Religionspolitische Konstellationen und wissenschaftsethische Forderungen im Zusammenhang mit der Etablierung von Zentren für Islamische Theologie, in ULRICH WILLEMS/ASTRID REUTER/DANIEL GERSTER (Hg.), Ordnungen religiöser Pluralität. Wirklichkeit – Wahrnehmung – Gestaltung, Franfurt/New York 2016, 581–599.

[7] Vgl. § 2 Abs. 1 des Gesetzes zur Regelung der Verleihung von Körperschaftsrechten an Religions- und Weltanschauungsgemeinschaften in Nordrhein-Westfalen (Körperschaftsstatusgesetz).

[8] Vgl. Übersicht des Bundesinnenministeriums in: BUNDESINNENMINISTERIUM, Religion- und Weltanschauungsgemeinschaften (http://www.bmi.bund.de/PERS/DE/Themen/Informationen/Religionsgemeinschaften/religionsgemeinschaften_node.html [Zugriff: 30.04.2018])

das in Artikel 8 der Europäischen Menschenrechtskonvention verbriefte Recht jeder Person auf Achtung des Privat- und Familienlebens in jedem Fall in ein Abwägungsverhältnis zum kirchlichen Arbeitsrecht gebracht werden muss. Es dürfen also im Streitfall nicht einseitig die im kirchlichen Arbeitsrecht besonders geschützten Arbeitgeberbelange berücksichtigt werden. Andererseits hat das Bundesverfassungsgericht am 22. Oktober 2014 aus Anlass einer Verfassungsbeschwerde der römisch-katholischen Kirche entschieden, dass das korporative Selbstbestimmungsrecht der Kirche Priorität vor den individuellen Grundrechten hat. Die Lage auf diesem Terrain ist unübersichtlich. Der Veränderungsdruck kann nicht übersehen werden.[9]

Kann man angesichts dieser Entwicklungen von einer „Krise der bundesdeutschen Religionspolitik" sprechen? Wären die Gründe dafür in der Unzulänglichkeit des geltenden Religionsverfassungsrechts zu suchen? Diese beiden Fragen sollen hier insoweit einer vorläufigen Antwort zugeführt werden, als zu vermuten ist, dass grundlegende religionspolitische Bewegungen vor allem von den politischen Parteien und ihren Fraktionen in den Parlamenten initiiert werden dürften. Allerdings findet die religionspolitische Programmarbeit der Parteien im religionspolitischen Diskurs in der Regel weniger starke Beachtung. Der Fokus liegt mehr auf der Judikatur und auf den Exekutiven. Indes wirken nach Art. 21 GG die Parteien bei der politischen Willensbildung mit. Insofern kann die Programmarbeit der Parteien als religionspolitischer Seismograph verstanden werden. Dazu kommt, dass die Partei *Alternative für Deutschland* (AfD) sich in den Wahlkämpfen religionspolitisch deutlich positioniert und sich davon erhebliche Zustimmung in der Wählerschaft verspricht.[10] Aber auch andere Parteien haben sich in der jüngeren Vergangenheit mit den Religionen beschäftigt. So haben *Bündnis 90 Die Grünen*[11] unlängst einen Beschluss zu religionspolitischen Themen gefasst. Die *Freie Demokratische Partei* (FDP) hat sich auf dem Bundesparteitag 2016 mit einem ausführlichen Antrag zur Religionspolitik aus Zeitgründen nicht befassen können. Das Papier wird dem

---

[9] Vgl. dazu aus theologischer Perspektive HARTMUT KRESS, Die Sonderstellung der Kirchen im Arbeitsrecht – sozialethisch vertretbar? Ein deutscher Sonderweg im Konflikt mit den Grundrechten, Baden-Baden 2014.

[10] Dem Islam ist in diesem Programm ein eigener Abschnitt gewidmet: Abs. 7.6.: „Der Islam im Spannungsverhältnis zu unserer Werteordnung". Überdies wird auf den Islam auch bei anderen Sachthemen immer wieder Bezug genommen. Vgl. AfD, Programm für Deutschland. Das Grundsatzprogramm der Alternative für Deutschland (http://alternativefuer.de/wp-content/uploads/sites/7/2016/05/2016-06-27_afd-grundsatzprogramm_web-version.pdf [Zugriff: 30.04.2018]), 48–50.

[11] BÜNDNIS 90 DIE GRÜNEN, Religions- und Weltanschauungsfreiheit in der offenen Gesellschaft, Beschluss der 40. Ordentlichen Bundesdelegiertenkonferenz, Münster 11.–13. November 2016 (https://www.gruene.de/fileadmin/user_upload/Dokumente/BDK_2016_Muenster/RW-01_Religions-_und_Weltanschauungsfreiheit.pdf [Zugriff: 30.04.2018]).

Parteitag 2017 wieder vorgelegt.[12] Die Teile IV–VII wurden zwischenzeitlich vom Bundesvorstand als Arbeitspapier beschlossen. Auch die bayerische *Christlich-Soziale Union* (CSU) hat in ihrem 2016 beschlossenen, mit ‚Die Ordnung' betitelten Grundsatzprogramm einige markante Sätze zur Religionspolitik formuliert.[13] Bei der *Christlich Demokratischen Union* (CDU), der *Sozialdemokratischen Partei Deutschlands* (SPD) und der Partei *Die Linke* gelten die Bestimmungen der etwas älteren Grundsatzprogramme.

In diesem Beitrag werden die Programme der wichtigen Parteien daraufhin untersucht, ob, in welchem Umfang und mit welcher Richtung religionspolitische Initiativen in den nächsten Jahren zu erwarten sind und wie vor diesem Hintergrund die gegenwärtige Lage in der Religionspolitik zu beurteilen ist. Die Programme für die Bundestagswahl 2017 werden, soweit sie bei Abschluss dieses Beitrages vorlagen und sofern religionspolitische Forderungen in sie eingegangen sind, berücksichtigt. Dabei wird thematisch vorgegangen, um durch eine transparente Darstellung zu einem Vergleich der religionspolitischen Willensbildungen und zu einer abschließenden Bewertung zu gelangen.

2. Historische und normative Grundlagen der Religionspolitik

2.1. Geschichtsdeutung und Ideenpolitik

Die religionspolitische Bedeutung von Geschichtsbildern wird schlaglichtartig durch die islamfeindliche Ausrichtung der AfD kenntlich. Im Mittelpunkt steht hier die Verteidigung einer „deutschen Leitkultur, die sich im Wesentlichen aus drei Quellen speist: erstens der religiösen Überlieferung des Christentums, zweitens der wissenschaftlich-humanistischen Tradition, deren antike Wurzeln in Renaissance und Aufklärung erneuert wurden, und drittens dem römischen Recht, auf dem unser Rechtsstaat fußt"[14]. Spezifische Merkmale der deutschen Leitkultur sind für die AfD neben der freiheitlich-demokratischen Grundordnung die deutsche Sprache, die deutsche Kultur (insbesondere die Theater- und Orchesterlandschaft) sowie der alltägliche Umgang miteinander, das Verhältnis der Geschlechter und das Verhalten der Eltern gegenüber ihren Kindern. Der Nationalstaat bildet für die AfD die geeignete Form, in

---

[12] Nach der Beschlussvorlage für den Bundesparteitag 2016 wird hier zitiert: FDP, Vielfalt der Religionen – 500 Jahre nach der Reformation, in: FDP, Anträge zum 67. Bundesparteitag vom 24.–25. April 2016, 157–166. (https://www.fdp.de/sites/default/files/uploads/2016/03/31/201603301702antragsbuch67ordbundesparteitagderfdp.pdf [Zugriff: 30.04.2018]).

[13] CSU, Die Ordnung. Grundsatzprogramm der Christlich-Sozialen Union, beschlossen auf dem Parteitag am 5. November 2016 (http://csu-grundsatzprogramm.de/wp-content/uploads/CSU_Grundsatzprogramm.pdf [Zugriff: 30.04.2018]).

[14] AfD, Programm für Deutschland, 2016, 47.

der diese kulturelle Identität gewahrt und weiterentwickelt werden kann. Die europäischen Verträge von Maastricht (1992) und Lissabon (2007) markieren daher einen epochalen Einschnitt, nämlich die Preisgabe der Souveränität Deutschlands, die Öffnung des Landes für Migranten und damit den Beginn eines sogenannten Staatsversagens, wie namhafte Vertreter der AfD vor allem während der ‚Flüchtlingskrise' immer wieder betonten. Daher sei die deutsche Leitkultur politisch durch die EU und weltanschaulich durch die „Ideologie des Mulitkulturalismus"[15] gefährdet, insbesondere durch die Religion des Islams, die „mit unseren Werten unvereinbar"[16] sei. Die nationalstaatliche Epoche auf freiheitlich-demokratischer Basis mit der religiösen Dominanz der christlichen Kirchen, wie sie insbesondere für die Bonner Republik charakteristisch war, also die Zeit zwischen 1949 und 1992 wird in diesem Programm gewissermaßen als die klassische Zeit deutscher Leitkultur ausgewiesen, an der sich die (Religions-)Politik auch „im Zeitalter der Globalisierung und Digitalisierung"[17] zu orientieren habe.

Ideenpolitisch motivierte Geschichtsdeutung findet sich auch bei den großen Parteien, sie wird allerdings ganz anders konfiguriert. Die CDU sieht ihre geistigen „Grundlagen [...] in der Sozialethik der christlichen Kirchen, in der liberalen Tradition der Aufklärung [...] sowie im [...] Widerstand gegen den Nationalsozialismus"[18] und fügt hinzu: „Zur Identität der CDU gehören auch die friedliche Revolution von 1989, die die kommunistische Diktatur der DDR überwand, und die Wiedervereinigung unseres Vaterlandes". Es folgen die Berufung auf das christliche Menschenbild, das universal und ethisch verstanden wird („Verantwortung gegenüber dem Nächsten") sowie das Bekenntnis zur europäischen Prägung der Kultur, in die die „Besonderheiten der deutschen Geschichte" eingehen. Das Verständnis der „Leitkultur" ist bei der CDU also „europäisch geprägt und orientiert". Das „besondere Verhältnis zwischen Staat und Kirche", das ausdrücklich betont wird, gehört zu den bi-konfessionellen Erfahrungen der deutschen Geschichte.[19]

Die CSU konstruiert die historische Vergewisserung ganz ähnlich. Sie nennt als geistige Wurzeln die katholische Soziallehre, die protestantische Sozialethik, den Humanismus und die Aufklärung.[20] Als historisch-relevante Epochen werden der politische Neuanfang „nach den Schrecken der nationalsozialistischen

---

[15] Ebd.
[16] A.a.O., 48–49.
[17] A.a.O., 47.
[18] CDU, Freiheit und Sicherheit. Grundsätze für Deutschland. Das Grundsatzprogramm, 3.–4. Dezember 2007 (https://www.cdu.de/system/tdf/media/dokumente/071203-beschluss-grundsatzprogramm-6-navigierbar_1.pdf?file=1&type=field_collection_item&id=1918 [Zugriff: 30.04.2018]), 5.
[19] A.a.O., 5 und 14.
[20] Vgl. CSU, Die Ordnung, 1.

Herrschaft", die Wiedervereinigung Deutschlands und die europäische Einigung genannt, an die man anschließt. In der näheren Beschreibung derjenigen Werte, auf die man sich politisch bezieht, wird summarisch von „christlichen Werten" oder von „christlich-jüdisch-abendländischen Werten" gesprochen. Dominant sei die christliche Prägung von Heimat, Land, Kalender, Orten und Brauchtum. Zu dieser Prägung gehört auch „die Unterscheidung von Religion und Staat".[21] Der Begriff der deutschen Leitkultur gehört zu den tragenden Kategorien und wird in dem Dokument insgesamt zehn Mal verwendet.

Die SPD bekennt sich in ihrem *Hamburger Programm* „zum jüdisch-christlichen und humanistischen Erbe Europas"[22]. An einer anderen Stelle wird der Rekurs auf die jüdisch-christliche Tradition spezifiziert, deren Beeinflussung durch griechische Philosophie, römisches Recht und arabische Kultur hervorgehoben wird.[23] Hier wird ein breites ideenpolitisches Identifikationsangebot vorgelegt. Konsequenter Weise heißt es im Regierungsprogramm 2017–2021 „Muslime und der Islam sind Teil unseres Landes."[24] Darüber hinaus wird die Beschreibung der Errungenschaften der neuzeitlichen Freiheitsgeschichte – Überwindung des Nationalsozialismus, Auflösung der kommunistischen Diktaturen, Sozialstaatlichkeit, Europäische Einigung, globale Öffnung der Märkte – dafür genutzt, um diejenigen politischen Aufgaben der Gegenwart zu identifizieren, denen sich die Partei konkret widmen will.

Die Partei *Die Linke* bekennt sich in ihrem Parteiprogramm zum Laizismus, worunter man freilich nicht die strikte Privatisierung des religiösen Lebens in Frankreich versteht, sondern bloß „die notwendige institutionelle Trennung von Staat und Kirche"[25]. Mit der Begriffswahl wird jedoch eine Distanz gegenüber den Religionen zum Ausdruck gebracht. Die ideengeschichtliche Verortung der „Ziele und Werte" der Partei bleiben summarisch. Sie haben „in den großen Religionen genauso ihre Wurzeln [...] wie in den Ideen der Aufklärung und des Humanismus: Soziale Gerechtigkeit, Frieden, Nächstenliebe und Toleranz"[26]. Einzelne Religionen werden nicht genannt. Es wird aber darauf hingewiesen, dass sich auch „Christinnen und Christen" in der Partei engagieren[27].

---

[21] A.a.O., 9.
[22] SPD, Hamburger Programm. Grundsatzprogramm der Sozialdemokratischen Partei Deutschlands, 28. Oktober 2007 (https://www.spd.de/fileadmin/Dokumente/Beschluesse/Grundsatzprogramme/hamburger_programm.pdf [Zugriff: 30.04.2018]), 39.
[23] Vgl. ebd.
[24] SPD, Es ist Zeit für mehr Gerechtigkeit: Zukunft sichern, Europa stärken. Regierungsprogramm 2017–2021, 2017 (https://www.spd.de/fileadmin/Dokumente/Regierungsprogramm/SPD_Regierungsprogramm_BTW_2017_A5_RZ_WEB.pdf [Zugriff: 30.04.2018]), 88.
[25] DIE LINKE, Programm der Partei Die Linke, Dezember 2011, (https://www.die-linke.de/fileadmin/download/grundsatzdokumente/programm_formate/programm_der_partei_die_linke_erfurt2011.pdf [Zugriff: 30.04.2018]), 56.
[26] A.a.O., 56–57.
[27] A.a.O., 56.

Die Partei *Bündnis 90 Die Grünen* trägt in ihrem Parteitagsbeschluss keine ideengeschichtliche Ableitung ihrer Werte und Ziele vor, sondern macht Ernst mit dem religiösen Pluralismus der Gegenwart. Deutlich wird gesagt: „Es braucht keine Religion oder Weltanschauung, um Werte zu haben und zu leben"[28]. Die Menschenrechte, die historisch nicht abgeleitet werden, bilden den argumentativen Rahmen, in dem die religiösen Werte für die Angehörigen der jeweiligen Religionen gelten können, wobei ausdrücklich betont wird, dass die verschiedenen Religionen unterschiedliche Werte bevorzugen würden. Daraus ergibt sich der religionspolitische Gestaltungsbedarf, der unter dem Regime der Menschenrechte steht, dem alle Religionen unterworfen sind.[29]

Bemerkenswert ist in diesem Zusammenhang das religionspolitische Papier der FDP. Sie präsentiert zwar ebenfalls die übliche Herleitung der geltenden Werte der Partei „aus Ideen [...] der griechisch-römischen Antike, des Judentums, des Christentums, des Humanismus und der Aufklärung ebenso wie aus geschichtlichen Erfahrungen wie der Reformation, den Religionskriegen, Weltkriegen, Gewaltherrschaft und der Shoah"[30]. Aber zwei gewichtige Modifikationen werden angebracht. Einmal würdigt die FDP die eigenständige Bedeutung des Judentums und zählt den Holocaust zu den relevanten historischen Erfahrungen. Sodann wird der von ihr bejahte und in der Partei repräsentierte religiöse und weltanschauliche Pluralismus ideengeschichtlich auf die Reformation zurückgeführt, der die Partei ein eigenes Kapitel widmet. Als in die Gegenwart weisende Merkmale der Reformation werden die Freisetzung des kritischen Individuums, die Gewissens- und Religionsfreiheit und die Lehre von den zwei Regimentern Gottes als einer Wurzel für die spätere Trennung von Kirche und Staat sowie die Stärkung der territorialfürstlichen Gewalt als Beginn des deutschen Föderalismus genannt. In dem kurzen Abriss werden auch die Schattenseiten der Reformation nicht verschwiegen. Mit dieser geschichtsphilosophischen Vergewisserung der Herkunft der eigenen Gegenwart in der christlichen Religionsgeschichte dürfte die FDP in der deutschen Parteienlandschaft einzigartig dastehen. Dies gilt auch deshalb, weil sich mit dieser ideengeschichtlichen Reminiszenz keine Bevorzugung des Christentums oder des Protestantismus verbindet, sondern der religiöse Pluralismus unter Einschluss von Judentum, Islam und anderen Religionsgemeinschaften als in der deutschen beziehungsweise europäischen Geschichte verankert dargelegt wird. Der Rückgriff auf ein Datum der christlichen Religionsgeschichte dient also dazu, Freiheit und religiösen Pluralismus kulturell zu begründen und damit auch dazu, die faktische Dominanz der christlichen Kirchen auf dem religionspolitischen Terrain einzudämmen.

---

[28] BÜNDNIS 90 DIE GRÜNEN, Beschluss, 1.
[29] Vgl. a. a. O., 2, Satz 4.
[30] FDP, Vielfalt der Religionen, Z. 283–286.

Sieht man von *Bündnis 90 Die Grünen* und der Partei *Die Linke* einmal ab, so gehört historische Vergewisserung für die Parteien zur Grundlegung ihrer Religionspolitik. Aber es werden verschiedene ideenpolitische Ziele verfolgt. AfD und CSU zielen – in freilich unterschiedlicher Intensität – auf die Ableitung einer christlich geprägten deutschen Leitkultur. Auch bei der CSU heißt es markant: „Wir müssen der Selbstrelativierung unserer Kultur, Tradition und christlichen Prägung entgegentreten."[31] CDU und SPD füllen den Begriff der Leitkultur mit einer ideengeschichtlichen Synthese, die auch humanistische, europäische und – im Falle der SPD – auch nicht-europäische Merkmale aufnimmt. Einzig die FDP führt den eigenständigen Beitrag der jüdischen Religion und ihrer historischen Erfahrungen in der ideengeschichtlichen Ableitung auf und gelangt zu einem konsistenten Verständnis des religiösen Pluralismus der Gegenwart, während die anderen Parteien zwar wohlmeinend von der jüdisch-christlichen Tradition sprechen, durch diese vordergründige Formel den – insbesondere aus jüdischer Sicht – unverrechenbaren Eigenanteil der jüdischen Kultur jedoch nicht würdigen, sondern unterdrücken.

2.2. Religionsfreiheit

Das Menschen- und Grundrecht auf Religionsfreiheit wird von allen Parteien als grundlegend angesehen. Die staatliche Neutralität wird durchweg betont, ebenso die Gewährleistung der Religionsfreiheit und die formelle Gleichbehandlung der Religionsgemeinschaften. Die öffentliche Präsenz der Religionen und ihre zivilgesellschaftliche Bedeutung werden durchweg positiv gewürdigt.[32] Stimmen, die einen Schwenk hin zum französischen Laizismus befürworteten, bilden eine Minderheit.[33] Allerdings werden unterschiedliche Akzente gesetzt. So setzen sich *Bündnis 90 Die Grünen*, FDP, *Die Linke* und die AfD dafür ein, öffentliche Kritik an den religiösen Traditionen, Symbolen und Praktiken zuzulassen und den Straftatbestand der Blasphemie abzuschaffen.[34]

FDP und *Bündnis 90 Die Grünen* würdigen eigens die Freiheit, *keiner* Religion anzuhängen. Letztere möchten die negative Religionsfreiheit sogar stär-

---

[31] CSU, Die Ordnung, 8.
[32] Vgl. SPD, Hamburger Programm, 2007, 39.
[33] Vgl. MATTHIAS DROBINSKI, Der Konsens zwischen Staat und Kirche bröckelt, 19. April 2016 (http://www.sueddeutsche.de/politik/staat-und-kirche-bruechiger-konsens-1.2956663 [Zugriff: 30.04.2018]).
[34] Die FDP fordert die Abschaffung des Blasphemie-Tatbestandes (vgl. DIES., Vielfalt der Religionen, Z. 272/273) und die Zulässigkeit externer Religionskritik (vgl. a. a. O., Z. 262–269 und 321–325). Ähnlich argumentieren *Bündnis 90 Die Grünen* (vgl. DIES., Beschluss, 2 und 6) und die AfD (vgl. DIES., Programm für Deutschland, 49, 7.6.2). Der Passus bei der AfD ist auf den Islam zugeschnitten und mit dem bezeichnenden Zusatz versehen: „Die AfD wendet sich gegen eine Diffamierung von Islamkritik als ‚Islamophobie' oder ‚Rassismus'."

ken, die in ihren Augen „bislang häufig vernachlässigt oder gar ignoriert worden" ist. Darunter versteht die Partei „das Recht, keinen Glauben oder Weltanschauung zu haben, zu pflegen und [...] von den Glaubensvorstellungen anderer [...] im eigenen Freiheitsbereich nicht beschränkt zu werden"[35]. Die negative Religionsfreiheit wird also ihrerseits in einem positiven Sinn verstanden, gewissermaßen als eine Art Leistungsrecht mit der Folge, dass *Bündnis 90 Die Grünen* die organisierten religionslosen Akteure als Player innerhalb der Religionskultur anerkennen und mit entsprechenden Privilegien ausstatten möchten. Zugleich wollen sie der positiven Religionsfreiheit Grenzen setzen, sofern sie zur Diskriminierung, vor allem von Frauen und Andersgläubigen instrumentalisiert wird. Auch von der SPD wird diese Gefahr, der politisch entgegenzuwirken sei, benannt.[36] Darüber hinaus fordern *Bündnis 90 Die Grünen*, dass die Privilegien, die den christlichen Kirchen etwa im Bereich der öffentlichen Trauerkultur, im Bestattungswesen, in der Repräsentanz in öffentlichen Einrichtungen oder bei Feiertagsregelungen zukommen, abzubauen sind und dass die Religionspluralität durch politische Maßnahmen öffentlich sichtbarer werden soll.

Die CDU betont vor allem die außenpolitische Relevanz der Religionsfreiheit und setzt damit einen eigenen Akzent. „Wir erwarten von den Staaten und Regierungen in aller Welt, dass sie in ihren Ländern Religionsfreiheit gewähren"[37], so heißt es in ihrem Grundsatzprogramm. Während der 18. Legislaturperiode des Deutschen Bundestages fand daher auf Initiative der CDU/CSU-Bundestagsfraktion Ende 2016 eine internationale Parlamentarierkonferenz in Berlin statt. An ihr nahmen rund 110 Abgeordnete verschiedener Religionen und politischer Ausrichtung aus sechzig Ländern teil, um über die Religionsfreiheit zu diskutieren. Im Fokus standen dabei Verfolgung und Diskriminierung von Christinnen und Christen. Die CDU/CSU-Bundestagsfraktion wirkte zudem maßgeblich auf den am 2. Juli 2015 gefassten Beschluss des Deutschen Bundestages hin, nach dem die Bundesregierung einen Bericht zur weltweiten Lage der Religions- und Weltanschauungsfreiheit erstellen soll, der am 2. Juni 2016 vorgelegt,[38] im Plenum diskutiert und zur weiteren Befassung an die zuständigen Ausschüsse überwiesen wurde. In der Debatte wurden die unterschiedlichen religions- und außenpolitischen Positionen der Parteien deutlich. Die Fraktion der CDU/CSU stellte das Thema Christenverfolgung deutlich in den Vordergrund. Diese auswärtige Religionsfreiheit ist das einzige religionspolitische Thema, dessen sich der

---

[35] BÜNDNIS 90 DIE GRÜNEN, Beschluss, 2.
[36] Vgl. SPD, Hamburger Programm, 39–40.
[37] CDU, Grundsatzprogramm, 88.
[38] DEUTSCHER BUNDESTAG, Bericht der Bundesregierung zur weltweiten Lage der Religions- und Weltanschauungsfreiheit, 09.06.2016 (Drucksache 18/8740).

Fraktionsbeauftrage für Kirchen und Religionsgemeinschaften, Franz Josef Jung, in dieser Wahlperiode angenommen hat.

Die Religionsfreiheit wird von der CSU etwas schmallippig anerkannt, insofern sie sie stets zusammen mit ihren Grenzen behandelt.[39] Denn ihr starkes Bekenntnis zum christlichen Menschenbild und zur christlichen Prägung von Alltag und Heimat führt zur Forderung, dass die „Werteordnung und die Prägung des Landes"[40] anerkannt werden müsse. In diesem Kontext fallen expliziten Abgrenzungen gegen einen „christenfeindlichen Islam"[41], gegen den „Politische[n] Islam"[42] und gegen religiös gesteuerte Versuche einer kulturellen Überfremdung. Positiv wird allerdings formuliert: „Wir begleiten die Entwicklung eines aufgeklärten, europäischen Islam, der sich auf unserer Wertebasis gründet."[43] Man hat den Eindruck, dass dem Islam eine selbstständige Entwicklung in diese Richtung nicht recht zugetraut wird und er deshalb zivilreligiösen Nachhilfeunterricht benötigt. Wohl aus diesem Grund legt die CSU einen Katalog vor, der diejenigen deutschen Gepflogenheiten auflistet, die Musliminnen und Muslime anzuerkennen hätten. Dieser entbehrt nicht der unfreiwilligen Komik, führt er doch neben der Anerkennung berufstätiger Frauen und der Ablehnung der Verschleierung auch den Händedruck und die Pflicht zum Abschiedsgruß auf. Weiterführende Impulse zur Weiterentwicklung des Religionsrechtes sind indes nicht erkennbar.

Die AfD bekennt sich zwar „uneingeschränkt zur Glaubens-, Gewissens- und Bekenntnisfreiheit", setzt ihr aber mit dem Verweis auf „unsere Werte"[44] sehr enge Grenzen. Die Religion des Islams wird unter Mobilisierung grober Pauschalurteile[45] so beschrieben, dass sie außerhalb dieser Grenzen zu stehen kommt. Mit ihren Forderungen, den Bau von Moscheen an starke Bedingungen zu knüpfen und Minarette sowie Muezzin-Rufe generell zu verbieten, entlarvt die Partei ihre Berufung auf die Religionsfreiheit im Grunde genommen als bloßes Lippenbekenntnis.

Die Wahrung der Religionsfreiheit wird, so zeigt sich zusammenfassend, von allen Parteien als politische Aufgabe verstanden. Der Ruf nach einem ‚starken Staat' ertönt dabei aus zwei Richtungen: Während *Bündnis 90 Die Grünen* den religiösen Pluralismus unter Einschluss der nichtreligiösen Akteure

---

[39] Vgl. CSU, Die Ordnung, 8, 13, 41.

[40] A. a. O., 13.

[41] „Ein christenfeindlicher Islam kann sich nicht auf die Religionsfreiheit berufen." (CSU, Die Ordnung, 41).

[42] A. a. O., 13.

[43] Ebd.

[44] AfD, Programm für Deutschland, 48.

[45] So zum Beispiel: „Der Islam im Spannungsfeld zu unserer Werteordnung", „Die Rechtsvorschriften der Scharia sind mit unserer Rechtsordnung und unseren Werte unvereinbar", „Der Islam gehört nicht zu Deutschland" (alle Zitate, AfD, Programm für Deutschland, 46 f.).

politisch organisieren wollen, sehen CSU und AfD den Staat in der Pflicht, die jüdisch-christlich geprägte deutsche Leitkultur durch religionspolitische Maßnahmen zu erhalten.

3. Religionspolitische Forderungen der Parteien

3.1. Das Verhältnis von Staat und Religionsgemeinschaften

Die FDP lobt die Leistungsfähigkeit der bestehenden Instrumente zum Management des religiösen Pluralismus. Freiheit und die liberale Rechtsordnung bilden den Rahmen, der von den Religionsgemeinschaften nicht übertreten werden darf. „Kein religiöses Gebot kann höher stehen als die Grundrechte."[46] Das in Deutschland praktizierte Modell der „positiv-kooperativen und partnerschaftlichen Zuordnung"[47] von Staat und Religionsgemeinschaften wird bevorzugt, der radikale Laizismus wird verworfen. Religiöser Extremismus soll mit rechtsstaatlichen Mitteln bekämpft werden. Befürwortet wird, dass die Religion des Islams in das bestehende System aufgenommen wird. „Antisemitismus ebenso wie Islamfeindlichkeit"[48] werden abgelehnt. Mit Blick auf den Islam heißt es positiv: „Wir suchen die Partnerschaft mit allen Muslimen, die für einen integrationsoffenen und friedlichen Islam im Einklang mit unserem republikanisch-liberalen Konsens eintreten."[49] Man will alle Religionsgemeinschaften gleich behandeln, sie werden aber nach ihrer Fähigkeit, ein Leben in Freiheit zu fördern und „den liberal-republikanischen Konsens [zu] stärken"[50] bewertet. In diesem Zusammenhang werden Judentum und Christentum und – mit einer gewissen Nachordnung – auch der Islam erwähnt.

Bündnis 90 Die Grünen plädieren grundsätzlich für eine Weiterentwicklung und Öffnung der Kooperation von Staat und Religionsgemeinschaften auf der Basis des freiheitlichen Religionsverfassungsrechtes. Sie knüpfen dies einerseits an menschen- beziehungsweise grundrechtliche Bedingungen sowie an die Absage an „alle Formen von Rassismus, Antisemitismus und Islamfeindlichkeit, ebenso wie Homophobie"[51]. Andererseits werden mitgliedschaftsrechtliche und organisatorische Voraussetzungen benannt. Auf dieser Basis gelangt man zu der Einschätzung: „Die vier großen muslimischen Verbände […] erfüllen […] aus grüner Sicht zum gegenwärtigen Zeitpunkt nicht die vom Grundgesetz erforderten Voraussetzungen an eine Religionsgemeinschaft im

---

[46] FDP, Vielfalt der Religionen, Z. 128–129.
[47] A.a.O., Z. 192–193.
[48] A.a.O., Z. 256.
[49] A.a.O., Z. 257–259.
[50] A.a.O., Z. 287–288.
[51] BÜNDNIS 90 DIE GRÜNEN, Beschluss, 3.

Sinne des Religionsverfassungsrechtes."⁵² Daher falle es in die Verantwortung der Muslime, sich bekenntnisförmig zu organisieren. Zum jetzigen Zeitpunkt wird das Instrument der sogenannten Staatsverträge als geeigneter „Rahmen für den konstruktiv-kritischen Dialog" angesehen. Das ist eine klare religionspolitische Positionierung.

Auch die SPD setzt sich für eine Fortführung der Kooperation von Staat und Religionsgemeinschaften in „freier Partnerschaft"⁵³ ein, zu der die Autonomie und innere Regelungskompetenz der Religionsgemeinschaften gehören. Im Regierungsprogramm spricht man vom „bewährten Religionsverfassungsrecht [...]"⁵⁴, das dem Islam offensteht, wenn die muslimischen Gemeinden und Organisationen die Voraussetzungen erfüllen⁵⁵.

Die christlichen Kirchen sind für die CDU Träger von gesellschaftlichen Werten, auf die die Politik angewiesen ist. Da sich die CDU diesen Werten verpflichtet weiß, tritt sie für die Präsenz christlicher Symbole in der Öffentlichkeit ein. „[Diese] sind ebenso zu schützen wie die christlich geprägten Sonn- und Feiertage."⁵⁶ Rechtsform und Praxis der bisherigen Zusammenarbeit von Staat und Religionsgemeinschaften sollen beibehalten werden. Reformimpulse werden nicht gesetzt. Die Öffnung des Körperschaftsstatus für andere Religionsgemeinschaften wird angedeutet. Die besondere Verantwortung für die jüdischen Gemeinden wird in diesem Kontext betont.⁵⁷

Die CSU bekennt sich summarisch zum geltenden Religionsverfassungsrecht, dass das öffentliche Wirken der „anerkannten Religionsgemeinschaften" ermöglicht und zugleich die erforderliche Trennung von Staat und Religion beinhaltet. Durch den Dialog der Religionen sollen auch die nicht-christlichen Religionen an die Werte- und Rechtsordnung des Staates herangeführt werden.⁵⁸

Die Linke will das bestehende Religionsrecht für alle Religionsgemeinschaften öffnen. Sie hebt insbesondere die Militärseelsorge hervor, die sie in der bestehenden Form abschaffen will um eine neue Lösung herzustellen, die alle religiösen und weltanschaulichen Gemeinschaften einbezieht. Jüdische und muslimische Feiertage sollen in die geltenden Regelungen einbezogen werden.⁵⁹

---

[52] A.a.O., 4.
[53] SPD, Hamburger Programm, 39.
[54] SPD, Es ist Zeit für mehr Gerechtigkeit, 88.
[55] Vgl. ebd.
[56] CDU, Grundsatzprogramm, 87.
[57] Vgl. a.a.O., 88.
[58] Vgl. CSU, Die Ordnung, 13.
[59] Vgl. DIE LINKE, Wahlprogramm der Partei DIE LINKE zur Bundestagswahl 2017, beschlossen auf dem Bundesparteitag, Hannover, 9.–11. Juni 2017 (https://www.die-linke.de/fileadmin/download/wahlen2017/wahlprogramm2017/die_linke_wahlprogramm_2017.pdf [Zugriff: 30.04.2018]), 125.

Zusammenfassend zeigt sich, dass alle Parteien mit Blick auf das geltende Religionsverfassungsrecht und das deutsche Modell einer fördernden Neutralität des Staates keinen Reformbedarf sehen. Die Möglichkeit zur Öffnung des Modells für andere Religionsgemeinschaften wird nicht bezweifelt. Dahinter steht wohl die Einsicht, dass durch die vielfältigen Kooperationen zwischen den staatlichen Ebenen und gut organisierten Religionsgemeinschaften, der diesen zugleich politische Einflussmöglichkeiten öffnet, einer Radikalisierung von religiösen Positionen in politischen Diskursen entgegenwirkt wird, und dies „mäßigenden Einfluss auf die Formulierung von religiösen und politischen Anliegen hat"[60] und damit zur Zivilisierung von Wertkonflikten beiträgt. Insbesondere *Bündnis 90 Die Grünen* und knapp die SPD setzen sich kritisch mit den islamischen Verbänden und Organisationen auseinander, ohne – wie ansatzweise die CSU und deutlich die AfD – die Religion des Islams pauschal unter Verdacht zu stellen. Egalisierende Elemente in der Religionspolitik werden vor allem durch *Bündnis 90 Die Grünen*, *Die Linke* und die FDP vertreten.

3.2. Ablösung der Staatsleistungen

Die Ablösung der Staatsleistungen im Sinne von Art. 138 Abs. 1 WRV wird von *Bündnis 90 Die Grünen* befürwortet, entsprechende Verfahrensvorschläge werden unterbreitet. Darunter befindet sich auch die Forderung nach einem entsprechenden „Dialog mit der Deutschen Bischofskonferenz und dem Rat der Evangelischen Kirche in Deutschland"[61]. Es wird sogar politischer Druck aufgebaut, indem man darauf hinweist, dass ein Ablösungsgrundsätzegesetz „mit oder ohne Zustimmung der betroffenen Kirchen von Bundesrat und Bundestag verabschiedet werden" kann. Auch die FDP möchte auf die Ablösung der Staatsleistungen hinwirken, allerdings „im Konsens mit den Religionsgemeinschaften"[62]. *Die Linke* tritt, angesichts der Gesetzesinitiative von 2013 nicht überraschend, ebenfalls für eine Ablösung der Staatsleistungen ein.[63] Die anderen Parteien schweigen zu diesem Thema.

3.3. Religionsunterricht

Die CDU sieht den konfessionellen Religionsunterricht an öffentlichen Schulen in ihrem weiten Bildungsbegriff verankert, bekennt sich aus diesem Grunde zum Religionsunterricht nach GG Art. 7 Abs. 3 und setzt sich „bei

---

[60] ULRICH WILLEMS, Wertkonflikte als Herausforderung der Demokratie, Wiesbaden 2016, 185, FN 223.
[61] BÜNDNIS 90 DIE GRÜNEN, Beschluss, 9.
[62] FDP, Vielfalt der Religionen, Z. 212.
[63] Vgl. DIE LINKE, Programm zur Bundestagswahl 2017, 125.

Bedarf" auch für „Unterricht in anderen Religionen in deutschen Sprache mit in Deutschland ausgebildeten Lehrern und unter staatlicher Schulaufsicht"[64] ein.

Die FDP äußert sich eher zurückhaltend zum Thema Religionsunterricht an öffentlichen Schulen nach GG Art. 7 Abs. 3. Es heißt, dass man das Recht auf konfessionellen Religionsunterricht „respektiert"[65] und schließt darin den islamischen Religionsunterricht in deutscher Sprache, der von akademisch ausgebildeten Lehrkräften erteilt wird, ein. Favorisiert wird jedoch ein in jedem Bundesland als ordentliches Lehrfach einzuführender Ethikunterricht, der auch vergleichende Religionskunde vermittelt.[66] *Die Linke* setzt sich unzweideutig für einen allgemeinen Ethikunterricht ein und schreibt die Vermittlung des Wissens über die Religionen dem allgemeinen Bildungsauftrag der Schule zu. Erst nachgeordnet heißt es: „Soweit Bekenntnis vermittelnder Religionsunterricht an Schulen als Wahlfach angeboten wird, sollten sich alle Religionsgemeinschaften beteiligen können."[67] Auch *Bündnis 90 Die Grünen* geben kein Bekenntnis zum bekenntnisorientierten Religionsunterricht ab, sondern nehmen dessen Einführung für Muslime als Gegebenheit hin und verweisen auf die Notwendigkeit einer entsprechenden akademischen Ausbildung des Lehrpersonals. Der Logik ihres Verständnisses von negativer Religionsfreiheit folgend, fordern sie „die Etablierung theologischer Studien zu den jeweiligen Religionen und auch für Weltanschauungsgemeinschaften, die wie der Humanistische Verband bekenntnisorientierten Unterricht an Schulen anbieten"[68].

Es ist auffällig, das der konfessionelle Religionsunterricht an öffentlichen Schulen, der derzeit mit hohem wissenschaftspolitischen, schulorganisatorischem und nicht zuletzt finanziellem Aufwand in vielen Bundesländern von Regierungen unterschiedlicher parteipolitischer Couleur eingeführt wird, jenseits von CDU und CSU programmatisch keinen hohen Stellenwert genießt, insbesondere von den kleineren Parteien eher kritisch gesehen wird.[69] Es spiegeln sich sicherlich die rechtlichen Probleme, die sich mit der Einführung des islamischen Religionsunterrichtes verbinden, wider. Auch dürften sich hier die Grenzen der gesellschaftlichen Akzeptanz des traditionellen Modells zeigen, die unterschiedliche Gründe haben können, aber bewirken, dass politi-

---

[64] CDU, Grundsatzprogramm, 34.
[65] FDP, Vielfalt der Religionen, Z. 214–215.
[66] Vgl. a. a. O., Z. 220–222.
[67] Vgl. DIE LINKE, Programm zur Bundestagswahl 2017, 125.
[68] BÜNDNIS 90 DIE GRÜNEN, Beschluss, 6.
[69] Die SPD bezieht in ihrem Regierungsprogramm eine Zwischenstellung: „Wir wollen [...] allen Kindern Ethik- und Religionsunterricht ermöglichen. Wir unterstützen den islamischen Religionsunterricht an staatlichen Schulen in deutscher Sprache auch aus präventiven Gründen." (SPD, Es ist Zeit für mehr Gerechtigkeit, 88).

sche Bekenntnisse dazu nicht abgelegt werden. Womöglich ist der schulische Religionsunterricht nach Art. 7 Abs. 3 GG mehr ein Kind der Exekutiven, weniger ein Produkt der politischen Willensbildung in den Parlamenten und Parteien. Durch diese Diskrepanz könnten sich an dieser Stelle in Zukunft Innovationsbedarf und neue Gestaltungsspielräume ergeben.

3.4. Arbeitsrecht

Die Reform des kirchlichen Arbeitsrechtes ist für *Bündnis 90 Die Grünen* ein wesentlicher Aspekt der Religionspolitik. Die bisher geltenden Sonderrechte für die Religions- und Weltanschauungsgemeinschaften sollen enger gefasst werden, insbesondere soll der Grundrechtsschutz erhöht, der allgemeine Gleichbehandlungsgrundsatz und die arbeitsrechtliche EU-Antidiskriminierungsrichtlinie stärker berücksichtigt sowie Koalitionsfreiheit und Streikrecht auch für die Arbeitnehmerschaft in Betrieben in kirchlicher Trägerschaft gewährleistet werden. Dabei soll mit staatlichem Druck bei der Vergabepraxis auf Änderungen innerhalb der kirchlichen Betriebe hingewirkt werden.[70] Auch *Die Linke* fordert, dass Grundrechte, Arbeitnehmerrechte, Streikrecht und Betriebsverfassungsgesetz in den Kirchen, Religionsgemeinschaften und deren Einrichtungen Geltung bekommen sollen.[71] Diese Forderung findet sich auch im Entwurf für das Bundestagswahlprogramm. Die anderen Parteien äußern sich zu diesem Thema nicht.

3.5. Kopftuch und Genderfragen

Religionspolitischen Gestaltungsbedarf sehen *Bündnis 90 Die Grünen* bei den religiösen Bekleidungsvorschriften. Das Grundsatzurteil des Bundesverfassungsgerichts vom 27. Januar 2015, nach dem ein pauschales Verbot des Kopftuches in öffentlichen Schulen mit der Verfassung nicht vereinbar ist, wird begrüßt. Kritisiert werden die Versuche, den betroffenen Frauen Bekleidungsvorschriften aufzuzwingen, sei es von Seiten des Staates durch Verbot bestimmter Kleidungsstücke, sei es von Seiten der Religionsgemeinschaft durch religiös motivierten Zwang zur Verhüllung. „Niemand darf Frauen vorschreiben, was sie aus religiösen Gründen anzuziehen haben, noch sie zwingen, sich auszuziehen", heißt es plakativ. Die Entscheidung liege allein bei den „individuellen Grundrechtsträgerinnen"[72]. Staatliche Eingriffe werden abgelehnt, weiterer Regelungsbedarf sei zu prüfen. Die öffentliche Debatte dürfe nicht symbolpolitisch oder zum Schüren anti-muslimischer Ressentiments genutzt

---

[70] Vgl. BÜNDNIS 90 DIE GRÜNEN, Beschluss, 3 und 7–8.
[71] Vgl. DIE LINKE, Parteiprogramm, 57 und DIES., Programm zur Bundestagswahl 2017, 20.
[72] BÜNDNIS 90 DIE GRÜNEN, Beschluss, 5.

werden. Die FDP missbilligt die „Ganzkörperverschleierung [...] als Symbol einer totalitären religiösen Ideologie"[73], will sie aber nur „in staatlichen Bildungseinrichtungen, bei Behörden, bei Justiz und Polizei" untersagen.[74] *Die Linke* lehnt rechtliche Regulierung von religiöser Bekleidung völlig ab. Um den Fällen, in denen Mädchen und Frauen von den Religionsgemeinschaften genötigt werden, entgegenzuwirken, werden – wie von *Bündnis 90 Die Grünen* – Beratungs- und Aufklärungsangebote sowie Schutzeinrichtungen für bedrängte Frauen und Kinder gefordert[75].

Dagegen verlangt die AfD nicht nur „ein allgemeines Verbot der Vollverschleierung in der Öffentlichkeit und im öffentlichen Dienst", sondern auch ein Kopftuchverbot für Lehrerinnen und Schülerinnen „in Anlehnung an das französische Modell". Auf die Idee, dass das Kopftuch Ausdruck freier Selbstbestimmung sein könnte, kommt die AfD nicht. Für sie steht fest: Das Kopftuch ist „ein religiös-politisches Zeichen der Unterordnung von muslimischen Frauen unter den Mann"[76]. An diesen und ähnlichen Formulierungen zeigt sich erneut das gespaltene Verhältnis der AfD zum Grundrecht auf Religionsfreiheit und damit zu derjenigen Kultur, für die sie sich einzusetzen vermeint.

Die CSU bekennt sich zur Gleichberechtigung von Mann und Frau und formuliert ihre Kritik an den islamischen Bekleidungsvorschriften auf der Basis der von ihr zu bewahrenden „Gepflogenheiten des Alltags". Daher heißt es lapidar: „Bei uns versteckt man sein Gesicht nicht hinter einem Schleier"[77] und: „Wir lehnen die Vollverschleierung im öffentlichen Raum ab"[78]. Verbotsforderungen werden indes nicht erhoben.

4. Religionspolitik in Bewegung?

Insgesamt lässt sich festhalten, dass die verfassungsrechtlichen Grundlagen der Religionspolitik von den maßgeblichen politischen Kräften nicht in Frage gestellt, vielmehr als bewährt angesehen werden. An diesem Punkt sind rechts- und religionspolitische Initiativen nicht zu erwarten. Gleichzeitig zeigt sich, dass innerhalb dieses Rahmens auffälliger Weise von den kleineren Parteien neue, durchaus unterschiedliche religionspolitische Akzente gesetzt werden, die größtenteils um die Frage nach der Integration der Religion des Islams in die deutsche Religionskultur kreisen. Dadurch rücken die Fragen nach dem

---

[73] FDP, Vielfalt der Religionen, Z. 276–277.
[74] Vgl. a.a.O., Z. 278–279.
[75] Vgl. DIE LINKE, Programm zur Bundestagswahl 2017, 125; BÜNDNIS 90 DIE GRÜNEN, Beschluss, 5.
[76] AfD, Programm für Deutschland, 50.
[77] CSU, Die Ordnung, 14.
[78] A.a.O., 15.

Körperschaftsstatus für die islamischen Organisationen und Verbände, nach Staatsverträgen mit ihnen, nach dem schulischen Religionsunterricht und nach der öffentlichen Präsenz von islamischen Symbolen und Riten in den Vordergrund. Zu diesem Komplex ist auch die Debatte um die Bekleidungsvorschriften zu rechnen. Mit Ausnahme der AfD sehen die Parteien bei der Integration der Religion des Islams keine prinzipiellen Hindernisse, es gibt freilich bezüglich der politischen Anforderungen, die an den Islam bzw. an die Musliminnen und Muslime gestellt werden, erhebliche Unterschiede.

Auch mit Blick auf die christlichen Kirchen sind es die kleineren Parteien, die deren öffentliche Dominanz religionspolitisch relativieren wollen. Die Themen ‚Ablösung der Staatsleistungen' und ‚kirchliches Arbeitsrecht' rücken dabei in den Fokus. Hier lassen sich vergleichsweise leicht Regelungen anbahnen und treffen, zumal einige Kirchen schon Entgegenkommen signalisiert haben. Man kann vermuten, dass sich die kleineren Parteien im 19. Deutschen Bundestag für diese religionspolitischen Anliegen Gehör verschaffen können, sofern sie an der Bildung einer Regierungskoalition beteiligt werden. In den Kirchen sind bereits einige Tendenzen zu Reformen im kirchlichen Arbeitsrecht erkennbar.[79] Das Thema ‚Arbeitsrecht' wird mit Sicherheit in dem Moment auf der politischen Agenda erscheinen, wenn die *expressis verbis* von *Bündnis 90 Die Grünen* begrüßten Pläne zur Gründung eines muslimischen Wohlfahrtsverbandes[80] umgesetzt werden und sich daraus arbeitsrechtlich relevante Vorgaben für das Glaubens- und Privatleben der Mitarbeitenden ergäben.[81]

Auf die programmatische Akzeptanzkrise des schulischen Religionsunterrichtes wurde schon hingewiesen. Religionspolitische Veränderungen liegen auf diesem Gebiet einerseits in der Luft, zumal im schulischen Bereich ständiger Reformdruck herrscht. Andererseits ist die Lage hier wegen der föderalen Zuständigkeit unübersichtlich und einheitlich nicht steuerbar. Dazu kommt, dass die großen Parteien CDU, CSU und SPD in dieser Frage wenig Änderungsbereitschaft signalisieren und dass die Kirchen sich auf bestehende staatskirchenrechtliche Regelungen sowie auf eine gut funktionierende Praxis der Zusammenarbeit zwischen Kirchen und Schulen berufen können. Die Einführung des islamischen Religionsunterrichtes erfährt gegenwärtig große Unterstützung von den zuständigen Behörden. Daher werden sich hier eher langfristig politische Veränderungen ergeben. In der Zwischenzeit wird man

---

[79] Vgl. HARTMUT KRESS, Dienstgemeinschaft oder Dienstherrenschaft? Der Problemstau im kirchlichen Arbeitsrecht, in: SYLVIA BÜHLER u. a. (Hg.), Zwischen Konkurrenz und Kreuz, Hamburg 2015, 59–68.

[80] Vgl. RAUF CEYLAN/MICHAEL KIEFER, Muslimische Wohlfahrtspflege. Eine historische und systematische Einführung, Wiesbaden 2016.

[81] Vgl. dazu KRESS, Klärungsbedarf, 117–118.

mit der faktischen Pluralität der Modelle, nach denen Religionsunterricht erteilt wird, experimentieren.[82] Dabei wäre zu evaluieren, ob der von den kleinen Parteien bevorzugte Ethik-Unterricht in Sachen Religionskunde das zu leisten vermag, was man sich religionspolitisch von ihm erhofft.

Nach dem Urteil des Bundesverfassungsgerichtes sind politische Initiativen zur Regelung von religiösen Bekleidungsvorschriften nicht zu erwarten. Die symbolpolitische Bedeutung dieser Frage wird jedoch dazu führen, dass das Thema weiterhin öffentlich präsent sein wird. Mit Ausnahme der AfD plädieren jedoch die Parteien dafür, die religiöse Freiheit möglichst wenig einzuschränken und möglichen Diskriminierungen durch Beratungsangebote entgegenzuwirken.

Festzustellen ist, dass in der Religionspolitik durchaus eine gewisse Bewegung herrscht, aber immense Beschleunigungen nicht zu erwarten sind. Dies ist wahrscheinlich auch gar nicht erforderlich. Denn bei der durch das Urteil des Kölner Landgerichtes im Jahre 2012 ausgelösten Krise um den religiösen Ritus der Knabenbeschneidung, in dessen Folge die Religionsfreiheit von Judentum und Islam erheblich eingeschränkt worden wäre, wenn das Urteil Rechtskraft erlangt hätte, hat sich gezeigt, dass die politischen Kräfte sehr rasch reagiert und einvernehmlich eine gesetzliche Lösung innerhalb des verfassungsrechtlichen Rahmens gefunden haben.[83] Angesichts des oben dargestellten überlappenden Konsenses in der Religionspolitik ist zu erwarten, dass dies bei ähnlich gelagerten Fällen wiederholt werden kann. Für die Verwendung von Krisensemantik besteht kein Anlass.

Bei der Bewertung der religionspolitischen Lage sollte schließlich nicht übersehen werden, dass unterhalb der offiziellen religionspolitischen Ebenen schon nach Lösungen für die von einigen Parteien zu Recht aufgestellten Forderungen gesucht wird. Die Dialogkultur zwischen den Religionsgemeinschaften ist gut verankert und blickt bereits auf eine bewährte Tradition zurück, die weit in die Gesellschaft ausstrahlt. Zwischen den evangelisch-, katholisch-, islamisch- und jüdisch-theologischen Einrichtungen an den deutschen Universitäten gibt es einen regen wissenschaftlichen Austausch und interdisziplinäre Projekte. Zur Einführung von muslimischen Militärseelsorgern gibt es erste Überlegungen bei den zuständigen staatlichen Stellen. Die Deutsche Islamkonferenz, der beim Bundesinnenminister angesiedelte Dialog

---

[82] Vgl. ARNULF VON SCHELIHA, Europäische Konvergenzen in Sachen Religionsunterricht?, in: PHILIPPE BÜTTGEN/ANTJE ROGGENKAMP/THOMAS SCHLAG (Hg.), Philosophie und Religion. Perspektivische Zugänge zur Lehrer- und Lehrerinnenausbildung in Deutschland. Frankreich und der Schweiz, Leipzig 2017, 283–289.

[83] Das Urteil vom Kölner Landgericht stammt vom 7. Mai 2012. Das Gesetz über den ‚Umfang der Personensorge bei einer Beschneidung des männlichen Kindes' wurde vom Deutschen Bundestag am 12. Dezember 2012 in dritter Lesung verabschiedet. Für das Gesetz stimmten 434 Abgeordnete, 100 stimmten dagegen und 46 Parlamentarier enthielten sich der Stimme.

zwischen dem deutschen Staat und den in Deutschland lebenden Muslimen, hat sich in seiner dritten Arbeitsphase seit 2014 mit Wohlfahrtspflege und Seelsorge als Thema der Religionsausübung und religionsrechtlichen Teilhabe befasst und dabei Fragen der Militär-, Krankenhaus- und Gefängnisseelsorge behandelt. Im Bereich der Notfall-, Krankenhaus- und Gefängnisseelsorge werden bereits muslimische ‚Geistliche' ausgebildet und eingesetzt. Hier sind es oftmals die Länder, die Kommunen oder private Träger, die dafür den organisatorischen Rahmen abstecken. Insofern gilt es, auch die Initiativen auf den nachgeordneten politischen Ebenen und in der Zivilgesellschaft zu berücksichtigen. Hier regt sich in Gestalt der ‚Pegida-Demonstrationen' freilich auch offener Widerstand gegen die Integration der Religion des Islams. Das ist demokratisch legitim, solange nicht zu offenem Hass und Gewalt aufgerufen wird. Problematischer ist der subkutane Antisemitismus, der nicht nur in Deutschland noch immer verbreitet ist.[84] Daher dürfte zu einer verantwortlichen Religionspolitik auch gehören, sensibel zu reagieren und die Gestaltung der pluralen Religionskultur so zu unterstützen, dass einerseits negative und positive Religionsfreiheit mit Leben erfüllt werden und alle Akteure dort gleichberechtigt auftreten können, dass es andererseits aber auch Raum für Religionskritik an und zwischen den Religionen gibt, ohne dass Hass gepredigt und Ausgrenzungen vollzogen werden.

Die unübersehbaren Grenzen der Religionspolitik haben übrigens ihren guten Sinn. Der eigentliche Ort der Religionen ist nicht die Nähe zu den staatlichen Ebenen, sondern die freie Zivilgesellschaft, in der die unterschiedlichen spirituellen Traditionen in einer kritisch-konstruktiven Konkurrenz stehen und wo sie – mit Blick auf die Einzelnen – ihre existenzielle Bedeutung entfalten. Eine weise Religionspolitik wird die Religionen daher nicht nur unter der Perspektive ihres staatsethischen und gesellschaftlichen Nutzens würdigen, sondern auch ihre innere Freiheit berücksichtigen und diese ohne „‚Qualitätsprüfung' des religiösen Kernbereichs"[85] – innerhalb der durch die Grundrechte gezogenen Grenzen – fördern.[86]

---

[84] Vgl. dazu exemplarisch: WASSILIS KASSIS/CHARLOTTE SCHALLIÉ, The Dark Side of the Academy. A Comparative Analysis of Antisemitic Attitudes and Opinions at Two Mid-Sized Universities in Canada and Germany, in: JOURNAL FOR THE STUDY OF ANTISEMITISM 5 (2013), 63–91.

[85] Vgl. HANS-RICHARD REUTER, Neutralität – Religionsfreiheit – Parität. Prinzipien eines legitimen staatlichen Religionsverfassungsrechts im weltanschaulich-neutralen Staat, in: DERS., Recht und Frieden. Beiträge zur politischen Ethik, Leipzig 2013, 279–312, 312.

[86] Vgl. ARNULF VON SCHELIHA, Religionsfreiheit und staatliche Lenkung. Chancen und Grenzen gegenwärtiger Religionspolitik in Deutschland, in: ULRICH LAPPENKÜPER/ANDRÉ RITTER/ARNULF VON SCHELIHA (Hg.), Europäische Kulturkämpfe und ihre gegenwärtige Bedeutung, Paderborn 2017, 209–221.

IV. Zur Bewährung der protestantischen Ethik in der kirchlichen und politischen Arbeit

Normen und ihre Anwendung im umweltethischen Diskurs

Am Beispiel der EKD-Denkschrift „Umkehr zum Leben – Nachhaltige Entwicklung im Zeichen des Klimawandels"

1. Die Rolle der Kirchen im umweltpolitischen Diskurs

Bei der Bewältigung der durch den Klimawandel gestellten Probleme zeigt sich, dass die Politik auf moralische Ressourcen in der Zivilgesellschaft und bei den Einzelnen angewiesen ist. Denn einerseits übt das in der Zivilgesellschaft aufgebaute Bewusstsein von der ökologischen Krise Druck auf die Verantwortlichen in den Parteien und im Staat aus, gegen die Krise anzugehen. Andererseits bürden die beschlossenen Maßnahmen den Bürgerinnen und Bürgern erhebliche Lasten auf, so dass nachhaltige Erfolge in der Umweltpolitik nur möglich sind, wenn sie auf Resonanz in der Gesellschaft stoßen. Auf beiden Seiten wirken die großen christlichen Kirchen in Deutschland mit. Sie beteiligen sich engagiert an den umweltethischen und -politischen Diskursen und nehmen dabei die Funktion von intermediären Institutionen wahr. Sie tun das durch Pflege der religiösen Tradition und des sittlichen Erbes des Christentums, die noch immer zum Fundament der Gesellschaft und der politischen Ordnung gehören. Die Vermittlungsaufgabe verfolgt also kein museales Interesse, sondern zielt auf die Vergegenwärtigung des sittlichen Gehaltes, der in zum Teil erheblicher Umformung der klassischen Lehre und mit Geltungsanspruch vorgetragen wird. Seit der Entstehung des eigenständigen Ressorts ‚Umweltpolitik' haben sich beide großen Kirchen daher mit einer inzwischen beachtlichen Anzahl von Stellungnahmen zu Wort gemeldet.[1] Dabei beschrei-

---

[1] Die Verlautbarungen der EKD zu umweltethischen Themen der letzten Jahre: Die Erde ist des Herrn und was darinnen ist. Biopatente und Ernährungssicherung aus christlicher Perspektive. Eine Studie der Kammer der EKD für nachhaltige Entwicklung (2012); Leitlinien für eine multifunktionale und nachhaltige Landwirtschaft. Zur Reform der Gemeinsamen Agrarpolitik (GAP) der Europäischen Union. Eine Stellungnahme der Kammer der EKD für nachhaltige Entwicklung (2011); Umkehr zum Leben. Nachhaltige Entwicklung im Zeichen des Klimawandels. Eine Denkschrift des Rates der Evangelischen Kirchen in Deutschland (2009); Kernenergie und Klimaschutz (2008); Es ist nicht zu spät für eine Antwort auf den Klimawandel. Ein Appell des Ratsvorsitzenden der Evangelischen Kirche in Deutschland (2007); Die CO_2-neutrale Synode. Ein Projektbericht zur Kompensation der CO_2-Emissionen der 6. Tagung der Synode der

ten die römisch-katholische Kirche und die in der Evangelischen Kirche in Deutschland zusammengeschlossenen Landeskirchen durchaus etwas andere theologische Wege. Gemeinsam ist ihnen das Engagement in dieser Frage.[2]

Die aktuelle Diskussion über den Klimawandel und die Notwendigkeit von Begründung und Durchsetzung politischer Maßnahmen, die auf Verlangsamung der Klimaerwärmung hinwirken sollen, berühren das Christentum wegen der globalen Dimension des Problems in besonderer Weise. Der universale Anspruch des Glaubens und die durch ihn begründeten sittlichen Normen entsprechen den globalen Herausforderungen, die der Menschheit durch die Klimaerwärmung gestellt sind und die nur durch grenzüberschreitende Kooperation angenommen werden können. Diese verlangt nicht nur die Zusammenarbeit der Nationalstaaten, sondern eine Art welt-zivilgesellschaftliches Engagement, das wiederum in einem globalen Ethos gestützt sein muss, wenn ein supra-nationales Politik-Regime in Sachen Klimaschutz Akzeptanz finden soll und die zu treffenden Maßnahmen, die zum Teil erheblich die Lebensführung betreffen, von den einzelnen Menschen angeeignet und umge-

---

EKD (2007); Schritte zu einer nachhaltigen Entwicklung. Die Millenniumsentwicklungsziele der Vereinten Nationen. Eine Stellungnahme der Kammer für nachhaltige Entwicklung (2005); Ernährungssicherung und Nachhaltige Entwicklung. Eine Studie der Kammer der EKD für Entwicklung und Umwelt (2000); Einverständnis mit der Schöpfung. Ein Beitrag zur ethischen Urteilsbildung im Blick auf die Gentechnik und ihre Anwendung bei Mikroorganismen, Pflanzen und Tieren (^{2}1997); Gefährdetes Klima – Unsere Verantwortung für Gottes Schöpfung. Studie des Beirates des Beauftragten des Rates der EKD für Umweltfragen (1995); Zur Verantwortung des Menschen für das Tier als Mitgeschöpf. Ein Diskussionsbeitrag des Wissenschaftlichen Beirates des Beauftragten für Umweltfragen des Rates der EKD (1991^2); Energieeinsparung – Umrisse einer umweltgerechten Politik im Angesicht der Klimagefährdung. Ein Diskussionsbeitrag des Wissenschaftlichen Beirates des Beauftragten für Umweltfragen des Rates der EKD (1990); Landwirtschaft im Spannungsfeld zwischen Wachsen und Weichen. Ökologie und Ökonomie, Hunger und Überfluß. Eine Denkschrift der Kammer der Evangelischen Kirche in Deutschland für soziale Ordnung (1984). Alle Texte sind abrufbar auf der Homepage der EKD: www.ekd.de. Verlautbarungen der (römisch-katholischen) Deutschen Bischofskonferenz: Der Schöpfung verpflichtet. Anregungen für einen nachhaltigen Umgang mit Energie. Ein Expertentext zu den ethischen Grundlagen einer nachhaltigen Energieversorgung (2011); Der Klimawandel: Brennpunkt globaler, intergenerationeller und ökologischer Gerechtigkeit. Ein Expertentext zur Herausforderung des globalen Klimawandels (^{2}2007); Handeln für eine Zukunft der Schöpfung (1998); Wirtschaft: global und ökologisch – Überlegungen zu Ressourcenschonung und Umwelterhaltung. Studie der Sachverständigengruppe Weltwirtschaft und Sozialethik (1994); Zukunft der Schöpfung – Zukunft der Menschheit. Erklärung der Deutschen Bischofskonferenz zu Fragen der Umwelt und der Energieversorgung (1980); Landwirtschaft in schwerer Zeit – Orientierungen. Wort der deutschen Bischöfe der zur Lage der Landwirtschaft. Kommission für gesellschaftliche und sozial-caritative Fragen der Deutschen Bischofskonferenz (1989). Die Texte sind unter www.dbk.de abrufbar.

[2] Es drückt sich in den gemeinsamen Texten zum Thema aus: Neuorientierung für eine nachhaltige Landwirtschaft. Ein Diskussionsbeitrag zur Lage der Landwirtschaft (2003); Gott ist ein Freund des Lebens. Herausforderungen und Aufgaben beim Schutz des Lebens (1989); Verantwortung übernehmen für die Schöpfung (^{2}1985). Auch diese Texte sind über ww.ekd.de abrufbar.

setzt werden sollen. An dieser Scharnierstelle können die religiösen Institutionen des Christentums eine wichtige Rolle übernehmen. Worin genau sie besteht, wird in diesem Beitrag am Beispiel der Denkschrift der Evangelischen Kirche in Deutschland „Umkehr zum Leben. Nachhaltige Entwicklung im Zeichen des Klimawandels" von 2009 erörtert.[3]

2. Die EKD-Denkschrift ‚Umkehr zum Leben'

Die Denkschrift ‚Umkehr zum Leben' wurde von der sogenannten Kammer für nachhaltige Entwicklung verfasst, der achtzehn Personen und vier ständige Gäste angehörten. Die Mitglieder wurden durch den Rat der Evangelischen Kirche in Deutschland (EKD) berufen und repräsentieren einen Querschnitt aus engagierten Kirchenmitgliedern, fachlicher Expertise (in der Regel Universitätsprofessorinnen und Universitätsprofessoren) und Theologinnen und Theologen aus kirchlicher Praxis und akademischer Theologie. Vorsitzender der Kammer war damals der Politikwissenschaftler Prof. Dr. Lothar Brock, Forschungsprofessor an der Hessischen Stiftung Frieden und Konfliktforschung (HSFK). Der Rat der EKD hat die Denkschrift im Mai 2009 der Öffentlichkeit vorgestellt. In der Mischung aus theologischer und fachwissenschaftlicher Expertise fällt diese Denkschrift unter die seit dem Zweiten Weltkrieg in Deutschland entwickelte Kirchentheologie, mit der sich die EKD in zunehmendem Maße in die gesellschaftlichen und politischen Diskurse einschaltet und in ihnen positioniert. Grundsätzliche Überlegungen dazu hat die EKD in der Denkschrift ‚Das rechte Wort zur rechten Zeit' (2008) vorgelegt.

Die Denkschrift ‚Umkehr zum Leben' ist in sieben Kapitel gegliedert. In „1. Einleitung: Klimapolitik, Weltwirtschaftskrise und nachhaltige Entwicklung" wird der Ausgangspunkt der Argumentation, nämlich das Bündel der ethischen und politischen Herausforderungen beschrieben, die im Korpus der Denkschrift nacheinander behandelt werden. „Die Kernfrage lautet, wie ökonomische Interessen, die grundlegenden Lebensbedürfnisse einer wachsenden Zahl von Menschen und die Erhaltung der natürlichen Ressourcen für die gegenwärtig Lebenden und für kommende Generationen miteinander in Einklang gebracht werden können" (17). Zu diesen Herausforderungen gehört die Einsicht, dass der Klimawandel nicht allein durch Gefahrenabwehr und Risikominimierung eingedämmt werden kann. Vielmehr erfordert er ein politisches Handeln, das die Idee der Nachhaltigkeit zur Geltung bringt und neben Maßnahmen zur Anpassung an den Klimawandel auf Prävention sowie auf die Generierung innovativer Gegenmaßnahmen zielt. Die Einleitung schließt mit dem Bekenntnis, nach dem sich die EKD in der „Verantwortung" fühlt, „aus

---

[3] Die wörtlichen Anführungen aus der Denkschrift werden direkt im Haupttext belegt.

Sorge um die bedrohte Schöpfung und in Solidarität mit den Armen, zu der das Evangelium Jesu Christi uns ruft, unseren Beitrag zu der gesellschaftlichen Debatte über den Klimawandel zu leisten. Die vorliegende Denkschrift lässt sich dabei von der biblischen Zusage Gottes leiten, dass er das Leben will, aber auch von dem biblischen Anspruch, dass die Kirche als Institution und alle, die ihr angehören, für das Leben Verantwortung tragen" (20f.). In diesem Zitat klingen wesentliche Leitbegriffe an, die die Argumentation der Denkschrift tragen: Schöpfungstheologie und -ethik, das Gebot der Nächstenliebe und der Begriff der Verantwortung, der sowohl individual- als auch sozialethisch gefüllt wird.

Das Kapitel „2. Klimawandel" beschreibt die Auswirkungen des Klimawandels, nennt die klimapolitischen Herausforderungen und nimmt eine Bestandsaufnahme der bisherigen Klimapolitik vor. Dabei wird den unterschiedlichen politischen Interessen besondere Beachtung geschenkt. „Die klimapolitische Position der Entwicklungsländer besagt, dass die Industrieländer historisch verantwortlich für den Klimawandel sind und deshalb Vorleistungen bei seiner Bekämpfung erbringen müssen. [...] Hintergrund dieser Position ist die Befürchtung, dass ihre wirtschaftliche Entwicklung mit Verweis auf das übergeordnete Interesse des Klimaschutzes begrenzt und damit das gegenwärtige Gefälle zwischen Industrie- und Entwicklungsländern zementiert werden würde. [...] Die Befürchtungen der Entwicklungsländer sind vollauf berechtigt. Gleichwohl sind das Prinzip der historischen Verantwortung und das aus ihm abgeleitete Konzept der ‚ökologischen Schulden' [...] problematisch. [...] Den Industrieländern ist [...] zwar eine kausale Verantwortung für den historischen Klimawandel zuzurechnen, der Schritt von der kausalen zur moralischen Verantwortung wäre jedoch besonders begründungsbedürftig" (45f.). Diese Begründung wird von den Autoren indes gegeben. Der Gewinn, den die Länder des Nordens aus den bisher kostenlosen Emissionen gezogen haben, verpflichtet sie nun moralisch „im Klimaschutz voranzugehen" (47). Dies hat eine Vorbildfunktion: „Wenn der Norden dieser Pflicht ernsthaft nachkommt, werden auch die Länder des Südens folgen; denn die Entwicklungsländer haben bereits begonnen, sich dem Ruf nach einem eigenen Beitrag zum Klimaschutz zu öffnen" (ebd.).

Kapitel „3. Armut und Klimawandel" bedenkt die humanitären Folgen des Klimawandels. Dazu greift man auf Elemente des von Amartya Sen geprägten multidimensionalen Armutsbegriffs zurück, der Armut „aus der Perspektive des Einzelnen als Ausdruck eines Mangels an grundsätzlichen Verwirklichungschancen" (54) versteht, von denen die materielle Not nur *ein* Aspekt ist. Dieser neue Armutsbegriff ermöglicht es, regionale und dynamische Aspekte zu berücksichtigen, etwa die Prognose einer steigenden Zahl von Klima-Flüchtlingen. Auch mit Blick auf die sozialen Folgen des Klimawandels wird daher eine grundsätzliche Umsteuerung der Politik gefordert:

"Zum einen muss von einem erhöhten Maß an Risiken ausgegangen werden, da Ausmaß, Geschwindigkeit und Folgen des Klimawandels nicht genau prognostiziert werden können. Dies gilt nicht nur für die Entwicklungsländer; auch in Europa können die Veränderungen der Niederschlagsmuster nicht genau vorherbestimmt werden. Zum anderen müssen Umweltschutz und Wirtschaftswachstum in ein anderes Verhältnis gesetzt werden als bisher: Der Schutz der Ökosysteme und ihrer Funktionen, die für das menschliche Leben fundamental sind und die durch Technologien nicht ersetzt werden können, darf dem Wirtschaftswachstum nicht mehr untergeordnet werden" (71). Zu dieser neuen Politik gehören Maßnahmen zur Anpassung an die wahrscheinlichen Folgen des Klimawandels. Als noch wichtiger gelten präventive Maßnahmen zum Klimaschutz. Besonderen Wert legt man dabei auf die Entkoppelung von Wirtschaftswachstum und Treibhausgasemissionen. Darüber hinaus hat die Klimapolitik soziale Verwundbarkeiten zu berücksichtigen und strategisch einzubeziehen: „Sozioökonomische Entwicklungsstrategien müssen ganz neu auf einen klimaschonenden Entwicklungspfad ausgerichtet werden. Das umfasst die Einführung erneuerbarer Energien ebenso wie die Förderung neuer Konzepte der Stadtentwicklung und Verkehrspolitik" (70).

In Kapitel „4. Konfliktkonstellationen und Handlungsfelder" werden nacheinander die globale Ressourcenknappheit sowie die Themenfelder „Ernährungssicherung und Zugang zu Trinkwasser", „Migration und Migrationspolitik" sowie „Energieressourcen und Energiepolitik" erörtert. Priorität genießt die Vorbeugung vor möglichen Ressourcenkriegen. Dieser Gefahr soll durch Erhöhung der Anpassungsfähigkeit der Entwicklungsländer an die Folgen des Klimawandels, durch dessen Abbremsung und durch den Aufbau eines kooperativen Krisenmanagements begegnet werden. In diesem Teil der Denkschrift tritt die politikwissenschaftliche Expertise, die in sie eingeflossen ist, in besonderer Weise hervor.

Kapitel 5 ist der „theologischen Orientierung" gewidmet, darauf wird unten in Abschnitt 3. eingegangen. Aus ihr folgen in Kapitel „6. Politische und ökonomische Leitlinien einer gerechten und nachhaltigen Klima- und Entwicklungspolitik". Hier werden zunächst fünf Managementregeln für eine nachhaltige Entwicklung und sodann Leitlinien einer gerechten Klimapolitik formuliert. Die Industrieländer werden aufgefordert, eine übergeordnete Strategie umzusetzen, die mehrere Elemente miteinander kombiniert, nämlich „erstens eine integrierte Klima- und Energiepolitik, die (a) drastische Minderungen der Treibhausgasemissionen in allen Industrieländern sichert, (b) die Entwicklungsländer dabei unterstützt, Institutionen und Technologien einzuführen, die deren Emissionen zunächst verlangsamt und schließlich verringert und (c) die Entwicklungsländer bei der Anpassung an den Klimawandel unterstützt; zweitens die Förderung einer Wirtschaftsentwicklung zu Gunsten der Armen und mit Blick auf eine Klima schonende Entwicklung; [...] drittens die Unterstützung der Umsetzung umweltpolitischer Programme in Entwicklungsländern, um den Schutz und die nachhaltige Nutzung der natürlichen Ressourcen und Ökosysteme zu verbessern" (121 f.). Besondere Aufmerksamkeit verdienen nach Auffassung der EKD-Denkschrift die Armutsbekämpfung und die Anpassung an den Klimawandel; die einzelnen Forderungen werden unter den Überschriften „Ernährungssicherung und Ernährungssouveränität", „Unterstützung bei der Anpassung an den Klimawandel", „Neue Siedlungsmöglichkeiten für Klimaflüchtlinge" und „Klimaverträgliche Energieversorgung" konkretisiert. Zusammenfassend wird die Forderung aufgestellt, „dass es die Verantwortung gegenüber zukünftigen Generationen gebietet, den Klimawandel in möglichst engen Grenzen zu halten (2°C-Ziel). Das gerechteste Verteilungskriterium für die verbleibenden Emissionsberechtigungen ist ein egalitäres Pro-Kopf-Kriterium, da es keinen moralisch einsichtigen Grund gibt, warum irgendein Mensch ein größeres Anrecht auf die Nutzung der atmosphärischen Senke haben sollte als ein anderer Mensch" (139). Auf dieser Grundlage können Ökonomie-gestützte Modelle wie die Versteigerung von Emissionsberechtigungen und der Handel mit Emissionsrechten die notwendige Suffizienzorientierung im Verhalten fördern und die in den Auktionen erzielten Erträge in nachhaltige Klimaschutzmaßnahmen investiert werden. Das Gesamtziel einer „ökologische[n] Umsteuerung der Ökonomie" (141) setzt „eine grundlegende Bewusstseinsänderung" (143) gerade in den Bevölkerungen der Industriegesellschaften voraus, da nur mit ihrer Zustimmung der notwendige Maßnahmenkatalog beschlossen und durchgesetzt werden kann. „Eine Umsteuerung wird [...] nur dann möglich werden, wenn genügend politischer Wille vorhanden ist, einschneidende Maßnahmen zur Sicherung der Zukunftsfähigkeit unseres Planeten [...] durchzusetzen" (144). An dieser Stelle bringen die Autorinnen und Autoren der Denkschrift die Kirchen in ihrer Rolle als intermediäre Institutionen in der Zivilgesellschaft ins Spiel, die durch Fruktifizierung der theologischen Grundeinsichten der religiösen und sittlichen Tradition einen wesentlichen Beitrag zur Bewusstseinsveränderung und zur Formierung des politischen Willens leisten können. In diesem Zusammenhang bekommen die Ausführungen in den Kapiteln „5. Theologische Orientierung" und „7. Konsequenzen für die Kirchen" besondere Bedeutung, die nun eigens thematisiert werden sollen.

3. Schöpfungstheologie und ethische Normen

Unausgesprochene Grundlage in der Denkschrift ist die Glaubensaussage, dass Gott die Welt erschaffen hat und erhält. Diese Schöpfungstheologie ist gemeinsames Glaubensgut der drei monotheistischen Religionen Judentum, Christentum und Islam und wird in diesem Dokument nicht weiter problematisiert. Dies ist insofern erstaunlich, weil die intellektuelle Problematik des mit diesen Aussagen konnotierten kosmologischen Realismus seit dem sogenannten Atheismus-Streit um Johann Gottlieb Fichte (1762–1814) bekannt und in der protestantischen Theologie stets präsent ist. Ebenso hätte man einen Rekurs auf die reichen Debatten um das Verhältnis von Schöpfungsglaube und naturwissenschaftlichem Weltbild in einem Dokument erwartet, in dem man in besonders intensiver Weise auf die Ergebnisse naturwissenschaftlicher Forschung rekurriert, deren Inhalt im Nachweis der anthropogenen Gefährdung der Lebensmöglichkeiten besteht. So stehen die schöpfungstheologischen Aussagen zur göttlichen Erhaltung der Welt durchaus in Spannung zu der Krisensemantik, mit der die anthropogene Gefährdung ebendieser Schöpfung beschrieben wird. Aber diese Spannung wird in der Denkschrift nicht aufgelöst. Vielmehr umgeht man dieses verminte Terrain, indem man die kosmologischen Fragen abblendet, den Schöpfungsglauben zunächst ästhetisch interpretiert und sodann ethisch wendet: „Der Glaube an Gott den Schöpfer führt zu einer Haltung der Dankbarkeit und Demut, die sich an den Schönheiten der Schöpfung freut und in Achtsamkeit ihr gegenüber lebt" (105).

Aus der besonderen Stellung des Menschen in der Schöpfung wird einerseits die Pflicht zur Verantwortung ihr und allen Mitgeschöpfen gegenüber abgeleitet. Der Schöpfungsglaube „bindet den Menschen in eine Lebensgemeinschaft mit allen Geschöpfen ein und weist ihm die Verantwortung zu, der Welt mit Ehrfurcht zu begegnen und sie zu einem bewohnbaren Lebensraum zu gestalten" (105). In besonderer Weise gilt diese Verantwortung den menschlichen Mitgeschöpfen, denen in einem strikt egalitären Sinn Menschenwürde zuzuschreiben ist, aus der wiederum das Recht aller Menschen auf Teilhabe an denjenigen Bedingungen abgeleitet wird, die ein menschenwürdiges Leben ermöglichen: „Der Schöpfungsglaube schließt auch den Glauben ein, dass der Mensch als Ebenbild Gottes geschaffen ist. Die biblischen Aussagen zur Gottebenbildlichkeit des Menschen [...] begründen seine unantastbare Menschenwürde. Hieraus leitet sich auch das Recht jedes Menschen auf ein menschenwürdiges Leben ab, was das Recht aller Menschen auf die Schöpfungsgaben mit einschließt" (105 f.). Dieser Gedanke wird später mit dem Begriff der Gerechtigkeit verbunden. Die grundlegende Norm ist also die Verantwortung, eine Art theonomer ethischer Idealismus.

Während dieses schöpfungstheologische Verantwortungsverständnis als sittliches Gemeingut aller monotheistischen Glaubensweisen gelten kann, dürfte es sich bei seiner sündentheologischen Vertiefung um christliches Sondergut handeln. Der Hinweis auf die Sünde des Menschen wird im Rahmen des Orientierungskapitels zunächst eher beiläufig eingespielt, im Zusammenhang der – ebenfalls nicht entfalteten – Theologie der göttlichen Bundesschlüsse, die mit dem sogenannten Noahbund beginnt, den Gott nach der sogenannten Sintflut schließt (vgl. Gen 9): „Im Noahbund hat Gott ein gnädiges und lebenserhaltendes Ja zu seiner Schöpfung auch angesichts von Sünde und Bosheit der Menschen bekräftigt [...]. Dass das Leben auf der Erde immer wieder durch Naturkatastrophen bedroht wird, gehört zu den grundlegenden Erfahrungen der Menschheit, die in den Überlieferungen verschiedener Religionen von der ‚großen Flut' ihre Verarbeitung gefunden haben. [...] Auch für das Christentum ist diese Überlieferung von der ‚Sintflut' im Blick auf das Verhältnis des Menschen zur Natur grundlegend. Zentral ist hier die Aussage, mit der Gott sich für die Verlässlichkeit und den Bestand der Lebensrhythmen verbürgt und verspricht, die Erde nicht mehr zu zerstören. [...] Vielmehr schließt er mit den Menschen einen neuen, unauflöslichen Bund, dessen Zeichen der Regenbogen ist [...]. Diese Zusage Gottes gilt noch immer, ihr wollen wir auch heute vertrauen. Sie macht uns Mut, uns trotz aller Leben zerstörenden Entwicklungen für die Bewahrung der Schöpfung einzusetzen. [...] Als evangelische Kirche sind wir davon überzeugt, dass zur Abmilderung der Folgen des Klimawandels und für die Erhaltung der Lebensgrundlagen für künftige Generationen ein einschneidender Mentalitätswandel in Politik, Wirtschaft und Gesellschaft nötig ist. Eine solche Wende zu einer nachhaltigen Wirtschafts- und Lebensweise verlangt nach einer Umkehr, die die Bibel ‚Metanoia' nennt, eine radikale und umfassende Umkehr" (106 f.). Man sieht an diesem Zitat, wie die sündentheologische Vertiefung des ethischen Idealismus dazu genutzt wird, trotz Fehlentwicklungen, Zerstörung und vergeblicher Bemühungen an der grundlegenden Pflicht zum schonenden Umgang mit der Natur festzuhalten, Mut zu schöpfen und durch eigene religiöse und sittliche Anstrengungen dazu beizutragen, das von Gott vorgegebene Ziel der Erhaltung der Schöpfung zu erreichen. So verstanden hemmt die Sünde das ethische Engagement nicht, sondern fordert es. Wie dieser – rechtfertigungstheologisch zu entschlüsselnde – Zusammenhang genauer vorzustellen ist, wird an späterer Stelle kenntlich, an der der Begriff der Gerechtigkeit aufgegriffen wird: „Gerechtigkeit im biblischen Sinn ist zuerst und vor allem eine Gabe Gottes, die den Menschen gerecht macht und ihm seine besondere Würde gibt – trotz seiner Verfehlungen. Gottes Gabe der Gerechtigkeit im Leben und Sterben seines Sohnes Jesus Christus ermöglicht und befähigt zu einem Leben, in dem Menschen einander gerecht werden und in Achtung gegenüber dem Eigenwert der nichtmenschlichen Natur leben. Orientierungsgröße dieser Gerechtigkeit ist Gottes gute Schöpfung und die Würde des Menschen" (110). Der Gesamtsinn dieses Zitates kann folgendermaßen zusammengefasst werden: Im Glauben an die Heilstat Jesu Christi wird erkannt, dass die menschliche Sünde kein Hindernis für das ethische Engagement zur Bewahrung der Schöpfung ist. Vielmehr wird dieses durch die Sündenerkenntnis gestärkt.

Eine wesentliche Pointe dieser sündentheologischen Reflexion besteht darin, dass sie den historischen Verstrickungszusammenhang von Industrialisierung und Klimaerwärmung einholt. Den wohlhabenden Industrieländern des Nordens wird die Schuld für die Klimaveränderung zugerechnet, obwohl man dort lange Zeit um diese Folgen der vorlaufenden Industrialisierung gar nicht wusste. Weil dadurch ein Vorsprung an Wohlstand, aber auch ein Vorsprung an Emissionen erreicht wurde, folgt daraus, dass „die Lastenteilung beim Klimaschutz" (109) nicht beim Nullpunkt anfangen kann, sondern dass die wohlhabenden Länder die moralische Verpflichtung haben, im Vergleich mit den Ländern des Südens ihre Emissionen stärker zu drosseln und „im Klimaschutz voranzugehen" (47). Diese vertiefte Reflexion auf den als Schuld anerkannten Eigenbeitrag zum Klimawandel schärft das Bewusstsein für die besondere Verantwortung der Bevölkerung der reichen Länder des Nordens ein. Sie fordert Beiträge sowohl für die Linderung der akuten Not in den Ländern der Südhalbkugel als auch forcierte Anstrengungen bei der Durchsetzung präventiver Maßnahmen.

Das sittliche Ziel aller aus dem Bewusstsein der Verantwortung abgeleiteten Maßnahmen wird – in Aufnahme der egalitären Interpretation von Gottebenbildlichkeit und Menschenwürde – mit dem Begriff der Gerechtigkeit ausgewiesen. „Dem Gedanken der Gerechtigkeit kommt in der Denkschrift aus zwei Gründen eine besondere Bedeutung zu: Zum einen schränkt der Klimawandel die Lebenschancen vieler Menschen in den Entwicklungsländern massiv ein, verschärft deshalb die globalen sozialen und ökonomischen Ungerechtigkeiten und gefährdet den ohnehin fragilen Frieden. Wenn allen Menschen vor Gott die gleiche Würde zukommt, dann ist diese sich verschärfende globale Ungerechtigkeit von Christen nicht hinnehmbar und ein Anlass, sich für mehr Gerechtigkeit sowie für die Lebensrechte der Schwachen einzusetzen. Zum anderen gehört zur Gerechtigkeit auch die Lastenverteilung beim Klimaschutz: In Zukunft sehen sich alle Länder dazu gezwungen, die Sicherung oder die Steigerung ihres Wohlstands vom Emissionswachstum zu entkoppeln. Dabei muss gelten, dass jeder Mensch, ob arm oder reich, zwar dasselbe Recht auf Nutzung der Erdatmosphäre hat, dieses Nutzungsrecht aber begrenzt ist. Damit werden auch die Entwicklungsländer unter einen hohen Innovationsdruck gestellt, bei dessen Bewältigung sie auch aus Gründen der ethischen Verantwortung von den Industrieländern unterstützt werden müssen" (109 f.). Der Begriff der Gerechtigkeit wird, wie aus diesem Zitat hervorgeht, sowohl im Sinne des Ziels des politischen Engagements wie als Maßstab für politische Maßnahmen verwendet, die die Teilhabe der ärmeren Länder an der Nutzung der Erdatmosphäre zu berücksichtigen und die Unterstützung bei den Maßnahmen zum Klimaschutz durch die reicheren Länder zu organisieren haben. Die Vielsinnigkeit der Begriffsverwendung mag man beklagen, weil sie den Zusammenhang von religiöser Grundlage und sittlichen Normen eher verdunkelt. Die Stärke des Begriffs besteht darin, dass er die biblische Tradition mit den modernen, in der Regel auf die praktische Philosophie von John Rawls (1921–2002) zurückgehenden Gerechtigkeitsdiskursen zu verbinden vermag und somit das christliche Ethos in einer von Rawls selbst geforderten, generalisierten Form zur Geltung bringt. Das kommt insbesondere der politischen Durchschlagskraft dieses Dokumentes zu Gute.

4. Die Kirchen als gesellschaftliche Vorbilder

Diese Durchschlagskraft wird dadurch erhöht, dass die Kirchen ihre ethischen Forderungen verinnerlichen und auf sich selbst anwenden. „Kirchen werden ihrem Auftrag gerecht, wenn sie selbst zu einem Leben umkehren, dass sich an den Leitwerten der Gerechtigkeit und der Nachhaltigkeit orientiert. Unser Ruf nach Gerechtigkeit ist auch an uns selbst gerichtet. Den Kirchen als Teil der Gesellschaft obliegt es aber auch, im Sinne der hier formulierten Leitwerte auf andere gesellschaftliche Kräfte und auf die Politik einzuwirken. Die Kirchen müssen die Beschlüsse der Kundgebung der 10. Synode der Evangelischen Kirche in Deutschland 2008 zu dem Thema ‚Klimawandel – Wasserwandel – Lebenswandel' umsetzen, d. h. ihre klimawirksamen Emissionen bis 2015 um 25 % senken" (146). Faktisch haben in Folge dieser Aussagen die Beschlussorgane vieler evangelischer Landeskirchen verbindliche Ziele zu Energieeinsparung und klimaschonenden Synoden gefasst und kontrollieren ihre Umsetzung regelmäßig.[4]

So hat zum Beispiel die Synode der größten evangelischen Kirche in Deutschland, der evangelisch-lutherischen Landeskirche Hannovers, im Jahre 2007 beschlossen, bis 2017 ihre CO_2-Emissionen um 25 Prozent zu senken. Der Maßnahmenkatalog sieht prioritär die Erfassung und Erschließung der Einsparpotenziale in den über 8.000 Gebäuden der Landeskirche vor. Daneben werden die klimarelevanten Bereiche Mobilität, Beschaffungswesen sowie die Nutzung der kirchlichen Flächen untersucht.[5] Ein umfassender Bericht dazu wurde 2012 vorgelegt.[6] Schon 2006 wurde – wie in anderen Landeskirchen auch – das kirchliche Umweltmanagementsystem ‚Der grüne Hahn' eingerichtet, das die Vorgaben der EU-Verordnung ‚Eco Management und Audit Scheme' (EMAS) von 2001 umsetzen soll und Kirchengemeinden dabei berät und unterstützt, die entsprechende Zertifizierung zu erreichen. Bis 2012 haben sich 50 Kirchengemeinden der Landeskirche diesem Umweltmanagementsystem angeschlossen.[7]

---

[4] Vgl. zum raschen Überblick: EKD, Kirchen für gutes Klima, Heidelberg 2013.

[5] Vgl. EVLKA (Evangelisch-lutherische Landeskirche Hannover), Informationsfaltblatt Klimaschutzkonzept, 2011.

[6] Vgl. ZNES (Zentrum für nachhaltige Energiesysteme), Kirche auf dem Weg zur CO_2-Neutralität. Integriertes Klimaschutzkonzept für die Evangelisch-Lutherische Kirche in Norddeutschland, Flensburg 2012.

[7] Vgl. Arbeitsstelle Kirche und Umweltschutz der evangelisch-lutherischen Landeskirche Hannovers. Der Grüne Hahn.

Die Synode der Nordelbischen evangelisch-lutherischen Kirche (NEK) hat im März 2012 ‚Empfehlungen zum Klimaschutz' beschlossen[8] und ihre Rechtsnachfolgerin, die Pfingsten 2012 gegründete Evangelisch-Lutherische Kirche in Norddeutschland (Nordkirche), beauftragt, ein Klimakonzept zu erstellen, das bis zum Jahre 2050 „eine CO_2-freie Nordkirche" ermöglicht.[9] Bis zu diesem Zeitpunkt soll jede „kirchliche Einrichtung [...] ihre CO_2-Emissionen in den Bereichen der Gebäude, der Mobilität und der Beschaffung jährlich dokumentieren, sich Verringerungsziele setzen und regelmäßig in den Leitungsgremien Rechenschaft ablegen und darüber öffentlich berichten".[10] Die praktischen Handlungsempfehlungen sind in sieben Bereiche gegliedert: „(1) Klimaschutz als theologische Herausforderung annehmen und sich im Dialog mit anderen an Gottes Schöpfergeist ausrichten", „(2) Sanfte Mobilität fördern", „(3) Kirchliche Gebäude energetisch sanieren und nachhaltiger nutzen", „(4) Kirchliche Beschaffung unter Einhaltung sozialer und ökologischer Standards", „(5) Für Klimagerechtigkeit eintreten und unvermeidbare CO_2-Emissionen kompensieren", „(6) Kirchliche Ländereien nachhaltig bebauen und nutzen" und „(7) Auf die Stimme der nächsten Generation hören". Die vorgeschlagenen Maßnahmen bürden den kirchlichen Akteuren und Haushalten zum Teil erhebliche Lasten auf, die nur unter großem Aufwand und unter Zurückstellung anderer Vorhaben übernommen werden können. Denn die energetische Sanierung der Kirchengebäude ist derzeit noch sehr teuer. Die geforderte Umstellung der Ernährung in den kirchlichen Einrichtungen auf fair gehandelte und biologisch angebaute Produkte dürfte sich kostentreibend auswirken. Das geplante neue kirchliche Reisekostengesetz, das eine verkehrsmittelunabhängige Erstattung von Dienstfahrten vorsieht, dürfte die kirchlich Engagierten finanziell erheblich belasten. Die geforderte Halbierung der Sitzungshäufigkeit und die Einführung von Dienstfahrrädern bewirken erhebliche Umstellungen in der Dienst- und Lebensführung. Die Kirchenleitung der NEK hat einen Klimaschutzfond in Höhe von einer Million Euro aufgelegt, mit dessen Hilfe die aufwändigen Maßnahmen veranlasst, unterstützt und koordiniert werden sollen.

Man kann fünf Ebenen unterscheiden, auf denen der Beitrag der Kirchen zum Klimaschutz wirksam wird. Erstens, die Kirchen wollen einen eigenen realen Beitrag zur Verringerung der CO_2-Emissionen leisten und damit zum Erreichen der Klimaziele der Bundesregierung beitragen. Zweitens gibt

---

[8] Vgl. NORDELBISCHE SYNODE ZUM KLIMASCHUTZ, Auf dem Weg zu einer klimagerechten Kirche in Norddeutschland. Empfehlungen der Nordelbischen Synode zum Klimaschutz, 2012.

[9] Dieses Klimakonzept wurde im August 2012 unter dem Titel ‚Kirche auf dem Weg zur CO_2-Neutralität. Integriertes Klimaschutzkonzept für die Evangelisch-Lutherische Kirche in Norddeutschland' vorgelegt. Es wurde verfasst vom Zentrum für nachhaltige Energieentwicklung der Universität Flensburg.

[10] Nordelbische Synode, 2.

man ein institutionelles Beispiel dafür, dass die notwendige Veränderung des Lebensstils möglich ist und ermutigt dadurch andere Menschen zu dem dafür notwendigen Verzicht. Drittens sollen auf diese Weise die Möglichkeiten der modernen Umwelttechnologie genutzt, gefördert und bekannt gemacht werden. Die kirchlichen Papiere sind durchaus nicht rückwärtsgewandt und technikfeindlich, sondern wollen sich die technologischen Errungenschaften zur Erreichung der ehrgeizigen Ziele zunutze machen. Auf diese Weise tragen die Kirchen viertens zur Bewusstseinsbildung und zur öffentlichen Stabilisierung der sittlichen Einsichten bei, die Voraussetzung für den von allen Seiten geforderten Politikwandel sind, der in demokratischen Gesellschaften nur vollzogen werden kann, wenn die Wählerinnen und Wähler die damit verbundenen Kosten für Lebensstil und -führung zu tragen bereit sind. Denn sofern Religion eine Form der Gewissheitsbildung ist, führt die religiöse Aneignung der sittlichen Einsicht in die Notwendigkeit von Maßnahmen zur Erreichung der Klimaziele auch zu einer Veränderung des individuellen Lebensstils. „Ein nachhaltiger Lebensstil beinhaltet, sich Gedanken über das eigene Konsumverhalten zu machen. Das bedeutet, dass Christen sich einsetzen für fairen Handel, für ökologische und soziale Herstellungsbedingungen von Konsumgütern (z. B. Lebensmittel, Textilien, Blumen, Papier, Möbel), für Verwendung von Solarenergie, intelligentes Mobilitätsverhalten und Veränderung von Ernährungsgewohnheiten. Durch ihr eigenes Einkaufsverhalten können sie demonstrieren, dass ein umwelt- und sozialverträglicherer Konsum möglich ist" (156). Diese Demonstration hat eine reale, aber auch eine in die Gesamtgesellschaft ausstrahlende symbolische Bedeutung. Die globale Dimension dieser institutionellen Verwirklichung der sittlichen Ziele wird fünftens deutlich in der partnerkirchlichen Selbstverpflichtung: „Die Kirchen müssen darüber hinaus ihre Partner in den Entwicklungsländern bei ihren praktischen und politischen Anstrengungen für eine nachhaltige Entwicklung und bei der Bewältigung des Klimawandels in einer Weise unterstützen, die auch anderen Akteuren als Maßstab und Anreiz für einen konstruktiven Umgang mit dem Klimawandel dienen kann" (146). Klimaschutz und Anpassungspolitik eröffnen ein neues Terrain für den Bereich der kirchlichen Entwicklungszusammenarbeit, der in früheren Zeiten mit dem Begriff ‚Mission' bezeichnet wurde.[11] Hier deutet sich der kirchliche Beitrag zur Bildung jenes welt-zivilgesellschaftlichen Netzwerkes an, das eine wichtige Voraussetzung für ein supra-nationales Klimapolitik-Regime ist.

---

[11] So sieht sich zum Beispiel die Nordelbische Kirche mit Blick auf die Partnerkirche in Papua-Neuguinea in Weise zu Maßnahmen herausgefordert: „Aufgrund ihrer vielfältigen weltweiten Beziehungen zu ihren Partnerkirchen, zum Beispiel in dem vom Klimawandel bedrohten Papua-Neuguinea, sieht sich die Kirche dabei in der besonderen Verantwortung, für Klimagerechtigkeit und für eine Vermeidung bzw. Verringerung der Emissionen und letztlich für eine Kompensation der noch nicht vermeidbaren klimaschädlichen Emissionen einzutreten" (NORDELBISCHE SYNODE, 2).

5. Ethische Normen und politische Spielräume

Durch ethische Stellungnahmen in den umweltpolitischen Diskursen, durch Orientierung des eigenen Handelns an den ethischen Normen in der innerkirchlichen Selbstorganisation und auf der globalen Ebene partnerkirchlicher Arbeit sowie durch die Lebensführung von Christinnen und Christen leistet das Christentum einen gleichermaßen realen wie symbolischen Beitrag zur Bewältigung der mit dem Klimawandel verbundenen Herausforderungen. Durch das Insistieren auf der je eigenen Mitverantwortung für die Faktoren, die die Krise bewirken, schärft man vor allem in den reichen Gesellschaften des Nordens das Bewusstsein dafür, bei notwendigen politischen Maßnahmen voranzugehen im Vertrauen darauf, dass sich die sich entwickelnden Länder zunehmend an den bereits im Norden verwirklichten politischen und technologischen Standards orientieren.

Auf dieser differenzierten Strategie liegt Gewicht. Denn ihr wesentlicher Effekt besteht darin, dass für die politisch Verantwortlichen Spielräume entstehen, die es ermöglichen, sich auf ein Maßnahmenbündel oder auf eine Rahmenordnung zu verständigen, die der Bewältigung der Herausforderungen dient. Dagegen können bestimmte Einzelhandlungen nicht unmittelbar abgeleitet und vorgegeben werden. Das ist entlastend, denn durch unmittelbare Durchsetzung der ethischen Normen droht eine Spaltung der Gesellschaft in die sogenannten Gutmenschen einerseits, deren Lebensführung ganz in den moralischen Dienst der Ziele gestellt ist, und andererseits diejenigen, deren Lebensführung durch einen solchen enggeführten Moralbegriff vollständig diskreditiert würde. Gerade die in der Denkschrift favorisierten und politisch bisher bevorzugten Ökonomie-gestützten Modelle zur Reduktion der Treibhausgasemission eröffnen die Freiheit, die Ziele einerseits anzustreben, andererseits situations- und bedarfsgerecht handeln zu können, bei der Erreichung von Zielen auch Umwege beschreiten und Asymmetrien bei der gemeinschaftlichen Lösung der gestellten Probleme in Kauf nehmen zu dürfen. Entscheidend ist, dass das geschärfte Bewusstsein für die ökologische Krise öffentlich präsent ist und die Ziele kollektiv, aber weltgesellschaftlich differenziert angeeignet und umgesetzt werden.

Die moralische Entlastung der politischen Maßnahmen und Einzelhandlungen steht in der Tradition der reformatorischen Lehre von den zwei Regierweisen Gottes. Ihr entspricht eine verfahrensethische Akzentuierung. Der Hauptakzent des ethischen Sollens gilt den politisch Verantwortlichen, durch welt-zivilgesellschaftliche Aushandlungsprozesse definitive Ziele zu vereinbaren und durch ein supra-nationales Regime solche Rahmenbedingungen herzustellen, die das Erreichen der Ziele sicherstellen und situations- bzw. bedarfsgerechte Einzelmaßnahmen im oben genannten Sinne ermöglichen. Die theologischen Prämissen für eine verfahrensethische Akzentuierung bei der Umsetzung von politischen Zielen sind jüngst herausgearbeitet worden. Ihr politischer Realismus dürfte gerade beim Klimaschutz angebracht sein, der nicht nur eine hochkomplexe Materie ist, sondern bei dem auch höchst unterschiedliche politische Interessen ausgeglichen werden müssen. Die notwendige Kooperation beim nachhaltigen Umgang mit den Ressourcen kann nicht durch kirchliche Besserwisserei, Betroffenheitspathos und moralische Appellitis erreicht werden. Geboten sind vielmehr eine durch institutionelle Glaubwürdigkeit gestützte Schärfung des ethischen Bewusstseins, das zugleich auf Versachlichung der Debatten zielt und so eine sequenzielle Bearbeitung der Probleme ermöglicht, die die Beteiligten und die Betroffenen einschließt und ihnen auf dem Weg zum sittlich gebotenen Ziel die eigene Freiheit nicht nimmt. Wie auf anderen Politikfeldern so dürfte auch beim Klimaschutz Max Webers (1864–1920) verantwortungsethische Einsicht zutreffend sein, nach der Politik gerade in deliberativen Kontexten „ein starkes langsames Bohren von harten Brettern mit Leidenschaft und Augenmaß zugleich"[12] bedeutet. Trotz ihres etwas reißerischen Titels bietet die EKD-Denkschrift dafür insgesamt ein gutes Beispiel.

---

[12] MAX WEBER, Wissenschaft als Beruf 1917/1919. Politik als Beruf 1919, Studienausgabe der Max Weber-Gesamtausgabe Bd. I/17, herausgegeben von WOLFGANG J. MOMMSEN und WOLFGANG SCHLUCHTER in Zusammenarbeit mit BIRGITT MORGENBROD, Tübingen 1994, 88.

Migration in ethisch-religiöser Reflexion

Theologiegeschichtliche und ethische Erwägungen zu einem aktuellen Thema[1]

I. Die ethische Begründung des allgemeinen Besuchsrechtes im „gemeinschaftlichen Besitz der Oberfläche der Erde" bei Immanuel Kant (1724–1804)

In seiner Schrift „Zum ewigen Frieden" entwirft der Philosoph Immanuel Kant im Jahre 1795 die Vision eines Völkerbundes, der den globalen Frieden aufbauen und sichern soll. Er kommt zu Stande auf der Basis der Autonomie der Staaten, fußt auf vertrauensbildenden Maßnahmen zwischen ihnen, auf militärischer Abrüstung und auf dem Aufbau von nach heutigen Begriffen demokratischen Strukturen in allen beteiligten Staaten.[2] Im „Dritten Definitivartikel zum ewigen Frieden" kommt Kant auf die menschenrechtliche Seite des Völkerbundes zu sprechen und thematisiert darin die ethische Dimension von Migration, die uns in diesen Wochen angesichts der Flüchtlingsströme sehr beschäftigt.

Auf den ersten Blick formuliert der Königsberger Philosoph seine These zwar zurückhaltend: „Das Weltbürgerrecht soll auf Bedingungen der allgemeinen Hospitalität eingeschränkt sein"[3]. Aber der Grund für diese zunächst blasse Formulierung ist, dass es das postulierte „Weltbürgerrecht" solange nicht geben kann, bis es einen „Völkerstaat"[4] oder eine „Weltrepublik"[5] gibt, die solche Rechte garantieren könnte. Auch die von Kant favorisierte föderale Ordnung der Völker kann für dieses Weltbürgerrecht nicht einstehen, weil das

---

[1] Antrittsvorlesung als Professor für Theologische Ethik und Direktor des Instituts für Ethik und angrenzende Sozialwissenschaften (IfES) an der Evangelisch-Theologischen Fakultät der Westfälischen Wilhelms-Universität Münster, gehalten am 11. November 2015.

[2] Zur werkgeschichtlichen Entwicklung dieser Gedanken unter besonderer Berücksichtigung des Weltbürgerrechtes vgl. REINHARD BRANDT, Vom Weltbürgerrecht, in: OTFRIED HÖFFE (Hg.), IMMANUEL KANT. Zum ewigen Frieden, Berlin 2004, 133–148.

[3] IMMANUEL KANT, Zum ewigen Frieden, in: DERS., Gesammelte Schriften, hg. von der KÖNIGLICH PREUSSISCHEN AKADEMIE DER WISSENSCHAFTEN (AA), Bd. VIII, Berlin 1912, 341–386, 357.

[4] Ebd.

[5] Ebd.

die Autonomie der Einzelstaaten verletzen würde. Bürgerrechte kann es nur im Verhältnis des Einzelnen gegen den Territorialstaat geben, und dies auch nur dann, wenn sie durch eine republikanische Verfassung gesichert sind. Das lag damals in großer Entfernung.

Um aber die Migranten nicht in den Zustand vollkommener Rechtlosigkeit fallen zu lassen, formuliert Kant das moralische Recht auf „Hospitalität (Wirthbarkeit)"[6], d. h. „das Recht eines Fremdlings, seiner Ankunft auf dem Boden eines andern wegen von diesem nicht feindselig behandelt zu werden"[7]. Positiv formuliert geht es um „ein *Besuchsrecht*, welches allen Menschen zusteht, sich zur Gesellschaft anzubieten"[8]. Diese „Hospitalität" begründet eine moralische Pflicht zur freundlichen Aufnahme von Reisenden, zur friedlichen Anbahnung geselliger Beziehungen zwischen Einheimischen und Migranten. Negativ formuliert geht es um das Verbot einen Fremden abzuweisen, wenn die Gefahr besteht, dass er Leib und Leben riskiert.[9] Kant will nicht auf ein dauerhaftes Gastrecht hinaus, er will also keine menschenrechtliche Begründung einer auch sei es nur zeitlich befristeten Hausgenossenschaft geben. Vielmehr geht es ihm um die Bedingung der Möglichkeit zu friedlicher Kontaktaufnahme selbst. Alles Weitere, also auch jene „Hausgenossenschaft", ist dem freien Spiel der Kräfte überlassen, also aus der praktischen Vernunft nicht mehr ableitbar, sondern muss politisch geregelt werden.

Von entscheidender Bedeutung ist die naturrechtliche Begründung dieses „Wohlwollensgebotes"[10], die Kant gibt. Es ist verankert in dem Recht „des gemeinschaftlichen Besitzes der Oberfläche der Erde, auf der als Kugelfläche [die Menschen] [...] sich nicht ins Unendliche zerstreuen können, sondern [...] sich doch neben einander dulden müssen, ursprünglich aber niemand an einem Orte der Erde zu sein mehr Recht hat als der Andere"[11]. Dahinter stehen Überlegungen, die Kant in der Metaphysik der Sitten von 1797 dargelegt hat. Alles subjektive Recht, das, was uns unmittelbar zukommt, hat eine innere und eine äußere Seite. Die Gestaltung der äußeren Seite, nämlich der Erwerb von Eigentum und Besitz regelt das positive Recht, genauer das Privatrecht. Das ist hier nicht weiter zu verfolgen. Das innere „Mein und Dein" aber ist angeboren, und es besteht in der „Freiheit", d. h. der „Unabhängigkeit

---

[6] A. a. O., 357 f.
[7] Ebd.
[8] Ebd.
[9] „Dieser kann ihn abweisen, wenn es ohne seinen Untergang geschehen kann" (A. a. O., 358).
[10] Christoph Enders, Toleranz als Rechtsprinzip? Überlegungen zu den verfassungsrechtlichen Maßgaben und höchstrichterlichen Entscheidungen, in: Ders./Michael Kahlo (Hg.), Toleranz als Rechtsprinzip? Die moderne Bürgergesellschaft zwischen Offenheit und Selbstaufgabe, Paderborn 2007, 241–265, 262.
[11] Kant, Zum ewigen Frieden, AA VIII, 358.

von eines Anderen nöthigender Willkür, sofern sie mit jedes Anderen Freiheit nach einem allgemeinen Gesetz zusammen bestehen kann".[12] Diese Freiheit äußert sich in zwei verschiedenen Formen, nämlich einmal im Besitz der natürlichen Ehre, ein unbescholtener Mensch zu sein, und sodann im Besitz des eigenen Körpers. Zu ihm gehört das Recht, irgendwo auf dem Erdboden sein zu müssen, denn sonst kann die innere Freiheit nicht verwirklicht werden. Daraus folgt: „Alle Menschen sind ursprünglich (d. i. vor allem rechtlichen Act der Willkür) im rechtmäßigen Besitz des Bodens, d. i. sie haben ein Recht, da zu sein, wohin sie die Natur, oder der Zufall (ohne ihren Willen) gesetzt hat."[13] Man merkt der Formulierung vom prinzipiell gemeinsamen Besitz der Erdoberfläche an, wie stark Kant hier die historische Kontingenz des menschlichen Lebens und seiner territorialen Zugehörigkeit in den Blick nimmt.

Daraus ergibt sich ein Doppeltes: Einerseits benötigt man ein Rechtsprinzip, „nach welchem allein die Menschen den Platz auf Erden [...] gebrauchen können."[14] Die Inbesitznahme der Erde soll „in Conformität mit der Idee eines bürgerlichen Zustandes"[15] erfolgen, zu dem sich bestimmte Menschengruppen vereinigt und einen gemeinsamen Willen gebildet haben. Aber aus der nicht zu tilgenden Kontingenz aller bestimmten „willkürlichen" Besitzverhältnisse folgt eben auch der Grundsatz der Hospitalität. Denn weil „alle Völker *ursprünglich* in einer Gemeinschaft des Bodens, nicht aber der rechtlichen Gemeinschaft [...] des Eigenthums an demselben" stehen, bleibt das Verhältnis der „physischen [...] Wechselwirkung [...], d. i. in einem durchgängigen Verhältnisse eines zu allen Anderen, sich zum Verkehr untereinander anzubieten, und haben ein Recht, den Versuch mit demselben zu machen, ohne daß der Auswärtige ihm darum als Feind zu begegnen berechtigt wäre."[16] Wer *unwillkürlich*, also etwa bei Schiffbruch, an das Ufer eines Landes getrieben wird, hat das Recht des Besuches, weil er einen Boden unter seinen Füßen braucht. Aber dieses Recht gilt auch bei *willkürlichen* Akten, etwa für den, der die Absicht hat, positive Beziehungen mit Menschen, die woanders wohnen, anzuknüpfen, also z. B. Handel zu treiben. Die zur Zeit Kants noch nicht weit ausgebauten Möglichkeiten zu globalem Wandel und Handel – Kant spricht vom „Schiff" und vom „Kameel (das Schiff der Wüste)"[17] – sind sittlich begründet im „Recht der *Oberfläche*, welches der Menschengattung gemeinschaftlich zukommt, zu einem möglichen Verkehr zu benutzen."[18] Dieser allgemeinen Kultivierung der moralischen Pflicht zur Hospitalität traut Kant viel

---

[12] Immanuel Kant, Metaphysik der Sitten, in: Ders., AA VI, 1907, 237.
[13] A. a. O., 262.
[14] Ebd.
[15] A. a. O., 264.
[16] A. a. O., 352.
[17] Kant, Zum ewigen Frieden, AA VIII, 358.
[18] Ebd.

zu. Durch Migration und Aufbau von geselligem „Verkehr mit den alten Einwohnern […] können entfernte Welttheile mit einander friedlich in Verhältnisse kommen, die zuletzt öffentlich gesetzlich werden und so das menschliche Geschlecht endlich einer weltbürgerlichen Verfassung immer näherbringen können."[19] Die Hospitalität ist also nicht nur das Zugeständnis im Fall einer Notlage, sondern Bedingung zur Gestaltung friedlicher Beziehungen. Das Paradigma Kants ist der Handel, weil er im Idealfall die wechselseitige Anerkennung der Akteure als selbständige Vertragspartner beinhaltet – ein weiterer Baustein für den Frieden zwischen den Völkern.

Kant gehört zu den ersten Theoretikern der Globalisierung. Seine Ausführungen zum „Weltbürgerrecht" lassen erkennen, dass der „ewige Friede" nicht allein durch zwischenstaatliche Abkommen zu Stande kommen kann, sondern auch auf einer zweiten Säule ruht, nämlich auf Handel und Verkehr auf der Basis von Migration, die ihrerseits einem vorstaatlichen, nämlich moralischen Mindeststandard des „Wohlwollensgebotes" zu genügen hat.

In den weiteren Ausführungen der Friedensschrift wird die *eigentliche* Stoßrichtung der Argumentation Kants deutlich und der zeitgeschichtliche Hintergrund tritt hervor, auf den sich Kant sehr kritisch bezieht. Ist man im Deutschland der Gegenwart geneigt, die Ausführungen Kants an die aufnehmende Gesellschaft adressiert zu lesen, so richtete doch Kant sein Wohlwollensgebot an die Migranten. Er interpretierte es im Sinne der Zurückhaltung und des Respekts gegenüber den indigenen Völkern. Darin liegt eine scharfe Kritik an der Kolonisierung und Ausbeutung der Völker Indiens, Südamerikas, Afrikas und Chinas.[20]

II. Die anthropologische Begründung von Migration bei Friedrich Schleiermacher (1768–1834)

Der erste evangelische Theologe, der sich mit den ethischen und anthropologischen Fragen der Migration auseinandergesetzt hat, ist Friedrich Schleiermacher (1768–1834) gewesen. Er lebte eine Generation nach Kant und seine bis heute wirksame epochale Leistung für die Evangelische Theologie besteht darin, dass er die Grundeinsichten der theoretischen und praktischen Philosophie Kants aufgegriffen, in eigenständiger Weise auf die Theologie bezogen und für die kritische Umformung von Theorie und Praxis des protestantischen Christentums fruchtbar gemacht hat.[21]

---

[19] Ebd.
[20] Vgl. a. a. O., 358–360.
[21] Vgl. ULRICH BARTH, Christentum und Selbstbewusstsein. Versuch einer rationalen Rekonstruktion des systematischen Zusammenhangs von Schleiermachers subjektivitätstheoretischer Deutung der christlichen Religion (GTA 27), Göttingen 1983, 119.

Aus bisher ungeklärtem Anlass hat Schleiermacher am 28. Juli 1817 vor der philosophischen Klasse der Königlich-Preußischen Akademie der Wissenschaften einen Vortrag zum Thema „Über die Auswanderungsverbote" gehalten und sich darin kritisch mit der staatlichen Restriktion der Emigration insbesondere in die Vereinigten Staaten von Amerika auseinandergesetzt. Schleiermacher wählt dabei den gleichen Ausgangspunkt wie Kant, argumentiert aber zunächst historisch. „Denn wie verschieden man auch über den Ursprung [...] [des menschlichen Geschlechts] denkt: so hat doch noch niemand angenommen, daß jeder einzelne Fleck der Erde Autochthonen erzeugt habe, und also ursprünglich aus sich selbst sei bevölkert worden; sondern in gar viele Gegenden müssen die Menschen aus anderen früher bewohnten eingewandert sein, aber gewiß nur selten so, daß ganze Völkerschaften die alten Wohnsitze verödet gelassen hätten, sondern einzelne Familien und Sippschaften sind ausgewandert, und haben sich von dem größten Theil ihrer Genossen getrennt."[22] Nach diesem Zitat geht Schleiermacher davon aus, dass die Verbreitung der Menschen über die Erde als Vorgang und Resultat von sozialer Differenzierung und Migration zu verstehen ist.

Aus diesem historischen Befund leitet Schleiermacher eine *ethische* Schlussfolgerung ab: „Ein Prozeß also ohne welchen der Mensch sich nicht auf der Erde verbreiten, ohne welchen er seine Bestimmung sie zu beherrschen nicht erfüllen konnte, kann unmöglich an und für sich unrecht sein; diese heilsame nothwendige Verbreitung [...] muß [...] erlaubt und rechtmäßig [...] sein."[23]. Man entnimmt diesem Zitat, dass auch Schleiermacher von der moralischen Legitimität von Migration ausgeht, die hier – eher implizit – mit dem biblischen Auftrag zur gemeinsamen Herrschaft über die ganze Erde verbunden wird (vgl. Gen 1, 28–30). Dieser *religiös-sittlichen* Begründung fügt Schleiermacher noch eine *anthropologische* hinzu. Mit Hilfe einiger komplizierter Erwägungen, die hier vernachlässigt werden können, begründet Schleiermacher das Menschenrecht auf Migration damit, dass es „in der menschlichen Natur" einen „Cohäsions- und heimatlichen Trieb[ ]" einerseits und „einen andern ihm ganz entgegengesetzten zerstreuenden Entdeckungs- und Wanderungstrieb"[24] andererseits gibt. „Vermöge des ersten gehört der Mensch der Stelle, an welcher er in die Welt angetrieben kam, vermöge des andern gehört er der ganzen Erde und die ganze Erde ihm."[25]

Diese beiden Triebe sind stets wirksam und regulieren sich wechselseitig: „Schon das unvermeidlichste und ursprünglichste Verlangen, welches den

---

[22] FRIEDRICH DANIEL ERNST SCHLEIERMACHER, Ueber die Auswanderungsverbote (28. Juli 1817), in: DERS., Kritische Gesamtausgabe I/11: Akademievorträge, hg. v. MARTIN RÖSSLER und Mitwirkung von LARS EMERSLEBEN, Berlin/New York 2002, 253–269, 258.
[23] Ebd.
[24] A. a. O., 259.
[25] Ebd.

Menschen aus seiner Höhle und Hütte heraus und in dieselbe wieder zurücktreibt, können wir uns [...] nur als die einfachste Pulsation jener beiden Triebe denken."[26]. Ein anderes Beispiel ist „das Losreißen aus dem väterlichen Hause und die Begründung eines eigenen"[27]. Jede Anwendung dieser Triebe ist eine „freie That und Lebensregung"[28], und daher ist auch das dominante Ausleben des Wanderungstriebes „eben so rechtmäßig als [...] natürlich"[29]. Migration ist damit ethisch und theologisch legitim, weil sie – wie Schleiermacher am Beispiel der USA deutlich macht[30] – als ein Mittel zur Entfaltung des Menschseins und zur Zivilisierung der Welt dient.[31]

Auf der Basis dieser drei Gründe – historische, religiös-ethische und anthropologische – diskutiert Schleiermacher nun Konstellationen, die dazu führen, dass der Wanderungs- den Cohäsionstrieb überwiegt, der Mensch also zum Migranten wird. Es gibt negative und positive Migrationsmotive. Negative sind „drückende Noth und politische Unzufriedenheit"[32], also ökonomische und politische Missstände, die im Einzelnen ganz unterschiedliche Gestalt annehmen können und die die „Auswanderungslust"[33] anstacheln. Dagegen sind freilich Gegenwirkungen denkbar, denn der Staat kann durch politische Maßnahmen die Missstände eindämmen oder abstellen, damit die Menschen im Lande bleiben. Schleiermacher äußert sich hier kritisch zur Restaurationspolitik nach dem Wiener Kongress, die den Menschen die zuvor versprochene politische Partizipation am Gemeinwesen versagt hatte, was ein wesentlicher Anlass für die damaligen Auswanderungswellen gewesen sein dürfte.

Daneben nennt Schleiermacher positive Motive. Danach beruht die Auswanderung auf der ungleichen Verteilung „der [...] förderlichen Lebensformen, der nützlichen Fertigkeiten, der edlen Künste, der erhabenen Wissenschaften, und noch mehr jener höchsten und beseligenden Kräfte, welche in der entwickelten und geläuterten Religion liegen."[34] Man kann diesem Zitat zwei Migrationsmotive entnehmen. Das erste könnte man als *Lust am zivilisatorischen Austausch* bezeichnen. Schleiermacher ist der Auffassung, dass sich die Neugierde, die Kunst, der Erkenntnis- und kulturelle Gestaltungstrieb nicht heimatlich einhegen oder nationalstaatlich begrenzen lassen, sondern grenzüberschreitend wirken wollen, so dass durch Migrationen so etwas wie weltzivilgesellschaftliche Netzwerke entstehen. Daneben sind es für Schleiermacher

---

[26] Ebd.
[27] Ebd.
[28] Ebd.
[29] Ebd.
[30] A.a.O., 260.
[31] „Und dies führt uns [...] darauf zurück, wie von den frühesten Zeiten an bis jetzt die heilsamsten Folgen daraus entstanden sind, daß Menschen [...] ausgewandert sind" (a.a.O., 261).
[32] A.a.O., 263.
[33] A.a.O., 264.
[34] A.a.O., 260.

zweitens die *Religionen*, die durch Migration vergemeinschaftend wirken. Er bezieht sich dabei auf die Tatsache, dass die Weltreligionen sich durch missionierende Migranten verbreitet und auf diese Weise ein humanes Zusammengehörigkeitsgefühl der Menschen untereinander aufgebaut hätten, das über die Nationalstaaten und Kontinente hinweg ein allgemeines Bewusstsein von der Menschheit des Menschen und damit von der Zusammengehörigkeit aller Menschen verankert hat. Schleiermacher hat hierbei vor allem das Christentum und den Islam – in seiner Diktion: den „Islamismus"[35] – vor Augen.[36] Die historische Leistung der Weltreligionen besteht darin, ein egalitäres Humanitätsideal gestiftet zu haben, das allem kulturellen und staatlichen Handeln Maß und Richtungssinn gibt.

Der Zusammenhang von Migration und Religion wird von Schleiermacher also dynamisch interpretiert und in diesem Sinne können die Weltreligionen mit ihrem jeweiligen Ethos als Träger jener Weltzivilgesellschaft gelten, die Kant mit seiner moralischen Forderung nach einem „Weltbürgerrecht" ebenfalls im Blick hatte und als dessen Ermöglichungsbedingung er die wechselseitige Pflicht der Hospitalität aufgestellt hatte. Mit dem zivilisatorischen Austausch und der Religion bringt Schleiermacher also über den Handel hinaus zwei weitere Faktoren zur Geltung, die zur globalen Vernetzung der Menschheit auf der Basis wechselseitiger Anerkennung beitragen können. Dem sich darin entfaltenden anthropologischen Bedürfnis soll der Nationalstaat nichts entgegensetzen. Denn neben der Einfriedung des Menschen in familiäre und nationale Bindungen gibt es jene weltbürgerliche Dimension des Menschseins, die in den Religionen ideell vergegenwärtigt wird und durch Migration kulturelle Gestalt annimmt.

III. Ein Blick auf die aktuelle Lage

Das methodisch und inhaltlich Wertvolle an der Klassiker-Lektüre besteht darin, dass durch sie die drängenden Probleme der Gegenwart auf Distanz gebracht werden. Diese Optik ermöglicht eine Sortierung der Fragen, erleichtert notwendige Differenzierungen wie etwa die zwischen Ethos, Recht und Politik, die das Recht gestaltet. Es ergibt sich ein fünffacher Befund.

---

[35] FRIEDRICH DANIEL ERNST SCHLEIERMACHER, Staatslehre (Kolleg 1817), in: DERS., Kritische Gesamtausgabe II/8: Vorlesungen über die Lehre vom Staat, hg. von WALTER JAESCHKE, Berlin/New York 1998, 266.

[36] „Das religiöse Princip [...] macht die Gränzen der Differenz und der Verwandtschaft der Völker noch schwankender, da es einen bei weitem größeren Umfang hat, als die natürliche Theilung der Völker. Beispiele sind hier: der Islamismus und das Christenthum, welche Völker der verschiedenartigsten Abstammung in einem Glauben verbinden, und besonders das Christenthum, gar keine isolirte Gränze kennt." (ebd.).

Ein erster Befund aus dem bisher Dargelegten besagt, dass das Thema „Migration", seien es Ein- oder Auswanderer, Flüchtlinge oder Fremde, gar nicht neu ist, sondern zu den klassischen Themen der Moderne gehört. Denn auch im 18. und 19. Jahrhundert waren viele Menschen auf Wanderschaft. Es gab große Auswanderungen in die USA, aus religiösen, politischen und wirtschaftlichen Gründen. Es gab unfreiwillige Migrationen, man denke an den regen Sklavenhandel, dem Kant und Schleiermacher mit scharfen Worten entgegengetreten sind.[37] Die gegenwärtigen Flüchtlingsbewegungen sind also ein besonderer Ausdruck dessen, was Migrationsforscher als den „Normalfall Migration" bezeichnen.[38] Und zu diesem Normalfall gehören *alle* Gruppen, die derzeit an den Grenzen der Europäischen Union Einlass begehren: Es sind die Menschen, die in die EU drängen, weil sie sich im europäischen Wohlstandsraum materielle Lebensperspektiven versprechen, die sie in ihren Herkunftsländern vermissen. Diese Menschen haben auf der Basis einer freien Entscheidung ihre Heimat verlassen. Es sind die Menschen, die sich zur Migration genötigt sehen, um Zwangsverhältnissen in ihrer Heimat zu entgehen.[39] Hier sind zwei Gruppen zu unterscheiden, nämlich erstens diejenigen, die in ihren Herkunftsländern politisch verfolgt werden und im Menschenrechtsraum Europa Asyl suchen. Zweitens sind es diejenigen, die den Folgen eines Bürgerkrieges bzw. Kriegs entgehen wollen und als Flüchtlinge innerhalb des europäischen Friedensprojektes Schutz suchen.

Navid Kermani hat in seiner Rede aus Anlass der Verleihung des Friedenspreises des deutschen Buchhandels darauf hingewiesen, dass es zunächst als Kompliment zu verstehen ist, wenn Migranten aus anderen Ländern nach Europa streben. Kermani sagte: Das Projekt der europäischen Einigung „gehört zu dem Wertvollsten, was dieser Kontinent je hervorgebracht hat."[40] Für Menschen außerhalb Europas gilt es „als Modell, ja bereits schon als Utopie"[41]. Warum sollte dieses Europa nicht anziehend sein für Menschen, die in anderen Weltgegenden ökonomisch darben und politischen Gefahren ausgesetzt sind? Im 19. Jahrhundert waren es die USA, die Linderung der Not und politische Freiheit verhießen, im 21. Jahrhundert ist es Europa und – das ist der zweite Befund aus der Klassikerlektüre – es sollte dies zuvörderst als Anerken-

---

[37] Vgl. KANT, Zum ewigen Frieden, AA VIII, 358–360; Vgl. FRIEDRICH SCHLEIERMACHER, Die christliche Sitte nach den Grundsätzen der christlichen Kirche im Zusammenhange dargestellt, hg. von LUDWIG JONAS, Berlin ²1884, 465 f. 489.

[38] KLAUS J. BADE/JOCHEN OLTMER, Normalfall Migration, Bonn 2004.

[39] Vgl. JÜRGEN MANEMANN, Migration und Exodus, in: DERS./WERNER SCHREE (Hg.), Religion und Migration heute. Perspektiven – Positionen – Projekte (Quellen und Studien zur Geschichte und Kunst im Bistum Hildesheim 6), Regensburg 2012, 202–213, 207.

[40] http://www.friedenspreis-des-deutschen-buchhandels.de/819312/ (Zugriff: 30.04.2018).

[41] Ebd.

nung desjenigen Wohlstands- und Freiheitsraumes verstanden werden, der hier seit dem Zweiten Weltkrieg errichtet wurde.

Kermanis Hinweise können im Anschluss an Schleiermacher anthropologisch vertieft werden, denn Wanderungen und Neu-Ansiedlungen gehören zum menschlichen Dasein ebenso wie die Beheimatung in einer bestimmten Weltgegend. Bezieht man dies auf die Migrationen der Gegenwart, dann ist es nicht mehr so einfach, die sogenannten Wirtschaftsflüchtlinge als unmoralisch und tendenziell parasitär darzustellen. Vielmehr wird man sagen können, dass wirtschaftliche Not eine Haupttriebfeder jenes Wanderungstriebes ist, von der sich insbesondere im 19. Jahrhundert viele Europäer leiten ließen, als sie in die Neue Welt auswanderten, weil sie sich dort Wohlstand und Freiheit versprachen. In einem bislang unveröffentlichten Forschungsprojekt wurden theologische Ethiken des 19. Jahrhunderts auf das Thema „Migration" hin untersucht und festgestellt, dass die Auswanderung in die USA aus ökonomischen, grundrechtlichen und politischen Gründen trotz aller Bindungen der Einzelnen an Volk und Nation als ethisch legitim angesehen wurde.[42] Man sieht daran: „Wirtschaftsmigration" ist keine Kategorie zur Bezeichnung der Anderen, sondern Teil unserer eigenen europäischen Geschichte.

In der hochallgemeinen Perspektive Kants wird man daran erinnern, dass die – übrigens erst Ende der 60er Jahre des letzten Jahrhunderts abgeschlossene – Verstaatlichung der Erdoberfläche und ihre Aufteilung in öffentlich-rechtliches und privates Eigentum ein historischer und an Kontingenzen reicher Prozess war. Er ist Teil jenes Kultivierungsvorganges, zu dem die Menschen bestimmt sind, und diese Geschichtlichkeit ist es, die jede Reklamation von Autochthonie von Völkern und Staaten relativiert. Wenn man diesen Sachverhalt normativ wendet, führt das zu einer Umkehr der Begründungspflicht. Im Verhältnis zum „Gemeinschaftlichen Besitzes der Erdoberfläche" wird jede Grenzziehung *ethisch* begründungspflichtig. Darin besteht der dritte Befund.

Diese Begründung kann nun, viertens, auch gegeben werden. Sie ergibt sich für Kant und Schleiermacher durch die grundlegende Aufgabe von Staatlichkeit, die Verteilung der Menschheit auf der Erde rechtlich zu ordnen und die Interaktionen in einem Volk, das als Staat auf einem bestimmten Territorium lebt, so zu regeln, dass alle in ihm verbundenen Bürger ein Leben in vernünftiger Freiheit führen können. Daraus ergibt sich die Verantwortung der politischen Ordnungsmacht, den „heimatlichen Trieb" der Menschen, die ortsansäs-

---

[42] Als Beispiel sei auf Richard Rothe verwiesen. Er beruft sich zustimmend auf GOTTLIEB HARLESS (Christliche Ethik, Stuttgart ³1845) und führt aus, dass bei akuter wirtschaftlicher Not, Verweigerung der Religions- und Gewissensfreiheit, politischer Verfolgung und Kriegsumständen „der Einzelne von einer für ihn vorhandenen sittlichen Nothwendigkeit, sein Vaterland zu verlassen, unzweifelhaft überzeugt sein" (RICHARD ROTHE, Theologische Ethik, Bd. 5, Wittenberg ²1871, 394f.) kann. Es ist in diesem Fall sittlich legitim, die „Pflicht der unbedingten Hingebung an den Staat" (a.a.O., 392) zurückzustellen und auszuwandern.

sig sind und bleiben wollen, zu kultivieren, für deren Sicherheit und Freiheit zu sorgen.[43] Daran bemisst sich der sittliche Wert jeder politischen Ordnung. Sie reduziert die historische Kontingenz der Volks- und Staatswerdung und begründet die Souveränität des Staates. Zu ihr gehört auch, dass die Staaten Europas oder der europäische Staatenverbund mit Rücksicht auf ihre Ordnungsaufgabe und gemäß der Kriterien, an denen sich die Geordnetheit der Ordnung bemisst, entscheiden können, ob die einwanderungswilligen Menschen, die sich zum Miteinander anbieten, bleiben dürfen oder weiterreisen müssen.

Fünftens darf freilich der auf jeder Zivilisationsstufe erreichte Status Quo die Geltung jener grundlegenden Norm des „gemeinschaftliche[n] Besitz[es] der Erdoberfläche" nicht vollständig unterlaufen. Die Reklamation von Autochthonie widerspricht diesem Grundsatz. Ebenso wenig kann man mit Berufung auf Tradition, Besitz, Volk, Kultur oder Wohlstand Migranten kalt abweisen. Ein ähnliches Ergebnis ergibt sich aus Schleiermachers schöpfungstheologischem Hinweis, nach dem der göttliche Auftrag zur Kultivierung der Erde nur durch Wanderung und zivilisatorischen Austausch erfüllt werden kann.

Für Kant repräsentiert die „Hospitalität", also die Pflicht zur wechselseitigen freundlichen Begegnung, das Weitergelten jener grundlegenden Norm unter den historischen Bedingungen des Gegebenseins von Staaten und verrechtlichten Eigentumsverhältnissen. Die Pointe der „Hospitalität" besteht darin, dass das Angebot der Migranten, sich uns unserer Gesellschaft anzubieten, nicht ignoriert werden darf, sondern ihnen in einer äquivalenten Haltung begegnet wird, die jede Verächtlichmachung und Diskriminierung ausschließt. Gegen den Reflex, auf die Erfahrung von Fremdheit mit einem Gefährlichkeitsverdacht zu reagieren, hat Kant das „Wohlwollensgebot" gestellt. Die Hermeneutik des Fremden wird somit nicht durch Gefährlichkeitsunterstellung, sondern durch die Haltung der „Wirthbarkeit" gesteuert. Diese bildet die moralische Basis jedweden Weltbürgerrechtes, auf dessen Etablierung hinzuarbeiten wäre, als einem wesentlichen Baustein für den Frieden zwischen Staaten und Völkern.

Diese grundlegenden Einsichten gilt es nun theologisch zu vertiefen.

IV. Wissenschaftstheoretische Zwischenüberlegung: Theologie als normative Religionswissenschaft

Es gibt reiche Debatten über das Verhältnis von vernünftiger und religiöser Ethik, von Philosophie und Theologie, die hier nicht eigens aufgerollt werden sollen. Stattdessen sollen wenige Hinweise gegeben werden.

---

[43] Vgl. dazu aus der Perspektive evangelischer Theologie ARNULF VON SCHELIHA, Protestantische Ethik des Politischen, Tübingen 2013, 242–290.

Seit Schleiermacher versteht sich die evangelische Theologie — jedenfalls in einer ihrer Hauptströmungen — als eine kulturwissenschaftlich arbeitende Wissenschaft, deren Aufgabe darin besteht, aus der Binnenperspektive des religiösen Bewusstseins heraus über die strukturellen und historischen Bedingungen seines eigenen Vorkommens aufzuklären. Theologie als Wissenschaft kann daher auch, um eine Formulierung von Paul Tillich (1886–1965) aufzugreifen, als „normative[ ] Geisteswissenschaft von der Religion"[44] bezeichnet werden.[45] Mit dieser Wendung wird kenntlich, dass theologische Standpunktbezogenheit die Integration kulturwissenschaftlicher Methoden und Erkenntnisse einschließt. Die Theologie unterscheidet sich von der nicht-theologischen Erforschung der Religion darin, dass sie die kritische Selbstthematisierung mit der Absicht unternimmt, die religiösen Gehalte unter dem Akzent ihrer gegenwärtigen Bedeutung zu reformulieren. Dafür ist die interdisziplinäre Vernetzung mit sozialwissenschaftlichen Methoden desto mehr erforderlich, je stärker die gesellschaftliche Ausdifferenzierung voranschreitet.

In loser Anknüpfung an Friedrich Schleiermachers „Kurzer Darstellung des theologischen Studiums" können drei Arbeitshinsichten unterschieden werden.[46] Im Rahmen der Philosophischen Theologie verortet Schleiermacher in Anknüpfung an Immanuel Kant und die Philosophie des Idealismus die humane Religiosität in einer Theorie des menschlichen Bewusstseins.[47] Auf dieser Basis können grundsätzlich alle Religionen als Ausdruck humaner und gesellschaftlicher Selbstdeutungskultur rekonstruiert und kritisch aufeinander bezogen werden. Der methodische Einsatz bei einer Theorie des humanen Bewusstseins bedeutet, dass Religion und ihre Bedeutung am Individuum in seinen konkreten Lebenswelten identifiziert werden, so dass individuelle und soziale Religionskultur immer schon als miteinander vermittelt gelten können.

Zweitens, als positive Wissenschaft ist die Theologie bezogen auf eine bestimmte Religionsgemeinschaft, mit *ihren* Traditionen, Lehren und Riten. Diese werden in der theologischen Wissenschaft kritisch reflektiert mit dem Ziel, sie für die jeweilige Gegenwart zu reformulieren. Über weite Strecken arbeitet die Theologie daher historisch, denn auch die normativen Fächer

---

[44] PAUL TILLICH, Religionsphilosophie (1925; in: DERS., Gesammelte Werke Bd. I: Frühe Hauptwerke, hg. von RENATE ALBRECHT, Stuttgart ²1959, 295–364), 301.

[45] Vgl. zur Vermittlung der spannungsreichen Dialektik von Normativität und Empirie JÖRG DIERKEN, Restauration – Säkularisierung – Pluralismus. Theologie als Universitätswissenschaft angesichts religionskultureller Veränderungen, in: ANSELM STEIGER (Hg.), 500 Jahre Theologie in Hamburg, Berlin/New York 2005, 399–419, 408–411.

[46] Vgl. FRIEDRICH SCHLEIERMACHER, Kurze Darstellung des theologischen Studiums zum Behuf einleitender Vorlesungen (²1830), in: DERS., Kritische Gesamtausgabe I/6: Universitätsschriften. Herakleitos. Kurze Darstellung des theologischen Studiums, hg. von DIRK SCHMID, Berlin/New York 1998, 317–446.

[47] Vgl. MARTIN RÖSSLER, Schleiermachers Programm der Philosophischen Theologie (SchlAr 14), Berlin/New York 1994.

beziehen sich im Zuge der Normenbegründung und -entfaltung immer wieder auf die geschichtliche Überlieferung.[48] Wegen der sich wandelnden Gegenwartskontexte erneuert sich stetig der Bedarf an Begründungen und historischer Rekonstruktion. Theologie ist daher keine statische, sondern eine dynamische Wissenschaft.

Drittens, ihre gesellschaftliche Funktion übt die Theologie durch ihre Ausbildungsfunktion aus, indem sie für eine Religionsgemeinschaft Gelehrte akademisch bildet, die als Pastorinnen und Pastoren, Lehrerinnen und Lehrer die religiöse Bildung der Glaubenden anleiten sollen. Diese akademische Bildung der Religionsgelehrten geschieht mit dem Ziel der Errichtung und Stabilisierung einer aufgeklärten Religionskultur, für die die wissenschaftliche Verbindung von kritischer Selbstaufklärung und theologischer Normativität charakteristisch ist. Deshalb sind die Theologien feste Bestandteile der europäischen Universitätskultur, weil in ihnen die unterschiedlichen Disziplinen aufeinander einwirken und sich wechselseitig befruchten.[49]

Auf dieser Basis kann nun auch das Verhältnis von vernünftiger und christlicher Ethik bestimmt werden. Sie verhalten sich zueinander wie ein Besonderes zum Allgemeinen. Das christliche Ethos versteht sich als Medium zur Kultivierung der Welt, indem es die Gesinnung der einzelnen Personen bestimmt und zugleich gesellschaftliche Institutionen begründet, deren Aufgabe darin besteht, das Humanitätsethos positiv zu verwirklichen. Das Humanitätsideal bleibt auf diese Weise nicht nur ein abstraktes Normengefüge, sondern verwirklicht sich in Institutionen und geht über Sozialisationsprozesse auf die Einzelnen über, die es in der personalen Interaktion wirklich werden lassen. Philosophie und Theologie stehen im Kern also *nicht* in einem Verhältnis der Konkurrenz. Die praktische Philosophie umreißt ein allgemein-vernünftiges Ethos. Die christliche Ethik fokussiert eine „konkrete geschichtliche Lebensgestalt: das christlich-fromme Selbstbewusstsein, wie es Gesinnung, konkretes Ethos wird."[50]

Durch diese Verinnerlichungsfunktion ist das christliche Ethos aber *mehr* als ein bloßer Erfüllungsgehilfe der allgemeinen Vernunftmoral. Indem der Glaube und christliches Ethos den Menschen von innen her ergreifen und damit den *ganzen* Menschen betreffen, wird bewusst, dass der Mensch *mehr* ist

---

[48] Vgl. Hans-Joachim Birkner, Schleiermachers ‚Kurze Darstellung' als theologisches Reformprogramm, in: Ders., Schleiermacher-Studien, eingeleitet und hg. von Hermann Fischer (SchlAr 16), Berlin/New York 1996, 285–305, 296–301.

[49] Dieses für die christlichen Theologien bewährte Modell wird in Deutschland gegenwärtig auf das Judentum und den Islam übertragen. Vgl. „Religiöse Pluralität an der Universität. Chancen und Probleme staatlicher Steuerung und fachlicher Selbstbestimmung – am Beispiel der Etablierung des Faches Islamische Studien/Theologie an deutschen Universitäten".

[50] Hans-Joachim Birkner, Schleiermachers Christliche Sittenlehre im Zusammenhang seines philosophisch-theologischen Systems (TBT 8), Berlin 1964, 87.

als bloße Vernunft. Das vernünftigerweise als das Gute und Richtige Erkannte gibt zwar Orientierung, aber weder automatisch die Kraft, dieser Orientierung zu folgen, noch die Einsicht in die Irrtumsfähigkeit, Störanfälligkeit oder Abgründe der Vernunft. Daher reflektiert der Glaube in der Bildung des christlichen Ethos auch die inneren und äußeren Widerstände, die der Realisierung des Guten und Richtigen entgegenstehen, die Grenzen, Hindernisse und Irrtümer, und dies in grundlegender Weise. Insofern ist mit der Verinnerlichung des Ethos zugleich ein Reflexionsmehrwert der Selbstkritik gesetzt, aus dem mit Blick auf die ethische Aufgabe die Haltung des „gläubigen Realismus" hervorgeht, wie Paul Tillich sie treffenderweise genannt hat. Diese Haltung ist einerseits der vernünftigen Wirklichkeit verpflichtet, kennt andererseits jedoch deren Dämonien und Abgründe. Diese Einsicht führt aber nicht zu einer skeptischen oder zynischen Resignation, vielmehr hält der „gläubige Realismus" kontrafaktisch am Guten fest.[51]

Diese Haltung des gläubigen Realismus kann in der biblischen Tradition identifiziert werden, von der mit Blick auf das Thema „Migration" einige Aspekte fokussiert werden sollen.

V. Biblische Vergewisserung

Der Schutz des Fremden gehört zu den Grundpfeilern der altorientalischen Ethik, die bekanntlich vor allem die Form von Rechtssätzen hat. Gerade im Rahmen der altorientalischen Sozialstruktur war Migration der Normalfall und die Fürsorge dem Fremden gegenüber ein Teil der sittlichen Substanz. Die Gründe für die Migration und die Suche nach Schutz waren vielfältig. Reinhard Achenbach nennt in seinem historischen Überblick die Phänomene Hunger und Unterernährung, Krieg, Blutschuld, Verlust der Heimat oder Familienkonflikte, Bürgerkriege.[52] Angesichts dessen wird zum Beispiel in Hiob 31,32 von der sprichwörtlichen Gastfreundschaft erzählt: „Kein Fremder durfte draußen zur Nacht bleiben, sondern meine Tür tat sich dem Wanderer auf". Dies wird im frühen Bundesbuch zu einem Gebot umgeschmolzen: „Die Fremdlinge sollst Du nicht bedrängen und bedrücken" und diese Fremdlinge werden den Witwen und Waisen gleichgestellt (Ex 20,21). Entscheidend ist die dreifache Begründung, die für diese Sozialgesetzgebung

---

[51] Vgl. Paul Tillich, Die protestantische Ära, in: Ders., Gesammelte Schriften, Bd. VII: Der Protestantismus als Kritik und Gestaltung. Schriften zur Theologie I, hg. von Renate Albrecht, Stuttgart 1962, 11–28, 28.

[52] Vgl. Reinhard Achenbach, ger – näkhri – töshav – zār. Legal and Sacral Distinctions regarding Foreigners in the Pentateuch, in: Ders./Rainer Albertz/Jakob Wöhrle (Hg.), The Foreigner and the Law. Perspectives from the Hebrew Bible and the Ancient Near East (BZAR 16), Wiesbaden 2011, 27–50, 28f.

geliefert wird: Es ist *einmal* die Erinnerung an die Sklaverei in Ägypten, aus der eine „Situationsanalogie"[53] konstruiert wird. Legt man die klassische Gegenseitigkeitsregel zu Grunde, dann bedeutet das, dass Israel dem Fremden nicht dasjenige zufügen soll, was es selbst erlitten hat. Schwerer noch wiegt die *zweite* Begründung, denn Gott bewehrt das Gebot mit einer drastischen Strafe: „Wirst du sie bedrücken und werden sie zu mir schreien, so werde ich ihr Schreien erhören. Dann wird mein Zorn entbrennen, daß ich Euch mit dem Schwert töte und eure Frauen zu Witwen und Eure Kinder zu Waisen werden." (Ex 20, 22 f). Die Gegenseitigkeitsregel wird hier negativ ausgelegt. Positiv aber bedeutet das: Der Fremde steht unter dem Schutz Gottes, dem wir zu entsprechen und den wir auszuführen haben. Dadurch bekommt, worauf Eckart Otto hingewiesen hat, diese Pflicht einen anti-eudaimonistischen Zug, denn – so Otto – sie „löst den Menschen von der Fixierung auf den eigenen Vorteil und läßt ihn frei werden für [...] den Schwächeren um seiner selbst willen."[54] Die *dritte* Begründung ist die tiefste, die wir im mesopotamischen und israelitischen Recht finden. Denn der Gottesgedanke ist es, der das gentile Ethos überschreitet, über die Binnenlogik einer Gesellschaft hinausführt, im Fremden einen Gleichen erkennt und ihn zum Nächsten werden lässt, dem wir verpflichtet sind.[55] Dementsprechend haben auch in den späteren Gesetzescorpora der Rechtsschutz der Fremdlinge und die Ermahnungen zur Großherzigkeit einen hohen Stellenwert. Sie werden im Liebesgebot zusammengefasst. Exemplarisch sei Dtn 10,17–19 zitiert: „Denn der Herr, euer Gott [...] schafft Recht den Waisen und Witwen und hat Fremdlinge lieb, daß er ihnen Speise und Kleider gibt. Darum sollt ihr auch Fremdlinge lieben; denn ihr seid auch Fremdlinge gewesen in Ägyptenland."

Der Reichtum der Ethik des Alten Testamentes wäre unterbestimmt, wenn wir sie im Sinne einer bloß kalten Gesetzlichkeit interpretieren würden. Stattdessen erzählen die Narrative des Alten Testaments vom Umgang mit der Norm. Wir lesen Geschichten von der Ausrichtung auf das Gute, von der Verinnerlichung, vom Ringen mit ihr, vom Scheitern, von der Klage, von der Vergebung und von der Regeneration der sittlichen Kraft. Zu dieser Negativität gehören auch die Erzählungen, nach denen Israel die Fremden als Bedrohung erlebt hat, nicht nur militärisch, sondern auch sittlich und religiös. Daher gibt es Abstufungen zwischen den Ausländern und – gerade in den Zeiten des babylonischen Exils – eine bewusste Abgrenzung gegenüber der Mehrheitsbevölkerung, um die eigene Identität zu bewahren.[56] Gleichwohl hält Hermann

---

[53] ECKART OTTO, Theologische Ethik des Alten Testaments, Stuttgart 1994, 232.
[54] A. a. O., 171.
[55] Vgl. a. a. O., 84 f.
[56] Vgl. HERMANN SPIEKERMANN, Die Stimme des Fremden im Alten Testament, in: PASTORALTHEOLOGIE 83 (1994), 52–67, 53–55.

Spiekermann fest: „Was Israel im Umgang mit dem Fremden auszeichnet, ist die Entschlossenheit, die eigene Identität stiftende Ursprungserfahrung [des Exodus] und die Erfahrung des Fremden nicht beziehungslos nebeneinander stehenzulassen, sondern das eine nicht ohne das andere sein lassen zu wollen."[57]

In den Texten des Neuen Testamentes wird die heilsgeschichtliche Paränese vom Exodus gewissermaßen existenziell auf Dauer gestellt. Diese Verdichtung begegnet an prominenter Stelle, bei Jesus selbst, der in dem bekannten Q-Logion Mt 8,20 par Lk 9,58 seine irdische Heimatlosigkeit ausspricht: „Die Füchse haben Gruben, und die Vögel unter dem Himmel haben Nester; aber der Menschensohn hat nichts, wo er sein Haupt hinlege." Der Apostel Paulus spricht davon, dass die Christen ihr „Bürgerrecht [...] im Himmel" (Phil 3,20) haben. Dem entspricht nach dem Hebräerbrief, dass Christen wie die Erzeltern Fremdlinge auf Erden sind: „Denn wir haben hier keine bleibende Stadt, sondern die Zukünftige suchen wir." (Hebr 13,14; vgl. 11,8 ff.). Diese Suche vollzieht sich innerhalb des neuen Gottesvolkes, das gemeinsam *in* der Welt das Heil Gottes *für* die Welt bezeugt. Das wird besonders im 1. Petrusbrief deutlich, in dem der Verfasser die Gemeinde als „die auserwählten Fremdlinge" (1. Petr 1,1) anredet, woran wir – wie Reinhard Feldmeier gezeigt hat[58] – erkennen können, dass das griechische Wort πάροικοι, das aus der alttestamentlichen Tradition stammen dürfte – hier zur „zentralen Selbstbezeichnung"[59] der Christen geworden ist. In diese Begriffsverwendung ist die Erfahrung der Ablehnung, auf die die frühen Christen gestoßen waren, eingegangen. *Positiv* gibt der Begriff dem eschatologischen Selbstbewusstsein Ausdruck „Die Stadt, auf die die Christen zugehen, ist [...] nicht nur die himmlische, sondern auch die ‚kommende'".[60] Diese eschatologische Verankerung der christlichen Existenz vermag es nun, „die negativen Erfahrungen von Nicht-Identität"[61] in dieser Welt in ein positives *ethisches* Verhältnis *zu* dieser Welt umzudeuten. Es ist ihre Berufung zum Leben *in* dieser Welt, „zu einem offen, verantwortungsvollen Umgang mit ihrer Wirklichkeit"[62] und zur Beachtung des göttlichen Willens. Dieser besteht darin, wie Martin Luther unnachahmlich den 1 Petr 2,15 übersetzt, dass man „mit guten Taten den unwissenden und törichten Menschen das Maul stopft".

Zusammengefasst: Die Fremden – das sind nicht die Anderen, sondern das ist ein wesentlicher Teil der eigenen Existenz. Dementsprechend gibt es im Neuen Textament *keine* besonderen Regeln für den Umgang mit Fremden,

---

[57] A.a.O., 52.
[58] Vgl. Reinhard Feldmeier, Die Christen als Fremde. Die Metapher der Fremde in der antiken Welt, im Urchristentum und im 1. Petrusbrief (WUNT 64), Tübingen 1992.
[59] A.a.O., 104.
[60] A.a.O., 94.
[61] A.a.O., 104.
[62] A.a.O., 174.

Witwen und Waisen. Vielmehr schließt die Unbedingtheit des Gebotes der Nächstenliebe neben dem Normalfall der „Reziprozität", die Fürsorge für den Fremden (wie die Geschichte vom barmherzigen Samaritaner zeigt) und die Feindesliebe nach Mt 5,44 ein. Das Ethos des Weltbürgertums bei Kant und Schleiermacher, dessen kleinster gemeinsamer Nenner Kants Hospitalität ist, kann somit als Ausdrucksgestalt des biblischen Ethos verstanden werden. In dieser Perspektive, in der sich Christen selbst als Fremdlinge verstehen, erscheint das Gebot nicht als von außen verordnet und insoweit als heteronom, sondern als Teil des Eigenen, das dem Christen eingestiftet ist. Paul Tillich nennt das bekanntlich Theonomie.

VI. Christliche Ethik und die Ent-Fremdung des Anderen

Schleiermacher hatte darauf verwiesen, dass die zivilisatorische Aufgabe der großen Religionen darin besteht, Beiträge zum Weltfrieden zu leisten, mit dessen Herstellung die Politik allein überfordert ist. Das ist zu unterstreichen, denn zumindest die drei großen Weltreligionen Judentum, Christentum und Islam wissen aus ihrer Geschichte wie es ist, wenn man als Fremder Schutz sucht, weil man des Schutzes bedarf. Nun gibt es auch empirische Anhaltspunkte dafür, dass diese Hoffnung realistisch ist. Der Bertelsmann-Religionsmonitor 2013 hat bestätigt, dass „religiöse[ ] Menschen [ ] ein höheres Vertrauen in andere Menschen" haben „und [ ] mit größerer Wahrscheinlichkeit freiwillig engagiert"[63] sind.

Dieses Engagement wird bei der Aufnahme der Flüchtlinge benötigt und das ihm zu Grunde liegende Vertrauen bildet die Grundlage für die Haltung der Hospitalität, nämlich die Überwindung des gentilen Ethos und die Ent-Fremdung des Anderen, weil Fremdheit als Teil des Eigenen erkannt wird. Das bedeutet in *pflichtenethischer Perspektive*, dass in den politischen Debatten der Gegenwart die Fixierung des Denkens auf die Binneninteressen des eigenen Volkes oder auf das eigene Klientel aufzubrechen sind. Diese Orientierung an der Hospitalität richtet sich nicht nur an die politischen Verantwortungsträger, die in Deutschland in diesen Tagen Vieles richtig machen, sondern vor allem an die Einzelnen und an die Zivilgesellschaft.

---

[63] Religionsmonitor 2013, hg. von der BERTELSMANN-STIFTUNG, 2014, 12. Dass Christen in Deutschland gegenwärtig über mehr Sozialkapital verfügen als die hiesigen Muslime, führen die Sozialforscher auf die noch ausstehende Integration zurück. „Eine größere Offenheit [ ] der Mehrheitsgesellschaft könnte zu einem Plus an Sozialkapital [ ] beitragen. Voraussetzung dafür ist eine ‚Willkommenskultur', die kulturelle, religiöse und sprachliche Vielfalt wertschätzt und dafür sorgt, dass Menschen mit Migrationshintergrund in allen Bereichen der Gesellschaft vertreten und für alle als Leistungsträger wahrnehmbar sind." Die Integrationsaufgabe zielt also auf die Freisetzung von Sozialkapital, das friedensethisch von größter Bedeutung ist.

Denn die Aufnahme von Menschen, die vor politischer Verfolgung und den Schrecken eines Krieges fliehen, ist als ein quotenfreies Sollen an uns adressiert. Die Bundesrepublik Deutschland hat sich in Art. 16a des Grundgesetzes darauf verpflichtet, im Fall der politischen Verfolgung auch Ausländer zu Grundrechtsträgern zu machen und sie unter den Schutz des Staates zu stellen. Auch wenn durch die Drittstaatenregelung und prozedurale Verkomplizierungen die Wirkung dieses ursprünglich generösen Grundrechtes[64] so gut wie verpufft ist,[65] so gelten diese Einschränkungen *nicht* für die Personen in Massenfluchtbewegungen, die ihr Land verlassen, um der ungezielten Gewalt im Zuge von Kriegen und Bürgerkriegen zu entgehen. Mit Blick auf *diese* besonderen Notlagen hat sich unser Gemeinwesen zur Gewährung von Schutz für Flüchtlinge im Sinne der Genfer Flüchtlingskonvention von 1951 verpflichtet.[66] Über das New Yorker Protokoll von 1967 und den Lissaboner Vertrag[67] gehört sie zum primären Gemeinschaftsrecht der Europäischen Union.[68] Damit ist ein Rückschiebeverbot begründet, d. h. „ein völkerrechtlich garantiertes Recht von Flüchtlingen, dem Zugriff des Verfolgerstaates auf Dauer entzogen zu bleiben und nicht gegen ihren Willen dorthin zurückkehren zu müssen, solange der Verfolgungsprozess andauert."[69] In der Perspektive der christlichen Ethik verkörpert diese Partizipation am humanitären Völkerrecht[70] ein hohes Gut, nämlich wesentliche sittliche Substanz, deren Ursprung in der biblischen Tradition zu vergegenwärtigen ist. Diese Rechtsbestimmungen binden uns auch ethisch. Weil nun die Flüchtlingsströme einen sehr großen Umfang angenommen haben, ist an den anti-eudaimonistischen Hinweis zum Alten Testament zu erinnern. Die Flüchtlingskonvention ist keine „Schön-Wetter"-Verpflichtung, vielmehr kann ihre Erfüllung mit der Irritation des bürgerlichen Wohlbefindens und mit materiellen Einbußen verbunden sein. Wegen der Hochrangigkeit der humanitären Ziele sind daher im Sinne einer Abwägungsentscheidung gegebenenfalls andere, ebenfalls hoch-

---

[64] Vgl. JÖRN IPSEN, Staatsrecht II. Grundrechte, München [17]2014, 277.

[65] Vgl. ANNEGRET TITZE, Die deutsche Asylrechtsprechung und das internationale Flüchtlingsrecht. Kontinuität oder Neuanfang (Schriften zum öffentlichen Recht 1102), Berlin 2008.

[66] Flüchtling ist jede Person, die sich „aus begründeter Furcht vor Verfolgung wegen ihrer Rasse, Religion, Staatszugehörigkeit, Zugehörigkeit zu einer bestimmten sozialen Gruppe oder wegen ihrer politischen Überzeugung außerhalb ihres Heimatlandes befindet und dessen Schutz nicht beanspruchen kann oder wegen dieser Befürchtungen nicht beanspruchen will." (Genfer Flüchtlingskonvention, Art. I A Abs. 2).

[67] Vgl. Art. 78 Abs. 1 des Vertrages über die Arbeitsweise der Europäischen Union (AEUV).

[68] Vgl. SERGO MANANASHVILI, Möglichkeiten und Grenzen zur völker- und europarechtlichen Durchsetzung der Genfer Flüchtlingskonvention (Schriften des Europa-Instituts der Universität des Saarlandes – Rechtswissenschaft 78), Berlin 2009.

[69] WALTER KÄLIN/JÖRG KÜNZLI, Universeller Menschenrechtsschutz. Der Schutz des Individuums auf globaler und regionaler Ebene, Basel [3]2013, 599.

[70] Vgl. JAKOB KELLENBERGER, Humanitäres Völkerrecht, Frauenfeld 2010.

rangige politische Ziele, wie die „schwarze Null" in der Haushaltspolitik, zurückzustellen, um die Lasten tragen zu können.

Die Alternative hierzu bestünde darin, die humanitäre Verpflichtung zu ermäßigen. Dieser Option ist aus der Perspektive der mit dem christlichen Ethos verknüpften kritischen Selbstreflexion entgegen zu treten. Dazu seien zwei Gedanken vorgetragen.

Erstens ist erneut daran zu erinnern, dass Deutschland im 20. Jahrhundert wesentliche Ursache für Krieg, Leid, Vertreibung und Not gewesen ist. Auch viele Deutsche waren auf der Flucht, migrierten und fanden eine neue Heimat. Und als damals schlesische Protestanten sich plötzlich mit niederbayerischen Katholiken arrangieren mussten, stand eine gewaltige Integrationsaufgabe vor der Nachkriegsgesellschaft, die übrigens gut bewältigt wurde. Wir haben es gegenwärtig mit einer „Situationsanalogie" mit denjenigen Menschen zu tun, die heute bei uns Schutz und Obdach suchen.

Zweitens ist im Sinne jener kritischen Rechenschaft daran zu erinnern, dass es die politischen Fehleinschätzungen und -entscheidungen der letzten Jahre gewesen sind, die die gegenwärtigen Flüchtlingsströme mitverschuldet haben. Dass es in Libyen keinen funktionierenden Staat mehr gibt, ist das Ergebnis des mit westlichen Fliegerangriffen unterstützten Sturzes des alten Regimes. Die Vakua im Irak und in Syrien, in die der sogenannte „Islamische Staat" (IS) hineinströmt, sind durch unentschlossenes und inkonsequentes Handeln der westlichen Staaten herbeigeführt worden. Die demokratische Legitimation dieser Politiken macht auch unsere Gesellschaften zu Mitverursachern dieser Krise. Diese selbstkritische Einsicht begründet den Willen, sich nicht vor der Not jenseits unserer Grenzen zu verschließen, sondern Verantwortung für die Folgen dieser offensichtlichen Schwäche der politischen Vernunft zu übernehmen und die Flüchtlinge in der Haltung der Hospitalität aufzunehmen.

Mit der Verpflichtung zur Aufnahme von Flüchtlingen nach der Genfer Konvention ist übrigens nicht im gleichen Umfang die Aufgabe zur *Integration* all dieser Menschen in die deutsche Gesellschaft verbunden. Zwar genießen Flüchtlinge bestimmte Statusrechte, die der aufnehmende Staat zu gewährleisten hat.[71] Aber der bloße Verweis auf eine ‚nicht zu bewältigende Integrationsaufgabe' oder auf die Angst vor Überfremdung können keine Argumente gegen die Aufnahme von Flüchtlingen liefern. Dazu ein empirisches Argument: Die Erfahrung aus dem Bürgerkrieg in Bosnien-Herzegowina zeigt, dass viele Flüchtlinge in ihre Heimat zurückkehren wollen werden, wenn sie dort in Frieden und mit der Aussicht auf Wohlstand leben können.

---

[71] Dazu gehört der Anspruch auf Schutz des Eigentums, der grundsätzliche Anspruch auf Erwerbstätigkeit, Anspruch auf Primarschulunterricht sowie auf Unterkunft, eine gewisse Wohlfahrt und auf einen Flüchtlingspass (vgl. KÄLIN/KÜNZLI, Universeller Menschenrechtsschutz, 597).

Zweifellos ist es notwendig, dass politisch und diplomatisch über die Kanalisierung der Flüchtlingsströme, über die gerechte Aufteilung der Flüchtlinge auf *alle* Staaten der EU und über die Abstellung der Fluchtursachen nachgedacht und entschieden wird. Aber diese Diskurse sind sachlich zu führen und frei zu halten von jeder Fremdenfeindlichkeit, Überfremdungsangst und Panikmache. Die wechselseitige „Wirthbarkeit" muss die Basis jeder personalen Begegnung und des staatlichen Handelns bleiben. Zur „Willkommenskultur" gehört übrigens eine entsprechende Verabschiedungskultur. Auch im Fall einer Nicht-Aufnahme gilt die Verpflichtung zu einem menschenwürdigen Umgang mit den Migranten. Ob die nun beschlossenen „Aufnahme-Einrichtungen" mit verschärfter Residenzpflicht diesem Standard zu genügen vermögen, das wird zu sehen sein. In jedem Fall wird man der Würde derjenigen Menschen, die nicht bleiben können, gerecht, wenn man sich politisch dafür einsetzt, dass sie in ihren Herkunftsländern einst Bedingungen haben werden, die ein menschenwürdiges Dasein ermöglichen. Schließlich, auch daran ist zu erinnern, gibt es in einem bestimmten Umfang ja auch ein gewisses Eigeninteresse an der Aufnahme von Migranten, wenn man an die Altersstruktur unserer Gesellschaft, an die Landflucht, den Nachwuchs für bestimmte Berufe und an die sozialen Sicherungssysteme denkt. Die dauerhafte Haltung der Hospitalität ist auch aus diesem Grund angezeigt.

Dies kann abschließend tugendethisch konkretisiert werden. „Gastfreundschaft", „Offenheit" und „Lernbereitschaft" – das sind Tugenden, die die Gesinnung der Hospitalität individuell verstetigen und die Laster des Fremdenhasses, der Verschlossenheit und der kulturell-religiösen Borniertheit zu überwinden vermögen. Diese Tugenden haben sich in dem großen ehrenamtlichen Engagement bei der Aufnahme und Versorgung der Flüchtlinge in diesen Tagen schon sehr bewährt. Zu ihnen gehört auch, dass man sich im politischen Diskurs für sachliche Lösungen einsetzt, Polemik und Diskriminierung vermeidet und sich ernsthaft an dem Auffinden von Lösungen für die nicht zu bestreitenden Probleme beteiligt, die die Aufnahme von so vielen Menschen unserer Gesellschaft bereitet. Eine Teillösung besteht darin, durch kommunikative Überzeugungsarbeit in der Gesellschaft für das als richtig und gut Erkannte zu werben.

Neben diesen ethischen Tugenden stehen übrigens die religiösen Tugenden, die klassischerweise hilfreich dabei sind, Krisenerfahrungen zu bewältigen.[72] So ist es die christliche Tugend der Demut, die im Verhältnis vor Gott jede Selbstgerechtigkeit überwindet und die Nichtselbstverständlichkeit der je eigenen Lage anerkennt. Die christliche Tugend der Geduld überwindet

---

[72] Vgl. zu den Tugenden als Modi der Kontingenz- und Krisenbewältigung ARNULF VON SCHELIHA, Der Glaube an die göttliche Vorsehung. Eine religionssoziologische, geschichtsphilosophische und theologiegeschichtliche Untersuchung, Stuttgart 1999, 263–274.

die Ungeduld und erträgt die Einschränkungen des bürgerlichen Komforts zugunsten der Hilfe, die man Anderen angedeihen lässt.

Dass es sich bei diesen Tugenden nicht um christliche Sonderhaltungen handelt, vielmehr dem Humanum insgesamt nicht fremd sind, hat Roderich Barth kürzlich in einer Studie über die Dankbarkeit gezeigt. Dankbarkeit ist eine Gestalt von bewusstem Leben, in der sich Lebensdank, Dank für eine geliebte Person, für ein Gelingen oder für das Beheimatet-Sein in der Welt Ausdruck verschafft.[73] Dankbarkeit ist ein „religionsaffines Gefühl",[74] das weit über die Symbole bestimmter Religionskulturen hinausreicht und das globale Ethos der Hospitalität zu tragen vermag, weil es im Dank für das, was man ist und hat, die anderen Möglichkeiten präsent hält. Diesem Gefühl der Dankbarkeit dürfte es entsprechen, wenn man im Anderen nicht den Fremden, sondern einen Teil des Eigenen erkennt und ihm in Solidarität begegnet.

---

[73] RODERICH BARTH, Dankbarkeit als religionsaffines Gefühl. Überlegungen zu dogmatischen Anknüpfungspunkten, in: DERS./ANDREAS KUBIK/ARNULF VON SCHELIHA (Hg.), Deuten und Erleben. Dogmatische Reflexionen im Anschluss an Ulrich Barth, Tübingen 2015, 179–201.

[74] Vgl. CLAUS-DIETER OSTHÖVENER, Religionsaffinität. Erkunden im Grenzbereich von Theologie und Kulturwissenschaften, ZThK 112 (2015), 358–377.

Ethische Herausforderungen
in der gegenwärtigen Flüchtlingskrise

Quantitativ markiert das Jahr 2015 den Höhepunkt der Flüchtlingskrise. Nach Schätzungen wanderten weit mehr als eine Million Personen über das Mittelmeer in die Europäische Union ein. Fast die Hälfte der Menschen kam aus Syrien, jeder Fünfte stammte aus Afghanistan, acht Prozent flohen aus dem Irak. Die meisten Flüchtenden wählten die Balkanroute als Weg nach Mitteleuropa. Die von den Asylbegehrenden im Verhältnis zur eigenen Bevölkerungszahl am stärksten betroffenen Länder waren Ungarn, Schweden und Österreich. In absoluten Zahlen hat Deutschland die meisten Flüchtlinge aufgenommen.[1]

In Deutschland wurden in 2015 insgesamt 476.649 formelle Asylanträge gestellt, das entspricht einer Steigerung von 135% gegenüber 2014. Insgesamt 137.136 Personen erhielten im Jahr 2015 die Rechtsstellung eines Flüchtlings nach der Genfer Konvention (48,5 Prozent aller Asylbewerber), weitere Personen erhielten subsidiären Schutz nach § 4 des Asylgesetzes, andere Abschiebungsschutz gemäß § 60 des Aufenthaltsgesetzes. Im europäischen Vergleich liegt Deutschland damit an der Spitze. Der Zuwachs gegenüber 2014 beträgt 212%.[2] Die Zahl der im Jahr 2015 tatsächlich nach Deutschland eingereisten Flüchtlinge und Migranten ist deutlich höher. Das Bundesamt für Migration und Flüchtlinge (BAMF) hat 1.091.894 Asylsuchende in Deutschland erfasst.[3] Bei der Bewertung der im Vergleich mit den Vorjahren erheblichen Steigerungen ist in Rechnung zu stellen, dass Deutschland erst seit 2015 ein bevorzugtes Ziel von Flüchtlingen und Asylsuchenden ist. Bis dato war es durch das Dubliner Abkommen weitgehend abgeschirmt.

---

[1] Vgl. EUROSTAT, Asylbewerber (http://ec.europa.eu/eurostat/tgm/table.do?tab=table&init=1&plugin=1&pcode=tps00194&language=de [Zugriff: 30.04.2018]).

[2] BUNDESAMT FÜR MIGRATION UND FLÜCHTLINGE Asylgeschäftsstatistik – für den Monat Dezember 2015 (http://www.bamf.de/SharedDocs/Anlagen/DE/Downloads/Infothek/Statistik/Asyl/201512-statistik-anlage-asyl-geschaeftsbericht.pdf?__blob=publicationFile [Zugriff: 30.04.2018]).

[3] Vgl. die Pressemitteilung vom 6. Januar 2016 des BUNDESAMTES FÜR MIGRATION UND FLÜCHTLINGE: http://www.bmi.bund.de/SharedDocs/Pressemitteilungen/DE/2016/01/asylantraege-dezember-2015.html (Zugriff: 30.04.2018).

In diesem Beitrag wird zunächst die aktuelle Debatte über die ethischen Herausforderungen, denen sich die politisch und kirchlich Verantwortlichen zu stellen hatten, kommentiert. In einem zweiten Teil werden einige ethische Herausforderungen diskutiert, die sich in der praktischen Flüchtlingsarbeit stellen.

1. Ethische Herausforderungen an die Politik – Ein Kommentar

Die Flüchtlingsströme haben die Europäische Union in eine tiefe Krise gestürzt. Der spontanen Bereitschaft einiger Regierungen in Mittel-, West- und Nordeuropa, eine große Anzahl von Flüchtlingen aufzunehmen, sind andere Regierungen nicht gefolgt. Bis heute hat man in der EU keine gemeinsame Linie in Sachen Aufnahme und Verteilung der Flüchtlinge gefunden. In Deutschland hat sich gegen die einladende Flüchtlingspolitik der Bundesregierung Protest formiert. Zunächst bildete sich eine Art außerparlamentarische Opposition, die seit den Landtagswahlen 2016 mit der rechtspopulistischen Partei AfD bis zu 25 % der Stimmen erreicht hat und nun auch parlamentarisch vertreten ist. Inzwischen werden auch im Regierungslager Stimmen wirkmächtiger, die für eine strikte Begrenzung der Zuwanderung durch Flüchtlinge plädieren.

Die offiziellen Vertreter der christlichen Kirchen in Deutschland haben sich auf die Seite der Bundesregierung gestellt. Aus sehr guten theologischen Gründen setzt man sich nicht nur ideell für die Aufnahme, Versorgung und Integration der Flüchtlinge ein,[4] sondern stellt mit den Diensten und Werken auch wichtige zivilgesellschaftliche Akteure, die die praktische Arbeit mit den Flüchtlingen übernehmen.[5] Daneben engagieren sich viele Kirchengemeinden vor Ort und geben der Willkommenskultur eine gesellschaftliche Basis. Zusammen mit Vertretern anderer Religionsgemeinschaften treten die leitenden Geistlichen beider großen Kirchen in aller Schärfe fremdenfeindlichen und diskriminierenden Äußerungen im öffentlichen Raum entgegen.[6] Man hat den Eindruck, dass die Flüchtlingsfrage für die Kirchen so etwas wie einen *status confessionis* darstellt.

---

[4] In der Perspektive der christlichen Ethik verkörpert das humanitäre Völkerrecht ein hohes Gut, dessen Ursprung und sittliche Substanz in der biblischen Tradition identifiziert werden können. Vgl. „Migration in ethisch-religiöser Reflexion".

[5] Erstmals rufen die Kirchen anlässlich des Weltflüchtlingstags 2014 am 19.06.2014 zur Hilfe für syrische Flüchtlinge auf. Damit reagieren sie auf den Beschluss der Innenministerkonferenz, 10.000 syrische Flüchtlinge nach Deutschland zu holen. Vgl. EKD, „Wegschauen ist keine Option" (https://www.ekd.de/pm118_2014_weltfluechtlingstag.htm [Zugriff: 30.04.2018]).

[6] Vgl. EKD, Deutschland braucht einen Geist der Zuversicht (https://www.ekd.de/pm14_2016_allianz_fuer_weltoffenheit.htm [Zugriff: 30.04.2018]).

Inzwischen gibt es auch theologische Wortmeldungen, die die Flüchtlingspolitik kritisieren. So wird von einer gesinnungsethischen Überforderung der deutschen Bevölkerung gesprochen. Stattdessen würde eine verantwortungsethische Abwägungsentscheidung die Interessen der ansässigen Bevölkerung stärker berücksichtigen und den Zustrom begrenzen.[7] Sodann wird die politische Positionierung der Kirchen kritisiert. Sie hätten die Grenzen in den politischen Raum überschritten, vernachlässigten nicht nur die reformatorische Unterscheidung vom geistlichen und weltlichen Regiment Gottes, sondern auch die der strikten Trennung von Göttlichem und Menschlichem. Indem die Kirchen „mit einem hochmoralischen Anspruch [...], um nicht zu sagen mit dem Gestus der moralischen Überlegenheit"[8] die Aufnahme von Flüchtlingen fordern, würde im Namen des Absoluten das Politische bevormundet, dessen Verantwortung doch vornehmlich auf die Staatsbürger bezogen ist.[9] Der Differenzierungsgewinn, der durch die reformatorischen Unterscheidungen erzielt worden ist, würde durch die Intervention der Kirchen mit dem Ziel, die Obrigkeit „auf bestimmte Formen des Verhaltens zu verpflichten"[10], verspielt. Zur Ethik des Politischen gehöre es daher, auch in der Flüchtlingskrise auf die Unterscheidung beider Regierweisen zu achten und politisch auszuhandeln, „wo Grenzen für die Aufnahmefähigkeit von Flüchtlingen liegen und zudem auch Kriterien zu entwickeln, die eine ethisch verantwortete Begrenzung ermöglichen."[11]

Zu Recht wird auf Einseitigkeiten in der Regierungspolitik aufmerksam gemacht. Das moralisch gut begründete Engagement bei der Bewältigung der Flüchtlingskrise bedeutet nicht, dass vorbehaltlos die Grenzen für alle einreisewilligen Menschen zu öffnen sind. Vielmehr kann und muss grundsätzlich die aufnehmende Gemeinschaft selbst darüber entscheiden, welche und wie viele Menschen sie aufnehmen will. Dabei ist sie frei und unterliegt nur denjenigen Bindungen, zu denen sie sich selbst verpflichtet hat.[12]

Freilich hat die staatliche Steuerungs- und Grenzziehungskompetenz ihrerseits Grenzen. Die Genfer Flüchtlingskonvention von 1951 und das Protokoll vom 31. Januar 1967 sind über Art. 78 des Vertrages über die Arbeitsweise der

---

[7] ULRICH KÖRTNER, Mehr Verantwortung, weniger Gesinnung. In der Flüchtlingsfrage weichen die Kirchen wichtigen Fragen aus, in: ZEITZEICHEN. Evangelische Kommentare zu Religion und Gesellschaft. – Ausgabe Februar 2016. (http://www.zeitzeichen.net/geschichte-politik-gesellschaft/kirchen-und-fluechtlingsfrage/ [Zugriff: 30.04.2018]).

[8] A. a. O., Absatz 4.

[9] Vgl. REINER ANSELM, Ethik ohne Grenzen, in: Zeitschrift für Evangelische Ethik 60 (2016), 163–167.

[10] A. a. O., 163.

[11] A. a. O., 167.

[12] Vgl. dazu UWE VOLKMANN, Die Fragen des Flüchtlings. Sollen wir unsere Grenzen weiterhin öffnen oder nun endlich schließen? In: FRANKFURTER ALLGEMEINE ZEITUNG Nr. 50 vom 29. Februar 2016, 6.

Europäischen Union (Lissaboner Vertrag) Teil des EU-Rechtes und fordern bei systematischer Verfolgung oder akuter Bedrohung durch Kriegshandlungen entsprechende Maßnahmen, bei denen man – in Notzeiten und bei Massenflucht – ggf. auf die individuellen Anspruchsprüfungen verzichtet und die Flüchtlinge von der Beweislast für ihren Status entlastet. Zwar haben die Staaten bei der Umsetzung große Ermessensspielräume, aber in normativer Hinsicht ist die Grenze klar markiert.

Eine zweite Grenze bildet das in Art. 16a des Grundgesetzes verankerte Asylrecht, das Menschen, die aus politischen, religiösen oder anderweitig zwingenden Gründen in ihren Heimatstaaten verfolgt werden, Schutz gewährt. Diese ursprünglich sehr liberale Regelung ist durch Anpassung an die in den anderen EU-Staaten geltenden Regelungen stark eingeschränkt worden.[13] Gleichwohl besteht die Verpflichtung dieses Grundrechtes weiter und wird wirksam, wenn die Drittstaatenregelung (Dubliner Abkommen) nicht angewendet wird oder wenn Asylsuchende etwa per Flugzeug direkt in die Bundesrepublik Deutschland einreisen und Asyl beantragen. So könnte die Zahl der Asylbewerber stark ansteigen, wenn z. B. Fluchthelfer mit Airlines zusammenarbeiten, die direkt deutsche Flughäfen anfliegen.

Von den Asylsuchenden sind diejenigen Menschen zu unterscheiden, die als ‚einfache' Migranten nach Deutschland ziehen. Im weitesten Sinne umfasst der Begriff der Migranten räumliche Bewegungen von Menschen, die, unabhängig von ihren Motiven, Ziele anstreben, die durch die Mobilität erreicht werden. Zu ihnen gehören auch Flüchtlinge und Asylsuchende. Ihr Anliegen bezeichnet man mit dem Begriff der Zwangsmigration, weil sie vor Verfolgung und akuter Gefährdung durch Gewalt fliehen. Daneben gibt es Arbeitswanderung, Bildungswanderung, Heirats- oder Liebeswanderung, Siedlungswanderung und Wohlstandswanderung.[14] Bei diesen Gruppen ist zu differenzieren zwischen denjenigen Menschen, die aus dem Binnenraum der Europäischen Union stammen. Sie genießen nahezu vollständige Niederlassungsfreiheit, freie Wahl des Arbeitsplatzes und dadurch Zugang zu den nationalen sozialen Sicherungssystemen. Hier können faktisch keine Grenzen gezogen werden. Dagegen ist die Einreise von Migranten aus Nicht-EU-Ländern abhängig von den nationalstaatlichen Bestimmungen, die sehr unterschiedlich ausfallen. In Deutschland ist die Einwanderung selbst für Ehepartner, die nicht aus einem EU-Land stammen, inzwischen sehr schwer. Insgesamt haben die EU-Staaten in den letzten Jahren ihre Einwanderungsbestimmungen libera-

---

[13] Vgl. HOLGER KOLB, Migrationsverhältnisse, nationale Souveränität und europäische Integration: Deutschland zwischen Normalisierung und Europäisierung, in: JOCHEN OLTMER (Hg.), Handbuch Staat und Migration in Deutschland seit dem 17. Jahrhundert, Berlin/Boston 2016, 1021–1040, 1028.

[14] Vgl. zur Begriffsbestimmung JOCHEN OLTMER, Einleitung: Staat im Prozess der Aushandlung von Migration, in: OLTMER (Hg.), Handbuch, 1–42, 7–19.

lisiert. So gewährt zum Beispiel das seit 2005 geltende deutsche Zuwanderungsgesetz hochqualifizierten Arbeitskräften und ausländischen Studierenden Aufenthalt. Die Einwanderungspolitik ist insgesamt nicht restriktiver, sondern selektiver geworden.[15] Auf der Kehrseite dieser selektiven Einwanderungspolitik stehen sogenannte Wirtschaftsflüchtlinge und irreguläre Migranten, denen die Einreise verwehrt wird. Für die Abwehr dieser Menschen von der Einreise stehen symbolträchtig die Absperranlagen der spanischen Enklaven Ceuta und Melilla in Marokko.

Das alles zeigt: Die Verpflichtung auf das Grundrecht auf Asyl, die europäischen Verflechtungen innerhalb der Europäischen Union und die Geltung des humanitären Völkerrechtes machen starre, auf den Nationalstaat bezogene Grenzziehungen unmöglich. Die *eine, fest gefügte* politische Gemeinschaft, die ohne Rücksicht auf externe Bedingungen über Zuwanderung und Aufnahme von Flüchtlingen frei entscheiden könnte, gibt es in dieser reinen Form gar nicht. Daher kann das im Kern berechtigte Insistieren auf Grenzziehung nur in Bezug auf diejenigen funktionalen Räume erfolgen, in denen die nationalen Grenzen immer schon überschritten sind. Erforderlich sind daher europäische Verhandlungen, in denen die nationalen Anliegen mit anderen Perspektiven zu vermitteln sind. Realpolitisch geerdete Verantwortung bedeutet, die transnationalen Verpflichtungen im politischen Handeln zu berücksichtigen.

Blickt man von hier aus zurück auf die Flüchtlingspolitik, dann wird man urteilen können, dass die deutsche Bundesregierung dieser Verantwortung gerecht geworden ist. Angesichts der hohen Flüchtlingszahl des Jahres 2015 ist zu sagen, dass die Bundesregierung in dem Fall, dass sie auf der Anwendung der Drittstaatenregelung bestanden hätte, nicht nur EU-Staaten an den EU-Mittelmeer-Grenze heillos überfordert hätte, sondern – nach einer möglichen Schließung der Grenzen der EU-Staaten Österreich, Ungarn, Slowenien und Kroatien – auch die ohnehin fragilen Staaten auf dem Balkan. Ihnen drohte der Zerfall der staatlichen Ordnung, wenn sie mit der Flüchtlingswelle allein gelassen worden wären. Daher war es – neben den humanitären Impulsen – wohl auch die Wahrnehmung außenpolitischer Verantwortung für die noch immer nicht vollständig befriedeten Staaten entlang der Balkan-Route, die die Flüchtlingspolitik der Bundesregierung im Sommer 2015 dirigierte.

Zudem sind eine Fülle von politisch wirksamen Maßnahmen ergriffen worden, um den Flüchtlingsstrom zu verringern und um die Aufnahme von Flüchtlingen zu erreichen. Das umstrittene Abkommen mit der Türkei ist in diesem Zusammenhang zu nennen. Freilich scheiterten auch einige Maßnahmen: Der Plan, die Flüchtlinge anteilig gerecht auf die EU-Staaten zu verteilen, stieß auf den Widerstand vieler Regierungen von EU-Mitgliedsstaaten.

---

[15] Vgl. zum deutschen Gesetz zur Steuerung und Begrenzung der Zuwanderung und zur Regelung des Aufenthaltes (Zuwanderungsgesetz) KOLB, Migrationsverhältnisse, 1032f.

Gleiches gilt für die Maßnahmen zur Sicherung der EU-Außengrenzen und der Einrichtung der grenznahen Zentren, in denen über die Aufnahme oder Abweisung von Migranten entschieden wird. Die tiefer liegende politische Krise der Europäischen Union wird an diesem Stillstand kenntlich. Insgesamt wird man der Regierung nicht den Vorwurf machen können, sie hätte verantwortungslos gehandelt. Denn bei der Aufnahme von Flüchtlingen unter akuter Bedrohung durch Kriegshandlungen handelt es sich um eine völkerrechtliche Verpflichtung, der politisch Rechnung zu tragen ist, vor allem dann, wenn man in anderen Fällen und von anderen Staaten die Einhaltung von völkerrechtlichen Normen erwartet.

Auch die normativen Grundlagen des politischen Handelns wurden während der Flüchtlingskrise deutlich. In ihrer berühmten Pressekonferenz am 31. August 2015 rief die Bundeskanzlerin zunächst die von ihr als „Katastrophe" bezeichneten Bilder an Leib und Leben bedrohter Flüchtlinge bei ihrer Mittelmeerquerung in Erinnerung, und berief sich zur Begründung ihrer Politik sodann auf das Grundrecht auf Asyl, auf die Verpflichtung auf den Schutz der Menschenwürde und auf die Weltoffenheit und Toleranz der deutschen Gesellschaft. Ihr berühmter Satz „Wir haben so vieles geschafft – wir schaffen das!" resümierte die politische Bewältigung der zurückliegenden Krisen (Bankenkrise, Atomausstieg, Naturkatastrophen) und bezog daraus die Zuversicht, auch diese Krise meistern zu können.[16] Allerdings verlor dieser Satz seine Evidenz im politischen Pragmatismus, der dann folgte. Innergesellschaftliche Akzeptanzhindernisse wurden kommunikativ nicht antizipiert, eventuelle negative Rückwirkungen der Aufnahme vieler Flüchtlinge wurden nicht bedacht, flankierende Maßnahmen, die Akzeptanzhindernisse in der Bevölkerung hätten ausräumen können, gab es kaum. Lange vertraute man auf die suggestive Kraft von Bildern ertrinkender und verzweifelter Flüchtlinge und war argumentativ machtlos, als andere Geschichten erzählt und Bilder gezeigt wurden. Die Kölner Silvester-Nacht am 31.12.2015 hat hier wesentlich zu einer Stimmungsveränderung beigetragen. Dazu kamen terroristisch motivierte Anschläge wie in Ansbach, Chemnitz und jüngst in Berlin.

Gegen die Unterstützung der Regierungspolitik durch die Kirchen dürfte die Berufung auf die Lehre von den zwei Regierweisen Gottes in diesem Fall nicht stichhaltig sein. So richtig der Hinweis darauf ist, dass Gottes weltliches und geistliches Regiment einer anderen Funktionslogik gehorchen und nicht ineinander vermengt werden dürfen, so zutreffend ist es auch, dass in einer offenen Gesellschaft die religiös-moralische Pluralität im politischen Raum hörbar und im zivilgesellschaftlichen Engagement politisch sichtbar wird.

---

[16] Vgl. die entsprechenden Ausführungen von Bundeskanzlerin Merkel vor der Bundespressekonferenz (https://www.bundesregierung.de/Content/DE/Mitschrift/Pressekonferenzen/ 2015/08/2015-08-31-pk-merkel.html [Zugriff: 30.04.2018]).

Gerade weil die Kirchen nicht nur politisch an die staatlichen Verantwortungsträger moralisch appellieren, sondern selbst in der Zivilgesellschaft Verantwortung übernehmen,[17] trifft sie der Vorwurf einer Übermoralisierung des Politischen nicht. Wie man an der Pressekonferenz der Bundeskanzlerin sieht, waren es die politisch Verantwortlichen selbst, die die grundlegenden Normen, die ihr politisches Handeln leiten, aufgerufen haben. Zugleich stehen die Kirchen als gesellschaftliche Akteure ihrerseits in der Kritik und haben auf Grund ihrer politischen Positionierung entsprechende innerkirchliche Spannungen auszuhalten. Denn Gegner der aktuellen Flüchtlingspolitik finden sich auch unter den Kirchenmitgliedern.

Abschließend ist zu konstatieren, dass die Flüchtlingskrise ein Politikfeld mit einem hohen normativen Einschuss ist, der durch das Engagement der Kirchen noch verstärkt wurde. Allerdings wurde in diesem Fall die Überordnung der normativen über die prozedurale Seite von den politischen Akteuren selbst initiiert und nicht von Seiten der Kirchen aufgenötigt. Ein Fall von klerikaler Bevormundung des Politischen liegt hier also nicht vor. Vielmehr kann man diesem Fall eine allgemeine Lehre zur Ethik des Politischen entnehmen. Danach bedeutet der Primat des Politischen im weltlichen Regiment Gottes, auf den die Lehre von den zwei Regierweisen zu Recht aufmerksam macht, nicht, dass die normativen Grundlagen des Handelns geräuschlos in Prozeduren transformiert würden. Vielmehr gehört es in einem freiheitlichen Staat bei zugespitzten Lagen zur politischen Kunst, die anteilig religiös imprägnierten Normen des Politischen aufzurufen, zu vergegenwärtigen und diskursiv zu regenerieren. Deren Charakter als Quelle und Inspiration impliziert, dass im politischen Raum selbst um ihre sachgemäße Auslegung und politische Umsetzung gerungen werden muss. Daran beteiligen sich auch die Religionsgemeinschaften. Dies dürfte gerade dann gelten, wenn – wie in der Flüchtlingskrise – gesamtgesellschaftliche Anstrengungen von Nöten sind. In diesen Diskursen wird man an den Grundeinsichten der Bürgerinnen und Bürger anknüpfen, wie es in diesem Fall mit Blick auf die Idee der Freiheit, der unantastbaren Menschenwürde und die humanitären Verpflichtungen geschah.

Eine solche Regeneration hat allerdings ihre Kosten. Denn einmal ist der Rückweg in die politischen Verfahren, die nach reiner Sachlogik funktionieren, erschwert, wie die EU-Krise und die innenpolitischen Verwerfungen innerhalb der deutschen Regierungskoalition zeigen. Zugleich kann die politisch-ethische Priorisierung bestimmter Normen zur Vernachlässigung anderer politischer Ziele führen. Im Falle der Flüchtlingspolitik war es das berechtigte Interesse an der Sicherheit, deren Schutz zu den grundlegenden staatlichen

---

[17] So hat z. B. die EKD „zusätzlich kirchliche Mittel in Millionenhöhe bereit gestellt"; EKD, Hilfe für Flüchtlinge (https://www.ekd.de/ekd_de/ds_doc/20160202_hilfe_fuer_fluechtlinge.pdf [Zugriff: 30.04.2018]).

Aufgaben gehört. Die Angst vor Gewalt, die von Migranten ausgehen könnte, die Angst vor Verdrängung bei der Suche nach Arbeitsplätzen und bezahlbarem Wohnraum und die Angst vor Terror hat eine politische Opposition auf den Plan gerufen, die diese Sorgen aufgegriffen und in zum Teil bedenklicher Weise mit Fremdenfeindlichkeit und diskriminierenden Äußerungen Ausdruck verschafft hat. Um diesem Trend entgegenzuwirken, bedarf es einer erhöhten Sensibilität für dieses Problem und einer Neujustierung des politischen Handelns, das das berechtigte Sicherheitsbedürfnis der Menschen aufgreift und ihm politisch Rechnung trägt.

2. Praktisch-ethische Herausforderungen in der Flüchtlingsarbeit

Das gesellschaftliche Engagement für Flüchtlinge hat in den vergangenen Jahren zugenommen und steht auf einer breiten ehrenamtlichen Basis. Viele neue Initiativen wurden gegründet. So sind 42 % der Engagierten jenseits von Vereins- oder Verbandsstrukturen in selbstorganisierten Initiativen aktiv, die zum Teil von Personen begründet wurden, die zuvor weder politisch noch zivilgesellschaftlich aktiv waren. Dazu kamen die in der Flüchtlingsarbeit schon lange etablierten Gruppen, in denen ein Anstieg des ehrenamtlichen Engagements bis zu 74 % zu verzeichnen war. Deutlich ist in diesem Kontext, dass sich mehr Frauen als Männer in der Flüchtlingsarbeit engagieren sowie viele Menschen mit Migrationshintergrund.[18] Die christlichen Kirchen haben sich stark in die Flüchtlingsarbeit eingebracht. Bestehende kirchliche Strukturen wurden aktiviert, neue Initiativen wurden gestartet und ehrenamtliche Helfer gewonnen, die hier ein praktisches Bewährungsfeld für das christliche Ethos sehen.

Zu den praktischen Aufgaben gehören die Begleitung der Flüchtlinge bei Behördengängen und die Kommunikation mit den Verwaltungen (Ausländer- und Sozialämter, Schulen). Dazu kommen Sprachunterricht und Übersetzungstätigkeit. Ein weiteres Betätigungsfeld bilden Beratung sowie praktische Unterstützung bei der Wohnungssuche, bei Fahrdiensten, beim Einkaufen und bei der Familienzusammenführung. Neben der direkten Unterstützung bei der Flüchtlingsarbeit vor Ort geht vom ehrenamtlichen Engagement indirekt ein Signal für die Gesamtgesellschaft aus. Es stärkt das Bewusstsein von einer gelingenden Integration und wirkt fremdenfeindlichen Tendenzen entgegen. In diesem Zusammenhang sind auch performative Initiativen Prominenter bei

---

[18] Vgl. zu diesen Zahlen SERHAT KARAKAYALI/J. OLAF KLEIST, Strukturen und Motive der Flüchtlingsarbeit in Deutschland. 1. Forschungsbericht: Ergebnisse einer explorativen Umfrage vom November/Dezember 2014, Berlin 2015 (http://www.fluechtlingshilfe-htk.de/uploads/infos/49.pdf [Zugriff: 30.04.2018]).

Sportveranstaltungen zu nennen.[19] Auf diese Weise erfolgt eine moralpädagogische Vermittlung grundlegender Normen in das öffentliche Bewusstsein.

Auf vier ethisch relevante Herausforderungen im Rahmen der Flüchtlingsarbeit sei abschließend aufmerksam gemacht.

Zunächst ist zu beachten, dass Flüchtlinge zu den besonders vulnerablen Menschengruppen gehören. Ihre Wanderung ist existenziellen Gefährdungen geschuldet und vollzieht sich oftmals unter dramatischen Umständen. Traumatisierungen, insbesondere bei Kindern, dürften der Normalfall sein. An diesem Punkte ist die Arbeit mit Flüchtlingen zu besonderer Sensibilität herausgefordert, was etwa Rechtspflege, Unterbringung, Versorgung und persönliche Ansprache betrifft. So sind einerseits Maßnahmen zur Integration zu ergreifen, die sich an den grundrechtlichen und kulturellen Standards des aufnehmenden Landes zu orientieren hat. Andererseits darf diese auf Integration abstellende Inklusionsbewegung die Betroffen nicht überwältigen und erneut traumatisieren. Daher sind hier bestimmte Tugenden gefordert, etwa die der Geduld und der Toleranz, die den Menschen und ihre je individuellen Geschichten Zeit und Raum geben, sich in die neue Lage einzufinden, sie respektieren und gelten lassen, ohne sofort die Drohkulisse einer sogenannten Parallelgesellschaft zu beschwören.

Zweitens, das Erlernen der deutschen Sprache ist für Asylsuchende essentiell. Das gilt auch für einen bloß zwischenzeitlichen Aufenthalt, weil diese Menschen anderenfalls sozial isoliert und dauerhaft auf Hilfe angewiesen blieben, was würdewidrig wäre. Nur durch Sprachkompetenz können die Integrationsschranken geöffnet werden. Die Kommunen und Kirchen bemühen sich darum, Sprachlehrkräfte zu gewinnen und Sprachkurse anzubieten. Freilich zeigt sich, dass die Motivation zum Sprachlernen oftmals dadurch behindert wird, dass außerhalb der Sprachkurse und der Unterkünfte nur wenige Möglichkeiten zur Sprachanwendung bestehen. Die Kommunikation der Flüchtlinge untereinander – auch mit der Familie, den Verwandten und Freunden, die in der Heimat geblieben sind – verläuft weiter in der Muttersprache, oftmals gestützt durch Smartphones und PC. Daher ist es ethisch geboten, den Spracherwerb mit anderen Formen der gesellschaftlichen Teilhabe zu verbinden. Unbegleitete minderjährige Flüchtlinge genießen eine solche Teilhabe, weil sie wegen der Schulpflicht in das Schulwesen eingeschleust werden. Durch diese zweifache Partizipation erreichen sie schnell enorme Lernfortschritte. Analoges könnte für Erwachsene gelten, und das würde bedeuten, dass Flüchtlinge früher als bisher in die Arbeits- und Berufswelt zu integrieren sind. Die sozialintegrative Kraft des Berufs- und Erwerbslebens ist in der ethischen Tradition des reformatorischen Christentums immer wieder stark betont

---

[19] Vgl. zum Beispiel die von namhaften Fußballspielern unterstützte Kampagne der UEFA „No to Racism" in: https://www.youtube.com/watch?v=WvD-RLOPH4 (Zugriff: 30.04.2018).

worden. Es liegt daher nahe, diese Norm auch in der Flüchtlingsarbeit gelten zu lassen. Allerdings ist die Aufnahme von Erwerbstätigkeit in der Regel erst nach Zuerkennung des Flüchtlingsstatus möglich. Daher könnte eine Entkoppelung von Statusfragen und Arbeitserlaubnis hilfreich sein. Um den Arbeitsmarkt nicht zu überfordern, wäre an eine Erleichterung der Aufnahme von selbständigen Tätigkeiten zu denken, die durch Vergabe von Mikrokrediten unterstützt werden könnte.

Drittens: Jeder anerkannte Flüchtling hat einen Rechtsanspruch auf Familiennachzug. Der Nachzug von ausländischen Ehegatten und Kindern zu ihren in Deutschland lebenden Angehörigen ist grundgesetzlich und in Richtlinien der Europäischen Menschenrechtskonvention begründet, die den Schutz von Ehe und Familie sichert. Dabei sieht die deutsche Rechtsprechung die Kernfamilie als nachzugsberechtigt an, also im Wesentlichen nur Kinder (bis 16 Jahren) und Ehegatten. Im Falle von Familienangehörigen, die keine EU-Staatsangehörigkeit haben, besteht Visumpflicht. Die Umsetzung dieses Rechtes ist allerdings mit erheblichen bürokratischen Hürden versehen. Es besteht der Verdacht, dass im Zuge der Eindämmung der Flüchtlingsströme prozedurale Verzögerungen wirksam sind. Durch das sogenannte Asylpaket II wurde der Familiennachzug für subsidiär Schutzberechtigte für zwei Jahre vollständig ausgesetzt.[20] Gegen die Erschwerung und Aussetzung protestieren Menschenrechtsorganisationen wie Amnesty International, Pro Asyl und die Kirchen. Insbesondere die Kirchen verstehen sich als Anwälte der Familien und setzen sich entsprechend für die Familienzusammenführung ein. Freilich ist zu bedenken, dass es im Einzelfall Flüchtlinge gibt, die aus nachvollziehbaren Gründen kein Interesse am Nachzug ihrer Familie haben. So ist bekannt, dass in ihrer Heimat (Syrien, Irak, Afghanistan) gut ausgebildete Muslimas in Deutschland ihre Kopftücher abgelegt haben und ehrgeizig sind, hier das Leben einer berufstätigen, selbstbestimmten und emanzipierten Frau zu führen. Durch den Familiennachzug befürchten manche einen Rückfall in patriarchal-repressive Strukturen. An dieser Stelle ist im Zuge der Flüchtlings- und Integrationsarbeit eine auf den Einzelfall bezogene ethische Abwägungsentscheidung angezeigt, die nur auf der Basis hoher Beratungssensibilität getroffen werden kann.

Ein viertes Problemfeld betrifft das Leben in den Flüchtlingsunterkünften, das immer wieder für Schlagzeilen sorgt, wenn über Konflikte und Gewalttätigkeiten berichtet wird. Wer schon einmal in einer Zwangsgemeinschaft gelebt hat (etwa bei der Bundeswehr oder auch in einer Sportmannschaft im

---

[20] Zu dieser Gruppe zählen jene Flüchtlinge, die nicht die Voraussetzungen der Flüchtlingseigenschaft nach der Genfer Flüchtlingskonvention erfüllen, denen aber in ihrem Herkunftsstaat eine ernsthafte Bedrohung droht (Todesstrafe, Folter, unmenschliche Behandlung). Sie dürfen daher nicht abgeschoben werden.

Trainingslager), der kann wissen, dass solche Konflikte üblich sind. Konfliktpotenzial gibt es in jeder Zwangsgemeinschaft und dies gilt umso mehr, als in den Flüchtlingsunterkünften tatsächlich Menschen auf Gewalttäter und ehemalige Peiniger treffen, die inzwischen auch hier eingetroffen sind und entsprechend reagieren. Oftmals müssen aus ganz zufälligen Gründen Vertreter verfeindeter Volksgruppen in den Flüchtlingsunterkünften noch enger zusammen leben als in der Heimat. Auch das schürt Konflikte, denen begegnet werden kann, wenn man die Einzelschicksale in den Blick nimmt und die Geschichten von der Heimat, den Fluchtgründen und -wegen ernst nimmt. Gleiches gilt für das Miteinander von religiös ganz unterschiedlich orientierten Menschen, die in ihrer Heimat streng separiert gelebt haben und nun in der Unterkunft nahe aneinander rücken. Sie können nicht auf die bewährten Routinen unserer interreligiösen Dialogkultur zurückgreifen. Vielmehr wird man an dieser Stelle hohe Sensibilität für die Konflikt schürenden Differenzen zwischen den Religionen aufzubringen haben und im Einzelfall auf eine Entflechtung dieser Menschen unterschiedlicher religiöser Orientierung hinwirken.

Allerdings stellt sich beim Umgang mit der religiösen Vielfalt noch ein weiteres Problem. Es gehört nämlich zum Blackbox-Charakter des Begriffs „Flüchtling", dass Menschen aus *cum grano salis* islamisch geprägten Ländern pauschal als Muslime bezeichnet und qualifiziert werden. Mindestens zwei Sollbruchstellen können in diesem Kontext markiert werden. Einmal ist es die innerislamische Pluralität, wie sie etwa in Syrien vor dem Bürgerkrieg gegeben war. Neben der sunnitischen Mehrheit gibt es unzählige, zum Teil sehr kleine, politisch ehedem aber einflussreich muslimische Gruppierungen, die nun durch die Flucht auch hierzulande präsent sind. Dabei erweist es sich als vorschnell und am Selbstverständnis dieser Menschen völlig vorbeigehend, sie pauschal als „Muslime" zu bezeichnen und zu behandeln. Vielmehr bedarf es hier eines Bewusstseins nicht nur für die binnenislamische Pluralität, sondern auch für die Verwerfungen zwischen diesen Parteiungen, will man diesen Menschen in einer angemessenen Weise begegnen und ihnen Möglichkeiten geben, ihre Glaubensweise ohne Bevormundung zu praktizieren. In etwas anderer Weise gilt dies auch für einige Kurden, die einst zur Religionsgemeinschaft der Jesiden gehörten, vor Generationen zwangsislamisiert wurden und nach der Flucht zum Teil zu ihrem ursprünglichen Glauben zurückkehren oder sich von der als repressiv empfundenen Religion ganz lösen wollen. An dieser Stelle ist vor einer von der Aufnahmegesellschaft vollzogenen vorschnellen Zuschreibung an den Islam zu warnen und die vom deutschen Grundgesetz eingeräumte Möglichkeit, jeder Religion ganz zu entsagen, offen zu halten und ggf. gegen die Ansprüche religiöser Gemeinschaften zu verteidigen. Es gehört zum christlichen Ethos in seiner hiesigen Gestalt, dass es nötigenfalls Anwalt der negativen Religionsfreiheit sein kann.

Europäische Konvergenzen in Sachen Religionsunterricht?

Beobachtungen und ein Vorschlag

Die mittel- und westeuropäischen Staaten machen im Stadium des wachsenden Bedeutungsschwundes der kirchlich gebundenen christlichen Religion die Erfahrung, dass sie das Phänomen *Religion* wegen seiner bleibenden existenziellen und gesellschaftlichen Relevanz nicht ignorieren können. Die innere Pluralität des Christentums wird spürbarer. Christliche Werte werden zwar nicht mehr von den Kirchen repräsentiert, leben aber in anderen kulturellen Sphären weiter und können dort identifiziert werden. Die jüdischen Minderheiten genießen in Europa zu Recht hohe Aufmerksamkeit. Durch Migration ist die Religion des Islam in ihren verschiedenen Spielarten und ethnischen Prägungen in Europa präsent geworden. Fundamentalistische Bestrebungen, die sich politisch auswirken, gibt es in allen religiösen Traditionen. Der islamistische Terrorismus bedroht die beunruhigten Gesellschaften Europas.

Diese Entwicklungen haben gesamtgesellschaftliche und politische Lernprozesse initiiert mit dem Zwischenergebnis, dass die lebendige und vielfältige Religionskultur im Bildungswesen thematisiert wird, insbesondere im Rahmen der schulischen Bildung. Es hat sich die Einsicht durchgesetzt, dass anderenfalls ein wesentlicher Faktor des individuellen und gesellschaftlichen Lebens an dieser wichtigen Funktionsstelle ausgeblendet würde mit der problematischen Folge, dass die Religionen in Subkulturen abgedrängt wären. In der Schweiz und in Deutschland wurde die Religion des Islam inzwischen als religionskultureller Akteur anerkannt und nach Maßgabe des jeweiligen kantonalen bzw. bundesstaatlichen Religionsverfassungsrechtes politisch einbezogen. In einigen deutschen Bundesländern wurde der *islamische Religionsunterricht* nach Art. 7 Abs. 3 des Grundgesetzes als ordentliches Lehrfach eingeführt. Die ersten Curricula liegen vor. Die akademische Ausbildung von Religionslehrkräften an den neu gegründeten universitären Einrichtungen für Islamische Theologie hat begonnen. In Frankreich schlägt sich die neue Aktualität des Religionsthemas im *enseignement du fait religieux* nieder, der in der *vie scolaire* und im schulischen Unterricht grundlegende Informationen über die Geschichte und den Inhalt der Religionen auch im Gegenüber bzw. Ineinander mit der Philosophie vermitteln soll.

Der gemeinsame Lernprozess vollzieht sich unter den Bedingungen der unterschiedlichen religionsrechtlichen Regime. Diese sind freilich auf den zweiten Blick viel pluraler als es zunächst den Anschein hat. Allein in Deutschland können vier Modelle ausgemacht werden. *Zunächst* ist die grundlegende Bestimmung zu nennen, nach der der Religionsunterricht gemäß Art. 7 Abs. 3 des Grundgesetzes in den öffentlichen Schulen ein *ordentliches Lehrfach* ist, das in Übereinstimmung mit den Grundsätzen der Religionsgemeinschaften erteilt wird. Dabei haben sich zwei Sonderformen ausgeprägt, nämlich einmal der *Konfessionell-Kooperative Religionsunterricht* (KoKoRU), bei dem evangelische und römisch-katholische Schülerinnen und Schüler bislang in Baden-Württemberg und Niedersachsen gemeinsam von einer entweder evangelischen oder römisch-katholischen Lehrkraft unterrichtet werden. Sodann gibt es in der Freien und Hansestadt Hamburg den *Religionsunterricht für alle in evangelischer Verantwortung*, in dem religionskundliche, konfessionell-religiöse und interreligiös-dialogische Bestandteile aufgenommen sind. Ein *zweites* Modell wird in zwei unterschiedlichen Varianten in den Bundesländern Bremen, Brandenburg und Berlin praktiziert. Hier wird auf die Konfessionsgebundenheit der Religionslehre verzichtet und religiöses bzw. interreligiöses Allgemeinwissen gelehrt. Rechtsgrundlage dafür ist Art. 141 des Grundgesetzes (*Bremer Klausel*). Das *dritte* Modell sind die *bekenntnisfreien* Schulen, an denen es keinen konfessionellen Religionsunterricht gibt. Auch hierfür bildet Art. 7 Abs. 3 des Grundgesetzes die Rechtsgrundlage. Das *vierte* Modell sind die Bekenntnisschulen in staatlicher Trägerschaft, an denen der Religionsunterricht nur derjenigen Konfession gelehrt wird, zu der sich die Schule bekennt. Eine Abmeldung vom Religionsunterricht ist hier nicht möglich.[1]

In Frankreich hält die *laïcité* das religiöse Bekenntnis aus den staatlichen Schulen strikt heraus. Freilich gibt es ein wichtiges, von der römisch-katholischen Kirche getragenes Privatschulwesen, in dem der Religionsunterricht eine nicht unwesentliche Rolle spielt. In Elsass-Lothringen, das zwischen 1871 und 1919 zum Deutschen Reich gehörte, wird bis heute das in Deutschland geltende System der *Kooperation von Staat und Kirchen* praktiziert, und zwar mit dem Ergebnis, dass es Theologische Fakultäten an der Universität Straßburg gibt und konfessioneller Religionsunterricht an staatlichen Schulen erteilt wird.[2]

---

[1] Vgl. dazu etwa DAVID KÄBISCH, Von der nationalen zur transnationalen Rechs-, Religions- und Bildungsforschung. Zum Beispiel: Deutschland, Frankreich und die Schweiz, in: PHILIPPE BÜTTGEN/ANTJE ROGGENKAMP/THOMAS SCHLAG (Hg.), Religion und Philosophie. Perspektivische Zugänge zur Lehrer- und Lehrerinnenausbildung in Deutschland, Frankreich und der Schweiz, Leipzig 2017, 53–76; aber auch HENRICK SIMOJOKI, Ist Europa ein Sonderfall? Religionshermeneutische Rahmenbedingungen des Religionsunterrichts in der globalisierten Welt, in: A. a. O., 257–272.

[2] Vgl. dazu etwa ERHARD HOLZE, Laïcité in Frankreich, Religionsunterricht in Deutschland: zwischen Separation und res mixta. Ein aktueller deutsch-französischer Vergleich zur religiösen

In der Schweiz koexistieren auf der Basis rechtlicher und ideeller Ausgangsimpulse von Seiten des Bundesstaates in den Kantonen *vielfältige Formen* der religionsrechtlichen Verfassung und Ausgestaltung des schulischen Religionsunterrichtes.[3]

Nach meiner Wahrnehmung konvergieren die europäischen Staaten darin, dass sie das Thema *Religion* als eine dringliche Aufgabe für den schulischen Unterricht ansehen. Dies vollzieht sich zwar unter der *Bedingung der Pfadabhängigkeit* vom jeweils vorherrschenden *Rechtsregime*, aber in einer ansehnlichen Vielfalt. In jedem Fall wird die Thematisierung von Religion an der Schule als eine *staatsethische Aufgabe* empfunden. Das ist in Frankreich evident, weil der *enseignement du fait religieux* eine staatliche Aufgabe ist. Aber auch in Deutschland und der Schweiz ist eine Zunahme des staatlichen Einflusses und eine abnehmende Mitwirkung der Kirchen wahrzunehmen. Thomas Schlag weist für die Schweiz darauf hin, dass die Protestanten in der Schweiz ohnehin stets staatsnah agiert haben. Monika Jakobs zeigt, wie sich die Katholische Kirche aus der öffentlichen Schule zurückzieht. Diese Tendenzen stärken den Einfluss des Staates im Religionsunterricht. Für Deutschland sei darauf verwiesen, dass es hier die staatlichen Ebenen waren, die die Initiative bei der Einführung des islamischen Religionsunterrichts ergriffen hatten. Und die Schulministerien der Länder sind es auch, die den Druck auf die christlichen Kirchen erhöhen mit dem Ziel, mehr KoKuRU an den Schulen zuzulassen.

Faktisch gibt es also sehr viele Möglichkeiten, das Thema *Religion* im schulischen Unterricht zu behandeln. Es wäre vermessen, *eine* dieser Möglichkeiten als beste zu deklarieren und zu privilegieren. In diesem Zusammenhang erscheint mir besonders bemerkenswert und diskussionswürdig die These von Gérald Chaix, nach der sich Frankreichs *laïcité* bei der schulischen Wiedergewinnung des Religionsthemas in einer besseren Ausgangsposition befindet. Ich würde diese These nicht apologetisch abwehren, sondern als Hypothese für Deutschland durchspielen, um die hiesigen Gewohnheiten einmal auf wissenschaftliche Distanz zu bringen. Dieses Experiment soll mit Blick auf drei Phänomene begründet werden, die ich in Deutschland beobachte:

Es gibt steigende Abmeldezahlen vom konfessionellen Religionsunterricht. So ist bekannt, dass im Bundesland Niedersachsen in manchen Regio-

---

Bildung in der Schule, in: PHILIPPE BÜTTGEN/ANTJE ROGGENKAMP/THOMAS SCHLAG (Hg.), Religion und Philosophie. Perspektivische Zugänge zur Lehrer- und Lehrerinnenausbildung in Deutschland, Frankreich und der Schweiz, Leipzig 2017, 201–218; sowie PIERRE KAHN, Die Wurzeln der laizistischen Schule und die Grundschulpädagogik, in: A. a. O., 139–148.

[3] Vgl. dazu etwa THOMAS SCHLAG, Historische, verfassungsrechtliche und gesellschaftspolitische Hintergründe der Diversität des Religionsunterrichts in der Schweiz, in: PHILIPPE BÜTTGEN/ANTJE ROGGENKAMP/THOMAS SCHLAG (Hg.), Religion und Philosophie. Perspektivische Zugänge zur Lehrer- und Lehrerinnenausbildung in Deutschland, Frankreich und der Schweiz, Leipzig 2017, 25–38; sowie MONIKA JAKOBS, Die Ausbildung von Religionslehrpersonen in der Schweiz im Spannungsfeld von kirchlichem und staatlichem Bildungsinteresse, in: A. a. O., 77–98.

nen römisch-katholischer Religionsunterricht mangels Nachfrage nicht mehr angeboten wird. Sodann kann die den einzelnen Schulen gewährte Autonomie verhindern, dass staatlicher- oder kirchlicherseits das Angebot eines konfessionellen Religionsunterrichts durchgesetzt werden kann, weil letzten Endes die Schulleitungen darüber entscheiden, welche Lehrkräfte sie einstellen, wie die Stundentafel beschickt und wie mit Unterrichtsausfall umgegangen wird. Es gibt also für die Schulen Möglichkeiten, durch administrative Entscheidungen das Angebot an konfessionellem Religionsunterricht einzuschränken oder zu verhindern, gegen die ein Eltern- oder Schülerinnen- bzw. Schülerwille angesichts der hohen unterrichtlichen Belastungen faktisch wehrlos ist. Schließlich hat das gescheiterte Volksbegehren zur Einführung des konfessionellen Religionsunterrichts in Berlin gezeigt, dass eine Mehrheit in der Bevölkerung für einen konfessionellen Religionsunterricht dann, wenn es ihn nicht gibt, nicht zu gewinnen ist.

Ist der konfessionelle Religionsunterricht in Deutschland eventuell nur ein Traditionalismus? Das wird man sicherlich nicht sagen können. Er hat sich gut bewährt. Anderenfalls wäre die Initiative zur Einführung des islamischen Religionsunterrichtes nach Art. 7 Abs. 3 des Grundgesetzes sicherlich nicht ergriffen worden. Aber: In dem Fall, dass dieses Angebot von den muslimischen Organisationen und Verbänden oder den muslimischen Eltern nicht akzeptiert und nachgefragt würde, könnte ein solches Scheitern auch negative Folgen für die Zukunft des christlich-konfessionellen Religionsunterrichts haben. Wenn diese Szenarien eintreten, könnte ein religionskundlicher Religionsunterricht auch in Deutschland eine Alternative sein, zumal es ihn – wie in Brandenburg, Berlin und Bremen – hier auch schon gibt. Dagegen bildet auch Art. 7 Abs. 3 des Grundgesetzes kein uneinnehmbares Bollwerk. Theoretisch besteht nämlich die Möglichkeit, dass die Bundesländer den Schulen die Möglichkeit einräumen, sich zu bekenntnisfreien Schulen nach Art. 7 Abs. 3 des Grundgesetzes zu erklären und damit den konfessionsgebundenen Religionsunterricht abzuschaffen.

Im Freiheitsraum der wissenschaftlichen Religionspädagogik sehe ich daher die Aufgabe, die genannten Herausforderungen aufzugreifen, anzunehmen und offensiv auf die Suche nach neuen Lösungen und Modellen zu gehen. Dazu bietet der internationale Vergleich sehr viele Anregungen. Hier tut sich ein weites Feld zum Experimentieren auf. Christliche Privatschulen könnten ein geeigneter Ort für solche Experimente sein. Voraussetzung dafür ist, dass man eine enge Verbindung sucht zwischen der eher religionskundlichen *Einführung in die Religion* und der bekenntnisorientierten *Reflexion über Religion*, um die hier von Michael Wermke eingebrachte Unterscheidung[4] aufzunehmen. Die Wis-

---

[4] Vgl. dazu MICHAEL WERMKE, Die Pädagogischen Akademien in Preußen zwischen 1926 und 1933 als Beitrag zu Professionalisierung der Religionslehrerausbildung, in: PHILIPPE BÜTT-

sensvermittlung und Verstehens-, Reflexions- und Aneignungsprozesse wären eng aufeinander zu beziehen. Anders gewendet: Die Differenz von *Religionskunde* und *religiöser Gewissheit*, um die es im konfessionellen Religionsunterricht geht, sollte man nicht überstrapazieren, sondern den faktischen Verhältnissen im Religionsunterricht angleichen und von der realen Situation ausgehen. Denn es ist kein Geheimnis, dass gegenwärtig die von den Schülerinnen und Schülern von zu Hause mitgebrachten Kenntnisse über die eigene Religion *schwach* sind und dass auch im konfessionellen Religionsunterricht zunächst viel Wissen vermittelt werden muss, bevor Aneignungsaspekte zur Sprache kommen. *Ohne* diese wird es freilich auch nicht gehen, wenn das Thema Religion authentisch, d. h. in seiner Gewissheit und Orientierung stiftenden Bedeutung vermittelt werden soll. Die im Rahmen dieser Tagung mehrfach diagnostizierte Tendenz zur Neutralisierung der Religion wird ihr nicht gerecht.[5]

In der Perspektive meines Faches, der theologischen Ethik, besteht die große gesellschaftliche und religionspädagogische Herausforderung in einem Doppelten. Einmal geht es um die Bewältigung des verbreiteten *Nicht-Wissens* über die Religion, um in den gesellschaftspolitischen und ethischen Diskursen eine Sensibilität für religiöse Einstellungen und Denkmuster zu erhalten bzw. neu aufzubauen. Dieser Aspekt erhöht den religionskundlichen Anteil am Stoff. Sodann wäre auf den im Geist der Religionen selbst verankerten *toleranten Umgang mit der religiösen Pluralität* hinzuwirken. Die aktuellen Diskurse um die Zukunft des Religionsunterrichts laufen inhaltlich ins Leere, wenn mit dem *Religionsunterricht* bzw. dem *enseignement du fait religieux* nicht zugleich das produktive *Miteinander der Religionen* thematisiert und diese Aufgabe schulisch bewältigt wird. Man kann diesen Gedanken auch noch einmal anders wenden: Der Staat ist deswegen ein dominanter Akteur auf diesem Gebiet, weil er von dem wie auch immer organisierten und erteilten Religionsunterricht erwarten darf, dass er ein wichtiger Baustein wird für ein zivilisiertes Miteinander der Religionen und der einzelnen Religionen zum Staat. Diese Erwartungshaltung des Staates macht ihn in den gegenwärtigen Debatten stark.[6] Darüber

---

GEN/ANTJE ROGGENKAMP/THOMAS SCHLAG (Hg.), Religion und Philosophie. Perspektivische Zugänge zur Lehrer- und Lehrerinnenausbildung in Deutschland, Frankreich und der Schweiz, Leipzig 2017, 99–124.

[5] Vgl. dazu ANDREAS KESSLER, Neutralisierung des Religiösen – ein Triptychon: Gesellschaftliche und religionsdidaktische Entwicklungen im schweizerischen Kontext, in: PHILIPPE BÜTTGEN/ANTJE ROGGENKAMP/THOMAS SCHLAG (Hg.), Religion und Philosophie. Perspektivische Zugänge zur Lehrer- und Lehrerinnenausbildung in Deutschland, Frankreich und der Schweiz, Leipzig 2017, 239–256; BÉATRICE FINET, Zum Umgang mit der Shoah am Ende der Grundschulzeit: Kann der Einsatz von Literatur staatsbürgerlichen Zielen dienen?, in: A. a. O., 219–238; ANTJE ROGGENKAMP, Veränderungen im Selbstverständnis? – Der Religionslehrerberuf im Spiegel seiner Professionalisierung!, in: A. a. O., 149–178.

[6] Eine ähnliche Entwicklung gibt es offensichtlich in der Schweiz (vgl. SCHLAG, Hintergründe) sowie in Frankreich (vgl. PHILIPPE BÜTTGEN, Der Philosophie-Unterricht in Frank-

hinaus zeigt sich sein ausgeprägter religionspolitischer Wille darin, dass die Binnenpluralität der Religionsgemeinschaften reduziert wird. Beispiele dafür sind der konfessionell-kooperative Religionsunterricht und die Tatsache, dass sich der islamische Religionsunterricht an alle Muslime richtet – jenseits der binnenislamischen Pluralität. Auch die Tatsache, dass der islamische Religionsunterricht nach Art. 7 Abs. 3 des Grundgesetzes eingeführt wird, obwohl es gar keine den christlichen Kirchen vergleichbaren Partner bei den Muslimen gibt, spricht für die religionspolitische Wucht, die aber auch – umgekehrt – bei nicht wenigen Muslimen zu der Befürchtung führt, man würde eine Art *Staatsislam* einführen wollen.

Die ethischen Erwartungen an die Religionsgemeinschaften dürften daher mit einigem Recht darin bestehen, dass die Religionen im Unterricht als pluralitätstauglich unterrichtet werden (1), dass mit den Schülerinnen und Schülern die Haltung der Toleranz gegenüber den anderen Religionen eingeübt wird (2) und dass die negative Religionsfreiheit respektiert wird (3). Die Religionsgemeinschaften sind daher gehalten, Religions- bzw. Konfessionslose sowie Konvertiten und Apostaten zu tolerieren (4). Auch die Auseinandersetzung mit der philosophischen Tradition der Religionskritik ist unterrichtlich aufzugreifen (5). Offen ist, wie mit den religiösen Symbolen und religiösen Handlungen im öffentlichen Raum der Schule umzugehen ist: Kruzifixe, Kopftücher, Burkas, Kapellen, Gebetsräume, Schulgottesdienste, -gebete und -seelsorge (6). Die mit diesen Stichworten angedeuteten Probleme können nur mit Hilfe des Staates gelöst werden. Daher wird auch auf dieser Seite der Staat immer dominanter, ob nun im deutschen, helvetischen oder französischen Modell.

Angesichts dieser Entwicklung zu immer mehr Staat in der gesellschaftlichen und schulisch gelehrten Religion sehe ich eine wichtige Aufgabe der Religionspädagogik darin, Deutekompetenz und Handlungsspielräume für die theologischen und religionspädagogischen Akteure zurückzugewinnen und gewissermaßen auf die Entstaatlichung des religiösen Lernens bzw. der unterrichtlichen Befassung der Religion hinzuwirken, ohne dabei die genannten Herausforderungen aus dem Blick zu verlieren. Dies kann meines Erachtens nur gelingen, wenn man die Unterschiede zwischen den verschiedenen Weisen, in denen Religion in der Schule thematisiert wird, nicht ideologisch überdehnt, sondern miteinander vermittelt. Ein solches Vorgehen wäre auch lebensnah: Denn als religiöse Akteure leben wir immer schon mit der religionswissenschaftlichen Außenperspektive auf die Religion, die wir praktizieren und vermitteln beide Perspektiven miteinander. Umgekehrt ist auch die

---

reich: von der *laïcité* zum *fait religieux*, in: PHILIPPE BÜTTGEN/ANTJE ROGGENKAMP/THOMAS SCHLAG [Hg.], Religion und Philosophie. Perspektivische Zugänge zur Lehrer- und Lehrerinnenausbildung in Deutschland, Frankreich und der Schweiz, Leipzig 2017, 39–52).

Philosophie ihren subjektiven Gewissheiten verpflichtet. Gleiches gilt auch für die Religionswissenschaft. Eine religionsneutrale Position gibt es nicht, vielmehr verweisen diese unterschiedlichen Formen der Beschäftigung mit Religion aufeinander und diese Konvergenzen kann man meines Erachtens im wissenschaftlichen und zivilgesellschaftlichen Raum religionspädagogisch nutzbar machen. Dies gilt umso mehr, wenn man – etwa mit David Käbisch – nicht mit statischen und festgefügten Begriffen oder Vergleichspunkten arbeitet, sondern von einem dynamischen Transfer zwischen den Regionen, Religionskulturen und Fachkulturen ausgeht.[7]

Wie ließe sich eine solche Konvergenzdiagnose religionspädagogisch operationalisieren? Dazu sei ein Vorschlag unterbreitet: In der Geschichtswissenschaft und Geschichtsdidaktik hat es ja zwischen Deutschland und Frankreich sowie zwischen Deutschland und Polen gemeinsame Schulbuchkommissionen gegeben, die ausgesprochen erfolgreich verfahren sind, indem sie die unterschiedlichen Geschichtsbilder dieser Länder auf die gleichen Ereignisse hin bezogen, abgeglichen und in den schulischen Lernstoff eingearbeitet haben. Derartige gemeinsame Schulbücher ließen sich sowohl mit Blick auf religionswissenschaftliche und theologische Anteile als auch mit Blick auf die interreligiösen Kompetenzen für Schülerinnen und Schüler aller drei Nationen vorstellen. Die Muslime wirken an der Darstellung des Islam in christlichen Schulbüchern mit wie umgekehrt christliche Theologen an der Darstellung des Christentums in islamischen Lehrbüchern beteiligt werden. Ob dies auch für den *enseignement du fait religieux* – etwa innerhalb des Geschichts- oder Philosophieunterrichts – in Frankreich möglich wäre, weiß ich nicht. Aber ich halte es nicht für ausgeschlossen. Warum sollte man ein solches Experiment nicht wagen? Jedenfalls sollte man für die Initiierung derartiger Projekte nicht auf den Staat warten, sondern könnte sie im Kontext eines transnationalen, Ländergrenzen übergreifenden wissenschaftlichen oder zivilgesellschaftlichen Systems entwerfen und in ausgewählten Schulen experimentieren. Wenn diese Experimente sich als erfolgreich erweisen, bestünde der nächste Schritt darin, die Religionsgemeinschaften zu beteiligten. Auf diese Weise ließen sich die Inhalte des Religionsunterrichts von den Quellen her bestimmen und zugleich die genannten Herausforderungen annehmen.

---

[7] Vgl. KÄBISCH, Rechts-, Religions- und Bildungsforschung.

Rechtspopulismus als Herausforderung für die protestantische Ethik des Politischen

Einleitung

Seit einigen Jahren spielen nationalistische politische Kräfte in Europa eine zunehmende Rolle. Der französische *Front National* ist in einem EU-Gründungsstaat schon seit einigen Jahren von erheblicher Bedeutung. Gleiches gilt für die *Partei für die Freiheit* des Geert Wilders in den Niederlanden. In Ungarn und Polen bilden nationalistische und EU-kritische Parteien die Regierung. In seinem Wahlkampf hat der derzeitige US-amerikanische Präsident in hohem Maße von populistischen Argumenten Gebrauch gemacht. In der Türkei hat der Staatspräsident in einer eigentümlichen Verbindung von Nationalismus und Religion eine Verfassungsreform durchgesetzt und seinem Amt weitreichende Vollmachten gesichert. In Deutschland hat sich mit der Partei *Alternative für Deutschland* (AfD) eine politische Kraft gebildet, die sich auf dem rechten Rand des politischen Spektrums etabliert und bei den Landtags- und Bundestagswahlen der Jahre 2016 und 2017 beachtliche Erfolge erzielt hat und mittlerweile in vielen deutschen Parlamenten vertreten ist.

Bei den Landtagswahlen im größten deutschen Bundesland Nordrhein-Westfalen und bei den Bundestagswahlen 2017 hat sich gezeigt, dass die AfD Wählerstimmen von allen anderen politischen Parteien abgezogen hat. Einen besonderen Aderlass muss die bis dato regierende SPD verzeichnen, die insbesondere in ihren traditionellen Milieus Wählerstimmen an die AfD verloren hat. Unter den AfD-Wählern waren auch Mitglieder der evangelischen Kirchen, während römisch-katholische Wähler offenbar weniger geneigt waren, der AfD ihre Stimme zu geben.[1]

Die großen Kirchen in Deutschland haben unterschiedlich auf die politischen Herausforderungen, die mit dem Erstarken des rechten politischen Spektrums verbunden sind, reagiert. Die katholischen Bischöfe haben sich am Rande ihrer Vollversammlung im Frühjahr 2017 von der Programmatik

---

[1] Vgl. http://www.lz.de/ueberregional/owl/21787376_Katholische-Waehler-sind-offenbar-besonders-resistent-gegen-die-AfD.html (Zugriff: 30.04.2018).

und dem politischen Vorgehen der AfD distanziert.² Die römisch-katholische Sozialethikerin Marianne Heimbach-Steins hat auf Anregung des Bevollmächtigten der katholischen Bischöfe gegenüber den Bundesländern Mecklenburg-Vorpommern, Sachsen, Sachsen-Anhalt und Thüringen eine Studie erstellt, in der sie zu dem Ergebnis kommt, dass sich wesentliche Aussagen des AfD-Wahlprogramms „nicht mit einer kirchlichen Position vereinbaren"³ lassen. Sie schreibt: „Wer sich wirklich gründlich mit der AfD auseinandersetzt, kann das [...] eigentlich nicht mit einem christlichen Engagement zusammenbringen."⁴

Die evangelischen Kirchen reagierten nicht so entschlossen. Exemplarisch sei auf den Berliner Landesbischof Markus Dröge verwiesen. Dieser hatte zwar zwei Wochen vor der Landtagswahl in Berlin 2016 noch erklärt: „Man darf AfD-Politiker nicht prinzipiell ausgrenzen."⁵ Zwei Monate später hieß es aber: „Ich finde, sie [Christen] haben in der AfD nichts verloren"⁶, so ließ er sich zitieren. Diese Partei stehe für einen „Kulturverlust". Wenn der Begriff „völkisch" wiederbelebt werde, dann sei „eine rote Linie überschritten". Was dann freilich passieren würde, das ließ der leitende Geistliche der Evangelischen Kirche Berlin-Brandenburg-schlesische Oberlausitz wohlweislich offen. Aber ihm war klar, dass er mit seinen scharfen Äußerungen einen Teil der Kirchenmitglieder traf, von denen sich einige, gerade in der „Evangelischen Kirche Berlin-Brandenburg-Schlesische Oberlausitz" auf der rechten Seite des politischen Spektrums verorten und die AfD rechts wählen.⁷

Aber ist eine solche kirchliche Ab- und Ausgrenzung theologisch begründbar? So sehr man in politischer Hinsicht der AfD und ihrer Wählerschaft widersprechen mag: Gibt es dafür stichhaltige Gründe, die aus dem Fundament einer protestantischen Ethik des Politischen abzuleiten wären? Indem man diese Frage stellt, stellen sich einige protestantische *Gegenintuitionen* ein. Zu ihnen gehört die Anmaßung eines Bischofs, eine rote Linie zu ziehen oder

---

² Vgl. http://www.faz.net/aktuell/politik/inland/katholische-bischoefe-distanzieren-sich-von-der-afd-14917396.html (Zugriff: 30.04.2018).

³ Sozialethikerin: AfD nicht mit kirchlichen Positionen vereinbar (https://www.evangelisch.de/inhalte/144718/03-07-2017/sozialethikerin-afd-nicht-mit-kirchlichen-positionen-vereinbar [Zugriff: 30.04.2018]).

⁴ Ebd. Die komplette Stellungnahme findet sich unter: https://www.uni-muenster.de/imperia/md/content/fb2/c-systematischetheologie/christlichesozialwissenschaften/heimbach-steins/ics-arbeitspapiere/executive_summary_ics_ap_afd_kathsl.pdf (Zugriff: 30.04.2018).

⁵ http://www.tagesspiegel.de/politik/interview-mit-bischof-markus-droege-man-darf-afd-politiker-nicht-prinzipiell-ausgrenzen/14495308.html (Zugriff: 30.04.2018).

⁶ https://www.morgenpost.de/berlin/article 208848945/Bischof-Droege-Christen-haben-in-der-AfD-nichts-verloren.html (Zugriff: 30.04.2018).

⁷ Der EKD-Ratsvorsitzende Heinrich Bedford-Strohm entzog in einem Interview mit der Frankfurter Allgemeinen Zeitung der AfD das Prädikat „christlich". „Der Theologe forderte von der AfD, angesichts solcher Auffassungen auf das Wort ‚christlich' künftig zu verzichten: ‚Denn wer auf Spaltung setzt und Flüchtlinge pauschal verdächtigt, handelt nicht christlich.'" (www.ekd.de/news_2016_05_04_02_bedford-strohm_afd.htm [Zugriff: 30.04.2018]).

die Unterscheidung von Gottes weltlichem und geistlichem Regiment, die eine direkte Gleichsetzung von Glaubenswahrheit und politischer Einstellung unmöglich macht, oder die Differenz von Person und Werk zum Beispiel, die es nicht erlaubt, politisch anders denkende Menschen kirchlich auszugrenzen.

Im Folgenden soll eine theologische Klärung derjenigen Herausforderungen erfolgen, die durch das Aufkommen populistischer Bewegungen verbunden sind. Dabei wird sich zeigen, dass die sozialethische Abgrenzung des deutschen Protestantismus zum politischen Rechtspopulismus schon deshalb so schwierig ist, weil zu ihm traditioneller Weise eine gewisse Offenheit zum Begriff des Volkes gehört, wie man sich an der bis heute geläufigen, freilich seit dem 20. Jahrhundert zunehmend strittigen Verwendung des Begriffs „Volkskirche" klar machen kann.[8] Zudem ist der Begriff des Volkes demokratietheoretisch ebenso unverzichtbar wie prekär. Daraus ergeben sich Schwierigkeiten gerade für die evangelischen Kirchen, die für das Volk offen sein, aber politischen Populismus vermeiden wollen. Es kann daher nur eine gestufte Antwort gegeben werden, mit der angemessen reagiert und eine besonnene Haltung zum politischen Populismus eingenommen werden kann.

1. Zum Begriff und zur Aktualität des „Populismus"

Die Münsteraner Populismus-Forscherin Karin Priester nennt folgende Elemente, die für populistische Bewegungen charakteristisch sind: „(1) Die Gegenüberstellung von ,gemeinem Volk' und Eliten (Politiker, Meinungsmacher), (2) die Berufung auf das durch die Eliten noch unverfälschte Urteilsvermögen des Volkes oder seinen common sense, (3) die verschwörungstheoretische Denunziation der Machenschaften der Eliten (Menschenhatz, psychische und physische Vernichtung), (4) die Moralisierung des Diskurses (Wahrheit vs. Unwahrheit; moralische Rückgratlosigkeit der Eliten), (5) die Beschwörung von Krise/Niedergang [...], (6) die Legitimationsbasis des ,gemeinen Volkes' als ,Stimme Gottes'".[9] Diese Elemente gelten – trotz der theoretischen und praktischen Schwierigkeiten eine exakte Definition zu finden[10] – im politikwissenschaftlichen Diskurs als gängig. Entscheidend ist, dass sie nicht einzeln,

---

[8] Vgl. zur Geschichte und Verwendung des Begriffs der Volkskirche im 20. Jahrhundert die instruktiven Studien von BENEDIKT BRUNNER, Ostdeutsche Avantgarde? Der lange Abschied von der „Volkskirche" in Ost- und Westdeutschland (1945–1969), in: MITTEILUNGEN ZUR KIRCHLICHEN ZEITGESCHICHTE 10 (2016), 11–43 und DERS., Die „Volkskirche" als homiletische Herausforderung in der Predigtlehre Rudolf Bohrens von 1971, in: PASTORALTHEOLOGIE 105 (2016), 318–332.

[9] KARIN PRIESTER, Rechter und linker Populismus. Annäherung an ein Chamäleon, Frankfurt am Main 2012, 42.

[10] Vgl. PRIESTER, Rechter und linker Populismus, 32–71.

sondern gemeinsam wirken. Für sich genommen ist die Berufung auf einen „common sense" nicht anstößig, sondern nur dann, wenn sie sich zum Beispiel mit der Kritik an den Eliten verbindet und durch Krisenbeschwörung eine Entscheidungssituation konstruiert wird. Dies geschieht zum Beispiel dann, wenn die Kritik an den Eliten in Politik, Presse oder Ökonomie unter Berufung auf den sogenannten gesunden Menschenverstand („Lieschen Müller") erfolgt und damit vorgegeben wird, die berechtigte politische Auffassung einer marginalisierten Mehrheitsmeinung Ausdruck zu geben. Insbesondere die Aversion gegen die Funktionseliten in Politik („Die da oben!"), Medien („Lügenpresse") und Wirtschaft („Selbstbedienungsmentalität") zeichnen populistische Bewegungen aus, die in Deutschland auch die Kirchen einbezieht. Das gesamte Establishment, nämlich Universitäten, Kirchen, Gewerkschaften, Medien und Politiker gelten als homogenes Bevormundungskartell, das die Bedrohung des Volkes verdrängt oder bestreitet.[11]

Mit dieser Elitenkritik hängt die Kritik an den Institutionen und Verfahren der repräsentativen Demokratie eng zusammen. Daraus wird regelmäßig die Forderung nach Einführung von plebiszitären Elementen abgeleitet, die zum Standard-Repertoire populistischer Bewegungen gehört. Zur Kritik an den bestehenden Verfahren gehört auch die Personalisierung der Politik, die eine politische Führungsgestalt an die Spitze der politischen Bewegung stellt, die den anti-elitären, moralischen und politischen Anforderungen gerecht wird und sich als charismatische Alternative zu den herrschenden Eliten exponiert. Populistische Führungspersönlichkeiten inszenieren sich als authentische Interpreten des Volkswillens und prägen die Vorstellung, „laut der einem moralisch reinen, homogenen Volk stets unmoralische, korrupte und parasitäre Eliten gegenüberstehen – wobei diese Eliten eigentlich gar nicht wirklich zum Volk gehören."[12]

Damit ist ein weiterer wichtiger Aspekt genannt, nämlich die Berufung auf das Volk als einer einheitlichen Größe, dessen Wille authentisch interpretiert werden kann. Man konstruiert einen virtuellen Volksbegriff, der nicht empirisch gedeckt ist, sondern „ein Idealbild [...], das Identität schaffen und Zugehörigkeit vermitteln soll."[13] Dieses überempirische Ideal, das oftmals moralisch und ethno-historisch angelegt ist, ermöglicht es, die Vorstellung einer Fremdherrschaft über das Volk zu konstruieren, die durch jene Eliten, aber auch durch Einwanderer, durch bestimmte ethnische oder religiöse Gruppen (wie Juden, Muslime) oder durch internationale Verflechtungen, wie sie

---

[11] Vgl. a. a. O., 242.

[12] JAN-WERNER MÜLLER, Was ist Populismus? Ein Essay, Frankfurt am Main, ⁴2016, 42.

[13] FRANK DECKER, Demokratischer Populismus und/oder populistische Demokratie? Bemerkungen zu einem schwierigen Verhältnis, in: FRISO WIELENGA/FLORIAN HARTLEB (Hg.), Populismus in der modernen Demokratie. Die Niederlande und Deutschland im Vergleich, Münster 2011, 39–54, 41.

z. B. durch das ausländisches Kapital symbolisiert sein kann, ausgeübt wird. Dadurch kommt es zu einer gewissermaßen manichäischen Konstruktion von Feindbildern. Politik wird auf diese Weise als „Freund-Feind-Antagonismus" verstanden. Jan-Werner Müller fasst daher die entscheidenden Merkmale des Begriffs des Populismus als „Anti-Elitär" und „Anti-Pluralistisch" zusammen.

Diese Berufung auf ein anti-plural aufgefasstes Verständnis des Volkes ist es denn auch, die die Initiativen zur Veränderung der bestehenden Verfassungsordnung begründet. Sie wird in diesem Fall allerdings nicht mehr als rechtlicher Rahmen des politischen Wettbewerbes aufgefasst, sondern „zum Spielball des politischen Kampfes"[14].

Drei Gründe für das Erstarken populistischer Kräfte seien hier benannt. Sie zeigen, dass populistische Erscheinungen gewissermaßen zur Kehrseite einer repräsentativen Demokratie gehören und sich insbesondere in solchen Konstellationen Ausdruck verschaffen, in denen ein breiter Konsens die politische Mitte belegt.[15]

Der erste Grund ist soziologisch-demographisch gelagert und hängt mit der zunehmenden Individualisierung des Lebensstils zusammen. Ebenso wie Sportvereine, Gewerkschaften und Kirchen gelingt es den großen Volksparteien immer weniger, die Menschen als Mitglieder oder Stammwählerinnen und Stammwähler dauerhaft an sich zu binden. Die Wählerschaft wird zunehmend volatil, was die Chancen neuer Parteien auf Wählerstimmen deutlich erhöht. Dieser Trend wird dadurch verstärkt, dass sich in Deutschland die großen Volksparteien programmatisch einander angenähert haben und sich gegenwärtig weniger in den grundsätzlichen Konzepten als in den Techniken der Problemlösung voneinander unterscheiden.[16] Diese Konflikte über die richtigen Techniken der politischen Konzepte werden zunehmend weniger im Streit zwischen den Parteien ausgetragen als in diesen selbst. Dieser „Gestaltwandel der Parteiendemokratie"[17] erleichtert es populistischen Strömungen, programmatische Leerstellen jenseits der politischen Mitte zu besetzen, sich als legitime Opposition aufzubauen und sich zugleich im politischen Diskurs der Frage nach der politisch-technischen Umsetzung ihrer Positionen fernzuhalten.

---

[14] MÜLLER, Was ist Populismus, 83.
[15] Weitere Gründe könnten angeführt werden. Hans-Jürgen Bieling vertritt z. B. im Anschluss an die von Karl Polanyi entwickelte Konzeption der Doppelbewegung die These, dass die europäischen Rechtspopulismen die Reaktion auf die durch die marktliberale Restrukturierung von Ökonomie und Gesellschaft darstellen. Sie reagieren auf die Erfahrung von sozialer, ökonomischer und kultureller Verunsicherung mit der Mischung einer neuen Thematisierung der sozialen Frage mit der Mobilisierung von ethnonationalistischer Identität (vgl. HANS-JÜRGEN BIELING, Aufstieg des Rechtspopulismus im heutigen Europa – Umrisse einer gesellschaftstheoretischen Erklärung, in: WSI Mitteilungen. Zeitschrift des Wirtschafts- und Sozialwissenschaftlichen Instituts der Hans-Böckler-Stiftung 8/2017, 557–565).
[16] Vgl. DECKER, Demokratischer Populismus, 48–51.
[17] A. a. O., 49.

Auf einen zweiten Grund hat Jan-Werner Müller aufmerksam gemacht. Er hängt mit der Demokratie selbst direkt zusammen. Faktisch gibt es in einer Demokratie immer „undemokratische Elemente"[18]. Was ist damit gemeint? Auf drei unterschiedlich gelagerte Faktoren sei hingewiesen. *Erstens*, das Wesen einer repräsentativen Demokratie besteht darin, dass nur wenig bis gar keine Elemente einer direkten Demokratie vorgesehen sind. Aber auch die Repräsentativität der repräsentativen Demokratie ist faktisch eingeschränkt. So verhindert z. B. die sogenannte Fünf-Prozent-Hürde, dass Wählerinnen und Wähler von Parteien, deren Stimmenanteil darunter liegen, in den Parlamenten repräsentiert sind. Oder: Die starke Stellung des Bundesverfassungsgerichtes erlaubt es, dass höchstrichterliche Urteile Gesetze, die von den demokratischen Repräsentativorganen erlassen wurde, außer Kraft setzen. Das ist rechtsstaatlich und von der Legitimität der Verfahren her völlig in Ordnung und geboten, ist aber mit Blick auf die repräsentative Demokratie durchaus prekär. Dazu kommt die Begrenzung des politischen Pluralismus durch Verbote und Tabuisierung. Hierzu zählten nicht erst nur bestimmte Straftatbestände wie etwa die Leugnung des Holocausts, sondern schon bestimmte Phänomene der *political correctness*, hinter denen oftmals breite Konsense stehen, die aber nicht das *gesamte* Spektrum abdecken, so dass sich in bestimmten politischen Konstellationen eine politische Unzufriedenheit durch gezielte Tabubrüche Ausdruck verschafft. Wegen dieses faktischen Repräsentationsdefizits sind Parteiendemokratien per se offen für das Aufkommen neuer populistischer Parteien, die sich über die Kritik an diesen Krisensymptomen, insbesondere an der Tendenz zur Selbstabschließung der politischen Akteure, Gehör verschaffen.[19] Nach Hartleb bilden sich populistische Parteien gerade in konsensorientierten Demokratien, in denen um dieses Konsenses willen bestimmte Probleme, etwa neue Gerechtigkeitslücken, nicht thematisiert werden.[20] Daran knüpfen Populismen an.

Der dritte Grund verbindet sich wiederum mit der schwierigen Größe „Volk". Populistische Bewegungen berufen sich auf das Volk und seinen vermeintlich wahren, nur von ihnen erkannten und zur Geltung gebrachten Willen. Faktisch können sie damit ein Problem aufgreifen, dass der Demokratie eingelagert ist. Denn die Größe „Volk" wird einerseits stets vorausgesetzt, etwa wenn es in Art. 20 Abs. 2 GG heißt: „Alle Staatsgewalt geht vom Volke aus." Andererseits ist dieses Volk aber empirisch gar nicht greifbar, sondern Produkt einer komplexen Konstruktion. Schon die Entscheidung über die Zugehörigkeit zum Volk verdankt sich historischen Prozessen und kann grundsätzlich verändert werden. Solche Entscheidungen sind nur begrenzt rationalisier-

---

[18] MÜLLER, Was ist Populismus, 29.
[19] Vgl. DECKER, Demokratischer Populismus, 43.
[20] Vgl. FLORIAN HARTLEB, Rechts- und Linkspopulismus, Wiesbaden 2004, 327 f.

bar und daher nicht frei von Zufälligkeiten. Historische Rückprojektionen, Zuwanderungen und das Staatsbürgerschaftsrecht spielen dabei eine erhebliche Rolle. An der stets neu aufflammenden Diskussion um die (derzeit begrenzt zulässige) doppelte Staatsbürgerschaft zeigt sich, wie verschieblich und von politischen Opportunitätsgesichtspunkten abhängig die Grenzziehungen an diesem Punkte sind. Aber auch *der* Wille des – wie auch immer bestimmten – Volkes ist faktisch gar nicht ermittelbar. Die einzige Möglichkeit besteht in der Wahlentscheidung. Wahlen und Abstimmungen sind aber an feste Prozeduren gebunden, von denen die wichtigste das repräsentative System ist, das den politischen Pluralismus – in einem begrenzten Umfang – abbildet. Der „Wille des Volkes" wird also nur in politischer Pluralität und zwar in der Differenz von Mehrheiten und Minderheiten empirisch sichtbar. Aber dadurch wird jene Repräsentationskrise noch einmal gesteigert. Denn setzt sich eine Mehrheit politisch durch, kommt der Wille der Minderheiten nicht zur Geltung, wird im politischen Handeln also nicht repräsentiert. Oder es werden, bei unklaren Mehrheitsverhältnissen in einer Mehrparteien-Kammer, Lösungen ausgehandelt, in denen der im Wahlakt bekundete Wille nur noch anteilig eingeht. Dann entsteht eine andere Form der Repräsentationskrise, weil die ursprünglichen politischen Optionen, über die im Wahlkampf gestritten und zu deren Umsetzung die Mandatsträger beauftragt wurden, in den ausgehandelten Lösungen nicht mehr deutlich abgebildet sind. Treffend fasst Müller den Befund zusammen: „Insofern leidet die Demokratie an einer permanenten Repräsentationskrise; es wird immer gute Gründe geben, Interessen und Identitäten der Bürger in ihrer gegenwärtigen Form anzufechten."[21]

Stellt man die demokratietheoretischen Gründe für populistische Strömungen in Rechnung, dann wird man in ihnen weniger eine grundsätzliche Gefahr für die demokratische Ordnung sehen. Das sind sie nur dann, wenn sie an die Macht gelangen und auf plebiszitärer Basis die Verfassungsordnung zwecks Errichtung eines autoritären Regimes umbauen. Innerhalb einer bestehenden Ordnung können populistische Bewegungen und Parteien als Seismographen für bestehende Repräsentationskrisen gelten, auf Selbstabschließungsphänomene der gesellschaftlichen Funktionseliten und auf Einseitigkeiten im politischen Diskurs aufmerksam machen. Insofern sind populistische Erscheinungsformen Teil der repräsentativen Demokratie, treten als zyklische Phänomene „in regelmäßigen Wellen auf"[22] und können einen gewissen Reinigungseffekt für die etablierten Parteien und das repräsentative System haben.[23]

---

[21] MÜLLER, Was ist Populismus, 88.
[22] Vgl. PRIESTER, Rechter und linker Populismus, 230–244.
[23] Vgl. HARTLEB, Rechts- und Linkspopulismus, 327 f.

2. Protestantismus als Populismus? – Eine kritische Selbstbesinnung

Die großen christlichen Kirchen in Deutschland und die meisten Christenmenschen verstehen sich gegenwärtig als glühende Verfassungspatrioten und reagieren, wie einleitend die zitierten Bischöfe, mit Abwehrreflexen auf Populisten. Das hat gute Gründe. Aber es ist daran zu erinnern, dass der deutsche Protestantismus erst spät zur Demokratie gefunden hat. Es gibt zwar unbestreitbar wichtige und bleibend wirksame Elemente im reformatorischen Denken, die in Richtung Freiheit, modernes Staatsverständnis und Demokratie weisen. Aber in der Reformationszeit wirkten zunächst retardierende Faktoren, insbesondere das landesherrliche Kirchenregiment, das autoritäre Strukturen befestigte und statt aktiver Mitbestimmung den Gehorsam der Untertanen als politische Grundpflicht einschärfte. Im Zuge der Transformation des landesherrlichen Kirchenregimentes in das moderne Staats- und Gesellschaftsdenken spielte der Volksgedanke eine wichtige Rolle. Seine Zentralstellung war es auch, die den deutschen Protestantismus bisweilen in die Nähe zum politischen Populismus rückte.

Zentral für das politische Denken der Reformatoren ist die Lehre von den zwei Regierweisen Gottes.[24] Sie gehört zu den emanzipativen Ideen, weil sie Religion und Politik grundsätzlich auseinanderhält. Die später „Zwei-Reiche-Lehre" genannte Sozialphilosophie geht von zwei Sphären aus, auf die das menschliche Leben bezogen ist. In der religiösen Sphäre repräsentiert die Kirche das *geistliche* Regiment Gottes. Ihre Aufgabe besteht darin, das Evangelium zu predigen und die Sakramente (Taufe und Abendmahl) zu verwalten. Das zentrale Medium dafür ist die Heilige Schrift, die der Prediger auslegt und das zum Wort Gottes wird, wenn es von der Gemeinde glaubend aufgenommen wird und die Gläubigen ihren Seelenfrieden finden. Das *weltliche* Regiment Gottes wird durch die politische Obrigkeit ausgeführt. Sie ordnet das gesellschaftliche Zusammenleben, orientiert sich dabei an ihrer vernünftigen Einsicht, achtet auf den Frieden zwischen den Menschen, den sie durch Gesetze herstellt und nötigenfalls mit Gewalt garantiert. Auf Grund der menschlichen Sündhaftigkeit halten die Reformatoren diese Friedensaufgabe für unverzichtbar. Daher gilt für sie die Obrigkeit als von Gott eingesetzt. Wegen ihres göttlichen Auftrages ist die politische Aufgabe der Obrigkeit nicht nur ein Übel, das man hinnehmen muss, sondern hat ihren eigenen Wert. Deswegen sind die Christen gehalten, sich an der Ausübung der Rechtsgewalt zu beteiligen. Der Christ stellt sich daher aus Liebe zu seinen Mitmenschen in den Dienst der Obrigkeit, weil sie dazu dient, dem Unrecht unter den Menschen zu wehren

---

[24] Vgl. ROCHUS LEONHARDT/ARNULF VON SCHELIHA (Hg.), Hier stehe ich, ich kann nicht anders. Zu Martin Luthers Staatsverständnis, Baden-Baden 2015 und ARNULF VON SCHELIHA, Protestantische Ethik des Politischen, Tübingen 2013, 12–50.

und die Schwachen zu schützen. Der „christliche Fürst" repräsentiert das Ideal des Politikers oder Staatsmanns, der „von ganzem Herzen auf Nutzen, Ehre und Heil für andere"[25] gerichtet ist und seine Politik daran ausrichtet. Die entscheidende Einsicht der Reformation besagt nun, dass beide Regierweisen nicht miteinander vermengt werden dürfen. Die Wahrheit des Wortes Gottes muss überzeugen und das einzelne Gewissen in aller Freiheit bestimmen, weswegen die Wahrheit nicht oktroyiert werden kann. Die Kirche arbeitet vielmehr zwanglos und gewaltfrei, indem sie durch Kommunikation des Evangeliums geistige Bildungsprozesse anregt. Dagegen darf die weltliche Obrigkeit Zwang anwenden, um ihr Ziel zu erreichen. Sie verfügt über Ordnungskräfte, deren Macht sich aber nur auf den äußeren Menschen erstreckt, nicht auf die Gewissen. In Glaubensangelegenheiten verfügt der Staat weder über Kompetenz noch über Machtmittel.

Beide Institutionen gehorchen einer jeweils anderen Logik. Modern gesprochen ist die reformatorische Lehre von den beiden Regierweisen Gottes eine theologische Theorie gesellschaftlicher Differenzierung. Aber sie war zunächst vor allem eine *Theorie*, der eine praktische Wirksamkeit lange Zeit verwehrt blieb. Denn um die reformatorische Glaubensweise gegen die Macht von Papst und Kaiser zu sichern, gingen die Reformatoren ein sehr enges Bündnis mit denjenigen Fürsten ein, die – oftmals auch aus politischen Gründen – mit der Reformation sympathisierten. Das landesherrliche Kirchenregiment entstand. Der Landesfürst regierte sein Territorium und war zugleich der Bischof der evangelischen Landeskirche, deren Verwaltung zur Bürokratie der Regierung gehörte. Zwar wurde theologisch und rechtlich stets zwischen den beiden Regierweisen unterschieden, aber lebensweltlich vermengten sich beide Sphären oftmals.

Im Zuge der politischen Umwälzungen des späten 18. und frühen 19. Jahrhunderts wurde die überlieferte Lehre neu konfiguriert. Nach der Französischen Revolution war klar, dass politische Herrschaft nicht ohne Bezug auf die Individuen und ihre Freiheit gedacht werden konnte. Die staatliche Zersplitterung Deutschlands sollte ideell durch den Gedanken der „Nation" überwunden werden. Zugleich legte man Wert auf den Fortbestand der monarchischen Dynastien in den deutschen Territorien. Der Befreiungskampf gegen Napoleons Herrschaft über weite Teile Europas kann theologisch beschrieben werden als Katalysator für eine zeitgemäße Transformation der Lehre von der zwei Regierweisen Gottes. An den politischen Predigten Friedrich Schleiermachers, der sich vor allem publizistisch an der Erhebung gegen Napoleon beteiligte, kann man sehen, dass das „Volk" zur zentralen politischen Größe

---

[25] Ich zitiere Martin Luthers Schrift „Von der weltlichen Obrigkeit: wie weit man ihr Gehorsam schuldet (1523) in der Übertragung von HELLMUT ZSCHOCH in: LEONHARDT/VON SCHELIHA (Hg.), Hier stehe ich, ich kann nicht anders, 17–48, Nr. 63.

wird.²⁶ Damit meint er die deutsche Nation, die sich über die einzelnen Stämme hinweg in Besinnung auf eine gemeinsame Kultur zum politischen Freiheitskampf verbindet.²⁷ Für die Lehre von den Regierweisen besteht der entscheidend neue Gedanke darin, dass die monarchische Staatsspitze an den Volkswillen gebunden ist. Das Herrschaftsideal besteht darin, dass König und Volk in einem fortgesetzten Kommunikationsprozess begriffen sind mit dem Ziel, dass wechselseitig Interessen, Einsichten und Erfordernisse abgeglichen werden.²⁸ Schleiermachers Ideal einer Volksmonarchie bindet die alte Idee der von Gott eingesetzten Obrigkeit an die politische Partizipation des Volkes und umgekehrt: Der König muss die Interessen des Volkes vertreten, wahren und umsetzen, er soll ein populistischer Politiker sein. Schleiermacher hat seine Exposition des Volksgedankens in herrschaftskritischer Absicht vorgetragen und mit ihr auch eine Kritik an dem politischen Traditionalismus der preußischen Adelseliten verbunden. Zugleich war ihm klar, dass die Größe „Volk" in sich vielstimmig ist. Daher hat er in einer Predigt über Röm 13 ausdrücklich Meinungsfreiheit für abweichende politische Auffassungen gefordert.²⁹ Indes konnte er sich nicht zur Idee einer repräsentativen Demokratie und bloß konstitutionellen Monarchie auch nicht durchringen. Das Scheitern der französischen Experimente und die Legitimität der deutschen Dynastien als Landesherrn mit ihrer doppelten Aufgabe standen der Aneignung jener Vorstellungen im Wege. Der Volksgedanke hatte daher die Funktion, zwischen dem Individuum und der Obrigkeit zu vermitteln. Es bildet die Ebene des mittleren Allgemeinen, auf dem die Interessen der Einzelnen und des Staates ausgeglichen werden. In dem historischen Augenblick, in dem ein Volk seine Chance zur politischen Freiheit und kulturellen Selbstdarstellung ergreift, wohnt ihm eine religiöse Qualität inne, die einen – in diesen Grenzen zu verstehenden – politischen Populismus ermöglicht und religiös legitimiert. Deshalb kann Schleiermacher in der besonderen Situation der Erhebung gegen Napoleon von einem „heiligen Krieg" sprechen.³⁰

Erhebliche politische Schubkraft bekam diese Kombination aus fürstlicher Obrigkeitslehre und Volksidee nach der Gründung des kleindeutschen

---

²⁶ Vgl. dazu ausführlich ARNULF VON SCHELIHA, „[...] die Verletzung des Buchstabens nicht achtend, [...] wahrhaft im Sinn und Geist des Königs handelnd". Friedrich Schleiermacher als politischer Prediger, in: Geist und Buchstabe. Interpretations- und Transformationsprozesse innerhalb des Christentums, hg. von MICHAEL PIETSCH und DIRK SCHMID, Berlin/Boston 2013, 155–175.

²⁷ Zur Vorgeschichte in Literatur und Publizistik vgl. CHRISTIAN SENKEL, Patriotismus und Protestantismus. Konfessionelle Semantik im nationalen Diskurs zwischen 1749 und 1813, Tübingen 2015.

²⁸ Vgl. SCHELIHA, Protestantische Ethik des Politischen, 101–123.

²⁹ Vgl. SCHELIHA, Schleiermacher als politischer Prediger, 164–168.

³⁰ Vgl. a. a. O., 156.

Kaiserreiches 1871. Die evangelischen Christen fühlen sich dem reformierten Kaiserhaus eng verbunden und verstehen sich als Träger der Leitkultur in Preußen und im Reich. Protestanten bilden die Funktionseliten in Wirtschaft, Heer, Administration und Politikberatung und unterstützen bereitwillig die Selbstinszenierung von Kaiser Wilhelm II. als Volkskaiser. Es ist daher nicht verwunderlich, dass mit dem Ausbruch des Ersten Weltkrieges die protestantische Kriegspredigt weit überwiegend zur nationalreligiösen Ausdrucksgestalt der offiziellen Kriegspropaganda wird, die die deutsche Bevölkerung auf die militärischen Ziele einschwört und entsprechende Opfer der Bevölkerung einfordert und religiös legitimiert. Freilich zeigt sich in der Nahoptik auch, dass es etliche Prediger gab, die in ihren Kanzelreden religiöse und ethische Vorbehalte gegen die populistische Verzweckung der Kriegspredigten untergebracht haben. Eine Reihe von Beispielen zeigt, „dass etliche Kanzelredner sich der sittlichen Uneigentlichkeit des Krieges, der mit ihm verbundenen Verwahrlosung und der Opfer, die er bedeutete, nicht verschlossen hatten. Die Kriegspredigten boten eine Möglichkeit, auch die Schrecken des Krieges zu thematisieren und zu verarbeiten."[31] Der Glaube an Gott als den Herrn der Geschichte und das universalistische Ethos des Christentums erlaubten es, Ambivalenzen zu thematisieren, indem neben der Stärkung der Heimatfront zugleich die Negativität des Krieges thematisch gemacht wurde. Die Fokussierung auf das Individuum und sein Erleben unterläuft damit die populistische Vorgabe, die von einer uniformen Größe „Volk" und einem einheitlichen politischen Willen ausgeht. Insofern zeigt sich hier eine letzte Populismus-Resistenz von Glaube und Ethos, die sich auch unter den Bedingungen des Bündnisses von Thron und Altar Geltung verschafft.

Eine abermalige Radikalisierung des Volksgedankens erfolgte nach der Revolution vom November 1918. Der Sturz der Monarchien und die Einführung der demokratischen Staatsform waren schockierend für den deutschen Mehrheitsprotestantismus. Mit der Weimarer Republik konnte man wenig anfangen. Das System der parlamentarischen Regierungen schien der Lehre von der von Gott eingesetzten Obrigkeit zu widersprechen. Den Wettstreit der Parteien interpretierte man als Gefahr für die Einheit des Volkes, das aus dem Christentum doch seine sittliche Kraft beziehen sollte. Während sich die katholischen Christen in der „Deutschen Zentrumspartei" repräsentiert fanden, die sich in der Weimarer Zeit zur staatstragenden Partei entwickelte, blieben die evangelischen Christen staatskritisch und wählten überwiegend die rechtskonservative und monarchistisch gesinnte Deutschnationale Volkspartei

---

[31] ARNULF VON SCHELIHA, „Unser Krieg ist eine Frage an Gott". Theologische Deutungen des Ersten Weltkrieges, in: Faszination und Schrecken des Krieges. XXIII. Reihlen-Vorlesung, hg. von NOTGER SLENCZKA, Leipzig 2015, 61–80 (Beiheft 2015 zur Berliner Theologischen Zeitschrift).

(DNVP), die Anfang 1933 Adolf Hitler und seinen Nationalsozialisten den Weg in die Regierung bahnte.

Der Göttinger Theologe Emanuel Hirsch (1888–1972) ist es gewesen, der eine am Volksgedanken orientierte Umformung von Luthers Lehre von den zwei Regierweisen Gottes vorgelegt und sie mit neulutherischen Ordnungs- und neoidealistischen Freiheitsvorstellungen verknüpft hat. Klar ist für ihn, dass die Demokratie der reformatorischen Lehre von der gottgesetzten Obrigkeit widerspricht. Nach dem Sturz der Monarchien kommt für Hirsch nun dem Volk diejenige Legitimitätsfunktion zu, die der Obrigkeit in der klassischen Lehre zustand.[32] Die Hauptthese der umgeformten Staatslehre lautet: „Das Volk [...] ist der verborgene, und damit der wahre Suverän."[33] Die Verborgenheit besteht darin, dass der Wille des Volkes nicht eindeutig zutage tritt. Deshalb ist jeder Einzelne aufgerufen, an der Ermittlung des Volkswillens verantwortlich mitzuwirken. Aus dieser Mitwirkung kann jedoch keine bestimmte Staatsform abgeleitet werden. Welche Staatsform für welches Volk geeignet ist, kann nicht begrifflich deduziert werden, sondern ist das Ergebnis historischer Prozesse. An diesem Punkt konstruiert Hirsch eine doppelte kulturelle Wirkung der Reformation. Die *westlichen Demokratien* verwirklichen den Individualismus, den die Reformation freigesetzt hat, in radikaler Weise. Ihre offenen Gesellschaften eröffnen große persönliche Freiheitsräume. Hintergründig aber, so Hirschs Diagnose, würden die Einzelnen dem modernen Leben ungebremst ausgeliefert. Die Rationalisierung der Lebensverhältnisse führe dazu, dass der Zugriff von Politik, Wissenschaft, Ökonomie, Technik und Bürokratie auf den Einzelnen viel stärker werde als in früheren Jahrhunderten. Der Einzelne, durch das reformatorische Prinzip der Subjektivität in seine Würde eingesetzt, werde durch die westliche Freiheitskultur somit zugleich in eine Überlastungskrise gestürzt. Dagegen besteht der deutsche Sonderweg darin, die Einzelnen unter Berufung auf die reformatorische Obrigkeitslehre in die Volksgemeinschaft einzubinden und dort zu beheimaten.[34] Die Identifikation mit den natürlichen Grundlagen und dem historischen Schicksal des Volkes bietet dem Einzelnen denjenigen Rahmen eines konkreten Allgemeinen, der es ermöglicht, der individuellen Selbstbestimmung einen gehaltvollen Sinn zu geben. Die Antwort der deutschen Staatsidee gegen „Massendasein"[35] und

---

[32] „So haben wir im Verhältnis zur Volkheit eben das gefunden, was die Reformatoren an ihrer Beugung unter die Obrigkeit fanden: ein von Gott als dem Herrn der Geschichte gesetztes Dienstverhältnis, das uns in eine irdisch-geschichtliche Gemeinschaft leidend-gehorchend einfügt." (EMANUEL HIRSCH, Vom verborgenen Suverän, in: GLAUBE UND VOLK 2 (1933), 4–13, 5.

[33] HIRSCH: Vom verborgenen Suverän, 7.

[34] Vgl. EMANUEL HIRSCH, Die Reich-Gottes-Begriffe des neueren europäischen Denkens. Ein Versuch zur Geschichte der Staats- und Gesellschaftsphilosophie, Göttingen 1921.

[35] EMANUEL HIRSCH, Christliche Rechenschaft II, Berlin/Schleswig Holstein 1989, 317.

Entseelung[36] sei die Einbindung in den Volksorganismus. Der äußere Freiheitsverlust wird durch Verinnerlichung des religiösen und kulturellen Erbes ausgeglichen. Offen in diesem Konzept ist aber, wie der politische Wille des Volkskörpers ermittelt wird. Hier schwankt Hirsch zwischen einer Militärdiktatur und einem charismatischen Führer. Klar aber ist, dass es gegenüber der staatlichen Interpretation des Volkswillens keine politischen Bremsen mehr gibt.

Vor einem solchen Hintergrund wird deutlich, dass viele evangelische Christen, nicht nur diejenigen, die sich zu den sogenannten Deutschen Christen zählten, in Adolf Hitler einen authentischen Interpreten des Volkswillens gesehen und seine populistische Diktatur unterstützt haben. Das neue Bündnis von Volk und Alter, das man dem Diktator anvertraute, wird sichtbar in der fünften These des 1934 von der lutherischen Theologie formulierten sogenannten Ansbacher Ratschlages, in dem es heißt: „In dieser Erkenntnis danken wir als glaubende Christen Gott dem Herrn, daß er unserem Volk in seiner Not den Führer als ‚frommen und getreuen Oberherrn' geschenkt hat [...] und wissen uns daher vor Gott verantwortlich, zu dem Werk des Führers in unserem Beruf und Stand mitzuhelfen."[37]

Freilich gab es damals auch Gegenstimmen innerhalb des protestantischen Spektrums. Einem Theologen wie Rudolf Otto, der zwischen 1913 und 1919 in verschiedenen preußischen Parlamenten saß, war es möglich, den Volksgedanken mit dem Gedanken der Demokratie zu verknüpfen.[38] Aber hierbei handelte es sich um eine – schon während der Weimarer Zeit – marginale Minderheit. Erst unter dem Eindruck der Erfolgsgeschichte des Grundgesetzes, des Systemgegensatzes zwischen den östlichen Staaten des real-existierenden Sozialismus und den westlichen Demokratien und der demokratiefreundlichen Beschlüsse der römisch-katholischen Weltkirche auf dem Zweiten Vatikanischen Konzil kommt es in den theologischen Ethiken und Kirchen der Nachkriegszeit zu einer Annäherung an die Demokratie.[39] Sie gipfelt in der viel beachteten Demokratie-Denkschrift der Evangelischen Kirche in Deutschland, die unter dem Titel „Evangelische Kirche und freiheitliche Demokratie. Der Staat des Grundgesetzes als Angebot und Aufgabe" 1985 vorgelegt wurde. In Absetzung von der klassischen Obrigkeitslehre wird

---

[36] Vgl. EMANUEL HIRSCH, Ethos und Evangelium, Berlin 1966, 108.

[37] These 5 des Ansbacher Ratschlages ist zu finden in: KURT DIETRICH SCHMIDT: Die Bekenntnisse und grundsätzlichen Äußerungen zur Kirchenfrage. 2: Das Jahr 1934. Vandenhoeck & Ruprecht, Göttingen 1935, 103.

[38] Vgl. dazu das Forschungsprojekt von Uta Sürmann „Evangelische Theologinnen und Theologen als Parlamentarier" unter: http://www.uni-muenster.de/Religion-und-Politik/forschung/projekte/c2-28.html (Zugriff: 30.04.2018).

[39] Vgl. SCHELIHA, Protestantische Ethik des Politischen, 197–218; REINER ANSELM, Politische Ethik, in: WOLFGANG HUBER/TORSTEN MEIREIS/HANS-RICHARD REUTER (Hg.), Handbuch der Evangelischen Ethik, München 2015, 195–263, 221–237.

nun in mehrfacher Hinsicht umgesteuert. Die an die Sündhaftigkeit des Menschen geknüpfte göttliche Begründung des obrigkeitlichen Staates wird aufgegeben. Die rechtsstaatliche Demokratie wird als diejenige Staatsform verstanden, die auf Grund von Gewaltenteilung, befristeten Mandaten und kritischer Öffentlichkeit Mechanismen zur Selbstkontrolle und -korrektur eingebaut hat. Menschenwürde und Gottebenbildlichkeit werden freiheitspraktisch gewendet. Demokratische Partizipation und Übernahme von politischer Verantwortung gehören nun zum „‚Beruf' aller Bürger in der Demokratie"[40]. Die Anerkennung des demokratischen Rechtsstaates als einer Lebensordnung, die der christlichen Überzeugung von der Würde, der Freiheit und der Gleichheit der Menschen am besten zu entsprechen vermag, begründet die Affinität des evangelischen Glaubens mit Geist und Buchstaben der bundesdeutschen Verfassung.

3. Faktoren reformatorischen Denkens, die in der Demokratie der Gegenwart Wirkungen entfalten

Der Weg zur Demokratie verdankt sich also einer Lerngeschichte, bei der die Verführung zum Populismus eine Station war. Zu der Lerngeschichte gehört aber auch, dass man im reformatorischen Denken diejenigen Elemente entdeckt, die heute wesentlich für demokratische Organisation und bürgerliche Partizipation am Gemeinwesen sind. Fünf Faktoren, die für die gegenwärtige Auseinandersetzung mit dem Populismus wichtig sind, möchte ich nennen:[41]

a. *Gleichheit.* Die reformatorische Gleichheitsidee wurde durch Martin Luthers Einsicht geprägt, „daß wir eine Taufe, ein Evangelium, einen Glauben haben und (auf) gleiche (Weise) Christen sind, denn die Taufe, Evangelium und Glauben, die machen alle geistlich und Christenvolk. [...] Demnach werden wir allesamt durch die Taufe zu Priestern geweiht".[42] Aus dieser Einsicht ziehen die Reformatoren zwei wichtige Folgerungen. *Zunächst* gilt für die Kirche, dass in ihr die Unterscheidung von Klerus und Laien nicht mehr gilt. Das kirchliche Amt ist zwar von Jesus Christus eingesetzt zur Verkündigung des Evangeliums und zur Verwaltung der Sakramente, aber es wird nur aus Gründen der Ordnung von einigen Menschen versehen, die dafür professi-

---

[40] EKD, Evangelische Kirche und freiheitliche Demokratie. Der Staat des Grundgesetzes als Angebot und Aufgabe, Hannover 1985, 16.

[41] Vgl. ausführlich ARNULF VON SCHELIHA, Reformation und Demokratie, in: KARLIES ABMEIER (Hg.), Politik im Zeichen der Reformation. Der lange Schatten von 1517, Konrad-Adenauer-Stiftung, St. Augustin/Berlin 2017, 26–30.

[42] MARTIN LUTHER, An den christlichen Adel deutscher Nation von den christlichen Standes Besserung (1520), in: Luther deutsch. Die Werke Martin Luthers in neuer Auswahl für die Gegenwart, hg. von KURT ALAND, Bd. 2: Der Reformator, Hamburg 1981², 157–170, 160.

onell ausgebildet werden. Diese Amtsträger haben aber nicht mehr geistliche Vollmacht und Würde, als sie grundsätzlich jedem Christen zustehen. Daher gibt es keinen Zölibat, vielmehr führt der Pastor ein weltliches Leben. Diese Kritik am katholischen Weiheamt und an der monarchischen Organisation der Kirche führt zu einem funktionalen Verständnis der kirchlichen Amtsführung, die auch für Frauen geöffnet werden kann. Schon zur Reformationszeit wirkt die Pfarrfrau an der Seite des Pastors als eine quasi-amtliche Person. Die *andere* Folgerung betrifft Gesellschaft und Politik. Alle Menschen sind als Christen dazu befähigt, den göttlichen Willen in der Welt umzusetzen und zu verwirklichen. Die mittelalterliche Zwei-Wege-Ethik wird abgeschafft. Diese hatte besonders strenge Weisungen Jesu, etwa die aus der Bergpredigt, nur den Mönchen, Nonnen und Klerikern zugewiesen, während die christlichen Pflichten für die Laien in ermäßigter Form galten. Die Reformatoren aber sagten: Das Gebot der Nächstenliebe gilt immer und für alle Menschen. *Jeder* Beruf kann und soll dazu genutzt werden, „von ganzem Herzen auf Nutzen, Ehre und Heil für andere"[43] zu achten. Die Gleichheit der Pflichten setzt das mittelalterliche Ständesystem in gewisser Weise außer Kraft. Von der Ethik her wird soziale Durchlässigkeit denkbar. In diesem Sinne erweist sich die reformatorische Gleichheitsidee als eine wichtige gedankliche Voraussetzung für eine demokratische Gesellschaft.

b. Wahlrecht, Mündigkeit und Bildung. Ein zweites Element ist die besonders auf dem ‚linken Flügel' der Reformation erhobene Forderung nach Wahl der Geistlichen durch die Gemeinde. Diese Forderung war vor allem in den Städten relevant, in denen sich die Gläubigen bereits auf die Seite der Reformation geschlagen hatten, aber die Priester noch altgläubig predigten. Daher unterstützte Luther das Recht der Gemeinden, sich Pastoren auszuwählen und zu berufen. Grundlage dafür ist wiederum das Priestertum aller Gläubigen. Die Reformatoren waren der Meinung: Als allgemeine Priester haben die Christen auch die Sachkompetenz, die Predigt zu beurteilen und die Amtsführung der Pastoren kritisch zu kontrollieren. Christen haben „nicht allein Macht und Recht, alles, was gepredigt wird, zu beurteilen; sondern sie sind bei göttlicher Majestät Ungnade zu beurteilen schuldig. [...] Also folgern wir nun, daß wo eine christliche Gemeinde ist, die das Evangelium hat, sie nicht alleine Recht und Vollmacht hat, sondern bei der Seelen Seligkeit, ihrer Pflicht nach, die sie Christus in der Taufe gelobt hat, schuldig ist, zu meiden, zu fliehen, abzusetzen, sich zu entziehen von der Obrigkeit, welche die jetzigen Bischöfe [...] treiben; weil man offen sieht, daß sie wider Gott

---

[43] Ich zitiere Martin Luthers Schrift „Von der weltlichen Obrigkeit: wie weit man ihr Gehorsam schuldet (1523) in der Übertragung von Hellmut Zschoch in: LEONHARDT/VON SCHELIHA (Hg.), Hier stehe ich, ich kann nicht anders, 17–48, Nr. 63, 41.

und sein Wort lehren und regieren."[44] Freilich, diese Kompetenz muss erst hergestellt werden, und deshalb verbinden sich mit der Reformation große Bildungsanstrengungen, für deren Konzeption und Umsetzung insbesondere Philipp Melanchthon verantwortlich war. Seinen Ehrentitel als „Praeceptor Germaniae" (Lehrer Deutschlands) verdankt er dieser Seite seines Schaffens. Auch Martin Luther appellierte 1524 in einer eigenen Schrift *An die Ratsherren aller Städte deutschen Lands, daß sie christliche Schulen aufrichten und halten sollen.* Das Recht der Gemeinden auf freie Pfarrerwahl ist der griffigste Punkt, an dem der Zusammenhang von Reformation und Demokratie kenntlich wird. Demokratie setzt gebildete und mündige Menschen voraus. Freilich hat sich dieses basisdemokratische Element im Luthertum nicht wirklich durchgesetzt. Bis zur Stunde hält man in der Regel am Prinzip der bischöflichen Ernennung der Pastorinnen und Pastoren fest. Auch die reformatorischen Kirchen haben (noch) Demokratiedefizite.

c. Gewissensfreiheit, Toleranz und Pluralität. „Gedanken und Regungen der Seele können nur Gott offenbar sein. Darum ist es vergeblich und unmöglich, jemandem zu gebieten oder ihn mit Gewalt dazu zu zwingen, so oder so zu glauben."[45] Luther hat sich in seinem Kampf gegen die weltliche und kirchliche Jurisdiktion immer wieder auf sein Gewissen berufen. Hier ist der Mensch frei und hat einen Anspruch darauf, Wahrheitsansprüche kritisch zu überprüfen, nach eigener Einsicht zu beurteilen und mit Argumenten und klarer Evidenz überzeugt zu werden. Kirchliche oder politische Instanzen, die unter Berufung auf Tradition oder Autorität ein Gewissen zwingen wollen, sind für die Reformatoren widerchristlich und laden Schuld auf sich. Gewissen und Wahrheit stehen in einer existenziellen Beziehung, der nur ein inneres Überzeugt-werden gemäß ist. Der Rechtsphilosoph Georg Jellinek (1851–1911) hat in der reformatorischen Gewissensfreiheit den historischen Ursprung des Menschenrechtsdenkens gesehen und diese Entwicklung in einer großen geistes- und verfassungsgeschichtlichen Studie nachgezeichnet. Seiner Konstruktion ist vielfach widersprochen worden. Dies braucht hier nicht entschieden zu werden. Wichtiger ist ein anderer Aspekt. Die Berufung auf die Gewissensfreiheit hält nicht nur die Institutionen auf Abstand, sondern begründet auch die Toleranz von abweichenden Wahrheiten. Schon Luther hatte das klar formuliert. Diese Haltung der Toleranz haben die christlichen Konfessionen in Europa seit dem Westfälischen Frieden eingeübt. In einer zunehmend pluralisierten Gesellschaft schließt Toleranz die Anerkennung von

---

[44] MARTIN LUTHER, Daß eine christliche Versammlung oder Gemeinde Recht und Macht habe, alle Lehre zu beurteilen und Lehrer zu berufen, ein- und abzusetzen. Grund und Ursache aus der Schrift (1523), in: Luther deutsch. Die Werke Martin Luthers in neuer Auswahl für die Gegenwart, hg. von KURT ALAND, Bd. 6: Kirche und Gemeinde, Hamburg 1966², 47–55, 50f.

[45] LUTHER, Von weltlicher Obrigkeit, Nr. 42, in: LEONHARDT/VON SCHELIHA (Hg.), Hier stehe ich, ich kann nicht anders, 34.

religiöser und weltanschaulicher Pluralität ein und auf diesem Gebiet findet die Freiheit des Gewissens ein weites Feld zur Bewährung, ohne dass eine demokratische Gesellschaft, die vom Wettbewerb konkurrierender Ideen und Interessen lebt, nicht funktionieren kann.

d. Politische Verantwortung. Dass in der Übernahme eines politischen Amtes die christliche Nächstenliebe Gestalt annehmen kann, hatte schon Martin Luther in seiner Schrift „Von weltlicher Obrigkeit"[46] beschrieben und dieses Ideal am christlichen Fürsten konkretisiert. Die politischen Pflichten des einfachen Menschen reduzierte er auf den „Gehorsam". Das war wenig demokratisch, sollte damals aber der Aufrechterhaltung von Ordnung und Frieden dienen. Hier haben die christlichen Ethiken umgesteuert. Heute misst man die Verantwortung, die Luther den Fürsten und Amtsleuten zuwies, allen Christen in der Demokratie zu: „Nach evangelischem Verständnis gehört die politische Existenz des Christen zu seinem weltlichen Beruf. Christliche Bürger sind deswegen hier nach ihrer Berufserfüllung gefragt. Im Beruf kommen nach evangelischem Verständnis seit Luther eine weltliche Aufgabe und die Verantwortung vor Gott zusammen. Der weltliche Beruf [...] ist ein Ort, an dem die Nächstenliebe geübt werden soll, die danach fragt, was dem Nächsten und der Gemeinschaft dient und nützt. Der Ruf zur Nächstenliebe fordert also [...] auch die Bereitschaft zur Übernahme politischer Verantwortung. [...] In diesem Sinne enthält die Demokratie die Aufforderung zu einer Erneuerung und einer Erweiterung des Berufsverständnisses auf allen Ebenen des politischen Gemeinwesens."[47] Das Spektrum dieser politischen Verantwortung ist breit aufgefächert: Es reicht vom Leserbrief über das zivilgesellschaftliche Ehrenamt, die Wahrnehmung des aktiven Wahlrechtes bis hin zur Übernahme von Mandaten und Ämtern im Staat. Auch politische Lobbyisten und Journalisten werden in diesem Sinne in die Verantwortung genommen.

e. Gerechtigkeit. Eine fünfte Idee ist erst in den letzten Jahren aus dem reformatorischen Denken heraus entwickelt worden. Es ist die Idee der Gerechtigkeit, die alle Grenzen, die Menschen zwischen sich ziehen, überschreitet. Der reformatorische Glaube, nach dem Gott den Menschen *nicht* auf Grund seiner *Taten* beurteilt, sondern die *Person* würdigt und gerecht spricht, wird ethisch interpretiert und als Aufforderung zur sozialen Inklusion all derjenigen Menschen verstanden, die aus der Gesellschaft abgedrängt sind und nicht am Freiheitsleben teilnehmen können. Wenn wir gegenwärtig in vielen gesellschaftlichen Bereichen von Inklusion sprechen, dann wird damit die Gleichheitsidee noch einmal radikalisiert. Es wird gefordert, dass kein Mensch

---

[46] LUTHER, Von weltlicher Obrigkeit, in: LEONHARDT/VON SCHELIHA (Hg.), Hier stehe ich, ich kann nicht anders, 17–48.
[47] EKD, Evangelische Kirche und freiheitliche Demokratie. Der Staat des Grundgesetzes als Angebot und Aufgabe, Hannover 1985, 22.

durch soziale Schranken vom Freiheitsleben ausgeschlossen werden darf. Gerechtigkeit zielt auf eine strukturelle Inklusion aller Menschen durch politische und gesellschaftliche Anstrengungen, der Menschen, die durch Behinderungen, Beeinträchtigungen oder Andersheit vom Freiheitsleben abgehalten sind. Es geht um die Herstellung von sogenannter Befähigungs- oder Teilhabegerechtigkeit, die auch auf die politischen Prozesse zu beziehen ist.

All die genannten Elemente können sich nur entfalten, wenn die eingangs erwähnte Unterscheidung zwischen Gottes geistlichem und weltlichem Regiment angewendet und zwischen den institutionellen Logiken sowie der Freiheit des Einzelnen streng unterschieden wird. Wird dies berücksichtigt, dann kann die reformatorische Sozialidee als ‚liberal' bezeichnet werden, weil sie vom Einzelnen (Freiheit, Gleichheit und Verantwortung) ausgeht und emanzipativ auf die tätige Freiheit des Einzelnen bezogen ist (Gerechtigkeit). Diese Freiheit ist freilich immer schon auf das Leben in und mit zwei unterschiedlich prozedierenden Institutionen, nämlich Kirche und Staat, bezogen, die unverzichtbare und unverwechselbare Aufgaben erfüllen, die kritisch aufeinander bezogen sind und sich wechselseitig sowie am Einzelnen begrenzen. Dadurch entsteht ein komplexes Gesellschaftsmodell, das seine innere Dynamik aus den Spannungen erhält, die zwischen den Polen entstehen.

4. Kritik des politischen Populismus

Vor diesem Hintergrund verfallen politische Bewegungen, die auf eine *Entdifferenzierung* dieses Modells zusteuern, der Kritik. Dazu gehören theokratische Fantasien ebenso wie die Idee einer Politisierung, gar Verstaatlichung der religiösen Kultur, etwa durch Anmaßung von politischen Heilsversprechen. Für die Kritik am politischen Populismus sind zwei Einsichten entscheidend. Einmal ist politische Ausgrenzung einzelner religiöser Traditionen und Religionsgemeinschaften nicht legitim, weil dies einen unzulässigen Eingriff in die Unverfügbarkeit der religiösen Wahrheiten darstellen würde. Sodann erweist sich jener Versuch, das Volk als eine einheitliche politische Größe zu behandeln und sich jenseits der geordneten Verfahren auf einen vermeintlichen Volkswillen berufen, als Problem, weil nicht nur die Freiheit und Verantwortung der Einzelnen übersprungen wird, sondern auch der ethische Wert der Eigenlogik differenzierter Verfahren missachtet wird.

Wendet man sich vor diesem doppelten Hintergrund der aktuellen Situation in Deutschland zu, dann wird man mit Blick auf die Partei „Alternative für Deutschland" (AfD) Folgendes sagen können:

Grundsätzlich gehören Parteineugründungen zum Leben einer parlamentarischen Demokratie und sind nicht Ausdruck ihrer Schwäche, sondern ihrer Stärke. Sie drückt den Verlust der Bindungskräfte der anderen Parteien aus. Insofern sind neue Parteien, auch die AfD geeignet, die Demokratie zu beleben. Mutmaßlich ist das Erstarken der AfD als Partei im politischen Spektrum rechts von CDU und CSU auch der Preis, den diese Parteien für die Große Koalition zahlen müssen. Diesen Preis hat die SPD schon länger gezahlt, wie man an der Partei „Die Linke" sieht, die ihre heutige Stärke während der ersten Großen Koalition (2005–2009) erreicht hat. CDU und CSU sind auf Grund des mehrfachen Schwenkes unter dem Vorsitz von Angela Merkel (vom wirtschaftsliberalen Kurs in der Opposition gegen die rotgrüne Bundesregierung unter Schröder/Fischer zur Großen Koalition 2005–2009, zurück zur gelb-schwarzen Koalition 2009–2013, zurück zur Großen Koalition 2013–2017, der gescheiterte Versuch einer Regierungsbildung in einer sogenannten Jamaika-Koalition 2017 und die abermalige Große Koalition ab 2018) programmatisch und personell solchermaßen ausgedünnt, dass es schon fast eine *innere politische Logik* hat, wenn eine neue Partei gegründet und stark wurde, die programmatisch Themen aufgreift, die konservativ-wertorientiert sind, die gegenwärtigen Machteliten kritisch attackiert und insoweit populistisch argumentiert. An dieser Stelle wäre ein Stück desjenigen Reinigungseffektes zu identifizieren, den populistische Parteien haben können.

Betrachtet man das Programm der AfD, dann wird der populistische Zug in einem negativen Sinne deutlich: Im Mittelpunkt steht hier die Verteidigung einer „deutschen Leitkultur, die sich im Wesentlichen aus drei Quellen speist: erstens der religiösen Überlieferung des Christentums, zweitens der wissenschaftlich-humanistischen Tradition, deren antike Wurzeln in Renaissance und Aufklärung erneuert wurden, und drittens dem römischen Recht, auf dem unser Rechtsstaat fußt."[48] Spezifische Merkmale der deutschen Leitkultur sind für die AfD neben der freiheitlich-demokratischen Grundordnung die deutsche Sprache, die deutsche Kultur (insbesondere die Theater- und Orchesterlandschaft) sowie der alltägliche Umgang miteinander, das Verhältnis der Geschlechter und das Verhalten der Eltern gegenüber ihren Kindern. Der Nationalstaat bildet für die AfD die geeignete Form, in der diese kulturelle Identität gewahrt und weiterentwickelt werden kann. Die Verträge von Maastricht (1992) und Lissabon (2007) markieren daher einen epochalen Einschnitt, nämlich die Preisgabe der Souveränität Deutschlands, die Öffnung des Landes für Migranten und damit den Beginn eines sogenannten Staatsversagens, wie namhafte Vertreter der AfD vor allem während der ‚Flüchtlingskrise' immer wieder betonten. Daher ist die deutsche Leitkultur politisch durch die EU und weltanschaulich durch die „Ideologie des Mulitkulturalismus"[49] gefährdet, insbeson-

---

[48] AfD, Programm für Deutschland. Das Grundsatzprogramm der Alternative für Deutschland (http://alternativefuer.de/wp-content/uploads/sites/7/2016/05/2016-06-27_afd-grundsatzprogramm_web-version.pdf [Zugriff: 30.04.2018]), 47.
[49] Ebd.

dere durch die Religion des Islams, die mit „unseren Werten unvereinbar"[50] sei. Die nationalstaatliche, auf freiheitlich-demokratischer Basis begründete Epoche mit der religiösen Dominanz der christlichen Kirchen, wie sie insbesondere für die Bonner Republik charakteristisch war, also die Zeit zwischen 1949 und 1992, wird in diesem Programm gewissermaßen als die klassische Zeit deutscher Leitkultur ausgewiesen, an der sich die (Religions-)Politik auch „im Zeitalter der Globalisierung und Digitalisierung"[51] zu orientieren habe. Die AfD bekennt sich zwar „uneingeschränkt zur Glaubens-, Gewissens- und Bekenntnisfreiheit"[52], setzt ihr aber mit dem Verweis auf „unsere Werte"[53] sehr enge Grenzen. Die Religion des Islams wird unter Mobilisierung primitivster Vorurteile in dem Parteiprogramm so beschrieben, dass sie außerhalb dieser Grenzen zu stehen kommt. Mit ihren Forderungen, den Bau von Moscheen an starke Bedingungen zu knüpfen und Minarette sowie Muezzin-Rufe generell zu verbieten, entlarvt die Partei ihre eigene Berufung auf die Religionsfreiheit als bloßes Lippenbekenntnis. Hier zeigt sich deutlich die Pluralismusfeindlichkeit dieser Partei, die mit der Berufung auf eine sehr eng gefasste „Deutsche Leitkultur" begründet wird. Es werden Ausgrenzungen erkennbar, die gegen die Grundeinsichten von der „Freiheit", „Gleichheit" und „Gerechtigkeit" verstoßen. In der Konstruktion von Feindbildern, von Verschwörung und Überfremdung werden im AfD-Programm populistische Züge klar erkennbar. Die besonders im Bundestagswahlprogramm vehement erhobene Forderung nach der Zulassung von Volksabstimmungen nach Schweizer Vorbild bedeutet im Grunde genommen eine völlige Revision der geltenden Verfassungsordnung und die Verankerung des Populismus in der Verfassung. Im Rekurs auf die Verfassung zeigt sich ein zweiter innerer Widerspruch der AfD-Programmatik.

Die Kritik am populistischen Wahlprogramm darf nun aber keine pauschale Ausgrenzung oder Stigmatisierung der AfD-Wählerschaft zur Folge haben. Vielmehr dürfte gelten: Die Unterscheidung der beiden Regierweisen Gottes lokalisiert die Parteien im weltlichen Regiment, in der Sphäre des Politischen, die einer anderen Logik gehorcht als die Vorgaben des Glaubens im geistlichen Regiment. Ist das weltliche Regiment als Demokratie gestaltet, dann gelten auch die demokratischen Spielregeln für die Christen. Das heißt: Sie dürfen und sollen geheim wählen, sie entscheiden sich selbst nach bestem Wissen und Gewissen für diejenige politische Partei und ihre Bewerberin, von der sie der Auffassung sind, dass sie durch ihr Handeln dem Volk den größten Nutzen bringen. In der Perspektive der Unterscheidung von Gottes weltlichem und geistlichem Regiment ist die Bewertung der politischen Ausrichtung einer

---

[50] A.a.O., 48–49.
[51] A.a.O., 47.
[52] A.a.O., 48.
[53] Ebd.

Partei daher immer gebrochen durch den höheren Wert der demokratischen Prozedur, durch die der Wille des Volkes ermittelt wird. Das heißt konkret, Christen können und dürfen rechts wählen. Im Protestantismus gibt es keine Instanz, kein Lehramt oder Rechtsmittel, um rote Linien zu ziehen oder jemanden mit Sanktionen zu belegen.

Die Auseinandersetzung mit den Sachaussagen der Partei und den dahinter liegenden religiösen und ethischen Annahmen kann nur diskursiv und im politischen Raum erfolgen. Diese Auseinandersetzung kann und muss geführt werden. Beruft sich jemand zur Begründung populistischer Positionen auf den christlichen Glauben, so kann und muss man ihm oder ihr – aus den Tiefen des eigenen Gewissens schöpfend – widersprechen und in einen Streit eintreten. Werden nach unserer Einschätzung die fundamentalen Einsichten von Freiheit, Gleichheit oder Gerechtigkeit verletzt, dann ist in den politischen Diskurs einzutreten und über die jeweilige Sachfrage zu streiten. Diese Spezifizierung ist wichtig, denn der Rekurs auf die Zwei-Regimenten-Lehre bedeutet zugleich: Es ist auf eine Versachlichung des Streites hinzuwirken.

Die Synode der Evangelischen Kirche in Deutschland hat im November 2017 den weisen Beschluss gefasst, in dem sie sich einerseits eindeutig gegen rechtsextreme und fremdenfeindliche Tendenzen und Bestrebungen positioniert, andererseits die Gesprächsmöglichkeiten für AfD-Anhänger und -Mitglieder offenhält und sich selbst die Pflicht auferlegt, „sich als Kirche in eine konzeptionell durchdachte, inklusive Gemeinwesensarbeit einzubringen und von den politischen Amtsträgern größere Anstrengungen für eine soziale Integration einzufordern"[54]. Freilich sollten die Kirchen auch aufpassen, dass sie nicht den Vorwurf, sie seien Teil der führenden und den Pluralismus verkürzenden Meinungseliten, weiter Vorschub leisten. Denn die protestantische Neigung zum Populismus äußert sich in der Gegenwart gelegentlich im Gestus einer pauschalen Kritik an Neoliberalismus und Kapitalismus.[55] Daher dürfte gelten: Der eigentliche Stresstest für die Pluralismustauglichkeit von Theologie und Kirche steht noch aus.

Aber selbst wenn der politische Diskurs abbricht, gilt: Die Tür zum *seelsorgerlichen* Gespräch und zur Rückkehr auch der irrenden Gewissen muss offen

---

[54] SYNODE DER EVANGELISCHEN KIRCHE IN DEUTSCHLAND, Beschluss zu Rechtspopulismus als Herausforderung annehmen vom 15. November 2017, in: AMTSBLATT DER EVANGELISCHEN KIRCHE IN DEUTSCHLAND Nr. 12/17, Hannover 2017, 379. Die Gesprächsoffenheit wird zu Recht mehr betont in dem Impulspapier der Kammer für Öffentliche Verantwortung, vgl. EVANGELISCHE KIRCHE IN DEUTSCHLAND (Hg.), Konsens und Konflikt. Politik braucht Auseinandersetzung. Zehn Impulse der Kammer für Öffentliche Verantwortung der EKD zu aktuellen Herausforderungen der Demokratie in Deutschland, Hannover 2017, insbesondere Nr. 7 und 8.

[55] Zu Begriff und Erscheinungsformen von Linkspopulismus vgl. PRIESTER, Rechter und linker Populismus, 208–229. Zur Kritik der gedanklichen Rechtfertigung des Linkspopulismus durch Ernesto Laclau und Charlotte Mouffe vgl. MÜLLER, Was ist Populismus, 117–123. Auch Hartleb vertritt die These einer strukturellen Ähnlichkeit und Äquivalenz von Rechts- und Linkspopulismus, vgl. HARTLEB, Rechts- und Linkspopulismus, 315–331.

bleiben. Das ist die Pflicht von uns Christenmenschen. Nächstenliebe eskaliert nicht den Konflikt, sondern sucht Wege und Mittel zur De-Eskalation: Dazu gehört die permanente Unterscheidung von Person und Werk. Gerechtigkeit fordert das Denken in den Kategorien der Inklusion und nicht der Exklusion. Die reformatorische Unterscheidung von Person und Werk erlaubt es, die Tür zur Kirche auch für Repräsentanten und Sympathisanten der AfD offen zu halten. Das Evangelium muss im geistlichen Regiment Gottes auch den Abweichenden, den Angefochtenen und den Zweifelnden gepredigt werden. Es gibt keinerlei Machtmittel als die freie Überzeugungskraft des göttlichen Wortes. Das *corpus permixtum* der *ecclesia visibilis* bildet eine Gemeinschaft der Sünder *und* der Gerechten. Ethisch gilt: Gegenüber der abweichenden Auffassung ist die christliche Tugend der Geduld gefordert.

5. Wege zum konstruktiven Umgang mit populistischen Strömungen

Abschließend seien sieben Vorschläge für einen konstruktiven Umgang mit populistischen Strömungen unterbreitet.

Zunächst ist an die historische Anfälligkeit des deutschen Protestantismus für politischen Populismus zu erinnern. Diese Erinnerung ist in dem Sinne aufzugreifen, dass man sensibel bleibt für die populistischen Gefahren, denen jede Demokratie ausgesetzt ist. Die Erinnerung kann eine Mahnung sein für einen besonnenen Umgang mit Menschen, die sich von populistischer Politik angesprochen fühlen.

Zweitens, durchaus im Sinne des bisher Ausgeführten schlägt Jan-Werner Müller vor, Populisten nicht a priori auszugrenzen, sondern gesprächs- und diskursbereit zu sein. Müller macht das am Beispiel des Volksgedankens fest, der ebenso wie sein derzeitiges politisches Äquivalent, der Begriff der deutschen Leitkultur, tatsächlich nicht fest umrissen ist, sondern im Fluss und – was seine Definition betrifft – auch historisch-zufällige Züge aufweist. Müller schlägt vor, an dieser Stelle neue Aushandlungsprozesse zu stimulieren, über die am Ende abgestimmt wird. Dies betrifft etwa das Staatsangehörigkeitsrecht, die Niederlassungsfreiheit für Einwanderungswillige oder die Integrationsarbeit, bei der es ja keine Patentrezepte gibt. Hier gibt es viel größere Spielräume als gegenwärtig erkennbar und diese können diskursiv genutzt werden, um Ausgrenzungen zu vermeiden, Ängste anzusprechen und möglichst viele Menschen einzubeziehen. Dabei können die Kirchen, die ja lokale und regionale Heimatverbundenheit (Landeskirchen!) mit einem kosmopolitischen Ethos verbinden, eine sehr positive Rolle spielen.

Drittens, der religiöse, weltanschauliche und politische Pluralismus findet seine Grenzen an den Normen von Freiheit und Gleichheit, denen wir aus dem reformatorischen Erbe verpflichtet sind. Verletzungen von Freiheit und

Gleichheit der Menschen sind durch das Bekenntnis zum Pluralismus nicht gedeckt. Antisemitismus, Diskriminierung von Bevölkerungsgruppen und menschenverachtende Äußerungen, wie sie durch Populisten oftmals vertreten werden, können nicht toleriert werden, sondern es ist ihnen kommunikativ entgegenzutreten.

Viertens wird man offen und selbstkritisch mit der Repräsentationskrise der Demokratie umzugehen haben und diese Einsicht nicht der populistischen Kritik an der repräsentativen Demokratie überlassen dürfen. Die Demokratie ist keine christliche Staatsform, sie ist nicht sakrosankt und unfehlbar, sondern hat ihre erkennbaren Schwächen. Dazu gehören ihre Tendenz zur Elitenbildung und die Gerechtigkeitslücken, die sich durch Formierung illegitimer Machtzentren immer wieder bilden. Auch die Kontingenz von Mehrheitsentscheidungen ist in diesem Zusammenhang zu nennen. Aber die Kritik dieser Schwächen der Demokratie bedeutet nicht Kritik an der Demokratie selbst. Es ist daher mehr Wert auf systemimmanente Selbstreinigungskräfte zu legen. Auch die Kirchen können hier positiv wirken, indem sie zum Beispiel auf Gerechtigkeitslücken aufmerksam machen und Gegenöffentlichkeiten aufbauen, sich für Minderheiten einsetzen und deren Repräsentation stärken.[56] Dabei müssen sie allerdings aufpassen, dass sie keinen integrationalistischen Anspruch für sich reklamieren, weil sie dann in den Augen der Populisten in das vermeintliche Elitenkartell gerechnet werden.

Der *fünfte* Vorschlag betrifft die Vermeidung von Pluralismusfeindlichkeit im System. Wenn es im politischen Diskurs keine Alternativen mehr kenntlich werden, sondern jede Entscheidung als „alternativlos" oder dem Sachzwang folgende ausgegeben wird, dann wird der legitime und notwendige Pluralismus reduziert. Gegen die vermeintliche Herrschaft von Technokratie und Sachzwang wäre im politischen Diskurs auf Handlungsalternativen aufmerksam zu machen und diese wären differenziert zur Disposition zu stellen.

Sechstens, das Einziehen plebiszitärer Elemente in die repräsentative Demokratie birgt Risiken, wird aber vielfach gefordert, etwa von dem Politikwissenschaftler Frank Decker.[57] In einigen Bundesländern wird damit ja schon recht erfolgreich umgegangen. Ob solche Regelungen auch für die Bundesebene sinnvoll sind, wäre zu diskutieren. Der pauschale Verweis auf die Weimarer Republik und ihr Scheitern genügt jedenfalls nicht, um mehr plebiszitäre Elemente abzulehnen. Allerdings zeigen die Volksabstimmungen, die in den letzten Jahren in Großbritannien durchgeführt wurden, wie hermeneutisch komplex solche Verfahren sind und wie unwägbar ihr Ausgang ist. Freilich könnte man in den Parteien, deren Krise mitursächlich für das Aufkommen populistischer Bestrebungen ist, solche Elemente auf jeden Fall stärken und

---

[56] Vgl. EVANGELISCHE KIRCHE IN DEUTSCHLAND (Hg.), Konsens und Konflikt, Nr. 7.
[57] Vgl. DECKER, Demokratischer Populismus, 50–54.

auf Dauer stellen: Die Flexibilisierung parteiinterner Strukturen und mehr Beteiligungsrechte, gestuft zwischen Offen, Unterstützenden und Mitgliedern, in entscheidenden Fragen über Programme, Personen und Koalitionsverträge sind jedenfalls gut denkbar und wären ein gutes Mittel gegen populistische Parteien außerhalb des bisherigen Spektrums.[58]

Siebtens ist an eine *particula veri* des alten Volksgedankens zu erinnern. Dessen Funktion besteht ja darin, auf einer mittleren Ebene zwischen den Individuen, den politischen Institutionen und den Kirchen zu vermitteln. Man kann dies heutzutage so wenden, dass mit „Volk" diejenige Größe bezeichnet wird, auf die sich die politische Verantwortung *primär* bezieht. Die politischen Akteure, die Kirchen und die Einzelnen nehmen diese Verantwortung auf je ihre Weise wahr. Aber die Ebene des „Volkes" ist es, auf der wir unsere Interessenskonflikte austragen, die es aber zugleich möglich macht, dass wir dabei teils zurückstecken, auf der wir umverteilen und von der her wir Leistungen empfangen. Das ist möglich, weil sich auf der Ebene des „Volkes" die Einzelnen und die Gesellschaft wechselseitig repräsentiert fühlen. Daher werden auf dieser Ebene auch die sittlichen Grundlagen des Zusammenlebens thematisch. Diese wiederum verstehen sich unter den Bedingungen von religiös-weltanschaulicher Pluralität nicht von selbst. Daher können weder die Größe „Volk" in einer holistischen Weise noch diese sittlichen Grundlagen substanziell als für alle gleichermaßen verbindlich ausgewiesen werden, wie dies ehedem versucht wurde oder wie es für die Gemeinwohl-Vorstellung im römisch-katholisch interpretierten Naturrecht noch immer gilt. Deshalb wird die Aufgabe des politischen Protestantismus darin zu sehen sein, dass man in der Wahrnehmung der politischen Verantwortung zugleich die politische Verantwortung, die die anderen Akteure im politischen Raum wahrnehmen, toleriert, respektiert und als Beitrag für das gemeinsame Wohlergehen anerkennt, auch wenn man es in der Sache nicht teilt. Indem dieser Gedanke mitgeführt wird, verbindet sich mit den *politischen Interventionen in der Sache* zugleich ein *kommunikativer Bezug auf die gemeinsamen ideellen Grundlagen des politischen Zusammenlebens*. Der gemeinsame Bezug auf die Verantwortung für das Miteinander in der im Staat eingefriedeten Gesellschaft konkretisiert den politischen Pluralismus, indem seine Möglichkeiten und seine Grenzen vergegenwärtigt werden.[59] Damit bleibt man als politischer Protestantismus dem „Volk" verbunden, ohne einen simplen Populismus zu riskieren.

---

[58] Vgl. DECKER, Demokratischer Populismus, 50 f.
[59] Vgl. dazu den instruktiven Vorschlag von CHRISTIAN ALBRECHT/REINER ANSELM, Öffentlicher Protestantismus. Zur aktuellen Debatte um gesellschaftliche Präsenz und politische Präsenz des evangelischen Christentums, Zürich 2017, dem ich mich hier mit geringfügig anderen Akzentsetzungen anschließe.

Verzeichnis der Erstveröffentlichungen

I. Zu den Grundlagen der protestantischen Ethik des Politischen

„Menschenwürde" – Konkurrent oder Realisator der christlichen Freiheit?, in: JÖRG DIERKEN/ARNULF VON SCHELIHA (Hg.), Freiheit und Menschenwürde. Studien zum Beitrag des Protestantismus, Tübingen 2005, 241–263.

Ist Menschenwürde ein theologisch-politischer Grundbegriff? Thesen aus evangelisch-theologischer Perspektive, in: GEORG PFLEIDERER/ALEXANDER HEIT (Hg.), Sphärendynamik II. Religion in postsäkularen Gesellschaften, Zürich/Baden-Baden 2012, 149–159.

Die „Zwei-Reiche-Lehre" im deutschen Protestantismus des 20. Jahrhunderts. Eine kritische Sichtung, in: Zeitschrift für evangelisches Kirchenrecht 59 (2014), 182–206.

Religion und Sachpolitik – Zur gegenwärtigen Bedeutung von Martin Luthers Unterscheidung von geistlichem und weltlichem Regiment Gottes, in: ROCHUS LEONHARDT/ARNULF VON SCHELIHA (Hg.), Hier stehe ich, ich kann nicht anders. Zu Martin Luthers Staatsverständnis, Baden-Baden 2015, 243–258.

Konfessionalität und Politik, in: ULRICH BARTH/CHRISTIAN DANZ/WILHELM GRÄB/FRIEDRICH WILHELM GRAF (Hg.), Aufgeklärte Religion und ihre Probleme. Schleiermacher – Troeltsch – Tillich, Berlin/Boston 2013, 65–88.

Die Rolle der Kirchen im gesellschaftlichen und politischen Diskurs der Gegenwart, erstmals in diesem Band.

II. Zu den christentumstheoretischen Grundlagen
des religiösen Pluralismus der Gegenwart

Die religiös-kulturelle Prägung westlich demokratischer Verfassungsstaaten in ihrer Spannung zur kulturellen Pluralität der europäischen Gesellschaften, in: HANS-GEORG BABKE (Hg.), Die Zukunftsfähigkeit des Föderalismus in Deutschland und Europa, Frankfurt am Main 2007, 43–58.

Toleranz als Botschaft des Christentums?, in: CHRISTOPH ENDERS/MICHAEL KAHLO (Hg.), Toleranz als Ordnungsprinzip? Die moderne Bürgergesellschaft zwischen Offenheit und Selbstaufgabe, Paderborn 2007, 109–127.

Dynamiken in der europäischen Religionskultur, in: EVELINE GOODMAN-THAU/ARNULF VON SCHELIHA (Hg.), Zwischen Formation und Transformation. Die Religionen Europas auf dem Weg des Friedens, Göttingen 2011, 9–19.

‚Nation' und ‚Menschenwürde'. Zum Wandel der legitimatorischen Bedeutung von Religion für den demokratischen Staat, in: Religions-Politik I: GEORG PFLEIDERER/ALEXANDER HEIT (Hg.), Zur historischen Semantik europäischer Legitimationsdiskurse, Zürich/Baden-Baden 2013, 193–250.

Plurale Religionskultur und Theorie des Christentums, in: MIRIAM ROSE/MICHAEL WERMKE (Hg.), Konfessionslosigkeit heute. Zwischen Religiosität und Säkularität, Leipzig 2014, 81–97.

III. Zur Religionspolitik der Gegenwart

Religiöse Pluralität an der Universität. Chancen und Probleme staatlicher Steuerung und fachlicher Selbstbestimmung – am Beispiel der Etablierung des Faches Islamische Studien/Theologie an deutschen Universitäten, in: ALEXANDER HEIT/GEORG PFLEIDERER (Hg.), Religions-Politik II. Zur pluralistischen Religionskultur in Europa, Zürich/Baden-Baden 2012, 27–41.

Religionspolitische Konstellationen und wissenschaftsethische Folgerungen im Zusammenhang mit der Etablierung von Zentren für Islamische Theologie, in: ULRICH WILLEMS/ASTRID REUTER/DANIEL GERSTER (Hg.), Ordnungen religiöser Pluralität. Wirklichkeit – Wahrnehmung – Gestaltung, Frankfurt am Main 2016, 581–599.

Religionsfreiheit und staatliche Lenkung. Chancen und Grenzen gegenwärtiger Religionspolitik in Deutschland, in: ULRICH LAPPENKÜPER/ANDRÉ RITTER/ARNULF VON SCHELIHA (Hg.), Europäische Kulturkämpfe und ihre gegenwärtige Bedeutung, Paderborn 2017, 209–221.

Zwischen christlicher Leitkultur und Laizismus. Zur religionspolitischen Willensbildung der Parteien in Deutschland, erscheint gleichzeitig in: DANIEL

GERSTER/VIOLA VAN MELIS/ULRICH WILLEMS (Hg.), Religionspolitik heute. Problemfelder und Perspektiven in Deutschland, Freiburg 2018, 116–138.

IV. Zur Bewährung der protestantischen Ethik in der kirchlichen und politischen Arbeit

Normen und ihre Anwendung im umweltethischen Diskurs – am Beispiel der EKD-Denkschrift „Umkehr zum Leben. Nachhaltige Entwicklung im Zeichen des Klimawandels", in: ULRICH SCHNECKENER/ARNULF VON SCHELIHA/ANDREAS LIENKAMP/BRITTA KLAGGE (Hg.), Wettstreit um Ressourcen. Konflikte um Klima, Wasser, Boden, München 2014, 123–135.

Migration in ethisch-religiöser Reflexion. Theologiegeschichtliche und ethische Erwägungen zu einem aktuellen Thema, in: Zeitschrift für Theologie und Kirche 113, Nr. 1 (2016), 78–98.

Ethische Herausforderungen in der gegenwärtigen Flüchtlingskrise, in: Zeitschrift für Pädagogik und Theologie 69, Nr. 1 (2017), 14–25.

Europäische Konvergenzen in Sachen Religionsunterricht? Beobachtungen zur Tagung und ein Vorschlag, in: PHILIPPE BÜTTGEN/ANTJE ROGGENKAMP/THOMAS SCHLAG (Hg.), Religion und Philosophie. Perspektivische Zugänge zur Lehrer- und Lehrerinnenausbildung in Deutschland, Frankreich und der Schweiz, Leipzig 2017, 283–292.

Rechtspopulismus als Herausforderung für die protestantische Ethik des Politischen, erstmals in diesem Band.

Bibliographie

ACHENBACH, REINHARD, *ger – näkhri – töshav – zär*. Legal and Sacral Distinctions regarding Foreigners in the Pentateuch, in: DERS./RAINER ALBERT/JAKOB WÖHRLE (Hg.), The Foreigner and the Law. Perspectives from the Hebrew Bible and the Ancient Near East (BZAR 16), Wiesbaden 2011, 27–50.

AHLMANN, FRANK, Nutz und Not des Nächsten. Grundlinien eines christlichen Utilitarismus im Anschluss an Martin Luther, Münster 2007.

AHRENS, HEINRICH, Artikel „Freiheit", in: JOHANN CASPAR BLUNTSCHLI (Hg.), Deutsches Staats-Wörterbuch (Bd. 3), Stuttgart/Leipzig 1858, 730–739.

AHRENS, HEINRICH, Artikel „Freiheitsrechte", in: JOHANN CASPAR BLUNTSCHLI (Hg.), Deutsches Staats-Wörterbuch (Bd. 3), Stuttgart/Leipzig, 1858.

ALBRECHT, CHRISTIAN, Protestantische Kommunikationsformen, in: CHRISTIAN ALBRECHT/REINER ANSELM (Hg.), Teilnehmende Zeitgenossenschaft, Tübingen 2015, 81–94, 82.

ALBRECHT, CHRISTIAN/ANSELM, REINER, Öffentlicher Protestantismus. Zur aktuellen Debatte um gesellschaftliche Präsenz und politische Präsenz des evangelischen Christentums, Zürich 2017.

ALEXY, ROBERT, Theorie der Grundrechte, Baden-Baden 1985.

ALKIER, STEFAN, Enzyklopädische Skizzen: Die theologische Aufgabe neutestamentlicher Wissenschaft im interdisziplinären Diskurs, in: DERS./HANS-GÜNTER HEIMBROCK (Hg.), Evangelische Theologie an Staatlichen Universitäten, Göttingen 2011, 322–344.

ANSELM, REINER, Politische Ethik, in: WOLFGANG HUBER/TORSTEN MEIREIS/HANS-RICHARD REUTER (Hg.), Handbuch der Evangelischen Ethik, München 2015, 195–263.

ANTES, PETER (Hg.), Christentum und europäische Kultur. Eine Geschichte und ihre Gegenwart, Freiburg i. B. 2002.

ANTES, PETER, Menschenrechte und Staatsmoral, in: RICHARD HEINZMANN/MUALLA SELCUK/FELIX KÖRNER (Hg.), Menschenwürde. Grundlagen in Christentum und Islam, Stuttgart 2007, 124–137.

APELT, WILLIBALT, Geschichte der Weimarer Verfassung, München/Berlin 1964.

AUDI, ROBERT, Liberal Democracy and the Place of Religion in Politics, in: ROBERT AUDI/NICHOLAS WOLTERSTORFF (Hg.), Religion in the Public Square. The Place of Religious Convictions in Political Debate, Boston/London 1997, 1–66.

AYENGIN, TEVHIT, Islam und Menschenrechte, in: BÜLENT UCAR/ISMAIL H. YAVUZCAN (Hg.), Die islamischen Wissenschaften aus Sicht muslimischer Theologen. Quellen, ihre Erfassung und neue Zugänge im Kontext kultureller Differenzen, Frankfurt a. M. 2010, 209–217.

BADE, KLAUS J./OLTMER, JOCHEN, Normalfall Migration, Bonn 2004.

BAHR, PETRA, Religion und Säkularität in Europa, in: DIES., Protestantismus und Europäische Kultur, Gütersloh 2007, 85–96.

BALIC, SMAIL, Der Islam – europakonform?, Würzburg, 1994.
BALIC, SMAIL, Der Islam im Spannungsfeld von Tradition und heutiger Zeit, Würzburg, 1993.
BÄNZINGER, HANS, Ehre und Würde gestern oder heute. Überlegungen und literarische Belege zu diesen ähnlichen, teilweise unterscheidbaren Wertvorstellungen, in: Zeitschrift für Rechtsphilosophie 1 (2003), 199–209.
BARTH, KARL, An einen Pfarrer in der deutschen demokratischen Republik (1958), in: DERS., DIETHER KOCH (Hg.), Offene Briefe 1945–1968, Zürich 1984, 401–439.
BARTH, KARL, Christengemeinde und Bürgergemeinde (1946), in: DERS., Rechtfertigung und Recht. Christengemeinde und Bürgergemeinde. Evangelium und Gesetz, Zürich 1998, 47–80.
BARTH, KARL, Die kirchliche Dogmatik I/2, Zürich ⁴1948.
BARTH, KARL, Grundfragen der christlichen Sozialethik, in: JÜRGEN MOLTMANN (Hg.), Anfänge der dialektischen Theologie Bd. 1, München ⁵1985.
BARTH, RODERICH, Dankbarkeit als religionsaffines Gefühl. Überlegungen zu dogmatischen Anknüpfungspunkten, in: DERS./ANDREAS KUBIK/ARNULF VON SCHELIHA (Hg.), Deuten und Erleben. Dogmatische Reflexionen im Anschluss an Ulrich Barth, Tübingen 2015, 179–201.
BARTH, ULRICH, Christentum und Selbstbewusstsein. Versuch einer rationalen Rekonstruktion des systematischen Zusammenhangs von Schleiermachers subjektivitätstheoretischer Deutung der christlichen Religion (GTA 27), Göttingen 1983.
BARTH, ULRICH, Das Individualitätskonzept der ‚Monologen'. Schleiermachers ethischer Beitrag zur Dogmatik, in: DERS., Aufgeklärter Protestantismus, Tübingen 2004, 291–327.
BARTH, ULRICH, Die Geburt religiöser Autonomie. Luthers Ablaßthesen von 1517, in: DERS., Aufgeklärter Protestantismus, Tübingen 2004, 53–95.
BARTH, ULRICH, Herkunft und Bedeutung des Menschenwürdekonzepts. Der Wandel der Gottebenbildlichkeitsvorstellung, in: DERS., Religion in der Moderne, Tübingen 2003, 345–371.
BARTH, ULRICH, Protestantismus und Kultur. Protestantismus und Kultur. Systematische und werkbiographische Erwägungen zum Denken Paul Tillichs, in: CHRISTIAN DANZ/WERNER SCHÜSSLER (Hg.), Paul Tillichs Theologie der Kultur. Aspekte – Probleme – Perspektiven, Berlin/Boston 2011, 13–37.
BARTH, ULRICH, Selbstbewusstsein und Seele, in: Zeitschrift für Theologie und Kirche 101 (2004), 198–217.
BARTH, ULRICH, Aufklärung. Überlegungen zu einer aktuellen Debatte, in: FRIEDRICH WILHELM GRAF/CHRISTOPH LEVIN (Hg.), Die Autorität der Freiheit, München 2011, 38–45.
BEBEL, AUGUST, Christentum und Sozialismus. Eine religiöse Polemik zwischen Herrn Kaplan Hohoff in Hüffe und A. Bebel (1873/1874), in: DERS., Ausgewählte Reden und Schriften Bd. I, München 1995, 281–299.
BEBEL, AUGUST, Unsere Ziele. Eine Streitschrift gegen die „Demokratische Correspondenz", in: DERS., Ausgewählte Reden und Schriften Bd. I, München 1995, 58–116.
BEDFORD-STROHM, HEINRICH, Fromm und politisch. Warum die evangelische Kirche die Öffentliche Theologie braucht, in: zeitzeichen 7/2016, 8–11, 10.
BEESE, DIETER, Staatsbekenntnis und Volkskatechismus. Friedrich Naumann und die Weimarer Reichsverfassung, in: G. BRAKELMANN/N. FRIEDRICH/T. JÄHNICHEN (Hg.), Auf dem Weg zum Grundgesetz. Beiträge zum Verfassungsverständnis des neuzeitlichen Protestantismus, Münster 1999, 30–45.

BELLAH, ROBERT N., Zivilreligion in Amerika (1967), in: HEINZ KLEGER/ALOIS MÜLLER (Hg.), Religion des Bürgers. Zivilreligion in Amerika und Europa, München, Kaiser, 1986, 19–41.
BELLMANN, TINA Zwischen Liebesideal und Realismus. Theologische Anthropologie als soziale Ressource bei Reinhold Niebuhr, Göttingen 2018.
BEN ACHOUR, YADH, Droits du croyant et droits de l'homme. Un point de vue islamique, Islamochristiana, 34, 2008, 111–128.
BENEDIKT XVI., Begegnung mit in Kirche und Gesellschaft engagierten Katholiken, Ansprache am 25.09.2011 in Freiburg, in: JÜRGEN ERBACHER (Hg.), Entweltlichung der Kirche? Die Freiburger Rede des Papstes, Freiburg i. Br. 2012, 11–33, 15.
BERTELSMANN STIFTUNG (Hg.), Religionsmonitor 2008, 2. Auflage, Gütersloh 2008.
BEST, HEINRICH/WEEGE, WILHELM (Hg.), Biographisches Handbuch der Abgeordneten der Frankfurter Nationalversammlung 1848/49, Düsseldorf 1996.
BIELING, HANS-JÜRGEN, Aufstieg des Rechtspopulismus im heutigen Europa – Umrisse einer gesellschaftstheoretischen Erklärung, in: WSI Mitteilungen. Zeitschrift des Wirtschafts- und Sozialwissenschaftlichen Instituts der Hans-Böckler-Stiftung 8/2017, 557–565.
BIRKNER, HANS-JOACHIM, Deutung und Kritik des Katholizismus bei Schleiermacher und Hegel, in: DERS., HERMANN FISCHER (Hg.), Schleiermacher-Studien, Berlin/New York 1996, 125–136.
BIRKNER, HANS-JOACHIM, Kulturprotestantismus und Zwei-Reiche-Lehre, in: NIELS HASSELMANN (Hg.), Gottes Wirken in der Welt Bd. 1, Hamburg 1980, 81–92.
BIRKNER, HANS-JOACHIM, Schleiermachers ‚Kurze Darstellung' als theologisches Reformprogramm, in: DERS., HERMANN FISCHER (Hg.), Schleiermacher-Studien (SchlAr 16), Berlin/New York 1996, 285–305.
BIRKNER, HANS-JOACHIM, Schleiermachers Christliche Sittenlehre im Zusammenhang seines philosophisch-theologischen Systems (TBT 8), Berlin 1964.
BIRKNER, HANS-JOACHIM/RÖSSLER, DIETRICH (Hg.), Beiträge zur Theorie des neuzeitlichen Christentums, Berlin 1968
BOCHINGER, CHRISTOPH, Imamausbildung in Deutschland? Gründe, Chancen und Probleme der Verankerung im deutschen Wissenschaftssystem, in: BÜLENT UCAR (Hg.), Imamausbildung in Deutschland, Göttingen 2010, 87–95.
BÖCKENFÖRDE, ERNST-WOLFGANG, Die Entstehung des Staates als Vorgang der Säkularisation (1967), in: HEINZ-HORST SCHREY (Hg.), Säkularisierung, Darmstadt 1981, 67–89.
BÖCKENFÖRDE, ERNST-WOLFGANG, Einleitung zur Textausgabe der ‚Erklärung über die Religionsfreiheit' (1968), in: DERS., Kirche und christlicher Glaube in den Herausforderungen der Zeit. Beiträge zur politisch-theologischen Verfassungsgeschichte 1957–2002, Münster 2004, 231–246.
BÖCKENFÖRDE, ERNST-WOLFGANG, Kirche und christlicher Glaube in den Herausforderungen der Zeit. Beiträge zur politisch-theologischen Verfassungsgeschichte, Münster 2004.
BÖCKENFÖRDE, ERNST-WOLFGANG, Staat, Verfassung, Demokratie. Studien zur Verfassungstheorie und zum Verfassungsrecht, Frankfurt am Main ²1992.
BODENHEIMER, ALFRED, „Wann haben wir die ersten Rabbinen?" Jüdische Studien als Wissenschaft und als Politikum – Erfahrungen aus Deutschland und Perspektiven aus der Schweiz, in: ALEXANDER HEIT/GEORG PFLEIDERER (Hg.), Religions-Politik II. Zur pluralistischen Religionskultur in Europa, Zürich 2012, 43–54.
BONHOEFFER, DIETRICH, Ethik, ILSE TÖDT/EDUARD TÖDT/ERNST FEIL/CLIFFORD GREEN (Hg.), München 1992 (Dietrich Bonhoeffer Werke; Bd. 6).

BONHOEFFER, DIETRICH, Theologisches Gutachten: Staat und Kirche, in: JØRGEN GLENTHØJ/ULRICH KABITZ/WOLF KRÖTKE (Hg.), Konspiration und Haft 1940–1945, München 1996 (Dietrich Bonhoeffer Werke. Bd. 16). 506–535.

BRAKELMANN, GÜNTER, Adolf Harnack als Sozialpolitiker, in: Was ist Christentum? Versuch einer kritischen Annäherung, hg. von der Evangelisch-Theologischen Fakultät der Ruhr-Universität Bochum, Waltrop 1997, 201–232.

BRANDT, REINHARD, Vom Weltbürgerrecht, in: OTFRIED HÖFFE (Hg.), Immanuel Kant. Zum ewigen Frieden, Berlin 2004, 133–148.

BROWN, WENDY, Reflexionen über Toleranz im Zeitalter der Identität, in: RAINER FORST (Hg.), Toleranz. Philosophische Grundlagen und gesellschaftliche Praxis einer umstrittenen Tugend, Frankfurt a. M./New York 1999, 257–281.

BRUGGER, WINFRIED, Verbot oder Schutz der Haßrede. Rechtsvergleichende Beobachtung zum deutschen und amerikanischen Recht, in: Anstalt des öffentlichen Rechts 128 (2003), 372–412.

BRUNNER, BENEDIKT, Die „Volkskirche" als homiletische Herausforderung in der Predigtlehre Rudolf Bohrens von 1971, in: Pastoraltheologie 105 (2016), 318–332.

BRUNNER, BENEDIKT, Ostdeutsche Avantgarde? Der lange Abschied von der „Volkskirche" in Ost- und Westdeutschland (1945–1969), in: Mitteilungen zur Kirchlichen Zeitgeschichte 10 (2016), 11–43.

BUBNER, RÜDIGER, Die Dialektik der Toleranz, in: RAINER FORST (Hg.), Toleranz. Philosophische Grundlagen und gesellschaftliche Praxis einer umstrittenen Tugend, Frankfurt a. M./New York 1999, 45–59.

BÜLENT UCAR, Inhalte und Voraussetzungen der Imam-Ausbildung, in: DERS., Imamausbildung in Deutschland, Göttingen 2010, 171–173.

BÜTTGEN, PHILIPPE, Der Philosophie-Unterricht in Frankreich: von der *laicité* zum *fait religieux*, in: DERS./ANTJE ROGGENKAMP/THOMAS SCHLAG (Hg.), Religion und Philosophie. Perspektivische Zugänge zur Lehrer- und Lehrerinnenausbildung in Deutschland, Frankreich und der Schweiz, Leipzig 2017, 39–52.

CAMPENHAUSEN, AXEL VON, Gesammelte Schriften II, HANS MICHAEL HEINIG/HENDRIK MUNSONIUS (Hg.), Tübingen 2014.

CAMPENHAUSEN, AXEL VON/DE WALL, HEINRICH, Staatskirchenrecht, München ^{4}2006.

CAMPENHAUSEN, AXEL VON/RIEDEL-SPANGENBERGER, ILONA, Art. Nihil obstat, in: DERS./ILONA RIEDEL-SPANGENBERGER/REINHOLD SEBOTT (Hg.), Lexikon für Kirchen- und Staatskirchenrecht. Bd. 3, Paderborn 2004, 28–33.

CASANOVA, JOSÉ, Einwanderung und der neue religiöse Pluralismus. Ein Vergleich zwischen der EU und den USA, 188.

CERIC, MUSTAFA, The challenge of a single Muslim authority in Europe, European View, Volume 6, 2007, 41–48.

CEYLAN, RAUF, Die Prediger des Islam, Freiburg i. B. 2010.

CEYLAN, RAUF/KIEFER, MICHAEL, Muslimische Wohlfahrtspflege. Eine historische und systematische Einführung, Wiesbaden 2016.

CHRISTOPH, JOACHIM E., Kirchen- und staatkirchenrechtliche Probleme der Evangelisch-theologischen Fakultäten, Tübingen 2009.

CHRISTOPH, JOACHIM E., Nachträgliche Lehrbeanstandung eines evangelischen Theologieprofessors, in: Zeitschrift für Theologie und Kirche 107,4 (2010), 505–531.

CHRISTOPHERSEN, ALF, Kairos. Protestantische Zeitdeutungskämpfe in der Weimarer Republik, Tübingen 2008.

CLAUSSEN, JOHANN HINRICH, Der moderne Protestantismus als politische Theologie der Differenzierung. Das Beispiel der Vernunftrepublikaner Ernst Troeltsch und Thomas

Mann, in: ARNULF VON SCHELIHA/MARKUS SCHRÖDER (Hg.), Das protestantische Prinzip. Historische und systematische Studien zum Protestantismusbegriff, Stuttgart 1998, 181–199.

CLAUSSEN, JOHANN HINRICH, Der moderne Protestantismus als politische Theologie der Differenzierung. Das Beispiel der Vernunftrepublikaner Ernst Troeltsch und Thomas Mann, in: ARNULF VON SCHELIHA/MARKUS SCHRÖDER (Hg.), Das protestantische Prinzip. Historische und systematische Studien zum Protestantismusbegriff, Stuttgart 1998,181–199.

DECKER, FRANK, Demokratischer Populismus und/oder populistische Demokratie? Bemerkungen zu einem schwierigen Verhältnis, in: FRISO WIELENGA/FLORIAN HARTLEB (Hg.), Populismus in der modernen Demokratie. Die Niederlande und Deutschland im Vergleich, Münster 2011, 39–54.

DEUTSCHER BUNDESTAG, Bericht der Bundesregierung zur weltweiten Lage der Religions- und Weltanschauungsfreiheit, 09.06.2016 (Drucksache 18/8740).

DIBELIUS, OTTO, Christentum und Wirtschaftsordnung (1947), in: GÜNTER BRAKELMANN/TRAUGOTT JÄHNICHEN (Hg.), Die protestantischen Wurzeln der Sozialen Marktwirtschaft. Ein Quellenband, Gütersloh 1994, 369–375.

DIBELIUS, OTTO, Obrigkeit, Stuttgart/Berlin 1963.

DIBELIUS, OTTO, Obrigkeit? Eine Frage an den 60jährigen Landesbischof, Berlin 1959.

DIERKEN, JÖRG, Protestantisch-pantheistischer Geist. Individuelles religiöses Selbstbewusstsein als göttliches Freiheitsleben im Diesseits der Welt, in: ARNULF VON SCHELIHA/MARKUS SCHRÖDER (Hg.), Das protestantische Prinzip. Historische und systematische Studien zum Protestantismusbegriff, Stuttgart 1998, 219–248.

DIERKEN, JÖRG, Restauration – Säkularisierung – Pluralismus. Theologie als Universitätswissenschaft angesichts religionskultureller Veränderungen, in: ANSELM STEIGER (Hg.), 500 Jahre Theologie in Hamburg, Berlin/New York 2005, 399–419.

DOERING-MANTEUFFEL, ANSELM, Der Kulturbürger und die Demokratie. Harnacks Standort in der ersten deutschen Republik, in: KURT NOWAK/OTTO GERHARD OEXLE/ TRUTZ RENDTORFF/KURT-VICTOR SELGE (Hg.), Adolf von Harnack. Christentum, Wissenschaft und Gesellschaft, Göttingen 2003, 37–255.

DÖRFLER-DIERKEN, ANGELIKA, Luthertum und Demokratie. Deutsche und amerikanische Theologen des 19. Jahrhunderts zu Staat, Gesellschaft und Kirche, Göttingen 2001.

DÖRFLER-DIERKEN, ANGELIKA, Wiederstand, in: ROCHUS LEONHARDT/ARNULF VON SCHELIHA (Hg.), Hier stehe ich, ich kann nicht anders!, Baden-Baden 2015, 137–168.

DROEGE, MICHAEL, Chancen und Probleme des europäischen Religionsverfassungsrechtes für die Gestaltung der europäischen Religionskultur, in: ARNULF VON SCHELIHA/ EVELINE GOODMAN-THAU (Hg.), Zwischen Formation und Transformation. Die Religionen Europas auf dem Weg des Friedens, Göttingen 2011, 69–84.

DROEGE, MICHAEL, Der Religionsbegriff im deutschen Religionsverfassungsrecht – oder: Vom Spiel der großen Unbekannten, in: MATHIAS HILDEBRANDT/MANFRED BROCKER (Hg.), Der Begriff der Religion, Wiesbaden 2008, 159–176.

DROEGE, MICHAEL, Vom Beruf unserer Zeit für ein Neues Loccum. Staatsleistungen an Religionsgemeinschaften in Niedersachen, in: Niedersächsische Verwaltungsblätter, 1/2012, 1–5.

DROYSEN, JOHANN GUSTAV, Die Verhandlungen des Verfassungsausschusses der deutschen Nationalversammlung (1849). Erster Teil, Vaduz 1987.

DUCHROW, ULRICH/HUBER, WOLFGANG/REITH, LOUIS, Umdeutungen der Zweireichelehre im 19. Jahrhundert Gütersloh 1975.

Dürig, Günter, Der Grundrechtssatz von der Menschenwürde, in: Archiv für öffentliches Recht 81 (1956), 118–157.

Düzgün, Saban Ali, Die Möglichkeit einer theologischen Grundlegung der menschlichen Vollkommenheit, in: Richard Heinzmann (Hg.), Menschenwürde. Grundlagen in Christentum und Islam, Stuttgart 2007, 88–123.

Ebeling, Gerhard, Die Toleranz Gottes und die Toleranz der Vernunft (1981), in: Trutz Rendtorff (Hg.), Glaube und Toleranz. Das theologische Erbe der Aufklärung, Gütersloh 1982, 54–73.

Ehlers, Dirk, Staatskirchenverträge, in: Rosemarie Will (Hg.), Die Privilegien der Kirchen und das Grundgesetz. 4. Berliner Gespräche über das Verhältnis von Staat, Religion und Weltanschauung, Berlin 2011, 75–88.

EKD, Evangelische Kirche und freiheitliche Demokratie. Der Staat des Grundgesetzes als Angebot und Aufgabe, in: Die Denkschriften der EKD, hg. von der Kirchenkanzlei der EKD, Bd. 2/4, Hannover 1985.

Evangelische Kirche in Deutschland (Hg.), Konsens und Konflikt. Politik braucht Auseinandersetzung. Zehn Impulse der Kammer für Öffentliche Verantwortung der EKD zu aktuellen Herausforderungen der Demokratie in Deutschland, Hannover 2017.

Enders, Christoph, Berliner Kommentar zum Grundgesetz, 12. Erg.-Lfg. V/05, Nr. 57.

Enders, Christoph, Das Bekenntnis zur Menschenwürde im Bonner Grundgesetz – ein Hemmnis auf dem Weg der Europäisierung", in: Jahrbuch des Öffentlichen Rechtes NF 59 (2011), 245–257.

Enders, Christoph, Die Freiheit der Wissenschaft im System der Grundrechtsgewährleistungen, in: Hans-Georg Babke (Hg.), Wissenschaftsfreiheit, Frankfurt a. M. 2010, 153–169.

Enders, Christoph, Die Menschenwürde in der Verfassungsordnung. Zur Dogmatik des Art. I GG, Tübingen 1997.

Enders, Christoph, Freiheit als Prinzip rechtlicher Ordnung – nach dem Grundgesetz und im Verhältnis zwischen den Staaten, in: Jörg Dierken/Arnulf von Scheliha (Hg.), Freiheit und Menschenwürde, Tübingen 2005, 295–320.

Enders, Christoph, Selbstbewusste Toleranz. Das Prinzip der Subjektivität und die Spielräume seiner Auslegung im Recht moderner Staatlichkeit, in: Ders./Michael Kahlo (Hg.), Diversität und Toleranz, Paderborn 2010, 213–228.

Enders, Christoph, Toleranz als Rechtsprinzip? Überlegungen zu den verfassungsrechtlichen Maßgaben und höchstrichterlichen Entscheidungen, in: Ders./Michael Kahlo (Hg.), Toleranz als Rechtsprinzip? Die moderne Bürgergesellschaft zwischen Offenheit und Selbstaufgabe, Paderborn 2007, 241–265.

Enzmann, Marion, Die politischen Idee Paul Tillichs zur Zeit der Weimarer Republik, Frankfurt a. M. 2000.

Essbach, Wolfgang, Der Enthusiasmus und seine Stabilisierung in Kunstreligion und Nationalreligion, in: Hans-Georg Soeffner (Hg.), Unsichere Zeiten (Bd. 1), Wiesbaden 2010, 521–531.

Essbach, Wolfgang, Europas Religionen, das Erbe der Religionskritik und die kulturelle Globalisierung, in: Boike Rehbein/Klaus-W. West, (Hg.), Globale Rekonfigurationen von Arbeit und Kommunikation. Festschrift zum 60. Geburtstag von Hermann Schwengel, Konstanz 2009, 163–176.

Essen, Georg, Sinnstiftende Unruhe im System des Rechts. Religion im Beziehungsgeflecht von modernem Verfassungsstaat und säkularer Zivilgesellschaft, Göttingen 2004.

EVANGELISCHE KIRCHE IN DEUTSCHLAND (Hg.), Konsens und Konflikt. Politik braucht Auseinandersetzung. Zehn Impulse der Kammer für Öffentliche Verantwortung der EKD zu aktuellen Herausforderungen der Demokratie in Deutschland, Hannover 2017.

FALATURI, ABDOLDJAVAD, Ist der Islam mit Säkularismus vereinbar?, in: DERS., Der Islam – Religion der Barmherzigkeit, Islamwissenschaftliche Akademie, Hamburg, ⁵1996, 191–213.

FALATURI, ABDOLDJAVAD, Sind westliche Menschenrechtsvorstellungen mit dem Koran vereinbar?, in: DERS., Der Islam im Dialog, Hamburg ⁵1996, 121–139.

FALATURI, ABDOLDJAVAD, Toleranz und Friedenstraditionen im Islam, in: DERS., Der Islam im Dialog, Hamburg ⁵1996, 75–97.

FALATURI, ABDOLDJAVAD, Zur Interpretation der Kantischen Ethik im Lichte der Achtung, Bonn 1965.

FALATURI, ABDOLDJAVAD, Die Vernunft als Letztbegründung des Rechts in der schiitischen Lehre, in: Archiv für Rechts- und Sozialphilosophie 45 (1959), 369–388.

FELDMEIER, REINHARD, Die Christen als Fremde. Die Metapher der Fremde in der antiken Welt, im Urchristentum und im 1. Petrusbrief (WUNT 64), Tübingen 1992.

FINET, BÉATRICE, Zum Umgang mit der Shoah am Ende der Grundschulzeit: Kann der Einsatz von Literatur staatsbürgerlichen Zielen dienen?, in: PHILIPPE BÜTTGEN/ANTJE ROGGENKAMP/THOMAS SCHLAG (Hg.), Religion und Philosophie. Perspektivische Zugänge zur Lehrer- und Lehrerinnenausbildung in Deutschland, Frankreich und der Schweiz, Leipzig 2017, 219–238.

FISCHER, JOHANNES, Kirche und Theologie als Moralagentur, in: CLAAS CORDEMANN/GUNDOLF HOLFERT (Hg.), Moral ohne Bekenntnis? Zur Debatte um Kirche als zivilreligiöse Moralagentur, Leipzig 2017, 65–81.

FLASCH, KURT, Harnacks Augustin, in: KURT NOWAK/OTTO GERHARD OEXLE/TRUTZ RENDTORFF/KURT-VICTOR SELGE (Hg.), Adolf von Harnack. Christentum, Wissenschaft und Gesellschaft, Göttingen 2003, 51–68.

FOLKERS, HORST, Subjektivität und Recht – eine Skizze im Durchgang durch die Rechtsphilosophie, in: DIETRICH KORSCH/JÖRG DIERKEN (Hg.), Subjektivität im Kontext, Tübingen 2004, 163–174.

FORST, RAINER, Toleranz im Konflikt. Geschichte, Gehalt und Gegenwart eines umstrittenen Begriffs, Frankfurt a. M. 2003.

FRIEDRICH, MARTIN, Reichsverfassung und evangelische Kirche, in: DIRK BOCKERMANN/NORBERT FRIEDRICH/CHRISTIAN ILLIAN/TRAUGOTT JÄHNICHEN/SUSANNE SCHATZ (Hg.), Freiheit gestalten. Zum Demokratieverständnis des deutschen Protestantismus. Kommentierte Quellentexte 1789–1989, Göttingen 1996, 78–86.

FÜRSTENBERG, NINA ZU, Wer hat Angst vor Tariq Ramadan?, Freiburg 2008.

GABRIEL, KARL, Religiös-weltanschaulicher Pluralismus im globalen Rahmen. Phänomene und Herausforderungen, in: KARL GABRIEL/CHRISTIAN SPIESS/KATJA WINKLER (Hg.), Modelle des religiösen Pluralismus: Historische, religionssoziologische und religionspolitische Perspektiven, Paderborn 2012, 133–154.

GAILUS, MANFRED/VOLLNHALS, CLEMENS (Hg.), Für ein artgemäßes Christentum der Tat. Völkische Theologien im ‚Dritten Reich', Göttingen 2016.

GECK, ALBRECHT, Schleiermacher als Kirchenpolitiker. Die Auseinandersetzungen um die Reform der Kirchenverfassung in Preußen (1799–1823), Bielefeld 1997.

GERBER, HANS, Die weltanschaulichen Grundlagen des Staates, Stuttgart 1930.

GHAEMMAGHAMI, SEYED ABBAS HOSSEINI, Menschenrechte und Menschenwürde. Einführung in das islamische Menschenbild, Al-Fadschr (116), 21, 2004, 46–50.

GHARAIBEH, MOHAMMAD, Zur theologischen Identität der Umma und der Rolle der Gelehrten, in: DERS./HANSJÖRG SCHMID/AMIR DZIRI/ANJA MIDDELBECK-VARWICK (Hg.), Kirche und Umma. Glaubensgemeinschaften in Christentum und Islam, Regensburg 2014, 60–77.

GOERLICH, HELMUT, Glaubens- und Religionsfreiheit in „Zeiten des Multikulturalismus" in völker-, europa- und verfassungsrechtlicher Sicht – oder vom Staatskirchenrecht zu einem allgemeinen Religionsrecht?, in: CHRISTOPH ENDERS/MICHAEL KAHLO (Hg.), Toleranz als Ordnungsprinzip. Die moderne Bürgergesellschaft zwischen Offenheit und Selbstaufgabe, Paderborn 2007, 207–234.

GRÄB-SCHMIDT, ELISABETH, Kirche als moralischer Akteur oder als entweltlichter religiöser Sinnvermittler, in: CLAAS CORDEMANN/GUNDOLF HOLFERT (Hg.), Moral ohne Bekenntnis? Zur Debatte um Kirche als zivilreligiöse Moralagentur, Leipzig 2017, 89–124, 112f., 115–121.

GRAF, FRIEDRICH WILHELM, Die Wiederkehr der Götter. Religion in der modernen Kultur, München 2004.

GRESCHAT, MARTIN, Protestantismus im Kalten Krieg. Kirche, Politik und Gesellschaft im geteilten Deutschland, Paderborn 2010.

GRIMM, DIETER, Kann der Turbanträger von der Helmpflicht befreit werden?, in: Frankfurter Allgemeine Zeitung Nr. 141 vom 21. Juni 2002, 49.

GRIMM, DIETER, Recht und Staat der bürgerlichen Gesellschaft, Suhrkamp, Frankfurt a. M. 1987.

GUTMANN, THOMAS, Religiöser Pluralismus und liberaler Verfassungsstaat, in: KARL GABRIEL/CHRISTIAN SPIESS/KATJA WINKLER (Hg.), Modelle des religiösen Pluralismus: Historische, religionssoziologische und religionspolitische Perspektiven, Paderborn 2012, 291–315.

HABERMAS, JÜRGEN, Politik und Religion, in: FRIEDRICH WILHELM GRAF/HEINRICH MEYER (Hg.), Politik und Religion. Zur Diagnose der Gegenwart, München 2013, 287–300.

HABERMAS, JÜRGEN, Religion in der Öffentlichkeit. Kognitive Voraussetzungen für den ‚öffentlichen Vernunftgebrauch' religiöser und säkularer Bürger, in: DERS., Zwischen Naturalismus und Religion, Frankfurt am Main 2005, 119–154.

HABERMAS, JÜRGEN, Religiöse Toleranz als Schrittmacher kultureller Rechte, in: DERS., Zwischen Naturalismus und Religion, Frankfurt a. M. 2005, 258–278.

HADDAD, LAURA, Verschleierte Mode? Zur Bedeutung von Kleidung und Kopftuch bei jungen Musliminnen in Deutschland, Münster 2011.

HAMEL, JOHANNES, Die Verkündigung des Evangeliums in der marxistischen Welt, in: Gottesdienst – Menschendienst. Eduard Thurneysen zum 70. Geburtstag, Zollikon 1958, 221–249.

HARLESS, ADOLPH VON, Christliche Ethik, Stuttgart 1842 (Gütersloh ⁸1893).

HARNACK, ADOLF VON, Das Wesen des Christentums (1900), CLAUS-DIETER OSTHÖVENER (Hg.), Tübingen 2005.

HARTLEB, FLORIAN, Rechts- und Linkspopulismus, Wiesbaden 2004.

HEIMBUCHER, MARTIN/RUDOLF WETH (Hg.), Die Barmer Theologische Erklärung, Einführung und Dokumentation, Neukirchen-Vluyn ⁷2009.

HEFNY, ASSEM, Hermeneutik, Koraninterpretation und Menschenrechte, in: HATEM ELLIESIE (Hg.), Islam und Menschenrechte. Beiträge zum Islamischen Recht VII (Leipziger Beiträge zur Orientforschung, Bd. 26) Frankfurt a. M. 2010, 73–97.

HEGEL, GEORG FRIEDRICH WILHELM, Enzyklopädie der philosophischen Wissenschaften (1830), Hamburg ⁸1991.

HEGEL, GEORG FRIEDRICH WILHELM, Grundlinien der Philosophie des Rechts (1821), Hamburg ⁴1967.
HEINIG, HANS MICHAEL (Hg.), Aneignung des Gegebenen. Entstehung und Wirkung der Demokratie-Denkschrift der EKD, Tübingen 2017.
HEINIG, HANS MICHAEL, Artikel „Menschenwürde", in: WERNER HEUN (Hg.), Evangelisches Staatslexikon, Stuttgart 2006, 1516–1525.
HEINIG, HANS MICHAEL, Herausforderungen des deutschen Staatskirchen- und Religionsrechts aus verfassungsrechtlicher Sicht, in: IRENE DINGEL/CHRISTIANE TIETZ (Hg.), Kirche und Staat in Deutschland, Frankreich und den USA. Geschichte und Gegenwart einer spannungsreichen Beziehung, Göttingen 2012, 121–137.
HEINIG, HANS MICHAEL, Öffentlich-rechtliche Religionsgesellschaften. Studien zur Rechtsstellung der nach Art. 137 Abs. 5 WRV korporierten Religionsgesellschaften in Deutschland und in der Europäischen Union, Berlin 2003.
HEINIG, HANS MICHAEL, Islamische Theologie an staatlichen Hochschulen in Deutschland, in: Zeitschrift für evangelisches Kirchenrecht 56 (2011), 238–261.
HEINIG, HANS MICHAEL, Was sind die rechtlichen Vorgaben für eine Imamausbildung?, in: BÜLENT UCAR (Hg.), Imamausbildung in Deutschland. Islamische Theologie im europäischen Kontext, Göttingen 2010, 49–58.
HEINIG, HANS MICHAEL/WALTER, CHRISTIAN (Hg.), Staatskirchenrecht oder Religionsverfassungsrecht? Ein begriffspolitischer Grundsatzstreit, Tübingen 2007.
HEMMATI, HOMOAYOUN, Das Verständnis der Freiheit im Islam, in: MARKUS MÜHLING (Hg.), Gezwungene Freiheit? Personale Freiheit im pluralistischen Europa, Göttingen 2009, 109–116.
HERMS, EILERT (Hg.), Menschenbild und Menschenwürde, Gütersloh 2001.
HERMS, EILERT, Menschenwürde, in: Zeitschrift für evangelisches Kirchenrecht 49 (2004), 121–146.
HERMS, EILERT, Systematische Aspekte einer geschichtlichen Realität, in: Theologische Quartalsschrift 183 (2003), 97–127.
HERRMANN, WILHELM, Religion und Sozialdemokratie, in: Bericht über die Verhandlungen des Zweiten Evangelisch-sozialen Kongresses abgehalten zu Berlin am 28. und 29. Mai 1891 nach den stenographischen Protokollen, Berlin 1891, 7–25.
HILD, HELMUT (Hg.), Wie stabil ist die Kirche? Bestand und Erneuerung. Ergebnisse einer Umfrage, Gelnhausen 1974, 7–20.
HIRSCH, EMANUEL, Christliche Rechenschaft II, Berlin/Schleswig Holstein 1989.
HIRSCH, EMANUEL, Das Wesen des Christentums (1939), neu hg. und eingeleitet von ARNULF VON SCHELIHA, Waltrop 2004.
HIRSCH, EMANUEL, Der Staat in Luthers Theologie (1915), in: DERS., Lutherstudien, Bd. III, hg. von HANS MARTIN MÜLLER, Waltrop 1999, 7–23.
HIRSCH, EMANUEL, Deutschlands Schicksal. Staat, Volk und Menschheit im Lichte einer ethischen Geschichtsansicht, Göttingen ³1925.
HIRSCH, EMANUEL, Die Reich-Gottes-Begriffe des neueren europäischen Denkens. Ein Versuch zur Geschichte der Staats- und Gesellschaftsphilosophie, Göttingen 1921.
HIRSCH, EMANUEL, Ethos und Evangelium, Berlin 1966.
HIRSCH, EMANUEL, Geschichte der neuern evangelischen Theologie im Zusammenhang mit den allgemeinen Bewegungen des europäischen Denkens, Bd. V, Waltrop 2000.
HIRSCH, EMANUEL, Vom verborgenen Suverän, in: Glaube und Volk 2, 1933, 4–13.
HÖFFE, OTFRIED, Toleranz: Zur politischen Legitimation der Moderne, in: RAINER FORST (Hg.), Toleranz. Philosophische Grundlagen und gesellschaftliche Praxis einer umstrittenen Tugend, Frankfurt a. M./New York 1999, 60–76.

HÖHNE, FLORIAN/VAN OORSCHOT, FREDERIKE (Hg.), Grundtexte Öffentliche Theologie, Leipzig 2015.

HÖHNE, FLORIAN, Prophetenrufe und Königsbilder. Anregung zu einer Ethik ästhetischer Formen im Horizont Öffentlicher Theologie, in: DERS u. a., Öffentliche Theologie zwischen Klang und Sprache. Hymnen als eine Verkörperungsform von Religion, Leipzig 2017, 41–68, 67.

HOLL, KARL, Die Kulturbedeutung der Reformation, in: DERS., Gesammelte Aufsätze zur Kirchengeschichte Bd. I, Tübingen ^{4}1927.

HOLZBAUER, ANDREAS, Nation und Identität. Die politischen Theologien von Emanuel Hirsch, Friedrich Gogarten und Werner Elert aus postmoderner Perspektive, Tübingen 2012, 233–243.

HOLZE, ERHARD, Laicité in Frankreich, Religionsunterricht in Deutschland: zwischen Separation und res mixta. Ein aktueller deutsch-französischer Vergleich zur religiösen Bildung in der Schule, in: PHILIPPE BÜTTGEN/ANTJE ROGGENKAMP/THOMAS SCHLAG (Hg.), Religion und Philosophie. Perspektivische Zugänge zur Lehrer- und Lehrerinnenausbildung in Deutschland, Frankreich und der Schweiz, Leipzig 2017, 201–218.

HOMRICHHAUSEN, CHRISTIAN R., Evangelische Christen in der Paulskirche 1848/49. Vorgeschichte und Geschichte der Beziehung zwischen Theologie und politisch-parlamentarischer Aktivität, Bern 1985.

HONECKER, MARTIN, Christlicher Glaube, Religion und moderne Gesellschaft (1987), in: DERS., Evangelische Christenheit und Staat. Orientierungsversuche, Berlin/New York, 107–125.

HONECKER, MARTIN, Grundriß der Sozialethik, Berlin/New York 1995.

HORSTMANN, ROLF-PETER, Art. Menschenwürde, in: Historisches Wörterbuch der Philosophie Bd. V, Darmstadt 1980, Sp. 1123–1127.

HOYE, WILLIAM J., Demokratie und Christentum. Die christliche Verantwortung für demokratische Prinzipien, Münster 1999.

HUBER, ERNST RUDOLF, Deutsche Verfassungsgeschichte seit 1789 Bd. VI, Stuttgart 1981.

HUBER, WOLFGANG, Demokratie wagen – Der Protestantismus im politischen Wandel 1965–1985 – Festvortrag im Rahmen des 50jährigen Jubiläums der Evangelischen Arbeitsgemeinschaft für Kirchliche Zeitgeschichte, München 2005.

HUBER, WOLFGANG, Gerechtigkeit und Recht. Grundlinien christlicher Rechtsethik, Darmstadt ^{3}2006.

HUBER, WOLFGANG, Kirche in der Zeitenwende. Gesellschaftlicher Wandel und Erneuerung der Kirche, Gütersloh 1998, 116.

HUBER, WOLFGANG, Prophetische Kritik und demokratischer Konsens, in: DERS., Konflikt und Konsens. Studien zur Ethik der Verantwortung, München 1990, 253–271.

IDRIZ, BENJAMIN, Grüss Gott, Herr Imam! Eine Religion ist angekommen, München 2010.

IPSEN, JÖRN, Staatsrecht II. Grundrechte, München ^{17}2014.

JACOBS, MANFRED, Die Entwicklung des deutschen Nationalgedankens von der Reformation bis zum deutschen Idealismus, in: HORST ZILLESSEN (Hg.), Volk. Nation. Vaterland. Der deutsche Protestantismus und der Nationalismus, Gütersloh 1970, 51–110.

JÄHNICHEN, TRAUGOTT, Die Debatte um Christentum und Wirtschaftsordnung, in: KLAUS HEIENBROCK/HARTMUT PRZYBYLSKI/FRANZ SEGBERS (Hg.), Protestantische Wirtschaftsethik und Reform des Kapitalismus, Bochum 1991, 18–24.

JAKOBS, MONIKA, Die Ausbildung von Religionslehrpersonen in der Schweiz im Spannungsfeld von kirchlichem und staatlichem Bildungsinteresse, in: PHILIPPE BÜTTGEN/ANTJE ROGGENKAMP/THOMAS SCHLAG (Hg.), Religion und Philosophie. Perspektivische Zugänge zur Lehrer- und Lehrerinnenausbildung in Deutschland, Frankreich und der Schweiz, Leipzig 2017, 77–98.

JELLINEK, GEORG, Die Erklärung der Menschen- und Bürgerrechte (1895), in: ROMAN SCHNUR (Hg.), Zur Geschichte der Erklärung der Menschenrechte, Darmstadt ²1974, 1–72.

JOAS, HANS, Kirche als Moralagentur?, München 2016.

JUNG, MARTIN H., Der Protestantismus in Deutschland von 1870 bis 1945, Leipzig 2002.

KÄBISCH, DAVID, Alltag, Politik und Religion in der DDR. Eine spannungsreiche Konstellation in der „Erinnerung" populärer Filme, in: MIRIAM ROSE/MICHAEL WERMKE (Hg.), Konfessionslosigkeit Heute, Leipzig 2014, 166–184.

KÄBISCH, DAVID, Von der nationalen zur transnationalen Rechts-, Religions- und Bildungsforschung. Zum Beispiel: Deutschland, Frankreich und die Schweiz, in: PHILIPPE BÜTTGEN/ANTJE ROGGENKAMP/THOMAS SCHLAG (Hg.), Religion und Philosophie. Perspektivische Zugänge zur Lehrer- und Lehrerinnenausbildung in Deutschland, Frankreich und der Schweiz, Leipzig 2017, 53–76.

KAFTAN, JULIUS, Christentum und Wirtschaftsordnung, in: Bericht über die Verhandlungen des Vierten Evangelisch-sozialen Kongresses, abgehalten am 1. und 2. Juni, Berlin 1893, 12–34.

KAFTAN, JULIUS, Die Wahrheit der christlichen Religion, Basel 1889.

KAHN, PIERRE, Die Wurzeln der laizistischen Schule und die Grundschulpädagogik, in: PHILIPPE BÜTTGEN/ANTJE ROGGENKAMP/THOMAS SCHLAG (Hg.), Religion und Philosophie. Perspektivische Zugänge zur Lehrer- und Lehrerinnenausbildung in Deutschland, Frankreich und der Schweiz, Leipzig 2017, 139–148.

KÄLIN, WALTER/KÜNZLI, JÖRG, Universeller Menschenrechtsschutz. Der Schutz des Individuums auf globaler und regionaler Ebene, Basel 32013.

KALISCH, MUHAMMAD, Islam und Menschenrechte. Betrachtungen zum Verhältnis von Religion und Recht, in: HATEM ELLIESIE (Hg.), Islam und Menschenrechte. Beiträge zum Islamischen Recht VII (Leipziger Beiträge zur Orientforschung; Bd. 26), Frankfurt a. M. 2010, 49–72.

KALISCH, MUHAMMAD, Muslime als religiöse Minderheit, in: THORSTEN GERALD SCHNEIDERS/LAMYA KADDOR (Hg.), Muslime im Rechtsstaat, Münster 2005, 47–67.

KANT, IMMANUEL, Grundlegung zur Metaphysik der Sitten, Hamburg 1965.

KANT, IMMANUEL, Metaphysik der Sitten, in: DERS., Gesammelte Schriften, hg. von der Königlich Preußischen Akademie der Wissenschaften (AA), Bd. VI, Berlin 1907.

KANT, IMMANUEL, Metaphysische Abgründe der Tugendlehre. Metaphysik der Sitten zweiter Teil, hg. von BERND LUDWIG, Hamburg 1990.

KANT, IMMANUEL, Zum ewigen Frieden, in: DERS., Gesammelte Schriften, hg. von der Königlich Preußischen Akademie der Wissenschaften (AA), Bd. VIII, Berlin 1912, 341–386.

KASCHUBA, WOLFGANG, Volk und Nation. Ethnozentrismus und Geschichte und Gegenwart, in: HEINRICH AUGUST WINKLER/HARTMUT KAELBLE (Hg.), Nationalismus – Nationalitäten – Supranaturalität, Stuttgart 1993, 56–81.

KASSIS, WASSILIS/SCHALLIÉ, CHARLOTTE, The Dark Side of the Academy. A Comparative Analysis of Antisemitic Attitudes and Opinions at Two Mid-Sized Universities in Canada and Germany, in: Journal for the Study of Antisemitism 5 (2013), 63–91.

KAUFMANN, THOMAS, Das deutsche Staatskirchenrecht im 19. und 20. Jahrhundert und die Grenzen der Werteautonomie des staatlichen Rechts, in: EILERT HERMS (Hg.), Menschenbild und Menschenwürde, Gütersloh 2001, 173–197.

KAUFMANN, THOMAS, Geschichte der Reformation, Frankfurt a. M./Leipzig 2009.

KELLENBERGER, JAKOB, Humanitäres Völkerrecht, Frauenfeld 2010.
KERMANI, NAVID, Wer sind wir? Deutschland und seine Muslime, München 2009.
KESSLER, ANDREAS, Neutralisierung des Religiösen – ein Triptychon: Gesellschaftliche und religionsdidaktische Entwicklungen im schweizerischen Kontext, in: PHILIPPE BÜTTGEN/ANTJE ROGGENKAMP/THOMAS SCHLAG (Hg.), Religion und Philosophie. Perspektivische Zugänge zur Lehrer- und Lehrerinnenausbildung in Deutschland, Frankreich und der Schweiz, Leipzig 2017, 239–256.
KETTELER, WILHELM EMMANUEL VON, Die Arbeiterfrage und das Christenthum (1862) in: DERS., Schriften, Aufsätze und Reden 1848–1866, Mainz 1977.
KHAN, MUHAMMAD ZAFRULLAH, Der islamische Staat, Frankfurt a. M. 2001.
KHAN, MUHAMMAD ZARFULLAH, Islam und Menschenrechte, Frankfurt a. M. 2004.
KHORCHIDE, MOUHANAD, Islam ist Barmherzigkeit. Grundzüge einer modernen Religion, Freiburg i. Br. 2012.
KHORCHIDE, MOUHANAD, Scharia – der missverstandene Gott. Der Weg zu einer modernen islamischen Ethik, Freiburg i. Br. 2013.
KHOURY, ADEL THEODOR, Toleranz im Islam, Altenberge ²1986.
KHOURY, RAIF GEORGES, Ethik und Menschenwürde im Islam, in: ANNE SIEGETSLEITNER/NIKOLAUS KNOEPPFLER (Hg.), Menschenwürde im interkulturellen Dialog, Freiburg/München 2005, 91–122.
KIEFER, MICHAEL, Zielsetzungen einer Imamausbildung – Vom einfachen Vorbeter zum multifunktionalen Akteur, in: BÜLENT UCAR (Hg.), Imamausbildung in Deutschland, Göttingen 2010, 185–192.
KIRCHENAMT DER EKD (Hg.), Evangelische Kirche und freiheitliche Demokratie. Der Staat des Grundgesetzes als Angebot und Aufgabe (1985), in: Die Denkschriften der Evangelischen Kirche in Deutschland, Bd. 2/4: Soziale Ordnung, Wirtschaft, Staat, Gütersloh 1992.
KIRN, HANS-MARTIN, Friedrich Schleiermachers Stellungnahme zur Judenemanzipation, in: RODERICH BARTH/ULRICH BARTH/CLAUS-DIETER OSTHÖVENER (Hg.), Christentum und Judentum. Akten des Internationalen Kongresses der Schleiermacher-Gesellschaft in Halle, März 2009, Berlin/Boston 2012, 193–212.
KLEGER, HEINZ, Gibt es eine europäische Zivilreligion? Pariser Vorlesung über die Werte Europas, Potsdam 2008.
KLEGER, HEINZ, Gibt es eine europäische Zivilreligion?, Potsdam 2008.
KOCH, RAINER, (Hg.), Die Frankfurter Nationalversammlung 1848/49. Ein Handlexikon der Abgeordneten der deutschen verfassungsgebenden Reichs-Versammlung, Kelkheim 1989.
KOCH, TRAUGOTT, Menschenwürde als das Menschenrecht – Zur Grundlegung eines theologischen Begriffs des Rechts, in: Zeitschrift für Evangelische Ethik 35 (1991), 96–112.
KOCKA, JÜRGEN, Europäische Identität als Befund, Entwurf und Handlungsgrundlage, in: JULIAN NIDA-RÜMELIN/WERNER WEIDENFELD (Hg.), Europäische Identität: Voraussetzungen und Strategien, Baden-Baden 2007, 47–59.
KÖRTNER, ULRICH H. J., Aufgabe und Gestalt von Öffentlicher Theologie, in: MIRIAM ROSE/MICHAEL WERMKE (Hg.), Religiöse Rede in postsäkularen Gesellschaften, Leipzig 2016, 183–201, 190.
KÖRTNER, ULRICH H. J., Für die Vernunft. Wider Moralisierung und Emotionalisierung in Politik und Kirche, Leipzig 2017.
KRAUSE, KARL CHRISTIAN FRIEDRICH, Der Erdrechtsbund. An sich selbst und im Verhältnis zum Ganzen und zu allen Einzeltheilen des Menschheitslebens, Leipzig 1893.

KRESS, HARTMUT, Dienstgemeinschaft oder Dienstherrschaft? Der Problemstau im kirchlichen Arbeitsrecht, in: SYLVIA BÜHLER/JENS SCHUBERT (Hg.), Zwischen Konkurrenz und Kreuz, Hamburg 2015, 59–68.

KRESS, HARTMUT, Die Sonderstellung der Kirchen im Arbeitsrecht – sozialethisch vertretbar? Ein deutscher Sonderweg im Konflikt mit den Grundrechten, Baden-Baden 2014.

KRESS, HARTMUT, Ethik der Rechtsordnung. Staat, Grundrechte und Religionen im Licht der Rechtsethik, Stuttgart 2011.

KRESS, HARTMUT, Klärungsbedarf im Religionsrecht, in: Zeitschrift für Rechtspolitik 49 (2016), 115–118.

KRESS, HARTMUT, Menschenwürde im modernen Pluralismus, Hannover 1999.

KRESS, HARTMUT, Theologische Fakultäten an staatlichen Universitäten in der Perspektive von Ernst Troeltsch, Adolf von Harnack und Hans von Schubert, Waltrop 2004.

KÜENZLEN, GOTTFRIED, Sind nicht die Fundamentalismen der anderen das Problem, sondern womöglich auch die fundamentalistische Moderne selbst?, in: Fundamentalismus, hg. vom Verband evangelischer Missionskonferenzen, Hamburg 1995 (Jahrbuch Mission 1995), 1–10.

KUHN, THOMAS H., Das neuzeitliche Christentum und die Genese des Nationalismus als ‚politischer Religion', in: GEORG PFLEIDERER/EKKEHARD W. STEGEMANN (Hg.), Politische Religion. Geschichte und Gegenwart eines Problemfeldes, Zürich 2004, 131–157.

KÜHNE, JÖRG-DETLEF, Die Reichsverfassung der Paulskirche. Vorbild und Verwirklichung im späteren deutschen Rechtsleben, Frankfurt a. M. 1985.

KÜHNE, JÖRG-DETLEF, Revolution und Rechtskultur. Die Bedeutung der Revolutionen von 1848 für die Rechtsentwicklung in Europa, in: DIETER LANGEWIESCHE (Hg.), Die Revolutionen von 1848 in der europäischen Geschichte. Ergebnisse und Nachwirkungen, München 2000, 57–72.

KÜHNE, JÖRG-DETLEF, Von der bürgerlichen Revolution bis zum Ersten Weltkrieg, in: HANS-JÜRGEN PAPIER/DETLEF MERTEN (Hg.), Handbuch der Grundrechte in Deutschland und Europa (Bd. 1), Heidelberg 2004, 97–152.

KUPISCH, KARL, Die Wandlungen des Nationalismus im liberalen deutschen Bürgertum, in: HORST ZILLESSEN (Hg.), Volk. Nation. Vaterland. Der deutsche Protestantismus und der Nationalismus, Gütersloh 1970, 111–134.

LASSALLE, FERDINAND, Arbeiter-Programm, in: EDUARD BERNSTEIN (Hg.), Gesammelte Schriften und Reden Bd. II, Berlin 1919, 145–202.

LAUBE, MARTIN, Die Unterscheidung von öffentlicher und privater Religion bei Johann Salomo Semler. Zur neuzeittheoretischen Relevanz einer christentumstheoretischen Reflexionsfigur, in: Zeitschrift für Neuere Theologiegeschichte/Journal for the History of Modern Theology 11/2004, 1–23.

LAUBE, MARTIN, Theologische Aufklärung. Überlegungen zur bleibenden Aufklärungsbedürftigkeit der Theologie, in: FRIEDRICH WILHELM GRAF/CHRISTOPH LEVIN (Hg.), Die Autorität der Freiheit, München 2011, 57–63.

LEONHARDT, ROCHUS, Äquidistanz als Götzendienst? Überlegungen zur politischen Ethik im deutschen Nachkriegsprotestantismus, in: CHRISTOPH SCHWÖBEL (Hg.), Gott – Götter – Götzen, Veröffentlichungen der Wissenschaftlichen Gesellschaft für Theologie, Bd. 38, Leipzig 2013, 657–674.

LEONHARDT, ROCHUS/SCHELIHA, ARNULF VON (Hg.), Hier stehe ich, ich kann nicht anders. Zu Martin Luthers Staatsverständnis, Baden-Baden 2015.

LEPP, CLAUDIA, Tabu der Einheit? Die Ost-West-Gemeinschaft der evangelischen Christen und die deutsche Teilung (1945–1989), Göttingen 2005.

LEPSIUS, MARIO RAINER, Interessen, Ideen und Institutionen, Opladen 1990.

LIEDHEGENER, ANTONIUS, Mehr als Binnenmarkt und Laizismus? Die neue Religionspolitik der Europäischen Union, in: MARTIN BAUMANN (Hg.), Religionspolitik – Öffentlichkeit – Wissenschaft. Studien zur Neuformierung von Religion in der Gegenwart, CULTuREL Religionswissenschaftliche Studien, Bd. 1, Zürich 2010, 59–80.

LÜBBE, HERMANN, Religion nach der Aufklärung, Graz/Wien/Köln, ²1990.

LUHMANN, NIKLAS, Grundwerte als Zivilreligion, in: DERS., Soziologische Aufklärung Bd. 2, Opladen 1981, 293–308.

LUHMANN, NIKLAS, Soziologische Aufklärung (Bd. 3), Opladen 1981.

LUTHER, MARTIN, An den christlichen Adel deutscher Nation von den christlichen Standes Besserung (1520), in: KURT ALAND (Hg.), Luther deutsch. Die Werke Martin Luthers in neuer Auswahl für die Gegenwart, Bd. 2: Der Reformator, Hamburg 1981², 157–170.

LUTHER, MARTIN, Daß eine christliche Versammlung oder Gemeinde Recht und Macht habe, alle Lehre zu beurteilen und Lehrer zu berufen, ein- und abzusetzen. Grund und Ursache aus der Schrift (1523), in: KURT ALAND (Hg.), Luther deutsch. Die Werke Martin Luthers in neuer Auswahl für die Gegenwart, Bd. 6: Kirche und Gemeinde, Hamburg 1966², 47–55.

LUTHER, MARTIN, Der Große Katechismus, in: Unser Glaube. Die Bekenntnisschriften der evangelisch-lutherischen Kirche, im Auftrag der Kirchenleitung der VELKD hg. vom LUTHERISCHEN KIRCHENAMT, ³1991.

LUTHER, MARTIN, Eine Predigt, dass man Kinder zur Schulen halten solle (1530), in: KURT ALAND (Hg.), Luther deutsch. Die Werke Martin Luthers in Auswahl für die Gegenwart, Bd. 7, Stuttgart ²1967, 230–262.

LUTHER, MARTIN, Ob Kriegsleute auch in seligem Stande sein können, in: KURT ALAND (Hg.), Luther deutsch. Die Werke Martin Luthers in Auswahl für die Gegenwart, Bd. 7, Stuttgart ²1967, 52–86.

LUTHER, MARTIN, Sermon über die zweifache Gerechtigkeit, in: JOHANNES SCHILLING (Hg.), Martin Luther, Lateinisch-Deutsche Studienausgabe, Bd. 2: Christusglaube und Rechtfertigung, Leipzig 2006, 67–85.

LUTHER, MARTIN, Von weltlicher Obrigkeit: wie weit man ihr Gehorsam schuldig sei (1523), in: HELLMUT ZSCHOCH (Hg.), Martin Luther, Deutsch-deutsche Studienausgabe 3, Leipzig 2015, 217–289.

LUTHER, MARTIN, Wider die räuberischen und mörderischen Rotten der Bauern, WA 18, 1908.

LUTHER, MARTIN, Wormser Reichstag, WA 7, 1897.

MAISSEN, THOMAS, Facetten des Überkonfessionellen. Vergleichende Überlegungen zur Schweiz und den USA, in: ALEXANDER HEIT/GEORG PFLEIDERER (Hg.), Religions-Politik II. Zur pluralistischen Religionskultur in Europa, Zürich 2012, 55–77.

MANANASHVILI, SERGO, Möglichkeiten und Grenzen zur völker- und europarechtlichen Durchsetzung der Genfer Flüchtlingskonvention (Schriften des Europa-Instituts der Universität des Saarlandes – Rechtswissenschaft 78), Berlin 2009.

MANEMANN, JÜRGEN, Migration und Exodus, in: DERS./WERNER SCHREE (Hg.), Religion und Migration heute. Perspektiven – Positionen – Projekte (Quellen und Studien zur Geschichte und Kunst im Bistum Hildesheim 6), Regensburg 2012, 202–213.

MARCUSE, HERBERT, Kritik der reinen Toleranz, Frankfurt a. M. 1966.

MARX, KARL/ENGELS, FRIEDRICH, Manifest der kommunistischen Partei (1848) Berlin 1984.

MAUNZ, THEODOR/DÜRIG, GÜNTER, Grundgesetz. Kommentar, Art. I Abs. 1 (Zweitbearbeitung München 2003).
MECKENSTOCK, GÜNTER, Protestantismustheorien im Deutschen Idealismus, in: ARNULF VON SCHELIHA/MARKUS SCHRÖDER (Hg.), Das protestantische Prinzip. Historische und systematische Studien zum Protestantismusbegriff, Stuttgart 1998, 39–54.
MEYER, THOMAS, Fundamentalismus – Aufstand gegen die Moderne, Reinbek 1991.
MEYER, THOMAS, Identitäts-Wahn. Die Politisierung des kulturellen Unterschieds, Berlin 1997.
MÖLLERS, CHRISTOPH, Das Grundgesetz. Geschichte und Inhalt, München 2009.
MÖLLERS, CHRISTOPH, Demokratie. Zumutungen und Versprechen, Nr. 100, Berlin 2008.
MOLTMANN, JÜRGEN, Gerechtigkeit schafft Zukunft. Friedenspolitik und Schöpfungsethik in einer bedrohten Welt, München 1989.
MOLTMANN, JÜRGEN, Politische Theologie – Politische Ethik, München 1984.
MÜLLER, JAN-WERNER, Was ist Populismus? Ein Essay, Frankfurt am Main, ⁴2016.
MÜLLER, JAN-WERNER, Verfassungspatriotismus, Berlin 2010.
MÜNKLER, HERFRIED, Einige sozialwissenschaftliche Anmerkungen zum Verhältnis von Staat und Kirche in protestantischer Sicht um 1900, in: WILHELM GRÄB/BIRGIT WEYEL (Hg.), Praktische Theologie und protestantische Kultur, Gütersloh 2002, 119–12.
MURRAY, JOHN COURTNEY, Zum Verständnis der Entwicklung der Lehre der Kirche über die Religionsfreiheit, in: JÉRÔME HAMER/YVES CONGAR (Hg.), Die Konzilserklärung über die Religionsfreiheit, Paderborn 1967.
NAUMANN, FRIEDRICH, Christentum und Wirtschaftsordnung, in: DERS., WALTER UHSADEL (Hg.), Gesammelte Werke Bd. 1: Religiöse Schriften, Köln 1964, 334–340.
NAUMANN, FRIEDRICH, Christlich-sozialer Geist, in: DERS., WALTER UHSADEL (Hg.), Gesammelte Werke, Bd. 1: Religiöse Schriften, Köln 1964, 322–334.
NAUMANN, FRIEDRICH, Demokratie und Kaisertum, in: Ders., WOLFGANG MOMMSEN (Hg.), Gesammelte Werke, Bd. 2: Schriften zur Verfassungspolitik, Köln 1964, 1–351.
NIDA-RÜMELIN, JULIAN, Europäische Identität? Das normative Fundament des europäischen Einigungsprozesses, in: JULIAN NIDA-RÜMELIN/WERNER WEIDENFELD (Hg.), Europäische Identität, Baden-Baden 2007, 29–45.
NIPPERDEY, THOMAS, Deutsche Geschichte 1800–1966. Bürgerwelt und starker Staat, München ⁶1993.
NOLTE, PAUL, Religion und Bürgergesellschaft. Brauchen wir einen religionsfreundlichen Staat?, Berlin 2009.
NOWAK, KURT, Evangelische Kirche und Weimarer Republik. Zum politischen Weg des deutschen Protestantismus zwischen 1918 und 1932, Göttingen ²1988.
NUSSBAUM, MARTHA C., Toleranz, Mitleid und Gnade, in: RAINER FORST (Hg.), Toleranz: Philosophische Grundlagen und gesellschaftliche Praxis einer umstrittenen Tugend, Frankfurt a. M. 1999, 144–161.
OHST, MARTIN, Reformatorisches Freiheitsverständnis. Mittelalterliche Wurzeln, Hauptinhalte, Probleme, in: JÖRG DIERKEN/ARNULF VON SCHELIHA (Hg.), Freiheit und Menschenwürde, Tübingen 2005, 13–48.
OSTHÖVENER, CLAUS-DIETER, Adolf von Harnack als Systematiker, in: Zeitschrift für Theologie und Kirche 99 (2002), 296–331.
OSTHÖVENER, CLAUS-DIETER, Religionsaffinität. Erkunden im Grenzbereich von Theologie und Kulturwissenschaften, Zeitschrift für Theologie und Kirche 112 (2015), 358–377.

OSTHÖVENER, CLAUS-DIETER, Wie hat sich die Ausbildung der Theologen in Deutschland entwickelt?, in: BÜLENT UCAR (Hg.), Imamausbildung in Deutschland. Islamische Theologie im europäischen Kontext, hg. von, Göttingen 2010, 68–78.
OTTO, ECKART, Theologische Ethik des Alten Testaments, Stuttgart 1994.
PAPST LEO XIII., Enzyklika *Rerum novarum* (1891).
PAPST PIUS XII, Die religiöse Toleranz in einer Staatengemeinschaft, in: ARTHUR FRIEDOLIN UTZ/JOSEPH-FULKO GRONER (Hg.), Aufbau und Entfaltung des gesellschaftlichen Lebens. Soziale Summe Pius XII, Bd. II, Freiburg/Schweiz ²1954.
PATSCHOVSKY, ALEXANDER/ZIMMERMANN, HARALD (Hg.), Toleranz im Mittelalter, Sigmaringen 1998.
PFLEIDERER, GEORG, Aufklärerisches Denken in der neueren protestantischen Theologie, in: Theologische Zeitschrift 68/2012, 233–254.
PICKEL, GERT, Religion, Religiosität, Religionslosigkeit und religiöse Indifferenz. Religionssoziologische Perspektiven im vereinigten Deutschland, in: MIRIAM ROSE/MICHAEL WERMKE (Hg.), Konfessionslosigkeit Heute, Leipzig 2014, 45–80.
PÖSCHL, VIKTOR/KONDYLIS, PANAJOTIS, Art. Würde, in: O. BRUNNER u. a., (Hg.), Geschichtliche Grundbegriffe. Historisches Lexikon zur politisch-sozialen Sprache in Deutschland, Bd. VII, Stuttgart 1992, 637–677.
PRIESTER, KARIN, Rechter und linker Populismus. Annäherung an ein Chamäleon, Frankfurt am Main 2012, 42.
RANKE, LEOPOLD VON/DOTTERWEICH, VOLKER/FUCHS, WALTHER PETER (Hg.), Vorlesungseinleitungen, München/Wien, 1975.
RAMADAN, TARIQ, Der Islam und der Westen. Von der Konfrontation zum Dialog der Zivilisationen, Marburg 2000.
RAMADAN, TARIQ, Muslimsein in Europa. Untersuchung der islamischen Quellen im europäischen Kontext, Marburg 2001.
RAMADAN, TARIQ, Radikale Reform. Die Botschaft des Islam für die moderne Welt, München 2009.
RAWLS, JOHN, Der Bereich des Politischen und der Gedanke eines übergreifenden Konsenses, in: DERS., WILFRIED HINSCH (Hg.), Die Idee des politischen Liberalismus. Aufsätze 1978–1989, Frankfurt a. M. 1994, 333–363.
RAWLS, JOHN, Der Gedanke eines übergreifenden Konsenses, in: DERS., WILFRIED HINSCH (Hg.), Die Idee des politischen Liberalismus. Aufsätze 1978–1989, Frankfurt a. M. 1994, 293–332.
RENDTORFF, TRUTZ, Christentum vor der Moderne – Zur religiösen Archäologie demokratischer Gesinnung, in: DIRK BOCKERMANN/GÜNTER BRAKELMANN (Hg.), Freiheit gestalten. Zum Demokratieverständnis des deutschen Protestantismus. Kommentierte Quellentexte 1789–1989, Göttingen 1996, 33–40.
RENDTORFF, TRUTZ, Ethik. Grundelemente, Methodologie und Konkretionen einer ethischen Theologie, Stuttgart ²1991.
RENDTORFF, TRUTZ, Theorie des Christentums. Historisch-theologische Studien zu seiner neuzeitlichen Verfassung, Gütersloh 1972.
REUTER, HANS-RICHARD, Neutralität – Religionsfreiheit – Parität. Prinzipien eines legitimen staatlichen Religionsverfassungsrechts im weltanschaulich-neutralen Staat, in: DERS., Recht und Frieden. Beiträge zur politischen Ethik, Öffentliche Theologie Bd. 28, Leipzig 2013, 279–312.
RICOEUR, PAUL, Toleranz, Intoleranz und das Nicht-Tolerierbare in: RAINER FORST (Hg.), Toleranz. Philosophische Grundlagen und gesellschaftliche Praxis einer umstrittenen Tugend, Frankfurt a. M./New York 1999, 26–44.

RIESEBRODT, MARTIN, Die Rückkehr der Religionen. Fundamentalismus und der „Kampf der Kulturen", München ²2001.
RIESEBRODT, MARTIN, Fundamentalismus als patriarchalische Protestbewegung. Amerikanische Protestanten (1910–28) und iranische Schiiten (1961–79) im Vergleich, Tübingen 1990.
RIESKE-BRAUN, UWE, Zwei-Bereiche-Lehre und christlicher Staat. Verhältnisbestimmungen von Religion und Politik im Erlanger Neuluthertum und in der Allgemeinen Ev.-luth. Kirchenzeitung, Gütersloh 1993.
RITSCHL, ALBRECHT, Die christliche Lehre von der Rechtfertigung und Versöhnung, Bd. III: Die positive Entwickelung der Lehre, Bonn ⁴1895.
RITSCHL, ALBRECHT, Theologie und Metaphysik. Zur Verständigung und Abwehr, Bonn 1881.
RITSCHL, ALBRECHT, Unterricht in der christlichen Religion. Studienausgabe nach der 1. Auflage von 1875 nebst den Abweichungen der 2. und 3. Auflage, hg. von CHRISTINE AXT-PISCALAR, Tübingen 2002.
ROBBERS, GERHARD, 50 Jahre muslimische Zuwanderung und die Anerkennung muslimischer Verbände als Körperschaft des öffentlichen Rechts, in: BÜLENT UCAR (Hg.), Islam im europäischen Kontext. Selbstwahrnehmungen und Außensichten, Frankfurt a. M. 2013, 342–347.
ROBBERS, GERHARD, Menschenrechte aus der Sicht des Protestantismus, in: HANS-JÜRGEN PAPIER/DETLEF MERTEN (Hg.), Handbuch der Grundrechte in Deutschland und Europa (Bd. 1), Heidelberg 2004, 387–411.
ROGGENKAMP, ANTJE, Veränderungen im Selbstverständnis? – Der Religionslehrerberuf im Spiegel seiner Professionalisierung!, in: PHILIPPE BÜTTGEN/ANTJE ROGGENKAMP/THOMAS SCHLAG (Hg.), Religion und Philosophie. Perspektivische Zugänge zur Lehrer- und Lehrerinnenausbildung in Deutschland, Frankreich und der Schweiz, Leipzig 2017, 149–178.
RÖSSLER, DIETRICH, Die Moral des Pluralismus. Anmerkungen zur evangelischen Ethik im Kontext der neuzeitlichen Gesellschaft, in: DERS., Akzeptierte Abhängigkeit. Gesammelte Aufsätze zur Ethik, Tübingen 2011, 82–104.
RÖSSLER, MARTIN, Schleiermachers Programm der Philosophischen Theologie (SchlAr 14), Berlin/New York 1994.
ROTHE, RICHARD, Theologische Ethik. Bd. 3, Wittenberg 1848.
ROTHE, RICHARD, Theologische Ethik, Bd. 5, Wittenberg ²1871.
RUDDIES, HARTMUT, Gelehrtenpolitik und Historismusverständnis. Über die Formierung der Geschichtsphilosophie Ernst Troeltschs im Ersten Weltkrieg, in: FRIEDRICH WILHELM GRAF (Hg.), Ernst Troeltschs ‚Historismus', Gütersloh ²2003, 135–163.
RUDDIES, HARTMUT, Religion und Nation. Reflexion zu einem beschädigten Verhältnis, in: ULRICH BARTH/WILHELM GRÄB (Hg.), Gott im Selbstbewusstsein der Moderne. Zum neuzeitlichen Begriff der Religion, Gütersloh 1993, 196–221.
RÜRUP, REINHARD, Deutschland im 19. Jahrhundert. 1815–1871, Göttingen ²1992.
RÜRUP, REINHARD, The European Revolutions of 1848 and Jewish Emancipation, in: WERNER E. MOSSE/ARNOLD PAUCKER/REINHARD RÜRUP (Hg.), Revolution and Evolution. 1848 in German-Jewish History, Tübingen 1981, 1–53.
SABERSCHINSKY, ALEXANDER, Die Begründung universeller Menschenrechte. Zum Ansatz der Katholischen Soziallehre, Paderborn 2002.
SAUTER, GERHARD, Wahrheit und Toleranz, in: TRUTZ RENDTORFF (Hg.), Glaube und Toleranz, Gütersloh 1982, 128–137.

SCHELIHA, ARNULF VON, Der Glaube an die göttliche Vorsehung. Eine religionssoziologische, geschichtsphilosophische und theologiegeschichtliche Untersuchung, Stuttgart 1999.
SCHELIHA, ARNULF VON, Der Religionsbegriff und seine Bedeutung für den gegenwärtigen Islam, in: RODERICH BARTH/CLAUS-DIETER OSTHÖVENER/ARNULF VON SCHELIHA (Hg.), Protestantismus zwischen Aufklärung und Moderne. Festschrift für Ulrich Barth, Frankfurt am Main 2005 (Beiträge zur rationalen Theologie 16).
SCHELIHA, ARNULF VON, Die kulturelle Identität Europas und die Bedeutung der Religionen, in: DERS., Der Islam im Kontext der christlichen Religion, Münster 2004, 134–152.
SCHELIHA, ARNULF VON, Die Überlehrmäßigkeit des christlichen Glaubens – Das Wesen des (protestantischen) Christentums nach Emanuel Hirsch, in: MARIANO DELGADO, Das Christentum der Theologen im 20. Jahrhundert. Vom ‚Wesen des Christentums' zu den ‚Kurzformeln des Glaubens', Stuttgart 2000, 61–73.
SCHELIHA, ARNULF VON, „[...] die Verletzung des Buchstabens nicht achtend, [...] wahrhaft im Sinn und Geist des Königs handelnd". Friedrich Schleiermacher als politischer Prediger, in: MICHAEL PIETSCH/DIRK SCHMID (Hg.), Geist und Buchstabe. Interpretations- und Transformationsprozesse innerhalb des Christentums, Berlin/Boston 2013, 155–175.
SCHELIHA, ARNULF VON, Europäische Konvergenzen in Sachen Religionsunterricht?, in: PHILIPPE BÜTTGEN/ANTJE ROGGENKAMP/THOMAS SCHLAG (Hg.), Philosophie und Religion. Perspektivische Zugänge zur Lehrer- und Lehrerinnenausbildung in Deutschland. Frankreich und der Schweiz, Leipzig 2017, 283–289.
SCHELIHA, ARNULF VON, Fundamentalistische Abgrenzungsdiskurse in Christentum und Islam, in: HANSJÖRG SCHMID/ANDREAS RENZ/JUTTA SPERBER/DURAN TERZI (Hg.), Identität durch Differenz. Wechselseitige Abgrenzungen in Christentum und Islam, Regensburg 2007, 220–226.
SCHELIHA, ARNULF VON, Gerechtigkeit und ihre transzendenten Wurzeln. Theologische Überlegungen zur religiösen Dimension eines aktuellen Begriffs, in: Recht, Gerechtigkeit und Frieden, Osnabrück 2002 (Osnabrücker Jahrbuch Frieden und Wissenschaft 9), 181–194.
SCHELIHA, ARNULF VON, Institutionelle Voraussetzungen und wissenschaftspolitische Forderungen für eine plurale Religionskultur, in: CHRISTIAN DANZ/FRIEDRICH HERMANNI (Hg.), Wahrheitsansprüche der Weltreligionen. Konturen gegenwärtiger Religionstheologie, Neukirchen-Vluyn 2006, 109–129.
SCHELIHA, ARNULF VON, Kultur und Religion, in: BIRGIT WEYEL/WILHELM GRÄB (Hg.), Religion in der modernen Lebenswelt. Erscheinungsformen und Perspektiven, Göttingen 2006, 118–146.
SCHELIHA, ARNULF VON, Plurale Religionskultur und Theorie des Christentums, in: MIRIAM ROSE/MICHAEL WERMKE (Hg.), Konfessionslosigkeit heute. Zwischen Religiosität und Säkularität, Leipzig 2014, 81–97.
SCHELIHA, ARNULF VON, Protestantische Ethik des Politischen, Tübingen 2013.
SCHELIHA, ARNULF VON, Reformation und Demokratie, in: KARLIES ABMEIER (Hg.), Politik im Zeichen der Reformation. Der lange Schatten von 1517, Konrad-Adenauer-Stiftung, St. Augustin/Berlin 2017, 26–30.
SCHELIHA, ARNULF VON, Religion als Kultur oder kultivierte Religion. Der Religionsbegriff und seine Grenzen mit Blick auf Judentum, Islam und Christentum, in: ALEXANDER GRAU/GERSON RAABE (Hg.), Religion. Facetten eines umstrittenen Begriffs, Leipzig 2014, 44–64.

SCHELIHA, ARNULF VON, Religionsfreiheit und staatliche Lenkung. Chancen und Grenzen gegenwärtiger Religionspolitik in Deutschland, in: DERS./ULRICH LAPPENKÜPER/ ANDRÉ RITTER (Hg.), Europäische Kulturkämpfe und ihre gegenwärtige Bedeutung, Paderborn 2017, 209–221.

SCHELIHA, ARNULF VON, Religionspolitische Konstellationen und wissenschaftsethische Forderungen im Zusammenhang mit der Etablierung von Zentren für Islamische Theologie, in ULRICH WILLEMS/ASTRID REUTER/DANIEL GERSTER (Hg.), Ordnungen religiöser Pluralität. Wirklichkeit – Wahrnehmung – Gestaltung, Frankfurt/New York 2016, 581–599.

SCHELIHA, ARNULF VON, Religion und Sachpolitik – Zur gegenwärtigen Bedeutung von Martin Luthers Unterscheidung von geistlichem und weltlichen Regiment Gottes, in: DERS./ROCHUS LEONHARDT (Hg.), Hier stehe ich, ich kann nicht anders, Baden-Baden 2015, 243–258.

SCHELIHA, ARNULF VON, Schleiermacher als politischer Denker, in: ANDREAS ARNDT/ KURT-VICTOR SELGE (Hg.), Friedrich Schleiermacher – Denker für die Zukunft des Christentums?, Berlin/New York 2011, 83–100.

SCHELIHA, ARNULF VON, Schleiermachers Deutung von Judentum und Christentum in der fünften Rede ‚Über die Religion' und ihre Rezeption bei Abraham Geiger, in: RODERICH BARTH/ULRICH BARTH/CLAUS-DIETER OSTHÖVENER (Hg.), Christentum und Judentum. Akten des Internationalen Kongresses der Schleiermacher-Gesellschaft in Halle, Rn. 24, März 2009, Berlin/Boston 2012, 213–227.

SCHELIHA, ARNULF VON, Symmetrie und Asymmetrie der Wissenschaftskulturen. Theologie – Religionswissenschaft – Kulturwissenschaften um 1900. Adolf von Harnacks Position im wissenschaftstheoretischen Diskurs, in: KURT NOWAK/OTTO GERHARD OEXLE/TRUTZ RENDTORFF (Hg.), Adolf von Harnack. Christentum, Wissenschaft und Gesellschaft, Göttingen 2003, 163–187.

SCHELIHA, ARNULF VON, Toleranz als Tugend in einer multikulturellen Gemeinschaft, in: DERS., Der Islam im Kontext der christlichen Religion, Münster 2004, 110–122.

SCHELIHA, ARNULF VON, „Unser Krieg ist eine Frage an Gott". Theologische Deutungen des Ersten Weltkrieges, in: NOTGER SLENCZKA (Hg.), Faszination und Schrecken des Krieges. XXIII. Reihen-Vorlesung, Leipzig 2015, 61–80 (Beiheft 2015 zur Berliner Theologischen Zeitschrift).

SCHIEDER, ROLF, Religion in der pluralistischen Gesellschaft, in: MARTINA WEYRAUCH/ ROSEMARIE WILL (Hg.), Religionen – Weltanschauungen – Grundrechte. Dritte Berliner Gespräche über das Verhältnis von Staat, Religion und Weltanschauung, Potsdam 2008, 29–39.

SCHIEDER, ROLF, Sind Religionen gefährlich? Berlin, 2008.

SCHIEDER, ROLF, Zivilreligion als Diskurs, in: ROLF SCHIEDER (Hg.), Religionspolitik und Zivilreligion, Baden-Baden 2001, 8–22.

SCHILD, WOLFGANG, Art. Würde, in: Handwörterbuch zur deutschen Rechtsgeschichte, Bd. V., Berlin 1998, Sp. 1539–1545.

SCHLAG, THOMAS, Historische, verfassungsrechtliche und gesellschaftspolitische Hintergründe der Diversität des Religionsunterrichts in der Schweiz, in: PHILIPPE BÜTTGEN/ ANTJE ROGGENKAMP/THOMAS SCHLAG (Hg.), Religion und Philosophie. Perspektivische Zugänge zur Lehrer- und Lehrerinnenausbildung in Deutschland, Frankreich und der Schweiz, Leipzig 2017, 25–38.

SCHLEIERMACHER, FRIEDRICH, Beiträge aus ‚Der Preußische Correspondent', in: DERS., MATHIAS WOLFES/MICHAEL PIETSCH (Hg.), Kleine Schriften 1786–1833, KGA I,14, Berlin/New York 2003, 395–500.

SCHLEIERMACHER, FRIEDRICH, Briefe bei Gelegenheit der politisch theologischen Aufgabe und des Sendschreibens jüdischer Hausväter (1799), in: DERS., GÜNTER MECKENSTOCK (Hg.), Schriften aus der Berliner Zeit (1796–1799), KGA Bd. I,1, Berlin/New York 1984.
SCHLEIERMACHER, FRIEDRICH, Kurze Darstellung des theologischen Studiums zum Behuf einleitender Vorlesungen. Zweite umgearbeitete Ausgabe (1830), in DERS., DIRK SCHMID (Hg.), Universitätsschriften – Herakleitos – Kurze Darstellung des theologischen Studiums, KGA I,6, Berlin/New York 1998, 317–446.
SCHLEIERMACHER, FRIEDRICH, Predigten 1809–1815, in: DERS., PETER WEILAND/SIMON PASCHEN (Hg.), Kritische Gesamtausgabe Bd. III,4, Berlin/Boston 2011.
SCHLEIERMACHER, FRIEDRICH, Staatslehre (Kolleg 1817), in: DERS.; WALTER JAESCHKE (Hg.), Kritische Gesamtausgabe Bd. II,8: Vorlesungen über die Lehre vom Staat, Berlin/New York 1998, 205–376.
SCHLEIERMACHER, FRIEDRICH, Über die Religion (2.–) 4. Auflage, in: DERS., GÜNTER MECKENSTOCK (Hg.), Kritische Gesamtausgabe Bd., I,12, Berlin/New York 1995, 1–321.
SCHLEIERMACHER, FRIEDRICH, Ueber die Auswanderungsverbote (28. Juli 1817), in: DERS., MARTIN RÖSSLER/LARS EMERSLEBEN (Hg.), Akademievorträge, KGA Bd. I,11, Berlin/New York 2002, 253–269.
SCHLINK, BERNHARD, Die überforderte Menschenwürde. Welche Gewissheit kann Artikel 1 des Grundgesetzes geben, in: Der Spiegel Nr. 51 vom 15.12.2003, 50–54.
SCHMALE, WOLFGANG, Eckpunkte einer Geschichte europäischer Identität, in: JULIAN NIDA-RÜMELIN/WERNER WEIDENFELD (Hg.), Europäische Identität: Voraussetzungen und Strategien, Baden-Baden 2007, 63–86.
SCHMID, HANSJÖRG, Islam im europäischen Haus. Wege zu einer interreligiösen Sozialethik, Freiburg im Breisgau 2012.
SCHMID, HANSJÖRG/DZIRI, AMIR/GHARAIBEH, MOHAMMAD/MIDDELBECK-VARWICK, ANJA (Hg.), Kirche und Umma. Glaubensgemeinschaften in Christentum und Islam, Regensburg 2014.
SCHMIDT, KURT DIETRICH, Die Bekenntnisse und grundsätzlichen Äußerungen zur Kirchenfrage. 2: Das Jahr 1934. Vandenhoeck & Ruprecht, Göttingen 1935.
SCHMIDT-LEUKEL, PERRY, Ist das Christentum notwendig intolerant?, in: RAINER FORST (Hg.), Toleranz: Philosophische Grundlagen und gesellschaftliche Praxis einer umstrittenen Tugend, Frankfurt a. M. 2000, 177–213.
SCHMITT, CARL, Das Zeitalter der Neutralisierungen und Entpolitisierungen (1932), in: DERS., Der Begriff des Politischen, Berlin ^{7}2002, 79–95.
SCHMITT, CARL, Der Begriff des Politischen, Berlin ^{7}2002, 79–95.
SCHMITT, CARL, Verfassungslehre, Berlin ^{8}1993.
SCHOLLER, HEINRICH VON, Die Grundrechtsdiskussion in der Paulskirche. Eine Dokumentation, Darmstadt 1973.
SCHOLTYSSEK, JOACHIM, Individuelle Freiheit als Leitmotiv? Religiöse Aspekte der Widerstandsbewegung im ‚Dritten Reich', in: JÖRG DIERKEN/ARNULF VON SCHELIHA Freiheit und Menschenwürde. Studien zum Beitrag des Protestantismus, Tübingen 2005, 277–293.
SCHRÖDER, MARKUS, Das ‚unendliche Chaos' der Religion. Die Pluralität der Religionen in Schleiermachers ‚Reden', in: ULRICH BARTH/CLAUS-DIETER OSTHÖVENER (Hg.), 200 Jahre ‚Reden über die Religion'. Akten des 1. Internationalen Kongresses der Schleiermacher-Gesellschaft in Halle, 14.–17. März 1999, Berlin/New York 2000, 585–608.
SCHUBERT, ERNST, Die evangelische Predigt im Revolutionsjahr 1848. Ein Beitrag zur Geschichte der Predigt wie zum Problem der Zeitpredigt, Gießen 1913.

SCHULZE, HAGEN, Weimar. Deutschland 1917–1933, Berlin 1994.
SCHÜTTE, HANS WALTER, Zwei-Reiche-Lehre und Königsherrschaft Christi, in: ANSELM HERTZ/WILHELM KORFF (Hg.), Handbuch der christlichen Ethik Bd. 1/2, Freiburg im Breisgau u. a. 1978, 339–353.
SCHWÖBEL, CHRISTOPH, Toleranz aus Glauben. Identität und Toleranz im Horizont religiöser Wahrheitsgewissheiten, in: DERS., Christlicher Glaube im Pluralismus. Studien zu einer Theologie der Kultur, Tübingen 2003, 217–243.
SCHWÖBEL, CHRISTOPH, Wissenschaftliche Theologie. Ausbildung für die Praxis der Kirche an staatlichen Universitäten im religiös-weltanschaulichen Pluralismus, in: STEFAN ALKIER/HANS-GÜNTER HEIMBROCK (Hg.), Evangelische Theologie an Staatlichen Universitäten, Göttingen 2011, 56–92.
SENKEL, CHRISTIAN, Patriotismus und Protestantismus. Konfessionelle Semantik im nationalen Diskurs zwischen 1749 und 1813, Tübingen 2015.
SEZGIN, HILAL, Von Religion sprechen und schweigen, in: ALEXANDER HEIT/GEORG PFLEIDERER (Hg.), Religions-Politik II. Zur pluralistischen Religionskultur in Europa, Zürich 2012, 171–186.
SIEGENTHALER, HANSJÖRG, Supranationalität, Nationalismus und regionale Autonomie. Erfahrung des schweizerischen Bundesstaates – Perspektiven der Europäischen Gemeinschaft, in: HEINRICH AUGUST WINKLER/HARTMUT KAELBLE (Hg.), Nationalismus – Nationalitäten – Supranaturalität, Stuttgart 1993.
SIEP, LUDWIG, Toleranz und Anerkennung bei Kant und im Deutschen Idealismus, in: CHRISTOPH ENDERS/MICHAEL KAHLO (Hg.), Toleranz als Ordnungsprinzip. Die moderne Bürgergesellschaft zwischen Offenheit und Selbstaufgabe, Paderborn 2007, 177–194.
SIMOJOKI, HENRICK, Ist Europa ein Sonderfall? Religionshermeneutische Rahmenbedingungen des Religionsunterrichts in der globalisierten Welt, in: PHILIPPE BÜTTGEN/ANTJE ROGGENKAMP/THOMAS SCHLAG (Hg.), Religion und Philosophie. Perspektivische Zugänge zur Lehrer- und Lehrerinnenausbildung in Deutschland, Frankreich und der Schweiz, Leipzig 2017, 257–272.
SIMONS, WALTER, Eröffnungsansprache des evangelisch-sozialen Kongresses von 1926, in: GÜNTER BRAKELMANN/TRAUGOTT JÄHNICHEN (Hg.), Die protestantischen Wurzeln der Sozialen Marktwirtschaft. Ein Quellenband, Gütersloh 1994.
SIRSELOUDI, MATENIA, Radikalisierungsprozesse in der Diaspora, in: Aus Politik und Zeitgeschichte 44 (2010), 39–43.
SPIEKERMANN, HERMANN, Die Stimme des Fremden im Alten Testament, in: Pastoraltheologie 83 (1994).
SPIELHAUS, RIEM, Wer ist hier Muslim? Die Entwicklung eines islamischen Bewusstseins in Deutschland zwischen Selbstidentifikation und Fremdzuschreibung, Würzburg 2011.
STALLMANN, IMKE, Abraham Geigers Wissenschaftsverständnis. Eine Studie zur jüdischen Rezeption von Friedrich Schleiermachers Religionsbegriff, Frankfurt a. M. 2013.
STARCK, CHRISTIAN, Art. Menschenwürde, in: Staatslexikon Bd. III, Freiburg i. B. [7]1987, Sp. 1118–1121.
STEIN, TINE, Himmlische Quellen und irdisches Recht. Religiöse Voraussetzungen des freiheitlichen Verfassungsstaates, Frankfurt am Main/New York 2007.
STERNBERGER, DOLF, Verfassungspatriotismus, Hannover 1982.
STRUCKER, A., Art. Duldung, religiöse, in: Lexikon für Theologie und Kirche[2] Bd. III, Freiburg i. B. 1931, Sp. 483–486.

STUDIEN- UND PLANUNGSGRUPPE DER EKD (Hg.), Fremde Heimat Kirche. Ansichten ihrer Mitglieder. Dritte EKD-Umfrage über Kirchenmitgliedschaft, Hannover 1993.

SYNODE DER EVANGELISCHEN KIRCHE IN DEUTSCHLAND, Beschluss zu Rechtspopulismus als Herausforderung annehmen vom 15. November 2017, in: Amtsblatt der Evangelischen Kirche in Deutschland Nr. 12/17, Hannover 2017, 379.

TIEKE, EVA MARIA, Das Subjekt demokratischer Legitimation in der Europäischen Union, Marburg 2015.

TILLICH, PAUL, Grundlinien des Religiösen Sozialismus (1923), in: DERS., RENATE ALBRECHT (Hg.), Christentum und soziale Gestaltung. Frühe Schriften zum Religiösen Sozialismus, Gesammelte Werke Bd. II, Stuttgart 1962, 91–119.

TILLICH, PAUL, Religionsphilosophie (1925); in: DERS., RENATE ALBRECHT (Hg.), Frühe Hauptwerke, Gesammelte Werke Bd. I, Stuttgart 1959, 295–364.

TILLICH, PAUL, Die religiöse Lage der Gegenwart (1926), in: DERS., RENATE ALBRECHT (Hg.), Die religiöse Deutung der Gegenwart. Schriften zur Zeitkritik, Gesammelte Werke Bd. X, Stuttgart 1968, 9–93.

TILLICH, PAUL, Das Christentum und die moderne Gesellschaft (1928), in: DERS., RENATE ALBRECHT (Hg.), Die religiöse Deutung der Gegenwart. Schriften zur Zeitkritik, Gesammelte Werke Bd. X, Stuttgart 1968, 100–107.

TILLICH, PAUL, Die europäische Lage. Religion und Christentum (1929), in: DERS., RENATE ALBRECHT (Hg.), Die religiöse Deutung der Gegenwart. Schriften zur Zeitkritik, Gesammelte Werke Bd. X, Stuttgart 1968, 170–180.

TILLICH, PAUL, Ende der protestantischen Ära? (1937), in: DERS., RENATE ALBRECHT (Hg.), Protestantismus als Kritik und Gestaltung. Schriften zur Theologie I, Gesammelte Werke Bd. VII, Stuttgart 1962, 151–170.

TILLICH, PAUL, Die gegenwärtige Weltsituation (1945), in: DERS., RENATE ALBRECHT (Hg.), Die religiöse Deutung der Gegenwart. Schriften zur Zeitkritik, Gesammelte Werke Bd. X, Stuttgart 1968, 237–279.

TILLICH, PAUL, Die protestantische Ära (1948), in: DERS., RENATE ALBRECHT (Hg.), Der Protestantismus als Kritik und Gestaltung. Schriften zur Theologie I, Gesammelte Werke Bd. VII, Stuttgart 1962, 11–28.

TITZE, ANNEGRET, Die deutsche Asylrechtsprechung und das internationale Flüchtlingsrecht. Kontinuität oder Neuanfang (Schriften zum öffentlichen Recht 1102), Berlin 2008.

TÖDT, HEINZ EDUARD, Menschenrechte – Grundrechte, in: Christlicher Glaube in moderner Gesellschaft, Bd. 27, Freiburg i. B. 1982, 5–57.

TRIEPEL, HEINRICH, Quellensammlung zum Deutschen Reichsstaatsrecht, Tübingen ^{5}1931.

TROELTSCH, ERNST, Der Historismus, Bonn 1922.

TROELTSCH, ERNST, Deutscher Geist und Judenhaß (1920), in: DERS., KGA XV.

TROELTSCH, ERNST, Deutscher und westeuropäischer Geist im Weltkrieg (1916), in: DERS., HANS BARON (Hg.), Deutscher Geist und Westeuropa, Tübingen 1925, 31–166.

TROELTSCH, ERNST, Die Fehlgeburt einer Republik. Spektator in Berlin 1918–1922, zusammengestellt und mit einem Nachwort versehen von JOHANN HINRICH CLAUSSEN, Frankfurt a. M. 1994.

TROELTSCH, ERNST, Die Kundgebungen des Deutschen Kirchentages (1919), in: DERS., GANGOLF HÜBINGER/JOHANNES MIKUTEIT (Hg.), Schriften zur Politik und Kulturphilosophie (1918–1923), KGA XV, Berlin/New York 2002, 259–268.

TROELTSCH, ERNST, Die Religion im deutschen Staate (1912), in: DERS., Zur religiösen Lage, Religionsphilosophie und Ethik (Gesammelte Schriften Bd. 2), Tübingen ^{2}1922, 68–90.

TROELTSCH, ERNST, Die Trennung von Staat und Kirche, der staatliche Religionsunterricht und die theologischen Fakultäten, Tübingen 1907.
TROELTSCH, ERNST, Protestantisches Christentum und Kirche in der Neuzeit, in: DERS., VOLKER DREHSEN/CHRISTIAN ALBRECHT (Hg.), KGA VII, Berlin/New York 2004, 81–504.
TROELTSCH, ERNST, Was heißt ‚Wesen des Christentums'?, in: Gesammelte Schriften Bd. II, Tübingen 1922.
UCAR, BÜLENT (Hg.), Imamausbildung in Deutschland. Islamische Theologie im europäischen Kontext, Veröffentlichungen des Zentrums für Interkulturelle Islamstudien der Universität Osnabrück, Bd. 3, Göttingen 2010.
ULRICH, THOMAS, Ontologie, Theologie, gesellschaftliche Praxis. Studien zum religiösen Sozialismus Paul Tillichs und Carl Mennickes, Zürich 1971.
UNRUH, PETER, Religionsverfassungsrecht, Baden-Baden: Nomos 2009.
VICK, BRIAN E., Defining Germany. The 1848 Parliamentarians and National Identity, Cambrigde/Mass 2002.
VÖGELE, WOLFGANG, Menschenwürde und Gottebenbildlichkeit, in: JÖRG DIERKEN/ARNULF VON SCHELIHA (Hg.), Freiheit und Menschenwürde. Studien zum Beitrag des Protestantismus, Tübingen 2005, 265–276.
VÖGELE, WOLFGANG, Menschenwürde zwischen Recht und Theologie. Begründungen von Menschenrechten in der Perspektive öffentlicher Theologie, Gütersloh 2000.
VÖGELE, WOLFGANG, Zivilreligion in der Bundesrepublik Deutschland, Gütersloh 1994, 421.
WABEL, THOMAS/HÖHNE, FLORIAN/STAMER, TORBEN, Klingende öffentliche Theologie? Plädoyer für eine methodische Weitung, in: DERS., Öffentliche Theologie zwischen Klang und Sprache. Hymnen als eine Verkörperungsform von Religion, Leipzig 2017, 9–40.
WALL DE, HEINRICH, Die Staatskirchenrechtliche Stellung der Theologie an staatlichen Hochschule und die Reichweite kirchlicher Mitwirkungsrechte, in: HANS MICHAEL HEINIG/HENDRIK MUNSONIUS/VIOLA VOGEL (Hg.), Organisationsrechtliche Fragen der Theologie im Kontext moderner Religionsforschung, Tübingen 2013, 45–58.
WALTER, CHRISTIAN, Religionsverfassungsrecht in vergleichender und internationaler Perspektive, Tübingen 2006.
WALTER, CHRISTIAN, Religiöser Pluralismus in Deutschland. Ein rechtswissenschaftlicher Kommentar, in: KARL GABRIEL/CHRISTIAN SPIESS/KATJA WINKLER (Hg.), Modelle des religiösen Pluralismus, Paderborn 2012, 223–241.
WALTHER, CHRISTIAN, Politisches Christentum. Ein kontroverses Phänomen im Protestantismus, Landsberg am Lech 1996.
WALZER, MICHAEL, Über Toleranz. Von der Zivilisierung der Differenz, Hamburg 1998.
WEBER, MAX, Wissenschaft als Beruf 1917/1919. Politik als Beruf 1919, Studienausgabe der Max Weber-Gesamtausgabe Bd. I/17, herausgegeben von WOLFGANG J. MOMMSEN/WOLFGANG SCHLUCHTER/BIRGIT MORGENBROD, Tübingen 1994.
WEISSE, WOLFRAM, Erfordernisse einer Theologie im Plural für die Ausbildung von Imamen in Deutschland, in: BÜLENT UCAR (Hg.), Imamausbildung in Deutschland, Göttingen 2010, 97–114.
WEITHMAN, PAUL J., Religion and the Obligations of Citizenship, Cambridge 2002.
WENZ, GUNTHER, Theologie der Bekenntnisschriften der evangelisch-lutherischen Kirche Bd. 2, Berlin/New York 1997.
WERMKE, MICHAEL, Die Pädagogischen Akademien in Preußen zwischen 1926 und 1933 als Beitrag zu Professionalisierung der Religionslehrerausbildung, in: PHILIPPE

BÜTTGEN/ANTJE ROGGENKAMP/THOMAS SCHLAG (Hg.), Religion und Philosophie. Perspektivische Zugänge zur Lehrer- und Lehrerinnenausbildung in Deutschland, Frankreich und der Schweiz, Leipzig 2017, 99–124.

WHITE, HAYDEN, The Discourse of Europe and the Search for a European History, in: BO STRATH (Hg.), Europe and the Other and Europe as the Other, Brüssel ²2001, 67–86.

WIESCHEMEYER, KLAUS, Weil beendet Gespräche zu Islamvertrag, in: Neue Osnabrücker Zeitung, 21.01.2017.

WIESE, CHRISTIAN, Wissenschaft des Judentums und protestantische Theologie im wilhelminischen Deutschland. Ein Schrei ins Leere?, Tübingen 1999.

WIGARD, FRANZ, (Hg.), Reden für die Deutsche Nation 1848/1849, Stenographischer Bericht über die Verhandlungen der Deutschen Constituierenden Nationalversammlung in Frankfurt am Main (Bd. 1–4), München 1979.

WILL, ROSEMARIE (Hg.), Die Privilegien der Kirchen und das Grundgesetz. 4. Berliner Gespräche über das Verhältnis von Staat, Religion und Weltanschauung, Berlin 2011.

WILLEMS, ULRICH, Religionspolitik in der Bundesrepublik Deutschland 1945–1999. Die politische Regulierung der öffentlichen Stellung von Religion und Religionsgemeinschaften, in: DERS. (Hg.), Demokratie und Politik in der Bundesrepublik 1949–1999, Opladen 2001, 137–162.

WILLEMS, ULRICH, Wertkonflikte als Herausforderung der Demokratie, Wiesbaden 2016.

WINTER, JÖRG, Staatskirchenrecht der Bundesrepublik Deutschland, Köln ²2008.

WISSENSCHAFTSRAT, „Empfehlungen zur Weiterentwicklung von Theologien und religionsbezogenen Wissenschaften an deutschen Hochschulen" (2010).

WITTEKIND, FOLKART, Die Entstehung des modernen Staatskirchenrechts in den Verhandlungen der Weimarer Reichsverfassung, in: GÜNTER BRAKELMANN/NORBERT FRIEDRICH/TRAUGOTT JÄHNICHEN (Hg.), Auf dem Weg zum Grundgesetz. Beiträge zum Verfassungsverständnis des neuzeitlichen Protestantismus, Münster 1999, 77–97.

WITTRAM, REINHARD, Nationalismus und Säkularisation. Beiträge zur Geschichte und Problematik des Nationalgeistes, Lüneburg 1949.

WOHLRAB-SAHR, MONIKA, Forcierte Säkularität oder Logiken der Aneignung repressiver Säkularisierung, in: MICHAEL DOMSGEN/HENNING SCHLUSS/MATTHIAS SPENN (Hg.), Was gehen uns „die anderen" an?, Göttingen 2012, 27–48.

WOLF, ERNST, Toleranz nach evangelischem Verständnis, in: HEINRICH LUTZ (Hg.), Zur Geschichte der Toleranz und Religionsfreiheit, Darmstadt 1977, 135–154.

WOLFES, MATTHIAS, Öffentlichkeit und Bürgergesellschaft. Friedrich Schleiermachers politische Wirksamkeit (Bd. 1–2), Berlin/New York 2005.

WOLTERSTORFF, NICHOLAS, The Role of Religion in Decision and Discussion of Political Issues, in: ROBERT AUDI/NICHOLAS WOLTERSTORFF (Hg.), Religion in the Public Square. The Place of Religious Convictions in Political Debate, Boston/London 1997, S. 67–120.

WÜNSCH, GEORG, Wirtschaftsethik (1932), in: GÜNTER BRAKELMANN/TRAUGOTT JÄHNICHEN (Hg.), Die protestantischen Wurzeln der Sozialen Marktwirtschaft. Ein Quellenband, Gütersloh 1994.

WÜRTENBERGER, THOMAS, Von der Aufklärung zum Vormärz, in: HANS-JÜRGEN PAPIER/DETLEF MERTEN (Hg.), Handbuch der Grundrechte (Bd. 1), Heidelberg 2004.

ZIEBERTZ, HEINZ-GEORG, Der Beitrag der christlichen Theologie zur Imamausbildung, in: BÜLENT UCAR (Hg.), Imamausbildung in Deutschland, Göttingen 2010, 298–305.

Internetquellen

http://alternativefuer.de/wp-content/uploads/sites/7/2016/05/2016-06-27_afd-grundsatzprogramm_web-version.pdf
http://www.bamf.de/SharedDocs/Anlagen/DE/Downloads/Infothek/Statistik/Asyl/201512-statistik-anlage-asyl-geschaeftsbericht.pdf?__blob=publicationFile
http://www.bmi.bund.de/PERS/DE/Themen/Informationen/Religionsgemeinschaften/religionsgemeinschaften_node.html
http://www.bmi.bund.de/SharedDocs/Pressemitteilungen/DE/2016/01/asylantraege-dezember-2015.html
http://www.bundespraesident.de/SharedDocs/Pressemitteilungen/DE/2014/07/140718-Gru%C3%9Fbotschaft-Fastenbrechen.html
http://www.bundespraesident.de/SharedDocs/Reden/DE/Christian-Wulff/Reden/2010/09/20100929_Rede.html
http://www.bundespraesident.de/SharedDocs/Reden/DE/Christian-Wulff/Reden/2010/10/20101003_Rede.html
https://www.bundesregierung.de/Content/DE/Bulletin/2010-2015/2015/06/89-1-bk-empfang.html
https://www.bundesregierung.de/Content/DE/Mitschrift/Pressekonferenzen/2015/08/2015-08-31-pk-merkel.html
https://www.bundesverfassungsgericht.de/SharedDocs/Pressemitteilungen/DE/2015/bvg15-014.html
https://www.cdu.de/system/tdf/media/dokumente/071203-beschluss-grundsatzprogramm-6-navigierbar_1.pdf?file=1&type=field_collection_item&id=1918
http://csu-grundsatzprogramm.de/wp-content/uploads/CSU_Grundsatzprogramm.pdf
http://de.qantara.de/inhalt/interview-patrioten-im-namen-des-islam
https://www.die-linke.de/fileadmin/download/grundsatzdokumente/programm_formate/programm_der_partei_die_linke_erfurt2011.pdf
https://www.die-linke.de/fileadmin/download/wahlen2017/wahlprogramm2017/die_linke_wahlprogramm_2017.pdf
http://dipbt.bundestag.de/dip21/btp/17/17225.pdf#P.28005
http://dipbt.bundestag.de/dip21/btp/17/17250.pdf#P.32201
http://www.dmg-web.de/pdf/Stellungnahme_Islamstudien.pdf
http://www.djt.de/fileadmin/downloads/68/68_djt_beschluesse.pdf
http://dtj-online.de/khorchide-zit-muenster-mazyek-verfassungswidrig-13854
http://ec.europa.eu/eurostat/tgm/table.do?tab=table&init=1&plugin=1&pcode=tps00194&language=de
https://www.ekd.de/ekd_de/ds_doc/20160202_hilfe_fuer_fluechtlinge.pdf
http://www.ekd.de/download/handzettel_barmer_theologische_erklaerung.pdf
www.ekd.de/news_2016_05_04_02_bedford-strohm_afd.htm
https://www.ekd.de/pm14_2016_allianz_fuer_weltoffenheit.htm
https://www.ekd.de/pm118_2014_weltfluechtlingstag.htm
http://eur-lex.europa.eu/legal-content/DE/TXT/PDF/?uri=OJ:C:2004:310:FULL&from=DE
https://www.evangelisch.de/inhalte/144718/03-07-2017/sozialethikerin-afd-nicht-mit-kirchlichen-positionen-vereinbar
https://www.evangelisch.de/inhalte/89302/20-10-2013/bischof-meister-haelt-abloesung-von-staatsleistungen-kirchen-fuer-denkbar

https://www.evangelisch.de/inhalte/89916/12-11-2013/evangelische-kirche-zu-gespraechen-ueber-staatsleistungen-bereit
http://www.faz.net/aktuell/politik/inland/katholische-bischoefe-distanzieren-sich-von-der-afd-14917396.html
https://www.fdp.de/sites/default/files/uploads/2016/03/31/201603301702antragsbuch67ordbundesparteitagderfdp.pdf
http://www.fluechtlingshilfe-htk.de/uploads/infos/49.pdf
http://www.friedenspreis-des-deutschen-buchhandels.de/819312/
https://www.gruene.de/fileadmin/user_upload/Dokumente/BDK_2016_Muenster/RW-01_Religions-_und_Weltanschauungsfreiheit.pdf
https://www.herder-korrespondenz.de/heftarchiv/69-jahrgang-2015/heft-8-2015/gastkommentar-regierungsoffiziell-und-religioes
http://islam.de/23186
http://www.islamische-theologie.uni-osnabrueck.de/institut/organisationsstruktur/beiraete.html
http://www.islamiq.de/2013/10/17/beiratsmitglied-erklaert-seinen-ruecktritt/
http://www.islamiq.de/2014/03/07/mitbestimmung-bei-der-islamischen-theologie-fast-nicht-vorhanden
https://www.jstor.org/stable/23984140?seq=1#page_scan_tab_contents
http://www.lz.de/ueberregional/owl/21787376_Katholische-Waehler-sind-offenbar-besonders-resistent-gegen-die-AfD.html
https://www.morgenpost.de/berlin/article 208848945/Bischof-Droege-Christen-haben-in-der-AfD-nichts-verloren.html
www.rabbinerseminar.de
https://recht.drs.de/fileadmin/user_files/117/Dokumente/Rechtsdokumentation/1/2/4/amsterdam.pdf
https://www.rferl.org/a/1066751.html
https://www.researchgate.net/publication/238738238_Kurzbericht_zu_ersten_Ergebnissen_des_RELIGIONSMONITOR_der_Bertelsmann_-Stiftung_Befragung_in_Deutschland
https://www.spd.de/fileadmin/Dokumente/Beschluesse/Grundsatzprogramme/hamburger_programm.pdf
https://www.spd.de/fileadmin/Dokumente/Regierungsprogramm/SPD_Regierungsprogramm_BTW_2017_A5_RZ_WEB.pdf
http://www.sueddeutsche.de/bildung/islam-in-deutschland-machtkampf-um-die-wahre-lehre-1.1877436
http://www.sueddeutsche.de/politik/recht-scharia-scheidung-beschaeftigt-justiz-1.2598026
http://www.sueddeutsche.de/politik/staat-und-kirche-bruechiger-konsens-1.2956663
http://www.tagesspiegel.de/politik/interview-mit-bischof-markus-droege-man-darf-afd-politiker-nicht-prinzipiell-ausgrenzen/14495308.html
http://www.tagesspiegel.de/wissen/islam-studien-neue-wege-in-die-moschee/7642910.html
https://www.theologie.hu-berlin.de/de/professuren/professuren/ethik/Aktuelles/offentlichkeitmeireis.pdf
https://www.uni-muenster.de/imperia/md/content/fb2/c-systematischetheologie/christlichesozialwissenschaften/heimbach-steins/ics-arbeitspapiere/executive_summary_ics_ap_afd_kathsl.pdf
https://www.uni-muenster.de/news/view.php?cmdid=8299

http://www.uni-muenster.de/Religion-und-Politik/forschung/projekte/c2-28.html
http://www.uni-muenster.de/ZIT/Aktuelles/2014/20140119.html
https://www.wissenschaftsrat.de/download/archiv/Bochinger.pdf
http://www.wissenschaftsrat.de/download/archiv/9678-10.pdf
http://www.wissenschaftsrat.de/download/archiv/Walter.pdf
https://www.youtube.com/watch?v=WvD-RLOPH4
http://www.zeit.de/2013/41/religionsunterricht-paedagogik-islam-mouhanad-khorchide/seite-2
http://www.zeitzeichen.net/geschichte-politik-gesellschaft/kirchen-und-fluechtlingsfrage/
http://www.zentrum-juedische-studien.de

Namensregister

Abmeier, Karlies 354
Achenbach, Reinhard 315
Ahlmann, Frank 66
Ahrens, Heinrich Julius 174–176, 178, 180
Aland, Kurt 65, 143, 354, 356
Albertz, Rainer 315
Albrecht, Christian 79, 108–110, 114f., 364
Albrecht, Renate 313, 315
Alexy, Robert 10
Alkier, Stefan 253f.
Althaus, Paul 44
Althusmann, Bernd 229
Anselm, Reiner 108–110, 114f., 325, 353, 364
Antes, Peter 31, 159, 166
Apelt, Willibalt 12
Aquin, Thomas von 137f.
Arndt, Andreas 171
Audi, Robert 72f.
Augustin (von Hippo) 22, 187
Axt-Piscalar, Christine 17
Ayengin, Tevhit 187, 191

Babke, Hans-Georg 252
Bade, Klaus J. 310
Bahr, Petra 162
Balic, Smail 195
Bänzinger, Hans 8
Baron, Hans 84
Barth, Karl 8, 44, 51f., 54f., 59, 61, 95
Barth, Roderich 82f., 126, 322
Barth, Ulrich 7–9, 27, 34, 36, 82f., 92, 117, 126, 152, 172, 221, 306, 322
Bauer, Johann Friedrich Christoph 180
Baumann, Martin 206
Bebel, August 18f.
Bedford-Strohm, Heinrich 104, 107, 342

Beese, Dieter 13
Behr, Harry Harun 228, 249
Behr, Michael 178
Bellah, Robert N. 169
Bellmann, Tina 104
Ben Achour, Yadh 187f.
Benedikt XVI. (Papst) 159, 213
Bernstein, Eduard 19
Beseler, Carl Georg Christoph 175f., 178
Best, Heinrich 174
Bieling, Hans-Jürgen 345
Birkner, Hans-Joachim 3, 50, 82f., 314
Bismarck, Otto von 267
Bluntschi, Johann Caspar 174
Bochinger, Christoph 235–237
Böckenförde, Ernst-Wolfgang 58, 87, 101f., 122f., 141, 144, 257
Bockermann, Dirk 43, 217
Bodenheimer, Alfred 237
Bonhoeffer, Dietrich 47–50, 54f., 100, 121
Brakelmann, Günter 13, 15, 23, 87, 217
Brandt, Reinhard 303
Breit-Keßler, Susanne 110
Brock, Lothar 291
Brocker, Manfred 36
Brown, Wendy 145, 147, 150, 152
Brugger, Winfried 146
Brunner, Benedikt 343
Brunner, Otto 12
Bubner, Rüdiger 150
Bühler, Sylvia 284
Bultmann, Rudolf 95
Büttgen, Philippe 285, 335f., 338f.

Calvin, Johannes 54, 145
Campenhausen, Axel 243, 247, 252
Carstens, Karl 79
Casanova, José 154, 159

Ceric, Mustafa 194–197, 204
Ceylan, Rauf 228, 284
Chaix, Gérald 336
Christoph, Joachim E. 243, 250, 252
Christophersen, Alf 89
Claussen, Johann Hinrich 25, 86, 88
Congar, Yves 141
Cordemann, Claas 113 f.

Dahlmann, Friedrich Christoph 175, 179
Dantine, Wilhelm 107
Danz, Christian 92, 125, 153, 228
Decker, Frank 344–346, 363 f.
Delgado, Mariano 8
De Wall, Heinrich 242 f., 252, 260
Dibelius, Otto 15, 52–54
Diem, Hermann 59
Dierken, Jörg 7, 10, 21, 26, 31, 121, 167, 313
Dingel, Irene 254
Doering-Manteuffel, Anselm 25
Domsgen, Michael 215
Dörfler-Dierken, Angelika 68, 220
Drehsen, Volker 79
Drewermann, Eugen 244
Droege, Michael 36, 207, 214
Dröge, Markus 342
Droysen, Johann Gustav Bernhard 175 f.
Duchrow, Ulrich 50
Dürig, Günter 9, 10
Düzgün, Saban Ali 190 f.
Dziri, Amir 244, 251

Ebeling, Gerhard 143 f.
Ehlers, Dirk 211
Elert, Werner 46
Elliesie, Hatem 192, 199
Emersleben, Lars 307
Enders, Christoph 10, 26, 31–33, 146, 148, 167, 185, 197, 206, 252, 304
Engels, Friedrich 18
Enzmann, Marion 89
Erbacher, Jürgen 213
Essbach, Wolfgang 183
Essen, Georg 122, 141

Falaturi, Abdoldjavad 126 f., 151, 193 f.
Feil, Ernst 48

Feldmeier, Reinhard 317
Fichte, Johann Gottlieb 295
Finet, Béatrice 338
Fischer, Hermann 82, 314
Fischer, Johannes 113
Fischer, Joschka 359
Flasch, Kurt 22
Folkers, Horst 21
Forst, Rainer 139, 145–150
Frankel, Zacharias 241, 259
Friedländer, David 82
Friedrich, Martin 43
Friedrich, Norbert 13, 87
Fürstenberg, Nina zu 200

Gabriel, Karl 211, 214, 222
Gailus, Manfred 100
Gauck, Joachim 78
Geck, Albrecht 81
Geiger, Abraham 83 f., 94, 227, 241, 259
Gerber, Hans 13
Gerster, Daniel 269
Gharaibeh, Mohammad 244, 251
Ghaemmaghami, Seyed Abbas Hosseini (Ajatollah) 189
Glenthøj, Jørgen 47
Goerlich, Helmut 146
Goethe, Johann Wolfgang von 80, 233
Gogarten, Friedrich 46
Goodman-Thau, Eveline 207
Gräb, Wilhelm 33, 132, 172, 256
Gräb-Schmidt, Elisabeth 114
Graf, Friedrich Wilhelm 72, 74, 85, 172, 221, 223
Graf, Peter 229
Grau, Alexander 264
Green, Clifford 48
Greschat, Martin 52
Grimm, Dieter 152, 173
Groner, Joseph-Fulko 122, 140
Gutmann, Thomas 214
Güvercin, Eren 247

Habermas, Jürgen 73–75, 144, 147, 149
Haddad, Laura 262
Hamel, Johannes 50 f.
Hamer, Jérôme 141
Harleß, Adolph von 40–43
Harleß, Gottlieb 311

Harnack, Adolf von 17, 22–25, 28, 88, 93, 227, 252
Hartleb, Florian 344, 346f., 361
Hasselmann, Niels 50
Hefny, Assem 191f.
Hegel, Georg Friedrich Wilhelm 19–21, 82, 102
Heienbrock, Klaus 17
Heimbach-Steins, Marianne 342
Heimbrock, Hans-Günter 253f.
Heimbucher, Martin 100
Heinemann, Gustav 79
Heinig, Hans Michael 3, 32–34, 101, 130, 167, 234, 240, 242f., 245, 254, 258, 260
Heinzmann, Richard 31, 166, 190
Heit, Alexander 96, 213, 217, 237, 265
Heun, Werner 32, 167
Hemmati, Homoayoun 192
Herdegen, Matthias 10f.
Hermanni, Friedrich 125, 228
Herms, Eilert 9, 11, 35, 80, 94, 170
Herrmann, Wilhelm 24
Hertz, Anselm 44, 71
Herzog, Roman 79
Heuss, Theodor 31, 79
Hild, Helmut 212
Hildebrandt, Mathias 36
Hinsch, Wilfried 72
Hirsch, Emanuel 8, 42–46, 352f.
Hitler, Adolf 121, 352f.
Höffe, Otfried 146, 303
Höhne, Florian 104f.
Holfert, Gundolf 113f.
Holl, Karl 50
Holzbauer, Andreas 46
Holze, Erhard 335
Homrichhausen, Christian R. 175
Honecker, Martin 59, 144
Horstmann, Rolf-Peter 12
Hoye, William J. 121
Huber, Ernst Rudolf 14
Huber, Wolfgang 9, 60f., 79, 103f., 353
Huber, Stefan 212, 214
Hübinger, Gangolf 84

Idriz, Benjamin 197
Ipsen, Jörn 319
Iqbal, Muhammad 188

Jacob, Günter 52
Jacobs, Manfred 171
Jaeschke, Walter 309
Jähnichen, Traugott 13, 15, 17, 87
Jakobs, Monika 336
Jellinek, Georg 70, 144, 356
Joas, Hans 113
Johannes Paul II. (Papst) 122
Jung, Franz Josef 277
Jung, Martin H. 25
Jüngel, Eberhard 95

Käbisch, David 215, 335, 340
Kabitz, Ulrich 47
Kaddor, Lamya 198
Kaelble, Hartmut 172
Kaftan, Julius 15–17, 24
Kahlo, Michael 146, 148, 197, 304
Kahn, Pierre 336
Kälin, Walter 319f.
Kalisch, Sven Muhammad 197–199, 204, 228, 253
Kant, Immanuel 8f., 11, 18–20, 26, 33, 127, 148, 193, 223, 303–313, 318
Kaschuba, Wolfgang 172
Kasner, Horst 78
Kassis, Wassilis 286
Kaufmann, Thomas 63, 66, 80
Kellenberger, Jakob 319
Kermani, Navid 96, 158, 265, 310f.
Kesici, Burhan 246
Kessler, Andreas 338
Ketteler, Wilhelm Emmanuel von 24
Khan, Muhammad Zafrullah 189
Khorchide, Mouhanad 228, 247–254
Khoury, Adel Theodor 139
Khoury, Raif Georges 188f.
Kiefer, Michael 235, 284
Kirn, Hans-Martin 82
Kleger, Heinz 33, 163, 167, 169
Klein, Constantin 212, 214
Knoepffler, Nikolaus 189
Koch, Dieter 51
Koch, Rainer 174f.
Koch, Traugott 9
Kocka, Jürgen 159, 162
Kohl, Helmut 79
Köhler, Horst 79
Kondylis, Panajotis 12

Korsch, Dietrich 21
Körtner, Ulrich H. J. 107, 116, 153, 325
Krause, Karl Christian Friedrich 174
Kreß, Hartmut 9, 58, 87, 102, 152, 216, 221, 252, 269 f., 284
Krötke, Wolf 47
Kubik, Andreas 322
Küenzlen, Gottfried 136
Kuhn, Thomas H. 181
Kühne, Jörg-Detlef 175–179, 183 f.
Küng, Hans 244
Künzli, Jörg 319 f.
Kupisch, Karl 171

Lange, Ernst 107
Langewiesche, Dieter 176
Lappenküper, Ulrich 286
Lassalle, Ferdinand 18 f.
Laube, Martin 217, 223
Leo XIII. (Papst) 24
Leonhardt, Rochus 50, 68, 99, 115
Lepp, Claudia 51
Lepsius, Mario Rainer 171, 205
Levin, Christoph 221, 223
Liedhegener, Antonius 206
Locke, John 122, 203
Lübbe, Hermann 33–35
Lübke, Friedrich Wilhelm 79
Lübke, Heinrich 79
Lüdemann, Gerd 242 f., 252 f., 260
Ludwig, Bernd 20, 223
Luhmann, Niklas 34, 169
Luther, Martin 7, 44 f., 52, 54, 57, 63–77, 99, 141–145, 150, 220, 222, 317, 348 f., 352, 354–357

Maissen, Thomas 217
Mananashvili, Sergo 319
Manemann, Jürgen 310
Marcuse, Herbert 147
Marx, Karl 18
Maunz, Theodor 10
Mazyek, Aiman 248
Meckenstock, Günter 7, 81 f.
Megerle von Mühlfeld, Eugen Alexander 175
Meireis, Torsten 106 f., 113, 117, 353
Melanchthon, Philipp 356
Mendelssohn, Moses 241

Mensching, Gustav 152
Merkel, Angela 78, 260, 328, 359
Merkel, Helmut 121
Merten, Detlef 173, 175, 182
Meyer, Heinrich 74
Meyer, Thomas 136
Middelbeck-Varwick, Anja 244, 251
Mikuteit, Johannes 84
Mohl, Moritz 181
Mohl, Robert von 175, 179
Möllers, Christoph 31 f., 36
Moltmann, Jürgen 44, 54–56
Mommsen, Wolfgang 24, 302
Morgenbrod, Birgitt 302
Mosse, Werner E. 181
Mühling, Markus 192
Müller, Alois 169
Müller, Hans Martin 43, 45
Müller, Jan-Werner 39, 344–347, 361 f.
Münkler, Herfried 132
Munsonius, Hendrik 242 f.
Murray, John Courtney 141

Napoleon Bonaparte 349 f.
Naumann, Friedrich 13, 16 f., 19, 24 f.
Nida-Rümelin, Julian 159, 162, 206
Nipperdey, Thomas 211, 256
Nolte, Paul 170
Nowak, Kurt 22, 25, 88, 121, 227, 257
Nussbaum, Martha C. 147, 150

Oexle, Otto Gerhard 22, 25, 88
Ohst, Martin 7
Oltmer, Jochen 310, 326
Osthövener, Claus-Dieter 22, 82, 93, 126, 228, 322
Otto, Eckart 316
Otto, Rudolf 353

Papier, Hans-Jürgen 173, 175, 182
Paschen, Simon 81
Patschovsky, Alexander 139
Paucker, Arnold 181
Pfleiderer, Georg 181, 213, 217, 220 f., 237, 361
Pickel, Gert 215
Pietsch, Michael 83, 350
Pius XII. (Papst) 122, 140
Pöschl, Viktor 12

Preuß, Hugo 12
Priester, Karin 343, 347, 361

Ramadan, Tariq 200–205, 207
Ranke, Leopold von 173, 177
Rau, Johannes 79
Rawls, John 72, 196, 297, 298
Rehbein, Boike 183
Rendtorff, Trutz 3, 22, 25, 59, 88, 117, 143 f., 217
Reuter, Astrid 269
Reuter, Hans-Richard 286, 353
Renz, Andreas 137
Ricoeur, Paul 149
Riedel-Spangenberger, Ilona 247
Riesebrodt, Martin 136
Rieske-Braun, Uwe 42
Riesser, Gabriel 181
Ritschl, Albrecht 16 f., 21 f., 151
Ritter, André 286
Robbers, Gerhard 182, 213
Roggenkamp, Antje 285, 335 f., 338 f.
Romney, Willard Mitt 93
Rose, Miriam 107, 215, 268
Rösler, Philipp 78
Rössler, Dietrich 3, 116
Rössler, Martin 307, 313
Rothe, Richard 99, 217–223, 311
Ruddies, Hartmut 85, 172
Rürup, Reinhard 181, 184

Saberschinsky, Alexander 24, 186
Sauter, Gerhard 144
Schallié, Charlotte 286
Schavan, Annette 80
Scheel, Walter 79
Scheliha, Arnulf von 2, 4, 7 f., 10, 25 f., 30 f., 33 f., 43, 62, 68, 71 f., 83, 86, 88, 99 f., 115, 121, 125 f., 137, 150, 153, 167, 171, 207, 217, 224, 227 f., 256, 264, 268 f., 285 f., 312, 321 f., 348–351, 353–357
Schieder, Rolf 35, 94, 169, 212
Schild, Wolfgang 12
Schilling, Johannes 68
Schlag, Thomas 285, 335 f., 338 f.
Schleiermacher, Friedrich 2, 78, 80–85, 88, 90, 95, 99, 152, 171, 306–314, 318, 349 f.

Schlink, Bernhard 10
Schlöffel, Friedrich Wilhelm 174 f.
Schluchter, Wolfgang 302
Schluss, Henning 215
Schmale, Wolfgang 159
Schmid, Dirk 83, 313, 350
Schmid, Hansjörg 137, 204, 244, 251
Schmidt, Kurt Dietrich 353
Schmidt-Leukel, Perry 139, 244
Schmitt, Carl 14, 56, 70
Schneiders, Thorsten Gerald 198
Schnur, Roman 70, 144
Scholler, Heinrich von 174, 179
Scholtyssek, Joachim 121
Schree, Werner 310
Schrey, Heinz-Horst 58, 87
Schröder, Gerhard 359
Schröder, Markus 7, 25, 82, 86
Schubert, Ernst 182 f.
Schubert, Hans von 252
Schulze, Hagen 12
Schüssler, Werner 92
Schütte, Hans Walter 44, 62, 71
Schwöbel, Christoph 51, 144, 150, 253
Sebott, Reinhold 247
Selge, Kurt-Victor 22, 25, 171
Semler, Johann Salomo 217
Sen, Amartya 292
Senkel, Christian 171, 350
Sepp, Johann Nepomuk 180
Servet, Michel 145
Sezgin, Hilal 96, 213, 216, 265
Siegenthaler, Hansjörg 172
Siegetsleitner, Anne 189
Siep, Ludwig 148
Simojoki, Henrick 335
Simons, Walter 14 f.
Sinzheimer, Hugo Daniel 13
Sirseloudi, Matenia 238
Slenczka, Notger 351
Soeffner, Hans-Georg 183
Spatz, Carl Alexander 174 f.
Spenn, Matthias 215
Sperber, Jutta 137
Spiekermann, Hermann 316 f.
Spielhaus, Riem 265
Spiess, Christian 211, 214
Stahl, Friedrich Julius 182 f.
Stallmann, Imke 84

Stamer, Torben 105
Starck, Christian 12
Steiger, Anselm 313
Stein, Tine 33 f.
Sternberger, Dolf 39
Stieren, Adolph 182
Stöcker, Adolf 18
Strucker, A. 139 f.

Terzi, Duran 137
Thierse, Wolfgang 263
Tieke, Eva Maria 206
Tietz, Christiane 254
Tillich, Paul 2, 43, 89–93, 95, 97 f., 313, 315, 318
Titze, Annegret 319
Tödt, Heinz Eduard 48, 60
Tödt, Ilse 48
Triepel, Heinrich 13
Troeltsch, Ernst 2, 23, 25, 79 f., 84–90, 94, 160–163, 252

Ucar, Bülent 96, 187, 193, 213, 228, 234–237, 265
Ulrich, Thomas 89
Unruh, Peter 252
Utz, Arthur Fridolin 122, 140

Van Oorschot, Frederike 104
Vick, Brian E. 171, 182
Vogel, Viola 242
Vögele, Wolfgang 9, 33, 104, 167
Vollnhals, Clemens 100

Wabel, Thomas 105
Walter, Christian 214, 240, 242, 245, 261
Walther, Christian 71
Walzer, Michael 145 f., 150
Weber, Max 302
Weege, Wilhelm 174

Weidenfeld, Werner 159, 206
Weiland, Peter 81
Weiße, Wolfram 193, 237
Weithman, Paul J. 73
Weizsäcker, Richard von 79
Wenz, Gunther 106
Wermke, Michael 107, 215, 268, 337
West, Klaus-W. 183
Weth, Rudolf 100
Weyel, Birgit 33, 132
Weyrauch, Martina 212
White, Hayden 162
Wielenga, Friso 344
Wieschemeyer, Klaus 269
Wiese, Christian 94, 211, 227
Wigard, Franz Jakob 174–181
Wilders, Geert 341
Wilhelm II. (Deutscher Kaiser) 351
Will, Rosemarie 211 f., 216
Willems, Ulrich 268 f., 280
Winkler, Heinrich August 172
Winkler, Katja 211, 214, 222
Winter, Jörg 243
Wittekind, Folkart 87
Wittram, Reinhard 183
Wohlrab-Sahr, Monika 215
Wolf, Ernst 54, 144
Wolfes, Mathias 82 f., 171
Wolterstorff, Nicolas 72 f.
Wöhrle, Jakob 315
Wulff, Christian 79 f., 233, 257
Wünsch, Georg 15
Würtenberger, Thomas 173

Yavuzcan, Ismail H. 187

Ziebertz, Heinz-Georg 236 f.
Zillessen, Horst 171
Zimmermann, Harald 139
Zschoch, Hellmut 65, 349, 355
Zwingli, Ulrich 54

Parteien und Institutionen

Alternative für Deutschland (AfD) 110, 270–272, 275, 277f., 280, 283–285, 324, 341f., 358–362
Bündnis 90/Die Grünen 132f., 216, 270, 274–278, 280–284, 359
Christlich Demokratische Union Deutschlands (CDU) 78f., 132, 214, 271f., 275f., 279–281, 284, 359
Christlich-Soziale Union (CSU) 132, 141, 214, 271f., 275–281, 283f., 359
Deutsche Demokratische Partei (DDP) 13, 86
Evangelische Kirche in Deutschland (EKD) 3, 9, 30, 56–58, 60, 79, 101, 103f., 107, 110f., 113, 115f., 121f., 124, 136, 212, 289–291, 294, 298, 302, 324, 329, 342, 354, 357, 361, 363
Freie Demokratische Partei (FDP) 78, 132, 214, 270f., 274f., 278, 280f., 283
Islamrat für die Bundesrepublik Deutschland e.V. 128, 246
Sozialdemokratische Partei Deutschlands (SPD) 86, 116, 132, 216, 271, 273, 275f., 279–281, 284, 341, 359
Schura Niedersachsen 245
Türkisch Islamische Union der Anstalt für Religion e.V. (DITIB) 128, 245f.
Verband der Islamischen Kulturzentren e.V. (VIKZ) 246
Wissenschaftsrat 95, 229–231, 237, 240f., 244f., 255, 259f.
Zentralrat der Juden in Deutschland (ZDJ) 241, 259
Zentralrat der Muslime in Deutschland e.V. (ZMD) 128, 246, 248